WILHELM RAABE
SÄMTLICHE WERKE

Im Auftrag der
Braunschweigischen Wissenschaftlichen Gesellschaft
herausgegeben von Karl Hoppe

ERGÄNZUNGSBAND 3

Bearbeitet von
Else Hoppe und Hans Oppermann

GÖTTINGEN · VANDENHOECK & RUPRECHT · 1970

Wilhelm Raabe · Sämtliche Werke

Braunschweiger Ausgabe

WILHELM RAABE

BRIEFWECHSEL

RAABE - JENSEN

GÖTTINGEN · VANDENHOECK & RUPRECHT · 1970

Entwurf von Einband und Schutzumschlag: Hans Hermann Hagedorn

Gesamtherstellung: R. Oldenbourg, Graphische Betriebe GmbH, München

VORWORT

Gesondert von Ergänzungsband 2 enthält Ergänzungsband 3 den Briefwechsel zwischen Wilhelm Raabe und Wilhelm Jensen. In ihn sind auch die Briefe einbezogen, mit denen sich Bertha Raabe und besonders Marie Jensen an der Korrespondenz ihrer Männer beteiligt haben.

Der Wert der wiedergegebenen Briefe liegt, vom Ort ihrer Veröffentlichung her betrachtet, in den Aufschlüssen über die Persönlichkeit Raabes und sein literarisches Schaffen. Raabe, ein an sich schweigsamer und nur höchst ungern sich der Neugier stellender Mann, wurde durch die Vertraulichkeit und Schreibfreudigkeit Wilhelm Jensens, nicht minder aber durch die liebevolle, bald besorgt-zärtliche und bald neckisch herausfordernde Art von Marie Jensen bewogen, sich dem befreundeten Ehepaar mitzuteilen. Nicht unwichtig sind auch die an sich liebevollen, mitunter aber auch kritischen Äußerungen von Bertha Raabe über ihren nicht immer sehr bequemen Ehegatten. Neben dem Gewinn, den die Briefe literarhistorisch bieten, gewähren sie zugleich einen teils reizvollen, teils ergreifenden Einblick in die persönliche Atmosphäre eines Schriftstellerdaseins in der zweiten Hälfte des 19. Jahrhunderts. Mit den dargebotenen Briefen steigt die familiäre und ökonomische, die soziale und politische Umwelt, die für Raabes und Jensens Schaffen mitbestimmend war, aus der Vergangenheit auf, so daß es nicht ohne Gewinn ist zu sehen, wie das Leben damals auf zwar andere, doch nicht minder erregende Weise zu bestehen war.

Von den Bearbeitern des Bandes hat Dr. Else Hoppe – Braunschweig die handschriftlich überlieferten Brieftexte übertragen und, wo nötig, datiert. Sie wurde dabei von Gerda Schlüter – Braunschweig wesentlich unterstützt. Die nicht einfache Kommentierung der Brieftexte hat Prof. Dr. Oppermann – Hamburg übernommen.

Braunschweig, den 1. November 1970 Prof. Dr. Karl Hoppe

1. WILHELM UND BERTHA RAABE AN JENSENS

Wolfenbüttel, d. 1 Juli 1867

Liebe Freunde!

Euern angenehmen und nicht ohne die gehörige Mischung der Gefühle verfaßten Reisebericht empfingen wir unter den ersten Zuckungen des Einpackens und jetzt sitzen auch wir bereits seit längerer Zeit drin – nämlich in der süßen Heimath, und kommen erst heute dazu, Gleiches mit Gleichem zu vergelten und über unsere Zustände uns auszulassen.

Wir waren an der Weser, sitzen augenblicklich an der Oker und gehen im Verlauf dieser Woche, wenn das Wetter irgend erträglich bleibt, nach dem Harz. Im Anfang August werden wir Deo juvante nach dem hohen Norden vordringen, und wenn der bekannte, von der Natur und zwei Meeren so hoch begünstigte Halbinselbewohner uns über Sylt, Wyk usw. einige zukömmliche Notizen zukommen lassen wollte, so wäre auch dieses recht freundlich und sollte die Gefälligkeit im Herbst in „Schtukkrt" ihre volle Belohnung an der rechten Stelle finden.

O Frau Doctorin der Philosophie und Medizin wie mag es in der innerlich vergypsten und äußerlich mit Brettern vernagelten Kammer am Feuersee aussehen? Welches Gespenst richtet sich in jeder Mitternacht von jenem grünen Sopha, für welches die Polizei so entsetzlich wenig geben wollte, empor und blickt grinsend nach dem beeisten Pol?

Es steigt Ihnen ein Schoppen Laudanum auf diese Vorstellung, Frau Marie Jensen geborene Brühl!

NB. Adresse v. jetzt an: Advokat Leiste, *Braunschweig*, Packhofstraße 9

2 Juli

Telegramm: Maximilianus Mexicanus erschossen! Wolfenbüttler Schützenhof und Schützenessen! Rechtsgültigkeit der norddeutschen Bundesverfassung!

Das war Alles nämlich gestern, und so kam ich wieder nicht dazu, den Brief zu endigen und abzuschicken. Es fehlt an Briefpapier und das, welches vorhanden ist, ist darnach; – ach, geehrteste Freunde, die Öffentlichkeit und Mündlichkeit bei Kartoffelsallat, Bier und roth verhängter Lampe ist doch gar nicht zu verachten; und wenn wir das *halbe* Leben retten, was nützt es weiter, über Hummersallat und Maibowle, tiefsinnige philosophische Betrachtungen an zu stellen?

Meine Mutter habe ich leider recht kranck gefunden; sie hat während der ganzen Zeit unseres hiesigen Aufenthalts im Bett gelegen und heftige Schmerzen an der Leber erduldet. Bertha und Gretchen litten mehrere Wochen an einem heftigen Katarrh, der Consequenz des scharfen Weserwindes. Abu Telfan oder die Heimkehr vom Mondgebirge wird langsam corrigirt und zieht sich bandwurmartig durch Üb. Land und Meer; – seien Sie froh, daß Sie den Greuel nicht zu lesen brauchen! Ja, was ist Hummersallat, Frau Marie? ich, der ich Ihr Vater sein könnte, zerbreche mir vergeblich den Kopf über diese Frage? Daß Krais doch noch in das Kriminalgefängniß abgeführt wurde, werden Sie wissen, Halbinsulaner: Des Cajus ganzes Haus verderbe, womit ich die Feder an meine Frau übergebe.

[B. R.]

Da alle Ihre in Ihrem Briefe auf liebenswürdige Weise ausgesprochenen kindlichen Zuneigungen, *Marie!* durch väterlich liebende Frage- und Ausrufungszeichen genügend beantwortet scheinen, ruft mein Mann mich aus dem freundlich u. sonnigen Garten in das geweihte aber dunkle Gemach meines Schwagers, hochlöblichen Polizeicommissarius in Wolfenbüttel und angehenden Ehemann, an diese begonnene Epistel den Schluß zu liefern. Raum ist nicht viel mehr da, aber durch einige Sätze mit Punkt

u. Semikolon dem erhabenem Manne u. l. Wilhelm (da wir in einem Jahre wahrscheinlich das Licht der Welt erblickten, werden Sie mir diese brüderliche Anrede verzeihen) ein Pülverchen Contenance einzugeben scheint mir recht u. erlaubt. Daß ein Wilhelm ein viel besserer Ehemann sein kann und ist als manche andere Wilhelm's, ist ausgemacht, selbst wenn er seinen festen Kopf u Sinn hat wie alle Wilhelm's; daß er aber so plan- und kunstvoll reis't, wie es die Beschreibung in Ihrem werthgeschätzten Briefe uns mitheilte, das wußte ich nicht; das würde ich drucken lassen. Sie werden sehen, *die* Novelle findet Anklang. Die Rheinfahrt von Wilhelm u. Maria ist zu schön, sie muß besungen werden, ebenso der Empfang auf der gepriesenen Halbinsel im Norden mit dem von zwei Meeren gemilderten südlichen Klima. Wie schade, daß wir Sie nicht mit den ersten Schneebällen begrüßen konnten. Überhaupt wird unser Begrüßen dort wohl nicht mehr zustande kommen, da wir unsere Reise nach Oben, nämlich auf der Landkarte, erst mit dem 1 August beginnen werden. Zu dieser Zeit werden Sie schon längst in dem schönen Stuttgart am zugeworfenen Nesenbach schwären, wo Ihnen das solang entbehrte südliche Klima in reichem Maaße zu gute kommen möge! Außerdem wünscht Ihnen Beiden für diese Zeit das beste Wohlergehn

Ihre, Ihnen ergebene Bertha Raabe

2. WILHELM RAABE AN JENSENS

Braunschweig d. 27 Juli 1867

Liebe Freunde!

Fermateri la Barchetta d. h. macht Euch in Kiel und Lübeck soviel Vergnügen als ihr könnt; was uns betrifft, so müssen wir am 6ten August, wenn die Kranckheit meiner Mutter nicht hindernd dazwischen tritt, die Hochzeit meines Bruders feiern und sind also nicht im Stande, von der wundervollen nahrhaften Holstengastfreundschaft Gebrauch zu machen. Am 7ten oder 8ten desselbigen Monats gedencken wir dann unser Hauptquartier weiter nach Norden zu verlegen. –

Augenblicklich sitzen wir hier in Braunschweig „auf dem Schilde“, nachdem wir während 14 Tagen zwischen Regen, Wind u Sonnenschein manchen Harzberg erkletterten, um wieder hinunter zu steigen. Unser Befinden ist *unberufen* gut; – in Stuttgart ein Weiteres und Näheres!

Daß wir nicht nach Kiel kommen können, thut uns herzlich leid, und bitten wir den Verfasser von Valenzia Berbanigo und die Frau Doctorin der Medizin und Philosophie der Tante unsern innigsten Danck und unsere besten Grüße zu Füßen zu legen.

Auf das Spinnrad und den Schinken freue ich mich ungemein. Die holsteinischen Sonnenbilder werden seinerzeit durch schwäbische erwiedert werden. WilhRaabe

3. MARIE JENSEN AN RAABE

[Auf der Rückseite von Raabes Hand:]
Marie Jensen 26 März 1868

An den Dr. Huckebein.

Im Namen des Vielbeschäftigten (er redet soeben vor den Schranken eines hohen Gerichtshofes) soll ich Sie fragen ob Sie heut Nacht mit ihm durch die Gassen bummeln wollen. Gegen acht Uhr soll's los gehen – aber vorher wird bei Tante Jensen ein Beafsteek gegessen. Wie geht es Frau Bertha und Gretchen? – W. läßt Ihnen noch sagen der Heddi habe den Heddi heute sehr lieb. M. J.

4. MARIE JENSEN AN RAABE

Stuttgart am 2ten Mai. [1868]

Also Sie wollen nicht kommen? Auch gut! Es giebt *weiches* Beefsteak mit Spiegeleiern, dreierlei Käse, Anjovis, Salat, Mettwurst, Wilhelm setzt seinen neuen Panama-Hut auf und ich habe heute mein Apfelblüthfarbenes Kleid an – wenn Sie nicht kommen wollen schadet's auch nichts! – Ich ließe mir an Ihrer Stelle die dummen Ohren abschneiden.

Bis jetzt noch mit aller Achtung M. J.

5. MARIE JENSEN AN RAABE

[Notiz von Raabes Hand:]
20 Mai 1868

Werthester Herr Dr. Heut ist der Staufentag! Ich weiß noch immer nicht, soll ich bei Mamsellchen bleiben oder nicht. Gehen Sie mit ihm! Confusion soll diesmal nicht entstehen; wenn Sie einschlagen, dann ist in einer Stunde alles Nähere abgemacht.

Mit großer Hochachtung grüßend
M. J.

6. WILHELM UND MARIE JENSEN AN RAABE

[24. Mai 1868, s. Anm.]

Zu einer frischen schönen Maibowle laden höflichst ein
Jensen & Cie.

Es wird Ihnen nichts schaden – ich übernehme die Verantwortung, d. h. Sie dürfen mich mordsmäßig schimpfen, wenn Sie morgen Ohrenreißen haben. Wir wollen ihn wieder mächtig in die Enge treiben, und ihm die merkwürdigsten Dinge beweisen. Sehr schön wäre es, wenn Frau Bertha mitkommen, und sich auf unsere Seite schlagen würde.

Mit großer Achtung
M. J.

[W. J.]

Thun Sie nur schnell herüberfliegen!
Was schiert es Sie, ob's hollt und grollt?
Nach vierzigtausend Jahren liegen
Wir ammonitisch eingerollt.
Drum aus postdiluvianischem Strome
Lob ich mir heutigen Genuß,
Zum Sprott auf weißem Plagiostome
Kredenz ich Ihnen den Nautilus!

Einer der „Sintfluth" schreibt, im Uebrigen indeß eine „Sündfluth" am Neckar keineswegs für über*flüssig* erachtete.

Lobut Mûllah!

7. WILHELM RAABE AN JENSENS

† † †

Elendige, miserablige Creaturen, – wild gewordenes, bettelpreußisches Redactionsgesindel, – überseeisch unterwössensches Jodel-Jammervolk, – theuerste Freunde! wenn Ihr wüßtet, was ich weiß, so würdet Ihr viel weinen und wenig lachen, weshalb ich es für eine angenehme Pflicht halte, Euch schleunigst das Nöthigste zur Kenntniß zu bringen.

Siehe, es erschien, Hermannstraße Nro. 11, über drei Treppen, eine etwas schlottrige und zerzauste Jungfrau, trug einen Topf, setzte ihn ab, wendete sich und sprach: „Sie schtinken, und sie schtinken nicht nur; sondern sie schtinken so gar von Tag zu Tag mehr!“ Sie sie stanken wircklich.

Schmarrntriefende, bötterglänzende Glycerinbande, *konntet* Ihr euere elenden Anchovis *nicht* mit auf die Reise nehmen? War es *unbedingt* nöthig, die ganze beutels- u. nesenbachische Residenz bei 29 Grad Wärme im Schatten auch durch *diesen* Duft zur Raserei zu bringen? Drei Tage und drei Nächte hatten *wir sie* in *unserm* Keller, und am vierten Tage wurde uns *ihretwegen* die Wohnung gekündigt; worauf ich natürlich eine Viertelstunde später mit dem mir gütigst überlieferten Schlüssel die Studirstube meines lieben Freundes Wilh. Jensen öffnete, und durch einen Packträger, der vorher sämmtliche Öffnungen seines Körpers hermetisch verschlossen hatte, besagten Topf auf dem Schreibtisch besagten lieben Freundes niedersetzen ließ, um so dann von Neuem sorglichst abzuschließen und das Schlüsselloch ebenfalls hermetisch zu verstopfen.

Wenn Ihr wüßtet, was ich weiß, so würdet Ihr wissen, daß es in *der* Stube *keine* Fliegen, Schnacken und Bremsen mehr giebt, daß sie sämmtlich todt von den Wänden gefallen sind!––––

Innigst geliebte Freunde, es war doch eigentlich niederträchtig, daß Ihr uns so lange auf Nachricht von Euch warten ließet, zumal Ihr vorher in Betreff Euerer Correspondenz ein so großes Maul hattet! Eine geraume Zeit waren wir der festen Meinung, die Großmama sei mit dem Wiener Schnellzug bei Hesselohe verunglückt, und später jagte eine fabelhafte Vermuthung die andere. –

Und wie habe ich während dieser Zeit den Redacteur der schwäbischen Volkszeitung vertheidigen müssen! Wie schimpft man über ihn! O Frau Maria geborene Brühl, das sollten Sie hören. Oh, Frau Schwiegermutter, auch Sie sollten das hören! Heulend kam der Kerl zu mir, der beauftragt ist die 25 Fl. *Geldstrafe* in der Parthei zusammen zu bringen, und zeigte mir seine leere Liste. Ein einziges Mitglied hatte was „drein" geschrieben; aber nur die Bemerkung: „Wasch? – na, dasch war no besser! kei Kreutzer isch no viel z'gut u. zu viel för so'n –––" ich verschweige schamhaft den Rest und verhülle mit den herzlichen Grüßen mein Haupt.

WilhRaabe

Stuttg. d. 1 Juli 1868

P. Scr. Ein kleines Mädchen haben wir freilich, und zwar seit dem 17 Juni dieses Jahres, Nachmittags 5½ Uhr.

8. MARIE JENSEN AN BERTHA RAABE

Unterwössen 2/7. 1868.

Liebste Frau Bertha!

Mit Ihrem lieben Manne ist zur Zeit kein vernünftig Wort zu reden – sei es, daß die Jungfrau vom Feuersee mit ihrer süßen Gabe, sei es, daß das eigene, neu erschienene kleine Jungfräulein ihn aus dem Concept gebracht hat, sei es, wie es immer wolle – ich wende mich an Sie direct mit meinem Glückwunsch und der brennenden Frage: Was macht das Kleine und wie sieht es aus? Am 17 ist es erschienen, und am 2ten schreibt uns Ihr lieber Mann, und schimpft dazu wie ein Rohrspatz über *uns*er Schweigen! *Wir* hatten nichts *Wichtiges* auf dem Herzen, *er* aber steckte bis über die *Ohren i*n Neuigkeiten! Übrigens ist man nach seinen Briefen so klug als wie zuvor; er schreibt dritthalb Seiten voll über scheußliche Anchovis und 2 Worte über das Töchterlein. Nun seien Sie vielmals gegrüßt, Frau Bertha, und dictiren Sie *ihm*, falls Sie noch zu Bette liegen, einen vernünftigen Brief.

Die Ihrige

Marie Jensen

Herzliche Grüße an die Großmama und einen Kuß für Gretchen.

9. WILHELM UND MARIE JENSEN AN RAABE

Fraueninsel den 4t. Juli 1868

Nicht wahr, werther Raabe, wie schade ist es um uns daß wir nicht bei Hesselohe verunglückt sind! Wie prächtig wäre das für Sie gewesen! Wie scheußlich werden Sie es finden daß wir hier auf der Fraueninsel sitzen, sehr beglückt sind, uns verlobt haben und, wir woll'n es so (*Nein*, ich wollte was anderes sagen)

[bis hierher Marie Jensen, dann Wilhelm Jensen]

in Malvasier heute Abend uns bedudeln."

O Sie Kolkrabe, krächzender, Gegendverwüstender! Könnte ich Sie, gleich wie Mutter Thetis, an Ihrer schiefgetretenen Stiefelhacke fassen und in den See tauchen wo er am Grünlichsten ist. Sie wollen über Fische schreiben? Während wir hier vor geräuchertem Renken, gesottenem Lachs, gekochtem Huhn und gebratenem Hecht sitzen und kein Wort über solche Lumpereien verlieren. O grausig – derweil ich dies schrieb

Brüllte der See, er wollt' ein Opfer haben,
Da warf ich schleunig Ihren Brief hinein –
Und grausenvoll – statt seiner flogen drei Raben
Schwarz wie die Nacht empor und huben an zu schrein:
„Ja versteht sich! Ja natürlich! Scheußlich!"

Und jeder Rab' ließ eine Feder fallen, das waren „Drei Federn" Alles in Allem. Davon hob ich eine auf und schrieb: Wer Sie stiehlt, der ist ein Dieb; doch thut ers bei Nacht, so bringt er Sie wieder. B'hüt Ihne Gott, kommen Sie selbst nicht nieder! d. h. ich meine, nicht herunter sondern bleiben Sie mager und munter, bis ich Sie wiederseh' – ade – Rabenvater, alter Kater – vom See tönt Geschrei von wilden Gänsen – Hungrig wie'n Hai

Ihr Wilhelm Jensen

Die Hedda hat den Heddi noch ebenso lieb wie vor fünf Jahren –

Ein milder Zephyr fächelt ihre goldenen Locken,
Wie sie auf dem Balcone vor mir steht –
Da denke ich an ihre löcherigen Socken,
Und alle Lyrik ist im Nu verweht.

Grüßen Sie Ihre Frau und Schwiegermutter. Wenn das neue Juffröken auf den Glauben Freya's, Aphrodite's und Astarte's getauft werden soll, biete ich mich zum Pathen an. Die Einlage als vorläufiges Pathengeschenk!

[Jetzt wieder Marie Jensen]

d. 5t. Juli 1868.

Ich habe mit der Aebtissin hier Rücksprache genommen; die Kleine, wie sie immer heißen mag, kann sofort in's Kloster eintreten. Schicken Sie dieselbe gefälligst unter Kreuzband hieher. – *Wir* sind nur zum Besuche hier, und verlassen das Eiland in wenigen Augenblicken, um an den unheimlichen Ort zurückzukehren. Adieu! Schreiben sie *bald* wie es Ihrer Frau geht.

Mit mangelhafter Ehrfurcht

Marie Jensen.

10. WILHELM UND BERTHA RAABE AN JENSENS

Stuttg. d. 8 Juli 1868.

Tiotio, tiotio, tiotiotiotix! flü, flü flü flüh! kuik ki ki! Brequequekekekex quoax! kurr kurre kurreku u uh! natürlich singen die Vögel noch immer am Chiemsee und auch alles übrige Thierleben ist noch im schönsten Gange. Die Hedda hat den Heddi noch grade so lieb wie vor fünf Jahren; – liebste Freunde, ich glaube das herzlich gern, und würde es allmälig für eine Beleidigung halten; wenn man mir immer von Neuem dazu gratulirte. Gehen wir also zu dem verlangten Andern über!

Am 17 Juni ist also, wie schon gesagt, ein kleines Mädchen bei uns angelangt; wie es scheint ganz gesund und jedenfalls mit gluhen Augen und einem prachtvollen schwarzen Haarwuchs begabt.

Die Mutter hat die Crisis ganz gut überstanden, konnte dießmal bereits am 9ten Tage das Bett verlassen und kann das Kleine selber nähren; das Kleine aber interessirt sich bereits ungemein für die heute stattfindende würtembergische Abgeordnetenwahl und bedauert es sehr, nur stimmfähig; aber nicht stimmberechtigt zu sein. –

Malvasier kommt natürlich nicht an Unsereinen; aber wir gönnen ihn „unserm Redacteur mit der schönen Frau“ – wie man in der deutschen Parthei sagt. Übrigens ist wenig erfreuliches passirt.

Das Wetter ist seit 14 Tagen unheimlich kühl, der Himmel grau, und die Hunde müssen, wegen ausgebrochener Hundswuth von ihren wüthenden Herren am Strick geführt werden. Dulks jüngstes Kind, ein prächtiger Junge von 8 Jahren wurde auf einem Bauplatz durch einen Balken zerquetscht, und ein Bekannter von mir ist oder hat sich aus dem Fenster im 2ten Stock gestürzt, hat sich Arme und Beine und Rückgrath zerschmettert, lebt aber leider noch. Dem Namen nach werden Sie den Mann vielleicht auch kennen, es ist der Rechtsconsulent Gwinner. –

Höfers gehen in den nächsten Tagen nach Bregenz; meine Schwiegermutter reist ebenfalls bald ab. Dagegen sind Hartmanns wieder eingetroffen. M. hat die meiste Zeit in Paris kranck gelegen. Otto Müller ist heiter und guter Dinge voll. Klinck hat von seiner Augustenburg herab der Stadt wieder einmal entsetzliche Rache geschworen und für's Erste die Augustenstraße von Neuem vernagelt; was sonst noch in hiesiger Stadt vernagelt ist, wollen wir um Porto zu ersparen, nicht besonders bezeichnen.

[B. R.]
Vielgeliebte Frau Maria und
Sehr Liebenswürdiger Herr Gevatter!

Vielen Dank für all Ihre Theilnahme und Ihre freundlichen Anerbieten so wie auch für die werthvolle Einlage. Mein Kind wird sich Ihrer noch in späten Jahren mit innigem Danke erinnern, vorläufig spreche ich in seinen u. meinen Namen alle diese zarten Gefühle aus.

Was steht nun weiter von dem jungen Rabensprößling zu bemerken auf Ihr ganz besonderes Verlangen? Das Jüngste im Rabenneste war also kein „Bue“ sondern ein Mädel und seines Vaters ächte u. leibhaftige Tochter. Mit Husten u Prusten und viel Geschrei begrüßte es das Licht der Welt; hoffentlich unterscheidet [es] sich aber von seinem liebenswürdigen Papa dadurch, daß es mir nur vor seinem Dasein das Leben sauer machte. Die Geschwätzigkeit des Papas, fürchtete man, mochte es auch nicht ererbt haben, weswegen ihm schon in den ersten 8 Tagen seines Lebens von einem wahrhaft „Teufflischen“ Manne die Zunge gelöst wurde. Alles das haben wir glücklich überstanden, und unser Futter, das wir anfangs schwer u spärlich suchten, schmeckt uns jetzt vortrefflich. Der Tag geht hin mit Baden, frisirt mit der Haarbürste werden wir auch alle Morgen, denn der curiose Mann Corvinus hat es sich nicht nehmen lassen, in einer Art doch eine halbe Curiosität in die Welt zu setzen; der schwarze Lockenkopf ist für Jedermann auffällig und noch nie gesehn in so zartem Alter. Übrigens sind wir Citronengelb und noch gar nicht schön, aber doch sehr nett u. liebenswürdig. Ihrem Wunsch, von mir und dem Kinde zu hören, bin ich genügend nachgekommen; das Übrige hat W. diesmal gründlich berichtet. Großmama grüßt bestens, sie packt schon und mir wird's dabei ganz schwer ums Herz. Zur Taufe will sie nicht bleiben; auf Thea und – warten wir aber nicht mit diesem feierlichen Acte. Nun leben Sie recht wohl u freuen Sie sich auf die verspätete Hundstagshitze, die Sie in Ihrer Wohnung erwartet. Mit herzlichen Grüßen an Ihren Mann die Ihrige Bertha Raabe.

11. WILHELM UND MARIE JENSEN AN RAABES

Unterwössen 19. 7. 68

Liebe Freunde!

Morgen schnüren wir unser Bündel, und in wenig Tagen hat Heinrich Anjovis (oder heißt es Anjou?) seinen Guise wieder. Die unheimlichen Wössener weinen bereits blutige Thränen beim Gedanken an unser Scheiden; wir lebten so schön und friedlich miteinander. – Könntet *Ihr* doch wenigstens sagen, Ihr lieben Freunde, wo die Zeit bleibt und weshalb sie so entsetzlich vorwärts rast? Das ist mein größter Kummer in diesem Leben! Der Faust muß doch ein gar dummer Kerl gewesen sein, da er nie zum Augenblicke sagen mochte: „Verweile doch, Du bist so schön!" Sie, lieber Anjovis, werden dies häufig ausrufen, schon aus reinster Faulheit. „Ja versteht sich!" höre ich Sie im Geiste schreien. Eigentlich freue ich mich doch sehr darauf, Sie wieder zu sehen und mich noch einmal mit eigenen Augen zu überzeugen, daß sie weit schnurriger sind als ich hie und da glaubte.

[Von hier an Wilhelm Jensen:]

Dieses Letztere wird sehr baldig eintreten denn dieser Brief geht bereits in unserer angenehmen Begleitung nach München, von wo er sofortig weiter zeucht während wir dort zwei Tage, d. h. bis zum Mittwoch Morgen bleiben und an selbigem Tage, zu irgend einer Stunde am Feuersee eintreffen, allwo ich erhoffe, daß Sie einen Lebensmüden parat haben, der uns zu unserem Abendpanis die circenses liefert. Im Uebrigen behüte Sie der Himmel nach Verdienst!

Wilh. J.

[M. J.]

Er stieß mich vom Schreibtisch, riß mir die Feder aus der Hand, und sprach mit Ihnen in seiner Weise. Mir bleibt kaum Zeit der guten Frau Bertha für ihre ausführlichen freundlichen Zeilen zu danken. Ihr die schönsten Grüße, Huckebein auch einen Gruß und dem kleinen Räbele einen Kuß auf seine schwarzen Locken.

Ihre Marie Jensen

[W. J.]

P. S. Dieser Brief ist in der Absicht geschrieben worden, Ew. Hochwohlgeboren zu veranlassen, nach Empfang desselben der rothen Hanne den Schlüssel del nostro palazzo ausfolgen zu lassen. Da meine Frau jedoch natürlicherweise an Alles gedacht und nur dies Eine vergessen hatte, so eröffnete ich den Brief noch einmal, um mit dieser interessanten Mittheilung zu verbleiben Euer Liebden Wohl affectionierter wohl affectirter Affe etc. Wilhelm m. p.

12. MARIE JENSEN AN RAABE

Stuttgart d. 22 Juli 1868

Natürlich Bier, Hammelbraten mit Gungummern und Bohnensallat heute Abend in gewohnter Weise auf

Korakonpetra.

13. MARIE JENSEN AN BERTHA RAABE

Le dejeuner est prêt! Heiße Sauçischen und Weintrauben! Liebe Frau Bertha, der Schinken läßt sich nicht besser schneiden, da wir sehr stumpfe Messer haben.

18 Aug 1868 M. J.

14. MARIE JENSEN AN BERTHA RAABE

Liebe Frau Bertha!

Am Sonntag war ich krank und habe zu Bett gelegen, während Wilhelm mir Karin von Schweden vorlas. Kein Spatz und kein Raabe kümmerte sich um uns. Die Gans wollte Wilhelm am Montag haben. Da nun Raaben's Gänsens zu Dienstag auf die Gans eingeladen hatten, wagten Gänsens nicht Raabens am Montag zur Gans zu bitten. Abgesehen von der Philiströsität des Raabenvaters kann man so viel Federvieh doch nicht ein paar Abende hintereinander zusammenführen. Gans die Ihre

Marie Jensen.

15. WILHELM UND BERTHA RAABE AN JENSENS

Stuttgart, am 8 Septemb. 1868

Ganz elender Kelch! Ohne alle versteinerten Viecher; aber ziemlich geschickt ausgehöhlt, um den Rand mit etzlichem Gerandk, Blattwerck u.s.w. behängt und auf einen von drei Fischen gebildeten Fuß gestellt! Lächerlich! aber dessenungeachtet in treuer Neigung und Freundschaft dargeboten von

Wilhelm Raabe
und
Bertha Raabe geb. Leiste
Leider Prosaiker.

16. MARIE JENSEN AN RAABE

Stuttgart, am 8ten September 1868

Sir William Raabe Esquire

Ei, sieh das kleine Krausköpflein,
Es thut sich weidlich bene,
Und trinkt doch nur gemeinen Wein,
Und Du trinkst Hippokrene
In kleinen Schlückchen, zart und fein
Dein tägliches Portiönelein.
Ei Alter, laß Dich an solchem Tag
Von solchem Buben nicht lumpen!
Es trinke jeder so viel er mag
Und wär's auch ein ganzer Humpen.

Und tränkst Du in Einen Zug ihn hohl
Daß thät der Boden winken,
Ich mein, es kann auf *unser Wohl*
Kein Mensch zu *gründlich* trinken!

Diese Gedanken hatte am Morgen des obigen Datums, sowohl in Bezug auf den 37 als auf den 23ten Geburtstag

Ihre Marie Jensen.

17. WILHELM UND MARIE JENSEN AN RAABE

Verehrter Freund & Herr!

Mein Papa ist heute früh gekommen. Gehen Sie heute Nachmittag mit nach Berg? M. J.

Wir gehen um 3 Uhr und fahren nachher zurück. Kommen Sie doch! Ihr W. J.

18. MARIE JENSEN AN RAABE

[1868, s. Anm.]

Motto:
Wenn Ihr wüßtet was ich weiß, spricht der Heddi, so würdet Ihr viel lachen und wenig weinen.

O Du, der Du Abu Telfan
Gesungen hast voll Hinterlist,
O Du, der Du also zum Schwan
Vom Feuersee geworden bist,
Dir, der Du hockst als Huckebein
Im Hagebucher'schen Talar,
Bringt diese schnöden Perlenreihn
Ein Sprosse Kulla-Gulla's dar.

19. WILHELM UND MARIE JENSEN AN RAABES

[29. Sept. 1868, s. Anm.]

Herrn Rabenwirth, Gastgeber
Quis? – Wilhelm und Marie Jensen
Quid? – (Braten?)
Ubi? – (Herrmannstraße 11/3)
Quibus auxiliis? – d. h. mit welchen Beilagen?)
Cur? – Jocus halber
Quomodo? – Sicherlich angenehm.
Quando? –
Letzteres ist die Hauptfrage und bittet vorzüglich um Aus-

füllung. Im Uebrigen kommen wir *nur* unter der Bedingung, daß Sie heut' Abend zu den Dyweke's kommen.

Quae quum ita sint – erscheine ich heut Morgen nicht zur Literarischen. Was wir sonst noch auf dem Herzen haben, werden wir heute Mittag vereinigen in den stillen Worten: „Schwimm junge Anke!“

Was wir sonst noch unter dem Herzen haben – hat lange Zeit. Es ist aber immer gut, etwas im Magen zu haben, denn er ist das Zuggewicht am Secundenschlag des Herzens.

Dies ist alte Weisheit, mein Rabensohn, aber sie paßt für uns, denn wir *sind* alt und werden secundlich älter.

Darum möge der Wind vom Gebirge noch so sausend wehen, er kann Sie und mich nicht – mehr toll machen.

Mit uns allen sei der Schüdderump – Amen. –

20. WILHELM JENSEN AN RAABE

Gehen Sie nach dem Abendessen etwas mit uns spazieren? Wollen Sie bei uns oder sollen wir bei Ihnen klingeln?

U. A. w. g. W. naturalista

20a. WILHELM JENSEN AN RAABE

Redaction der schwäb. Volkszeitung
Stuttgart 30/9 1868

Schreiben wir den ersten October morgen oder den – ersten April? Im Uebrigen kommen wir am letzten September um acht Uhr.

21. WILHELM UND MARIE JENSEN AN RAABE

[3. Oktober 1868, s. Anm.]

Anseres corvis salutem.
Wilhelm und Marie Jensen
sehen sich unter diesen Umständen veranlaßt
die Einladung an Wilhelm Raabe und
Frau Bertha geb. Leiste

obwohl die Krautsuppe dann noch schlechter, das Rindfleisch noch zäher, der Hirschbraten noch verdorbener und der crême

noch saurer geworden sein wird
statt
am Sonntag, den 4ten October
auf
Montag, den fünften October
ein Uhr
ergehen zu lassen
und bitten
höflichst, geziemendst und ehrerbietigst
Zur genannten Stunde
auf bekannten Stühlen
mit Schnitzwerk
sich möglichst praecis niederlassen zu wollen.
Vor Hunger wird gewarnt.

22. WILHELM UND MARIE JENSEN AN RAABE

Cassel, Hotel Victoria, 11/12 1868.
11 Uhr Morg.

Liebster – Verhältnismäßig recht gut hier angekommen, obwohl die letzten Stunden sehr kalt waren. Frau und Kinder sind wohl, ich allein habe geschwollene Mandeln.

Heute frierts natürlich klingend – perfer et obdura, nam et haec meminisse juvabit – Eilig – herzlichen Gruß

Ihr Wilhelm Jensen

Die Correcturen sind doch fort?

Hotel Victoria ist für unsere Umstände *sehr* passend. Besten Dank dafür. Wir fanden geheiztes Zimmer vor.

[M. J.]

Das war eine recht melancholische Fahrt! Und schließlich haben die Taschentücher doch noch dran glauben müssen. Professor Binkus hält zu viele Collegien, Thea läßt das Köpfchen hängen, Er hat geschwollene Mandeln und ich – na das ist gleichgültig. Collega Jensen

23. WILHELM RAABE AN JENSENS

Stuttgart d. 14 Decemb 1868

Lieber Freund! Ihr heiter-melancholischer Brief aus Cassel hat *uns* in den gewohnten Zuständen getroffen. Die Correcturen sind natürlich mit Ihrem eigenen Schnellzug abgegangen, und sollten sie nicht angekommen sein, so wird Dr. med. Julius Teuffel, Paulinenstr. Nr. 3, 2 Treppen hoch bezeugen, daß die Schuld nicht an mir liegt. Von dem zurückgelassenen Blumentisch haben wir noch keine weitere Erfahrung.

Daß der Professor Binkus von seiner venia legendi ordentlich Gebrauch machen würde, ließ sich voraus sehen und sagen. Hoffentlich hat er sowie Therese sich jetzt vollständig in die neuen Verhältnisse gefunden und sitzt warm und satt der Tante im Schooß. Hat die Frau Collega vom Zuge aus noch den Collegen Müller erblickt? Er ist athemlos im letzten Moment erschienen, mit einer Flasche Reise-Wein erst in der Rocktasche und dann in der vergeblich winkenden Hand.

Das Wetter hier ist immer noch lieblich genug. Am Morgen leichter Reif, am Tage Sonne und Frühling. Unter heißerer Sonne hat mir sehr gefallen, Jensen! Wenn die Fortsetzung dem Anfang entspricht, so haben Sie in der That hier eine eigenthümlich interessante Geschichte zuwege gebracht; – was aber Ihre dicken Mandeln anbetrifft, so sollte ein Mensch, welcher stets so dicke Rosinen im Sacke hat, weiter kein Aufheben davon machen.

Mit der Bitte um baldigen ausführlichen Bericht über den Verlauf des großen Exodus

WilhRaabe, als wirklich guter Freund.

P. Scr. Es ist gar nicht „gleichgültig" wie es Ihnen unterwegs ergangen ist, Frau Marie!

24. MARIE JENSEN AN RAABES

Kiel d. 16 Dezemb. 1868

Liebe Freunde!

Wilhelm Raabe's Brief kam heute Morgen mit dem Glockenschlage elf. Gott verzeihe mir, daß ich ihn öffnete, da er an Wilhelm Jensen adressirt war. Selbiger ist heute früh nach Flensburg abgereist, und kommt erst morgen Abend zurück.

O wir Narren, wären wir am Feuersee geblieben! Gräulich ist es hier, und ich habe viel Heimweh. Was nützen mir Schopenhauer, der Regenbogen, die Aquarelle im Hades? Wir haben es nicht gut, College! „Der Wind, der vom Gebirge sausend weht macht uns noch toll.“ Hätten wir wenigstens unsere geschnitzten Stühle und den armen Kuckuck wieder. Wenn der Blumentisch noch immer nicht angekommen ist, dann lege ich im nächsten Briefe ein paar Worte an den Schreiner Braun mit ein. – Auf der weiteren Reise ging es uns gut. Das „Deutsche Tempe“ lag freundlich genug im Sonnenschein, und im Braunschweigischen flogen viel Raaben über's Feld. Was wir in Celle zu Mittag aßen, weiß ich nicht mehr, lieber Raabe. In Hannover begrüßte uns Bauer – der hat kein Heimweh. Sonnabend Nachmittag um 3 Uhr langten wir in der Brunswik an; zuerst allgemeine Rührung, nach kurzer Zeit aber schon wieder Mißverständnisse. Droll ist noch immer der Alte. Er machte Luftsprünge vor Freude, und es fehlte nicht viel so hätte er uns in Stücke zerrissen. Thea und dem Professor geht es gut. Mir auch. Adieu, liebe Frau Bertha! Adieu, Raabe. Schreibt bald

Eurer Marie

25. WILHELM UND MARIE JENSEN AN RAABES

[22./23. Dez. 1868, s. Anm.]

O Huckebein,
Dies sollte eine Leier sein.
Ein Happen
Statt dessen ward's mit ganz verkomm'nem Wappen
Große Labe
Für Wilhelm Zollern, klein für Wilhelm Raabe.
Dem Dichter
Gesendet vom bekannten [gezeichnete Gans] Gelichter. –

Neuester Segeberger Torf, seit den jüngsten Erdunruhen in völlig veränderter Gestalt und Farbe. Jammer, Jammer, von keiner Hundeseele auszuschnarchen, wir haben noch keine Wohnung und heut über acht Tage sind wir an Flensburgs Golf. Ich bin dagewesen, zwei Tage, hat mir Alles gefallen, weit über Erwarten, auch der Arbeitgeber, auch seine Frau, vor Allem die Stadt und ihre Lage, aber keine Wohnung –

Nichts was der Erdball, was die Phantasie
Der götterlose Himmel als Behausung
Für Menschen ansehen könnt' –

Raabe, Du bist ein Mensch – schütze einen Familienvater vor Verzweiflung. O Du bist der Letzte, den Gott Vater mit Krähenfedern verläumdet hat, ich bitte Dich, thu uns die Kleinigkeit und nimm das Haus Feuerseeplatz 2 in den Schnabel und trag es nächtlicher Weile nach Flensburg. Du hast ja oft den Schnabel schon voller genommen, ich will's Dir mit großen Rosinen lohnen (Mandeln hab' ich nicht mehr). Ja, ja, da thut Einem das Fraule Leid, ich habe Dich als Ammonites tinovermicus, schwarzer, Jura ω, bestimmt; muthmaßlicher Fundort nach 381, 000 000 000 000 Jahren auf den Fidschi-Inseln. Ich hoffe, daß man uns zusammen im selben Cabinet aufstellen wird, denn ich wüßte kein Petrefact – den Heddi (Trigonia venus) ausgenommen – mit dem ich lieber zusammen bliebe –

„Du aber wirst nach andern Mädchen sehen –"

und mich armes Weib bei lebendigem Leibe vergessen. –

„Lang war der Abschied für die kurze Freundschaft"
Kurz sei die Trennung für die lange Freundschaft –

„Er" kann doch das Citiren nicht lassen. Heute vor vierzehn Tagen saßen wir noch beisammen. Ich glaube Du aßst ein Stück Wurst und weintest.

Die Wurst und Deine Thränen,
Sie hatten viel triefende Schwestern,
Die gegessen, zerronnen sind –
Und über den kleinen Kiel kommt der Wind –

daß ich wirklich, nicht nur scheinend, schnattere, denn es stürmt schaurig. Thut's das auch bei Euch, alter Faun? Die Kinder sind – unberufen – wohl, ihnen hat bis jetzt gar nichts gefehlt als Dein grinsendes Gutachten. Das Neueste ist, daß ich den Heddi unsäglich lieb habe.

Grüße mir Bertha Leiste, Freund! Morgen ist der Gedenktag, an dem ich vor 14 Tagen bei ihr zu Mittag nicht aß, sondern fr–––. Ich glaube, ich habe in einer halben Stunde ein Loch in ihrer Speisekammer gemacht, das Jahre nicht ausfüllen können. Wir sind mitten im Weihnachtswirrwarr. Unser hiesiges Haus ist sehr schön geworden, mein Zimmersaal fast das Schönste was man denken kann. –

Mensch, wie kommst Du zu der „heißeren Sonne"? Wir haben uns unsere dicken Köpfe gegenseitig zerbrochen und keine Möglichkeit anders ausfindig gemacht, als daß Du Westermann bestohlen haben mußt.

Ich rathe Dir, Deine Wohnung aufzugeben und ganz ins Hotel Marquardt zu ziehen. Ihr könnt da mit bescheidenen Ansprüchen für 100 000 fl. jährlich recht gut leben.

Unsere Adresse ist also vorläufig „Norddeutsche Zeitung" Flensburg. Ich schreibe in Eile, der Tag fängt hier um 10 Uhr an und endet etwas vor 3 Uhr. Grüße Gretchen vom Onkel. Grüße auch wen Du sonst von Bekannten siehst. Freunde haben wir nicht außer Dir. Ist's Dir schon passirt, daß Dir ein Verleger ein Extra-Honorar nach dem Druck des Buches geschickt hat? So mir geschehen am 20 Dec. hujus von Franz Dunker in Berlin.

Dies Jahr kommt noch keine Sündfluth, die Menschen sind noch zu gut.

In herzlicher Freundschaft

Dein W. J.

[M. J.]

Liebe Frau Bertha und hochverehrter College! Ich kann leider keinen Weihnachtsbrief heute schreiben. Zur rechten Zeit habe ich's verpaßt und jetzt soll ich mit *ihm* durch die Straßen bummeln. Sie werden übrigens an *seinem* Briefe schon genug zu verknacken haben! Raabe – denken Sie sich – Nero nestelt noch immer an seinen Sandalen! Soll ich Ihnen den Nero abschreiben? Oder was soll ich denn eigentlich – befehlen Sie nur. Das regelmäßige Correspondiren fängt mit dem neuen Jahre an. *Um eine collegialische Haarlocke bittet*

Marie Jensen

O wäre nur ein Zaubermantel sein oder mein, Wir ließen wahrlich Herzbruch Herzbruch sein. Einen schönen Gruß an Gretchen und Elisabeth.

26. WILHELM UND BERTHA RAABE AN JENSENS

Auf hoher Dintensee, an Bord des Schüdderump Stuttg. d. 26 Dec. 1868

Dieser Jensen hätte wohl nicht auf einen Brief von uns zu warten brauchen, ehe er uns einige Flensburger Neuigkeiten zukommen ließ! Für Mittheilung der Gefühle und Stimmungen der Frau Marie sind wir sehr danckbar! Ei, ei, ei, ei, – Ei! ..... Nun wie sieht es denn da hinten aus? Nimmt Herzb. wircklich preußisches Geld und ist der neue Redacteur der Flensburg. Zeitung in der That ein so elender Gesell, daß er sich nicht einmal zu nennen wagt? O lieber Freund, die Nummer, in welcher Sie den Franckfurtern antworten, erbitte ich mir jedenfalls umgehend unter Kreuzband.

Wir haben Weihnachten ganz vergnüglich gefeiert und Sie hoffentlich auch. Thea wird schon Augen gemacht haben und der Professor dito. Gretchen war außer sich und Elisabeth recht angeregt.

Auf Würtemberg hat wieder einmal die Welt gesehen. Soll ich die Nummern der verwittweten Schwäbischen, welche die unsterbliche Blamage sammt allen schönen Reden enthält, schikken? –– Am Weihnachtsabend, nachdem unsere Kinder im Bett lagen, waren Bertha und ich bei Hoefers. Anwesend: Walesrode und der Hildesheimer Seiffart, welcher die „Erheiterungen“ übernehmen wird. Gestern abend mit Otto Müller in der Karlslinde. – Hartmann soll in Wien *sehr* kranck sein. – Ungewöhnliche Neuigkeiten nicht in Erfahrung gebracht!

Mit dem herzlichsten Wunsche, daß die Frau Kollega recht bald wieder mit ihren 4 geschnitzten Stühlen und dem lieben Kuckuck vereinigt werden möge WilhRaabe

Besitzer einer Flasche Leinringer Kirschengeistes,
eines Stehpultes und eines Kupferstichs,
Friedrich d. Zweiten in einer edelmüthigen Anwandlung darstellend. –

Bertha Raabe

Besitzerin eines Blumentisches, der aber nirgends einen passenden Platz finden will und einer Nähmaschine, Weihnachtsgabe meines geliebten Wilhelms.

[Nachsatz von ihrer Hand]

27. WILHELM RAABE AN JENSENS

Stuttgart 28 Dec 1868

Geliebte Freunde! Unsere Gefühle in Betreff Eurer gestern hier anlangenden Sendung drückt beifolgendes Familienbillet nur annähernd aus; aber jegliche Hieroglyphe hat ihre pulsirende Bedeutung; – nun entziffert, und faßt uns – und faßt Euch, – und habt Danck!!!

Beilaufenden Wiener Brief brachte heute Morgen Fräulein Dienstbach. Das kluge Volk hat ihn natürlich wochenlang liegen lassen, ehe ihm der schlaue Gedancke kam, daß er doch wohl auf irgend eine Art weiter zu befördern sei. Zu gleicher Zeit ist uns aus derselben Quelle die Nachricht zugelaufen, daß Euere Wohnung vermiethet sei; man verlangt aber für eine zerbrochene Fensterscheibe und verschiedene Insertionen die Summe von 48 Sr. – Seid Ihr verpflichtet, das Geld zu zahlen, so meldet es uns es soll richtig, freudig und gewissenhaft besorgt werden und sollen Euch edlen, edlen, edlen Gemüthern weiter keine Kosten dadurch erwachsen. – „Up ewig ungedeelt!“ sagt meine Bertha jedesmal, wenn sie von der Marzipanschachtel zurückkommt, und, beim Zeus, ich glaube allmälig selbst, daß der Inhalt „ungetheilt“ bleibt. –

Also Nero nestelt noch immer an seinen Sandalen? Wenn Duncker so generös ist, so sollte der römische Biedermann doch endlich einmal ein Ende damit machen. Ich hoffe übrigens das Beste vom Jahr 1869, Frau Kollega! – Beiläufig – 1869; – wir wünschen der ganzen Kimmerierfamilie in Flensburg einen guten Anfang und ein gutes Ende dieses Jahres. Wircklich, es soll Euch wohl gehen, und Ihr sollt Euern Willen nur dann nicht haben; wenn Ihr im Begriff steht, Euch selber irgendwie und irgendwo die Nase zu begießen.

Jensen Du bist ein Riese! Dein WilhRaabe

28. WILHELM UND MARIE JENSEN AN RAABES

[M. J.] Flensburg Sylvesterabend 1868.

Alles Heimweh ist verflogen, Ihr Raaben. Man muß Euch dies sagen, denn Ihr vermißt uns kein bischen, Ihr Treulosen! Flensburg ist eine sehr schöne Stadt, Tante Herzbrüchle eine sehr gute Frau, der „Arbeitjäber“ weit jovialer als ein gewisser Einzelschilderer. – Das Schlimmste ist jetzt überstanden; wir haben zur Genüge „Deutschland ein Wintermärchen“ kennen gelernt. Am 27ten in Nacht und Sturm und einem bischen Mondlicht verließen wir Kiel, jagten über die Tinasperheide an der braunen Erica vorbei – ma quando (am andern Morgen) il sol gli aridi campi fiede:

Ecco aditar Flensborgia si vede,
Ecco aparir Flensborgia si scorge
Ecco da mille voci il redactore
Unitamente
salutar si sente!

Am 10. Jan. 69

Wir sitzen da und warten, und Sie warten wahrscheinlich auch. Wer ist denn eigentlich an der Reihe? Raabe, Raabe, Sie machen wieder Quackeleien! Ich habe doch wenigstens am Sylvesterabend geschrieben – ist's meine Schuld daß Wilhelm mich nicht weiterschreiben ließ, sondern zu Austern und Portwein einlud?

Wir haben das Jahr 69 im offnen Fenster mit dem Glase in der Hand begrüßt, auch Ihrer (miserabliger Huckebein) und Frau Bertha's gedacht, und es kam Ihnen was. Damals saßen wir noch sehr verloren in Rasch's Hotel, und jetzt – ah – so behaglich, so behaglich zwischen unserm Trödelkram. Heute Mittag haben wir Gänsebraten gehabt, über meinem Schreibtisch hängt die Jagd nach dem Glück, auf demselben eine neue Dantebüste und das schottische Spielzeug, der Kuckuck lacht dazwischen – es geht mir durch den Sinn – er *hat* die goldnen Augen der Waldeskönigin.

Wir sind aber wahrhaftig mit unsern Siebensachen sehr glimpflich davon gekommen. Nichts ist entzwei gegangen, vom größten Bilderglase an bis zum ältesten Küchentopfe hinab *nichts!* Beim Auspacken ist mir übrigens aufgefallen daß ein merkwürdiger Unterschied zwischen uns und Diogenes besteht: *Der* Mann war klug. Wenn Wilhelm Sinn dafür hätte, ich zöge schnurstracks in ein geräumiges Faß, da wäre man mit einemale alle Sorge los und könnte faullenzen von früh bis spät. O wenn ich das nur einen Tag lang könnte! Ich habe mir die Finger in der letzten Zeit krumm und schief gearbeitet. Nun müssen Sie aber auch bald kommen und Alles begutachten. Das Fremden- oder vielmehr Freundezimmer ist sehr niedlich eingerichtet.

Mit Achtung

Marie Jensen

N. S. Eine *Mittel*stube haben wir noch nicht.

P. S. Ich wäre heut gerne zum Hocken gekommen. Es ist Sonntag Nachmittag. Wir durchsuchten das Adreßbuch ob vielleicht ein gewisser Wilhelm Raabe, Schriftsteller und Esquire hier wohne, und, schändlich genug, es gab hier keinen.

[W. J.]

O Raabe, alter Knabe, leider ist das wahr. Und noch wahrer ist, daß ich bisher keine Stunde und keinen Winkel gehabt, alle die Dinge, die der Heddi Euch nicht geschrieben hat, mitzutheilen. Für heute so viel, daß uns Alles hier recht gut gefällt, daß mir Stellung und Arbeitgeber über Erwarten zusagen und daß ich es mit Hinblick auf unsere heranwachsende Familie aus menschenfreundlichen Rücksichten für geboten erachte, daß Du auf die „Norddeutsche Zeitung" abonnirst. Einstweilen folgen einige Nummern bei oder nach. O könnte ich morgen Abend Leuchter sein und Du ein Betrachter!

Grüße Deine Frau und Gretchen vom Onkel. Unsere Schreier sind wohl. Wir bewohnen ein ganzes Haus mit acht Zimmern. Kattsund 606. Lebe!

Dein Wilhelm Jensen

29. WILHELM UND MARIE JENSEN AN RAABE

Flensburg, 11. 1. 1869

[M. J.]

P. Sc. Wilhelm, der Taffelige, vergaß zu fragen was Ihre Hieroglyphen im letzten Grunde bedeuteten; und weshalb die Raaben so begossen, mit niederhängenden, klaterigen Flügeln vor einem unenträthselbaren Gegenstande dasitzen! *Sollte* Elles hi gewesen sein, so *muschte* es hi sein, da Wilhelm es gepackt hatte.

[W. J.]

P. S. In ihrer gewohnten Taffligkeit hat meine Frau natürlich vergessen – nicht, daß sie mich lieb hat – sondern daß die

48 – Kreuzer – 48

an Dienstbachs zu bezahlen sind.

Sollte der Herr, der in seiner Unerforschlichkeit nicht nur die Spatzen auf den Dächern, sondern muthmaßlich auch die Raben in ihren Nestern zählt, es fügen, daß sich zu ihrer – nämlich den 48 – Bezahlung ein mildflötender Vogel fände, so – so bitte ich dienstergebenst, nicht außer gefälliger Erwägung lassen zu wollen, daß

mir seit zwei Jahren die Summe von

8 – Kreuzern – 8

geschuldet wird, die ich in meiner Langmuth immer weiter zu stunden, thörichter Weise mich stets habe bereitwillig finden lassen und die mit Zinsen und Zinseszinsen berechnet im Jahre 3869

fünf goldene Sonnen, circa 180 goldene Monde

ungerechnet zahlloser dito Fixsterne, Planeten und derlei Gelichters ausmachen wird. Adieu!

[M. J.]

Wilhelm ist ein dummer Kerl! Und das Funkelnagelneueste ist: daß er mich gar nicht mehr lieb hat. Adieu!

[W. J.] Vor Deinen Fenstern stehen fünf Pappeln,
Ich wollt', ich säh' Dich an jeder zappeln!

Adieu!

[M. J.]

Einliegende Locke von Wilhelm ist für den Liebhaber eine Million werth! Adieu!

[W. J.]

P. S. Lieber als die problematische Million wären mir meine 8 Kreuzer schon vor Jahren gewesen.

Nimm's wie Du willst. Adieu!

Auf lange!

[M. J.]

Im Grunde ist der Heddi doch zu tafflig, um nicht ein guter Kerl sein zu müssen. Dies zur Nachricht.

Lebe, wie Deine Werke es verdienen!

Delphi. Pythia.

[W. J.]

Thea (die Göttin) Mom (das Weib) und Paul (ohne Virginie) schicken nicht eher Locken, bis Du den Rest Deiner Hauptzierde hieher gesandt.

[M. J.]

Das ist auch wahr! Und nun allerseits Adieu!

30. WILHELM RAABE AN JENSENS

Stuttg. d. 16 Januar 1869.–

Liebe Freunde! Es hat uns nach Euerm langen Schweigen recht

gefreut, daß Euch das Leben immer noch leicht und „schmei'ig" eingeht. Seid dankbar dafür und überhebt Euch nicht; denn auch uns hat das Schicksal noch einen Gänsebraten verliehen; obgleich wir in das Jahr 1869 ruhig hineinschliefen. Fiel uns nicht in „den" Traum ein, daß Ihr Euch in Flensburg bei offnem Fenster diesem uralten Meidinger, dem Jahreswechsel, gegenüber blamirtet! Übrigens steht man hier auf, worgt sich durch sein Manuscript, legt sich nach Tisch mit Jensens neuen Novellen ("Laß sie kommen, sie finden keine Sehnsucht mehr, die sie nehmen könnte") auf das Sopha (ohne einzuschlafen, lieber Jensen) rumpelt weiter durch den Tag, liest von 9 bis 10 Uhr Abds auf dem obern Museum die Zeitungen und geht zu Bett in dem Gefühl das Seinige gethan und genossen zu haben. Dazu und dazwischen husten und prusten die Kinder, und zwei lebendige, recht muntere Wanzen haben wir in diesem heißen Winter auch schon gefangen. „Elles" war nicht „hi", Frau Marie; der zarteste Gegenstand, der Miniaturhenkelkrug, kam unversehrt an; aber von dem Übrigen wollen wir lieber schweigen. Auf s e i n Haupt die Scherben! Also in Lamentatinopolis ist es sehr schön? Das freut mich ungemein! Also Phrenoklastes und seine Gattin gefallen uns? Schön! Hier zeichnet die Wittib noch immer auf den Namen ihres Seligen, Abgeschiedenen, indem sie das Geschäft mit einigen tüchtigen aber ungenannten Gesellen fortsetzt. Was sagt der Wittwer in den elisischen Gefilden der Flensburger Norddeutschen Zeitung dazu? Die Wittib meint, es sei sein höchster Wunsch also! –

Also Kattsund 606? Hat sich Kimmerien bereits von seinem Staunen über die 4 geschnitzten Stühle, den Kronleuchter des Königs von England, die Petrefacten, den eingelegten Tisch, das einzige, herrliche Morgen und Nachtgeschirr u.s.w., u.s.w., u.s.w., u.s.w., u.s.w., u.s.w., u.s.w. ein wenig erholt?

Wann kommt die Tante hin, um über den Glanz der Beute des Südens in Ohnmacht zu fallen und dem Neffen einen neuen Stoff zu einem Gedicht in Blanckversen zu geben, vorausgesetzt daß der scandalose römische Kaiser Nero endlich seine

Sandalen los ist!?!? Das war nun 'mal ganz wie Raabe, – nicht wahr, – hä, Frau Doktern? Aber es ist auch ganz wie Jensen, wenn der alle die blau angestrichenen Leitartikel in dem übersandten Zeitungspacket selber geschrieben hat! Ach, Wilhelm, Wilhelm, da war's doch im Süden bequemer. Und die Juden in Köln noch dazu? Ja, hätte Pfeiffer das gewußt!!!!! –

Sonst nichts Neues, als daß ich nach der allgemeinen Modenzeitung sieben allerliebste Erzählungen unter dem Titel Der Regenbogen veröffentlicht habe. Wißt Ihr was davon?

Lieber Jensen, Du bist wahrlich ein Riese und es ist mein innigster Wunsch, daß Du noch viele Jahre wachsen, und so der Welt zu immer größerer Ehre gereichen mögest.

Bleibt gesund mit Euern Kindern

Euer getreuer WilhRaabe.

31. WILHELM JENSEN AN RAABE

Flensburg d. 17t Jan. 1869

Wilhelm Raabe, Romanfabrikant, gebürtig aus dem
Braunschweigischen von Eschershausen hat am
Sonntag dem 24. Jan. hujus
Abends 8 Uhr
unweigerlich an unterzeichneter Stelle zu erscheinen.

Kgl. Regierung für die Provinz Schleswigholstein.
Auswärtige Abtheilung. Kattsund 606. Hinterhaus Thür 1 rechts. Jensen

[Marie Jensen an Bertha Raabe]

Hier sind die wahnsinnigen Häringe für Ihren Mann.

32. MARIE JENSEN AN RAABE

Flensburg d. 17t. Jan. 1869

Sonnenschein, hohe Luft, Ostwind und Kälte.

Theils um Sie zu beschämen, lieber Wilhelm Raabe, theils um zu fragen wem eigentlich die beiden dicken Folianten gehören, setze ich die Feder nochmals an. Sie liegen in Wilhelms Zimmer, und ich wollte, sie lägen in meinem. – Professor Binkus wird entwöhnt; ich habe den ganzen Tag für ihn zu kochen, liebe Frau Bertha. Wie geht es Elisabeth? Grüßen Sie Gretchen von Tante Jensen. –

Heute Abend kommen Rommels und Herzbruchs. Wir haben Hasenbraten, Kartoffeln, Teltower Rübchen, Anchovis, Käse etc. Wenn Raabe's kämen, wär's doch anders! Da würden Kron- und Armleuchter angezündet und man würde sich unbändig freuen. Adieu! M. J.

[Auf dem inneren Briefbogen haben beide Jensens spielerische Zeichnungen von Sternen und Kreisen angebracht.]

33. WILHELM JENSEN AN RAABE

Flensburg 27/1. 1869

Lieber Freund!

Ich zähle die Stunden, die Tage, die Wochen,
Du hatt'st es versprochen,
Du wolltest mir schreiben –
Du ließest es bleiben –

Oder ließ *ich* es bleiben? Beim Barte Moritz Hartmann's, des Propheten der N.Fr.Pr., ich weiß es nicht. Aber so viel sehe ich ein, geschrieben muß werden, und da ich bekannter Maßen zu gut für diese Welt bin, so schreibe ich. Sag' einmal, verstehst Du Dich vielleicht auf *Raben*-Dänisch? In diesem Fall wäre ein guter Posten hier bei der „Nordd.Z." für Dich frei.

Kein besserer Drechsler in der Welt als Austern, Beafsteak und Portwein. Sie runden zum bassen Verwundern. Meine Frau Mom (auch „der vierundzwanzigste Lenz" genannt) wird wieder wie

Da ich sie als Mägdlein sah
jupheidi – jupheida!
auf der Fraueninsel!

Wir sind sehr glücklich und es fehlt uns nichts zu unserm Glück, als daß wir nie einen Raben krächzen hören. Ach, Raabe, der Lehnstuhl mit der Stecknadel steht bereit und die Thea schreit und Paul brüllt, warum kommst Du nicht und mischst Deine liebliche Stimme dazwischen? Heute abend giebts gebratene Ammoniten mit Sauriersauce und eingemachten Turnbrateln [?] Marie hat extra für Dich eine Gryphäe geröstet – Du weißt, nur so eben geschmort, fast noch au naturel – delicat! Dazu feinstes Schneckenöl aus Plagiostomenschalen – lockt's Dich nicht, alter Saurier?

Phrenoklastes und Frau und wir spielen wöchentlich einmal Whist, um eine Reise nach Stuttgart machen zu können. Wir haben schon 20 Sgr. in der Kasse Für dies Jahr reicht's noch nicht aus, aber für nächstes – jupheidi!

Ei, guten Abend, Frau Bertha! Danke der Nachfrage, es geht so so. Sitzen noch ohne Licht? Ja, ja, die Tage nehmen schon wieder zu.

Auch Sie hat nicht geschrieben,
ob sie gesund geblieben – jupheida!

Dennoch schließe ich Euch alle in mein Gebet. Gebet uns, Götter, eine Stadt, eine Straße, ein Jahr, zehn Jahre, wo wir wieder nebeneinander wohnen. Amen.

Morgens bin ich Zeitung, Mittags bin ich Wolf, Nachmittags bin ich Roman, Abends bin ich Mensch und Nachts bin ich Bär. Was braucht man mehr, um glücklich zu sein? Meine Frau dagegen (auch Heddi Rundback, Rosenkohl, Bachstelze genannt) ist den ganzen Tag Kind. Darum sind wir auch kindisch vergnügt. Paul gewinnt immer mehr Ähnlichkeit mit Elisabeth Raabe und darum Herzen. –

Wir hausen wirklich so behaglich wie es nur möglich ist. Manchmal ist's mir im Eßzimmer, als hörte ich über uns in Deinem Zimmer Schritte. Wenn ich nachsehe, ist's immer leer, aber Dein Geist spukt doch schon vor, das ist eine gute Vorbedeutung. Ich wette, Du sollst aus der schleswiger Küche rollen wie ein Borstorfer Apfel.

Liebe Frau Bertha, wenn Sie eine Gesellschaft bis zum Ende April geben, so bitten wir Sie uns acht Tage vorher genau einzuladen. Ob wir kommen werden ist nicht gewiß, aber wir möchten gern an unserer Stelle ein Fäßchen Austern schicken.

Lieber Raabe, wenn Du durch die Marienstraße schlenkerst

so bitte ich Dich bei einliegendem Zaiser vorzugehen, ihm mitzutheilen, er sei ein Esel, daß er uns beigefügte Bagatellrechnung zum drittenmal schicke und ihm zu sagen, er sei noch dümmer als seine Kaffeekannen.

Mir ist ganz aus dem Gedächtniß gekommen, daß Du mir schriebst, es habe in der „Frankf. Zeit." etwas über mich und die „Nordd. Zeit." gestanden. Wir halten das Fr. J., nicht die „Zeitung".

Kannst Du mir nicht die Nummern schicken oder angeben?

Vereinige Dich mit mir in dem stillen Gebet „Unser Vischer lebe hoch! Grüße Otto Müller und J. G., wenn Du sie siehst.

Dein Wilhelm Jensen

[M. J.]

Heute Abend weder Zeit noch Stoff zum Schreiben habend, füge ich Wilhelms Epistel nur einen Gruß bei. Ja, Euer Zimmer steht bereit, Raaben; kommt bald, Ihr sollt es gut hier haben. Gute Nacht, Raabe. Es ist schon sehr spät. Wer leuchtet, soll nur ein Betrachter sein.

Eure Marie

34 MARIE JENSEN AN RAABE

[Visitenkarte von Marie Jensen; auf der Rückseite von ihrer Hand:]

Auf die Vergißmeinnicht macht Euch selbst einen Vers!

35. WILHELM UND MARIE JENSEN AN RAABE

Flensburg 27/1. 1869

Lieber Raabe!

Klaus Groth schickt soeben eine Kritik über Wilhelms Gedichte und Novellen, damit er dieselbe in irgend einem Journale möge abdrucken lassen. Sie wissen, daß uns beiden etwas derartiges zuwider ist, und außerdem hat die Kritik einen so sonderbaren Ton, daß ich nicht einmal weiß, ob sie Wilhelm mehr schaden oder nützen würde. Dies hat mich auf den Gedanken gebracht

Sie zu bitten mir einmal im Vertrauen unumwunden, und *völlig* aufrichtig zu sagen, was Sie von Wilhelms Productionen halten. Uebel genommen wird nichts als Mangel an Aufrichtigkeit.

[Fortgesetzt von Wilhelm Jensen, vgl. Datum:]

Dieses veraltete Blatt, lieber Raabe, unverkennbar von der *eine* Dicke habenden Handschrift meiner Gattin, gerieth mir heut in die Hände, und ich ersehe daraus zu meiner Befriedigung, daß sie auch me absente einmal einen eigenthümlichen Gedanken zu haben vermag. Träume Du die Antwort dazu und „träumtest Du mir auch das Messer in das Herz" wie Lenau's Faust.

Es würde mich allerdings im höchsten Grade interessiren, von Dir ein aufrichtiges Urtheil über das was Dir von meinen Sachen gefällt und mißfällt zu hören. Ich will mäuschenstill darauf sein, eine Debatte soll sich nicht darüber entspinnen. Alles, was Du sagst, will ich einstecken – nämlich den Tadel, wo ich nicht mit ihm einverstanden bin, in den Ofen (Du weißt, ich sage in solchem Fall höchstens halblaut: Schafskopf!) und wo er mich juckt, hinter die Ohren. Tadel ist mir in dem von Dir gewünschten überhaupt lieber als Lob. Das letztere kann ich mir selbst singen, wenn ich Sehnsucht darnach habe, und meine Melodie für sehr schön halten.

Flensburg 3/2 1869

Dein Wilhelm Jensen

[M. J.]

Lieber Raabe! Wollen Sie nicht nächsten Sonntag im Frack und weißen Handschuhen Feuerseeplatz 2 im 3ten Stock einen Besuch machen? Vielleicht giebt Ihnen die Hausfrau zu trinken – und es entspinnt sich eine lange Freundschaft daraus. Uebrigens haben wir in der dritten Dielenritze, rechts, eine Stecknadel und diverse Kreuzer verloren –

Schönsten Gruß an Frau Bertha.

Ihre Marie Jensen

[Raabes Antwort: Br. Nr. 42]

36. WILHELM UND MARIE JENSEN AN RAABE

[W. J.] Flensburg 1/2. 1869

Willst Du photographiam optimam celeberrimam pulcherrimam vom Heddi?

[M. J.]

Lieber Raabe! Letzten Mittwoch sind Sie wieder nicht gekommen! Und Frau Bertha erst recht nicht. Das ist Raabenfreundschaft! Es brauchen ja gar keine langen Briefe zu sein! Ein Gruß und ein Schnack – das genügt. Uebrigens will ich mich nicht immer und immer mit Wilhelm drein theilen. Alles was von Ihnen kommt steckt er zu seinen Autographen bedeutender Männer, und mir bleibt das leere Couvert. Wenn heute Abend der Schüdderump rastet, dann beginnen Sie also: Liebe Collega, oder: Collegissima, oder: Liebe Marie Jensen, oder: Sehr geehrte, beste Frau Marie u.s.w. Dann will ich auch prompt antworten. Und Alles Alles soll vergeben u. vergessen sein. – Lieber Raabe, ich rieche auf zehn Schritt nach Ambra. Wilhelm hat bei Rommels Lhombre gespielt, ein paar Thaler gewonnen und mir eine Halskette von Ambraperlen gekauft. War das nicht niedlich von ihm? In vierzehn Tagen kommt die Tante hieher. Heute schickte sie Wilhelm eine Kritik über seine Novellen aus einer Lübecker Zeitung, und fügte folgende Warnung hinzu: „Lieber Junge, überhebe Dich nur ja nicht, bleibe hübsch bescheiden, dann wirst Du noch immer mehr gefeiert werden.“ Ich wollte, wir säßen auf dem Jupiter. Die Kieler, Flensburger und den ganzen Krempel habe ich bereits von Herzen satt.

[W. J.]

Ich nicht, ich habe nur Austern, Beafsteaks, Hasen, Portwein und Erlanger Bier satt – sobald ich genug davon eingesackt habe. Es ist außerdem zu bemerken, daß ich Mom nie satt habe, während das Umgekehrte mir in der verehrten Vorschreiberin Zeilen mit eingeschlossen zu sein nicht umhin zu können scheint. Habe oft einen recht silberlöffligen Hunger nach Mom –

Flensburg 2/2. 69

[M. J.]

Der gute Bom – er hat es so schlecht, muß den ganzen lieben langen Tag Zeitungsredacteur spielen – und deshalb habe ich es satt. Wenn er sagt, daß ich ihn satt habe – dann lügt er.

[W. J.]

Lieber Raabe! So sollte ein Mann schreiben – da ist Fett darin. Das ist Alles – wahr.

Warum schreibst –

Bei dieser Gelegenheit möchte ich wohl erfahren, ob Du eigentlich das Räthsel unseres letzten Briefes gelöst hast? Marie und ich saßen am Abend zusammen; sie las irgend etwas von meiner Hand und sagte sie begriffe nicht, wie ich so klein schreiben könne. Ich replicirte, ich schreibe nicht klein. Sie antwortete auf *ihre* Handschrift deutend: *So* sollte ein Mann schreiben. Ich entgegnete, daß ich so schriebe und schrieb, das erste beste Blatt herannehmend (und das war der Brief von Sophie Hundewadt, der am Abend eingetroffen auf dem Schreibtisch lag) die obigen Worte zum Beweis, daß ich groß schreiben könnte. Wir hatten just von Dir gesprochen und deshalb gerieth Dein Name daran. Aber der Beweis mißlang, ich schimpfte auf die Dinte und der Heddi sagte: „Da ist Fett darin" (Nämlich in der Dinte). Da ich weiter schreiben wollte, paßten mir natürlich *die* Worte wieder. Zum Schluß sagte Mom: „Warum schreibst Du nicht –" ich weiß nicht, was folgen sollte, denn ich machte mich sogleich eifrig daran und fuhr in meinen kalligraphischen Uebungen fort: „Warum schreibst" –

Nun aber kam Mom an die Reihe. Aus Mangel eigner geistvoller Gedanken konnte sie natürlich nichts als meine stehlen. Da fuhr ich mit dem verächtlichen Ruf dazwischen: „Das ist Alles *eine* Dicke" (nämlich die Grund- und Bindestriche) und wie in dem alten Märchen die Wurst an der Nase des allzu schnell wünschenden Weibes saß, kaum gesprochen, mein geflügeltes Wort schon der Ewigkeit überliefert auf dem Papier.

Siehst Du, o Räbele, so geschah's. Wir aber, als wir das ächt poetische, weil instinctive Werk unserer Hände vor uns sahen packten es eilig in ein Couvert, schrieben darauf: „An Wilhelm Raabe in Stuttgart“ und dachten: Dir geschieht's recht!

Außerdem kamst Du so, wenn auch nicht auf den Hund, doch auf die Hundewadt – wadt – wadt – wullt wi – nu wullt wi na'n Misten ---

Am 3ten.

Den Professor Binkus entwöhnen wir, weil die Kathrine nachgerade lange genug gestillt hat, und der Arzt sehr zu *guter Kuhmilch* rieth. Ich kenne die betreffende Kuh, den Stall und die Besitzer desselben, und bin ganz ruhig. Der Professor gedeiht übrigens prächtig und ist immer guter Dinge. Wir sind sehr froh, daß wir die Kathrine, diese gute, treue Seele mitgebracht haben. –

37. WILHELM RAABE AN JENSENS

Bei den Hippokäpouriern, am
1 Februar 1869, also nicht am
Tage von Trikameron.

Ihr da hinten, Ihr dort in Threnakra, Ihr waret in der That an der Reihe, uns Nachricht von Euch zu geben, und da Du, lieber Jensen, meldest, daß Ihr unbeschreiblich glücklich seid, und bekanntlich den Glücklichen keine Stunde schlägt, so verzeihen wir Euch, daß Ihr nicht geschrieben habt.

Was uns betrifft, so hat Elisabeth vor vierzehn Tagen die ersten beiden Zähne produzirt und fordert den Herrn Professor Binkus auf, dem guten Beispiele baldmöglichst zu folgen. Weßhalb aber wird der Herr Professor allen so häufig und fest verkündeten Grundsätzen entgegen, jetzt schon entwöhnt? Und nun, wozu brauchen wir eigentlich eine Gesellschafterin und zwar eine so ausgezeichnet unorthographische?

Hortleder in Schweinsleder, Raabe in Lämmerfell und Jensen in Eselshaut gehören sämmtlich auf jenes außerordentliche Bücherbrett, welches vordem in der Phantasie der Frau Kollega eine so ausgezeichnete Rolle spielte.

Daß der Kronleuchter allen Erwartungen entspricht, freut uns innig, freut uns sogar herzlich. Eine Einlage Zaisern und seine Patent-Kaffee-Maschinen betreffend haben wir im Briefe nicht vorgefunden; kann ich also auch nicht hingehen, um dem Mann zu sagen, was ich soll; denn was soll ich denn?

Also Noë ist endlich aus dem Kasten gekommen, und gestern hat der Beobachter auf den unter × gesandten Artikel „Bareis" hin erklärt: Die Schwäbische Volkszeitung stürze wie „ein Wasserfall von Fels zu Fels und von Redacteur zu Redacteur in den Abgrund der Schande"; auch will er Noë'n verklagen. Siehst Du Jensen, soweit hast Du es doch nicht gebracht. ––

„Schwung sei unser Losungswort!" sagt der größte Aesthetiker unseres Planetensystems; ––– also:

WilhRaabe

[Auf der Rückseite:] Morgen ist Mariae Reinigung, so wird also wohl zum erstenmal wieder Licht hinter den 4 Fenstern am Feuersee erscheinen. Gespenstisch – wehmüthig! Was?

38. BERTHA RAABE AN JENSENS

Stuttgart, den 9. Februar 69

Über die Kinder habe ich berichtet, jetzt könnte ich vielleicht noch einiges über den Herrn und Haupthahnen selbst sagen, wenn Elisabeth im Holzkorb, auf gut schwäbisch, „noch gut tut". Lange dauert es jedenfalls nicht, der Korb liegt schon voller Schlüssel, Papier etc. . Ein junges Lämmchen, weiß wie Schnee, ging einstens auf die Weide, d. h. mit anderen Worten: Wilhelm Raabe geht zu „Vitensee" in der Marienstraße, kneipen tut er aber nicht, fünf Schoppen daheim und 7 Schoppen Doppelbier außer dem Hause ist nur eine Bagatelle, er sitzt da bloß dem stillen Veilchen gleich.

Andere Abende, da ihm jetzt die guten Happen und nahrhaften Beafsteaks bei Jensens fehlen, geht er zur Verdauung seines gesunden Abendbrotes nach dem Museum. Steht das Wetterglas hoch, so erzählt er mir Scheußlichkeiten und Unglücksfälle, die passirt sind, und sucht mich zu überzeugen, daß das Leben eine Strafe sei. Ist die Temperatur minder angenehm, so höre ich gar nichts, ist Wind oder Nebel, so sind wir ein wenig asthmatisch und schimpfen, daß die Fensterriegel nicht gehörig geschlossen sind. Sonntag war Wilhelms Kaffee bei ihm, die Herren fanden ihn alle ausnehmend liebenswürdig und tranken ihrer 6 an der Zahl 17 Flaschen Bier! – – –

39. MARIE JENSEN AN RAABES

Flensburg d 11. Februar 1869.

Häßlicher Raabe und böse Frau Bertha. Da sollen doch gleich hunderttausend Schock Donnerwetter – – wenn nicht bald ein Brief kommt! Gestern war wieder Mittwoch! – *Bitte, bitte, Raabe,* setzen Sie sich gleich hin, und schreiben Sie zwei Worte an Wilhelm. Montag ist sein Geburtstag und er freut sich so sehr wenn er recht viele Briefe bekommt. Addio!

Ihre beleidigte Marie Jensen.

40. WILHELM RAABE AN JENSEN

Stuttgart, am Sonntag Invocavit, fünf Minuten nach Ankunft des Briefes d Frau Kollega vom 11 Februar 1869.

Ich sagte: er wäre im März, sie sagte: er wäre im Februar, die Frau Marie Jensen sagt: er sei morgen, und da die es doch allmählig wissen muß, so wird er auch wohl morgen sein und so [es folgen über zwei Zeilen Kringel] und alles Übrige was man sonst bei solchen fröhlichen Gelegenheiten vorzubringen pflegt. Sind denn unsere Briefe vom 9. huj. nicht angekommen? Schreibt uns doch gleich, daß man im Nothfall Schritte thun kann. Elisabeth „zahnt“ augenblicklich heftig.

Ich habe Noë kennen gelernt, der Mann ist unbedingt ein Gentleman und wieder einmal viel zu gut etc.etc. So eben schreibt mir Hallberger durch die Stadtpost, daß die Redaction d.Schwäbisch. Merkurs ihm meinen Regenbogen zurückgeschickt habe und es ablehne ihn zu besprechen. Ist das nicht wunderhübsch? Daß hier so etwas nicht ohne tiefe Überlegung geschieht, wird Dir auch wohl bekannt geworden sein lieber Jensen.

Der Brief *muß* in den Briefkasten, sonst haben wir wieder ein „Geschrey von Mitternacht" zu gewärtigen.

Wilhelm, Wilhelm, Wilhelm möge es Dir und den Deinigen wohlgehen.

Dein treuer WilhRaabe

41. MARIE JENSEN AN BERTHA RAABE

Flensburg 19/2.1869

Liebste Frau Bertha.

Ich danke Ihnen von ganzem Herzen für Ihren ausführlichen Brief. Wir haben ihn mit wahrem Gaudium studiert, und fühlten uns so ganz in die Hermannstrasse hineinversetzt. Das stille Veilchen im grauen Schlafrock sahen wir vor uns, wie es leibt und lebt und – duftet und blüht. Wir sahen Wilhelm Raabe auf dem Diwan mit dem Anti-Macassar-Muster auf der holden Backe, wir sahen ihn in der sauberen Wohnstube im Kreise seiner Kinder, wir sahen ihn mit befriedigtem, stolzen Blick durch die Mittelstube schreiten, wir sahen ihn im Fenster unaufhörlich einen Ohrwurm oder eine Blattwanze verfolgen, wir sahen ihn bei Vitense, wir sahen ihn in der Karlslinde, wir sahen ihn im Kaffeekränzchen, wir sahen ihn Gryphäen suchen und finden, und hörten ihn „Hier, Collega, hier!" schreien, wir sahen ihn in der Königsstraße, wir sahen ihn in der Rentenanstalt, wir sahen ihn aber immer gerne. A propos – was macht sein Ohr? ———

Liebe Frau Bertha, ich habe ein Dienstmädchen (eine Dänin), welches mich duzt, und dabei äußerst unreinlich ist. Die Scenen, welche täglich zwischen ihr und dem Schwabenmädel spielen sind köstlich; sie verstehen einander absolut nicht, ach, und möchten oft so gerne schwatzen. – Den Kindern geht es gut; Thea hat 6 1/2 Zähne und Paul kann bald laufen. Ich werde unaussprechlich dick.

Adieu! Liebe Bertha. Ihre Marie J.

[Am Anfang des Briefes ist eine Rose gezeichnet. Daneben die Worte:] *Er* hat Rosen und Vergißmeinnicht bekommen, und deshalb sollen Sie es auch haben.

42. WILHELM RAABE AN JENSENS

St.Fastnacht 1869

Liebe Frau Kollega!

Ja, was bin *ich* und was ist das „Erbtheil des Blutes"? Da schreibe Einer einmal eine unbefangene, unpartheiische Kritik, Frau Kollega (denn *Sie* wollen sie doch haben?!) *Er* soll weiter schreiben und womöglich nur das Erbtheil seiner ausgebreiteten Lectüre und seines Enthusiasmus für andere Leute ein wenig bei Seite legen (für die alten Tage aufheben!). *Er* soll schreiben – *er,* – Wilhelm Jensen – Wilhelm Jensen aus Kiel; – morgen über acht Tage ist an Jensen's die Reihe, da wollen wir die Sache in gewohnter Weise mündlich besprechen. Und was hat eigentlich ein Mensch den sein Verleger Extrahonorare schickt, der im L'hombre ein „paar Thaler" gewinnt, der eine Zeitungsredaction nur deßhalb annimmt, um mit mehr Muße Verse schreiben zu können, dem junge Wiener Damen seine Dramen kopiren, kurz und gut, welchen

„die Götter, die gnädigen, vor der Geburt schon liebten",

was hat solch ein Mensch noch Andere zu fragen, wie ihnen „seine Sachen" gefallen?

Mir gefallen Deine Sachen ausgezeichnet, lieber Freund; ob sie aber nach fünf Jahren Dir auch noch so gefallen werden, das ist die Frage. Du schreibst gut; aber Du läßst bis jetzt noch nicht Deine eigenen Figuren tanzen. Du beneidenswerther Gesell hast Dich eigentlich viel zu vergnügt und sorgenlos in der Welt umhergetrieben, und hast deßhalb bis dato nur Dein Vergnügen an den Dingen (sowohl nach der dunkeln wie nach der hellen Seite hin) zu Papier gebracht; aber noch nicht die Dinge selbst. Hat er nicht immer seinen Willen gekriegt, Frau Marie? Hat er nicht Nerven wie Bindfaden? hat er nicht einen guten Magen? Spielt er nicht mit Wollust Whist und Lhombre, und – redigirt er nicht mit innerlichstem Behagen? Er soll zufrieden sein, und die Tante reden lassen! ----

Bei Zaiser war ich. Er erröthete und bittet um Verzeihung. Eine Photographie wollen wir natürlich!

Liebe Freunde! Ihr seid brave Leute, und wir freuen uns jedesmal wenn ein Brief von Euch kommt. Auch auf das nächste Werck freuen wir uns. Sanguine et viribus niteat.

WilhRaabe

[Zwei Seiten des Briefes enthalten zahlreiche Federzeichnungen von Schafsköpfen.]

43. MARIE JENSEN AN RAABE

Flensburg 19/2.1869

[W. J.]

Coelum non animum mutant qui trans (seu:ad) mare currunt!

[M. J.]

O Raabe, Raabe, Raabe! Ihr seid ein *guter* – und das habe ich gemerkt: Man kann auf Euch zählen. Der Geburtstagsbrief ist pünktlich angekomme; die *Kritik* ebenfalls. Was letztere betrifft, so kann ich nur sagen: „Ich verstehe Euch, Meister", obgleich ich nicht Emerentia von Schnick-Schnack-Schnurr aus der Boccage zum Warzentrost bin. Willy Jensen hat allerdings noch nie mit seinem Herzblute geschrieben – s'ist aber auch gar nicht nöthig, zweitens sehr gefährlich. In Eurer Kritik schien die grausige Anspielung enthalten, ich möge mich erdolchen – fällt mir aber nicht in den Traume ein. Und, Hand auf's Herz, Willy Raabe, ist der *sentimentale Alte* nicht seine eigene Figur? (Siehe Magister Timotheus, siehe „Späte Heimkehr"). Und ist der *poetische Professor* nicht seine eigene Figur? (Siehe „Braune Erica", siehe 2ter Theil des „Pfarrdorf", siehe „Unter heißerer Sonne"). Ich bedaure nur, daß sie Alle zu viel Liebhaber und zu wenig Charakter sind.

[Ein gezeichneter Schafskopf]
als Unterschrift

Am 20ten.

Werthester Raabe! „Bei dem vielen Briefeschreiben kommt

nichts heraus", meint die Tante, welche seit Samstag hier ist. Sie kam Abends um halb zwölfe, als alle Lichter und Lampen, Arm- und Kronleuchter des Hauses Jensen brannten. Und all ihr Staunen über den „Glanz der Beute des Südens" faßte sie in den zwei Worten zusammen: „Recht nüdlich."

44. WILHELM RAABE AN JENSENS

Stuttgart, den 26 Februar 69.

Na nu?

Etwa doch der Fastnachtsbrief? Oder die neuen Amoniten?

45. WILHELM JENSEN AN RAABE

[Flensburg, März 1869]

Liebster [ein gezeichneter Schafskopf]!

Dein letzter, zweizeiliger, kurzweiliger obwohl eiliger, gedeihlicher, verzeihlicher, mir ewig heiliger und erfreilicher Brief hat mir unendliche Freude gemacht.

Denn Bertha sagt: „Nein, Wilhelm macht es doch zu arg –" Und die Frau Pracmatia sagt: „Wilhelm ist gar zu aufrichtig –" Ich aber sage Dir: Es ist mehr Wonne, Einen alten, gewiegten Mäusebussard zu fangen als tausend unerfahrene schnellpiepsende Fliegenschnäpper.

Raabe, ich vergesse Dir das auf meinem Todbette nicht. Ich will nicht den Duft von der köstlichen Blume wischen und es mit Menschenaugen verständlichen Worten hinschreiben. Aber ich hoffe, Du fühlst es in tiefer Krähenseele mit heimlichem Ingrimm: Wilhelm Raabe, Du bist blamirt.

Ich schnitt' es gern in alle Rinden ein,
Ich grüb' es gern auf jeden Kieselstein:
Er schrieb mir einen zweiten Brief,
Er meinte, ich nähme den ersten schie - r als etwas

Anderes als er ist und ich gewollt. O Raabe, wenn nach 40.000 Jahren einmal ein rüstiger Nachkomme Andlers uns aus dem gemeinsamen Muschelkalk heraushaut, in welchem wir mit all dem Gryphäengesindel unserer Tage zusammengeballt liegen werden, da wird er nachdenklich sagen: Dieser Ammonit (cf. corax) glaubte von dem Ammoniten (cf. anser), er habe ihm das Wasser getrübt. Ja, ja, da thut Einem der corax Leid.

Liebster, da ich einmal von Versteinerungen rede, muß ich Dir mittheilen, daß ich bei Aufstellung und Ordnung meiner Petrefacten in einem exquisit schönen Glaskasten mit rothem Grund circa 100 Exemplare von Ostraea Ilusumica major vorgefunden habe, die für meine Sammlung völlig überflüssig sind und die ich, um meinen beschränkten Raum zu schonen, ins Schwabenland zurückspediren will. Ich habe sie an Dich adressirt und sie gehen am Montag Morgen von hier fort, so daß sie am *Donnerstag*, spätestens am *Freitag* bei Dir in der Herrmannstraße eintreffen werden. Da in manchen von ihnen sich vielleicht noch Thiere vorfinden können, so bitte ich Dich, Dich rechtzeitig mit einem Instrument zum Oeffnen der Schalen zu versehen, um diese Procedur, wie es im Interesse der letzteren erwünscht ist, *sofort* vornehmen, den Inhalt wegwerfen und die Hülle Deiner Sammlung einverleiben zu können.

Zu meinem 32ten Geburtstage (eigentlich 33ten) habe ich einen Schaukelstuhl vom Schneewittchen bekommen – o Raabe, Deiner verhält sich zu ihm wie A.raricastabus zu A.ornatur. Wenn man in ihm sitzt, geht die Zeit auf so sanften Füßen an Einem vorbei, daß man es gar nicht merkt. Auch in eine Sammetweste hüllte Schneewittchen meine treue Brust. Hyacinthen umdufteten mich – sie sind verwolken – Mandelmilch tränkte mich – sie ward zu Molken – Leberwurst nährte mich, sie ist gefressen – ich aber blieb stets unterdessen

Dein Wilhelm Jensen

Avis à Guillaume et Bertha!

Seit vierzehn Tagen besitzen wir ein 7′ langes und 5′ breites zweischläfriges Bett, haben mithin jetzt *zwei* complete Fremdenbetten

und was ich wünschte ist:
daß Du, herzlieber Christ,

noch in den Betten oft
so gut schläfst, wie es hofft

Dein W. J.

[M. J.]

Für Gretchens Bild danken wir sehr. Das meinige wollte ich Euch nicht schicken, weil ich mir in der Mütze lächerlich vorkomme. Wilhelm hat sie mir beim Photographen aufgestülpt. Mumma, die Gemahlin Atta-Trolls hat wahrlich kein wärmeres Fell.

46. WILHELM RAABE AN JENSENS

Stuttg. d. 2. März 1869
Abds 6 Uhr 46½ Min.

Furchtbare Aufregung! .... o Ihr .. –! Dr. Teuffel ..... ho - len! Wie aufkriegen? .... Und wenn stincken???! ... Keinen Spaß verstehen – – Schicken wieder was, wissen noch nicht

[Es folgen gekritzelte Schlußzeilen, die absichtlich unleserlich gehalten sind. Unterschrieben in der gleichen gekritzelten Form]

WilhRaabe

47. WILHELM UND MARIE JENSEN AN RAABE

Flensburg, 3/3.1869

Lieber Raabe!

Lachs in Gelée giebt es heute Abend und ich lade Sie hiermit ergebenst ein! Wir hätten nebenbei auch noch Manches wegen unseres Rendez vous auf dem Jupiter zu besprechen. Im welchem Costüm werden Sie erscheinen? Ich rathe Ihnen, so wenig wie möglich philiströs dort aufzutreten. Wir erwarten Sie sehr – hier sowohl wie dort. –

M.J.

[W.J.]

So eben 25 Flaschen Champagner von Rheims eingetroffen. Bereits eine von ihnen für Dich zu heute Abend in aus Drontheim verschriebenem Eis kühl gestellt. Dazu Eisbärkeule von Spitzbergen und Möweneier von Nowaja-Semblia.

O Raabe,
Du bist ein wackerer Knabe;
Doch kämst Du hieher,
Wärst Du noch wackereer. W. J.

48. WILHELM UND BERTHA RAABE AN JENSENS

St. d 6 März 1869.

Liebe Kinder! Der Herr segne Euch! Der Herr lasse sein Antlitz leuchten über Euch und gebe Euch seinen Frieden – Amen! O Gott, könnte ich doch heute geistreich sein, wie unendlich gern wäre ich es; aber ich kann es nicht. Um zwölf Uhr Mittags hat Dr. Julius Teuffel die letzten zwanzig als ambulatorischer Kliniker mit furchtbarer Behendigkeit operirt. Gestern Abend war er zu Gast geladen, kam aber um 8 Uhr dessenungeachtet und –––––so:

[Zeichnung: ein Rabe und ein Teufel über ein Faß Austern gebeugt.]

machten wir Beide ganz in der Stille einen guten Anfang.

Gegen zwei Uhr Morgens hat Otto Müller als der Letzte das Schlachtfeld verlassen. Wie der Doctor Hoefer und die Frau Dr. Notter mit Gemahl nach Haus gelangt sind, weiß ich nicht. Meine sämmtlichen Finger bluten, – Müller hat sich den linken Daumen halb abgeschnitten; aber – – so:

[Zeichnung: eine Batterie leerer Flaschen, ein Haufen Austernschalen, ein leeres Faß und ein Kater mit gekrümmtem Rücken.]

triumphirt man über einen würdigen Gegner.

Frau Kollega, man hat *beide* Wirthinnen hoch leben lassen: hat Ihnen in Threnakra nicht das Ohr geklungen? Liebe Freunde, Ihr habt uns wircklich ein großes Vergnügen gemacht, und wir dancken Euch herzlich dafür und machen Euch wieder eins, sobald wir ein ordentliches – wirckliches gleich erhebendes für Euch ausfindig gemacht haben! –––

So eben (4 1/2 Uhr Nachm.) donnern Karls des Ersten Geburtstagskarthaunen vom Kanonenweg herüber; das ist die einzige

Neuigkeit, die ich Euch heute mitzutheilen im Stande bin. Möge jeder Knall Euch zu Gute kommen!

Lebt wohl! WilhRaabe [B.R.:] war vor Empfang der Austern ganz wüthend, nach dem Empfang, Ihr habt es gelesen, verzweifelt, nach der großen Heldenthat (er wollte sie alle öffnen, 6 hat er auf seinem Gewissen) erleichtert und nach überstandenem Genuß u glücklich ausgeschlafenen Katzenjammer heiter wie Ihr ihn zuweilen bei Euch, wie ihn sonst aber die Sterblichen selten sehn. Liebe Kinder, Ihr habt ein gutes Werk gethan und die großen Geister Stuttgarts sind Euch dankbar dafür. Ich soll zwar Alles verschuldet und verbrochen haben, denn ohne meinen Brief sollten die Austern ausgeblieben sein; So nehme ich denn die Schmach über mich abscheulich unbescheiden gewesen zu sein, und danke Euch von Herzen. Ihr sollt dafür auch einmal einen Genuß haben, den Ihr gar nicht mehr kennt, ich verspreche es Euch hoch u heilig ich packe Euch einen ganzen schwäbischen Biergarten ein, auf Ehre und Treue, ich revangire mich, Ihr bekommt das Fässle zurück mit Batzenwurst u sauren Gurken und so mit Gott befohlen! . . Elisabeth schreit sehr viel, zahnt sehr viel, ißt sehr viel, schläft fast gar nicht, ich schreibe mit ihr auf dem Schooße, Gretchen erkannte die Tante Jensen in der schönen Photographie nicht.

Adieu

49. AN RAABES

Angenehmen Abend
Flensburg 24 März
Nachts 1 Uhr
bei Dr. Jensen
Dr. E. Rommel
Rechtsanwalt

Ich war auch dabei

Ernestine Rommel
geb. Bauer aus Stuttg.

[Marie Jensen]
Wir grüßen die Raaben. Es steigt Ihnen was.

MARIE JENSEN AN RAABE

Ich schwör es, Raabe, bei dem heil'gen Mond, daß wir nicht ungetreu geworden sind. Die Kinder waren krank und brauchten Pflege. Und auch die Magd, sie mußt' in's Hospital; Und ich mußt Köchin, Waschfrau, Hausmagd sein Und hatte keine Zeit mit Euch zu schwatzen. Zwar dicke Freundschaft haben wir geschlossen mit Tiedemann, dem Polizeiminister. Der weiß gar schöne Dinge zu erzählen daß uns die Haare schier zu Berge stehn.

O Willem Raabe, Willem, Willem, Willem
Wie konntet Ihr Euch je so weit vergessen
Und Rosa Wahlstatt, eines Andern Gattin
Mit falschem Schwure täuschen u.s.w.
Die Arme, ach, sie weinte oft und rief:
„Der Wind, der vom Gebirge sausend wehet
Macht mich und ihn und meinen Mann noch toll.
Gottlob, die Seite ist voll.

Nicht böse sein, Räbele (oller Raabe) – Sie waren übrigens wieder einmal auf dem schönsten Wege Quackeleien zu machen. Nicht wahr? – Ach, es ging uns schlecht in letzter Zeit. Thea hat einen Backenzahn bekommen, Sie wissen was das heißt; Paul hatte Husten und war recht krank; die Köchin bekam Bronchial-Catarrh. Ich mußte immer sehr früh aufstehen, stramm arbeiten, und meine Hände sind mit Schwielen, Rissen, Brand- und Schnittwunden besät. Trotz alledem aber hatten wir häufig Besuch des Abends. Wilhelm wird ein Schlemmer; er thut es nicht mehr ohne Burgunder und Sekt. Die schönen Zeiten des Kardinales sind vorüber. Mich kränkt nur das Eine, daß wir damals nicht Geld genug hatten um mit Euch Edlen edle Weine zu trinken. Guter Raabe, Ihr kamet trotz dem Kardinale! Das vergesse ich Euch nicht. (Gestern Abend waren Rommels hier. Sie wollten Euch partout schreiben. Nehmt einliegende Versuche gnädig auf.) – Marcus Seneca und Nero, der 5te vom Geschlechte Cäsars sind todt – Sie können sich im nächsten Westermann'schen Monatshefte davon überzeugen. Am Heinrich wird auch gearbeitet, und die neue Novelle „von Chur nach Chiavenna“ wird in acht Tagen fertig sein. Zehn Verleger haben sich bereits um letztere gerissen. – Wilhelm und ich wir sind uns böse. Ich habe ihn in der Aufregung Esel genannt, und nun schmollt er. Wenn dieser Brief fertig ist, dann bitte ich ihn um Vergebung. Adieu, lieber Raabe, machen Sie bald ein recht freundliches Gesicht. Adieu, beste Frau Bertha, ich schreibe Ihnen nächstens einen recht langen Brief, Sie wackere Frau Sie.

Eure bis in den Tod getreue Marie J.

Ich habe gestern 11 paar Socken für Wilhelm gestopft – er könnte mir wohl wieder gut werden. –

50. MARIE JENSEN AN RAABE

Flensburg d 3ten April 1869

Lieber Raabe

Innigsten Dank für Ihre liebenswürdige Mittheilung! Ich gratulire Ihnen von Herzen zu dem Funde, und verbleibe

ohne Weiteres Marie Jensen

51. WILHELM RAABE AN JENSENS

Stuttg. d 5 April 1869.

Mylady and Gentleman!

Wir erlauben uns, gehorsamst anzuzeigen, daß am 29sten des vorig. Monats wircklich ein Brief von Flensburg hier eingelaufen ist, und daß wir uns noch viel wircklicher recht sehr darüber verwundert haben. Nicht als ob wir uns im Geringsten anmaßten, darüber zu urtheilen, ob dieses erstaunliche Ereigniß in der Natur der Sache oder in der Sache der Natur seine vierfache Wurzel vom Grunde finde; so können wir doch nicht unterlassen, die Welt als Wille strengstens von der Welt als Vorstellung zu trennen und 1) die Kranckheit der Kinder 2) das Schlemmen des Vaters 3) die Eilf Paar Strümpfe 4) die zehn sich um die Vollkur in Chiavenna streitenden Verleger als die vierfache Wurzel vom Grunde dieser wahnsinnig fieberhaften Correspondenz gelten zu lassen. *Wir* sind jedoch wie immer mit Cardinal zufrieden; wir sind keine neronischen Naturen welche die „Zenithgluth des zügellosen Grimmes“ durch Fluthen von Burgunder und Seckt Nacht für Nacht löschen müssen; wir leben nach wie vor friedlich und still Hermannstraße 11, über drei Treppen; aber die „lähmende Fieberohnmacht“ des *jeder* Nacht folgenden Tages hat uns denn doch auch noch nie das alte Beafsteak über die neuen Austern vergessen lassen.

O Wilhelm, was sagte sie, als Du am Strande sitzend Dir für den Separatabdruck der Juden von Cölln aus der Flensburger Norddeutsch. Zeitung das Übersetzungsrecht vorbehieltest und zugleich nachdachtest, wie lange das Meer gebraucht habe, die zierlichen Kiesel aus den trotzigen Felsküsten Norwegens zu fabriciren? was sagte sie? „Esel!“ sagte sie nach ihrem Briefe vom 25 März dieses Jahres und fügte mit vollkommenster Berechtigung sanft, „wie der Wind der sausend vom Gebirge weht“, hinzu: Statt dessen solltest Du endlich einmal nach Stuttgart schreiben; wir sind den Leuten doch wahrhaftig lange genug einen Brief schuldig.

Im Engern

Wilh Raabe und Frau.

52. MARIE JENSEN AN RAABE

Flensburg d. 13 April 1869.

Ein Veilchenodem süß und warm –

Mylord and Gentleman!

Nicht nur nicht, daß ich die alten Austern nicht vergessen habe über dem neuen Beafsteak, so würde ich auch noch heinte die Stadt verlassen und Hermannstraße 11 über drei Treppen einkehren – wenn es ginge. O Raabe, was kümmert mich die vierfache Wurzel vom zureichenden oder auch nicht zureichenden Grunde! Sagen Sie mir lieber, ob Ihre Frau noch stillt, wie es den Kindern geht, und ob in Stuttgart Hollunder und Goldregen schon blühen. – Tiedemann frug an, ob Sie sich seiner noch erinnerten und war tief gekränkt als ich es verneinte. Tiedemann ist ein *guter* Mensch; er setzt Wilhelms Gedichte in Musik (so etwas können Sie nicht, Raabe), er geht beinahe täglich mit uns spazieren, kneipt mit uns, singt mit uns, lacht mit uns (Sie weinten nur immer mit uns, Raabe, o R., wenn *ich* wüßte was Sie wissen!), spielt Schach mit uns, und hat eine nette Frau nebst drei „nüdlichen" Kindern. – Gestern haben wir eine Sommerwohnung in Ruhethal bei Glücksburg gemiethet. Vier Zimmer, ein großer Garten, Kuh- Pferde- Ziegen- Schweine- und Schafställe, ein Taubenschlag, zwei Seen mit schwarzen und weißen Schwänen, Wald mit Bächen und Wasserfällen, Aussicht auf ein altes Schloß in einem der Seen, und eine Viertelstunde davon „Muschelstrand". Preis der Wohnung für 8 Wochen 40 Thlr. Kinderbetten, Schaukelstuhl etc. nehmen wir mit, aber keinen Küchentrödel. Ein Fremdenbett für zwei nehmen wir auch mit, für den Fall, daß die Raaben, die guten Raaben, kommen. Gestern habe ich im Glücksburger Schloß das Bett gesehen in dem Frederic VII von Dänemark gestorben ist, habe auch an seinem Schreibtisch gesessen; dann waren wir in der „Fürstengruft", in welcher über 30 gefüllte Särge standen (Ihnen hätte es gegruselt, Raabe). Wenn Ihr kommt, sollt Ihr dies Alles auch sehen, und noch viel mehr. Aber kommt denn doch auch endlich einmal! Bedenket nur, das Wiedersehen wäre so schön! Es wird Frühling – und wir vermissen die goldnen Augen sehr.

Raabe – Waldmeisterbowle! Adieu! Gehen Sie heute Abend auf den Hasenberg?

Ihre Freundin

Marie Jensen

Reden Sie nicht von unserer Correspondenz! Sie antworten manchmal schneller – wir aber gefühlvoller. Ist's wahr oder nicht?

Ich habe Ihnen noch eine sehr wichtige Nachricht mitzutheilen, nämlich:

Sie sprachen von manchem schönen Pfau
Von Willy Raabe nicht –
Wir aber sprechen alle Tage von Willy
Raabe und seiner Frau.

An Bertha schreibe ich in den nächsten Tagen.

53. GEDRUCKTE EINLADUNG VON JENSENS

[mit handschriftlichen Zusätzen aus dem Jahre 1869]
Wilhelm und Marie Jensen geben sich die Ehre
Herrn Wilhelm Raabe
Schriftsteller und Esquire
Donnerstag den 14.Mai 2 Uhr Mittags
zur Feier der silbernen Hochzeit ihrer von Wien eintreffenden Eltern und Schwiegereltern und ihres eigenen Hochzeitstages zum Diner
einzuladen, nebenbei giebt Marie Jensen sich die Ehre, Herrn Dr. Wilhelm Raabe die Freundschaft zu kündigen. Er weiß warum.

M.J.

54. WILHELM RAABE AN JENSENS

Stuttgart, d 11 Mai 1869.

Hochgeehrte Freunde!

Indem wir den theuern Eltern und Schwiegereltern unsere innigsten Glückwünsche zu ihrer silbernen Hochzeit abstatten, sehen wir durchaus nicht ein, was das uns, die Welt im Allgemeinen und die Flensburger Welt im Besondern eigentlich angehen soll, daß auch Ihr Beiden jungen Leute, d. h. W. u M. Jensen ebenfalls an irgend einem 13 Mai geheirathet habt! Übrigens sind wir den Verfassern und *dreimaligen* Absendern der lithographirten Einladung zum „Diner“ ebenso danckbar, als jene Storchfamilie, die von den Füchsen auf eine flache Schüssel Suppe zu Gaste gebeten wurde. O Ihr entsetzlichen Großmäuler, daß wir am 13 Mai den vielseitigsten aller schleswig-holsteinischen Poeten von Flensburg bis nach Stuttgart schlawwern und schmatzen hören werden, bezweifeln wir gar nicht! O Gott, Frau Collega, und nachher liegt er dann wieder auf dem Sopha wie damals und röchelt bei aufgesperrten Fenstern mit aufgesperrtem Munde, und unser einziger Trost, Frau Collega, wird sein, daß dießmal sicherlich die gute Tante Moldenhauer zugegen sein wird, um dem „lieben Jungen“ mit ihren ausgezeichneten, nimmer genug belobten Walnußschnaps beizuspringen. *Damals* war er gewöhnlich schon *vorher* zu Ende! – – –

Also wir sollen übermorgen wircklich zum „Diner" kommen? Herzlichen, herzlichen, thränenerstickten Danck! Und zum Zeichen, daß auch wir unter Umständen großartig denken können, beifolgend:

500 frcs in Papiergeld

zur, wenigstens theilweisen, Deckung der Unkosten, und in Anbetracht, daß nicht Alles *silbern,* selbst bei der Feier einer silbernen Hochzeit sein kann. –

Mehreres, Späteres, Weiteres und Engeres uns vorbehaltend für die Zeiten, wo wir erfahren haben werden, wie Andern die Festivitäten bekommen sind, die auf Fliegengift und Holunderblüthe reduzirte

Familie Raabe.

55. MARIE JENSEN AN RAABES

Flensburg am 31ten Mai 1869.

Liebe Raaben,

sonst, wenn wir lange schwiegen, rieft Ihr: Na nu!, und jetzt rührt Ihr Euch nicht. Weshalb ängstigt Ihr Euch kein bischen um Jensens? In unserer Nähe zersprang ein Dampfkessel, drei Häuser flogen in die Luft – wie leicht hätten wir mitfliegen können! Uebrigens stand unser Haus auch recht lustig auf dem Kopfe, und ich war just nicht in der Schreibelaune. Die silberne Hochzeit (an sich ein schönes Fest), geliebte und ungeliebte Gäste, das menu, große Rührung, Kochfrau, Kellner, Musikanten, Nachbarskinder – o Gott, – o Gott – Raabe, Sie kennen ja meine träge Natur, oder natürliche Trägheit s'ist doch Alles einerlei, denke ich immer, und verabscheue jede Unruhe. Die Nachbarshäuser hatten geflaggt; Ständchen weckten uns in aller Herrgottsfrühe: Wer hat dich du grüner Wald – und – „Gott erhalte Franz den Kaiser" – Wilhelms Zimmer mit den „Colossalbüsten" war natürlich herrlich mit Buchenlaub und Guirlanden decorirt; Mama sah sehr jung und hübsch aus, und bei Tische lief Alles gut ab, ganz ohne Störung. Nachmittags Wasserfahrt in verschiedenen Segelböten (o wäret Ihr dabei gewesen, Raabe, wißt Ihr, was ich Euch gesungen hätte?) Abends Ball. „Wir haben immer immer Dein gedacht, – ich wollte schlafen, doch ich mußte tanzen." – Eine wunderliche Neuigkeit habe ich Euch mitzutheilen, horcht, Raaben, und dann steckt die Köpfe zusammen! Ich werde geliebt, werde furchtbar geliebt – von Wilhelm ganz abgesehen. Und denkt Euch, dieser Holzklotzpflock Wilhelm ist kein bischen eifersüchtig, nein, es freut ihn unmenschlich. Mir ist es, obgleich schmeichelhaft, doch höchst unbehaglich. Wären wir nur erst in Glücksburg! Heute habe ich viel in meiner Stuttgarter Chronik gelesen und viel an Euch gedacht. Der Mai wimmelt aber auch von Erinnerungen an Euch. Am 17ten schenkten Sie mir Hortleder in Schweinsleder, es war ein Sonntag; Nachmittags suchten wir die ersten Maiglöckchen im Walde. Erinnern Sie sich noch, Raabe? Am 20ten Mai waren wir auf dem Stauffen, verhängten um 3 Uhr Morgens den Sonnenaufgang, tanzten, und wanderten durch verzauberte Gegenden. Ich sage heute noch, *wir* hätten den Rechberg gefunden, wenn *er* nicht seiner eigenen Nase nachgegangen wäre. Am 23ten waren wir mitsammen auf der Karlslinde, aßen nachher in einer Kneipe Rettig (wobei Sie sich erkälteten); am 24ten tranken wir Waldmeisterbowle, er las Balladen, ich sang „Schäferin ach –"; am 26ten waren wir bei Hackländer, (die italienischen Nächte hatten dort begonnen) am 27ten saßen wir bei Kolb (ich als Ehrenmitglied der Deutschen Partei); den 29ten beschlossen wir bei Kögler – dann machten Sie Quackeleien und wir sahen uns mehrere Tage lang nicht. O Raabe, was steht noch Alles in dem dicken Buche! Wenn Ihr zum Besuch nach Flensburg kommt, sollt Ihr's lesen. Würdet Ihr Euch nicht auch freuen den Kuckuck und alle Herrlichkeiten wieder zu sehen? O wenn Ihr kämet, ich glaube, wir würden ganz toll vor Vergnügen. Raabe, wie heißt König Ringgangs Töchterlein? „Rothtraut, schön Rothtraut", das singe ich jetzt.

Hört einmal, Kinder, animiert uns ja nicht zu sehr nach Stuttgart zu kommen! Wir wären sonst im Stande unser nächstes Novellenhonorar draufgehen zu lassen. Oder kommt in den

Harz; wir treffen uns dann auf dem Hexentanzplatz. Was habt Ihr denn eigentlich vor? Wenn ich mir was wünschen dürfte, dann wäre es dies: den 8ten Sept.1869 mit Euch in Flensburg Kattsund 606 im geschnitzten Zimmer des Hinterhauses zu verleben. Und haben wir Euch erst, dann kommt Ihr „für's Erste" nicht wieder weg.

56. MARIE JENSEN AN RAABE

Glücksburg d.14.Juni 1869

Lieber Raabe, ich bitte Euch um Gotteswillen, verzeiht uns dies eine Mal noch! Verzeiht uns um der schönen Stunden willen die wir nicht miteinander verlebt haben! Raaben, wir haben Euch in der kurzen Zeit unserer Bekanntschaft genug Liebeserklärungen gemacht – bedarf es derselben noch immer? Wir haben Euch unermeßlich lieb – auch wenn wir nicht schreiben. O wären alle unsere Gedanken an Euch zu Briefen geworden, Ihr hättet mordio geschrieen, Raabe. Seit einer Woche sind wir in Ruhethal und finden keine Ruhe. Thea ist ein kleiner Racker geworden. Sie kann laufen und sprechen, und ich muß ihr den ganzen Tag Geschichten von den Kühle, Schäfle, Täuble und dem bösen Fuchs erzählen. Ihr Schwäbeln ist sehr komisch hier; alle kleinen Buben redet sie „Männle" an. Und mich liebt sie jetzt bedeutend mehr als die Kathrine. Paul ist auch ein guter Junge, aber das Pulver hat er nicht erfunden.

Den 24ten.

Lieber Raabe, bitte lesen Sie „Eine Aegyptische Königstochter" von Georg Ebers. Beim Mithra! es ist ein herrliches Buch, und wird Sie im Schüdderump sicherlich nicht beirren. Der Roman spielt ungefähr 500 Jahre vor Chr., zum Theil in Persien zum Theil in Aegypten. O hätten wir jetzt den großen Weiser'schen Atlas mit allen den Psamtikiden und Rhamseniten, mit Cambyses und Nitetis, mit Auramazda und Anahita! [Zwei Raben in Hieroglyphenschrift gebracht] Lieber Raabe, nehmen Sie diesen schwachen Versuch, Ihren Namen in Hieroglyphen auszudrükken, dankbar auf! Die ersten drei Buchstaben sind richtig. Da ich kein weiches b zur Verfügung hatte, nahm ich ein hartes, und da ich keine e hatte, half ich mir mit einem ae. –

Adieu, Raabe, Sie sind ein Grausal, ein ächter Philister und würden uns bis zum jüngsten Tage auf einen Brief warten lassen, und immer nur sagen *wir* wären *an der Reihe!* Pfui!

Marie Jensen

57. WILHELM UND MARIE JENSEN AN RAABE

Den 29ten Juni

[Aufgeklebt ein Zeitungsausschnitt mit dem Text:]

Familiennachrichten
Verlobt: Hr. W. Raabe m. Frl. E. Benitz
(Braunschweig-Preetz)

Lieber Raabe! Wir hätten Sie für Alles gehalten, aber für einen „Bigamiker" nimmermehr! Fahren Sie wohl!

M. J.

[W. J.]

Raabe, ich grüße Dich!
Qualmend umwogt mich der Dampf meiner Pfeife,
Quirrlend umwallt mich das Schäumen der Seife,
Hände mir wasche ich,
Wasche ich über dem Weibergekeife
Jüdischer Stimmen,
Welche tief unter mir schrecklich ergrimmen,
Während von oben
Christliche Lippen den Heiland beloben.
Ich in der Mitten
Hab' mit der Sonne gesattelt, geritten,
Schreibe in Flensburg schon Morgens um Sechse:
Seltsam reifen dies Jahr die Gewächse,
Seltsames künden des Dorsches Gräten:
Denk'

Wilhelm Jensen's

des neuen Propheten.

Flensb. 29/6

58. WILHELM RAABE AN JENSENS

So schwankte das Conklav!!

Bregenz 30 Juli 1869
Morgens 9 Uhr.

Liebe Freunde!

Noch immer wohl aufgehoben im schwarzen Adler. Am 20st. Ankunft der Familie Pauli, am 22 Ankunft der Familie Notter. Am 22sten mit Bertha auf dem Pfändler. Am 23sten mit Notters auf dem Buchenberge. Am 24sten nach einem unbekannten, namenlosen aber prachtvollen Wasserfall durch den Wald nach Kennelbach. Am 25st. Conzert im Hirschengarten. Am 26st. zu Fuß nach Alberschwende und auf die Lorena; – Abschied von der Familie Notter; – wir zurück in einem schauerlichen Einspänner durch das Schwarzachthal über Rückenbach, Wolfurth, Lautrach. Am 27. mit B. und den Kindern im Bäumle. Am 28sten mit der Familie Pauli, dem Weinhändler Schöttle aus der Eßlingerstraße über Mehrerau, Oberrieden nach dem Garten zum goldenen Engel an der Achbrücke. Gestern meistens in Gmeinders Biergarten und auf dem Hafendamm. Heute wahrscheinlich nach Lindau zum Lindenhof. Guten Morgen

Euer getreuer WilhRaabe.

Um Antwort (schleunige) wird gebeten!!– –

59. MARIE JENSEN AN RAABE

Ruhethal den 2ten September 1869

Und wieder ist es Herbst – so sang einst, der schon lange
Nur Kind und Kindeskind ansingt mehr mit Gesange –
Aus Norden grüß ich Dich!
Schon im Kalender steht seit gestern der September,
Und näherrückend tönt der Achte sein: remember!
Hin über Dich und mich!

Nun ist's ein Jahr, seitdem die Schal' vonAlabaster
Auf meinem Tische prangt! Wie oftmals aß in Hast er

Von unsrer Hast gedrängt!
Wie leuchtete sein Aug' auf den Gryphaeenhaufen,
Wie strahlte höher es, als auf dem Hohenstaufen
Den Sonnenaufgang wir verhängt!

Und wieder ist es Herbst – wie eine Marmorschale
Vor unsern Augen lag versteint die Viamale,
Durch's Rheinbett braust es hohl –
Des (Boden)sees Spiegelglas zerschnitt des Dampfers Schraube.
Wir sahn, noch sauer zwar, doch schon gereift die Traube –
So sahn auch wir uns wohl?

Nun zieht das Raabenvolk zu wärmrer Länder Borden;
Wir sitzen noch am Strand. Ja, es ist Herbst geworden,
Der Achte naht heran!
Allein kein Brief von mir, nur Reisig, Klee und Gräser –
Wozu man Briefe schreibt, nicht wüßt' ich's, wenn der Leser
Sie nicht verstehen kann.

Lieber Raabe, wider Willen
Ward mein Gruß bisher parodisch,
Seine Absicht zu erfüllen
Fährt von jetzt an fort er odisch:

Zum Tage glückauf! im Gedächtniß des Jahrs, das hinter uns heute entschwunden,
Zum Gedächtniß des Jahr's und der andern vor ihm, die in Freundschaft uns treulich verbunden.
Schön war doch der Tag, da zusammen wir noch an dem nämlichen Herde gesessen!
Schön war's, und ich wollt' – wenn etwas ich wollt' – Du hätt'st es nicht gänzlich vergessen.
Zwar des Schönen zu viel wohl sahst Du seitdem, großartiger Dir übermacht noch,
Ich sah es mit Dir, und doch Manches – vergieb – großartiger hätt' ich's gedacht noch.
Doch da wir einmal am selbigen Tag hier erschienen in herbstlichem Lichte –

Na, Raabe, grüß Gott! Gieb die Hand und schneid' mir kein allzu schiefes Gesichte!

Lieber Raabe, beim Durchlesen dieser Zeilen erinnern Sie sich recht oft Ihrer guten Freundin

Marie Jensen.

60. WILHELM UND BERTHA RAABE AN MARIE JENSEN

Stuttgart den 6 Septemb. 1869

Sehr geehrte und sehr gelehrte Frau Kollega!

Daß Sie wieder einmal ein Jahr älter geworden sind, und daß man deßhalb wieder einmal berechtigt ist, Ihnen recht herzlich alles mögliche Glück zu wünschen, unterliegt keinem Zweifel. Eben so wenig ist aber auch zu bezweifeln, daß *dieser* Seneca gar nicht Marcus heißt, sondern den Namen Lucius in der heiligen Taufe empfing, was der Herr Gemahl natürlich einmal wieder nicht glauben wird.

Daß wir uns wieder in Stuttgart befinden, ersieht die Familie Jensen aus diesem Briefe. Nachdem wir in Bregenz lange genug und selbstverständlich vergeblich auf einen Brief von Flensburg oder Glücksburg gewartet hatten, haben wir uns aufgehoben und sind über Constanz und Schaffhausen nach Hause gefahren.

Auf dem Hohentwiel waren wir – Bertha, Gretchen und ich – auch. Das ist Ihnen jedoch völlig einerlei und so können wir ruhig das Blatt umwenden --- So! –

Mit vollkommenster Hochachtung ganz ergebenst

WilhRaabe.

Viel Glück zum erstverlebten Vierteljahrhundert! Mögen noch soviele folgen als die glückliche Jugend wünscht und zwar ebenso glücklich als das erste war.

Mit freundschaftlichster Zuneigung

Bertha Raabe

61. MARIE JENSEN AN RAABES

[Ruhethal, September 1869]

Liebe Raaben! O ich Esel, ich Esel, ich Esel! Erstens habe ich

Ihnen, Raabe, aus Versehen die Kladde und nicht die saubere Abschrift der schönen Geburtstagsverse geschickt und zweitens o ich Esel, fiel ich am 8ten Sept. Nachts halb 1 Uhr mit Wilhelm einen Wiesenabhang hinunter und brach das Bein. Liege nun eingeschient im Bett, und darf mich nicht rühren, nicht mucksen. Sobald es besser wird, bekomme ich einen Gypsverband. Thea weinte sehr, als sie Mama's Bein bluten sah. – Den Geburtstagsbrief habe ich erhalten, und danke sehr dafür. Ihr seid *doch* gut. Schreibt *bald* wieder. Da ich nicht schlafen kann, fange ich schon mit dem Tagesgrauen an zu lesen, und Briefe lese ich am liebsten. Bin ein armer Kerl.

Wilhelm sorgt aber gut für seinen Kameraden und Kathrine pflegt mich als ob sie eine barmherzige Schwester wäre. Am 8ten waren wir ungemein vergnügt. Der hübsche Geburtstagstisch mit den Astern steht noch immer an meinem Bett; und von früh bis spät blättere ich in meiner „Schwammkunde" herum, einem vortrefflichen Buche mit wunderhübschen bunten Abbildungen. Wir haben in den letzten Wochen alle unsere Wälder durchstreift, große Massen von Schwämmen für den Winter getrocknet, u. große Massen gekocht u. aufgegessen. Wilhelm citirt mir jetzt den ganzen Tag das Strachwitz'sche Gedicht: „Mein Kamerad, wie schad, wie schad! Das Alles, Alles ist aus." Ich war ein Esel, daß ich in der Nacht den Berg hinunterlaufen wollte. –

Addio, liebe Raaben! Ich verbleibe stets und immer

Eure getreue Marie Jensen.

[W.J.]

O weißer Raabe, das Alles ist wahr. Herzlichen Gruß von Deinem

Emil Helwinsen

62. WILHELM UND BERTHA RAABE AN JENSENS

Stuttgart d 14ten Sept 69

Liebe Marie!

Bedanken kann ich mich zwar nicht für Deinen Brief, den ich

zum Geburtstage meines Mannes erhielt, wenngleich es der erste ist, den ich von Dir aufzuweisen habe.

Zum Glück kam aber dies mein Sündenregister am 9ten, und nicht am 8ten an, sonst hätte es mir doch wohl die festtägliche Stimmung etwas trüben können. Da ich mich aber nicht dadurch getroffen fühle, so will ich auch die Verteidigung unterlassen, zumal mir die Versicherung zu gleicher Zeit wird, daß die Freundschaft mit meinem Manne doch noch nicht gelockert ist, um dessentwillen ich verharre wie immer in alter guter Bekanntschaft und Verehrung als Deine

Bertha Raabe

Deinem Mann einen freundlichen Gruß, die Kaffeemaschiene hat sich die letzten 3 Wochen in Bregenz prächtig bewährt; für seine liebenswürdige Aufmerksamkeit tausend Dank!

Stuttg.d 16 Sept.1869

Als Euere Sendung neulich, und Euer Brief gestern Morgen hier anlangten, liebe Freunde, habe ich wieder einmal die Erfahrung gemacht, daß man sich doch nicht immer in seinen schriftlichen Mittheilungen auf den Standpunkt des Humors und der vergnüglichen Ironie stellen darf.

Mündlich giebt es nicht Besseres u Vernünftigeres in dieser betrüblichen Welt; aber der Teufel weiß, was alles auf den Schienen zwischen Flensburg und Stuttgart liegen bleiben kann.

In der schönen Brieftasche fanden sich nur die Blumen, Photographien u Zeitungsausschnitte; aber selbst die „Kladde“ der im „Hühnerstall“ gelegten wunderschönen Verse fehlte. Nur der wohlversiegelte Brief an Bertha lag bei. – Nun kommt gestern Morgen die Nachricht von dem Beinbruch, und wir sind leider gezwungen daran zu glauben, und da muß der Spaß freilich aufhören. Wir bitten dringend um recht baldige ausführliche Nachricht, und Wilhelm Jensen (nicht Emil Helwinsen) soll auch schreiben. Ein gebrochenes Bein braucht doch nicht zu bluten! Und was ist das mit dem Gypsverband? Wir wollen schnelle und ruhige Nachricht über Alles! . . . . .

Hier hat es viel Wind und Sturm aller Art gegeben. Am Sonntag ist uns gegenüber ein eben errichtetes vierstöckiges Haus über den Haufen geblasen; und E. Hallberger hat sein Geldverlosungsprogramm in wie man sagt 3 Millionen Exemplaren (Papieraufwand 25,000 fl.) in die Welt hinausgeschickt und unsere Namen, l. Jens. dazu mißbraucht. Ich habe ihm auf der Stelle geschrieben, er möge mich aus der Liste seiner Mitarbeiter streichen, da er seine Zeitschriften vollständig des literarischen Charakters entkleidet habe. Sein Redacteur Wellmer ist dann gekommen, hat Abbitte gethan, und es ist nichts aus der Speculation geworden. Die hiesigen Buchhändler haben dem armen Mann nachgerechnet, daß ihn das Ding ungefähr 50–60,000 fl kosten werde.

Die Geschichte mit meinem neuen Buch hat Karl H. angerichtet. Eduard hat nichts davon gewußt. Mit dem Octoberheft der Westermann'schen Monatshefte werdet Ihr den Anfang des Schüdderump erhalten: yes, forsooth, I wish you joy of the worm! (exit Clown)

Nun werde ich die Novelle von Chur nach Chiavenna lesen. Es ist doch gut, daß wir zusammen in der Via mala waren, und zwar auf gesunden Füßen; denn daß der Beinbruch nicht bereits auf dem Bahnhof zu Au im Canton Sanckt Gallen wo man mit aller Gewalt vom Eisenbahnperron auf den angeschirrten Leiterwagen springen mußte, stattfand, ist mir heute noch unerklärlich.

Darf ich die Nummern des Sonntagsblattes behalten, oder muß ich sie zurückschicken? Dieser Jensen schreibt doch auch gar nichts! – Wenn die Frau Collega nicht schlafen kann, so wird es ihr eine kleine Freude machen, wenn sie erfährt, daß es mir grade so geht. Seit unserer Rückkehr nach Stuttgart steht mein Emphysem wieder in schönster Blüthe und

Wer nie die kummervollen Nächte
Auf seinem Bett luftschnappend saß
Der kennt euch nicht, ihr himmlischen Mächte!

Ich stehe aber meistens auf, gewöhnlich nach 2 Uhr und sitze mit vorgebeugtem Brustkasten bis 4 Uhr Morgens.

Ist die Welt wircklich so schön, wie der Haus- und Ehestandspoet singt? Lebt wohl „Kleeblattvier“ und schreibt bald und gebt bessere Nachricht als die gestrige! –

Euer getreuer WilhRaabe

Die Steinnelcke ist auf dem Hohentwiel gewachsen.

63. WILHELM UND MARIE JENSEN AN RAABE

Ruhethal 18 Sept.1869

Lieber Raabe!

Also Sie wollen schnelle und ruhige Antwort über Alles? Und glauben uns doch sonst nichts! Aber das ist ganz einerlei – ich will sagen was ich weiß: Ein gebrochenes Bein *braucht* freilich nicht zu bluten, wohl aber ein gebrochenes Herz – und meines wäre beinahe gebrochen als ich Bertha's Brief erhielt. Den Gypsverband habe ich bereits seit einigen Tagen; und *Blutegel* hatte ich an jenem Morgen als Thea weinte. Der Arzt ist übrigens sehr zufrieden mit mir und meiner Geduld, und sagt in 4 Wochen dürfte ich an einer Krücke das Bett verlassen. In einem halben Jahre ist die Sache jedenfalls ganz vergessen, und ich kann im nächsten Sommer auf Bornholm nach Herzenslust in die Bäume klettern. Was wollen Sie nun noch wissen, lieber Raabe? Daß ich ein Esel bin, habe ich bereits gesagt – die Steinnelke vom Hohentwiel ist mir werth – aber nichtsdestoweniger reiht sich eine schlaflose Nacht an die Andere. Da denkt man so mancherlei: Bertha gratuliert mir zum „erstverlebten Vierteljahrhundert“ –und meine Eltern haben doch erst letzten Mai ihre silberne Hochzeit gefeiert! Marie Jensen geb.1845 gest. – o weh! wann wohl? Wilhelm Raabe, das Leben ist *doch* schön! Ich habe gar keine Schmerzen mehr, aber das gypserne Bein ist so kalt.

Daß Sie nicht schlafen, und von 2 Uhr bis 4 Uhr mit „vorgebücktem Brustkasten“ sitzen freut mich gar nicht, sondern macht mich womöglich noch schlafloser. –

„Von Chur nach Chiavenna“ hätte Wilhelm Ihnen nicht schikken sollen, ebensowenig die Geburtstagscarmina. Ueber letztere machen Sie sich doch nur lustig; und die Novelle ist noch nicht durchcorrigirt, und hat auch einige unreife Stellen, die W. ausarbeiten muß. Das Kemptener Corps gefällt mir sehr, aber Nisida und der Baron sind stellenweise entsetzlich. –

Wir haben auch hier viel Sturm, Regen, sogar Donner und Bliz gehabt, Langeweile gab's bis jetzt noch nicht. – Wilhelm ist aber auch der beste, treueste Kamerad – ich Esel verdiene ihn wahrhaftig nicht. –

Adieu, lieber Raabe, – ich muß meine Lage verändern und kann nicht mehr schreiben.

Ihre Marie Jensen

[W.J.]

Lieber Raabe! *Er* würde längst lang geschrieben haben, wenn er nur ein Bischen Zeit hätte. Denn er ist ein guter Mensch, doch Du weißt, wer andern leuchtet (durch die via mala etc.) soll nur ein Betrachter sein. Und so betrachte ich mir mit Plaisir die Correspondenz zwischen Dir, Deiner Frau und meiner Frau. O Raabe, wahrlich, es wäre Schade, wenn *der* Humor auf den Schienen liegen bliebe und bei jetzigem abundanten Humor des Himmels zu humus würde. Und so ertragen wir Emphysem und Beinbruch, juvenes dum sumus: Du weißt: post molestam juventutem, post jucundam senectutem nos habebit – maculatura, der Schüdderump der Poeten, und das ist ein Glück. Raabe, mache nie mehr Schulden, als Du glaubst bei Deinem Tode hinterlassen zu können, küsse Westermann die Hand und zeige Hallberger – die Zähne. Vor Allem behalte mich lieb und lies zu dem Zweck nicht zu oft meine Werke. Nun, Hämelnsches Kind, leb wohl, ziehe nicht nach Pavaosa und hüte Dich vor dem Rattenfänger, der mit Werthpapieren über Land und Meer hausiert.

Dein allzeit Wilhelm Jensen.

64. MARIE JENSEN AN RAABES

Ruhethal d 3ten [Oktober]

Liebe Raaben!

Wann schreibt Ihr wieder einmal? Seid Ihr mir böse? Das

würde mir sehr leid sein; ich habe Euch wahrhaftig nicht weh thun wollen.

Sonnabend fahren wir nach Flensburg. Ich kann noch lange nicht gehen, brauche aber nicht mehr im Bett zu liegen.

Bitte, werdet wieder gut und schreibt bald

Eurer Marie Jensen.

65. WILHELM RAABE AN JENSENS

Stuttgart d 7 Octob.1869

Liebe Freunde!

Wir sitzen wieder tief im Elend. Beide Kinder haben seit beinahe vierzehn Tagen den Keuchhusten und zwar in einem sehr heftigen Grade. Gretchen bekommt jede Nacht den Krampf jede Stunde, und hat sich somit jede Nacht ungefähr ein Dutzend Male zu erbrechen. So haben wir wieder bis zum nächsten Frühjahr ein hübsches Knäuel zum Abwickeln bekommen, und von Behaglichkeit und freiem Athmen wird diesen Winter hindurch wohl wenig die Rede sein. Die Kranckheit herrscht durch ganz Süddeutschland, und ich wünsche Euch von ganzem Herzen, daß sie nicht zu Euch dringt, und Euere heitern winterlichen Gastmahle mit Bärenschincken und Champagner in Eis verstört.

Wir hatten die armen Kinder so rund, gesund und rothbackig nach Haus zurückgebracht, daß es eine wahre Freude war. Die Freude hat wahrlich nicht lange gedauert! –

Also geht es nach dem Kattsund 606 zurück? Das ist ja vortrefflich, und zeugt jedenfalls davon, daß sich die Frau Kollega dießmal recht ruhig in ihrem Bett verhalten hat; aber ein Verdienst ist das grade nicht, denn der Knüppel war recht ordentlich an den Hund gebunden.

8.Oct.

Das Gedicht auf den Tod des Flensburger Anzeigers ist ein neues herrliches Zeichen nicht nur Deines Talentes, sondern auch Deiner Herzensgüte, lieber Wilhelm. Die Stuttgarter Volksparthei und die Bürgerzeitung haben Dich immer für einen guten Menschen gehalten, weßhalb sollten die Flensburger Dänen sich nicht ebenfalls krampfhaft an diesen schönen Glauben festklammern?

Ich befinde mich immer noch auf dem Wege nach Chiavenna. Erscheint die Geschichte auch als Buch? Was ist das für ein Roman: Heimliche Bande? Dürfen den unschuldige Seelen und zartsinnige Gemüther wie wir hier in der Hermannstraße auch lesen? Oder rathet Ihr ab? – Der Teufel hat geheirathet. Seine Frau hat mir neulich die Thür geöffnet, als ich ihn zu Hülfe rief. Ein Mittel gegen den Keuchhusten weiß er nicht.

Heute Morgen haben wir zum erstenmal geheizt. Ihr seid gut dran, Ihr werdet jedenfalls Holz haben!

Wir haben nichts als Katarrh – auch wir Alten.

Gestern war die Frau von Suckow bei uns und hat uns das fünfte Mittel für die Kinder angerathen. Jedermann kennt irgend Etwas; es hilft aber Alles nichts.

Lebt wohl, laßt bald von Euch hören! Euer getreuer Freund

WilhRaabe

66. MARIE JENSEN AN RAABES

Flensburg 22 Okt.1869.

O liebe Raaben, das wird ein recht trister Winter! Eure Kinder haben den Keuchhusten, und ich bin lahm. Gastmahle geben wir nicht mehr, auch das ist „abgebraucht und schal“, wenn man nicht die richtigen Menschen hat. Unsern Champagner (wir haben noch 13 Flaschen) und Chateâu d'Yquem (30 Flaschen) heben wir auf bis Ihr kommt. Abends um 9 Uhr gehen wir zu Bett und stehen Morgens um 7 Uhr auf; schlafen mithin 11 Stunden – was kann man Besseres thun? „This world is all a fleeting show“ – und dennoch treibe ich wieder italienisch, und dennoch habe ich mir erst gestern drei Béranger'sche (von Leuthold übersetzte) Lieder abgeschrieben, und dennoch habe ich erst vorgestern für Wilhelms neuen, aber wirklich schönen Roman einen neuen Titel gefunden. Er hatte ihn „Heimliche Bande“ getauft – das fand ich schrecklich, und ersann ihm „Sonne und Schatten“. Wie findet Ihr das? Am 1ten November. Es thut mir recht leid, liebe Raaben, daß ich der einzige Correspondent des Hauses Jensen bin – Ihr verdientet einen besseren. Meine Stimmung schlägt in jeder Stunde dreihundertfünfundsechzigmal um, und was ich eigentlich will, weiß ich selten. „S'ist halt nichts" sagen die Wiener. Wilhelm erscheint mir einmal als der boshafteste, schändlichste Mensch, und ein anderes Mal als die unendliche Güte, Größe, Langmuth und Sanftmuth. Ihr, liebe Raaben, seid bald meine größte Freude, bald mein größter Ärger. Und schließlich ist mir Alles einerlei. Wilhelm hat mir schon wieder einen Umzug aufgesakt. In unsere jetzige Wohnung scheint allerdings weder Sonne noch Mond hinein, was mir, seit ich an dem infamen Bein laborire und nicht mehr vor die Thür komme, ganz entsetzlich auffällt. Aber umziehen – oh umziehen – Ihr seid klug! Ihr bleibt hocken, wo Ihr einmal hockt. Für uns wird die Sache immer herzbrechender; wir haben im Herzbruch'schen Hause gemiethet und halten um Ostern unsern Einzug. Ich werde wohl dabei zu Grunde gehen – man schluckt zu viel Staub beim ewigen Aus- und Einpacken. Lieber Raabe, ein roher, hölzerner Tisch und dito Bank, das wäre das beste, menschenwürdigste, das vernünftigste. Dies beständige Conserviren des Trödels ist doch eigentlich recht langweilig. Heute bekommen wir ein neues Mädchen, liebe Bertha. Die alte hat ein halbes Jahr lang nur meine Wäsche getragen, und zwar meine abgelegte, für die Wäscherin bestimmte. Kathrine ist ein Juwel. – Eure Kinder werden jetzt wohl wieder munter sein; der Keuchhusten dauert ja gewöhnlich nur 6 Wochen. Hier in Flensburg grassiren auch alle möglichen Kinderkrankheiten, vor Allem Masern und Keuchhusten. Paul und Thea sind glücklicherweise bis jetzt noch ganz gesund; und der eine niedlicher als der andere. Thea kann mir schon lange Geschichten erzählen, und erinnert uns in ihren Stellungen oft lebhaft an Gretchen Raabe. Paul wird ein riesenhafter Bengel, entwickelt aber auch eine unendliche Vorliebe für Fressalien. Ich habe gestern einen Scheffel Aepfel für ihn gekauft. Der Kuckuck

hier kam Jemand

Am 5ten November.

Was ich vom Kuckuck sagen wollte, weiß ich nicht mehr; jedenfalls befindet er sich wohl und ruft noch gerade so wie in Stuttgart. – Vor einigen Tagen hat der „Salon" geschrieben, worauf Wilhelm ihm eine neue Novelle schickte. „Trimborn u. Co." Eine Sylvestergeschichte in der Boz'schen Manier. Mir gefällt sie nicht. Wir warten noch immer auf die letzten „Westermann'schen"; der Schüdderump ist doch da? Schreibt recht bald! Wir wollen wieder einen bestimmten Tag einhalten. Oder seid Ihr böse und mögt nichts mehr von uns wissen? *Ich* schreibe von nun an *jeden Mittwoch* – wenn auch nur zwei Worte. Es ist *doch* gut daß wir in der Viamala waren. Hohenräthien sehe ich noch deutlich vor mir. O vino d'asti.

Ewig Eure Marie Jansen

67. WILHELM JENSEN AN RAABE

[Die Anmerkungen hat Marie Jensen mit Bleistift hineingeschrieben.]

Flensburg 6/11 1869.

Boche di Cattaro! Liebster, es ist nicht wahr! Alles, was sie schreibt erstunken und erlogen! Der Winter wird nicht trist und sie springt wieder wie ein Floh. (Das ist nicht wahr) Wir haben keine 13 Flaschen Gustav Gibert mehr, sondern nur noch 12, nicht 30 Flaschen Chateâu d'Yquem, sondern nur noch 29, und werden sie vermuthlich nicht aufheben bis Ihr kommt, sondern aufmachen, eh' Ihr kommt. Wir gehen *nie* um 9 Uhr Abends zu Bett, denn es wird regelmäßig 10 ½ und oft 12 ½ Uhr, eh' es geschieht, und um 8 Uhr Morgens sagt sie vergnügt: „Oh, es ist erst acht?" und dreht sich wieder um. (Das ist auch nicht wahr, meine Hand ist voller Schwielen von der Krücke) Nur mit den 11 Stunden schlafen hat es ab und zu seine Richtigkeit, dagegen Besseres thun, wie z.B. öfter an Euch schreiben, könnte man schon. This world ist auch nicht all a fleeting show, sondern höchstens a fleeting rain oder besser torrent, aber in unserem Hause ist beständiger rain-bow, denn ich habe sie trotz ihrer Verlogenheit lieb, und zwar sehr. (er ist *doch* gut, ich habe ihn ja auch lieb.) Italienisch treibt sie freilich ebenfalls nicht anders als piano, fortissimo und allegro, (O ich kenne den „italienischen Dollmetscher" auswendig.) und wenn der Satz, daß sie für meinen Roman einen neuen Titel gefunden hat, im Allgemeinen richtig ist, so steckt die Lüge wieder darin, daß derselbe nicht „wirklich schön" ist. Ob Roman oder Titel damit gemeint ist, überlasse ich Dir. Dagegen ist „Trimborn u.Co." selbstbegreiflich das Amüsanteste von der Welt und gefällt *mir.* (O weh –)

So könnte ich ihren ganzen Brief kritisch durchgehen, allein da Du jetzt genugsam weißt, daß Du stets das Gegentheil von dem zu glauben hast, was darin steht, so ist es nicht weiter nöthig. Die abominabelste Fälschung springt sofort auf der zweiten Seite in die Augen, wo sie sich mit beispielloser Frechheit für den einzigen Correspondenten des Hauses Jensen erklärt. Lieber Raabe, schreibe ich nicht ganze Bücher an Dich, und lasse sie, damit Dir die Augen von der langen Lectüre nicht weh tun sollen, sogar einzig zu diesem Zweck drucken? Habe ich nicht die 24seitige Vorrede des Briefes, den Du morgen oder übermorgen erhältst, nur zu dem Zweck verfaßt, damit Du für Dein Seelenheil, das mich Nachts nicht schlafen läßt, regere Sorge zu tragen veranlaßt wirst? Ist Deine Frau Bertha nicht die freudwillige Leserin, die ich darin angesprochen? Und weißt Du etwa den Namen „des großen Unbekannten"? Sollte es Herr von Kapff sein, so bitte ich Dich, es mir telegraphisch mitzutheilen.

Lieber Raabe, *sie* schreibt nicht an *jedem Mittwoch,* glaubt es doch nicht. Waschzettel, ja wohl, aber nicht an Euch. Sie thut es ebensowenig, wie sie Marie Jansen heißt. Aus der Unterschrift wird Euch die ganze schnöde Mystification hervorgehen. Hohenrhätien hat sie nie gesehn, als in einer schlechten Novelle, die „Von Chur nach Chiavenna", glaube ich oder: von „Quera nach Cläven" heißt. Sie ist so blind, daß sie nicht einmal meine wachsende Liebe für sie gewahrt. Aber dafür hört sie das Gras auf meinem Schreibtisch wachsen.

Lieber Raabe, das Leben ist eine via mala, d.h. eine schöne Partie, zwischen hohen Felswänden, welche die Aussicht etwas beeinträchtigen. Sie besitzt drei Brücken, und ich glaube, Du und ich befinden uns ungefähr auf der zweiten. Aber darin hat sie ausnahmsweise Recht, es ist *doch* gut, daß wir es thun, gethan haben und weiter thun werden.

Lieber Raabe, siehst Du, Westermann ist doch noch Bestermann, wie Bassermann jetzt ein sehr blasser Mann. Doch der Schüdderump ist nicht selbst blaß, sondern wird es nur manche zarte Seele machen. Dir aber beschere Gott Genügsamkeit mit starken. Lieber Raabe, Weihnacht steht als üblicher Gemeinplatz vor der Thür, und es scheint, daß wir die Lichter ohne Deine langen Arme anzünden werden, denn Alfred Meißner kauft sich eine Villa bei Bregenz.

Lieber Raabe, das Leben ist nicht nur eine via mala, sondern es liegt auch vor Einem, wie Lindau, aber nicht Paul, sondern vor Bregenz. Manchmal ist es vernebelt, manchmal hell und sonnig, manchmal flimmern selbst durch die pechschwarze Dunkelheit allerhand lustige, räthselhafte Irrlichter. Doch den Löwen sieht man immer erst, wenn man wirklich hinkommt, man ißt dann auch ganz erträglich zu Mittag, allein man hat immer nur sehr kurze Zeit und muß eilig weiter, denn die Locomotive wartet nicht auf uns und der Schüdderump, das Locomobile des Nachtschnellzugs thut es auch nicht.

Darum wäre es gut, Du kämst je eher je besser zu einer literarischen Cigarre zu Deinem

Wilhelm Jensen (und zu Marie Jansen.

Lieber Raabe, im Winter ist es so nett bei uns! Addio! M'ha capito, signore?)

68. WILHELM RAABE AN JENSEN

Stuttgart den 29 Novemb.1869

Lieber Jensen!

Heute vor 2 Jahren kaufte ich mir in Deiner angenehmen Begleitung in der Kirchgasse einen wunderschönen Stock für einen Gulden und achtzehn Kreuzer: Heute möchte ich denselben gern auf Deinem Buckel und dem Deiner theuern Gattin zerklopfen; denn so mangelhafte Correspondenten als Ihr sollen noch zum zweitenmal von Stuttgart nach Flensburg auswandern. Vorgestern begegnete mir auf dem Wege zum Museum der Dr. Härlin und wußte nichts davon, daß die Frau Kollega Ein Bein gebrochen habe; – Ihr wißt nichts davon, daß mich die Kinder mit ihrem Krampfhusten angesteckt haben, und daß ich drei bis vier Wochen hindurch jede Nacht meine Seele, erstickend, würgend und erbrechend halb ausgeächzt habe. Mit der Wucht der Vorrede zum Gesellen des Meisters Mathias meine Empörung über Euch! –––

Und nun „Westermann Bestermann"! – – Unsinn! Mit dem Mann hab ich mich schön auseinandersetzen müssen. Nachdem er den Druck des Schüdderump in seinen Monatsheften angefangen und auch das erste Heft bereits ausgegeben hatte, kündete er mir an, das Manuscript gebe nicht so viele Bogen als Abu Telfan, und werde er mir daher 1/5 des Honorars abziehen. Schrieb ich ihm natürlich zurück, das hätte er vorher ausrechnen sollen und zöge ich es unter solchen Umständen vor, die Buchausgabe gar nicht in seinem Verlage erscheinen zu lassen; für die Ausgabe in dem Journal möge er mir dann zahlen, was *er* wolle. Darauf ein Brief von Glaser des Inhalts, daß Herr George Westermann über meine „maaßlose Heftigkeit" so empört sei, daß er mir gar nicht antworten werde, die Buchausgabe wolle er aber nun grade behalten und das ganze Honorar wolle er nun grade zahlen. Folgte noch ein hierauf das Nöthige bemerkender Brief von mir, und dann plötzlich ein großes Schreiben von H. George Westermann nebst dem vollen Honorar. Das packte ich selbstverständlich mit der gesammten Correspondenz wieder ein und schickte es an meinen Schwager den Advok. Leiste in Braunschweig, mit der Bitte um juristischen Rath und Beistand. Letzteren habe ich denn auch empfangen und nun mercke Dir, lieber Freund:

Dadurch daß der Verleger den Druck begonnen hatte, *obgleich noch kein Contract aufgesetzt und unterzeichnet war,* war ich ihm vollständig machtlos gegenüber. Die erste Verabredung galt, und er konnte mir ungestraft die frechsten Ausstellungen machen, und ich war nicht im Stande, einen in diesem Falle leicht herstellbaren neuen Vertrag mit ihm zu vereinbaren. Er durfte erst schimpfen und dann ungestraft den Großartigen spielen; – ich konnte ihn nicht zwingen, sein Geld zu behalten oder wieder zu nehmen! Mit schwerem Herzen habe ich den Contract unterzeichnen *müssen,* der den Schüdderump auf fünf Jahre in seine Gewalt giebt! –

Nun zu andern erfreulicheren Dingen. Unsern Kindern geht es allmählig, unberufen, wieder besser. Der Stickhusten läßt so wohl bei ihnen wie bei mir nach, und ich hoffe mit dem Ende des Jahres 1869 werden wir ihn vom Halse los sein. Hoffentlich kommt dann nichts Anderes über uns. Bertha hat eine sehr schwere Zeit gehabt, und ich meine, wir sind wohl berechtigt, endlich einmal wieder frei aufathmen zu dürfen. Hoffentlich ist es Euch auch während der letzten vier Wochen gut gegangen; ihr konntet wircklich einmal wieder einige Nachricht von Euern Zuständen geben!

Der Gesell des Meisters Mathias hat mir recht gefallen; aber die Vorrede ist doch ein bischen zu schwer dafür. – Ist die Sonne in Sonne und Schatten die Sonne aus Unter heißerer Sonne? Lebt wohl, – hier haben wir die Sonne seit längeren Monden nicht gesehen; aber die Erde bebt um uns her, bei Künzelsau ist ein Loch entstanden, dessen Tiefe man noch nicht ergründen konnte. Vielleicht entsteht demnächst unter unserm Hause in der Hermannstraße auch ein solches Loch; – wenn das der Fall sein sollte, dann –nochmals – lebt wohl!

Euer getreuer WilhRaabe

69. WILHELM UND BERTHA RAABE AN JENSENS

Stuttgart den 18 Decemb.1869

Liebe Freunde!

Auf nach Valencia grade nich, auch nich nach Flensburg bei diesem Schandwetter, sondern ruhig bei den Hippokäpouriern geblieben! Übrigens grüßen wir Euch auch jetzt; obgleich Ihr wieder einmal auf unser Schreiben d.d. 29 Nov. 69 keine Antwort gewußt habt. Solltet Ihr Euch noch in Threnakra befinden, so wird Euch beifolgende Schachtel hoffentlich gesund erreichen, wo nicht so befehlen wir sie und Euch den allmächtigen Göttern, und verhoffen daß sie, die allmächtigen Götter, Euch an jedem Orte *nur das* geben mögen, was zu Euerm wahren Wohle gereicht, z.Exemp. eine etwas kargere Diät in Allem, was das Um- Aus- und Wegziehen betrifft.

Mit dem Wunsche aber, daß *sie ihm* immer etwas Gutes auf den Teller zu legen hat, und daß *er* sofort kommt, wenn *sie* klingelt, –

Euer von Euch längst zum alten Eisen geworfener

[B.R.] WilhRaabe.

Liebe Jensen's

Warum schreibt Ihr so wenig? Verwendet er alle seine Gedanken zu Romanen u Novellen? und Marie – hat sie ausgebrochen mit uns?

Christkindlein ist uns auf der Königstraße begegnet und hat uns stillschweigend beikommendes Schächtelein eingehändigt. Wir denken, es ist für Euch bestimmt; sehet zu, ob Ihr gebrauchen könnt was drin ist.

In Stuttgart sieht es bunt aus: Christbäume, Weihnachtsausstellung und Messe. Sonst ist Alles beim Alten; selbst den bekannten Dreck vermissen wir nicht. –

Durchsucht mit dem Schluß des alten Jahres nochmals das alte Eisen, ehe Ihr es ganz über Bord werft, vielleicht ist auch unter den verrosteten noch eins mit einer blanken Seite. Beginnt das neue Jahr mit Lust u Freude, tanzend und hüpfend. Grüßt Thea u Paul u gedenkt mit Lieb

Eurer Bertha Raabe.

70. WILHELM UND MARIE JENSEN AN RAABES

Flensburg 22/12 1869

Liebe Freunde.

Unsere Schachteln werden sich wohl in der Kuckucksstadt oder in der Residenz des seligen Dietrich, vielleicht auch in Kreiensen beim Vetter begegnet sein. Ob Ihr auch so artige Kinder sein werdet, wie wir, und Eure nicht vor dem Weihnachtsabend öffnen?

O, lieber Raabe, es wäre viel klüger, Ihr wäret am Weihnachtsabend hier im Katzensund und miautet mit uns!

Nun haben wir alles was Durstes Begehr,
Chateâu d'Yquem, Champagner, Sauterne;
Doch nun haben wir Willem Raabe nicht mehr,
und wir hätten Willem Raabe so gern.

Denke, das seien die einzigen Verse, die ich in meinem Leben gemacht, und sei gerührt davon. Und denke weiter, daß der Mensch unendlich viel um die Weihnachtszeit zu schreiben hat und daß der Tag gegenwärtig nur 6 1/2 Stunden bei uns hat, wovon ich die halbe noch zu verschlafen pflege. Und denke zuletzt, daß ich mir gern drei Schläge von Deinem vor 2 Jahren in meiner angenehmen Gesellschaft gekauften Stock über den Rücken ziehen ließe, wenn ich dafür am Freitag Abend mit meinem, noch immer weit schöneren Stock drei Schläge an Deine Thür thun könnte. Wenn Du so denkst, dann denkst Du richtig von

Deinem Wilhelm Jensen

[M.J.] Rathskeller 23 Dez.1869

Wir sind hier beim Billardspielen – ich habe weder Dinte noch Feder, kann deshalb erst nachher zu Hause schreiben. Tausend Grüße! M. J.

71. MARIE JENSEN AN RAABES

Flensburg 22 Dez. 1869.

Seid herzlichst gegrüßt, liebe Raaben! Und verlebt die Festtage so fröhlich wie nur immer möglich. „Wer nie die kummervollen Nächte auf seinem Bett luftschnappend saß –" Ich bin seit Glücksburg ein Jammerlappen. Habe augenblicklich geschwollene Mandeln, vielleicht auch Dyphteritis. Die Tante ist seit gestern bei uns und hat unermeßliche Anchovis und braune

Kuchen mitgebracht. Mir gilt Alles gleich viel in this moment – nur allenfalls die Stuttgarter Schachtel nicht. Selbige freut und rührt mich noch bisweilen, wenn ich sie ansehe, befühle oder auch berieche. Aufgemacht wird sie erst morgen Abend. Verzeiht, wenn ich jetzt meinen Kopf auf den Tisch lege und schlafe. Ich bin so furchtbar müde. Wilhelm spielt jetzt täglich eine Stunde Billard; das ist eine gesunde Bewegung. Er schleppte mich heute mit in den Rathskeller und bat so sehr, ich möchte es auch lernen.

Liebe, theure, süße Raaben, seid mir nicht böse. Am 1ten Januar sollt Ihr einen langen Brief haben. Dir, liebes Berthchen wollte ich schon längst schreiben.

Eure getreue Marie.

72. MARIE JENSEN AN RAABES

Flensburg 29 Dec. 1869.

Liebe Raaben!

Ihr habt unsere arglosen Gemüther mit Euren königlichen Gaben ein wenig erschreckt. Denn auch ich kenne kein schwärzer Laster als den Undank, und da ich Euch nie genug danken kann, bin ich diesem Laster verfallen. Was Ihr aber von „altem Eisen" fabelt, ist blanker Unsinn. Wir haben leider hier kein Metall gefunden das Euren Klang hätte, sondern nichts als Blech. Leidlich zufrieden sind wir aber doch, trotzdem meine Sehnsucht nach Cilli (Ihr wißt, oben auf dem Berge, bei Andeer) von Tag zu Tag größer wird. Ich stelle mir täglich vor, wie herrlich eingeschneit es jetzt da oben liegen muß. „Es war *doch* gut, daß wir in der Via mala waren!" – – Am Weihnachtsabend stand die Schachtel auf einem eigenen Tischchen, und wurde zu allerletzt (denn Ihr wißt, wir heben uns immer das Beste bis zuletzt auf) feierlichst geöffnet. Dann wurde der Brief gelesen, und wenige Augenblicke später hörte man das Läuten einer wunderbar edlen Glocke im Kattsund 606. Ich schloß sie sofort in's Herz; und jetzt steht sie auf meinem Schreibtisch, als hätte sie schon seit undenklichen Zeiten dort gestanden. – Wenn Ihr aber erst bei uns seid, dann dürft Ihr Euch damit erklingeln was Ihr nur immer wollt; es wird mir „nichts zuviel“ sein, und ich will herbeihumpeln, daß es eine Lust ist. –

Unsern Kindern geht es gut. Thea ist noch immer überselig und fragt mich täglich wieder wo das Christkindchen wohne. Paul verläugnet noch immer die ganze Welt, ehe der Hahn einmal kräht, um einen wurmstichigen Apfel. Ich habe von Wilhelm ein grünseidenes Kleid bekommen, einen Papierkorb, einen Blumentisch voll Blumen, eine Photographie seines holdseligen Angesichts, Frau Aventiure von Scheffel, mit einem sehr langen und sehr schönen Gedichte und noch vieles Andere. Aus Wien kam ein schwarzseidenes Kleid sammt Schmuck für mich, ein Cigarrenkasten und Halsbinden für Wilhelm, und unermeßliche Spielsachen für Thea und Paul; auch Kleider, Hemdchen und Höschen für die letzteren. Kathrine bekam ein fertiges Kleid, einen dicken Mantel, Hut und Glacéhandschuhe; ihr Glück war groß. Nun habt Ihr so ungefähr die Bescheerung. Das Fehlende hat Wilhelm geschrieben. – – Morgen haben wir Sylvesterabend. Ob Ihr auch wohl auf unser Wohl eins trinkt! Wir vergessen Euch nie, vor Allem bei solchen Gelegenheiten nie!

Und nun wollen wir einander alle Sünden des alten Jahres vergeben: Iliacos intra peccatum est muros et extra.

Traurig bleibt's aber doch, daß *schon wieder* ein Jahr herum ist. Die Stuttgarter Zeit wird grauer und fängt so ganz langsam an sich zu verschleiern. Mein altes dickes Einschreibebuch riecht aber noch so fabelhaft nach frischen Maiglöckchen; es ist fast wie ein Wunder. Und ein Wunder ist auch daß Ihr immer noch gedenket Eurer Marie.

Der Gesell des Meisters Mathias gefällt mir ebenfalls nicht. Die Tante ist da, liebe Bertha, sonst hättest Du den Extra-Brief schon heute bekommen. Ich habe sehr wenig Zeit. Addio!

73. WILHELM UND BERTHA RAABE AN JENSENS

Stuttg.d.29 Dezemb.1869.

„In selbstgeschaffner Heimat engem Kreise
Gedencken muß ich oft der alten Sage; –

Vergebt dem Traume, den ich lang gehegt,
Er ist des Frühlings ächtes Angebinde
Fernab von meines Herzens Staubchausee!"

singt einer unserer neuesten und begabtesten Dichter, dessen Inhaltsverzeichnisse sogar poetischer sind, als er vielleicht selber meint. Ja, lieber Jensen, seit der Ankunft und Eröffnung Euerer Kiste kommen mir diese Deine göttlichen Verse bei Tag und Nacht nicht aus dem Sinn, – wie es zu geht weiß ich nicht. Ach, liebe Freunde, Ihr habt uns durch Euere Sendung wieder einmal tief gerührt. „Wer leuchtet, soll nur ein Betrachter sein", – freilich! natürlich! aber da betrachte einmal Einer nur; wenn er mit einem solchen Leuchter vor einen solchen Marzipankuchen gestellt wird. Bertha hatte auch dießmal wieder die größte Lust, unsere Devise: Op ewig ungedeelt! in der selbstsüchtigsten Weise auf die vorliegende Lieblichkeit anzuwenden; aber ich habe: Holla! gesagt, und theile. Die Kinder waren entzückt über ihren Velocipädagogen, ihr Dorf und Schiff, und wir dancken Euch auch in ihrem Namen herzlich. Möge es Euch gut gegangen sein am Abend des 24ten Decembers.

Zu der Photographie Thea's und der Frau Kollega gehört selbstverständlich als Gegenstück der Professor Binkus auf dem Knie seines Erzeugers. Wir bitten, uns dasselbe möglichst bald zu senden.

Unsere Kinder waren außer sich vor Vergnügen, Lisbeth erfaßte auf der Stelle den Begriff des Christabends und stürzte sich mit einem Jubelgeschrei auf alle ihre Herrlichkeiten. Thea und der Professor werden hoffentlich auch nicht geheult haben. – Daß die Frau Marie ein Jammerlappen ist, glaube ich nicht, und wer so viele dicke Rosinen wie sie im Sack hat, der muß von Zeit zu Zeit auch ein paar dicke Mandeln mit in den Kauf nehmen. Vor einigen Tagen habe ich aus dem Merkur ersehen, daß Abert's ihr Kind verloren haben; – wir wollen ganz still sein, und uns selbst in der Sylvesternacht nicht überheben.

Fangt das neue Jahr gut an, und gedenckt unser in guten und bösen Stunden als Eurer treuesten Freunde! – WilhRaabe

[B.R.]

Dießmal ist Wilh. wirklich so höflich, seinen Brief an Euch mir zu überantworten, ehe er ihn fortschickt. Ich sollte gestern Abend, nachdem er schon in süssen Schlummer lag, schreiben, ich schlief aber selbst darüber ein, selbst das erste Stückchen Marcipan, das er mir verabfolgte konnte mich nicht wach erhalten. So soll es denn heute morgen, ehe die Kinder aufstehn, geschehn, natürlich habe ich nur wenig Minuten Zeit, kann nur in aller Kürze Euch Dank, Dank u abermals Dank zurufen! Das Körbchen ist wunderschön und wird einstweilen, bis Elisabeth die Passion, alle Arbeitskörbe auf den Boden zu ziehen u umzustürzen, verloren hat, ein angemessenes Plätzchen in unserm Raritätencabinet im Mittelzimmer finden. Der Velocipädenreiter ist von Gretchen mit solcher Beharrlichkeit, die ihr sonst nicht eigen, in Bewegung gesetzt, daß er für einige Zeit seine Lahmheit erklärt hat, bis ihn wieder nach einiger Zeit des Ausruhens auf die Beine geholfen wird; sie erkannte aber Tante Jensen augenblicklich, hielt aber Thea für Paul, weil sie Bubenhaar habe. Thea muß prächtig, rund u fett sein. Auf den Professor Binkus bin ich sehr neugierig. Der Papa ist uns natürlich bekannt, und wer sollte ihn jetzt nicht kennen! aber das Söhnlein auf den Knieen wiegend, wäre er uns doch etwas Neues.

Morgen am Sylvesterabend werdet Ihr wohl mit der Tante u einigen guten Freunden dafür sorgen, daß nicht all zu großer Vorrath von Euern trefflichen Weinen u Champagner mit in's neue Jahr hinüber genommen werde. Das ist recht; philisterhaft wird man noch immer früh genug. Seid recht lustig munter u. fidel und denkt auch im kommenden Jahr mit einiger Zuneigung

Eurer Bertha Raabe

Stuttgart d 30sten Decb.1869

74. WILHELM RAABE AN JENSENS

Oooooooooooo – o – oh!

Na, *das* Jahr scheint wircklich gut bei Euch anzufangen! – – –

Und erst durch das Wiener Fremdenblatt erfährt man, was in der Flensburger Nordd.Zeitung gestanden hat! Wer hat denn *angefangen,* Frau Kollega? Wir bitten dringend um umgehende Übersendung der Acten! War er denn so sehr grob?
St.26/I 70

Jemand, der auch die Absicht hatte, im Sommer mit seiner Frau nach Flensburg zu kommen.

75. WILHELM UND MARIE JENSEN AN RAABES

Flensburg 29 Jan.1870.

Oooooooooo – o – oh!

Na – das Jahr hat bei Euch gut angefangen! Was in Stuttgart passirt ist, erfährt man erst durch die Illustrirte Welt. – Wäre der doch lieber grob gewesen! Oh, hätte ich den Text zu diesem Bilde schreiben dürfen! Allerdings habt Ihr Euch uns gegenüber nie „mit vieler Offenheit über Euer eigenes Ich“ ausgelassen! Das bedaure ich ungemein, lieber Raabe. Habt Ihr uns je mit so liebenswürdiger Offenheit geschrieben: „Einen Vorsatz, Plan, Wunsch, gebe ich selten auf; Ich komme hartnäckig auf den Gedanken zurück“ – und besuche Euch natürlich auch deshalb in Flensburg? Nein – *uns* kündigt man kurz und bündig in Einem Satze das Kommen und schließlich Nichtkommen an. O Raabe, Raabe, Raabe, ja – es stecken eine Menge von Gegensätzen in Euch, mit deren Analyse ich mich oft selbstquälerisch beschäftige. Bruchstückweise, und in gewissen Stimmungen macht Ihr indeß großen Eindruck auf mich. Goethe lese ich erst seit 7 Jahren, Schiller seit 10 Jahren; den Wilhelm Meister habe ich mit Vergnügen zu Ende gebracht, (d.h. die Lehrjahre). Ein französisches Trauerspiel habe ich niemals gelesen. Für die antike Welt ist mein Verständniß ein geringes, meine Theilnahme sehr groß. Den Wilhelm Jensen konnte ich schon in Stuttgart auswendig, von Wilhelm Raabe habe ich mehr Briefe gelesen als man denken sollte. Mit J. G. Fischer wohnte ich jahrelang in derselben Stadt;

von Otto Müllers früherer Wohnung nur wenige Häuser entfernt. Backhändel esse ich gerne und celtische Knochen genieße ich sehr gerne, sobald ich mich innerhalb der oesterr. Grenze befinde; hielt Kartoffelsalat eine Zeitlang für das halbe Leben, habe es aber nie über ein Dutzend Austern hinausgebracht. Auch im gesellschaftlichen Leben habe ich manchen Poeten erkannt; dagegen kann ein unästhetisches Gespräch mich aus der Thür treiben. Das Landschaftliche meiner Fäderzeichnungen ist nie nach der Natur gezeichnet, sondern immer einer Vorlage entnommen. Wer sie für Radierungen hält, befindet sich im Irrthume. Von Natur etwas schnöde aber treu, werde ich oft für anders gehalten, als ich bin. Doch was soll ich Ihnen meine göthende Seele noch weiter bildern; Sie sind gewiß schon klug und überklug davon. – Lieber Raabe, daß *Sie* aber nur dann einen guten Trunk lieben, wenn es sein muß, bekümmert tief

Ihre Marie Jensen

Unsere Dinte kleckst fürchterlich.

[W.J.]

Lieber Raabe!

Es ist mir unmöglich, den Vorsatz, Plan, Wunsch, ausführlichst an Dich zu schreiben, aufzugeben. Ich komme hartnäckig auf diesen Gedanken zurück, wenn auch ein Jahr seit dem ersten Auftauchen desselben vergangen ist. Aber ich bin leider im Briefschreiben träge und indolent im höchsten Grade und der großen Energie zur Ausführung meines Vorsatzes, Planes, Wunsches nicht fähig. Dies mag zum Theil aber auch daher rühren, daß ich mich zur Uebersiedlung nach der alten Philisterstadt Flensburg entschlossen, wo ich nunmehr seit mehr denn einem Jahre in glücklichster Ehe mit einer Würzburg-, Frankfurt-, Münster-, Wienerin lebe. Das sind so meine Sterne, Wege und Schicksale, phantasie- und gemüthvoll, rastlos und fruchtreich, allein ich lebe der Hoffnung, daß Abu Telfan in diesem Sommer aus dem Mondgebirge zu uns zum Besuch kommen und äußerst glücklich damit machen wird

Deinen Wilhelm Jensen.

75a. MARIE JENSEN AN RAABE (mit Federzeichnung)

Sonnabend 29 Jan. 9 Uhr Abends

U u u u u u u u u u u u u u u – u uh!

Nichts kann sich auf seiner Höhe halten – auch unsere Correspondenz konnte es nicht – d. h. so will es scheinen. Ich aber werde mich, so lange es geht, kräftig dagegen auflehnen, und das Einschlafende wieder in Gang bringen. Sehr fraglich ist es übrigens, wer von uns diesmal an der Reihe war! Und in meiner Schreibmappe liegen zwei angefangene Briefe, in denen weit mehr steht, als in Eurem fertigen letzten Briefe, lieber Raabe! Jedenfalls aber will ich einen Eid drauf schwören, daß wir häufiger an Euch, als Ihr an uns denkt. Solche Sentimentalitäten interessiren Euch aber [abgebrochen]

[Auf der anderen Seite des Briefblattes eine Federzeichnung von Marie Jensen. Sie stellt dar einen See, von Bergen umgehen; auf einem Zweig sitzt ein Rabe; auf einer Klippe sitzt ein Fuchs; es ringelt sich eine Schlange heran, in deren Rücken die Worte eingeschrieben sind: Er hat die goldnen Augen der Waldeskönigin. Signiert ist die Zeichnung: Kollega fec. Am Rande stehen, von Marie Jensens Hand, die Worte:]

Und es ist *doch* eine Federzeichnung!

[Die Zeichnung soll offenbar Verse von Lenau illustrieren, die anschließend von Marie Jensen niedergeschrieben sind:]

Sehr ernst ist hier die Welt und stumm in sich versunken,
Als wär ihr letzter Laut im finstern See ertrunken.
Als wie ein Scheidegruß erscheint mir diese Stille,
Ein stummes Lebewohl, ein düstrer letzter Wille.
Sehr ernst ist hier die Welt, und mahnt, das Erdenweh,
Des Herzens letzten Wunsch zu werfen in den See.

Lenau.

75b. MARIE JENSEN AN RAABE

Flensb., am 1. Febr. 1870.

Lieber Raabe, wir wären sehr glücklich wenn Ihr kämet! Wann könnte es ungefähr sein? Ihr bekommt in der neuen Wohnung ein Zimmer mit prächtiger Aussicht. Antwortet recht bald! *Und viel!*

M.J.

Montag, den 7ten geht ein Fäßchen (80–100) Austern an Euch ab; wird mithin spätestens Freitag oder Samstag bei Euch eintreffen. Es wird gut sein, wenn Ihr sie ein paar Stunden in Eis stellt (im Fäßchen).

In Wilhelms neuester Dido-Ueberarbeitung für den Druck kommt folgender klassischer Vers vor:

„Denn du denkst, Dido, dir das Dümmste doch!"

76. MARIE JENSEN AN RAABE

Flensburg am 1ten Febr.1870.

Der Hinauswurf.

Posse in einem Aufzuge, frei nach einer Idee von Wilhelm Jensen (dramatischem Dichter).

Dramatis personae:

Dr. Wilhelm Hermann Jensen, Redacteur der Flensb.Nordd. Ztg., Dramatiker, Lyriker, Epiker. Haus- und Ehestandspoet a.D. etc. etc. etc. – –

Arrelt, Bühnenkünstler, Meerschweinchen, oder auch Meerkünstler und Bühnenschweinchen.

Marie, Elise, Josefa Jensen, stumm (vor Entsetzen) (hinter der Scene).

Ort der Handlung: Threnakra, Kattsund 606.

Zeit: Elf ein halb Uhr Vormittags.

Scene I.

(Arbeitszimmer des Haus- und Ehestandspoeten, 25′ lang, 22′ breit. Ein neuer Bücherschrank mit der Juno Ludovisi darauf macht sich pompös. Der Haus- und Wehestandspoet sitzt an seinem Schreibtisch, und liest mit Rührung einen Brief, in welchem Arrelt, das Bühnenschweinchen ihn um „die Ehre" ersucht, ihm zu dieser Stunde einen Besuch abstatten zu dürfen. Er legt denselben fort, vollendet eine Novelle und beginnt eine neue Novelle. Einige Minuten später, nach der Uhr sehend:)

Wilhelm Jensen:

Was will der Kerl um diese Zeit mich stören!
Nun – Raabe macht's Plaisir – wir woll'n ihn hören!

II. Scene.

(Es klopft.)

Wilhelm Jensen:

Herein! (Beiseite: Mit dem –!)

III. Scene

(Arrelt, Bühnenkünstler tritt in weißer Halsbinde, Frack und grünen Beinkleidern ein.)

Arrelt (mit Aplomb) (Von hieran getreuer Wortlaut)

Sie werden über die Intentionen meines Kommens unterrichtet sein –

Wilhelm Jensen:

Daß ich nicht wüßte, Herr Arrelt. Bitte, nehmen Sie Platz.
Arrelt (stehenbleibend; mit dem Pathos Karl Moor's. Alle Wände dröhnen, und die Gattin des Wehestandspoeten begiebt sich aus dem 1ten Stock in's Parterre, glaubend es gäbe Mord und Todtschlag). Ich *bitte* Sie, Herr Dr – ich komme im Auftrage meiner sämmtlichen Herrn Collegen, um Sie zu *bitten*, daß Sie hinfort weder über das hiesige Theater, noch über die Mitglieder desselben irgend etwas in Ihrer Zeitung veröffentlichen, was Ihrer Ansicht oder der eines Andern entspräche.

Wilhelm Jensen (der an dem unverschämten Ton „die Absicht merkt und verstimmt wird")

Da ich dies nicht zu Ihrem Vergnügen, Herr Arrelt, sondern zu meinem thue, und da es nicht wahr ist, daß Sie im Auftrage Ihrer Collegen kommen, sondern, wie ich bestimmt weiß, bei diesen der entgegengesetzte Wunsch stattfindet, so werde ich geradeso fortschreiben wie es mir beliebt, und wenn es Ihnen nicht beliebt es zu lesen, so werden Sie es lassen.

Arrelt ((mit einer tiefen Verbeugung und gehobener Stimme)

Gut. So ist meine erste Mission beendet. (Donnernd wie ein 24pfünder) Aber nun ersuche ich Sie, wenigstens *meinen* Naaamen nicht mehr in Ihre Feder zu nehmen, denn alle Ihre sogenannten Kritiken enthalten keinen Gran von Sinn, enthalten weder Verstand noch Geist, noch – (vielleicht wollte er sagen: noch „Herzensgüte" –)

Wilhelm Jensen (freundlich auf die Thür deutend)

Herr Arrelt, dort ist die Thür!

Arrelt:

Ha, ha, ha – das wußte ich! Nach den Abgeschmacktheiten Ihrer Kritiken –

Wilhelm Jensen (steht freundlich auf, und öffnet wartend die Thür)

Verlangen Sie, daß ich Sie selbst hinausbefördere, Herr Arrelt?

Arrelt (mit Größe)

Ein jedes Wort, das Sie, mein Herr Dr. in Ihrer Zeitung schreiben ist bezaaahlt –

Wilhelm Jensen (faßt schweigend das Bühnenschweinchen am Frack, hebt es auf und wirft es von der Zimmerthür bis zur Hausthür)

IV. Scene

(Arrelt geht ohne jeden Widersetzungsversuch schimpfend ab).

V. Scene (Auf dem Hausflur)

Marie Jensen:

Diesmal warst Du in Deinem guten Rechte, lieber Wilhelm. Schicke die Theaterbillets zurück, und laß das Pack laufen.

VI. Scene

Wilhelm Jensen kehrt in sein Arbeitszimmer zurück und schreibt folgende Theaterkritik für die Tagesnummer der Fl.N. Ztg.:

[aufgeklebter Zeitungsausschnitt]

Theater

Ich habe mich heute genöthigt gesehen, Herrn *Arrelt,* der sich brieflich „die Ehre“ erbeten, mich besuchen zu dürfen, wegen begangener Rohheiten aus meinem Hause hinauszuwerfen.

Dr. Wilhelm Jensen.

Parabase:

Drum die Moral von der Geschicht,
Befasse Dich mit Meerschweinchen nicht
Sonst geht's Dir leicht nach dem Sprichwort!
Doch bist ein Meerschweinchen selber Du,
Da gehe, so lang die Thür noch zu,
Und wart' nicht auf's letzte Stichwort!
Denn wo Du bist, denk' überall:
Gar leicht gelangt der Mensch zu Fall
Und zeigt dem Lacher die Sohle.
Dann bleibt ihm nichts als mörderlich
Zu schimpfen: „Zur Thür hinaus warf er mich!
Der Kerl! Doch er soll hüten sich –
Thät' er's noch einmal, ich wollt' ihn, ich – –
Daß ihn der Teufel hole.“

77. MARIE JENSEN AN RAABES

Flensburg 11. Febr. 1870.

Ihr laßt uns wieder einmal ganz gehörig auf Nachricht warten! Raabe, Gott gnade Euch, wenn Wilm Dienstag den 15ten Februar keinen Brief von Euch zu besehen hat! Ob ich Antwort kriege ist einerlei – es ist ja doch Alles einerlei, und deshalb sehe ich nicht ein, weshalb Ihr nicht schreibt. Herzlichen Gruß an Bertha! die Eure M. J.

Mein Papa war drei Tage lang bei uns; er wollte nach Kjöbenhavn, konnte aber des Eisganges wegen, nicht über den Belt kommen und ist gestern nach Wien zurückgekehrt.

78. WILHELM UND BERTHA RAABE AN JENSENS

Stuttgart den 13 Februar 1870
8 1/2 Uhr Morgens

Das sehe ich gar nicht ein! – Erst mußten wir doch sehen, ob die Austern auch wircklich kamen, und wie groß das Faß war, und wie sie kamen! – Nun, augenblicklich stehen sie denn wircklich, zu *einem Eisklumpen* zusammengeballt, auf dem Stuhl neben meinem Schreibtische, und – ich wünsche Dir, lieber Wilhelm, das beste Glück zu Deinem Geburtstage, und hoffe, daß Du ihn noch recht oft auf die nämliche Art vergnügt und froh feiern mögest. Der Teuffel ist ein Doctor, und er ißt auch sehr gern Austern und er kommt heute Morgen, und seine Frau habe ich auch eingeladen, und sie können Dir ja auch zu Deinem Geburtstage gratuliren, lieber Wilhelm, und wissen vielleicht, ob man gefrorene Austern essen kann. Ich meine es, vorzüglich wenn man den Wein recht, recht warm stellt.

9 Uhr Morg.

Ich dencke, ich lasse jetzt Gretchens Tischchen hereinbringen und breite sie darauf aus ... Ja, es ist ein Jammer! sie blicken mich an, holdselig wie die Augen der Venus, und sie sind doch gefroren, und ich gratulire weiter. Lieber Freund, ich wünsche Dir einen recht schönen warmen Sommer ––– ach Gott, nun erinnert mich das wieder, daß ich den Wein noch viel wärmer stellen muß, und ich breche –––

9 1/4 U.M.

Blanco! ..... Cigarrendampf! ... nachher tiefsinniges Nachdencken über die Frage, ob im Geschlechte der Austern wohl eine dumpfe Ahnung verbreitet ist, daß es Austernbrecher giebt? ... Fällt bejahend aus; denn weßhalb kniffen die Geschöpfe sonst so hartnäckig ihre Schaalen zusammen?

10 Uhr.

Hochgeehrteste Frau Collega, glauben Sie wircklich, ich hätte mir nicht ausgemalt, wie die Familie Jensen über die „Biographie" vor Vergnügen außer sich gerieth und kreischte? Natürlich würde Ihr Vergnügen noch größer gewesen sein, wenn Sie gesehen hätten, wie ich durch meine Stube vor Wuth huckebeinte, als Herr von Hallberger mir kurz vor Weihnachten eine „Freude" dadurch machte, und mich zugleich durch ein gedrucktes Cirkular aufforderte, meinen „Blick auf die betreffende Journalnummer zu werfen und in Folge davon seinen Journalunternehmungen ein doppeltes Interesse zu schencken". Im Jahr 1861 hat mir ein Mensch, der sich nachher als ein ziemlicher Lump erwieß, die Notizen und den Brief abgelockt, als ich noch in Wolfenbüttel saß, und seit der Zeit verfolgt mich das Ding, und dies ist der v i e r t e Abdruck, der meinen Freunden so viel Vergnügen macht! ---

10 1/4 Uhr.

Herr und Frau Dr. Hoefer! Gestern Abend „Zauberfest" bei Herrn von Hackländer, bei welchem Ihr auch nicht waret!

10 Uhr 20 Minuten.

Wir auch nicht!

10 Uhr 25 Min.

Bouillon! – Familiengeschichten. –

11 1/4 Uhr Morgens

Dr. Teuffel ohne Gemahlin. Consultation, die das Beste verspricht.

Zwölf Uhr.

Liebe Freunde, Ihr habt uns wieder ein großes Vergnügen gemacht; und Du Wilhelm Jensen verehlichter Brühl, Dir soll Dein neues Lebensjahr gut beginnen und gut endigen und wenn Arrelt den frommen Aeneas nicht spielen will, – so will Ich ihn spielen.

Dein WilhRaabe

[B.R.]

Auch ich grüße Euch schönstens und danke Euch für das Austernvergnügen; obgleich ich so ungebildet bin, sie nicht zu goutiren. Desto besser für Wilh! Der Rath sie in Eis zu stellen war gut gemeint, aber für diesmal nicht anwendbar; Ihr mögt es glauben od nicht, es friert auch in Stuttgart und auch die Austern suchten den warmen Ofen. 2/3 sind verzehrt, der Rest ist noch vorhanden und hält sich bei jetziger Temperatur. Wilh. hat heut gar nicht zu Mittag gegessen; er klopft sich an sein Bäuchlein und sagt: ach! — morgen die andern! –

Dem Geburtstagskinde die besten Glückwünsche zum 32. od.

33sten; – 24 u. 8 macht 32; aber 5 von 38 = 33. Also feiert den fraglichen Tag mit der gewohnten Oppulenz u. gedenkt, wenn Ihr abermals beim Champagner ankommt, der Stuttgarter.

Wie immer Eure Bertha

79. WILHELM JENSEN AN RAABE

[18.3.1870]

So sind des Märzen Idus nun vorbei,
Artemidorus machte bloß Geschrei –
Du lebst. Ich lebe. Wenn nicht Alles Schein
Und Trug ist auf der Welt – was kann da sein?

Darum meine ich, Raabe, kümmern wir uns nicht weiter darum, daß der Duc de Montpensier an des Märzen Idus den Don Enrique de Bourbon todtgeschossen hat. Im Grunde ist es für uns beide nur ein Bewerber um den spanischen Thron weniger, obgleich ich mir nicht verhehlen kann, daß nach der nicht unbedeutenden Anzahl spanischer Dörfer, die nur ab und zu in Deinen Briefen vorkommen, meine Aussichten auf den von Isabella ledig gelassenen Purpurtorus Dir gegenüber verschwindend gering sind.

Rem blem!
Ich pfeif' auf die sauren Weine
Und fahr nach Jerusalem,

sobald Eugenie nur einmal wirklich hinkommt. Denn, Raabe ich werde alt und ein heiliger Knochen thäte mir wohl. Hast Du Aussicht, bei Lebzeiten kanonisiert zu werden?

Siehst Du, ich bin drei und dreißig Jahr', und Du bist immer noch vier und halbes Jahr älter als ich. Das ertrag' ein Anderer! Wollen wir den Rummel nicht zusammenschmeißen und gleich auf dividiren?

Wenn Du es nicht willst, so bitte ich Dich, komm wenigstens hieher, eh' Du 39 und ich 34 Jahre geworden. Ich weiß nicht, warum ich Dich so beweglich darum bitte. Mir ahnt, wenn das geschehen, sind wir – sind wir wiederum ein Jahr älter.

Der Mensch geht mit den Jahren um, als ob's preußische

Thaler wären. (Der Satz ist von mir). Er bricht seelenruhig eins an und giebt das Kleingeld für Plempereien aus. (Auch von mir). Und wenn es alle ist, greift er seelenruhig wieder in den Sack und holt einen neuen Thaler heraus.

Aber, Raabe, wenn die Thaler nun einmal wirklich alle sind, und man den letzten, ohne es zu wissen, aus dem Sack geholt hat? Weißt Du, das kann nämlich dem Besten passiren. Na, denn koof Dir wat davor!

Du mußt wissen, ich kenne nämlich vierzehn Verleger, die sämmtlich nur auf die neuesten zehn reichstäglich-wiesbadener Jahre nach dem Abscheiden des Autors warten, um die von Dir an mich gerichteten Briefe ohne Honorar zu Concurrenzpreisen herauszugeben. Diese haben mich nun gebeten, meine Briefe an Dich derartig einzurichten, daß Du recht passende und geistvolle Antworten darauf ertheilen kannst, (Alles zu Nutzen des Geschäfts der intellectuellen Urheber). Ich nehme deshalb die Stellung brieflich zu Dir ein, in der Franz, Karl, Ludwig, und wie die lieben Jungen sonst heißen, im Robinson sich Herrn Campe gegenüber befinden, und frage manchmal nur, damit Du posthum darauf erwiederst. So schleiche ich vielleicht durch ein Nadelöhr (obwohl ich oft ein Kamel bin) mit in die Unsterblichkeit. Und deshalb schrieb ich die obigen Sätze (von mir), auf daß Du im nächsten Brief entgegnest:

Lieber Freund! (cf. 1.Note unten)

Deshalb muß man immer so leben, als ob es der letzte Thaler wäre (2) und als ob man morgen überhaupt kein Kleingeld mehr hätte und brauchte (3). Das ist nicht das Krächzen eines Unglücksraben, (4) sondern ächte Lebensphilosophie (5). Darum, lieber Freund (6) werden meine Frau (7) und ich am Anfang des Augusts dieses Jahres (8) bei Euch eintreffen – –

Noten des Herausgebers.

1. Wilhelm Jensen, Dr.phil et obstetriciae artis magister, damals Redacteur der „Flensburger Norddeutschen Zeitung“, um die Mitte der zweiten Hälfte des Jahrhunderts durch einige in Zeitschriften abgedruckte Novellen, Gedichte etc. bekannt. 2) cf.

Jensen, Brief an Raabe vom 18. März 1870. 3) „Hätte und brauchte", ein Raabecismus, Beispiel der oft dunklen Ausdrucksweise Vf's. 4) Unverkennbar eine Anspielung. nomen est omen, wie es scheint bei'm Vf. nicht unbeliebt. cf. übrigens: „Huckebein", in der Zeitschrift „Ueber Land und Meer" (Verlag von Eduard Hallberger, Stuttgart). Jahrgang 1869. 5) Der Vf. war bis zu seinem 39. Lebensjahre Schopenhauerianer und wandte sich dann zu E. v. Hartmanns „Philosophie des Unbewußten". 6) cf. Note 1, rhetorische Wiederholung. 7) Bertha, geb. Leiste, eine Wolfenbüttlerin, die ihm fünf noch lebende Kinder schenkte. cf. übrigens „Wilhelm Raabe" (mit Portrait) in der Zeitschrift „Die Illustrirte Welt" (Verlag von Eduard Hallberger, Stuttgart) Jahrgang 1870. 8) Raabe kam am 4ten August nach Flensburg, wohnte dort Rathhausstr. 565, drei Treppen hoch, und beging dort am 8t. Sept. d. J. seinen neununddreißigsten Geburtstag. Die Schiffe im Flensburger Hafen flaggten an dem Tag, vom Nicolaithurm ward um 6 Uhr Morgens der Raabe'sche Choral geblasen: „Z'is fest bi de goden im hogen Olymp". Um zwölf Uhr Mittags überreichte eine Deputation des städtischen Magistrates ihm eine Chronik der Rathausstraße, in Schweinsleder gebunden. Abends Illumination und Fackelzug. Raabe danke gerührt und verhieß eine Novelle „Die Flensburger Kinder" zu schreiben, sowie dieselbe für die Bühne zu bearbeiten. (cf. Beilage A)

Druckfehlerberichtigung: In der ersten Zeile der „Noten" lies statt: obstetriciae artis magister – liberalium artium magister. Im übrigen *ὦ κώρακε* liegt Flensburg noch immer an der Flens. So Du aber einen Eingeborenen fragst, wo die Flens fließe, da wird er Dich mit bedenklichen Augen ansehn, wie Du muthmaßlich manche schwarzhingeflossene Zeile dieses Briefes. Doch es behüte Dich der Herr, der auch von Deinem Haupt kein Haar mehr fallen läßt als darauf ist.

Wenn Du aus dem Umstande, daß ich Dir diesen Brief schreibe, entnehmen zu müssen glaubst, ich hätte nichts Besseres zu thun, so befindest Du Dich keineswegs im Irrthum. Versandt ward gestern ein dickes Ungethüm, giftgeschwollenen Bauches, vielartig schillernd, papiergefräßig, „scheußlich" – sapienti sat. Was sonst literas atque liberales artes betrifft, so erhältst Du bei den Goden in'n hogen Olymp alttestamentarischen Besuch, da, wie ich vor einigen Tagen zufällig aus einem zufälligen Börsenblatt ersehe – mich selbst davon zu unterrichten hatte natürlich niemand ein Interesse – ein holländischer Adolf Glaser den Stiefel einmal umkehrt und meine „Juden von Cölln" „dem Deutschen nacherzählt". Eigentlich wäre es billig, daß der Autor gesetzlich noch jedesmal eine Tracht Prügel zubekäme, für die Gène, die er einem so wackeren Manne gemacht, daß derselbe „nach" erzählen muß, während er, wenn jener nicht die Schuftigkeit begangen, das Buch zuerst zu verfassen, dasselbe „vor" erzählen würde.

Ich habe sehr arbeitsam gelebt, seit dem August v.J. ununterbrochen; dafür intendire ich, diesen Sommer stark Mensch zu sein. In den ersten Tagen des Mai ziehen wir in unsere neue Wohnung, Rathhausstr, in dasselbe Haus mit Herzbruch. Das wird wieder einmal eine Abschlagszahlung an die Goden der Unterwelt. Zum Schluß ein Wort von großem Ernst. Könnt Ihr uns nicht *bald* Mittheilung machen, um welche Sommerszeit Ihr zu uns kommt? Wir müssen nämlich ein Sommerprogramm entwerfen, in welchem auch ein nothwendiger Aufenthalt in Kiel figurirt, richten uns jedoch *ganz nach Euch*. Nur möchten wir's eben gern bald wissen; wir vermuthen, daß Ihr im Anfang August am Liebsten reist.

Ich habe itzunder gute „Literarische". Freundlichsten Gruß an Bertha

Dein Wilhelm Jensen

[M.J.]

Meine sehr lieben Raaben! Ich grüße Euch herzlich, und gebe Euch die Versicherung daß in den letzten Wochen ein ganz immenser Fleiß über mich gekommen ist. In den nächsten Tagen werde ich aber fertig und schreibe Euch dann einen riesigen Brief. Böse könnt Ihr mir übrigens nicht sein, denn Euer letzter war sehr kurz, und Euer nächster wird jedenfalls nicht für mich sein. Trotz alledem und alledem verbleibe ich in Treuen

Eure Marie.

80. WILHELM RAABE AN JENSENS

Stuttgart, den 21 März 1870

Liebe Jensens!

Seit längerer Zeit hat Bertha jeden Morgen nicht mit Unrecht: „Nein diese Jensen's!“ gesagt, und ich habe dann gesagt: „Ja, diese Jensen's! – Macht es nun selber ausfindig, welche von beiden Interjectionen Euern Charakter mehr herabsetzt! –––

Hier wäre nun der Schüdderump. Liebe Freunde, Ihr solltet doch ein wenig fleißiger schreiben und tiefer in Euch hinein gehen; denn seit vierzehn Tagen habe ich Emphysem, den Keuchhusten und einen Bronchial-Catarrh zu gleicher Zeit, und Ihr wißt eben doch nicht, wie lange Ihr noch an mich schreiben könnt. Übrigens kündigen wir Ende dieser Woche unsere Wohnung Hermannsstraße Nro 11, und haben bereits Auftrag gegeben, daß man uns ein Unterkommen in Braunschweig ausfindig mache. Ende Juni oder Anfang Juli siedeln wir dorthin über, und deßhalb können wir nicht sagen, wie es mit Flensburg werden wird; also laßt Euch nur ja nicht durch uns in Euern Sommerplänen hindern; wir wohnen ja künftig so nahe zusammen, daß wir uns fast über die Hausthür abreichen können; grad' wie am Feuersee.

Ich habe Euch außerdem die erfreuliche Mittheilung zu machen, daß Ihr wircklich (ohne Datum) an uns geschrieben habt, und daß der Brief so eben angelangt ist. Ich empfehle mich

WilhRaabe

81. MARIE JENSEN AN RAABES

Flensburg, 24.März 1870.

Oh, diese Raaben, Ach, diese Raaben! Ja und nein diese Raaben! Ja, wir wollen fleißiger schreiben und tiefer – in's Glas gucken, denn wir wissen nicht, wie lange *wir* Euch noch schreiben können. Vielleicht gehen wir Anfang nächster Woche über

Persien nach Afghanistan; und Ihr wißt, „Keiner kam heim von Afghanistan." In Babylon bleiben wir einige Tage, und werden in den hängenden Gärten der Semiramis Eurer in Liebe gedenken. Raaben giebt es dort gewiß nicht, aber Greifen und Phönixe. Nach Schiras kommen wir hoffentlich, um Euch Rosen schicken zu können. Allah il Allah – warum geht Ihr nach Braunschweig? Warum gerade nach Braunschweig? Wenn Ihr geschrieben hättet: Wir reisen im Juni nach Sumatra, Borneo oder Java – das hätte mich keineswegs gewundert, aber nach Braunschweig! Auch dort habt Ihr „täglich Gestöber und Sturm, und wiederum Sturm und Gestöber." Wir sitzen hier so gut wie in Lappland, und spannen täglich die Flügel aus – nach dem Süden. Emphysem, Keuchhusten, Catarrh – Unsinn – unterm Aequator würdet Ihr anders reden. Im Uebrigen sollte es mich *sehr* freuen wenn wir unsere neuen Thaler, Sie den 38ten, ich den 25ten, nicht nur an Einem Tage, sondern auch unter Einem Dache anbrechen könnten. – Unsere neue Wohnung wird so nett, und ich bin jetzt eine so sehr ordentliche Hausfrau. Deshalb komme ich auch recht selten zum Schreiben. Ihr würdet meine Wirthschaft gegen früher nicht wiedererkennen. Verstäubte Orangerie, verbranntes, hartes Beafsteak, Liqueur aus zerbrochener Flasche – o unmöglich jetzt! Im Hause Alles blink und blank; Kinder rein und heil; ich selber schon um 10 Uhr Morgens fix und fertig angekleidet; Essen gut, Vegetation in jeder Hinsicht gedeihlich, Stimmung nie langweilig; Freundschaft bleibt uns heilig. Kommt Ihr? Ei freilich! Und zwar eilig! Sonst ist Schreibfaulheit verzeihlich. Dank für den Schüdderump. Stückweise hatte ich ihn in den Westermann'schen gelesen; die drei letzten Nummern fehlten mir aber. Jetzt lesen wir ihn auch nicht eher bis er vom Buchbinder kommt; der hat ihn schon. –

„Leb wohl, mein Brutus, für und für!
Sehn wir uns wieder, nun so lächeln wir."

Ich empfehle mich

der Heddi.

P.S. O Gott, was werdet Ihr sagen, wenn der Umzug Euch an

den Kragen geht? Werdet Ihr Alles gerade so machen wie Jensens es damals machten? Wenn Ihr den Rath eines vielerfahrenen Menschen braucht, so wendet Euch an mich. Oder gebt uns das Versprechen *nach Flensburg* überzusiedeln, dann kommen wir vielleicht nach Stuttgart und helfen Euch.

Liebes Berthchen, ganz so schlimm, wie man sich's denkt, ist das Umziehen aber doch nicht. Wem schenkt *Ihr* die Blumentische?

82. WILHELM JENSEN AN RAABE

Flensburg 24/3 1870. Nachricht Uebersiedlung Braunschweig empfangen. Großes Wohlgefallen. Ausdruck vollster Befriedigung. Reine Nachbarschaft. Ein Tag. Morgens ab. Nachmittags an. Kiel einstmals noch näher. Juli Umzug. August Einrichtung. September Flensburg. Sommer 1871 Familie Jensen Braunschweig. Harz. Waldkater – Villegiatur. Gemeinsam. Bregenz des Nordens. Hurrah! Welt beste. Schüdderump Buchbinder. Great expectations. Buchhändlerreclame Westermann Umschlag abgeschmackt.

Asthma, pah. Keuchhusten falsche Diagnose. Bronchialcatarrh Grog Halstuch. Wetter scheußlich. Wir wohl.

Leitartikel Todesstrafe Eile. Lapidarstil Keilschrift Schlußgedicht:

Du zogst unser Leben in Deines hinein,
Am blumengeschmücketen Bach stets sein
Wirst Du uns ein lieblicher Knabe;
Du bist unter Larven fühlende Brust,
Du bist unseres Daseins Glück und Lust,
Du bist ein weißer Rabe.
Berthagruß.

Dein Wilhelm Jensen

83. MARIE JENSEN AN RAABES

Flensburg 10 April 1870.

Viel Regen, ziemlich warm. Luft wie auf Madeira.

Bratenstücke erhält man während der Sommerhitze frisch,

wenn man auf dem Boden einer Terrine 1 – 2 Loth stärkster Essigsäure gießt, einen Holzrost ca. 12 Zoll darüber und auf diesen das Fleisch legt; der Terrinendeckel muß gut schließen. Bloßes Einlegen in saure Milch beraubt das Fleisch einiger seiner Nährbestandtheile.

84. WILHELM RAABE AN MARIE JENSEN

Stuttgart, 16 April 1870.

Gefrorene Bratenstücke setze man ja nicht zu nahe an einen geheitzten Ofen oder gar auf eine offene Flamme. Die schnelle Hitze beraubt das Fleisch seiner meisten Nährbestandtheile; das Wasser scheidet sich von der Veste oben und unten, und von den Fasern hat man nichts.

Es wird vorgeschlagen, die Stücke auf den Boden einer Terrine zu legen, und letztere mit einem Teller zu zu decken, am Abend das Gefäß im Bette zwischen die Füße zu stellen, und sich und es so ruhig als möglich zu halten. Am nächsten Morgen hat man dann ein nährendes, angenehmes Frühstück bequem zu Handen, und kann man sich sofort nach Stuttgart hin bedancken.

85. WILHELM RAABE AN JENSENS

Stuttgart d 30 April 1870

Liebe Freunde!

Ihr habt es wieder einmal viel besser als wir; denn Ihr habt Euern Umzug hinter Euch, und wir haben den unsrigen noch vor uns. Wollt Ihr nicht ein recht schönes Clavier kaufen? oder einen Auszugtisch? Der Wald ist grün; vor 14 Tagen schon haben wir mit den Kindern auf dem Hasenberge uns im Grase gewälzt und Himmelsschlüssel gepflückt. Die Bäume blühen; aber gestern hat es lustig in das Vergnügen hineingeschneit, und wir heizen! Eben kommt der Professor Reuschle die Augustenstraße herauf, seinen Barometer vorsichtig in den Armen. Er zieht unter uns ein; – ganz Stuttgart zieht ein und aus. O Gott, ich wollte ich wäre Kaiser Heinrich der Siebente, da hätte ich es auch hinter mir.

Lucius Domitius Nero, *Lucius* Annaeeus Seneca, Valenzia Gradenigo, Antonio Foscarini und die Kölner Juden haben es auch gut. O du liebster Himmel, ich wollte, ich wäre aus dem Hause des Meroväus! Auch die drei Heinriche sind drüber weg; – König Konrad, König Karl und König Erik – alle haben es besser als ich; nur der Seekönig Palnatoke war ein Esel und ist wahrscheinlich heute noch ein Esel, der seinen Aufenthaltsort von Zeit zu Zeit verlegt. –

Liebe Freunde, ich habe vier Wochen in der Stube sitzen müssen und mehr Jod geschluckt, als Euere Ostsee enthält. Nachher war Aconitum die Parole, und – ich bin überzeugt, daß Ihr da oben (oder unten) immer fetter werdet! –

Wo wohnt Ihr denn jetzt eigentlich? Wir wohnen bis zum 12 Juli noch in der Hermannsstraße, und wenn Ihr so freundlich sein wolltet uns noch einmal zu schreiben, so würde ein Brief uns gewiß da erreichen. Dem sei nun aber wie ihm wolle; ich bin stets der, welcher ich war,

Euer getreuester W.Raabe.

86. MARIE JENSEN AN RAABES

Flensburg 12 Mai 1870.

Liebe Freunde!

Ach was – wir sind noch lange nicht umgezogen, sondern sitzen wie immer ganz ruhig im Kattsund. „Des Morgens sind wir arbeitsfroh, des Abends sind wir arbeitsmüd“ – Ihr aber, lieber Raabe, erinnert mich lebhaft an Antonio, den Brausekopf Venedigs; weit weniger an *Marcus* Annäus Seneca, „weil Ihr in Eures Jammers Uebermaß den Umzug fürchtetet.“ Wenn Ihr übrigens unser caro amico seid, dann laßt uns nächsten Montag, Dienstag, Mittwoch und Freitag einen Brief bekommen! O lieber Gott, ich bitte Euch, schreibt uns in diesen Tagen reichliche Worte des Trostes, und möglichst gefühlvoll; denn wir werden alsdann mühselig und beladen zwischen zwei Wohnungen hin und her irren. Wenn der Schreiner Braun mit seinen Helfershelfern zu *Euch* kommt, dann geht ihm nur muthig entgegen, grüßt ihn von uns, und stürzt Euch blind in den Kampf. Wir ziehen eigentlich rein zu unserm Vergnügen aus; es wäre ganz überflüssig gewesen, da wir doch nicht mehr lange in Flensburg bleiben; – viel Brod hier, aber wenig Ruhm. Könnten wir denn nicht einen dritten Ort ausfindig machen, an dem wir uns mitsammen ansiedelten? Braunschweig erfreut unser Herz nicht – lieber gehen wir wieder nach Stuttgart. Stuttg. hat seine Meriten, d.h. so lange Ihr da seid. Das Leben ist ein Jammerthal. Gehabt Euch wohl – freut Euch des Lebens, und bleibt uns in ewig junger Freundschaft zugethan. Ich werde jetzt wieder an die Arbeit, das heißt an's Packen gehn.

Unwandelbar Eure M.J.

Wilhelm grüßt und schreibt wahrscheinlich morgen. Augenblicklich packt er seine Bücher ein.

87. WILHELM RAABE AN MARIE JENSEN

[Auf einem Bogen, der so gefaltet ist, daß man etwas hineinlegen kann – etwa eine Blüte?]

18/V 70.

Ja, Hollunderblüthe!
Herzlichen Danck
Unter heißerer Sonne.

88. WILHELM UND MARIE JENSEN AN RAABE

Flensburg 21 Mai 1870.

Für die beiden lieben Gesichtchen herzlichen Dank. Elisabeth ist ja ein wahres Prachtstück geworden! Im Uebrigen aber – schämt Euch, Raabe! Im Jahre 1870 haben wir *einen einzigen Brief* von 1 1/2 Seiten bekommen und 4 Zettel – meint Ihr, daß wir bei so magerer Kost bestehen können? „Es kommt die Zeit, es kommt die Zeit, Wo Du an Gräbern stehst und klagst" – Noch klingle ich manchmal mit der schönen Glocke – aber es fällt Euch nicht in den Traume ein zu antworten.

M.J.

[W.J.]

Sie hat ganz Recht wie nicht immer. Wir wohnen Rathhausstraße 565 und schreiben nicht, ehe wir einen Brief erhalten. Nein! Das thun wir nicht und erwarten Euch im August [Einfügung M.J.] ja das thun wir, aber schreiben thun wir nicht – nein das thun wir nicht.

Wilhelm Jensen, Verfasser der „Minatka".

89. MARIE JENSEN AN RAABE

Flensburg 2ten Juni 1870.

An

W.R., welcher 1831 zu Eschershausen im Herzogthum Braunschweig geboren, und 1862 mit seiner jungen Frau nach Stuttgart übergesiedelt ist, und im Juli 1870 nach Braunschweig zurückkehren wird. Oh –!

Wäre ich doch Fräulein Cäcilie K. aus Vassar College in New York, dann hätte ich von W.R. einen echt deutschen Gruß bekommen!

An

uns [hier sind zwei weinende Schafsköpfe gezeichnet]

schreibt man natürlich nun nicht mehr. Und „dennoch erhoben sich die Harzberge lachend im blaugrünen Glanz; über den Feldern und Wiesen lag jenes Zittern, welches auch über den Werken der großen Dichter liegt und überall die Sonne zur Mutter hat. –" (Nachfolgendes ist aus einer Kritik über den Schüdderump von W. Raabe) „Und es ist sonderbar, so trüb das Licht ist, das die Trilogie Wilhelm Raabe's umbreitet, jenes Flimmern und Zittern liegt doch darin, wie in der heißesten Mittagsglut, wie in den Werken der größten Dichter, und zeugt, daß es trotz Allem auch die Sonne, die Wärme des Herzens zur Mutter hat. Aber es ist eine Mitternachtssonne, wie sie vom Horizont die hochnordische Welt überfließt und mit ihren einsam schrägen Strahlen schaurigern Eindruck erweckt als lichtlose Nacht.

„Trübe Bücher sind es, diese drei. Hüte Dich, sie zu lesen, der Du meinst, ein Buch lasse sich abschütteln und Du könntest wieder lachen wie zuvor, wenn Du es beendet.

„In mancherlei Glanz und Licht, in allerlei Flöten- und Geigenklang hinein tönt das Dröhnen des schaurigen Wagens. Wen die Natur mit verhängnisvoll scharfem Ohr begabt hat, der hört sein dumpfes Rollen immer und immer, ferner und näher. Nur manchmal läßt er sich von dem ‚Messer- und Gabelgeklirr des Lebens' betäuben und vergnügt stimmen – da schlägt plötzlich ein Ton an sein Ohr –

„Horch, was war das? Vielleicht traf das Rad des widerwärtigen Karrens auf einen Stein im Wege, und so wurde die schauerliche Last ein wenig zusammengerüttelt, und den Ton vernahmen wir mitten im fröhlichen Behagen des Daseins, im Kreise der Freunde, einsam am warmen Ofen in der Winternacht, auf der Höhe des Gelages, unter den Kränzen der Hochzeitsfeier, im Theater, am Wirthshaustisch oder im tiefen traumlosen Schlaf –" O weh – lieber Raabe, mich hat es aber auch immer gewundert daß wir dieses je für den kürzesten Moment vergessen konnten. Ich werde es wahrscheinlich niemals wieder vergessen, und ich bin ganz elend, seit ich den Schüdderump gelesen. Von Wilm viele Grüße. Euer Couvert haben wir heute Morgen erhalten, und danken sehr für die Adresse.

In unserm Wohnzimmer stehen drei große Syringenbüsche und ein großer Strauß Maiglöckchen „feinst und mit wunderschönem Geruch". Thea und Paul laufen um die Wette. Das is Detchen Raawe" sagt Thea, so oft sie Gretchens Bild im Album sieht. Zum Schluß muß ich noch feststellen, daß jüngst ein Brief verloren gegangen sein muß, entweder einer von Euch an uns oder einer von uns an Euch. Was macht Bertha?

Mit Achtung

Marie Jensen.

[Seitenbemerkung] Dies Papier klatscht

90. WILHELM UND BERTHA RAABE AN JENSENS

Stuttgart d. 6 Juni 1870

Liebe Freunde!

Ihr habt es eben gut; Ihr sitzt noch zwischen den Holundern und Maiblumen; während wir schon längst bei den Kirschen angekommen sind. Ihr schreibt vortreffliche Trauerspiele in Jamben; während Unsereiner seine langweiligen Romane in Prosa abspinnt. Ihr in Euerer fröhlichen jugendlichen Unverschämtheit macht Euch nicht das geringste Gewissen daraus, Antwort zu verlangen auf Briefe, die Ihr gar nicht geschrieben habt: *wir* sind allmälig so bescheiden geworden, daß wir sogar unfrankirte Couverts, die nichts enthalten, als aufgeklebte Ausschnitte aus Flensburger „Norddeutschen" Zeitungen und Prager „Studenten" Jahresberichten mit herzlichem Dancke bezahlen und annehmen. Wahrscheinlich habt Ihr sogar auch schönes Pfingstwetter!

Ihr habt es sehr gut. Ihr habt Euern Einzug in die Rathhausstraße gehalten; wir haben unsern Auszug aus der Hermannsstraße noch vor uns. Ihr bietet uns Quartier an („das Gebäude, welches die Straße abschließt, ist der Bahnhof!"); wir wissen nicht, wo wir unser Haupt niederlegen sollen. Geld habt Ihr auch mehr als wir; denn wir haben eigentlich gar keins; – Ihr habt es von Zeile zu Zeile, je mehr ich darüber nachdencke, besser!

Lieber Gott ja, den Schüdderump habe ich geschrieben; aber ich will es ganz gewiß nicht wieder thun. Die Buchhändler haben auch gleich das richtige Verständniß dafür gehabt; sie bedanckten sich dafür, wie Ihr wißt. –

Neues giebt es in Stuttgart nicht, als daß Otfried Mylius den Staatsanwalt Schönhardt, den Professor Speidel und den Doctor Dulk zum Duell gefordert hat.

Mit herzlichem, herzlichem Gruß

[in Sanskritlettern geschrieben] WRaabe

des Sanskrits Beflissener

[B.R.]

Neues giebt es freilich nicht in Stuttgart, neu ist mir aber, daß man Stuttgart Lebewohl sagen muß, um bei den Leuten darin beliebt zu werden. Alles schreit u raufft sich fast die Haare aus, daß Wilh Raabe sobald Stuttgart verlassen will, nachdem er 8 Jahre hindurch ungesehn und ungekannt täglich nach dem Museum gewandert ist. Ohne Liebeszeichen u Dankeswort schrieb er in Stuttgart „Die Leute aus dem Walde“, den „Hungerpastor“, „Abu Telfan“, den „Schüdderump“. *Die* Zeit war den Leuten zu kurz um mit ihn bekannt zu werden. Abschiednehmen u das brüderliche „Du“ schwebt auf allen Lippen. Hallberger gab ein schönes Diner in Ober-Türkheim, eine Maibowle in Eßlingen den Stuttgarter Schriftstellern. Hallberger ließ die Schriftsteller leben, Hallberger den „uns so bald verlassenden Wilh.Raabe“! Den Schüdderump schickte er ihm freundlichst grüßend zurück, und jetzt will er ihm extra ein Haus bauen lassen, wenn er bleiben will. Marien's Auszug „aus einer Recension über den Schüdderump“ hat Wilh. sehr gefallen; er gesteht es zu den Schüdderump geschrieben zu haben, und bereut es auch gar nicht; wenn nicht vielleicht Wilh. Jensen zuviel dagegen zu sagen weiß, der ihn aber wahrscheinlich gar nicht gelesen hat. Gott verzeih ihm seine Sünde! –

Der Gesundheitszustand im Hause der Hermannsstraße N 11 war sehr mittelmäßig. Ein Mädchen wurde in's Spital geschafft, die Kinder im 3ten Stock waren wieder krank. Dct. Teuffel kam lange täglich; nicht in gelben Piqué wie andere Leute, sondern halb weiß halb schwarz d.h. nicht gestreift, sondern schön wie Adonis schwarzer Rock, weiße Weste, weiße Chabothemd, weiße Pantalons, schneeweiß, feinst u mit Geruch, d.h. mit Wohlgeruch. Seine Frau ist uns bis heute noch unbekannt.

Eine neue Persönlichkeit für Stuttgart ist Willibald Winkler aus Chicago, mit engagirter Redacteur od. Mitarbeiter für Über Land und Meer. Zweimal war er im Hause und machte leider nur meine Bekanntschaft. Wilh. lebt fort wie immer, in u. außer dem Haus, außer dem Hause in einem schäbigen Rock, im Hause in einem neuen Schlafrock, ich bin die alte in u außer dem Hause

Eure Bertha

91. WILHELM RAABE AN JENSEN

Stuttgart, d. 21 Juni 1870.

Lieber Freund, ich dancke Dir; aber ich meine auch, Ihr wißt, wie hoch mir die Frage: Was werden *die Beiden* dazu sagen? seit wir uns kennen, steht! Dein WilhRaabe

92. WILHELM UND MARIE JENSEN AN RAABES

Tondern 5ten Juli 70.

[M.J.]

Lieber Leser! In einem hellen norddeutschen Städtchen wurde uns heute, als unser Wagen die Pferde wechselte und wir uns nach den Eigenthümlichkeiten des Ortes erkundigt hatten, ein Schüdderump gezeigt. „Das ist er" sagte unser Führer unheimlich hohl.

[W.J.]

Es war jedoch keiner, liebe Leserin, wenigstens keiner zum Umkippen, denn er hatte vier weiße Pfeilersäulen auf schwarzem Grund und auf dem Dach einen silbernen Engel und es wäre garnicht abzusehen gewesen, weshalb wir auf ihm nicht ebensogut von Hoyer nach Tondern hätten fahren können, wie auf irgend einem andern, auch zuweilen umwerfenden Fuhrwerk der Welt.

[M.J.]

Liebe Leser, unsere Leichname waren einige Tage auf Sylt und amüsirten sich ausnehmend. Seehundsjagden haben wir mitgemacht – na – und eine ganze Nacht auf dem Wasser gewesen; den Mond sahen wir hinter England untergehen und die Sonne über Hörnum aufgehen, Sternschnuppen fielen auf Romö – Und Wilhelm war von Rum so wöh –.

[W.J.]

Es mochte 2 Stunden nach Mitternacht sein. Der Thau lag auf dem Rand unseres Schiffes und es war Fluthhöhe. Nur ein einziger Passagier befand sich außer uns an Bord. Er saß in einen schweren Mantel gewickelt, dem Anschein nach theilnahmlos. Plötzlich erhob sich sein dunkles Auge und blickte westwärts;

ein Gedankenblitz überflog sein Antlitz. Er murmelte: „Wir müssen uns auf 55°23′ nördlicher Breite befinden“ und ergriff einen von den zappelnden Fischen, die wir gefangen, am Schwanz und hielt ihn ins Wasser. Verwundert sah ich zu, wie er ihn nach einigen Minuten wieder hervorzog, vor sich auf die Bank legte und mit einem Taschenmesser zu tranchiren begann. „Wenn es gefällig ist“, sagte er mit einladender Geberde. Ich zögerte und murmelte etwas, daß mein Hunger sich noch nicht zur Höhe roher Fische versteige. „O ich bitte“, versetzte er, „der Golfstrom kocht vorzüglich“. Bestürzt flog ich empor, lüftete meinen Hut und fragte: „Mit wem habe ich die Ehre –?“ „Mein Name ist Gustav Rasch“, erwiederte er mit bezaubernder Einfachheit – – meine Ahnung – in jener Nacht soupirte ich mit einem berühmten Manne und der Golfstrom war unser Koch. Nie aß ich besser.

[M.J.]

Von Island sahen wir nur einen Zipfel in der Abendsonne glänzen als wir uns auf dem 55° 27′ nördlicher Breite befanden. Den Geiser sah ich leider nicht speihen – – indes den Hekla natürlich – – –

[W.J.]

Im Uebrigen, liebe Leserin, ist es ein coloristischer Irrthum, daß es zwei Farben giebt. Denn in Wahrheit, Bertha, giebt es nur *eine* Farbe, und diese ist grau, in malerischer Technik ausgedrückt: Grau in Grau, d.h. die Theorie in der Potenz, und daß Wilhelm Raabe diese Farbe mit Vorliebe in seinen Werken verwendet, zeugt von seiner theoretisch-künstlerischen Auffassung der Insel Silt, die „Häring“ bedeutet und in Anbetracht ihres schwimmenden Zustandes auch einige Aehnlichkeit mit einem derartigen marinirten Antidot gegen menschliche Unmäßigkeit hat. Ich aber bin unveränderlich, und deshalb auch selbst in einem Lumpennest wie Tondern

der Eurige Wilhelm Jensen, Seefahrer.

[M.J.]

Liebe Freunde theilt uns umgehend Eure Adresse in Braunschweig mit und schreibt umgehend wann Ihr kommt, damit Ihr uns auch sicher trefft. Wir gehen in den nächsten Tagen mit den Kindern nach Kiel und bleiben einige Wochen dort. Mitte August sind wir jedenfalls wieder in Flensburg. Wenn Ihr an diesen Plänen etwas ändern wollt, dann thut es recht bald. Euer Kommen bleibt uns Hauptsache.

In größter Eile – es hat soeben zum Essen geläutet – Wilhelm ist schon drunten.

Eure Marie.

93. WILHELM RAABE AN JENSENS

St. 8 Juli 1870

Liebe Freunde!

Nicht vom 55 Grad nördlicher Breite aus, sondern unterm 29 Grad Stuttgarter Hitze weg, schreibe ich Euch heute. Am 18 huj. kommt Braun u. packt, am 19ten wird der elende Ballast zur Eisenbahn geschafft; am 20ten, wenn nichts dazwischen kommt und wir gesund bleiben, reisen wir.

Nun bitten wir Euch, uns aus dem Schatze Euerer Erfahrungen einiges mitzutheilen.

Was hat Euer Güterwagen gekostet? was hat Braun gefordert? Was giebt es noch, was Ihr wißt, und was uns nützlich sein kann? – Meine Bücher stehen bereits in drei Kisten vernagelt auf dem „Öhrn"; Bertha bügelt – Elisabeth heult, und ich winsle; – Gretchen ist die Einzige, welcher bis dato, unberufen, die Wüstenei ein unsägliches Vergnügen macht. –

Am Abd. d. 2 Juli haben uns die Stuttgarter Schriftsteller ein glänzendes Abschiedsfest auf der Silberburg gegeben. Auch die Frauen waren zugegen. Treffliche Gedichte von J.G.Fischer, Wilh.Raabe, Friedr.Notter, Feodor Löwe, Georg Scherer, Prof. Rustige! Champagner und Trincksprüche! Der Abend war sehr hübsch. – Wenn wir gesund in Braunschweig angelangt sein werden, geben wir weitere Nachricht. Jetzt sind wir unfähig, über die nächsten 8 Tage hinauszudencken. –

Wir bedürfen des Trostes; tröstet uns!

Euer WilhRaabe

94. WILHELM RAABE AN MARIE JENSEN

Und wir sind doch gute *Freunde* geworden, wie wir am 4 Juli 1859 beim Koppenhöfer und bei Leberspätzle und Kopfsallat schnell gute *Bekannte* wurden! Nicht wahr gnädige Frau?

Möge der Unterzeichnete stets einer wohlwollenden Betrachtung im Sinne der Wandernden werth gehalten werden!

Stuttg. d. 12 Juli 1870 WilhRaabe

[Darunter Zeichnung: ein Rabe, wie ein Herr mit Stock, den Hut lüftend.]

95. WILHELM UND MARIE JENSEN AN RAABES

Kiel 14 Juli 1870

Liebe Freunde!

Laßt nur Braun und seine Helfershelfer schalten und den lieben Gott walten. *Wir* hatten nach der Uebersiedelung in Betreff unseres Ballastes nichts zu bereuen und nichts zu beklagen; es kam Alles getreulich und unversehrt an. Glassachen habe ich selbst gepackt; beim Porzellan und allem uebrigen Braun assistirt. Er bekam, glaube ich, 20 oder 24 fl. Der Güterwagen wird erst in Braunschweig bezahlt. Uns kostete er 145 Thlr.; für Euch wird es etwa die Hälfte betragen.

Einliegendes Nußbaumblatt hilft gegen Aufgeregtheit beim Packen; riecht von Zeit zu Zeit daran! Die Kleeblätter 4 habe ich soeben für Euch aus dem Garten geholt. Behaltet sie und seid glücklich beim Packen. Wir packen auch noch vor dem Kriege ein und gehen nach Berlin – worüber ich schon ungezählte Thränen vergossen habe. Wenn man doch nur endlich einmal Ruhe hätte! Ihr habt es gut – alle 7 Jahre einmal! Und das hat seine Reize. „Ihr seid die Größten und die Glücklichsten. Was zaudert Ihr –?"

Mit gehöriger Achtung

Marie Jensen.

[M.J.]

Am besten wäre es jedenfalls für Euch
„Die Knie lässig von dem weichen Rand
Des Polsters niederhängend – –
Schwermüth'gen Glanz im müd verhängten Aug',
Zu sitzen und zu warten bis Alles vorbei is,
NB Das Backenmuster auf der hehren Stirn –
Weil Alles nur wenig Wolle und viel Geschrei is.

[W.J.]

Ich schreibe heut' nur durch die Sonne,
Bin wie Ihr seht, rund wie 'ne Tonne,
Trage die allerschönste Binde,
Hänge den Mantel nach jedem Winde,
Wünsche den Kindern grad' gute Nacht,
Wünsche, daß Ihr es bald vollbracht,
Meine, daß Alles viel leichter sei,
Als es sich vorstellt die Phantasei,
Hoffe, es wird Euch sehr wohl ergehn,
Bis im August wir uns wieder sehn,
Denn daran, daß wir nach Berlin
Etwa noch vor dem Kriege ziehn,
Ist natürlich kein wahres Wort –
Feder läuft nur so mit ihr fort –
Sondern wie Ihr über Kreiensen
Nach Flensburg fährt
– 12 August – Familie Jensen W.J.

[M.J.]

Ihr werdet es sehen – Ich lüge ganz gewiß nicht.

96. WILHELM UND MARIE JENSEN AN RAABES

26/7.1870.

Es lebe der König!

Liebster, in solchen Zeiten sind für einen Redacteur Zeilen Seiten! Wir sind glücklich darüber, daß Ihr in elfter Stunde Euren Umzug bewerkstelligt. Lange wußten wir nichts darüber, da erfuhren wir es gestern aus einem Stuttgarter Privatbrief und aus Frankfurter Blättern zugleich. Nun bekommen wir im August andern Besuch als den Euren. Wir sind mitten im Kriege; die französische Flotte erwarten wir stündlich vor „Flensburgs Fjord". Die dänische Neutralität schwankt von Tag zu Tage offiziell liegt bis heut' keine Erklärung derselben vor. Große Truppenmassen werden zu uns heraufgewälzt, Düppel ist bereits von zehntausend Mann besetzt. Falls eine feindliche Occupation Flensburgs droht, müssen wir flüchten, da die Dänen mich hängen würden, wenn sie mich hätten. Es ist alles vorbereitet, daß wir im letzten Augenblick die Stadt verlassen; wir gehen dann muthmaßlich nach Lübeck und von dort weiter nach Berlin. Hoffentlich kommt es jedoch nicht dazu. Gestern habe ich mir einen Revolver für den hiesigen dänischen Pöbel angeschafft. Uns allen geht es im Uebrigen gut. Meine Frau hat Courage und wir fürchten den Teufel nicht. Die Hitze ist groß seit 14 Tagen. Wir waren drei Tage in Kiel und kehrten bei der Kriegserklärung schleunigst zurück. Hier herrscht überall die größte Begeisterung. Schreibt *umgehend* zwei Worte, wie es Euch geht, und Eure Adresse. Es lebe der König!

Euer getreuer Wilhelm Jensen

[M.J.] Flensb. den 26/7.70

Nun haben wir die Geschichte und wissen nicht was uns die nächste Stunde bringt. Der dänische Pöbel schleicht täglich blutgieriger an unserm Hause vorbei. Nachts liegt an meinem Bett ein Säbel u. vor Wilhelms Bett ein Revolver. Mein jüngster Bruder zieht heute Abend als freiwilliger Dragoner von hier aus mit an den Rhein. Es lebe der Kaiser von Deutschland!

Seid tausendmal gegrüßt! Eure getreue

Marie Jensen

97. WILHELM RAABE AN JENSENS

Wolfenbüttel, d. 29 Juli 1870

Liebe Freunde!

Wir sind glücklich durch. Am 17ten Abds. 6 Uhr fuhren wir

von Stuttgart ab und kamen am Donnerstag, d. 21 Juli Abds 6 Uhr in Braunschweig an. Nürnberg, Eisennach, Cassel, Nachtquartiere. Weib und Kinder todtmüde.

Unsere Habseligkeiten waren am 16ten in den letzten freien Würtemb. Güterwag. gepackt. Auch dieser ist am 25sten in unsern Besitz gelangt aber der Hausrath ist arg zerstoßen worden und steht jetzt bei der Schwiegermutter in einem Waschhause zusammengehäuft.

Heute bin ich zu Fuße hierher gekommen um in Ruhe Briefe schreiben zu können. Die Eisenbahnen sind von den Truppenzügen noch vollständig eingenommen. Morgen gehe ich wieder zurück.

Unsere Adresse ist: *Braunschweig, Johannishof Nro 4.* Dahin schreibt recht bald und recht ausführlich. Das Gedicht ist in unsere Hände gekommen und gefällt mir sehr.

Über unsere hiesigen Zustände kann ich Euch natürlich heute noch nichts schreiben. Die große Unruhe der Zeit überwiegt Alles und die habt Ihr ja auch.

Aber *wir* wollen unter allen Umständen zusammen halten; und, liebe Freunde, daß die Welt einmal wieder ein ernsthaftes Gesicht machen muß, ist kein Schade.

Lebt wohl, und möge es Euch gut gehen. Laßt recht bald von Euch hören!

Euer WilhRaabe

98. WILHELM UND MARIE JENSEN AN RAABES

Flensburg 29 August 1870.

Liebe Raaben!

Wir haben eine gräulich ungemüthliche Zeit durchlebt. Von Schlafen des Nachts war lange keine Rede mehr, Depeschen, die Wilhelm allstündlich aus dem Bette klingelten, „Extra-Blätter“, die vor Tagesanbruch fertig sein mußten, Besuche von wißbegierigen Bürgern, Straßenlärm, durchziehende Truppen und Schanzenarbeiter, die Angst um meinen Bruder, dessen Wanduhr, seit er fort ist, unglücklicherweise in unserm Schlafzimmer tickt, ließen unserm armen Hirn keine Stunde Ruhe. Kam Nachricht von einer gewonnenen Schlacht, dann illuminirte Wilhelm, dann steckte er Fahnen aus und braute eine Bowle nach der andern. Ich sage Wilhelm that es, denn *ich* war nur halb und halb dabei, und brauchte nur an all das Elend, den Jammer und das vergossene Blut zu denken, um den Standpunkt froher Begeisterung sofort zu verlieren, und einem Weinkrampfe näher zu sein als dem Jubiliren. Es ist fatal, daß ich mir Unglücksbilder so haarscharf vorstellen kann, und daß solche mich häufig mit unerträglicher Zudringlichkeit verfolgen. – Mein Bruder war in den drei Schlachten vor Metz und wir saßen acht Tage lang in großer Angst um ihn, bis gestern Morgen eine Correspondenzkarte von seiner Hand kam. Da athmete man so recht von Herzen wieder auf. –

Glaubt übrigens nicht, daß wir Eurer in den letzten Wochen weniger gedacht hätten! Täglich haben wir geseufzt: O hockten wir doch in dieser Zeit mit Huckebein zusammen! Wir haben keine Seele hier, deren Kommen uns freute, deren Gehen uns reute.

Und Dir, liebe Bertha, müssen in letzter Zeit vielfach die Ohren geklungen haben! Wilhelm raisonnirt nämlich so oft wir in einer Gesellschaft waren, über die Frauen – dann bist Du immer mein einziger Halt und Waffe. An den hiesigen ist nicht viel Vernünftiges aufzuweisen.

Und nun lebt wohl! Daß Ihr um die Osternzeit hier seid, steht in unsern Köpfen so fest wie der Polarstern am Himmel. Um die Osternzeit, das heißt am 8ten September. Ihr werdet mir doch an meinem Geburtstage keine so fürchterliche Enttäuschung bereiten wollen?

Liebe, liebe Raaben – na, ich sage nicht mehr – aber wenn Ihr nicht kämet!

Eure Marie

Liebster. Wir erwarten Dich mit Deiner Liebsten unwiderruflich hier zum 8ten September. Die Fahrt ist vollständig frei und ungehindert; wenn Ihr Morgens (ich denke mir etwa um 9 Uhr) abfahrt, seid Ihr Abends 10 1/2 Uhr hier. Hier ist der Herbst schön, sobald Ihr kommt, grade genug Localinteresse noch dadurch, daß die Flotte Seiner verflossenen Majestät Louis Napoleon III. Buonaparte draußen vor Sonderburg zum 8ten Salutschüsse lösen kann und wir die Ankunft unseres Heeres vor Paris mit einer Flasche Champagner begrüßen. Ich sehe auf der Erde keinen Grund, weshalb Ihr *nicht* kommen solltet. Wäret Ihr verhindert und *ich* könnte fort, ich käme gewiß mit dem Heddi. Also, bitte, schleunig Brief mit der Anzeige, an welchem Tage Ihr eintrefft!

N.B. Die neuesten Depeschen erhältst Du in meiner Stube jedenfalls früher als in Deiner, Johannishof Nr.4. Außerdem französische Generalstabskarte – hei!

Und nun, lebwohl, Sven Knudson Knäckabröd! Auf Wiedersehn!

Euer Wilhelm Jensen.

99. TELEGRAMM VON WILHELM JENSEN AN RAABE

3. September 1870

Nun *Jetzt* kommt Ihr doch hierher zum 8ten? Da wir ihn haben.

Jensen

100. WILHELM RAABE AN JENSENS

Braunschweig, den 6 Sept.1870.
Johannishof Nro 4

Liebe Freunde!

Für heute schönsten Gruß. Ich komme an einem der nächsten Tage, wenn nichts dazwischen kommt und wenn die Züge nicht unterbrochen sind. Ob wir den *Achten* zusammen feiern, kann ich nicht sagen. Laßt die Hausthür offen.

Euer WilhRaabe.

101. TELEGRAMM VON JENSENS AN RAABE

8ten September 1870

Jehil H Ally light thou first op spring of heaven gestern Abend zum ersten Male am Bahnhof

Wilhelm Marie

102. BERTHA RAABE AN MARIE JENSEN

Braunschweig, den 9. September 1870

Liebe Marie!

Die Glückwünsche zu Deinem Geburtstag wird Dir Wilhelm in schönster Form ausdrücken. Daß er sie verspätet überbringt, ist nur seine Schuld; wir haben seinen Geburtstag schon am 7. gefeiert und wünschten alle, er möchte sobald als möglich den Wanderstab in die Hand nehmen. Unsererseits hat er nun auch einen Freipaß erhalten auf solange Ihr es mit ihm aushaltet. Ich glaube aber, er wird eines Tages ebenso per Extrapost ankommen, wie seine nachgeschickte Nachtjacke; Dich liebe Marie wollte ich dann aber gebeten haben, um doch die Transportkosten etwas auszunutzen, Wilhelm als Begleitung womöglich ein Fäßchen holsteinische Butter, wenn solche in Flensburg zu haben, mitzugeben, da der Krieg, wie man sagt, große Teuerung im Gefolge haben soll, und hier jetzt schon das Pfund Butter 12 bis 15 Silbergroschen kostet. Du siehst, ich bin die Alte, materiell wie immer.

Wilhelm ist dafür aber desto elegischer und poetischer geworden; Ihr werdet hoffentlich Gelegenheit haben, ebenfalls diesen Umschwung zu bemerken. „Ich wollt ein Zaubermantel wäre mein“ habe ich schon seit Eurem Fortgehen nicht gehört; wohl aber bei anderen passenden Gelegenheiten: „Die ganze Menschheit ist eine Bestie“, vorzüglich bei George Westermann Erinnerungen; auch kam zuweilen die kleine Variante vor: „Die ganze Welt ist Dreck“! – Der Schüdderump hat uns aber veredelt, und ist es nicht viel passender zu sagen für einen großen Dichter: „Ich werde nur in meiner Todesstunde glücklich sein!“? Nicht wahr, der Wahlspruch ist eines Mannes würdig, der seiner preußischen Gesinnungen halber Stuttgart verließ und nicht ahnte, daß der Herr von Varnbüler so bald an die Luft gesetzt würde, der aber selbst im nächsten Jahre ins Schwabenalter kommt und klug werden wird. Mit diesem Manne habt Ihr es jetzt zu tun. Gottlob nur, daß unsere deutschen Heldensöhne nicht gleicher Ansicht waren, wie sähe es da um das große Deutschland aus? Hoffentlich feiert Ihr dort den Einzug in Paris und die Promenade nach Berlin tretet Ihr im nächsten Frühjahr an und bringt dann gelegentlich Nachricht, wie jener bewußte große Mann sich bei Euch aufführte.

Morgens 8 Uhr Deine Bertha

103. WILHELM UND MARIE JENSEN AN RAABE

Flensburg 27 Sept. 1870.

Lieber Raabe!

Die Zurückbleibenden haben's doch am Schlimmsten. Unsere Wohnung finden wir höchst unangenehm, und sie kommt mir heute viel melancholischer vor als gestern der Ort Oeversee. Wir haben seit heute früh noch nichts Vernünftiges betrieben, als uns höchstens die Köpfe darüber zerbrochen ob wir auch artig genug gegen Sie gewesen seien. Sie wissen ja, wie man sich in eine Sorge hineinreden kann – ich sitze augenblicklich wieder fest und weiß keinen andern Ausweg als so bald wie möglich in Braunschweig zu bivouacieren. Fort – morgen mit dem allerersten Zuge! Feldmäuse hin – Feldmäuse her – wir müssen den Esquire erreichen!

Unsern Pflichtgang nach Kielsenge zu, haben wir nach Tisch gemacht. Die Bucht war wieder sehr schön, Quallen gab es genug, der Windmühlenflügel stand überm Walde, das mejikanische Kaffeehaus lag in der Sonne, die Turitella steckte im Kalke, das Gold auch – und doch war die Welt abscheulich, wie böses Geträume. Lieber Raabe, wir für unser Theil sagen: Es ist ein Unsinn, daß wir unsere Schädel, so lange wir sie noch dirigieren können, nicht näher beisammen lassen. Das muß anders werden! Adieu Räbele! Vergessen Sie Ihr Halstuch nicht, wenn Sie des

Abends ausgehen. Und vergessen Sie Flensburg und Ihre beiden besten Freunde nicht! Getreu bis in den Schüdderump.

M.J.

Herzlichen Gruß an Bertha. Sie darf nicht böse sein, weil ich Ihr noch nicht geschrieben habe! Sie sind allein gekommen – und deshalb leben wir mit Ihnen allein noch fort. Ich schreibe ihr aber sicher in den nächsten Tagen.

[W.J.] Flensburg 28/9 1870.

Herzlichen Gruß von mir. Das Rabennest ist leer, rothe Stube ist Dichterhaven, braune Denkerschweif, in der Mittelstube betrauern zahllose Fliegen am Kronleuchter des Königs von England den Entschwundenen. Wir aber rudern heute Nachmittag nach dem mexikanischen Café, blicken durchs Fernrohr nach Schanze No. X hinüber und sagen dabei: Er hätte nicht fortgemußt annoch – nicht wahr, liebe Bertha? Aber er sagte, *Sie* verlangten es, – und Er thäte, was er immer that: nämlich

[ein gezeichneter Pantoffel] Er stets Euer Wilhelm Jensen.

104. WILHELM RAABE AN JENSENS

Braunschweig, d. 30 September 1870.

Liebe Freunde!

Glücklich bin ich vorgestern Nachmittag 3½ Uhr hier angekommen. Es ist ein recht niedlicher Weg von Flensburg her. Die Umzugsverwüstung blüht – morgen Gipfel der Verwirrung! – Das Kind ist während meiner Abwesenheit wirklich lebensgefährlich kranck gewesen; es hat ein zweiter Arzt zugezogen werden müssen, und Bertha hat großes Elend ausgestanden. Was meinen Husten anbetrifft, so sänftigt sich derselbe allmälig. Luftveränderung ist bei allen solchen Geschichten das beste Heilmittel. Schönsten Danck für Euern Brief. Erlebt habe ich in Braunschweig nichts, was Euch interessiren könnte.

Ich wollte, wir schrieben den 15 October! Ihr habt es gut in Euerer Rathhausstraße; aber daß Ihr in Euerm Behagen Euern treuen Freund Wilhelm Raabe nicht vergeßt, weiß

Derselbige.

105. WILHELM RAABE AN JENSENS

Braunschweig d. 14 Octob.1870
Salzdahlumer-Straße 3.

Liebe Freunde!

Jetzt endlich beginnt das Chaos sich zu lichten. Die Veste oberhalb der Wasser scheidet sich von der Veste unterhalb d. Wasser. Am vorigen Sonntag haben wir unsere Elisabeth in die neue Wohnung überführen dürfen und gestern haben wir „Bilder aufgehängt". Was dazwischen liegt, könnt Ihr Euch mit Eueren lebendigen Phantasien auf das farbenreichste ausmalen! Ich dagegen habe mich häufig genug in die Sophaecke in der Rathhausstraße zurück imaginirt und Euer behagliches Leben von Neuem nachgenossen. – Das Kind hat sich in den letzten Tagen unberufen ein wenig erholt. Der Durchfall läßt nach, und der Schlaf ist besser; allein es wird wohl eine geraume Zeit währen ehe die schreckliche Blutleere gehoben ist.

Wie ist es Euch seit meiner Abfahrt ergangen? Was macht der Bruder und Schwager vor Metz? Hat er seine Liebesgaben erhalten? Unsere Zweiundneunziger scheinen entsetzlich von Läusen bei der Belagerung Bazaine's geplagt zu werden und wimmern ebenfalls auf jeglicher Correspondenzkarte nach frischer Wäsche.

Daß es in Flensburg regnet, ersehe ich täglich aus den meteorologischen Nachrichten des Braunschweiger Tageblatts. In Braunschweig regnet es auch. Unsere Kriegsgefangenen „roden Kartoffeln", nehmen Obst ab und werden bei Schul- und Wegebauten beschäftigt. Die armen Kerle fangen an, der Stadtbevölkerung Leid zu thun; sie sehen elend und gedrückt genug aus, und es ist kein Vergnügen, ihnen in den Straßen zu begegnen.

Gestern habe ich einen Brief von O.Müller erhalten. Er war in Straßburg und hat mir ganz erschüttert darüber geschrieben. Ich habe wieder einige asthmatische Nächte durchgemacht; sonst aber geht es mir gut und zwar um so besser, als ich mich absolut dumm im Kopfe fühle und gar keine Ahnung mehr davon habe, wie ein Manuscript eigentlich zu Stande kommt.

Liebe Freunde, daß man während eines Umzug's nur umzieht und übrigens nichts erlebt, wißt Ihr aus eigener Erfahrung.

Der Herr nehme Euch in seinen heiligen Schutz!

Euer treuer Freund

WilhRaabe.

Herzliche Grüße an Herrn Herzbruch u Frau.

106. WILHELM RAABE AN JENSENS

Braunschweig 29 October 1870
Salzdahlumerstraße 3

Liebe Freunde!

Da sich heute Morgen hier das Gerücht verbreitet hat, die Franzosen seien in Verbindung mit dem Dänen bei Flensburg gelandet; so mache ich mir das Vergnügen, Euch Euer fürchterliches Geschick durch beifolgende Übersetzung, welche ich gestern Abend im „großen Klub" abgeschrieben habe, zu versüßen.

Das Blatt kommt Euch vielleicht nicht zu Gesicht. Der Übersetzer nennt W. Jensens Gedicht „very ingenious".

Uns geht es so ziemlich; doch hat der Blutabgang des Kindes noch immer nicht aufgehört.

Diese Nacht wurde die Garnison alarmirt und trieb ein grausam Wesen mit Drommeten und Pauken. Daher der oben erwähnte Unsinn! –

Euer WilhRaabe

107. MARIE JENSEN AN BERTHA RAABE

Flensburg 1 Novemb. 1870

Liebe Bertha!

Die großen Herbstscheuertage sind vorüber, und ich habe die Hände wieder frei! Unsere ganze Wirthschaft stand auf dem Kopfe, und alles unter Wasser. Es waren großartige Tage! Wilhelm schimpfte zwar, und behauptete, als die Geschichte vorüber war, es sähe im Hause kein bischen anders aus als vorher. Unsinn! Ueberall frische Gardinen und nirgends ein Stäubchen! Bei Euch wird es aber jedenfalls *noch* blanker und durchgelüfteter sein, nach dem großen Umzuge. Ich habe derartig in Sodawasser und grüner Seife gewühlt, daß sich die Haut von meinen Händen schält. Wie schön, wenn Raabe dabei gewesen wäre! Er hätte so prächtig der Juno und den Bachantinnen die Köpfe waschen können! Auch mein dickes Haushaltungsbuch und manches andere hätte er vielleicht vom Staube befreit! War es denn wirklich so nothwendig, liebe Bertha, daß er schon nach vierzehn Tagen ging? Er behauptete steif und fest, er *könne* nicht länger bleiben, er *müsse* den Umzug lenken. Das war doch furchtbar schade! Er hat hier garnichts Angenehmes oder Interessantes erlebt; ich konnte es ihm auch nicht einmal so behaglich machen als ich gewollt hätte. Fürchtest Du Dich auch vor ihm, Bertha, wenn er immer liest? Ich hatte so oft das Gefühl ihm ganz unerträglich zu sein, und wagte es da nicht den Mund aufzumachen, schon aus Furcht eine große Dummheit zu sagen. Dann ging ich wohl hinaus und kochte. Und was ich kochte, war nicht immer gut. Du verstehst es jedenfalls weit besser seine Leiden zu lindern und ihn zu unterhalten; ich mochte ihm nicht lästig werden, weil ich einmal weiß, daß er die Weibsen nicht leiden kann. (Mit Dir macht er natürlich eine Ausnahme.) –

Du hast eine recht kummervolle Zeit verlebt, arme Bertha! Wären wir nur in Braunschweig gewesen, wir hätten Dir so gern etwas abgenommen! Elisabeth hatte, nach den Mittheilungen Deines Mannes, doch wahrscheinlich eine typhöse Krankheit, und nach einer solchen geht es mit der Erholung immer langsam. Ueber das hübsche Familienbild haben wir uns recht gefreut. Raabe sieht darauf so ungemein verklärt aus! Nächster Tage soll Wilhelm sich mit den Kindern photographiren lassen. *Ich* bereite mich auf mein letztes Stündlein, und bestelle mein Haus vorher auf das Ordentlichste. „O wär's erst vorüber und Alles vorbei." Die Bekanntschaft der hiesigen weisen Frau habe ich heute mit Schaudern und mit Grausen gemacht.

Wie gefällt es Euch eigentlich in der Salzdahlumerstraße? Wie ist Eure Wohnung, und wie lebt Ihr? Schreibe uns doch recht bald einmal wieder. Hast Du kein Heimweh nach Stuttgart? *Ich* habe Heimweh nach einer schönen Stadt, die ich nicht kenne. Adieu, liebste Bertha! Grüße Gretchen von der Tante Jensen, und bleibe Du derselben gewogen.

Deine Marie.

108. WILHELM UND MARIE JENSEN AN RAABE

Flensburg 2ten Nov. 1870.

Lieber alter Raabe!

Hoffentlich hatten Sie keine Zeit dazu mir böse zu sein, daß ich so lange nicht geschrieben! Ich habe in den letzten Wochen wieder viel „Staub aufgewühlt". – Sie können das nicht leiden – aber ich thue es, damit Alles frisch bleibt und nichts grau wird. Ganz gewiß, das „Staubaufwühlen" hat seine Meriten. Es ist mir unerträglich, daß die Zeit Alles verändert und mit Asche überzieht – ich möchte ihr dies erschweren, wo ich nur kann. – Daß Sie, lieber Raabe, hier Bronchialcatarrh, Asthma, Husten und Schnupfen hatten, war doch in jeder Hinsicht ein Jammer! Man konnte nicht einmal erkennen ob Sie noch ganz und gar der Alte waren, oder ob auch Staub auf *Ihnen* lag. Ich glaube aber nicht. Sie knurrten, raisonnirten, schimpften nie, aber Sie lachten auch nie wie früher – und ich mag so gern wenn Sie lachen und „oh" rufen. Es läßt sich doch einmal nicht läugnen, es war Pech bei der Geschichte. Für uns nicht (wir freuten uns schon genug, daß wir Sie hier hatten), aber sehr für Sie. Wenn wir nur ein Mittel wüßten, Sie *noch einmal* hierher zu lothsen! d.h. wenn wir Gewicht genug haben Sie hierher zu ziehen, sonst „lootsen". Quallen und Gryphäen ziehen nicht genug, Rindfleisch, Kartoffeln und Senf auch nicht, das dicke Buch erst recht, Balladen? Schäferin ach – Singsang, den Sie nicht mehr verstehen, seit ich Unterricht gehabt? Wilhelms schöner alter Schlafrock? Alles abgebraucht und Schaal – und fahl o Raabe, am Ende sehen wir uns *nie mehr* wieder!

Equivocal words at the best
Are all answers of oracles known.

Schöne Verse! Aber herzlichen Dank für die Abschrift. Lieber Raabe, weshalb schreiben Sie in jedem Ihrer kärglichen Briefe „Ich habe nichts erlebt, was Euch interessiren könnt"? „Recht unrecht ist's", daß Sie uns für so interesselose Menschen halten. Wohl wissen wir viel von Ihnen, doch möchten wir Alles wissen!

Adieu! Wir gehen jeden Nachmittag um halb 4 Uhr nach Kielsenge, und leben sehr einsam. „Zu uns ein Mensch"? rufen wir mit Camoens, wenn einmal irgend ein Quebado kommt. Adieu!

Ihre Marie Jensen

[W.J.]

Ich kann nicht, Liebster; ich componire. Und zwar eine Nationalhymne für die Abgeordnetenwahl. Der Text, den ich neulich einem Jammerspaziergang untergelegt habe, ist folgender:

Heil Dir, o Vaterland
Du bist kein Katerland
Wälschen Geschlechts!
Anders ist Deine Treu
Heiligster Wasserscheu
Fürstlichen Rechts!

Heil Dir, o Vaterland,
Weiser Berather Land,
Perle der Welt!
Ohne die Sorg' dabei,
Wie's zu verwenden sei,
Zahlst Du Dein Geld!

Heil Dir, o Vaterland,
Gläubigstes Patenland,
Kirchliches Licht!
Eulenburg geht nicht durch,
Mühler ist feste Burg,
Was noch gebricht?

Heil Dir, o Vaterland,
Schönes Theaterland,
Dein Repertoire:
Ritter plackt Bauernpack
Langt in den Bürgersack –
Bleibt immerdar!

Heil Dir, o Vaterland,
Du bist kein Katerland,
Weiser Berather Land,
Paten – Theaterland,
Aechtestes Taterland –

O Vergnügung!
Sing drum mit Christenschwung:
„Durch Gottes Vorsehung
Welche Fügung!"

Die „Kreuzzeitung" hat sich zur Annahme „mit Noten" bereit erklärt. Ja, ja, Holsatia etiam cantat. Glück zum Salzdahlumerweg! Freundlichsten Gruß an Bertha!

Herzlichst Dein baldiger Poeta laureatus.

109. WILHELM RAABE AN JENSENS

Braunschweig, 2 December 1870.
Salzdahlumerstr.3

Welch' eine Fügung! Heute wurde meine Liebe Frau Marie gebor. Brühl etc .... glücklich ... etc. kräftig ..... Dancket nur ja recht Gott. Es soll Victoria geschossen werden.

Wilhelm

Hauptquartier Flensburg, den X.18.X. –
Liebste, beste Freunde

wir warten sehnsüchtig auf ein derartiges Telegramm; aber bitte, laßt es so abgehen, daß es bei hellem Tage hier in Braunschweig eintrifft; unsere Nerven sind von den Beschwerden des Sommers doch noch ein wenig angegriffen. Übrigens sind wir, wenigstens augenblicklich, unberufen ziemlich munter, und ich schreibe seit Anfang Octobers ein Buch. Die letzten Tage hielt Glaser sich hier auf, nahm Jensens Gedichte mit nach Hause und kam wieder, schwärmend für Lilith. Schwärmt auch für Minatka. *Ich* sumsele den ganzen Tag und die halbe Nacht: Lutetia! Lätitia! und zerbreche mir den Kopf über die Frage, wer jener Dichter gewesen sei, der die freche Behauptung aufstellte, daß Karthago fiel und die Völker dahin gehen? –

Sagen Sie einmal Semper Augusta, Allezeit Mehrerin des Reichs, habe ich mich so sehr unliebenswürdig in Flensburg betragen? – Bertha meint, das ginge ganz klar aus Ihrem letzten Schreiben hervor. Ich möchte doch den sehen, der im Stande ist, heiterer und gelassener zu husten und zu keuchen als ich! Was kann ich denn dafür, daß Sie Musikunterricht in Flensburg genommen haben? Muß ich deßhalb ein Kalmüser geworden sein, weil der Kalmus an der Ostsee mit weniger Deutlichkeit säuselte, als am Feuersee? Bei der Haut des Marsyas, er säuselte undeutlicher; ich aber hustete klar, klangvoll und con spirito!

Ewig für Euch derselbe

[Zeichnung: offenbar Raabe im Schlafrock, hustend, prustend, von Dämpfen umgeben]

110. WILHELM UND MARIE JENSEN AN RAABES

Flensburg 22/12 1870

am Tage der größten Sonnenfinsternis des Jahrhunderts.

11 Uhr Vorm. Sollt' sie nicht einmal ausbleiben?

3 Uhr Nachm. Ne, sie ist dagewesen! Die Astronomen sind doch verfluchte Leute!

Als aber die drei Könige aus dem Morgenlande dem Stern folgeten und gen Bethlehem kamen, fanden sie kein Kind in der

Krippe, sondern Maria saß noch am Tische und strickte Kinderhäubchen und der (nachmals H(eilige) Joseph stand neben ihr.

Text.

Geliebte im Christkinde!

Fragen wir uns, wer da gemeint sei unter den drei Königen, da werden wir viel Auslegung finden und Deutung empfahen. Etliche werden sagen, es seien die Fürsten aus den Landen Oesterreich, Rußland und Preußen, die sich wiederum zu einer H. Allianz zusammengefunden. Werden auch etliche kommen und vermeinen, in unserer unh. Zeit darunter die Kartenkönige irgend eines Teufelsspieles begreifen zu sollen. Ich aber sage Euch, es werden sein die Könige von Rheims, von Burgund und von Bordeaux, die da flüchten aus dem Lande der untergehenden Sonne und zu uns eintreten werden am Abende des 24 December. Mögen sie zu Euch allen kommen, Geliebte! die Ihr durstet nach dem Unvergänglichen. Amen!

Ach, Geliebte! was wissen wir von dem Stern? Selbst wenn wir ihn mit unseren leiblichen Augen gewahren, wissen wir, ob er jetzt dort stehet an jener Stelle, oder ob er einmal vor 400 Jahren dort gestanden? Wissen wir, ob er nicht vielleicht nur eine Schnuppe ist? Und wenn wir ihn nun in Händen hätten, was nützte es uns ohne Eichenlaub? Darum laßt uns genügsam sein, Geliebte! mit den Sternlein, die das l. Christkind uns im Tannenlaub bescheert oder mit denen, die der Bäcker uns zur Befriedigung unserer irdischen Bedürfnisse aus ungesäuertem Mehl bereitet. Amen!

Es ist aber ein Ort im Lande, der heißet Bethlehem, weil dort das Betteln daheim ist, was in der h. Schrift, Geliebte, kurz gesagt wird für Kindbett. Ist aber ein eigen Ding um diese Art Bett, denn so man es bereitet, weiß man niemalen genau, wann man es benutzen wird, dieweil all' menschlich Sinnen und Rechnen eitel Stückwerk ist. Und deshalb steht zu vermuthen, Geliebte, daß die h. drei Könige, wenn sie am Abend des 24ten kommen, kein Kindlein, sondern nur zwei anfänglich verstummte, hernach jauchzende und endlich heulende Kinder vorfinden werden, derweil Maria, die Zimmermeisterin, ihre Augen noch vergnüglich rund gehen läßt durch's Zimmer und des Kommenden so wenig als möglich gedenket. Denn obwohl Joseph eigentlich keine Muthmaßung in dieser besonderen Sache zusteht, so vermag er sich der Ansicht nicht zu verschließen, daß die h. drei Könige zu ihrem traditionellen Beruf sich besser ungefähr acht Tage später eingestellt haben würden. –

Und so seien die Tannengeister mit Euch, Geliebte! Mögen sie alles Asthma mit dem Qualm der auslöschenden Opferkerzen ersticken! Mögen gesundvergnügte Gesichter Euch von Herzen erquicken! –

Es ist ein gedankenvoller Weihnachtsabend heuer. Die Atmosphäre ist nicht für Athmungsorgane rechter Fröhlichkeit geeignet. Ich fürchte, es wird an dem Abend mehr geweint als gelacht werden. –

Da wir das Glück haben, so ziemlich auf demselben Längsreifen, der unsere hohle Tonne umspannt, zu hausen, so wird es zusammenstimmen, wenn wir Eurer präcis um 10 Uhr mit einem Glase gedenken.

Mit herzlichem Gruß in aeternum Euer Wilhelm Jensen

[M. J.]

Einen schönen Gruß und ein schönes Asternkränzel als Backenmuster für den Esquire! Möge sein Haupt sanft darauf ruhen! Beim Mithra – ich habe keine schlechten Gedanken, nur fromme Wünsche hineingestickt, und war riesig fleißig. Seit mehreren Wochen habe ich wieder, um besser fertig zu werden, nach einem Stundenplan gelebt und gewirkt, und leider blieb vor gut acht Tagen eine Stunde („Brief nach Braunschweig") unausgefüllt darin. O Zeitmangel ist mein drückendster Mangel. –

Lieber Raabe, in einer der nächsten Nächte, zwischen 12 und 1 Uhr wird man ein Telegramm in die Salzdahlumerstraße tragen – passen Sie auf! Sie sind ein guter, prächtiger Mensch, kein Kalmüser; ich säuselte undeutlich und Sie husteten con spirito. Alles was Sie sagen ist wahr, und deshalb bleiben Sie auch hoffentlich stets Derselbige. Und ich muß diesen Zettel stehenden

Fußes schreiben – Wilhelm wartet darauf, denn wenn er morgen früh nicht vor 9 Uhr abgeht „nutzt er gar nichts mehr“ – da schreibe Einer einmal ein vernünftiges Wort. Es sei elf Uhr, sagt Wilhelm, und weshalb ich nicht früher angefangen hätte. Er ist eine Schlafmütze, nicht wahr, Raabe? Und ich verbleibe in „gewohnter Taffeligkeit“

Ihre Marie.

111. MARIE JENSEN AN BERTHA RAABE

Flensburg 22 Dez. 1870.

Liebe Bertha!

Wenn ich nicht so furchtbar viel zu thun, zu denken, zu leiden, zu erwarten, zu fürchten hätte – ich schriebe Euch, mein Seel, längere, ganz andere Briefe. Die Kinder martern einen auch oft unsäglich, entweder durch Lärmen, Poltern, Fallen und Heulen, oder, wenn sie „artig“ sind, durch unaufhörliches Fragen. Soeben haben wir sie zu Bett gebracht, aber mir knackt der Kopf. Paul wünscht eine „Puppenküche mit Chocolade“ – er wird ganz wie sein Papa – sagt die Kathrine immer, was mich oft sehr lächert. Auf übermorgen Abend freuen wir uns ungemein. Der Christbaum ist schon halb fertig, und heute sind aus Wien reizende Kinderspielsachen gekommen; und für Wilhelm eine Pelzweste, für mich ein fertiges blaues Tuchkleid. –

Schreibe recht bald, liebe Bertha, wie Ihr den Abend verbracht habt. Und die Butterdose, oder Futterdose, vielleicht auch Gänseschmalzdose nimm gnädig an, Berthchen. Es giebt hier nichts Hübscheres.

Herzlichsten Weihnachtsgruß und Kuß von

Deiner Marie.

112. TELEGRAMM VON JENSEN AN RAABES

Ein Sonntagskind, Mädchen, gestern Abend 10 Uhr beiderseits und allseitiges Wohl

Grüße Jensen

113. WILHELM RAABE AN JENSENS

Braunschweig, 27 Decemb.1870
Morgens.

Wie alles, was sie denckt, sagt und thut – vortrefflich! Grade unter den Weihnachtsbaum!

Ich freue mich unendlich, daß Ihr das wieder hinter Euch habt – nun soll sie aber auch keine Dummheiten machen, sondern ruhig in das Jahr 1871 hineinliegen und sich um nichts kümmern!

Wir haben viel von Euch gesprochen und seit Wochen auf den Zehen gestanden und nach Mitternacht geblinzelt und gehorcht; nicht wahr, nun dürfen wir uns doch wieder setzen und mit einem Athemzug aus bodenloser Tiefe befriedigt seufzen:

„Bum! – –?"

Von Euerer Schachtel reden wir nicht. Wir betrachten sie einfach als gar nicht angekommen, ihr Sünder! Ja, Ihr seid üppiges Volk; aber uns hält bereits Bellona am Schopfe. Der Teufel soll Euch holen mit Euerm: „10 Pf an Werth."

Die Photographien sind allein das doppelte werth, und das Kissen – oh, Frau Kollega, ich betrachte es als nicht angekommen; aber ich kann es wahrlich gebrauchen! – Ich habe einen zweibändigen humoristischen Roman im Concept vollendet: können *Sie* mir nicht sagen, was ich damit weiter anfange? Soll ich ihn *auch* fertig machen und herausgeben? –

B. giebt heute unserer Verwandtschaft ein Mittagsessen; sie grüßt; – dieser Brief bedeutet auch weiter nichts, als daß wir wissen, was geschehen ist. – Glück auf, Ihr guten Freunde!

Euer WilhRaabe

114. MARIE JENSEN AN RAABE

30.1.1871.

Lieber Raabe!

Was haben wir Euch gethan? Um umgehende ausführliche Antwort bittet

M.J.

115. WILHELM RAABE AN JENSENS

Braunschweig, 1 Februar 1871.

Was Ihr uns gethan habt? Nichts habt Ihr uns gethan; aber eingefroren sind wir gewesen, und die Eiszapfen hängen augenblicklich länger denn je an uns. *Ihr* habt natürlich Holz, Kohlen, Torf, Koaks, und im Nothfall unendliche Massen von Zeitungsmakulatur. *Wir* haben nichts; und da selbst die Kohlenhändler in Villa Brunonis mit Spiritus heizen, so habe ich zu demselbigen Material meine Zuflucht nehmen müssen und vollende einen humoristischen Roman und dem Titel:

Der Dräumling.

Und dabei soll man dann noch sich nach den Befinden von Leuten erkundigen, denen es unberufen stets nach Wunsche geht! – Otto Müller schreibt: „Das sind lustige Leute in Flensburg," und bittet, daß Ihr ihm Euere Photographien zukommen lassen möget. Seine Exemplare müßte er einer holsteinischen Dame in Schaffhausen, Frau Dr.Manner, geb. Römer aus Arnsburg überlassen.

Nicht wahr, Euch und den Kindern geht es gut? Uns so ziemlich! Bertha hat Mädchenelend und will „wechseln"! Der Dräumling wird ein schönes Buch; aber die schlechte Welt wird es wie gewöhnlich nicht glauben wollen. Ich habe den Krieg benutzt, um einmal, wenigstens auf dem Papier, so lustig als möglich zu sein; – die Kreatur befindet sich den Umständen angemessen, im Beginn kommt Jemand mit Drillingen nieder – und unter diesen Umständen Briefe? lange Briefe? O glaubt an unsere Liebe; aber glaubt auch an Euere eigene Unzulänglichkeit in Hinsicht auf einen, der großen Zeit angemessenen schriftlichen Verkehr!

Euer treuer W.R.

116. WILHELM RAABE AN WILHELM JENSEN

Braunschweig, 13 Februar 1871

Ist es denn wahr, Jensen, bist Du wircklich kein Mythos? Bist Du wircklich und wahrhaftig von irdischen Eltern gezeugt und an irgend einem fünfzehnten Februar geboren worden? Ich habe Dich mehr als einmal zu Stuttgart, sowohl in der Silberburgstraße wie auch am Feuersee eine konsistentere Nahrung als Muttermilch einnehmen sehen. Ich weiß, daß Du Bier, Wein, Punsch und Walnußliqueur trinken kannst; es ist kein Zweifel, daß Du seit längeren Jahren schriftstellerisch thätig gewesen bist und doch – zweifle ich an alle dem, muß ich an alle dem zweifeln! O Du unbestimmtes Etwas, das ich heute *Wilhelm Jensen* nennen will, obgleich es Niemand verlangen kann – vages Nebelbild, unausgesponnenes Phantasiegespinst, ich besitze sogar eine Photographie von Dir, welche Dich merckwürdiger Weise, als Vater anderer von Dir abgezweigt zu sein scheinender Traumgesichte kindlichen Alters zeigt und ein ausgiebiges, Knie- und Stiefelsystem ganz real zur Darstellung zu bringen die Frechheit hat, und – ich zweifle um so mehr an Deiner Existenz. Ein Weib, welches vorgiebt, das Deinige zu sein und Dich kürzlich mit einer zweiten Tochter beschenckt haben will, schreibt aus Flensburg, Du könntest nicht schreiben, da Du keine Zeit habest. Dieses Weib hat Recht!

Wie könnte ein Ding, welches eine Zeit nicht hat, schreiben?—— Seltsamer Spuk! Vom Urgrund der Dinge unabgelöstes Phantom, sage mir – nein, Du kannst ja nicht sprechen – – Himmeldonnerwetter theile mir auf irgend eine Art mit, wie es Dir möglich geworden ist, Dich der Welt so lange Jahre hindurch als ein wircklich Vorhandenes aufzudrängen?! Existirende Menschen haben die Kunst gekonnt; aber dann ist's jedesmal eben keine Kunst gewesen.

Wilhelm Jensen genanntes Dunstgebilde, unter heißerer Sonne, als diejenige, welche heute hinter Deinesgleichen versteckt, über die 18 Grad Kälte grinst, die mir nur zu deutlich beweisen, daß *ich* wircklich im Fleische wandele, würde ich Dich treuherzig zu Deinem Geburtstage beglückwünschen: heute wünsche ich nur Deiner Frau Glück zu ihrem schönen, wenn auch sehr sonderbaren Glauben, daß ihr an jenem mystischen fünfzehnten Februar wircklich Etwas geboren wurde. Ich wünsche ihr Glück zu der übermenschlichen Kraft, mit welcher sie eine Illusion festzuhalten versteht, deren sich die übrige Welt längst, mitleidig lächelnd, entledigt hat; ich wünsche ihr Glück, und erlaube mir, sie als Medium zu gebrauchen, um Dir, o wunderlicher Schemen, mitzutheilen, daß ich zeichne, als Dein mit allem Nachdruck Dich anzweifelnder

WilhRaabe.

P.Scr. *Meine* Frau bezweifelt Dich mit mir. ---

117. WILHELM UND MARIE JENSEN AN RAABE

Flensburg 5./3 1871

O Raabe!

Sollte man es glauben? Nein, man sollte es entschieden nicht! Ich will nicht von Selbstachtung reden, aber die Achtung vor dem menschlichen Geschlecht zwingt mir diese Skepsis ab. Ich schrieb Dir also drei Mal in diesem Jahr, am 21ten Januar, am 7ten und 29ten Februar. Sind alle drei Briefe verloren gegangen? Fast scheint es nach der Antwortlosigkeit, die sie zum Resultat gehabt. Doch trotzdem, Freund, war es nicht hübsch von Dir, darauf zu schweigen, wie Du es gethan. Es ist ein Euphemismus, zu sagen, es sei nicht hübsch, mehr denn zwei Monate nichts von sich geschrieben lesen zu lassen. Geradezu garstig ist's und Du stehst schuldbedeckt vor mir.

Wenn ich noch so gehandelt hätte, ich der Geplagteste! Meine Finger und Zehen würden nicht ausreichen, die Gründe daran abzuzählen, die ich zur Entlastung anzuführen vermöchte. Doch Du! Ich habe nur eine Bezeichnung für Dich, Du bist – ein Drämling!

Victor Hugo, mit dem ich am Tage nach der Capitulation von Paris in einem Café in der rue Rivoli zusammentraf, wollte gar nicht glauben, daß Du wircklich existirtest. Er hielt Dich durchaus für eine Personificierung der Huckebeinerei im deutschen Volkscharakter und behauptete, Du seiest französischen Ursprungs, da dieser Charakter, wie Alles Uebrige, der Literatur der „grande nation" und zwar dem „Jacques Corbeau", ich weiß nicht mehr welches Fabliau's entlehnt sei. „Je me figure monsieur Uckebein", sagte er, „bien grand et bien maigre, à la peau bise et à l'âme noir, avec des jambes menues et une voix croissante. Lieu de rire, il ricane, ses yeux ont un éclat malin et mélancholique. Il a une prédilection pour les cimetières et funerailles et cadavres, une inclination bien convenable, parcequ'il gagne sa vie de ces choses sinistres. Mais, monsieur, je vous repête, par bonheur il n'existe pas que dans l'imagination de votre peuple barbare et s'il ferait autrement, il serait une tête de Méduse pour le malheureux, qui aurait le desastre d'avoir une rencontre avec ce phantome horrible."

So sprach er, während er seinen Absinth mit der unnachahmlichen Grazie eines großen und französischen Dichters in sein verre d'eau umstülpte. Dann schien er zu schnattern, denn es stürmte schaurig, ließ sich vom garçon den neuesten Aushängebogen von Dr. Heinrich Kruses „Wullenweber" bringen, lobte das Papier, steckte es zu sich und verschwand. Ich nahm eine Schneescholle, die ihm von der Hacke gefallen, ließ mir vom Juwelier ein kostbares Medaillon dafür auswählen und bewahre sie darin zu unvergänglichem Andenken an die weihevolle Stunde auf der Brust. Ueber meinen weiteren Aufenthalt in Paris wirst Du demnächst in meinem Buche „Ausdruck meiner Eindrücke in Paris unter dem Druck preußischer Bedrückung" Näheres finden. Ich theilte Dir die obige Episode nur als Dich speciell betreffend, vorher mit.

Kaum von Paris zurück taufte ich mein liebes Kind mit Selterwasser auf den Namen: Marie Elisabeth Jensen. Der Pastor, der fünf Meilen vom Lande herbeigereist war, um sie in den Bund, den wir durch das Neue Testament abermals mit Gott gemacht, aufzunehmen, vollzog dieses erhebende Mysterium, indem er ihr das kohlensäurehaltige Wasser im Namen des Glaubens, der Liebe und Hoffnung, „oder, wie die christliche Religion sich ausdrückt, des Vaters, des Sohnes und des Heiligen Geistes" auf die

„karge Lockenzier“ träufelte. Gerührt sah Frau Bethge-Truhe, Hofschauspielerin von Schwerin, auf die enttäuschte citoyenne des christlichen Himmels, der statt Milch Wasser geboten wurde, und für die sie die Verpflichtung, sie im Glauben ihres Vaters erziehen zu lassen, übernommen hatte. Dieser entsprechende Vorgang fand unter dem Kronleuchter des Königs von England statt, dessen sechs Stearinlichter sämmtlich brannten. Die anwesenden Flensburger Grazien trugen ihre Confirmationskleider, ohne sich darin in irgend welchem Durchmesser beengt zu fühlen, und waren so ergriffen, daß sie es für unumgänglich erachteten, ein Spitzentuch zwischen Daumen und Zeigefinger zu halten. Nach der Vorstellung des Pastors übernahm Frau Bethge-Truhe die Fortsetzung seiner Rolle, ließ sich, eben noch von den Heerscharen des Himmels ob ihrem Gelöbniß bewundert, als Lady Milford von einem deutschen Jüngling verachten, die Grazien nahmen, diesmal in Marderfelle gewickelt, von der Loge aus wieder Theil, und – am anderen Morgen, nachdem der Tag um drei Uhr für uns geendet, stand ich um sechs Uhr auf, kehrte bei offenen Fenstern die Brosamen und Pfropfenreste des verschwenderischen Mahles auf die Blechkiepe, heizte ein und trug Teller, Gläser, Bestecke und Weinflecke in die Küche und machte mich so verdienstvoll, wie ein Ehemann seit der Taufe, pardon, Beschneidung des wundersamen Nestküchleins von Abraham und Sarah es je gethan. Dieses aber verrichtete ich nicht aus angeborener Liebhaberei, sondern weil unsere Köchin es nach dem Rathschluß Gottes für gut befunden hatte, sich für krank zu erachten und im Bett liegen zu bleiben, ich jedoch um die achte Stunde den in der neunten abreisenden, auf unserem Rabenzimmer logirenden Pastor mit dem schuldlosen Lächeln der Unbefangenheit am reinlich gedeckten, weißbrodgezierten Kaffeetisch zu empfangen hatte. Und hier scheint es mir die Stelle zu sein, für diesen Frieden meines Hauses dem die Ehre zu geben, dem sie gebührt, der mich nicht nur singen ließ gleich dem Sprosser, sondern auch Kinder bekommen wie der Patriarch und den Besen führen gleich der Samstagshand, und den ich deshalb

pseudonym – aber er kennt die Seinen – also gepriesen:
[Aufgeklebter Zeitungsausschnitt]

Nun danket All' und bringet Ehr',
Ihr Menschen in der Welt,
Dem, dessen Lob der Engel Heer
Im Himmel selbst vermeld't.
Ermuntert euch und singt mit Schall
Gott unserm höchsten Gut,
Der seine Wunder überall
Und große Dinge thut.
Er lasse seinen Frieden ruh'n
In unserm Vaterland;
Er gebe Glück zu unserm Thun
Und Heil zu allem Stand.

Joh. Crüger 1662.

Hieran, mein lieber Raabe, nimm Dir an Deinem Stand ein Beispiel! Laß Gott auch durch Dich ein Wunder thun, indem Du Dich ermunterst und gleich einer ins genus corax verschlagenen Lerche mit Schall zu singen beginnst, der bis hieher selbst von Deinem und der Deinen Wohlergehen vermeld't. Ich kann Dir für heut' nichts mehr vermelden, als daß dieser nonsens(e) Deine non ens – Theorie über den Haufen wirft und ich mit bestem Gruß an Bertha mehr denn je bin der Deine.
[M. J.]
O Räbele, Räbele, Räbele!

Wenn man des Abends vor dem Schlafengehen noch einmal in die Kinderstube geht, und zu seiner großen Ueberraschung jedes Mal statt zwei Kindern dreie vorfindet – das freut einen unmenschlich. Das kleine Mariele gedeiht, und schläft von Abends sieben Uhr bis Morgens um sechse. Der Papa aber ist seit dem 2ten März, seit der Friedensfeier, ein Kneipier geworden, worunter höchst wahrscheinlich *unser Hausfriede* bald leiden wird. Heute Abend geht er wieder fort. Vorgestern ist er nach 3 nach Hause gekommen! Ich werde von nun an meine eignen Wege gehen. Storm hat recht: „Du wirst am Ende doch – am Ende nur auf Dir selbst gelassen sein!“ – Mit Gott Raabe!

Hochachtungsvoll

Marie

Herzlichsten Gruß an Bertha.

[W.J.]

Wer leidet, brauch ich Dir wohl nicht zu commentiren, Raabe!

[M.J.]

Wer leidet brauche ich Ihnen wohl nich zu sagen, Raabe!

[W.J.]

Wer hat recht? *Du* weißt es!

[M.J.]

Sie wissen es!

118. WILHELM RAABE AN JENSENS

Braunschweig, 11 April 1871.

Liebe Freunde!

Ihr habt Recht, ich bin Euch einen Brief schuldig. Könnte ich es leugnen, würde ich es thun. Eine Entschuldigung habe ich nicht. Das war, ehe ich Euch kennen lernte nicht so. Damals hatte ich immer Entschuldigungen. Der Dräumling ist noch nicht fertig, hatte ich mir vorgenommen zu sagen. Was geht aber Euch die elende Gewißheit an? Nichts. Ihr seid immer fertig. Ihr habt es gut. Die letzten acht Tage lang war ich kranck. Drei Tage hindurch lag ich im Bett. Die Nächte durch auch. Vorgestern u gestern war ich nur die Nächte im Bett. Wir fuhren mit den Kindern zur Großmutter nach Wolfenbüttel. Ihr suchtet in der Marienhölzung Eier. Dießmal keine Trüffeln, die man nachher aus dem Fenster werfen muß. O Gott, mein armes Hirn und mein Dräumling! Noch reift es nachts im Thalesgrunde. Ich möchte nur wissen, was es bei der Kälte anders thun soll?

Ja, liebste Freunde, ich war Euch seit längerer Zeit einen Brief schuldig, und ich leugne es auch durchaus nicht; denn was würde es mir helfen, wenn ich es leugnete? und meine Entschuldigung würdet Ihr doch nicht gelten lassen; denn man kann sich noch so eifrig litterarisch beschäftigen, und seine Correspondenz ruhig dabei führen, der Dräumling wird immer noch früh genug fertig, wenn mich freilich Euer Beispiel recht häufig beschämt und trübe stimmt, weil Ihr es in Folge wohl angewendeter Zeit immer gut habt; und auch nur des Nachts im Bette liegt, was auch eine gutangewendete Zeit ist. Was die Großmutter anbetrifft, so kommt die zu Euch und fährt mit Euch auf dem Flensburger Meerbusen herum und betrachtet die bereiften Bäume, welche schon vor Geibel von den Menschen gern gesehen wurden, auch wenn sie nicht im Thalesgrunde sondern etwas höher standen.

Liebe Freunde! hoffentlich geht es Euch gut? Manchmal habe ich eine rechte Sehnsucht nach Euerer Sophaecke und der Balladenmappe. Minatka müßt *Ihr* mir schicken; Westermann thut es sicherlich nicht. Den Dräumling erhaltet Ihr dann seinerzeit auch.

Wir sind unberufen ganz vergnügt. Gretchen wird ein großes Mädchen, ist eine Classe heraufgekommen und fängt jetzt ‚das Französische' an. Elisabeth ist dick quatschelig und unverschämt; – Euere Sprossen sind natürlich allerliebst und das Nestküken ist das allerliebsteste; ich mach der Tante in Kiel mein Compliment; ihr Neffe weiß sich seine Frau und seine Kinder wohl zu wählen.

Auf Ostern hatte sich der Reichstagsabgeordnete für Rottweil, Dr. Notter bei uns zum Besuch angemeldet. Ich mußte ihm aber meines Fiebers wegen abschreiben; doch kommt er nun im Mai nach Entlassung der Herren in Berlin, und ich freue mich recht auf den guten alten Freund, der vor allen andern Schwaben in das erste Vollparlament des Reiches gehörte.

Hätte ich den Dräumling fertig, wäre ich ganz glücklich; seit dem April des vorigen Jahres sitze ich nun in dem verruchten Sumpfe!

Bertha hat es besser als ich, die ist zu Ostern mit ihrem Sumpfe fertig geworden. Die Fußböden glänzen und die Gardinen strahlen. Heute bekommt sie ein neues Mädchen, Roswitha Meier aus Gandersheim, welche sich jedoch lieber Dorette nennen läßt!

Liebe Freunde, vergeßt uns nicht! Euer getreuer W R.

119. WILHELM UND MARIE JENSEN AN RAABE

Kiel, 2/8 1871.

Du, unser Liebster, Bester!

Hard times hielten uns vom Schreiben ab. In kurzen Worten gesagt: Anfang Mai kam meine Schwiegermutter zu uns und lebte mit uns auf Mürwick, wohin wir grade, der Kinder halber, hinausgezogen. Das Wetter war wochenlang abscheulich; Sturm unablässig, Kälte, Regen, wir erkrankten alle der Reihe nach, mehr oder minder. Zuletzt meine Schwiegermutter dergestalt, daß wir nach Flensburg zurück mußten. Mein Schwiegervater kam, telegraphisch gerufen, und reiste vor fünf Wochen mit ihr nach Wien, wo wir Besserung hofften; wir gingen mit allen Kindern hieher zur Tante. Unterwegs änderte meine Schwiegermutter ihren Plan und wandte sich nach Reichenhall, wo sie oft gewesen. Allein auch von dort trieb ihr Zustand sie nach acht Tagen fort und bei ihrem Eintreffen in Wien erklärte ein Consilium der besten Aerzte sie bereits für rettungslos. Sie starb am 23t. Juli. Nach der Bestattung kam mein Schwiegervater mit meinem Schwager zu uns hieher, sie sind noch bei uns.

Es waren das harte Monate für Marie, für uns alle; Monate täglicher Spannung und Sorge sind schwer zu tragen. Dazu stillte Marie das kleinste Kind, das trotzdem wundersam gedeiht. Allmälig beruhigt sich jetzt die erste Erregung, aber dafür leben wir in andrer, oder vielmehr völlig in der Luft. Wir hatten, als wir hieher kamen, der Tante zugesagt, im nächsten Frühjahr hieher überzusiedeln, nun ist das alles wieder in suspenso, da mein Schwiegervater, ganz vereinsamt, unser Kommen nach Wien noch dringender wünscht. So viel steht fest, daß wir Flensburg jedenfalls, spätestens zum Frühjahr, verlassen. Einstweilen werden wir, d.h. Marie, ich, das kleinste Kind und ein Mädchen, während die beiden andern Kinder heuer bei der Tante und der Kathrine zurück bleiben, muthmaßlich im Anfang der nächsten Woche nach Wien auf 3–4 Wochen reisen, um dort meinem Schwiegervater Alles einzurichten, der in solchen Dingen, wie Du weißt, wie ein Kind und durch den Verlust völlig betäubt ist.

Findet sich dann in Wien irgend eine annehmbare Stellung für mich, so siedeln wir entweder zum Spätherbst oder zum Frühjahr ganz dorthin über.

Wenn es irgend möglich ist, berühren wir auf der Rückreise Braunschweig und verweilen einen Tag mit Euch. Ich gebe dann noch nähere Nachricht, damit wir Euch nicht verfehlen. Du bist uns der liebste Freund und weißt, daß es nicht des Schreibens bedarf, um das aufrecht zu erhalten. So lange wir auf dieser besten Erde leben, bleibt's so, von unserer Seite gewiß.

Bitte, gieb uns, noch eh' wir reisen, mit zwei Worten ein Lebenszeichen unter meiner Adresse: Kiel, Brunswiek, Fleckenstr. 22. Aus der Tragik der letzten Monate habe ich mich in die der Poesie geflüchtet und eine Tragödie: „Juana von Castilien" geschrieben, von der es mir ungemein angenehm wäre, wenn Du sie erst einmal lesen könntest, ehe ich sie als Bühnenmanuscript drucken lasse. Wie läßt sich das machen?

Mit herzlichstem Gruß für Dich und Bertha

Dein Wilhelm Jensen

Ja, lieber Raabe, so lange wir auf dieser „besten Erde" leben, bleibt's so, von unserer Seite gewiß.

Eure Marie

120. WILHELM UND BERTHA RAABE AN JENSENS

Braunschweig, 3 August 1871.

Lieber Freund, es ist freilich nicht nöthig, daß wir uns dann und wann von Neuem schwarz auf weiß geben, was wir uns sind und was wir uns für immer bleiben. Auch einen Trauer- und „Trost"-brief schreibe ich Euch heute nicht. Euerer Mutter, soweit ich ihr Leben, ihr Wesen kennen gelernt habe, ist ein glückliches, lebendiges Dasein zu Theil geworden, und daß sie eines Tages auf wircklich geflügelten Sohlen fortgegangen ist, das war ihrem Charakter und Geschick vollkommen gemäß, und kann uns nur so lange widernatürlich und gewaltsam erscheinen, als die Räder ihres Wagens noch in der Nähe zu hören sind.

Es war ein schlimmer Frühling und Sommer für uns Alle! Auch wir haben einen Todesfall in der Familie gehabt. Dem Schwager meiner Frau, dem Staatsanwalt Floto in Holzminden, einem braven, mir sehr lieben Manne, setzte sich ein Rheumatismus auf dem Herzen fest, und am 14 Juni starb er nach langen qualvollen Leiden. Ich reiste zum Begräbniß hinüber, – die Fahrt, dann ein kurzer Aufenthalt bei meinem Bruder in Blankenburg am Harz und eine zweite Reise nach der Weser bedeuten bis jetzt alle unsere Wege außerhalb Braunschweig.

Nun freuen wir uns sehr auf Euern Besuch; aber mit *einem* Tage kommt Ihr nicht ab. Du bringst Dein kastilianisches Hannchen mit, und wir wollen wie in alter Weise einmal wieder eine nachdenckliche und gescheidte Poeten-Nacht durchwachen!

Daß Euere Kinder gedeihen, ist vortrefflich; auch unsere haben bis jetzt, allen veränderlichen Niederschlägen des Jahres zum Trotz, sich unberufen ganz brav gehalten. Gretchen wird allmälig ein großes Mädchen, ist eine Quintanerin, treibt französisch und hat im Turnen „sehr gut" als Censur bekommen. Lisbeth scheint ziemlich groß werden zu wollen, denn sie überreicht gleichalterige junge Damen um ein Beträchtliches.

Ich habe den Dräumling vollendet und ihn für 500 Silberlinge an die aegyptischen Kaufleute verhandelt; – sonst aber habe ich allem literarischen Verkehr, Klein- und Großhandel, den Rücken gewendet. In die Salzdahlumerstraße ist noch nie das Klappern einer Druckerpresse hineingedrungen und wenn Du zu uns kommst, kommst Du wie ein Mann aus einer Welt und einem Getriebe, von denen wir wohl einmal gehört haben, ohne uns jedoch noch eine recht klare Vorstellung davon machen zu können.

Wien! .. Braunschweig! .. Was wird das nun wieder? Ich glaube es ist einerlei, nur Eines wollen wir festhalten: von Zeit zu Zeit, das heißt bei allen Dingen, die uns an's Herz greifen, wollen wir fragen: Was sagt Raabe – was sagt Jensen dazu.

Euer W.R.

[B.R.]

Daß Euer langes Schweigen einen so traurigen Grund hatte, ahnten wir nicht und auch wir schrieben nicht, weil wir gleiche trübe Aufregungen zu durchleben hatten. Die Zeit des Verzweifelns und des wieder Hoffens war entsetzlich qualvoll; vom November bis Mitte Juni mußte meine Schwester die Leiden meines Schwagers mit ansehn ohne irgend welche Erleichterung ihm schaffen zu können .. Jetzt steht sie allein und die Sorgen u Pflichten der Erziehung 3 Söhne liegen allein auf ihr. Deine selg. Mutter, l.M. hatte noch die Freude Euch alle erwachsen, Dich so viel es Menschen möglich, in sicherem Schutz, und Deine Brüder einer selbständigen Existenz fähig zu sehn. Seid Ihr erst in Wien, wird Dein Vater die Trennung leichter ertragen lernen und ich finde es sehr natürlich, daß Ihr den Entschluß der Übersiedelung gefaßt habt. Von ganzem Herzen wird es uns dann freuen, wenn Ihr auf der Rückreise von Wien, dann bei uns Halt macht. Ihr werdet zwar kein Belle-vue bei uns als Logirzimmer beziehn können, aber eines stillländlichen Aufenthalt's könnt Ihr Euch erfreun, und Euer Kleinstes kann Nahrung frisch von der Kuh bekommen. Schreibt nur einige Tage vorher, damit wir auch am Platz sind, reisen wir auch nicht weit, so könnten wir doch vielleicht in Wolfenbüttel sein und das wäre immer unangenehm. Wilh. wird jedenfalls Euer Hiersein wohlthun. Unsere kleine Ferienreise, die ersten Besuche, seit unserem Umzuge v. Stuttgart bei den auswärtigen Schwestern und Brüdern, hat ihm nicht gut gethan; er ist seit der Zeit krank und ich kann ihm nichts zur Freude thun. Von ärztlicher Hülfe will er nichts wissen und so vergehn die Tage meistens in Angst u Sorge.

Ueber die Kinder haben wir allen Grund uns zu freuen; sie sind ächte Landkinder geworden, Gretchen übersäät mit Sommersprossen, Lisbeth braun gebrannt. Die Wege zur Großmama sind unsere Ausgänge, die aber jetzt durch ihren Aufenthalt bei meiner Schwester beinahe seit 1/2 Jahr schon unterbrochen sind. Michaeli zieht Mutter in unsere Nähe. Nun lebt wohl. Der rechte Lebensmuth möge uns Alle nicht verlassen. Eure Bertha

121. WILHELM JENSEN AN RAABE

Kiel 8/8 71.

Liebster.

Herzlichen Dank für Deine schnelle Erwiederung. Was sind Entwürfe, wenn kleine Kinder heftig zahnen? Reisefertig mußten wir Alles abändern, weil das Mariele nicht transportable war und tage- und nächtelang nicht schrie, sondern brüllte. In Folge dessen haben wir die Donaufahrt für jetzt gänzlich aufgegeben und kehren am Freitag nach Flensburg zurück. In weiterer Folge sehen wir Euch auch nicht in Braunschweig!

Nun bitte, bitte, lieber Raabe!

Bei'm Styx, wir kämen zu Euch, wenn wir könnten, aber es ist uns in diesem Jahre der Kleinen halber ganz unmöglich. Doch soll eine der wenigen Sonnen, die uns beschieden, an den Gefrierpunkt hinunterrollen, ohne daß wir uns gesehn?

Bitte, sei lieb und komm' für dies Jahr noch zum 8t. September zu uns! Wer weiß, wo wir im nächsten sind? Es ist unsere einzige, beste Freude, Dich zu haben. Der Sommer läßt sich jetzt sehr gut, auch für den Herbst an; mit Vorsicht hast Du sicherlich kein Asthma wieder zu besorgen.

Du darfst es uns nicht abschlagen. Wenn Bertha nicht auf längere Zeit von den Kindern fort kann, so kann sie's doch auf kürzere, kommt mit Dir und erreicht dann ja immer an einem Tage Braunschweig wieder.

Du glaubst nicht, wie wir darauf harren. Das Leben ist so sparsam an Freuden. Du erzählst uns vom Dräumling, wir Dir von Schönhannchen. Komm!

Marie dankt Bertha herzlich für ihren freundlichen Brief und grüßt Euch.

Dein Wilhelm Jensen

122. WILHELM JENSEN AN RAABE

Flensburg 21/8 1871

Lieber Raabe.

Bitte, schreib' uns mit zwei Worten, ob Ihr zum achten Sept. kommt, damit wir die Vorfreude haben! *Kommen müßt Ihr!*

„Man sieht sich, ohne es zu wissen,
Ja einmal doch zum letztenmal.“

Hier Alles gut!

Euer Wilhelm Jensen

123. WILHELM RAABE AN WILHELM JENSEN

Braunschweig, 24 Aug. 1871.

Also „in zwei Worten“ liebst. Freund, dießmal kommen wir nicht. Das Leben ist sehr kurz; aber daß das Flensburger Klima es verlängere, glaube ich nicht. – Seit dem 12ten Juli leide ich ununterbrochen am Asthma und schlinge jede Nacht Salpeterdämpfe ein. Bellevue wird mich dieses Jahr nicht husten hören! – Hoffentlich ist Euer Kind wieder munter. Euere Gründe, *nicht* nach Braunschweig zu kommen, erscheinen uns im höchsten Grade unzulänglich. Euch nicht auch?

Herzlichste Grüße von Euerm getreuen

WilhRaabe

124. WILHELM UND MARIE JENSEN AN RAABE

Flensburg 6/9 1871

[M.J.]

Aus diesem Napf
Hinfürder zapf'
Den schwarzen Saft
Der wunderlichste Menschen schafft!

[W.J.]

Entnimm der Welt
Die Dein Behält-
niß, Du der Quinte-
ssenz, doch komm nicht in die Tinte!

[M.J.]

Seid tausendmal gegrüßt!

In diesem Napf befindet sich der bekannte Tropfen demokratischen Oels, mit dem sich salben zu lassen, nach einer ehemalig ziemlich verbreiteten Annahme, auch der Zukunftskaiser des deutschen Reiches nicht völlig umhinzukönnen, veranlaßt sein werde. In dem Benöthigungsfalle Wilhelms I hat indeß Augusta, die Herrliche (cf. Heyse, Fremdwörterbuch, S.86) kaum leisesten homöopathischen Angriff auf den besagten Tropfen gemacht – möge drum Bertha, die Glänzende (cf. Heyse, Fremdwörterbuch, S.109) den Ruf des wunderthätigen Oels besser ausnutzen auf dem Haupte Wilhelms II, damit Sein Name aufgehe unter allen Völkern des Occidents und Orients, ein Herrscher werde in den Erdhütten von Dairs und Wohlgefallen verbreite unter den Hungerleidern von Plewna. – Sela.

125. WILHELM RAABE AN MARIE JENSEN

Braunschweig, 7 Septemb. 1871.

Liebe Freundin!

Also wäre der verhängnißvolle Tag wieder einmal da! Was das Jahr selbst anbetrifft, so verlief es ganz regelmäßig; – aber sein Inhalt?! Ich denke, wir denken morgen grade mal nicht über denselben nach; – ich bin vierzig Jahre alt und ganz plötzlich unmenschlich klug geworden: *ich* denke nicht darüber nach, freue mich aber merckwürdig auf meinen Geburtstag am 8ten September 1872. –

Hoffentlich geht es Ihnen, den Kindern und dem Besitzer der meckelnburgischen Verdienstmedaille wohl; ich huste mit dem gewohnten Talent, und werde jetzt auf einen Lungenkatarrh kurirt. Ob ich von demselben kurirt werde, ist eine andere Frage, deren Lösung ich einer Mischung von Chlorhydrat, Fenchelwasser und Syrup überlasse.

Es ist sehr unrecht von Ihnen, daß Sie nicht zu uns gekommen sind. Wie *schön* Braunschweig ist, hoffe ich Ihnen demnächst zu beweisen, wenn ich Ihnen den Frühling und den Dräumling schicke. Wie liebenswürdig seine Bewohner sind, kann ich Ihnen leider nicht durch den Inhalt eines Postpaketes beweisen; aber Sie kennen ja uns und so ist es um so unrechter, daß Sie nicht gekommen sind. Der Inhaber der meckelnburgischen Verdienstmedaille überläßt sich in seinen Briefen recht häufig den tiefsinnigsten philosophischen Betrachtungen über die Kürze des menschlichen Lebens, daß er aber überlegt, was er nach dieser Richtung hin schreibt, bezweifle ich: man „kann in einem Tage von Flensburg nach Braunschweig kommen"; es ist jedoch Niemand gekommen. Soll vielleicht die Kürze des Weges ein Entschuldigungsgrund sein? Nun, im Jahre 2781 kommen wir vielleicht als Anthropolithen im Glaskasten des Schweriner Petrefactenkabinets zusammen, – das tröstet! – Das ist ein ernster Brief, Frau Marie! Ich hätte Ihnen zu dem morgenden Tage anders schreiben können nach den Erlebnissen des letzten Jahres, aber –

parva vela in magno mari!

was hilft es, wie man schreibt? –

Bertha grüßt herzlich. WilhRaabe

126. WILHELM UND MARIE JENSEN AN RAABE

Flensburg 25/9 1871.

Ich, Wilhelm Jensen, aus Heiligenhafen, schreibe Dir, Wilhelm Raabe aus Eschershausen gleich wie ein Mann, dem es bestimmt ist zu verreisen, doch er weiß nicht wohin. Wird er, ehe er um einen Mond älter geworden, auf dem tropischen Gürtel des Erdballs seinen eigenen ablegen und zur Simplicität der Natur zurückkehren, oder wird er, mit bewaffneter Hand den Eisbären jagend, sich in den Pelz desselben wickeln, um der Unbill der nämlichen Natur zu begegnen? Er weiß es nicht, und ich weiß es auch nicht. Nur das Reisen steht fest.

Lieber Raabe.

Morgen, spätestens übermorgen werde ich es wissen aber heute schwebe ich noch in glücklicher Unwissenheit, ob Aequator, ob Nordpol. Das ist ein eigener Zwischenzustand, und nimmt man das Leben Alles in Allem wie es ist, so liegt eigentlich in solchen Tagen sein besonderster Reiz. Man fühlt sich gleichsam abgelöst vom Bestehenden, ohne doch irgendwo anders noch zu haften; es ist etwas vom Fliegen, vom Drüberschweben darin. Morgen, wenn ich weiß, daß ich nach Wien oder daß ich nach Kiel gehe, da ist mit einem Schlage die ganze Geschichte nüchtern-real; nichts mehr als Thatsachen, erfreuliche oder widerwärtige, artige oder brutale Thatsachen, mit denen man sachgemäß rechnet, addirt und subtrahirt – doch heut' geht mich der ganze Lumpenkram der vier Species nichts an, mein Geist schwebt über den Wassern und betrachtet sich vergnüglich sein körperliches Ich wie eine Flaumfeder, die über ihm in der Luft bammelt. Von woher wird der stärkste Blasebalg in Bewegung gesetzt werden und wohin wird sie fliegen? Meiner Seel', ich glaube der Kerl hätte Lust auf sich selbst zu wetten.

Ja, morgen werd' ich's wissen, ob die Feder nach Wien auf den Redactionsstuhl des Feuilletons der „Presse“ mitten in den lautesten Wirbel des Lebens hineinfliegt, oder ob sie sich an äußerster, stillster Peripherie, am Rande der Brunswieker Felder festhakt. Was in Wahrheit wünschenswerther ist, ich weiß es nicht, und das ist das Gute dabei. Aber andrerseits ist es auch gut, daß ich gegenwärtig Eines und zwar das Erstere vorziehe. Ich habe lange im stillen Wasser gelegen und hege Lust, einmal in den Strudel zu kommen. Vier, fünf, sechs Jahre – dann wirft die Strömung mich wohl auf einen freundlichen Fleck aus, der nicht allzuweit von Dir ist, sodaß wir Flossenthiere uns zu einander hinüber schnellen können.

Ich meine, leben soll man, als ob jeder Tag der letzte sei, aber über sein Leben disponiren, als sei es mit Unabänderlichkeit auf achtzig Jahre normirt. Und so thun wir es denn auch mit Frohsinn und Heiterkeit. Ich habe beständige Rückenschmerzen und Sotbrennen, und die Kinder sind abwechselnd oder gleichzeitig krank. Der „Philosoph des Unbewußten“ würde uns vorrechnen, wie tief die „Unlust“ bei uns unter dem „Niveau“ stehen müsse, auf dem sich überhaupt erst „Lust“ aufbauen könne –

Wir aber besehen Tag und Nacht
Und finden, sie sind nicht schlecht gemacht:
Der Tag zum Wachen, die Nacht zum Schlafen,
Und besser, als in des Nichtsein's Hafen.

Dazu ist noch lange genug Zeit, und den widrigsten Winden zum Trotz läuft man sicher hinein. – Von uns zu viel – in welchem Hafen ruht denn Ihr? Ich vermuthe Bertha stark in dem des Eingemachten. Treiben auch bei Euch die Wolken vom sonnenlosen Orient? Sind auch bei Euch keine Störche mehr und ungewiß ihre Wiederkehr? Kommt denn Dein Frühling noch vor dem Winter und steckt der Dräumling gleich dahinter? Seid Ihr denn noch die alten Raben, die am Feuersee geliebt wir haben?

Ziehn wir nach Wien, so wird's zu Weihnacht; ziehn wir nach Kiel, in der ersten Mainacht. Im letzteren Fall fliegen im August wir über's Jahr an Eure Brust; im anderen wachs' Gras vor Deiner Thür, kommst Du im Herbst nicht noch zu mir! Schwarz werden müßte Dein Angesicht, in Deine Finger fahre die Gicht, läßt Du nach Wien uns von dannen traben, ohn' uns zuvor gesehn und gesegnet zu haben! –

Die nächste Seite gehört meiner Frau. Sie sitzt daneben mit Ketel Dau, einem Doctor ohne Patienten und Bart. Ich aber bin nach alter Art

Euer getreuer Wilhelm Jensen.

Lieber alter Raabe!

Ich wußte nichts und darum schrieb ich nichts. Da ich Euch täglich in mein Abendgebet mit einschließe, Euch täglich viel Gutes wünsche, so kann sich der achte September in dieser Hinsicht kaum vor andern Tagen auszeichnen. Seid nicht böse, lieber Raabe! Was wir in den letzten Monaten durchgemacht haben, war wie einer von den schlimmen Träumen, von denen man erwachend sagt: Gottlob, es war nur ein Traum! Da mochte man auch nicht reden, geschweige denken oder schreiben. Euer Kommen hatten wir uns aber ganz fest in den Kopf gesetzt, und als Ihr Nein sagtet, legten wir *den* Kummer zu dem übrigen. Konnten wir denn mit drei Kindern und einem Mädchen nach Braunschweig? Hätte ich das Mariele entwöhnen dürfen, dann wäre ich im Juli in Wien gewesen. Miserablige Schüdderumpswelt! Ist es nicht gleichgültig daß ich Eure Marie verbleibe?

127. WILHELM RAABE AN WILHELM JENSEN

Braunschweig, d.15 Octob. 1871.

Lieber Freund!

Ich würde Dir dießmal umgehend auf Deinen so wichtigen Brief geantwortet haben, wenn nicht aus jeder Zeile desselben die inständige Bitte erklungen wäre:

Rathet mi guet; aber rathet mi nicht ab! Jetzo wird alles entschieden sein und Ihr werdet wieder einmal Euere impedimenta zusammenpacken, und, o wie viele Citate aus der Poeten Büchern könnte man zusammenschreiben über Euere Zustände und – Illusionen!

In „vier, fünf, sechs Jahren" (die Steigerung ist sehr bezeichnend!) wird Euch die „Strömung" wohl nicht an ein freundliches Ufer auswerfen, wo Ihr stille sitzen und zufrieden sein werdet. Als Du von Stuttgart fortgingest, sprachest Du auch von solchen „fünf" Jahren, nach Verlauf welcher die hohe Götterruhe Dir die Dichterstirn berühren werde. Was aber berührt Dir jetzt die Stirn? „Dank Ihnen gütigst für die Erlaubniß, mich zum Vortheil und Vergnügen anderer Leute – dick und fett ärgern zu dürfen!" –

Daß wir Euch auf allen Euern Wegen das schönste Glück wünschen, wißt Ihr, aber es wäre doch besser gewesen, wir wären bei ander hocken geblieben – zumal da wir es bei Gänsebraten u Rinderbraten konnten – hätten uns gegenseitig die Wahrheit gesagt und uns so *wirklich voran* und *weiter* geholfen.

Jetzt gebt uns Nachricht *wie weit* Ihr wieder mit Euerm Pakken seid! O Frau Maria, *nachher* (war) es doch in Flensburg schön!

Euer getreuer WilhRaabe.

P.S. Ich bin noch immer elend und huste.

128. WILHELM JENSEN AN RAABE

Flensburg 16/10 71.

„Du hättest morgen so vor uns gestanden."

Nein, liebster Freund, wir gehen wahrscheinlichst nicht nach

Wien, sondern bleiben noch bis zum Frühjahr – wenn's überhaupt eins giebt – hier. Und glaubst Du in der That, daß Du uns erst zu sagen brauchst, es wäre besser gewesen, wenn wir zusammen hockengeblieben? Und glaubst Du wirklich, daß wir nicht noch einst, vielleicht bald, wieder zusammen hocken werden?

Jedenfalls – si diis placet, oder zu deutsch: unberufen – im nächsten Sommer für einige Zeit im Cheruskerwalde. Da wollen wir nach den blonden Ueberresten der Töchter Teut's spähen, Du mit dem pince-nez und ich mit der Iris, von der meine Frau behauptet, sie verlaufe ohne Abgrenzung in der sclerotica.

Es giebt zwei Dinge, nach denen ich mich sehne. Erstens, daß mir, während ich an Dich schreibe, die Finger nicht erfrieren, wie jetzt. Deshalb wünsche ich, in ein wärmeres Klima zu kommen. Zweitens, daß ich überhaupt nicht an Dich zu schreiben brauche. Deshalb wünsche ich räumlich so nahe bei Dir zu sein, daß dies überflüssig ist.

Noch ein drittes hätte ich gern, und deshalb wollte ich nach Wien. Ich möchte überhaupt nichts schreiben, als was ich zu schreiben wünsche. Dazu hätte mir die Stellung in Wien die ersehnte Möglichkeit gegeben; ich hätte mein volles Auskommen gehabt, ohne die Feder zu berühren und der Prosa den Rücken wenden können. Ich glaube, das ist keine „Illusion", sondern im Grunde sehr practische Berechnung, und, nisi fallor, grade das, worauf Du mich stets hinzudrängen strebst. Du bist darin weit glücklicher gestellt, als ich. Deine Begabung fällt mit der Fähigkeit des Erwerbs zusammen, meine nicht, denn für Verse bezahlt heutzutage nur ein für's Irrenhaus reifer Verleger etwas. Ergo, da das Silber nicht zu mir kommt, muß ich wohl zu ihm. Stelle mir die Wahl, ob ich in Wien ein glänzendes Einkommen mit gebundener Stellung beziehen soll, oder mit bescheiden genügendem Auskommen in völliger Productionsfreiheit in einem schönen und zugleich von Menschen bewohnten süddeutschen Städtchen wohnen kann – bei'm Zeus, die Wahl ließe mich lachen! Aber einstweilen heißt's Hausknechtarbeit thun, und da ziehe ich eine einträgliche Hausmeisterstelle vor. Hätte es gethan, es ist nichts.

Anbei deshalb die „Minatka", so und so viel Thaler werth. Ihresgleichen folgen viele in nächster Zeit, ich stecke und ersticke ganz in täglichen Correcturen und Revisionen. Paetel's sind so liebenswürdig gewesen, mir alle druckfähigen Sachen, die ich „auf Lager" habe, abzukaufen. Es folgen zum neuen Jahre drei Bände „Novellen" und der „Eddystone". An diesem, denke ich, wirst Du Freude haben. Auch an „Sonne und Schatten", in zwei Bänden. In einigen Wochen kommt „Trimborn & Co." zu Dir, dann ein wenig später „Juana von Castilien". Auch meine „Gedichte" haben Paetel's von Kröner gekauft und sie in Toilette gesteckt. Die Leute befinden sich im Zustande völliger Narkose, vermuthe ich.

Hieran siehst Du, was prompte Antwort ist; daß ein latenter Rath darin liegt, brauche ich wohl nicht erst zu sagen, o Dräumling! Otto Janke †††. Und wenn ich Dir noch einen Rath geben soll, so lies die „Minatka" nicht. Grüße dagegen Bertha, Gretchen und Elisabeth und behalte lieb

Deinen Wilhelm Jensen

129. MARIE JENSEN AN RAABE

Flensburg d. 9 November 1871.

Liebster bester alter Raabe!

Ich will gar nicht erst fragen ob und wie sehr böse Sie mir sind – die Antwort würde auch sicher nicht tröstlich ausfallen. Neulich schrieb ich unter Wilhelms Brief keinen Gruß, weil mir ein langer, ganz langer Brief an Sie im Kopf steckte, den, an das Tageslicht zu befördern, ich nie die richtige Stunde fand. Die täglichen zunächstliegenden Forderungen wollen eben immer erst abgesponnen sein, und so vergeht ein Tag nach dem andern. Es ist das alte Lied von den kurzen Tagen, die als Summe ein kurzes Leben ausmachen; und was möchte man nicht Alles in diesem kurzen Leben für die lange Zeit, die darnach kommt, gethan haben! Könnte ich nur mit allen Dingen zur rechten Zeit fertig werden – aber da liegt gerade der Haase im Pfeffer. Das Riele wird noch immer ganz und gar gestillt, soll aber, da es fünf Zähne hat, nächstens Suppe bekommen. S'Riele ist ein Prachtstück, und sagt jede Nacht, wenn Kathrine es von mir fortholt: „Ade!" „Ade" ist bis jetzt das einzige Wort, dessen es fähig ist. Thea und Paul gedeihen auch nach Wunsch, haben ihre frühere Zimperlichkeit und Artigkeit jetzt gänzlich abgelegt, und machen den ganzen Tag einen „Umtrieb", wie die Kathrine sich ausdrückt. Ich habe viel Freude davon; merke aber auch, daß drei Kinder das Haus schon gewaltig ausfüllen. Gottlob – trotz Hartmann's Philosophie des Unbewußten. Haben Sie das Buch auch in Händen gehabt? *Der* wäre *Ihr* Mann, sowie er auch der unsere ist, das heißt in der Theorie. – Sie schreiben in Ihrem letzten Briefe, „Sie wünschten uns auf allen unsern Wegen das schönste Glück". Was denn? Ja, besser wär's, wir wären beieinander hocken geblieben bei Beefsteak und Kartoffelsalat. Flensburg werde ich niemals segnen; sondern mein Leben lang beklagen, daß wir dahin gegangen – in das rauhe, windige Nest. Auch Sie wußten, weshalb Sie nicht zum zweiten Mal hieherkamen. – Also am 20 April schiffen wir uns nach Kiel ein, bleiben ganz ruhig den Sommer über dort, bebauen den Garten, richten das Haus hübsch und behaglich ein, um es im Herbst 1872 ohne jeglichen Ballast wieder zu verlassen, und den Winter zum mindesten in Oberitalien wenn wir aber Geld genug haben, in Unteritalien zu verbringen! Ohne Haushalt! Thut Ihr mit? Es wäre sehr vernünftig, es wäre wahrhaftig nett von Euch! Ihr stoßt dann in Lehrte oder, wenn Ihr es lieber wollt in Braunschweig zu uns! Dann können wir einander *wirklich voran* und *weiter* helfen. – Lieber Raabe, wir haben wahrhaftig viel Grund pessimistisch in die Welt zu blicken; können uns aber die rechte Lebensfreudigkeit noch immer nicht ganz abgewöhnen. Ihr dagegen habt weit weniger Grund und könnt sie Euch noch immer nicht ganz angewöhnen. Gebt Euch Mühe, und kommt mit nach Italien. Habt Ihr eigentlich vor etwa einem halben Jahre die „Lieder eines deutschen Soldaten aus Frankreich“ erhalten? Und ist es Euch „in den Traume“ eingefallen, daß ich das Schatzerl dieses deutschen Soldaten bin? Ich wette – non. – Was macht Euer Husten? *Den* würdet Ihr in Italien sicher los. Und Bertha würde ihren Haushalt los. Eure Sachen laßt Ihr bei der Mutter (die ich zu grüßen bitte); und die Kinder unterrichten *wir* selber. Schreibt bald. Ich habe einen wahren Wolfshunger nach Nachricht von Euch. Ihr seid auch entsetzlich schreibfaul. Trotzdem grüße ich Euch vom ganzen Herzen.

Eure Marie

130. WILHELM RAABE AN JENSENS

Braunschweig, 10 Nov. 1871.

Liebe Freunde!

Wir wollen wenigstens hoffen, daß wir uns im nächsten Sommer im „Cheruskerwalde“ treffen werden; den rechten, innigen, gottseligen Glauben aber habe ich nicht daran. Denn wer bürgt mir dafür, daß Ihr selber das glaubt? Also geht Ihr nicht nach Wien! Das habe ich mir doch gleich gedacht und sage aus vollem, christlich-gläubigen Herzen *Gottlob!* dazu. Lieber Freund, Du irrst Dich sehr, wenn Du glaubst, daß eine Stellung an der Presse Dir auf Deinem Wege weiter geholfen haben würde. Ich an Deiner Stelle ginge nach Kiel und schriebe mein Epos da. Nicht Drama, nicht Lyrik; – – ein großes Gedicht in Reimen oder Blankversen mußt Du in Kiel schreiben. – Es hat mir sehr Leid gethan, oder thut mir vielmehr sehr leid, daß die böhmischen „Träume“ nicht schon in diesem Epos stehen.

Die Minatka habe ich mit großer Genauigkeit gelesen. Das Buch ist häufig *sehr schön;* aber häufig hast Du auch Deiner berechtigten Wuth zu große Concessionen gemacht; – Graf Marek hat eine gewisse Ähnlichkeit mit Sir Leicester Dudley in Bleakhouse. –

Auf den Leuchtthurm freue ich mich sehr – laß ihn nur recht bald anzünden; was Du mir im vorigen Jahre in Flensburg vorgelesen hast, deutete an, daß es ein eigenthümliches Werck sein muß.

Ich habe in den letzten Zeiten viel von Dir gelesen, z.B. einen Feuilletonartikel über Glücksburg. Hans und Hanne lese ich jeden Sonnabend im Sonntagsblatt des Braunschweiger Tageblatts, und – Frau Marie, wenn ich manchmal Bertha etwas daraus vorlese, so sagt sie: „Nein, dieser Jensen!"

Herzlichen Danck für die Acten zur Osnabrücker Wanzenfehde! Die Hauptsache kannte ich bereits aus der Norddeutschen Allgemeinen; wartete aber mit unausgesprochener Sehnsucht auf die jetzt angelangte Sendung von Flensburg. „Aufräumen" ist heute morgen gekommen, und werde ich sofort nach Tisch damit aufräumen. – Wie geht es Euch übrigens? Wir sind unberufen wohl. Die kältere Witterung hat endlich dem Katarrh, den ich seit dem Sommer mit mir herumschleppe ein Ende gemacht. Gegen Ende September hatte ich mich wircklich für den großen Sprung in den Nebel gerüstet! – Meine beiden Bücher kann ich Euch hoffentlich nun bald schicken. Seid gütig und milde gegen sie, ich bin es auch.

Neues oder Merckwürdiges passirt in Braunschweig nicht. Ich halte das für ein Glück, Ihr werdet es für ein Unglück halten. Jedenfalls werdet Ihr im Glück wie im Unglück treu bleiben

Euerm getreuen Freunde WilhRaabe

131. MARIE JENSEN AN RAABE

Flensburg 11 November 1871.

Das dachte ich mir gleich – *die* Briefe mußten sich kreuzen – und *ich* kriege nun natürlich für's Erste *keinen.*

M.J.

P.S. Dennoch bin ich über die guten Nachrichten erfreut.

Herzlichen Gruß.

132. WILHELM RAABE AN JENSENS

Braunschweig, 25 November 1871.

Lieber Freund!

Gestern Nachmittag kam Deine Juana, um 10 Uhr Abds habe

ich das Buch zugeklappt, und jetzt gratulire ich Dir aus vollem Herzen. Du hast ein schönes, oft schauerlich schönes Werck geschaffen und Deine dramatische Begabung im vollen Maaße dargethan. Vor allem wünsche ich Dir Glück zu der Art wie Du den vierten Akt (die Klippe aller Unberufenen) überschritten hast. Das Gedränge um den Thron ist prächtig; die Schlußworte der Königin sind aus der Tiefe der hohen Tragödie hervorgeholt. Du hast mir eine große Freude gemacht! –

Mündlich hätte ich Dir Vieles zu sagen, was sich schriftlich nicht abmachen läßt; denn grade bei einem Gedicht wie dieses erfordert die Einrede die Gegenrede. –

Nur Eines. Die letzte Verhandlung zwischen Lazaro und Juanita gehört meinem Gefühl nach nicht vor diesen großen Schluß; Baptista und Juanita sind schon etwas zu weit ausgesponnene Werckzeuge und Nebenfiguren. Das ist aber Einerlei; Dein Trauerspiel ist und bleibt allem bunten Apparat zum Trotz vortrefflich, – bleibe Du mein Freund.

Dein WilhRaabe

Liebe Freundin,

Also Sie wollen einen Brief für sich allein? Und dann wollen Sie wissen, was ich über die Lieder aus Frankreich gedacht habe? Also! – Also, ich habe eine Ahnung gehabt, daß Jensen der Verfasser sein könne; aber dann wieder habe ich es nicht für möglich gehalten, daß Jemand *diese* Lieder geschrieben habe, ohne wircklich dabei gewesen zu sein. Für die poetische Begabung des Dichters ist das ein großes Lob; aber ob anderseits die Fiction gestattet werden kann, das ist eine andere Frage.

Körner ging mit und schrieb. Goethe der zurück blieb, hatte Recht, daß er nicht schrieb. Rückert mit seinen geharnischten Sonetten u.s.w. ist mir immer etwas komisch vorgekommen.

Ich bin fest überzeugt, daß die Besitzer der Lieder aus Frankreich im Innersten ihrer Seele verlangen, der Verfasser sei ein Landwehrmann vor Metz gewesen, – und daß, wenn einmal der Name des Dichters auf dem Titel erscheint, gewissermaaßen eine Enttäuschung eintreten wird.

Noblesse oblige, der Dichter der Juana hat nicht mehr das Recht durch solche Mittel zu wircken. —

Also Sie wollen nach Italien? Wir nicht! aber von unsern Höpperstühlen aus werden wir immerdar Ihren genialen Flügen folgen; – verschwinden Sie uns nur nicht ganz aus den Augen!

Ihr getreuer WilhRaabe.

Heute Nachmittag gehe ich nach Wolfenbüttel, sehe unterwegs auf dem Weghause den Schachspielern zu, u lade nachher meine Mutter auf morgen zum Gänsebraten ein. Der Braunschw. Briefkasten liegt mir außer dem Wege.

133. WILHELM UND MARIE JENSEN AN RAABES

Flensburg 19/12 1871.

Lieber Raabe.

Ein, zwei, drei! Wilhelmerei! Den ersten Wilhelm dem zweiten Wilhelm der dritte Wilhelm.

Sie ist unzufrieden und sagt, Du möchtest ihn nicht. Ich sage, Du möchtest ihn *so*. Sie ist zwar augusta, aber nicht immer. Ich sage, ich wollte, ich wäre er, aber nicht so alt und hätte sie. Sie sagt, sie würde ihn sich nicht in's Zimmer hängen. Ich sage, der Kasten soll auch nicht hängen, sondern stehn. Sie sagt, das sei Anräucherei. Ich sage, im Gegentheil, höchstens werde ihm Rauch vorgemacht, und sage des Weiteren, Du hättest für den Alten etwas übrig. Und da ich hitzig werde, füge ich hinzu, ich hätte es im Uebrigen auch. Sie schneidet mir ein Gesicht.

Nun entscheide! Damit Du es besser kannst, schicken wir Dir das corpus delicti. Ich wollte uns selbst einpacken (in Pelze) und auf die Eisenbahn gehn. Aber sie wollte wieder nicht. Ich sagte: Wir fahren hier des Morgens um 5 ½ Uhr fort und es muß mit Bebel zugehn, wenn wir nicht um die nämliche Zeit am Nachmittag in Braunschweig sein sollten. Dann bleiben wir den andern Tag, vielleicht auch noch den nächsten und fahren am vierten Tage wieder polarwärts. Aber sie glaubt nicht an Gott und Teufel, wollte sagen an Hendschel und Coursbuch – nicht einmal an „Jensen, Deutsches Land und Volk, zu beiden Seiten“ etc.

– und meint, um nach Braunschweig zu kommen, müsse man *über* den Harz gehen. Ich vermuthe sogar, sie meint, man müsse zuletzt auf Ofengabeln und Besenstielen reiten, denn sie brach in Thränen aus, und schluchzte zum Erbarmen: „Wir kommen nie wieder zurück, sondern werden von Raaben gefressen und meine Kinder müssen elendiglich verhungern!“ So unterblieb's.

Obgleich das Kind seit vierzehn Tagen gar nicht mehr nach ihr hungert, sondern nur nach der Flasche. –

Aber das kommt davon, wenn ein solches Mädchen nie aus ihrem Heimathsnest herausgekommen ist. Dann meint sie, bei der nordschleswigschen Weiche hört die Welt auf oder fangen wenigstens die Menschenfresser an.

Liebe Bertha.

Hätten Sie einen guten oder einen bösen Schreck gekriegt, wenn Er vor etwa 14 Tagen plötzlich wieder einmal, das Lorgnon abputzend, gesagt hätte: „Bertha, da kommen grade Jensens um die Ecke“? Guten oder bösen – sie kommen nicht! Und zwar deshalb nicht, weil Sie nicht mit nach Italien wollen und keine Goldorangen mögen.

Gefällt Ihnen Hanne Gerstenbrod? „Nein, dieser Jensen!“ sagt er, sagen Sie. Aber warum?

Als ob wir nicht auf dem Höpperstuhl säßen! Seit drei Jahren in Flensburg! Wissen Sie, was das heißt? Nein, Sie wissen es nicht, denn Sie haben es wieder nicht wissen wollen! Flensburg ist Ihnen wie Italien und „diese Jensens“ sind Ihnen wie Pomeranzen!

Aber wir kommen Ihnen um acht Meilen näher. Machen Sie es ebenso und ziehen Sie einstweilen nach Celle oder Uelzen! Dann gehen wir von Kiel nach Elmshorn, Sie nach Lüneburg oder Bevensen. In Hamburg kommen wir dann zusammen und eine Hermannstraße giebt's da auch.

Ach, Frau Bertha, die schwäbischen Gänse waren besser! Die schleswigschen sind alle thranig, mit und ohne Federn. Sind sie in Braunschweig etwa harzig? Jedes Land hat so seine berechtigten Gänsethümlichkeiten.

In hundert Jahren wären mir alle Gänse recht, wenn ich sie nur noch essen könnte! Doch vielleicht verspeisen dann Gretchens Enkel und Thea's Enkelin eine bei ihrem Hochzeitsschmaus. Mit diesem Weihnachtstrost bin ich Ihr

Wilhelm Jensen.

Lieber Freund.

Es gefällt mir, jedoch nicht aus Gefallsucht, sehr, daß Dir die „Juana" gefällt. Ich hätte äußerst gern vorher erst über Manches mit Dir gesprochen; unter den *Poeten* ist mir Dein Urtheil allein maßgebend. Es ist traurig, aber es ist wie mit andern traurigen Dingen im Leben, es ist eben so. Was die Längen der Nebenfiguren anbetrifft, so sind sie für die Aufführung leicht und ohne den Gang der Handlung zu beeinträchtigen, zu kürzen. Ich habe die Absicht gehabt, eine möglichst blumen- und bilderlose Sprache zu verwenden; mir will indeß vorkommen, daß ich dies System etwas zu weit ausgedehnt habe. Scheint's Dir nicht auch so? Bitte, gieb mir einmal darauf Antwort. Und dann, ist der erste Act durch sich selbst, ich meine ohne historische Beihülfe, gleich verständlich? Der Macher trägt sein Verständniß mit hinein und meint, es müsse auch andern klar sein. Doch ist dem so? Der Gomez und was daran haftet, scheint mir das Beste.

Ich schicke Dir ein Büchlein für den Weihnachtsmorgen, das Du, glaube ich, nicht kennst. –

Ade! Im nächsten Jahre sehen wir uns bestimmt! Aber „was sind Träume"?

Von Herzen Dein Wilhelm Jensen.

Mit den „Liedern aus Frankreich" kann ich Dir nicht beistimmen. „Aha", sagst Du, „wenn man etwas tadelt, natürlich nicht!" Es würde zu weit führen, sich brieflich auf eine Debatte darüber einzulassen, doch ich halte die Lieder für das Gelungenste, was ich geschrieben habe. Sie sind übrigens einstimmig glänzend in der ganzen Presse recensirt worden, weil – sie namenlos waren.

Erinnerst Du Dich noch, daß Du mir einmal sagtest, es nähme keine Kritik Deine Bücher mehr lobend in den Mund? Nun, meine auch nicht mehr, sobald mein Name darauf steht. Sie werden gar nicht einmal mehr erwähnt. Eine Curiosität muß ich Dir noch mittheilen. Der „Deutsche Fortschritts- und Bildungsverein in Nordamerika" hat mit mitgetheilt, daß er einen Preis für die beste Uebersetzung meines „Nero" ausgesetzt habe und sich die Ehre gebe etc, mir seine Ehrenmitgliedschaft anzubieten. Wozu der Mensch es doch bringen kann! Selbst wenn er auf dem Höpperstuhl sitzt! Daß man übrigens den „Nero" in Amerika goûtieren würde, hätte ich am Wenigsten gedacht.

[M.J.]

Flensburg 19 Dez. 1871.

Liebe Freunde!

Glaubt es ihm nicht, daß es *so* unterblieb. Er treibt die poetische Licenz zu weit. Ich wäre ganz gewiß ebenso gern zu Euch gekommen, wie er, aber vor Weihnacht ging es nicht mehr. Und *Ihr* begreift das sicherlich. „Der Norden ist kalt und klug" – und Ihr wollt nicht mit nach Italien, sondern wollt uns nur gern weit vom Halse haben! Ich hatte es mir so wunderschön gedacht, daß wir Capri und „des felsenumgürteten Eiland's äußersten Rand" mit einander sehen würden! Es wäre nicht einmal klug, sondern *nur* kalt von Euch, wenn Ihr's nicht thätet. O Raaben, so versprecht uns wenigstens daß Ihr zuletzt doch noch in ein und dieselbe Stadt mit uns ziehen wollt! Dann wollen wir Euch bis dahin auch gar nicht mehr quälen. Man muß Euch mit solchen Zumuthungen ja lange vor der Zeit kommen, da Ihr nicht schnell zu haben seid. Wo wir dann aber einmal sind, da bleiben wir beisammen hocken bis an unser seliges Ende. – Denkt Euch, Wilhelm hat für das künftige Tuskulum gestern schon wieder einen Kronleuchter gekauft. Und zwar einen der im fünfzehnten Jahrhundert in der Duborg (in deren Ruine Sie, Räbele, sich damals Schnupfen und Husten geholt), gehangen hat. Ich wollte ihn zuerst nicht haben, weil ich auf den ersten Blick seinen Werth nicht erkannte. Nun hängt er, und macht sich ausgezeichnet. Er ist ganz von Holz; die Arme biegen sich aus einer vergoldeten Muschel heraus, und das Ganze schwebt schillernd und höchst graziös in der Luft. Mein Hohnlachen war verstummt, als ich ihn hängen sah. – In den nächsten Tagen erwarten wir meinen Vater. Und es ist mir recht verwunderlich zu Muth. Thea und Paul sind schon jetzt selig. Ich nähe jeden Abend, wenn sie zu Bett sind, Puppenkleider. Sonst war ich faul, Räbele; ich habe nichts für Sie gearbeitet in diesem Jahre. Legen Sie es mir nicht böse aus! Wenn Wilhelm Recht hätte, und der rex Ihnen gefiele, sollte es mich freuen. I mag ihn halt nit. – Von Dir, liebe Bertha, möchte ich gern wieder einmal ein Schriftzeichen sehen! Hast Du uns vergessen oder fehlt es Dir so sehr an Zeit?

Das Christkindchen hat mir diese Pelzsachen für Dich eingehändigt; es sagt, es sei in Braunschweig ebenso kalt wie hier. Ich lege die schönsten Weihnachtsgrüße mit ein und verbleibe

Eure getreue Marie

134. WILHELM UND BERTHA RAABE AN JENSENS

Braunschweig, d. 1 Januar 1872.

Liebe Freunde!

Der schöne Krieges- Sieges und Kaiserkasten gefällt mir gar nicht. Erstens erlauben mir meine Mittel durchaus nicht, so feine Cigarren als da hinein gehören, zu rauchen und – zweitens – habe ich in meinen ärmlichen beschränkten Räumen, trotz allem Suchen und Kopfzerbrechen, einen würdigen Platz für ihn bis heute noch nicht gefunden. – Was die Lieder aus Frankreich anbetrifft, so hast Du mich falsch verstanden, lieber W. Auch ich halte dieselben für Deine besten Gedichte, so wie auch für die besten Gedichte, welche über den Krieg erschienen sind! Die Lieder haben mir ungemein gefallen, und meine Ausstellungen gingen nur dahin, daß mir die Verschweigung des Namens auf dem Titel ungerechtfertigt schien. Grade weil das Werck *schön* ist, würde ich mich um so weniger um den deutschen löblichen Recensirapparat gekümmert haben.

Mein Exemplar der Juana hat augenblicklich Glaser, deßhalb kann ich Dir nicht ganz genau auf Deine Fragen Antwort geben. Aber Schultes (der beiläufig mit mir in einem Hause wohnt) kam neulich vom Lesen der Tragödie sehr befriedigt herunter zu mir, und meinte nur, es sei sehr schwierig, das Stück bühnengerecht zusammenzustreichen, da die Nebenpersonen viel zu energisch in den Gang der Handlung eingriffen. Die dramatische Steigerung etc. im 4. u. 5. Acte findet er mit mir vortrefflich, doch daß das Publikum dem ersten Akte ein wenig rathlos gegenüber stehe, hält er für gewiß. Sch. ist ein guter Regisseur und kann Dir in den technischen Dingen guten Rath geben; doch daß er im Stande sei, das Stück auf der Braunschw. Bühne und meinem theuren Landesvater unter die Augen zu bringen, glaube ich nicht eher, als bis ich es sehe. –

Das Weihnachtsfest haben wir ganz behaglich gefeiert, und gestern Abend Punsch mit meiner Schwiegermutter, Schultes u seiner Frau bis nach Mitternacht getrunken. –

Anbei folgt der Frühling und der Dräumling. Durch erstern hoffe ich mich in den Augen des deutschen „Lesepublikums“, in dessen Achtung ich seit Abu Telfan und d. Schüdderump tief gesunken bin, wieder ein wenig zu rehabilitiren. Vom Dräumling erhaltet Ihr das erste Exemplar; bis jetzt ist das Buch noch nicht ausgegeben. Wahrscheinlich werde ich durch dasselbe ein gut Theil der Achtung, welche ich mir durch den Frühling wiedergewonnen habe, von Neuem einbüßen.

Lebt wohl, Ihr guten, guten, guten Menschen und unverbesserlichen Weihnachtspaquetabsender!!!

Euer getreuer Freund

WilhRaabe.

[B.R.]

Braunschweig d 1 Januar 1872.

Lieben Jensen's!

Wir wollen uns bedanken und doch können wir es nicht unterdrücken bevor wir irgend ein Dankeswort aussprechen aus Herzensgrunde zu schelten. Wann wollt Ihr aufhören uns zu beschämen! – Wir sind schon so alt u verständig geworden, daß wir uns vorgenommen haben, uns vor Allem u. allein an der Freude der Kinder zu ergötzen, denn wenn die Familie so groß wie die unsrige, so wird einem das liebe Weihnachtsfest ganz zuwider durch alles Sinnen u Grübeln, Suchen u Laufen nach Geschenken für Jeden.

Anders scheint's freilich mit den Wilhelm's zu sein; der eine wird von den Verlegern schier vergoldet und der andere holt sich blankes Silber aus der Münze und da muß es freilich ein wahres Vergnügen sein den Weihnachtsmann auszukaufen; wenn das Glück dem armen Raabenvolk auch einmal so hold, werden wir uns sicher wenn auch nicht mit einem Kaiser doch wenigstens königlich revanchiren. Eure Liebenswürdigkeit, daß Ihr an unseren Weihnachtstisch dachtet, erkennen wir aus vollem Herzen dankbarlichst an, wenn wir auch mit leeren Händen Euch gegenüberstehn. Der Pelzkragen und Müffchen sind fast zu elegant für mein Wintercostüm und machen Mariens Geschmack alle Ehre. Wilh. hat seinen Kasten nach Räumung des Weihnachts Zimmer sogleich in Gebrauch genommen, was wohl der beste Beweis ist, daß er ihm gefällt.

Das Weihnachtsfest haben wir mit der Großmama aus Wolfenbüttel und der Tante Emilie und der Großmama hier sehr gemüthlich gefeiert. Wilh hat wieder eine Probe seiner Geschicklichkeit abgelegt durch das Selbstpappen eines Theaters für Gretchen. Gestern am Sylvester ist das erste Stück zur Aufführung gekommen. –

Durch Euer Kommen vor Weihnachten würdet Ihr uns jedenfalls am meisten erfreut haben, und da das Mariele den ersten Schritt zur Selbständigkeit gethan und vielleicht schon anfängt auf die eignen Füßchen sich zu stellen, ist ja auch wohl kein Hinderniß mehr da, das Euch an solcher Spritztour hindern könnte. Freilich scheint mir auch eine Zeit wie Ostern od. Pfingsten in Eurem Interesse angenehmer. Doch ist uns jeder Tag bevor Ihr die Wanderung nach dem schönen Italien antretet angenehm. Wir bleiben für diesmal noch daheim u. wollen Euch erst ausprobiren lassen, wo es sich am besten wohnt. Euer Telegramm kam vor einigen Stunden in die Hände u. jagte uns anfangs einen kleinen Schrecken ein. Heute wäre doch der Brief geschrieben. Seid gegrüßt

von Eurer Bertha.

135. WILHELM RAABE AN JENSEN

Braunschweig, 13 Februar 1872.

Lieber junger Nordlandssohn, wie Dein Freund Karl Gutzkow Dich gewöhnlich in der Augsburger Allgem. Zeitung nennt, wie ich aber nur an außergewöhnlich hohen Festtagen, z.B. an Deinem Geburtstage Dich begrüße, – lieber junger Nordlandssohn, ich gratulire Dir zu diesem Deinem Geburtstage. Es ist mir sehr lieb, daß ich mich jetzt allmählig von der Freude über Deine Biographie in unseres gemeinschaftlichen Freundes E. Hallbergers Über Land u Meer, wenigstens so weit erholt habe, um *Euch* ruhig und gemäßigt auch dazu Glück wünschen zu können.

Seht Ihr, der Kannibale frißt Menschen, aber es kommt endlich auch einmal die Stunde, wo er selber gefressen wird! Erinnert Ihr Euch wohl noch jenes Abends in Flensburg, als Ihr in wirklich kannibalischer Lust um mich herum tanztet und Euch über *mein* biographisches Elend lustig machtet?

Und nun sagt vor allen Dingen, wie oft prügelt Ihr Euch in jeder Woche, um den Begriff einer „selten glücklichen Ehe“ herzustellen? Sowohl als „geist- und gemüthreicher Dichter“ wie als Euer Freund möchte ich schrecklich gern ganz genau Auskunft darüber haben. Und kennt die Frau Marie ihre liebe Tante Amalie Hallenstein noch? Diese Tante, welche auch Über Land und Meer liest, erinnert sich der Frau Marie Jensen geb. Brühl als eines dreikäsehohen Flachskopfes und läßt recht herzlich grüßen. Und *wir* wohnen mit der Tante in einem Hause und erfahren die Verwandtschaft erst durch Wilhelm Jensen's Lebensgeschichte! Lieber Jensen, wir haben heute Fastnacht, und liebe

Frau Marie morgen ist Aschermittwoch – das ist eine Zeit, um Geburtstagsbriefe zu schreiben!

Auf Mariae Reinigung erwarteten wir ganz bestimmt Nachrichten von Flensburg, aber es sind keine gekommen; – am 24sten fällt der Schalttag ein, und der kommt nur alle vier Jahre, und da könntet Ihr wircklich doch einmal schreiben, wie es Euch und Euern Kindern ergeht! Uns geht es mittelmäßig, – Bertha ist nicht wohl, Gretchen und Lisbeth leiden an Katarrh und ich schreibe um's Brod. Sieh, sieh, aber sage ich, hat sich der Jensen auch drei Federn aus seinem Dichterpfauenschweif gezogen und schreibt Sonne u Schatten zu seiner eigenen Belohnung dafür daß er Juana von Kastilien und die Lieder aus Frankreich geschrieben hat! Das ist brav; aber wir sind auch sehr gespannt auf das Namenlose, welches jetzt Glaser korrigirt; und den Leuchtthurm von Eddystone möchte ich sobald als möglich haben; ebenso die zweite Ausgabe der Gedichte, N.B. wenn es eine vermehrte Ausgabe ist.

O Frau Marie, Sie haben doch das Telegramm um Neujahr nicht aufgesetzt, und brauchen sich also auch nicht von *der* Anstrengung zu erholen: geben *Sie* uns Nachricht, ob Sie und er und sie noch unter den Lebendigen zu suchen sind. Bedenken Sie, auch Ihr Geburtstag kommt seinerzeit auch wieder, und selbst wenn Sie sich schon in Ihrer Villa am Tyrrhenermeer aufhalten sollten, so könnten [Sie] uns doch auch von da her schreiben. Bertha grüßt Euch herzlich. Eben liegt sie im unruhigen Halbschlaf auf meinem Sopha, und jenseits der Mittelstube heult Elisabeth – ich schließe, übermannt von meinem Familienvaterthum! Lebt wohl! Hic et ubique

Euer getreuer WilhRaabe

136. WILHELM JENSEN AN RAABE

Flensburg 5/3 1872.

Ich aber las den Geburtstagsbrief noch einmal und sagte: „Bei'm Auramazda, für den Hohn sollst Du Zahlung empfangen mit Zinseszins! Und ich sann, und ich fand's, und gebrandmarkt stehst Du von heut' an vor jedem zarten empfindenden Gemüth der Mitwelt und wenn's Dir Vergnügen macht, der Nachwelt. Nur die Halbwelt soll einzig von allen Welten hinfort bei Deinem Namen nicht erröthen, denn

Der „liebe junge Nordlandssohn“
Reicht grinsend Dir den „Eddystone“.

Weiß Gott, die seidene Schnur, vom Neger aus Darfur für Freiligrath gedreht, war Kinderspiel dagegen. Bei diesem Anblick

Dein Antlitz überfliegt ein schreckhaft Lächeln,
Und dumpf drauf durch's Gemach ertönt Dein Röcheln.

Aber, wie gesagt, Strafe muß sein, mein Herz! Das wußte der Schulmeister (hieß er nicht Silberlöffel?) schon, als er seinen Jungens das Butterbrod auffraß. Und Du wirst nicht läugnen, daß Du gewaltige Strafe verdient hast! Uns keine Zeile zu Weihnachten noch zum neuen Jahr zu schreiben! Und post festum oder festa obendrein zu thun, als sei das nur so selbstverständlich! Wenigstens sähe es Dir ähnlich, mein Herz, es so angesehen zu haben! Weißt Du wohl, daß meine Frau am 3t. Januar in Zweifel zu ziehen anfing, ob Du für das Tusculum auch wirklich geeignet seiest? und daß sie nach Ankunft Deines sechssilbigen Telegramms ohne meine philosophische Sophistik (ich kann's nicht anders nennen) diese schwermüthig-schwarzgallige Untersuchung mit der conclusio einer Negation geschlossen hätte?

Nun, seit dem war zweimal Freude über den Ungerechten und ich hätte unsere allerchristlichste Verzeihung eher schon vermeldet, wenn ich nicht („Wie es geht“ sagt Geibel) von Tag zu Tag auf die beifolgende Ruthe gewartet hätte, die ich Dir damals in den Stunden pädagogischen Nachsinnens präparirt. –

O Raabe, Du sagst, Du werdest die durch den „Frühling“ zurückerworbene Gunst durch den „Dräumling“ wieder verscherzt haben? Kindlicher Ausspruch! Meine Frau sagt, sie gehe nicht mehr bei Tage mit mir über die Straße, seitdem ich den „Eddystone“ habe – drucken lassen.

Dein „Frühling“ gleicht übrigens dem diesjährigen; er stimmt unendlich heiter, daß man sich freut, noch „lebendig zu sein“.

Ist wohl eigentlich nicht Deine Absicht gewesen, mein Herz; ich vermuthe sogar stark, daß er früher mit Nachtfrost geschlossen hat. Er ist aber so jedenfalls prächtiger und wärmt trotz dem ab und zu hereinbrechenden Hagel – oder Hagenschauer. Clärchen Aldeck ist reizend und sämmtliche humoristische Figuren sind, bei'm Anubis! köstlich, das Ganze vollstes Seitenstück zur „Sperlingsgasse", mit der es auch wohl ungefähr gleichzeitig aufgesäugt worden. Wir haben sehr gelacht dabei, ebenso über Frau Agnes Fischarth's: „Es sähe Dir ähnlich, mein Herz", das seither in unserm Hause bei passenden und unpassenden Gelegenheiten sprichwörtlich geworden ist. Im Ganzen jedoch kann ich den „Dräumling" nicht über den „Frühling" stellen. Ob die Zeit, in der ich ihn gelesen habe, Schuld daran getragen, ich weiß es nicht, aber ich weiß, daß ich die Inclination des Sumpf- Moor- und Haidemalers für Fräulein Wulfhilde Mühlenhoff, ich will nicht sagen, nicht begreife, denn das Ding ist bekanntlich blind, jedoch nicht theile. Den feinen Humor vieler, sehr vieler Stellen finde ich vorzüglich, doch ich vermisse einen bedeutsamen Grundgedanken, wie er Deine letzten Bücher beherrscht. Das Leben ist allerdings ein Dräumling, auch dasjenige, das aus seinen mehr oder minder flugkräftigen idealen Gedanken stets mit den Schwingen wieder zum Herab- und Eintauchen in den Sumpf genöthigt wird – so fasse ich die Idee des Ganzen auf – allein dieser Gedanke von nachdenklicher Ernsthaftigkeit kommt mir fast nur von seiner komischen Seite zum Ausdruck, oder liegt unter dem Lächerlichen so verschleiert, daß er dem Leser kaum zum Bewußtsein gelangt. Da habe ich wahrhaftig einen Satz geschrieben, als hätte Julian Schmidt mir über die Achsel gesehn; sieh Du ihn auch über die Achsel an. Es ist mein individuelles Gefühl, das sich beim nochmaligen Lesen vielleicht corrigirt. Andern ist es durchaus anders ergangen, in Lübeck hat der „Dräumling", den Schunk von uns mit dorthin genommen, vollsten Erfolg gehabt.

Unser Abschied von Flensburg rückt näher; am 16t. April verlassen wir dies Paddenau. Vor einiger Zeit waren wir in Kiel, haben dort gebaut, Schornstein gesetzt, Fenster gebrochen, tapezirt, Bäume gefällt, und Mauern verrückt. Es wird nichts gespart und sehr hübsch werden. Wie wir im Sommer zusammenkommen, müssen wir bereden, wenn der Umzug vorüber ist. Daß wir im nächsten Herbst noch nicht ultramontan werden, steht ziemlich fest. Wir werden statt dessen allein, d.h. ohne Kinder, nach Braunschweig, Metz, Straßburg und Freiburg reisen und – am Grabe verläßt uns die Hoffnung erst – hoffen sehr auf Deine Begleitung. Jedenfalls aber werden wir die erste Station überschlagen, wenn wir nicht vorher die contractliche Zusicherung von Dir haben, daß in Deinen Sommerplänen Kiel als Endstation verzeichnet steht. Schlagt Ihr unsern Juden, schlagen wir Euren Juden! Und so lebwohl, Bester! Uns allen ergeht es trefflich, das Riele ist eine allerliebste kleine Paddenauerin geworden, aber der Storch auf der Palastpforte des Orsitasen hat für dieses Jahr nichts mit uns zu thun und wird uns keine Dräumlinghistorie eröffnen, die allerdings mit dem zweiten Jahre recht anmuthig wird, bis dahin jedoch unbezweifelbar allerdings ihre sehr tiefsinnigen Seiten hat. – Marie wird übermorgen schreiben.

Mit freundlichsten Gruß an Bertha

Dein Wilhelm Jensen.

137. WILHELM RAABE AN JENSEN

Braunschweig, 6 März 1872.

Lieber Freund;
gestern ist ein Gerücht zu uns gekommen, welches uns in große Unruhe und Sorge versetzt hat. Es hieß nämlich, Eines Euerer Kinder sei sehr schwer erkrankt, und ich bitte Euch jetzt herzlich, gebt uns Nachricht!! –

Bertha meinte schon längst, es müsse Euch wieder etwas zugestoßen sein und hat die letzte Zeit hindurch täglich davon gesprochen, daß wir Euch fragen müßten. Gebt Nachricht und gute – gute!

Euer getreuer Freund WilhRaabe

138. WILHELM JENSEN AN RAABE

Flensburg 7/3 1872.

Liebster!

Du bist erkannt und zwar auf den ersten Blick. Ich las die in den Annalen dithyrambischer Begeisterung unübertroffenen Verse des „Goldenen Löwen" und sprach, vestigia leonis erkennend, vor mich hin: Raabegesang. Ich kann auch „Rabengesang" gesagt haben, denn ich höre Stockschnupfen halber in letzter Zeit nicht ganz deutlich. Aber Dank für diese „That"!

[Aufgeklebter gedruckter Zeitungsausschnitt:]

Wolfenbüttel, den 3.März.

Gestern Abend wurde im Hotel „Zum goldnen Löwen" von zahlreich versammelter Bürgergesellschaft beschlossen, folgende Ansprache dem Deutschen Reichskanzler Fürsten Bismarck auf telegraphischem Wege zugehen zu lassen, was heute Morgen geschehen ist:

Fürsten Bismarck. – Berlin.
Dich, Gründer Deutscher Einheit, grüßen wir!
Du Groß-Germaniens hehres Siegspanier!
Für Geistesfreiheit trittst Du in die Schranken,
Für Recht und Wahrheit – nimmer wirst Du wanken!
Mit Deutscher Kraft schlag Lug und Trug jetzt nieder!
Zertritt – *Germania fleht* – die falsche Röm'sche Hyder!
Und Clio zeichnet im verklärten Lichte
Den Namen Bismarck in die Weltgeschichte!

Im Auftrage ächt Deutsch gesinnter Bürgergesellschaft zu Wolfenbüttel (Name des Beauftragten)

Also das sind Deine Wolfenbüttler Fragmente! Was sie mir jedoch besondert werthvoll macht, ist daß sie mich auf die Autorspur eines andern ebenfalls unerreichten Gedichtes geleitet haben, das ich gestern in dem Annoncentheil der „Hamb. Nachrichten" gefunden und zu dem ich Dich aus tiefstem Herzen beglückwünschen darf. Ich halte es in der That für unmöglich bei ansprechenderer Einfachheit der Form und knapperer Gedrungenheit einen umfassenderen Gedankenreichthum zu entwickeln und ergreifendere Wirkung zu erzielen.

[Aufgeklebter Zeitungsausschnitt:]

Nachruf an Charlotte Möller.
Früh schon auf dem Frühlingswege,
Ist Dein Erdendasein aus;
Trotz der liebevollsten Pflege
In dem elterlichen Haus
Gewidmet von L.K.

Dein sich besiegt erkennender
Mitstrebender

139. WILHELM RAABE AN JENSEN

[Aufgeklebter Zeitungsausschnitt auf demselben an Jensen zurückgesandten Briefbogen:]

8. Hutfiltern 8.

Heute und folgende Tage während der Messe:

Große musikalische und humoristische Gesang-Vorträge von der hier seit kurzer Zeit so beliebten Sänger-Gesellschaft Kühn unter Mitwirkung des anerkannt tüchtigen Komikers W. Jensen.

Ja, ja, man kann dann und wann von seinen Freunden etwas lernen! Herzlich. Dank für die gelungenen Leistungen, lieber Jensen!

Dein aufmerksamer Zuhörer und Zuschauer WilhRaabe.

Braunschweig, 8 März 1872.

N.B. Der Dedikationspurzelbaum über den Eddystone konnte unmöglich eleganter und graciöser ausgeführt werden! –

140. MARIE JENSEN AN RAABE

Flensburg in des Märzen Idus 1872.

Liebe alte beste Freunde!

Es ist aber wirklich nicht meine Absicht gewesen Euch *so lange* nicht zu schreiben, denn, beim Anubis! ich bin Euch längst wieder gut; und die Tage, an denen Ihr uns Kummer gemacht, liegen schon wieder so weit hinter uns, daß ich mich kaum mehr in meinen damaligen Zorn hineinversetzen kann. Ich weiß nur noch, daß der Anfang des neuen Jahres nicht schön war, und daß wir die ersten Januartage in einer wahren Heidenangst um Euch verbracht haben; ich lief am 2ten baarhäuptig, nein, kopflos nach dem Telegraphenamte, und dann warteten wir sechsunddreißig Stunden in fieberhafter Unruhe (wir hatten heiße trockne Hände!) auf Antwort. Die Antwort kam – ein Stein, eine Gryphäa gigantea, fiel uns vom Herzen, aber – „fahr hin, lammherzige Gelassenheit – zum Himmel fliehe, leidende Geduld –" *fürs Erste* schreibe *ich* nicht wieder! So rief's in mir. Dann erhielten wir Eure verspäteten Neujahrsbriefe, und der ganze, große Ärger war damit verflogen. Die guten Raaben bleibt Ihr für und für; und noch fanden wir die Besseren nicht. Nächstens lasse ich aber in der Kieler Zeitung einrücken: Man sucht eine liebenswürdige Familie zu einmal wöchentlichem Umgange. Gute Behandlung wird garantiert. Gänsebraten und Kartoffelsalat erwünscht. Näheres Brunswiek, Fleckenstraße 22. Uebrigens hatten wir seit Weihnacht ununterbrochen Besuch im Hause; waren auch selbst einmal in Kiel, einmal in Schleswig, und in der vorigen Woche an köstlichen Frühlingstagen in Husum, wo wir auch Storm flüchtig sahen. Er war gedrückt und klagte daß er die drei studirenden Söhne und kein Vermögen habe. Schön war der Gang auf dem langen öden Deiche; aber was die Kiebitze und Regenpfeifer pfiffen, klang auch nicht gerade fröhlich. Wir sahen nach den Halligen hinüber, und es bestätigte sich wieder einmal das berühmte Wort: „Bertha, es giebt nur zwei Farben." Als Schunk bei uns war, müssen Euch oft die Ohren geklungen haben. Der war recht vergnügt, und improvisirte Abends beim Glase Wein, wie Mirza Schaffy, der Weise. Aber meinen Dräumling hat er mir ausgeführt, und erst vor einigen Tagen zurückgeschickt. Nun sitze ich mitten drin, und sitze mit Behagen drin. Auch den Frühling habe ich gern gelesen. Was haben *Sie* denn eigentlich gegen ihn, Raabe? Ärgert es Sie, daß Sie sich so recht auf Liebesgeschichten darin eingelassen haben? Ja, „schön sind die Sommernächte am Tigris", aber die schöne Alida kann mir gestohlen werden. Da lobe ich mir den Papa Ostermeier; Sie können ihm sagen, lieber Raabe, ich wäre auch jeden Augenblick erbötig ihm zerrissene Taschen zu flicken und Knöpfe anzunähen, wenn ich mir den köstlichen Burschen dafür täglich in der Nähe besehen dürfte.

den 18 März.

Neulich wurde ich im Schreiben unterbrochen, und in den letzten Tagen kam ich gar nicht mehr dazu. Da haben wir zum Schluß noch einmal einen rechten Kummer hier erfahren. Vorgestern Morgen weckte man uns mit der Nachricht aus dem Schlafe Dr. Lorenzen sei an einem Lungenschlage gestorben. Wir fuhren wie verrückt auf. Ich lief zur Frau – und da lag er. Eine böse Erinnerung nahm ich mit mir fort. Er war unser bester Freund hier, und hat in der Kneipe manchen Strauß für Wilhelm ausgefochten. Und gerade in der letzten Zeit waren wir so oft mit ihm zusammen gewesen. Liebe Raaben, lange zappele ich auch nicht mehr. Ich sterbe vor der Zeit aus lauter Schauder davor. Für denkende Geschöpfe ist das Leben, mit dieser so bestimmten Aussicht auf gewisse Dinge, doch eine rechte Quälerei. Und wir Narren haben uns erst ein Spitzbogenfenster mit bunten Scheiben machen lassen. Selbiges erhellt eine Nische, welche nur ein großes Bild, ein kleines Sopha und ein Büchergestell mit den Werken der beiden Wilhelme enthält. Lebt wohl!

Eure getreue Marie.

Nachschrift. Daß eine Tante von mir in Braunschweig lebt, habe ich so wenig geahnt, wie Ihr. Bitte, grüßt sie wieder, wenn Ihr sie seht. Ist es die Frau eines kürzlich verstorbenen Vetters meines Vaters, dann erinnere ich mich ihrer noch, aber dunkel. Unsern Kindern geht es prächtig. Das Riele läuft an Stühlen. Und die Kathrine lebt auch noch.

141. WILHELM RAABE AN JENSENS

Braunschweig, 3 April 1872.

Liebe Freunde!

Nicht war, es sah uns ganz ähnlich? Bertha sagte: Sie schicken natürlich eine große Kiste; was schicken wir ihnen? – Ich sagte: Sie sind dazu im Stande; machen wir ihnen eine Überraschung, schreiben wir mal gar nicht; weder zu Weihnachten, noch zu Neujahr.

Und so thaten wir; und Euere Entrüstung imponiert uns also gar nicht; – es ist eben immer die alte Geschichte: die besten Intentionen werden nie nach Gebühr anerkannt. Wenn man Hohn und Verachtung genießen will, so braucht man nur seinen Freunden eine Freude machen zu wollen und zu machen.

Nach Kiel können wir nicht kommen aus demselbigen Grunde, der Anno Siebenzig die Frau Marie abhielt, beschwerliche Reisen zu machen. Der Dräumling ist ein Buch und der Frühling keins, sondern ein Gequadder. Die Tante Hallenstein ist nicht die Frau eines kürzlich verstorbenen Vetters, sondern die Gattin des lebenden Herzogl. braunschweig. Hoftheaterregisseurs Carl Schultes. Liebe Marie, des Eddystone's wegen brauchen Sie sich garnicht zu schämen u können dreist mit dem Verfasser über die Straße gehen; – er hat schlimmere Sünden auf dem Gewissen; aber Eines möchte ich wohl wissen: Haben *Sie* eine Ahnung davon, was das Ding eigentlich bedeuten soll? Was mich anbetrifft, so stehe ich „mit meiner Laterne in der Hand" davor und beleuchte es, – licht ist es jedoch in mir noch nicht geworden. Aus dem Spitzbogenfenster mit den bunten Scheiben möchte ich sehr gern einmal gucken; aber B. ist wie gewöhnlich sehr elend, und hat entsetzlich auszuhalten. – Trotz allem wißt Ihr durchaus nicht, wie gut Ihr es habt! Auf dem Husumer Damm ist es freilich schön; aber der Wind muß wehen und zwar scharf. Schornsteine tapeziren, Mauern fällen und Bäume verrücken, ist eine recht gute Beschäftigung für Euch, und gratulire ich Euch vor allen Dingen zu der der Notiz folgenden Benachrichtung: „Es wird nichts gespart u sehr hübsch werden." Ich muß mir seit drei Wochen allnächtlich wieder die Lunge mit Salpeterdämpfen ausräuchern: was will dagegen ein einfacher Lungenschlag sagen?! – – – Habt Ihr Euch impfen lassen? Frau Marie für „denkende Geschöpfe, die aus lauter Schauder vor dem Tode vor der Zeit sterben", ist die Revaccination unbedingt zu empfehlen. Man geht nachher mit vieler größerer Beruhigung in die Grube. Ist das die Winterlandschaft mit dem Monde, welche in der Kapelle mit dem gothischen Fenster über dem Sopha hängen soll? Ich würde statt dessen die Pseudo-Federzeichnung und die beiden Frühstücksstücke hinein hängen. Eine „Phase“ muß jedenfalls auch hinein; – Euere Natur verlangt es gebieterisch; – ohne eine „Phase“ werdet Ihr Euch nimmer behaglich darin fühlen.

O wir kenn Euch durch und durch, und da wir Euch kennen, so schicken wir Euch wie gewöhnlich unsere besten Grüße! Möge Euch der Umzug leicht werden!

Euer getreuer WilhRaabe

142. WILHELM JENSEN AN RAABE

Flensburg 10/4 1872.

Zum letztenmal siehst Du diesen Poststempel. Aus Staub ist der Mensch gemacht und zu Staub wird er bei'm Umzug nach Kiel; also wird die Bibel auch wohl darin Recht haben, daß dies ebenfalls bei dem größeren Umzug unumgänglich ist. Die Kinder freuen sich entsetzlich über unser Elend; es ist ein Heidenjubel!

Und so brechen wir ab das bewegliche Zelt,
Und so geht's wieder hinaus in die immerhin beste Welt!

Euere getreuen Wilhelm und Marie Jensen.

143. WILHELM RAABE AN JENSENS

Braunschweig, 30 April 1872.

Liebe Freunde!

Da Ihr nun in allem Wohlbehagen in Kiel sitzt, so könnt Ihr uns jetzt einige genauere Nachrichten darüber geben, wie es Euch während der schweren Zeit erging und wann Ihr wieder umziehen werdet. Wir haben Verwandten-Besuch gehabt in den Tagen Euerer schweren Noth, aber dessen ungeachtet dann u wann mit sonderlichem Erwägen des Erdenlooses u Euerer gedacht. Das Nordlicht ist uns aufgegangen; die meisten Ausstrahlungen kannten wir bereits; jedoch Carin v. Schw. nicht.

O ich habe es immer geahnt, daß dieser Christiern v. Dänemark ein schlechter Mensch war; aber so schlimm hatte ich ihn mir doch nicht vorgestellt. Nüchterne ja selbst poetische Prosa reicht für ihn längst nicht aus; dieses Scheusal verdient unbedingt in einer Ballade besungen zu werden!

Himmel, liebster Himmel, ich wollte wir zögen auch einmal um, damit wir Euch doch endlich einmal eine Neuigkeit erzählen könnten. – Habt Mitleiden mit uns, und erzählt Ihr um so mehr

Euerm treuen Freunde WilhRaabe

144. WILHELM UND MARIE JENSEN AN RAABES

Kiel, Fleckenstr. 22
4/5 1872.

Lieber Raabe und liebe Rake!

Teleuton esti, oder wie unsere Zeit sich graciöser ausdrückt: es is nu so. Es war kein „Mittag heißer Mühen" allein, sondern ein dito Morgen und Abend dazu und in der Nacht „ein tiefer, traumloser Schlaf". Höchstens vernahm unsere Seele in ihm in der Vorstellung Dein diabolisches Gekrächze, wenn Du unserem Elend zugeblinzelt hättest. Nur einmal war's mir in der Dämmerung, als raschelte durch's Fenster „mir herein ein schwarzer Rabe –

seinen Flug er gradaus lenkte
Und sich stattlich niedersenkte – als wenn Er Gebieter wär' –
Auf die Büste meiner Pallas, schaute stolzen Blicks' umher,
Saß und schaute – sonst nichts mehr."

Ich aber, Edgar Allan Poe unähnlich, interpellirte ihn keineswegs darob, sondern ließ ihn geruhig fortsitzen auf der Pallasbüste „als wenn sie sein eigen wär' ", und ging zu Bett. Jeder macht's so nach seiner Art, und am andern Morgen spreizte statt des schwarzen Raben ein weißer Adler im Frühlicht über meinem Schreibtisch die Flügel. Da ging ich in mich und seufzte:

Raabe, weiltest Du noch immer, wichest nimmer, wichest nimmer

Von der weißen Pallasbüste und die Stätte würd' nicht
leer --!

Lieber Raabe, falls Du in diesem Sommer *nicht* zu uns kämest, würde die Schlechtigkeit Christierns von Dänemark zu der Deinen im Verhältnis der dritten Wurzel des unzureichenden Grundes stehen. Ich würde genöthigt sein, Deinen Namen zu einem Nero und Busiris zu werfen, und das thäte mir weh, denn „Sie waren gut".

Es ist hübsch hier. Die Amsel baut vor unserer Veranda und alle Steinobstsorten blühen. Ich lebe den schönen Wissenschaften und werfe in Mußestunden Katzen todt. Morgens sitze ich auf meinem Balcon ad orientem, Abends auf dem ad occidentem solem und wenn der Himmel um Mittag voller Geigen hängt, schlafe ich. Gen Mittag hat meine Frau ein rothes, die Familie ein grünes Sammetzimmer und beide zwischen sich ein Basiliskengemach auf Goldgrund. Gen Mitternacht ein großes Eßzimmer mit Vogel-Klee- und Sternblumen-Tapete, daran die Veranda, ganz mit Glas geschlossen, davor der Garten. Im ersten Stock mein Zimmer, ein kleiner Saal, auf den Garten hinaus, ebenfalls mit rother Sammettapete und den „Göttern Griechenlands". Auf der anderen Seite südwärts unser Schlafzimmer, blau mit Rosenknospen darin, mit zwei vierhundertjährigen Bäumen vor den Fenstern. Zwischen diesem Zimmer und meinem zwei Fremdenzimmer. Unten noch ein geräumiges Kinderzimmer, die Zimmer der Tante und Mägdezimmer. Außerdem oben Mägdeschlafzimmer und ein halbes Dutzend Kammern und „Abseiten". Im Ganzen 20 „Räumlichkeiten" und unermeßlicher oceanischer Bodenraum. Graduell ist offenbar ein Unterschied zwischen einer Schnecke (oder wie Thea sagt, einem Neck) und dem Menschen, im Uebrigen jedoch bleibt das Ammonitenlos identisch. *Wann* wirst Du kommen? Alle Hummeln sollen sich tummeln, Dir Willkomm zu summeln, alle Bienen sollen mit ihnen mit Honig Dir dienen. Der Mittag mit Käfern soll Dich einschläfern, es sollen die Mücken Gesicht und Rücken Dir sanft bepricken. Aus Aeols Schläuchen, dem Minderer der Seuchen, soll Wind Dich umstreichen; wir wollen kriechen auf allen Vieren, mit Segen und Flüchen die Welt regalieren, und wird uns hier für hohe Gedanken zu eng das Revier, so wandern und wanken, so gehen wir zu Bier. – Ja, Teleuton esti. Gestern erhielten wir einen Brief mit der Meldung, daß Frau Herzbruch am Tage zuvor gestorben sei. Eine Freundin war bei ihr zum Besuch, im Gespräch legte sie plötzlich den Kopf zurück und war todt. Der Mann, der sie seit anderthalb Jahren mit unsäglicher Sorgfalt gepflegt und kaum von ihr gewichen, hatte sie ahnungslos verlassen, um einen Spaziergang zu machen und fand sie nicht mehr lebend; es liegt eine antike Tragik darin, die mich erschüttert hat. Für uns ist damit wieder eine lange Gewohnheit und ein engvertrautes Bild auf Nimmerwieder unter die Erde gelegt. Der Schüdderump dröhnte auf widrigem Pflaster hart vorbei, crescunt tumuli – vivat vita!

Vivant viventes! Es ist die einzige Parole, und da man nicht sicher ist, vielmehr immer unsicherer wird, wie lange man sie noch ausgeben kann, so ceterum censeo, daß Du möglich bald zu uns kommst. Du kannst hier in sonnigem Zimmer arbeiten und der Weg ist um zwei Stunden kürzer als nach Flensburg, eigentlich nach Eröffnung der Elbbrücke ein Katzensprung von acht Stunden.

Im Spätsommer oder Herbst kommen wir dann nach Braunschweig. Wenn Bertha nicht längere Zeit abwesend sein kann, so kommt sie zu Anfang mit Dir, oder holt Dich ab; aber kommen muß sie *jedenfalls* auch.

Vor einigen Tagen schickte Hamerling mir seinen „Teut", eine aristophanische oder ? ? ? ? ? Komödie voll toller Einfälle und anachronistischer Vermengelung. Kennst Du sie? Ich habe besonders den ersten Theil mit vielem Vergnügen gelesen.

Anbei unser leibhaftiges Conterfei; der kleinste Gegenstand darauf präsentirt sich Euch zum erstenmal. An Bertha schönsten Gruß. Lebe, sei der Götter gedenk und Deines

Wilhelm Jensen
und

[M.J.]
auch der Marie Jensen manchmal. Kommen müßt Ihr – wir kommen auch und zwar im August – oder treffen wir dann gerade den Storch bei Euch? Vor einer „Phase“ steht Ihr gleichfalls – möge sie Euch Freude bringen! In den nächsten Tagen schreibt mehr

Eure Marie

145. WILHELM RAABE AN JENSENS

Braunschweig, 30 Mai 1872.

Liebe Freunde!

Ich würde auch ohne die „Holunderblüthe“ heute geschrieben haben; und zwar trotz einem bedenklichen Ziehen in den Zähnen! Ich würde viel eher geschrieben haben, aber das seht Ihr doch ein, daß ich mich von dem Glanze, durch den Ihr mich in der Schilderung Eures neuen Aufenthaltsortes etc. geblendet habt, erst sehr erholen mußte. Balkone nach Morgen und Abend, rothes Sammtgynäkeion, grüne Sammtkinderstube, Basiliskengemächer auf Goldgrund, Speisesäle mit Vogel-Klee- und Sternblumentapeten, Veranden, Gärten Springbrunnen, gothische Kapellen, Götter Griechenlands etc, und zwanzigfach etc. –––– Dr. Polykrates und Frau in Kiel und Eddystone das Beste, was der Mann geschrieben hat! – Aber in diesem Sommer werde ich leider wohl noch nicht dazu kommen, mich meiner Schäbigkeit in den Gärten Lukull's in Brunswik zu schämen. Ich werde in Braunschweig sitzen und im Schweiße meiner Federn Regenwürmer, Mäuse, Ratzen und sonstiges Ungeziefer für die offenen Schnäbel meiner Brut zusammentragen und andere Leute und vor allem die ganze deutsche Nation groß von sich denken lassen. –

Der Storch kommt außerdem wirklich im August, Frau Marie, und so können wir, bis es auch da Teleuton esti heißt, auch Euch hier nicht gebrauchen. Aber im Herbst? Im Herbste? Wie wäre es mit dem Herbste? wenn die Romane fertig sind und hoffentlich verkauft, und das Bürgerthum der Zukunft die Wände beschreit?!

Der Abgeordnete für Rottweil und Tuttlingen und Balingen Dr. Friedrich Notter hat die Reichstagspfingstferien bei uns zugebracht und es trotz Regen, Gewittern und Wolkenbrüchen ganz behaglich gefunden. –

Herzlichen Dank für das Familienbild; es ist entzückend, und vor allem ergreifend, packend ist bei genauerer Betrachtung, die den jungen Professor Binkus, den karolingisch geschorenen jugendlichen Minnesänger umklammernde väterliche Riesenpfote. – Der Frau Herzbruch wird die Erde sicherlich leicht sein; die Frau hatte ein Gesicht, welches dafür sprach.

Möge es Euch ferner wohl gehen in Euerer neuen Heimath und möge Apollo Euch segnen in Allem, was Ihr thut in gebundener und ungebundener Rede!

Euer treuer Freund WilhRaabe

146. WILHELM RAABE AN JENSENS

Braunschweig, 15 Aug. 1872.

Trotz Eurem freundlichen Gruße durch die Redaction der Westermann'schen illustrirten, deutschen Monatshefte, sollt Ihr doch den ersten Brief von einer Viertel Milliarde haben! Gestern Nachmittag 3 3/4 Uhr ist Bertha von einem anscheinend sehr gesunden Mädchen verhältnismäßig leicht und glücklich entbunden worden.

Das „Drei-Kinder-Recht“ wäre also glücklich erworben, und jetzt ––––– schreibt uns doch wenigstens, daß Ihr uns nicht vollständig aufgegeben habt.

Euer getreuer WilhRaabe

147. DEPESCHE VON JENSENS AN RAABES

Plön den 16ten 8 1872

Wir gratuliren herzlich, Dr. Härlin auch. Wir kommen siebenten September nach Braunschweig

Wilhelm Marie

148. WILHELM JENSEN AN RAABE

Kiel 26/8 1872.

Dieweil der Herbst nun blauen will,
Und bald mit Reif bethauen will,
Was sommerlang geblüht – dieweil
Im Grund' der Fuchs nun brauen will,
Und Manches schon im Stillen wirkt,
Das nicht das Herz verbauen will –
Scheint's Zeit nun wohl, wenn unser Aug'
Euch einmal noch erschauen will,
Eh' Winters Schnee und Nordens Eis
Uns Fuß und Geist umstauen will – –

Und somit, Liebbester, werden wir am Sonnabend, dem 7 Sept. in Braunschweig Nachmittags 4 Uhr etwa eintreffen, den 8 Sept. dort bleiben und am 9 Sept. Morgens uns den modernen Rauchhippogryphen zum Weiterritt ins alte romantische Land zwischen Rhein und Waskenwald satteln. Du wirst uns, so hoffen wir, am Bahnhof empfangen und in das Eurem Hause nächstgelegene Hotel geleiten, *denn in einem solchen wohnen wir unter jeder Bedingung* und wünschen nur, sei's hier oder dort, zwei Abende dergestalt mit Euch zusammen zu sein, daß Bertha in ihrem Zustande *nicht die allermindeste Belästigung daraus erwächst.* Ihr besitzt keine Wohnung für uns in Braunschweig, das ist conditio sine qua non unseres Kommens, und nun kurz herzlichsten Glückwunsch noch einmal zur dritten Muse des Wiegengesanges, nicht unpassend hier „Krähe“ genannt, die Apoll Euch bescheert. Möge dem Alten gleich ein weißer Rabe daraus werden in dieser schnöden Welt! Aber lasse ihm von Dir rathen, es habe die Sonne nicht zu lieb!

Meine Frau hat zwei Briefe an Euch liegen, einen seit schon undenklicher, einen seit kürzerer Zeit. Doch sie kommen nicht dazu, zu Euch zu kommen. Sie veralten mit jeder Woche im Sturm dieses Sommers; gleich einer Windhose hat es uns seit Monaten gefaßt und wirbelt uns hierhin und dorthin, athemversetzend und besinnungsraubend. Unser Mund wird am Ende der nächsten Woche sprechen, was die Feder inmitten der Dinge nicht schreiben konnte. Und somit herzlichen Gruß für heut' von Haus zu Haus mit der Bitte um zwei Zeilen Antwort.

Dein getreuester Wilhelm Jensen

149. WILHELM RAABE AN JENSENS

Braunschweig, 27 Aug. 1872

Liebe Freunde!

Wir freuen uns unbändig! Ich bin am Bahnhof, und Bertha würde gleichfalls am Bahnhofe sein, wenn es irgend anginge. Bis jetzt ist Alles unberufen ganz gut bei uns gegangen, und wenn es weiter so geht, werdet Ihr sicherlich bei uns wohnen und nicht im Wirthhaus. Umstände werden natürlich nicht gemacht; aber Ihr sollt es ganz behaglich bei uns im Krähenfelde finden!

Es lebe der siebente September!

Euer getreuer WilhRaabe

150. WILHELM JENSEN AN RAABE

Kiel, Freitag Mittag 6/9 1872.

Tschrrr! – – – Ein Apostel!

Gleichzeitig mit ihm steigen die beiden Drachen in südlicher Richtung auf und treffen, wenn nicht widrige Winde sie verschlagen, morgen Nachmittag 3 Uhr 23 Min. an der Oker ein. Tschrrr – – – – – – !

151. MARIE JENSEN AN RAABES

Lugano 16 Sept. 1872.

Liebe Herzensraaben.

Heute zum ersten Mal, seit wir von Euch fort sind, lassen wir den müden Fuß etwas ruhen. Ihr hättet gestern auf dem Gotthard mit dabei sein sollen! „Sehr ernst war dort die Welt". Und uns erstarrten die Finger zwischen den Schnee- und Eismassen. Wir sahen von Weitem die Quellen des Rhein und des Ticino, standen am Todtensee, schauderten, tranken dann schwarzen Kaffee im Hospiz, sahen 4000 [Fuß] unter uns noch Schneefelder, fuhren an schwindelerregenden Abgründen vorüber, über Teufelsbrücken etc. In Faido wurde übernachtet; ein Wasserfall, welcher an unserm albergo vorübertoste, begleitete uns bis in den tiefsten Traum. Das dauerte aber nicht lange, denn vor 4 Uhr Morgens sollte die Post vorüberkommen, wir steckten deshalb um 3 Uhr schon wieder in den Bergstiefeln und fuhren unter glitzerndem Sternenhimmel zwischen Hochgebirgswänden am Tessin entlang. Wir hatten Glück, denn hoch oben auf dem Postwagen fanden wird zwei herrliche offene Sitze. Ohne Hüte – um besser in die Höh und um uns sehen zu können – aber doch köstlich warm eingemummt fuhren wir stundenlang unter dem leuchtenden Siebengestirn u. sahen, wie schön es ist, „wenn funkelnd hoch der Morgenstern noch über den Tannen der Alpen steht.“ – Ich schlief gegen Morgen etwas auf dem Wagen ein, und als ich dann aufwachte u. mir vor Verwunderung die Augen rieb, da befanden wir uns zwischen Feigenbäumen u. Pinien mitten in einer italienischen Landschaft. Aus dem Staunen komme ich gar nicht mehr heraus. Und nun in Lugano; morgen in Como, übermorgen in Mailand. In Genua wollen wir aber unsere Hände in's Mittelmeer tauchen! – Bei Euch war es aber auch schön, das kann ich Euch versichern, liebe, liebe beste Raaben! Ihr hattet es uns so sehr gemüthlich gemacht! In Heidelberg wollte ich schon an Euch schreiben, Wilm ließ mir aber keine Minute Zeit. Nach den Kindern habe ich jeden Augenblick jammervolles Heimweh – wir sind nicht 10 Tage sondern 10 Jahre von ihnen fort. Addio miei cari corvi! Tausend Grüße von

Eurer Marie

Wir waren auch auf dem Rigi – Ihr hättet dabei sein sollen! Und einen Rigihut habe ich Ihr doch gekauft! Damit heute mit kurzem aber herzlichen Gruß

Euer Wilh. Jensen

152. WILHELM RAABE AN JENSENS

Braunschw. 16. Nov. 1872.

Wie weit guckt Ihr denn noch heraus aus dem Wasser? – Auch wir haben während der letzten Wochen tief drinnen gesessen, wenn auch nicht im Wasser. Unsere Kinder sind mit genauer Noth der Diphteritis entgangen. Laryngitis granulata nannte der Doctor ihre Krankheit und sucht dazu nach „verstecktem Scharlach".

Herzlichen Dank für die drei Sonnen und den Uwe Jens Lornsen. Schickt bald wieder dergleichen; wir haben die Sonne in jeder Gestalt nöthig.

Euer getreuer WilhRaabe

153. WILHELM JENSEN AN RAABES

Kiel, 17/11 1872.

Liebe Freunde!

Ein' feste Burg ist unser Haus
Auf hohen Steinblockshaufen,
Wir sahen aus dem Fenster 'naus
Und ließen's Wasser laufen,

d.h. wir thaten es in procura, denn wir selbst befanden uns um dieselbige Zeit in Flensburg, allwo uns das Wasser nach den entsetzlichen Quantitäten von Bier, Wein und Schaumpagner, in denen wir vorher geschwommen, recht wohl that. Unsere Wagenarche verließ als die letzte das sinkende Gomorrha und rettete die letzten Gerechten, ein Männlein und ein Weiblein. Dann bescherte der grundgütige Himmel uns Schneesturm auf der Heide; das römisch-indische Princip des „variatio delectat" scheint in dem langweiligen Einerlei der Engelchöre droben auch wohlgelitten zu sein, und endlich setzte unser Schifflein uns auf dem Ararat des Husumer Bahnhofs nieder, wo die Taube mit dem Ölzweig, in Reventlow's wasserdicht-umwickelte Gestalt verwandelt, unserer harrte. Dort schneiten wir nach dem Willen Gottes ein und befanden uns wohl.

Heut' haben wir wieder Weltuntergangssturm mit apokalyptischer Finsternis und Wasser, doch letzteres diesmal nur von oben. Ein überaus reizendes Land! Der Eingang zur Unterwelt kann höchstens eine Stunde von hier liegen.

Hoffentlich sind Eure Kinder jetzt so wohl, wie unsere es immer gewesen. Wir haben nur Dienstbotenqual, aber chronisch, mit acuten Exacerbationen. Auch in dieser sanitätlichen Hinsicht ist das Land bezaubernd.

Höfer macht mich in seinem neuen Literaturblatt grundschlecht. Ich glaube, daß er es nur zu diesem Behuf gegründet hat, denn einen anderen Zweck der Existenz desselben vermag ich schlechterdings nicht zu entdecken.

Vor kurzem hatte ich einen langen liebenswürdigen Brief von Otto Müller, der mich für Günther in Leipzig zu „keilen" suchte und diesem Ehrenmann eine solche Fülle von Vortrefflichkeiten aufs Haupt häufte, daß von ihrer Hälfte der letzte Haarschmuck desselben rettungslos erstickt werden müßte. Mir gefällt indeß mein nordischer Recke Hildebrand doch besser als Otto Müllers Nibelungenschatzherr, und ich will lieber Hadubrand sein, als „König Gunthers Mann".

Hu, wie der Wind pfeift! Er kann's doch noch besser als die Poeten und überbietet selbst Gottschalls „König Pharao". Hast Du Strauß' „Bekenntnisse" gelesen? Passen zum November.

Was macht der Humoristische? Ich bin an einem großen und zwar sehr großen Roman aus dem Jahre 1789; ein Ding voll grüner Sonne und kosmischem Blödsinn.

Ja, wer in der Salzdahlumerstraße leben könnte! Bei uns werden selbst die Hunde toll.

In treuer Freundschaft so etwa bis gegen den Anfang des nächsten Jahrhunderts

Euer W. J.

154. MARIE JENSEN AN RAABES

Kiel 27. November 1872.

Theuerste Raaben!

Ich grüße Euch aus Herzensgrunde. Den Kopf haben wir über

Wasser, aber in Arbeit stecke ich bis über die Ohren. Drei Stunden Malen (in Oel), eine Stunde Musik, 2 Stunden Nähen, 2 Stunden Kinder – alles nach der Uhr. Abends brummt mir der Kopf etwas, aber ich fühle mich doch recht befriedigt dabei. Wilm lacht sich schief, so oft ich unter Tags die Uhr herausziehe, aber ich male ruhig meine Leuchter und Weingläser; Köpfe aber sind mein Ziel. Und über's Jahr male ich Sie ab, Räbele. –

Während der Sturmfluth waren wir in Flensburg. Phrenoklastes hatte uns zu wiederholten Malen eingeladen, und Wilm wurde, nachdem er kaum drei Wochen nach der bewußten Reise ruhig zu Hause gesessen, von Reisewuth übermannt; mein Jammern half nichts, ich mußte mit nach Flensburg und Husum. Die Threnakräer gaben uns ein Fest, in der „Stadt Hamburg" am Südermarkt, bei dem Ströme Champagners flossen. Von der Sturmfluth ahnten wir noch nichts, und daß, während wir jubilirten, der Bahnhof und die halbe Rathausstraße unter Wasser standen. In das „Jubiliren" fielen überhaupt gar wunderliche Schatten hinein. Und als wir spät in der Nacht in die Rathausstraße kamen und das Wasser sich uns entgegenwälzte, und wir in das altbekannte, leere leere Haus hineinsollten, da packte uns doch ein Grausen. Daß Flensburg „in seiner Sünde Maienblüthe" hinweggerafft werden würde, war uns klar. Wir gondelten früh Morgens nach dem Bahnhof, und entgingen dem Wasser um wenige Stunden später im Schneesturm stecken zu bleiben. Langsam kamen wir bis Husum – aber da saßen wir fest; die Telegraphenstangen hatte der Orkan zum Theil umgerissen, und wir wurden zu Hause erwartet. Schlimm war's, aber wir saßen gottergeben hinter Reventlow's warmen Ofen und harrten weiterer Ereignisse. Die Kinder sammt der Tante wußten wir unbedingt im Trocknen, da unser Haus sehr hoch liegt. Bei der schließlichen Ankunft in Kiel, am andern Abend, fanden wir kein Wasser mehr in den Straßen vor, aber ganze Berge von Seetang. Düsternbrook sah völlig vorsündfluthlich aus; Wasserberge wälzten sich über Baumwipfel, alles trieb chaotisch durcheinander – es fehlten nur die Saurier. – Heut' haben wir wieder schweren Nordweststurm; und dabei ist's jetzt, um Mittag, kaum dämmerhell. Wir denken viel an Euch, und sehnen uns sehr nach Euch. Ihr solltet bald auch einmal wieder zu uns herüberkommen – denkt an das kurze Leben – ich werde nicht 50 Jahre alt und Wilhelm nicht 60. „Und Dämmrung fällt wie Asche auf die Schrift" – ich kann meine Buchstaben um 3 Uhr Nachmittags nicht mehr erkennen, so dunkel ist es. – Euern Kindern geht es jetzt hoffentlich besser. Ich denke, der Arzt hat den „versteckten Scharlach" nicht gefunden. Lieber alter Raabe, unsere Lebensanschauung ist, glaube ich, Schwindel, wie so manches andere in der Welt. Wir sollten „Gründer" berufen, und etwas Reelles an die Stelle setzen lassen. Was meint Ihr?

Lebt wohl. Und so mit gründlichem Verständniß, begründeter Freundschaft, fest gegründeter Treue und Gruß Euch beiden

Euer Tintoretto

154 a. WILHELM RAABE AN JENSENS

[Zeichnung Raabes zum Weihnachtsfest: Ein Tannenzweig mit brennender Kerze; an dem Zweig hängt an einem Faden ein Vogelnest, bezeichnet: Salzdahlum.Straße; auf dem Rand sitzen 2 Raben, einer mit Augenglas, im Nest drei hungrige Rabenkinder. Unterschrift:]

Braunschweig, 23 December 1872.

155. WILHELM UND MARIE JENSEN AN RAABES

Kiel 23/12 1872.

Liebe Freunde.

So war der Verlauf. Erst hat es geschneit, dann trat Frost ein, hierauf schickte der Himmel Nebel, dieser fiel in Tropfen herunter, auf dem Boden wurden sie zu einer Eiskruste und jetzt fallen die Leute auf die Nase. Das ist aber ein Weihnachtsvergnügen und schadet überdies gar nichts, da die meisten Kieler Nasen eine Verkürzung vertragen können. Nur wir, und ich in specie, werden uns hüten; doch es ist die Frage, ob wir es möglich machen, da Tannenlichter und buntes Behänge uns heut' Abend noch einmal in die Stadt treiben. Sollte uns dabei etwas Erdiges passieren, so behaltet uns in gutem Angedenken.

Lieber Raabe. Kannst Du Dir vorstellen, daß die Gegend um Lessings unauffindbares Grab einmal von der Sonne verbraten war und daß unser Auge mit Wehmuth darauf ruhte? Ich nicht. Vor meiner Seele Blick steht unvergänglich nur Adolf Glaser, dessen Gedichte ich einst auf dem Sirius zu lesen hoffe. Im Uebrigen empfehle ich Dir P.J.Willatzen's „Gedichte", besonders „Dreizehn bei Tisch", hoffe jedoch, daß Bertha für's Erste nicht wieder in die Lage geräth, solchen Trost spenden zu können. Jetzt wird Bertha Dir die „Gedichte" zur Weihnacht schenken, und meine Reclame für P.J.Willatzen hat ihren Zweck erreicht.

O Raabe, meine Frau malt in Oel! Und wie! Kannibalisch, denn sie bemalt ihr eigenes Gesicht dabei! Schlangengläser, Leuchter (bei denen sie häufig Betrachterin ist), Dante's, Geschirre, die so von Oel glänzen, daß nur der Essig zum Salat fehlt. Ihr Lehrer preist sie und eröffnet ihrem Blick eine bessere Perspective als ihr Blick für Perspective bis jetzt noch ist. Im Hochsommer gehen wir nach Monacho monachorum, damit sie bei einem Schüler Piloty's in alle „Finessen" eingeweiht wird. Abends ziehen wir dann in die „Künschtlerkneipen". Es wird herrlich.

Ich habe jetzt eine große Ulmer Dogge, liebe Euch und bin

Euer Wilhelm Jensen.

Die Gnade aber unsers Christkindleins sei mit Euch allen und auch mit Mama Leiste!,

[M.J.]

welcher Mama Jensen ein fröhliches Fest wünscht. Der Schlingel ich sage Euch, er schwärmte bisher für meine Schlangengläser – „groß ist der Männer Trug und List."

Alte Herzensraaben!

Seid vergnügt um die „fröhliche, selige Weihnachtszeit", und vergeßt nicht, wenn Ihr beisammen hockt auch einmal an uns zu denken. Hier im Hause herrscht reges Leben; jeder rennt seine eigenen Wege, und selbst die Tante mit ihrer Gicht ist von früh bis spät in geheimnisvoller Bewegung. Lebt wohl. Alles Pech bleibe Euch fern und das Christkindlein suche Euch heim.

Mit herzlichstem Weihnachtsgruß

Eure Marie.

156. WILHELM UND BERTHA RAABE AN JENSENS

Braunschweig, 13 Februar 1873

Liebe Freunde,

Ganz süß und klebrig aus der Februarnummer des „Salon" hervorkriechend, finde ich mich ganz und gar in der Stimmung, Euch eine Thräne hin zu weinen, im „Deutschen Mondschein" aus der Dachluke zu gucken, oder Jemandem zu seinem Geburtstag Glück zu wünschen. Was aber ist das menschliche Leben? Dann und wann eine in einen Baumstamm eingewachsene Flasche! – Wenn der Schneck mühsam an ihr hinaufgekrochen ist und die Nase hinein steckt, findet er sie leer und kann ruhig wieder herunterklettern oder purzeln. Dahingegen wollen wir, wenn nichts dazwischen kommt am ersten Juli dieses Jahres mit Kind und Kegel ein Sommerquartier in Harzburg beziehen, und melden es Euch frühzeitig, daß Ihr Euch darauf einrichtet und mit Paul und Therese und Mariechen, sowie der schwäbischen Kathrine gleichfalls aus Euerer kimmerischen Nacht herkommt und am Fuße des Blocksberges übersommert. Es wird sehr schön und viel behaglicher als alle italienischen und sonstigen Reisen.

Uns geht es unberufen gut, und Gretchen, Liesbeth und Clärchen entwickeln sich ganz niedlich, trotzdem daß sie ihren Verkehr mit Doctor und Apotheker auch im verflossenen Jahre ziemlich aufrecht erhalten haben. Den Christoph Pechlin habe ich fein und sorgsam durchcorrigirt; wenn er demnächst seine Aufwartung in der Flekkenstraße macht, so ersuche ich Euch, ihn wohl aufzunehmen und ihn der eigenen Liebenswürdigkeit wegen die Flecken und Untugenden seines Erzeugers nicht entgelten zu lassen.

Was das mit dem Jahre 1789 ist, weiß ich nicht und erbitte mir genauere Auskunft darüber. O Jensen, gehe mir um Gotteswillen *nicht* aus der Sonne! Wer unter heißerer Sonne auf drei Sonnen, Sonne und Schatten folgen ließ, der ist der Welt auch noch eine Mitternachtssonne und einige Nebensonnen schuldig. Westermann nimmt sie; und Hallberger illustrirt sie sogar.

Liebe Freunde ich hoffe, daß es seit Weihnachten an nichts gefehlt hat und daß Ihr noch immer vergnügt in Kiel sitzt. Zu einer Dogge haben wir es, wie zu sovielen anderen guten Dingen noch nicht gebracht; aber unser Zeisig lebt noch, und mit Aufbietung aller meiner schriftstellerischen Kräfte gelingt es mir noch immer, den nothwendigen Mohnsaamen für ihn zu erschwingen.

Nun lebt wohl und haltet Euch wacker. Am 1 Juli sehen wir uns in Harzburg. Ich bringe meinen Malkasten auch mit.

Euer getreuer Freund und Geburtstagsgratulante

WilhRaabe

[B. R.]

Liebe Jensens!

Ihr seid höchst liebenswürdige, gute u gutartige Menschen, das steht nun einmal fest, und wir von Allem das Gegentheil, der Misantropie unrettbar verfallene, anscheinend höchst undankbare Menschen. Aber nur anscheinend, denn es steht biblisch fest, daß es viel erquicklicher sei Wohlthaten zu erzeigen, als zu empfangen und aus diesem Grunde wollen wir uns keine graue Haare darüber wachsen lassen, daß wir uns für die schönen Weihnachtsgaben nicht bedankten. Die Mittelstube hat bald keinen Platz mehr für die Herrlichkeiten dieser Welt und wir haben den Beschluß gefaßt demnächst an den Wänden Börte anzubringen, um die Raritäten museenartig aufzuräumen und das ererbte von Stuttgart richtig mit herübergebrachte Jensensche Bücherbört soll dazu die ersten Bretten liefern damit auch Alles nur die Hollunderblüthe wird verschlossen aufbewahrt, und nur den Verdientesten auf eine Minute unter die Augen gehalten, aber Jeder hält sie sich dann auch sofort unter die Nase u. ruft „Ah sie duftet wirklich". Ich vermuthe aber Fr.Marie hat sie in parfümirte Watte sorgfältig eingepackt. Wilh hat außerdem einen neuen Schlafrock bekommen, den er anfangs wohl aufgehängt hinter seiner Thür aufbewahrte, um Jeden, der ihn stillschweigend in seiner Zerrissenheit bemitleidet, den beruhigenden Gedanken zu gewähren, daß er auch noch ein(en) heilen besitze. Auch ihn macht der Gedanke nicht der Glaube schon allein selig und zertrennbar von den zerrissenen Bekannten.

Der neue wird nun für die Julisonne in Harzburg aufgespart, um darin u darauf in Oel zu malen, wie er Marie verheissen. Wilh. J. u. Bertha werden dann als unpartheiische Richter dastehn, wer die besten Knödel u die besten *V*asen gemalt hat.

Und nun zum Schluß: Der Herr lasse seine Sonne scheinen über Gerechte u Ungerechte und Wilh.J. lasse Sonnen erscheinen für Werthe u. Unwerthe. Möge ihr Glanz ihn vor u. nachleuchten von seinem 36 Jahr bis in die Unsterblichkeit! Das der Wunsch

Euerer Bertha

157. WILHELM JENSEN AN RAABES

Kiel 3/3 1873.

Liebe Bertha.

Er ist ein Kalmüser, ein Kalmücke, er säuselt im Kalmusrohr und füllt das Rohr seiner Gänsespule mit schwarzem Mondschein. Aber Sie sind eine gute Frau und schreiben einen herzerfreulichen Brief. Ihnen gebührt der Dank des verkümmerten Kimmeriers und über die Haide Holstein-Lüneburgs und der Brieflosigkeit der letzten Monde reiche ich Ihnen die Hand.

Er ist ein Löhnefinke, nicht würdig in Sylt gewesen zu sein. Aber seine beiden alten Schweden haben mich doch gerührt und ich lese aus Dankbarkeit augenblicklich seinen Cabanis, der am von demselben Gründer u. Stifter herrühre. Alles ist aufgeräumt, 23 November 1868, Morgens 10 1/2 Uhr in meinen Besitz übergegangen ist. Er – nämlich der Cabanis – riecht noch nach Hansen und Heymann'schen Cigarren, der Gott, der die Nicotiana wachsen ließ, möge es *ihm* vergeben!

Bei den Rothhäuten legt sich der Mann zu Bett, wenn die Frau eines Kindlein' genest – oder heißt es geniest? Oder gar, genießt? Wir müssen Daniel Sanders einmal fragen, der Mann weiß Alles. Item, ich bin nicht von schneeigem Teint, zur Rothhaut fehlt mir jedoch der Antrieb, nach dem Vorbild in Hallbergers „Zu Hause" Leute bis an den Kopf in den Prärieboden einzugraben und von Wölfen anbeißen zu lassen, und zum Andern fehlt meiner Frau die Prämisse. Aber dennoch war ich vierzehn Tage lang krank, lag auf dem Sopha, hörte, sah, aß und trank nichts, denn sie that dies Alles oder that es respective nicht. Ihr that Alles weh, die Brust, der Kehlkopf, der Rachen, die Mandeln, die Nase, die Ohren, die Zähne, die Stirnhöhlen, die Augen, der Kopf, und mir das Herz. Erfahrene Leute wollten behaupten, es sei der Ozon, ich aber wußte es besser. Es war, wie die Diphteritis, eine neue Krankheit, erst jüngst in's Land gekommen und sie ihr erstes Opfer. Sie hatte in unvorsichtiger Weise die „Geschichte eines schwülen Tages" gelesen, sich, da es ihr immer schwüler dabei geworden, erkältet, und da lag sie und wimmerte.

O Rabenpechle, was hast Du dem großen Rudolph an der Elster gethan? Er soll Dich mit Rumpf und Federn gefressen haben, wie die Elster Singvögel. Mögest Du ihm schwer im Magen liegen und die verschwendete Druckerschwärze Dir leicht sein. Aber bei dem Stricke scheint es mir doch unverzeihlich!

Den alten Schwaben habe ich noch nicht kennen gelernt, da ich nicht umhin konnte, den alten Schwätzer, den „Marquis" erst zu Ende radamontiren zu lassen. Aber aufgeschnitten habe ich ihn und freue mich auf seine schwäbischen Aufschneidereien, die ich hinter ihm erhoffe. O Wilhelm, Wilhelm Raabe, o Pechle, o Knud Rolfson Jacob Christoph Rabenpechle, weißt Du noch, wie wir unter den Knödeln und Spaten von Alberschwende am Nesenbach saßen und der Thaten gedachten, die der große Generallieutenant Vogel vom Falkenstein ohne uns droben jenseits des Main's verrichtete! Wir fuhren auch einmal zusammen über den Bodensee bis Lindau, aber dort wolltest Du nicht weiter mit, sondern kehrtest in den Bregenzer Wald zurück, obwohl Du nicht Alfred's „stiller Miethsmann" warst und obwohl ich Dir rieth: Schüttle den Keuper von Deinen Füßen!

Liebe Freunde! Nach Harzburg werden wir wohl schwerlich kommen, vermuthlich aber nach Neustadt, und dort wollen wir Eurer gedenken. Ich hoffe aber, Ihr wißt, daß Ihr bei den Göttern der Oker, Fuse, Aller und Leine geschworen habt, am 8 September dieses ruhmvollen Jahres in der Fleckenstraße zu sein? Keine Straße würde Euern Fuß mehr tragen und ein unauslöschlicher Fleck auf Euch haften, wenn Ihr die Heiligkeit des Eides nicht respectirtet. Ich würde Euch bei Löhnefinke denunciren und der Euch mit Frau und Tochter einen Besuch machen. Dennoch sähe es Dir ähnlich, mein Herz –

Jetzt geht es uns unberufen wohl, die Kinder sind wohl, Marie nimmt Eisen, aus Freiburg schickt man uns Veilchen und bei uns blühen die Schneeglöckchen. 157 Thaler Steuern haben wir dies Jahr zu zahlen für die Ehre in Kiel zu leben, wenn man zu Euch will muß man in Hamburg noch immer von einem Bahnhof zum andern zu Fuß gehen, sonst wären wir längst in Br ... gewesen, und ich denke manchmal, ob die Kerle am Genueser Hafen wohl noch immer nur mit der Schwimmhose herumlaufen. Ja ich säße sogar gern auf dem Jägerhaus, tränke Schillerwein und dächte mir, wie schön es sein müsse, statt auf dem Hasenberg drüben auf dem Rothenberg zu sein. Denn ach, Ihr seid in Braunschweig und wir nur in Brunswiek; wir sind immer platter als Ihr, leben auch nicht glatter als Ihr, sind wenn wir gegessen haben nicht satter als Ihr und besonders in der Freundschaft nicht matter als Ihr. Und somit, habt Dank für das, was wir von Euch gelesen! Habt Dank für das, was Ihr uns stets gewesen! Seid es uns ferner! Grüßt Braunschweigs Theobald Kerner, d.h. Adolf

Glasern! Hütet Eure Kinder vor Masern! Vor Scharlach, Röthel und verdorbenen Mägen! Und erhaltet Eure Liebe als Segen

Eurem Wilhelm Jensen!

158. MARIE JENSEN AN BERTHA RAABE

Kiel 6 März 1873.

Liebes Berthchen!

Stirnhöhlencatarrh und Gelenkrheumatismus verhinderten mich meine Empfindungen für Euch, meine Gerührtheit und meinen Dank für die herzerfreuenden Briefe, für den Pechle und für den wundersamen Mondschein auf Euren abgelegten Hemden niederzuschreiben. Ich war drei Wochen lang ohne jeden Grund sehr krank; wie in einer Schmiede ging's in meinem Kopfe zu. Bei Tage bekam ich Chinin zu essen und Nachts lag ich im Morphiumdusel; griff in lichten Momenten nach dem „Deutschen Mondschein" und wußte dann plötzlich nichts mehr von Gott und der Welt. Jetzt kommt das Gedächtnis zurück, und stellenweise hilft mir der Pechle nach. Er wird mit großem Behagen durchstudiert; aber ich bin noch nicht mit dem ersten Bande fertig, da mir bis jetzt das Lesen von dem obigen Dr. J, dem Geber dieser Briefbogen untersagt war. Heute Abend mache ich mich aber noch nach Herzenslust daran. Leb wohl, liebe Bertha. Hab Dank für Deine Zeilen, und bleibe gut Deiner Marie.

An Löhnefinke schreibe ich nächster Tage; erst will ich den Pechle *ganz* kennen.

159. WILHELM RAABE AN JENSENS

Braunschweig, 24 März 1873.

Liebe Freunde,

hoffentlich ist bei Euch wieder Alles in Ordnung; wir haben seit einiger Zeit Gretchen an einem Bronchialkatarrh fest in der Stube. Wenn dieser „milde Winter" erst vorbei ist und wir sicher und gedeckt im Sommer sind, will ich auch froh sein. Also es ist nichts mit Euch in Neustadt-Harzburg, sondern Ihr geht nach Neustadt an der Ostsee oder sonstwo. Hübsch kann ich das nicht nennen. –

Euere Briefe haben uns ein besonderes Vergnügen gemacht; sie bewiesen wenigstens, daß Euch der gute Humor in Euerm Elend noch nicht gänzlich verloren gegangen ist. Daß Ihr es aber wagt, Euch über Braunschweig lustig zu machen, das ist in der That sehr gewagt; denn Ihr könnt doch wahrhaftig kaum mehr als eine Ahnung davon haben, wie komisch es wirckt, zumal da es sich selber stets so ungeheuer ernsthaft nimmt.

O Jensens, was giebt es denn eigentlich Neues? Etwa daß gestern Saturn in Conjunction mit dem Monde kam? Etwa daß heute die Sonne erst um sechs Uhr achtzehn Minuten untergeht? Etwa daß morgen Mariä Verkündigung ist? Wahrscheinlich! –

Bleibt uns gut und schreibt uns bald einmal wieder! –

Euer Euch guter WilhRaabe.

160. WILHELM UND MARIE JENSEN AN RAABES

Stoßt an! Kilia lebe!
Hurrah hoch!
am 26 April 1873.

Seit 36 Stunden ununterbrochen Schneegestöber, Hagel, Eis, Rheumatismus, Ofenrauch, Schnupfen, Husten – Ihr aber

Sitzet bei dem Oberbauer
Vor'm Braunschweiger Wurstgericht –
Zähneklappern, Markesschauer –
Und verziehet kein Gesicht.

Ein reizendes Land dies engere Vaterland! Wie es so freundlich mit seinen fast schon grünenden Knospen hinter der friedlichen weißen Decke daliegt – wenn die Sonne einmal drauf scheint, meint man beinah: der Schnee wolle schmelzen, und es ist doch noch nicht einmal Mai! Wie die frische Ostluft ein Gefühl des Besitzes von Kopfnerven erzeugt und jede Schleimhaut zur Blüthe bringt! Geht mir, Ihr verweichlichten Südländer! Glaubt Ihr, daß dies theure, meerumschlungene Land eine so

eigenthümlich beneidenswerthe Rolle in der Geschichte der Menschheit gespielt hätte, wenn es vom Zorn des Diluvialgeschiebes in eine andere Weltecke geschoben worden wäre? Nach den neuesten mir zugegangenen Nachrichten kostete der ordinäre Cylinderhut gestrichen voll Kirschen südlich vom Main gestern zwei Kreuzer, laufen auf Spitzbergen die Robben nackt herum und fangen umsichtige Leute in Sibirien an, den Zobeln ihren Pelz auszuziehen – gottlob, daß wir an der Ostsee sitzen, Raabe, und zwar nicht in der Gegend von Reval und Riga, wo die dort herrschende wärmere Temperatur gefährliche offene Stellen in der Eisdecke gezeitigt haben soll, sondern bei uns in Schleswig-Holstein, wo der vertrauensvolle Schlittschuhläufer in dieser Jahreszeit keine derartige russische Tücke zu befürchten hat.
[M.J.]

Dies Blatt fand ich nebst einem angefangenen Briefe von mir in meiner Mappe. Ich lege es mit bei damit Ihr seht, daß wir auch im April auf das Intensivste Eurer gedacht haben. Geht Ihr wirklich nach Harzburg? Wie gern kämen wir mit Kindern, Kathrine und Malkasten auch dahin, wenn die Seebäder, das einzig Gute am Lande, uns nicht (der Kinder wegen) hier festhielten. Wir werden wohl gar nicht „auf's Land“ gehen, da wir uns nicht gern vom Garten, den wir dies Jahr zum ersten Mal größtentheils eigenhändig im strömenden Regen bewirthschaftet haben, trennen. Am 13 Mai haben wir im Regen unsere 8te Hochzeitsreise nach Eutin gemacht. B'hüt Euch Geibel!

Euere getreue M.

Pfingstmontag 73.

Sehen müssen wir Euch aber in diesem Jahre, und müßten wir auch deshalb auf dem Überlandwege nach Indien fahren!

161. WILHELM RAABE AN JENSENS

Braunschweig, 23 Mai 1873.

Liebe Freunde!

Wer eigentlich dem andern in diesem himmlischen Frühjahr einen Brief schuldig ist, weiß ich nicht, aber die Wolken sind so wonnig grau, die Winde so entzückend eisig und kühl, die ewigen fünf Grad Wärme so labend, daß ich annehmen will, ich sei's, um Euch wie gewöhnlich mitzutheilen, daß uns nicht das Geringste des Erzählens Würdige passirt ist. Wir leben aber noch, und zwar alle Fünf! Bis heute haben uns die Entzückungen der Natur noch nicht aufgerieben, wir dürfen uns bis dato noch immer an Regen und Sturm erfreuen; Niemand hindert uns, vor Behagen mit den Zähnen zu klappern und einen Centner Steinkohle nach dem andern in die Öfen zu schieben: – auf dem Saturn kann es nicht schöner sein, und wir sind vergnügt in der Güte unseres himmlischen Vaters, und zu allem Übrigen hat Bertha heute auch die große Wäsche.

Wie geht es Euch denn in Kiel? Scheint bei *Euch* die Sonne? Hätte vielleicht ein auf Euch gezogener Witterungs- und Temperaturwechsel einige Aussicht, nicht protestirt zu werden? Was macht Ihr? Seid Ihr etwa gar nicht in Kiel? Seid Ihr in Wien, um Euch dort das Wetter anzusehen, welches der Herrgott zur Weltindustrieausstellung ausstellt? Habt Ihr Anglobank oder Creditactien? Kennt Ihr den Ritter von Boschau, den Ritter von Placht, den jungen Baron Schey? –

Bitte schreibt uns, oder wir nehmen an, daß Ihr uns gar nicht mehr schreiben wollt! Reuchlin ist auch gestorben – wir müssen alle sterben, und nachher wird es Euch dann doch leid thun, daß Ihr nicht geschrieben habt.

Notter war Ostern bei uns und sah es hier regnen, statt in Berlin.

Clärchen ist geimpft und hat zwei Zähne; – ich habe auch bald nur noch zwei Zähne! Schreibt! Ich bitte Euch, – eben fängt es wieder an zu regnen.

Euer getreuer W.R.

162. WILHELM UND MARIE JENSEN AN RAABE

Kiel 2/6 1873.

„Denn Er ist trotz seinem schwarzen Gefieder doch der beste unter allem Singgevögel“ – sagt sie. Und sie fügt hinzu, und zwar mit catonischer Ausdauer, ich sei der schlechteste, weil ich dem besten seit – ja wie lang' ist's her? graut es mir selbst ein wenig vor meiner Verworfenheit? – nicht geschrieben! Aber ist sie denn besser? Sieht sie etwa den Balken in ihrem eigenen rostgrünen Auge? Und sie will Steine auf den werfen, der vor dem Pfarrer der Schottencapelle zu Wien und der profanen Welt ihr Nächster geworden?

O Ihr Gebenedeiten an den sanft fließenden Lehmufern der Oker – confiteor, es ist eine Schuld, doch eine heilige, die mich drückt, denn ein anderer Pfarrer ist ihr Anlaß. Er heißt „Der Pfarrer von Saint Pierre" und ist ein Kerl mit einem fürchterlichen Bauch, denn er hat schon hundert Bogen meines Formats in seinen gefräßigen Wanst geschlungen und ist noch nicht satt. Seit dem November ist dieses Ungeheuer Tag und Nacht mein Stubengenosse, er grinst mich an, er würgt mich am Halse, er liegt auf mir wie ein Alp – ich habe, um mich des Scheusals zu entledigen, ihn verkauft, am ersten Juli schlägt meine Befreiungsstunde, aber die Tage laufen auf Tausendfußbeinen, ich mäste die Bestie mit Papier und Dinte, doch wie ein aufgeschwollener, fast berstender Blutigel hält sie noch immer fest und will nicht loslassen. Miß Christabel und Lucie Rippgen sind sanftmüthige Rosenbandlämmer gegen diesen störrischen Bock – o ich armer Pechle, warum habe ich mich darauf eingelassen, ihn an den Hörnern packen zu wollen!

Und so, Liebster, Guter, habe die Nachsicht mit meiner Verzweiflung, die der Himmel nicht mit uns hat! Ja, bei'm Himmel Norddeutschland's, Du weißt es, was es heißt, tausend Seiten bei Sturm, Schnee, Ofenrauch, Kälte, Regen und germanischen Frühlingslüften zu schreiben, bis man Krämpfe in den Fingern bekommt, dumm im Kopf (rectius lies den Comparativ) und pauvre im Gemüth wird. Ach, da schreibt man, wenn der Abend in seiner traditionell poetischen Manier sinkt, keinen Brief mehr an einen berühmten Schriftsteller, sondern sinkt selbst mit an den Busen

„des Weibes, das seine Liebe ist und war,
An den der Kinder, die sie ihm gebar" –

sagt Don Louis Münch-Bellinghausen von Camoens (und ich könnte noch mehr hinzufügen) – sinkt, trinkt (nämlich Grog) und plinkt mit beiden Augen – „um dann die Nacht hindurch zu schlafen". Das ist „Wie es geht". – Im Uebrigen aber geht es gut, wir setzen unsern Lebensgang freimüthig und vergnüglich fort, Umgang haben wir nicht, der Juni ist angegangen, ein Rundgang durch den Garten zeigt, daß das Unkraut nicht vergangen, wohl aber dafür einige Rosen ausgegangen. Die Ausschüttung des heiligen Geistes ist uns gestern glücklich einmal wieder entgangen, die Sonne heute Morgen abermals nicht aufgegangen und Dr.Robert König ist vorgestern fortgegangen, um daheim den Gang der Erdendinge im Erdgeschoß des von ihm und sieben Kindern bewohnten Hauses zu Clasings Vortheil aufs Neue zu überwachen. Er sieht aus, als ob er sein eigener ältester Sohn wäre und ist ein putziges Mändle, aber doch nicht so schlimm, wie Du und ich ihn uns vorgestellt, was allerdings sein Äußeres wiederum nicht grade vermuthen läßt.

O Raabe, gute Nacht! Eigentlich guten Appetit! Denn ich will zu Mittag essen, aber als ein erfahrener Mensch weiß ich vorher, daß ich darnach so müde sein werde, daß ich einschlafe. Dein Pechle hat uns vielen Spaß gemacht und uns öfter zum Lachen veranlaßt, als es rathsam gewesen wäre, in der körperlichen Gegenwart einer Schwabenseele diesem Reiz nachzugeben. Du hast, wenn genaue Kenntnis eine Hauptbedingung intimer Freundschaft ist, die Deinige für das treffliche Völkchen im Ländle warm bethätigt und Urenkel am Nesenbach werden's Dir gedenken. Aber über die Königsstraße gehe ich nicht wieder mit Dir.

Leb' wohl! Ich lieb' Euch, Cassio, und hoffe Euch zu sehn, eh' Ihr's vermuthet. Was meinst Du, soll ich meinen nächsten Jungen mit dem Namen seines Vaters belasten oder hältst Du es für eine Versündigung an dem Renommee des unschuldigen Wesens?

Herzlichst der Eurige

Wilhelm Jensen.

[M.J.]
Moeret „collegissimae“ relicta!

Obgleich lange kein Brief von Euch gekommen war, wußten wir doch daß Ihr noch lebtet. Und glücklicherweise werden wir den Mangel dieses Wissens nie kennen lernen – o corve sole superstes! Ich sehe Euch im Geiste auf unser Grab herunterlorgnettiren, mit dem einen Auge lachend mit dem andern weinend, und höre deutlich: Da liegen se!

O Räbele, wir hätten heute, Pfingstmontag noch miteinander unter Hollunderblüthe und Goldregen wandeln können, wenn Ihr gekommen wäret! Aber Ihr kamt nicht. Und wir sitzen wie seit undenklichen Zeiten allein, und fahren zusammen vor Schreck, wenn durch eine zufällige Lücke da oben ein Sonnenstrahl in's Zimmer fällt. Des Gedankens an Licht und Wärme hat man sich hier völlig entschlagen. Wir leben einen Tag wie den andern unter endloser Arbeit, häufigem Denken an Euch, aber ohne jeden andern Umgang fort. Kennen saure Wochen, aber keine frohen Feste mehr, jammern oft nach Freunden und nach Sonne, und wollen fort, „hinter jene blauen Berge“. Die Tante will mit und Herbst über's Jahr wird wieder einmal – zum letzten Male – gepackt. O zieht mit nach Freiburg! *Dort* scheint immer die Sonne, dort ist alles Gold, was glänzt, dort sind die Menschen „ganz anders“ als hier, sagt – mein Patriarch. Mir soll's recht sein – aber zum letzten Mal. Einen so herrlichen Garten wie diesen, ein so nettes, altes Haus wie dieses finden wir nirgends wieder. Wenn nur die Sonne manchmal durch das bunte Spitzbubenfenster gucken wollte, dann – wäre vieles anders. Und *ganz anders* wäre *Alles*, wenn *Ihr* nach Kiel zöget! Dann blieben wir für alle Ewigkeit auf der Scholle. Wollt Ihr Euch nicht nächstens den „Kram“ hier ansehen? Raabe, Euer Pechle ist ein Ekel, obgleich er der „Nobelste von der ganzen Bande“ ist – jeder Zoll ein Schwabe! O Gott – was habt Ihr dem Hohenstaufen angethan! Und dieser „Schlidderich!“ Aber es ist wahrhaftig „Ein Guß“ und kein Gequadder!

163. WILHELM UND MARIE JENSEN AN RAABE

Dr. Wilhelm Jensen und Frau
geben sich die Ehre, die freundliche Einladung anzunehmen und werden durch gütige Vermittlung des um 5 Uhr 38 Min. eintreffenden Zuges am 24 dieses Monats an dem Souper auf der Harzburg theilnehmen, sowie etwa eintretende Verhinderung mit telegraphischer Accuratesse anzeigen.

Kiel, Datum des Poststempels [2. Juli] 1873

164. WILHELM JENSEN AN RAABE (DEPESCHE)

Kiel 19/7 1873.

Carissime. Wir kommen erst am *Freitag* 6.15 Abends, da wir uns resolvirt haben, über Lübeck zu fahren und den Donnerstag Abend dort zu verbleiben. Leider müssen wir am 26. Nachmittags schon wieder fort, da es sich nicht anders machen läßt, als daß wir in Kreiensen übernachten, um am 27. bis nach Würzburg zu kommen. Es liegt an Eurer dummen Zugeinrichtung von Harzburg nach Börssum, sonst könnten wir bis Sonntag früh bleiben, und ich hatte an eine Fahrt auf den Brocken gedacht. Kannst Du die Züge nicht ändern?

Vale! Cara Maria plurima salute vos impertit.

Dein W.J.

165. WILHELM RAABE AN JENSENS

Harzburg, 21 Juli 1873
(Scheibel sen.)

Das ist schön, – und wir freuen uns sehr! Wenn wir auch nicht auf den Brocken kommen, so werdet Ihr Euern Abstecher hieher doch nicht bereuen und von jetzt an jedes Jahr Euere Villegiatur hier nehmen!

Übrigens haben wir uns entschlossen bis Mitte August's zu bleiben. Gretchen soll bis dahin Soolbäder gebrauchen.

Ich bin am Bahnhofe! Das Wetter ist gut! Bringt Ihr nur kein schlechtes mit.

Mit bestem Gruße WilhRaabe

166. MARIE JENSEN AN RAABES

Domegliara 6/8. 73.

Theure Raaben! Der Cholera wegen sind alle Verbindungen abgeschnitten und wir sitzen hier bei 28 Grad im Schatten fest, können nicht vorwärts und nicht zurück, sind schon zweimal mit Assafoetida ausgeräuchert worden, haben nicht einmal pane, kaum aqua! Wir müssen zu Fuß einen Durchgang durch die Alpen suchen und das kann und wird 14 Tage dauern. Der Aufenthalt in Verona war herrlich, trotz wahnsinnigster Hitze. Aber die Götter mögen wissen, was uns von heut an noch Alles bevorsteht! Addio Ihr Besten! Vielleicht ist dies der letzte Gruß

Eurer Marie

167. WILHELM JENSEN AN RAABE

Korrespondenzkarte.

auf dem Rhein, 21/8.

Und wir fanden die nordwestliche Durchfahrt von Trient nach Chur. Und wir sind müde der Berge, der Flüsse, der Städte, der Menschen. Und wir kehren am Montag von München nach Kiel zurück. Und wir erwarten Dich mit der Bestimmtheit der alljährlichen Wiederkehr des 8 September an oder vor diesem Tage in der Fleckenstraße 22, da wir im nächsten Jahre an diesem Tage Louisenstr. 7 wohnen werden. Und wir grüßen Dich und Bertha mit dem Gruße des Predigers, der da sagt: Vanitas!

Herzlich die Euren

W. u. M.J.

168. WILHELM RAABE AN JENSEN

Braunschweig, 25 Aug. 1873.

Lieber Jensen,

ich begrüße Euch also heute bei Euerer Rückkehr von der neuen glücklich vollendeten Abenteurerfahrt, und wünsche, daß sie Euch in jeder Hinsicht bekommen möge! Was mich anbetrifft, so werde ich nicht mehr reisen, selbst nicht nach Kiel. Hallberger hat mir mein Manuscript natürlich als „zu hoch für sein großes und gemischtes Publikum“ zurückgegeben. Man „müsse sich erst in die richtige Stimmung hineinlesen“, läßt er mir schreiben, und deshalb könne er's nicht gebrauchen.

Der Schluß des Schreibens ist sehr lustig, und ich kopire ihn Dir deshalb wörtlich: „– – so möchte mein Herr Chef lieber von der Erwerbung dieser Arbeit, deren innern Werth er gewiß nicht unterschätzt, absehen, indem er die freundliche Bitte an Sie richtet, Andres, Kürzeres, namentlich Humoristisches zu senden. Herr Dr. Jensen, der grade in Tutzing anwesend ist, versichert, daß Sie Derartiges gern schreiben werden.“ Hast Du das wirklich in Tutzing versichert?

Dein getreuer WilhRaabe

169. WILHELM JENSEN AN RAABE

Kiel, 28/8. 73.

Liebster!

Geschwindigkeit ist keine Hexerei – denkt unser mutual friend und escamotirt – hat jemand von Ihnen etwas bemerkt, meine Herren? – nur ein nichtssagendes Wörtchen – und: voilà, monsieur, die Stichkarte! Unser gemeinsamer Freund beklagte sich nämlich, daß es so wenig Kurzwaaren unter den literarischen Erzeugnissen gäbe, und meinte, ob ich nicht ab und zu solche zu erzeugen geneigt sei. Ich verneinte diese Neigung erröthend, und da wir just zuvor von Dir gesprochen, continuirte Unser etc. ob Du denn etwa etc.? Ich erwiederte darauf, daß ich mit aller Bescheidenheit versichern zu können glaube, daß Du ebenfalls nicht – Dies letzte Wörtchen, mein Bester, ist nun eben verloren gegangen, oder durch Anwendung chemischer Aetzmittel weggebeizt worden, weil es so viel hübscher in den Brief paßte. Zerbrich Du Dir den Kopf darüber so wenig, wie ich es thue, und denke schlechtweg einfach, daß der Mann Recht hat und daß es immerhin noch artig von ihm ist, Dich mit „der Geschäftsüberhäufung, welche die Entrierung eines neuen Unternehmens in diesem Jahr verbietet“ zu verschonen. Bei Gutenberg, in der Zeit der literarischen sauren Gurken kann man auf Alles gefaßt sein. Jedenfalls ist es ein besseres Zeichen für Deinen „Meister Autor“, daß Du ihn nicht losgeworden, als für mein „Nirvana“, daß ich es verhandelt habe.

So weit ich Dich verstanden, ist Dein Buch kein sehr umfangreiches – würde es da nicht zum Abdruck für den „Bazar“ passen? Das Modedämchen bezahlt, wie ich aus kürzlicher Erfahrung weiß, sehr anständig, und wenigstens was mich betrifft, so ist es mir absolut gleichgültig, welches Crämerpublicum sich zuerst an der Egestorffschen Feuilletonsuppe meiner Muse krank frißt. Ehe ich fortreiste, schrieb auch die „Kölnische Ztg“ an mich, die gleichfalls empfehlenswerth sein dürfte.

Daß im Uebrigen eine schwarze Fliege Dir durch die Laune schwirrt und Dich zu der unvorsichtigen Äußerung veranlaßt, nicht reisen zu wollen, betrachten wir subjektiv als menschlich verzeihlich, objektiv aber als unerlaubt. Du mußt kommen und wir erwarten Dich bestimmt. Denn erstens ist es Deine Pflicht gegen Gott und uns, zweitens haben wir keine Cholera, drittens könnte es leichtlich geschehen, daß wir über's Jahr nicht mehr hier sind, und viertens sehe ich absolut keine poetische Gerechtigkeit darin, uns die Abgeschmacktheit Deiner und unserer Mitmenschheit entgelten zu lassen. Was geht denn Tutzing der Katzensprung von Braunschweig nach Kiel an? Du fährst aus Br. um 7 Uhr 10 Morgens und bist um 4 1/2 Uhr Nachmittags hier; oder aus Braunschweig um 10 Uhr Morg. und hier um 9 Uhr Abends. Also wir zählen auf die Meldung Deiner Ankunft; Kammer und Herzen stehen offen. Erstere schlecht, letztere schlecht und recht, wie das 19. Jahrhundert sie so auf Lager hat. Wir wollen recht froh sein und Du sollst es besser haben als in Flensburg. Bitte, komm! Mit herzlichem Gruß von Marie für Dich und Bertha, sowie für letztere von mir,

Dein Wilhelm Jensen.

Ob Du Mariens Karte aus Domegliara bekommen?

170. WILHELM UND BERTHA RAABE AN MARIE JENSEN

Braunschweig, 7 Septemb. 1873

Was wir beide, Ludw. Ariost u ich über den morgenden Tag denken, liebe Marie, das weiß ich; aber über Deine Ansicht bin ich doch noch nicht ganz im Klaren; also wünsche ich Dir noch einmal das schönste Glück dazu. Nach Kiel kann ich wirklich nicht kommen; aber beinahe wäre ich nach Paray-le-Monial zur *Jungfer* Marie gewallfahrtet – Deinetwegen! O wir Vier – wir Vier bilden doch ein ganz nettes Vierkleeblatt, und wir wollen auch gut zusammenhalten, der bösen Welt zum Trotz, – und wir wollen uns Einer auf den Andern verlassen, und uns jedesmal zu unserm Geburtstage begratuliren! Hast Du schon Nachrichten aus Ferrara? Nach Paray habe ich bereits telegraphirt und auch schon Rückantwort erhalten. Deine Namensschwester ist gestern daselbst angelangt und zwar in heiterster Stimmung, heute empfängt sie die ersten englischen Pilger und Pilgerinnen; – Miss Christabel Eddish ist auch dort; aber wircklich und wahrhaftig als Mrs. Snoddery, man sollte es kaum für möglich halten.

Euer Billett aus Domegliara oder wie der Ort heißt, haben wir richtig erhalten, – in Harzburg hatten wir damals nur 8 Grad Wärme, litten also nicht so arg als Ihr an der Hitze. Hoffentlich habt Ihr es uns jetzt nach und nach vergeben daß wir Euch damals nach Ludwigslust lockten; aber es war doch nicht unsere Schuld, daß der Dichter der Nirvana sich wie gewöhnlich verfressen hatte.

Morgen ist nun wieder die Gelegenheit günstig, und die Cholera ist nunmehr auch in Deutschland ziemlich heftig aufgetreten: ich bitte Euch um unserer Freundschaft willen, nehmt Euch recht in Acht; verspart Euch lieber etwas auf übermorgen. –

Uns geht es wie gewöhnlich nicht zum Besten. Hier in Braunschweig herrscht außer der Cholera auch die Ruhr, und Symptome der letztern haben sich an unserm Clärchen gezeigt. – Seid vergnügt! nicht bereit oder reif sein, sondern vergnügt sein ist

Alles. Shakspeare hat sich auch hier einmal wieder ungeheuer geirrt.

Mit herzlichem Gruße

Euer getreuer WilhRaabe

[B.R.]

Liebe Marie!

Daß Wilh. seine Wallfahrt – Deinetwegen – nicht ausgeführt hat, daran bin ich ganz gewißlich nicht schuld, auch ebenso wenig daran, daß er nicht nach Kiel kommt, soviel Ihr es mir auch im Stillen in die Schuh schieben wollt. Würde er ein rechter Raabenvater gewesen sein und am 8ten verlassen haben: Mutter, Schwester, Schwiegermutter, Schwägerin, Frau, Kind u Alles, was seiner wartet u ihm aufwartet, ich glaube wir hätten anstatt seiner liebreichen Dankesworte für das Viele, was er wahrscheinlich nicht bekommt, in den Höhen ein Gekrächz vernommen, die Stimmen seiner schwarzen Herren Vettern, die ob dieser Kälte u Oede, die sich um unser Haus lagerten, den 8ten September für den ersten Wintertag gehalten. Solches Phänomen würdet aber so wenig Ihr als wir verantworten können u darum ist es wahrscheinlich am besten wir beschränken uns auch diesmal auf die schriftlichen Glückwünsche. Es bleibt wohl freilich wenig für Euch zu wünschen übrig. Was ein irdisch Menschenkind erfreuen kann, ist Euch zu Theil geworden und was des Menschen Geist seinen guten Genius nennt ließ Euch noch nie im Stich. Da kann man nur sagen, möge es Euch immer so gut gehn als jetzt u. besonders möge Dir, l.M., das kommende Jahr viel Freude aufbewahren! Lebt beide recht wohl u. schreibe Du was er Alles zu diesem Festtage aus- und ersonnen hat. In alter Freundschaft

Deine Bertha

171. WILHELM UND MARIE JENSEN AN RAABE

Kiel 9 Septemb. 1873.

Das hätten wir wissen sollen! Saßen den ganzen Tag voll gespannter Erwartung, stellten die Asträen auf den Geburtstagstisch, ich kochte Dir einen Plumpudding und schön Rothkraut mit Aepfeln zu Rebhühnern, stellte Dir Champagner zu Deinen rothen Gläsern, die Dir nun zur Strafe leer nachlaufen; ein ganzes Zimmer voll Blumen hatte man uns beiden zusammengehäuft, und eine italienische Nacht mit bengalischem Feuer und Transparenten wäre dem Tage gefolgt! Aber da Du nicht kamst, verlief alles dies um 1/2 10 Uhr, als Dein Brief ankam, im Sande. Eingeladen hatten wir *Niemanden,* da wir mit Dir allein zusammen „feiern" wollten – Raabenfreund! Was Ariost und ich über den gestrigen Tag denken, das weiß ich; es klingt ähnlich wie Nirwana, „aber über Deine Ansicht bin ich doch noch nicht ganz im Klaren;" und also wünsche auch ich Dir wieder einmal das „schönste Glück". Sei vergnügt, so sehr Du es kannst, alter guter Raabe! Wir hätten Dich so gern wieder einmal bei uns im Nest gehabt! Aber Bertha hat Recht, Frau, Kinder, Mutter, Schwester, Schwägerin, Schwiegermutter, Schwager – solch ein Nest mag wärmer sein! Mein Seel – hätten wir gewußt, daß Du nicht kämest, wir wären gestern in Braunschweig gewesen. „Das Leben ist so kurz" klingt abgedroschen, aber es bleibt doch wahr; und leid thut's mir um den gestrigen Tag. – Wenn Mrs. Snoddery auf einer ihrer Reisen auch zu Dir nach Braunschweig kommt, dann gieb ihr in meinem Namen ein paar kräftige Maulschellen. – Mir aber bleibe gut!

Deine treue Freundin Marie.

[W.J.]

Ja, Dein Wandel duftet zum Himmel, und Dein Verdienst wird feist vor dem Herrn. O Du vierfache Wurzel vom unzureichenden Grunde! Heißt das Liebe zur Weisheit? Ich bin noch zu empört, um objectiv zu sein; meine Hand zittert, mein Geburtstagscarmen nimmt die Erhabenheit und Unverständlichkeit einer Zorndithyrambe an.

Ich wollt: Dir käme jedes rothe Glas
zu Falle!
Und Dir verwandelte sich jedes Naß
in Galle!

Es dreht' sich Dir Dein Magen jeden Tag
Bei'm Mahl um!
Und Regengüsse schwemmten Dich bis nach
Salzdahlum!
Ich wollt', vernommen hätt' ein göttlich Ohr
Die Schwüre,
Die Du vor einem Jahr' noch gabst uns vor
Der Thüre!
Dann würde sicherlich es auch erhört,
was obig
Empört ich über Dich herabbeschwört,
und klobig!
Doch keine Götter giebt's und so bleibt nur
Mir Armen
Als Rachvergeltung Deiner Unnatur
dies Carmen!
Pfui!

W.J.

172. MARIE JENSEN AN BERTHA RAABE

Kiel 9 Sept. 1873

Herzlichen Dank, liebes Berthchen, für Deinen Brief. Ich kann Dir heute nur einen Gruß in kleinem Format schicken, da die Zeit drängt, und der Brief an das Geburtstagskind nicht länger warten kann. Daß er nicht kam hat uns bitter leid gethan, aber auch das Zuhausebleiben hat am Ende seine Berechtigung, und man muß nur beklagen, daß er sich nicht theilen konnte. Wir waren sonst recht vergnügt. Ich bin mit Gebirgen von Blumen überrascht worden – Kunstgegenstände für Wände, Kleider, Porzellan oder Glassachen, wie man sie früher so schön auf dem Stuttgarter Wochenmarkte fand – das ist alles „abgebraucht und schaal" – „Diese Protzen" – wirst Du denken! Ja, wir waren Protzen, als wir Reischach erwarteten – aber nun sind wir's längst nicht mehr. O wenn Du sähest wie ich uns unser tägliches Brot erarbeite. Meine Finger, die sich auf der Reise so ganz erholt hatten, sind jetzt schon wieder zerschnitten, zerstochen, verschwärzt, denn die Köchin taugt wie gewöhnlich nichts. Und nun wird's wieder Herbst. Möge er Dir warm und behaglich eingehen. Clärchen ist hoffentlich wieder wohl. Herzlichen Kuß von

Deiner Marie

Freundlichsten Gruß auch von mir, liebe Bertha! Aber wortbrüchig und deshalb anrüchig bleibt Ihr doch!

Dein W. J.

173. WILHELM RAABE AN JENSENS

Braunschweig, 3 October 1873

Liebe Freunde,

wir sind im October, und ich habe Euch noch immer nicht meine Meinung über Euere Thaten und Unthaten gesagt.

Ist das eine Zeit, um Einem eine solche Kiste voll blutrother Punschgläser in's Haus zu schicken? Wahrlich, man muß zweiundvierzig Jahre alt werden, um Solches zu erleben! –

Punsch?! – Großer Gott, Wasser, Wasser, – Wasser ist das einzige Getränk, das das edle deutsche Volk nach dem Jahre Siebenzig Unsereinem zu trinken gestattet. Und ihr ironischen Leute schickt Einem eine Reihe Punschgläser zum Geburtstage! ......

.... Ich bedanke mich freundlichst, indem ich es Euch vergebe. – Und nun, wie habt *Ihr* gelebt, die Zeit durch? Daß Nirwana in E. Hallberger's Romanbibliothek erscheint, habe ich mit Vergnügen gelesen; aber mit Erstaunen, daß Herr Otto Janke Herrn Eduard Hallberger Deinen Gregor Samarow abgefangen hat. O du lieber Himmel, wer sich doch auch so der Mühe verlohnte! – Uns ist's im September erträglich ergangen. Unsere beiden Ältesten befinden sich seit acht Tagen in Wolfenbüttel bei der Großmutter; und Bertha schleppt sich, wie gewöhnlich, mit dem „Lüttgen."

Am 1sten October 1874 geht unser Miethcontract zu Ende; – was thut man dann? Was thut man dann? Ist das gegründet, daß in Verona so viele Wohnungen leer stehen?

Liebe Freunde, wir grüßen Euch! Wenn Ihr im nächsten Sommer wieder nach Italien geht, so erkundigt Euch doch, ob in Verona die Miethsherrn „Kinder nehmen". Die Braunschweiger wollen nicht.

Euer getreuer WilhRaabe

174. WILHELM JENSEN AN RAABE

Kiel 20 Dec. 1873

O wilder Mann,
Der du wuchst im hercynischen Eichenforst!
Sag an, sag an,
Welch' Rabensproß entflog deinem Horst?

O wilder Mann,
Der an Salzdahlum's Rande du haust,
Wer kann, wer kann
Gedenken wohl Deiner und wär' nicht durchgraust?

O wilder Mann,
Schwing' heut' noch die Keule, daß krachend es klingt!
Wenn mit zärtlichem Arm Dich Sanhita umschlingt?

Mir ahnt etwas von Ingomar. – Fürwahr es scheint ein seltsam Paar – das der November, wie es scheint – rückseitlich nicht umsonst vereint. – Fromm wie ich bin, seh' Gottes Finger – ich drin, der die curiosen Dinger – von je einander wohl bestimmt. – Und Adolf Glaser unternimmt – die Trauung jetzt und Westermann – als Bruder oder Schwestermann – vermuthlich auch als Lästermann – genug, als Onkel steht dabei und führt das Kirchbuch der Pfarrei. – Wir aber beide, ich und Du – wir schauen kühl der Handlung zu – denn was dafür wir eingesackt – wir haben's beide längst verknackt – im Schlund verpackt, im Mund verschmackt – ich mindestens, traf's so schlimm Dich nicht – so rath' ich: Uebernimm Dich nicht!

Spricht nicht Egmont schon von der süßen Gewohnheit des Versemachens? Ach, Freund, man weiß nie, wann man sich auf sein eigenes Dasein den letzten Vers machen muß, und deshalb wirst Du es für nicht mehr als Familienvaterpflicht ansehn, wenn Dir das Obige mich als in dieser freundlichen, aber nicht sehr freudenreichen Gewohnheit befindlich darthut, insofern die vorige Seite Prolegomena zu einem fünfgesänglichen epischen Gedichte bildet, das Du im Uebrigen nach der mitgetheilten Probe beurtheilen magst. Sonst geht es mir gut und uns allen. Nur das Mädchen für alles, die Malerin, Virtuosin, Köchin, Strümpfestopferin, Gouvernante, Gesellschaftsdame, Gattin und Mutter wollte, daß wir vier Wochen weiter und sie erst im Besitz des Christkindleins wäre, das ihr, einem unverbürgten Gerüchte zufolge als etwas verspätetes Weihnachtsangebinde zugehen soll.

O meiner Harzburg luftig Adlernest!
Das war ein warmer Tag, dess gern
Im frostigen Nebel sich gedenken läßt!
Stadt, Volk und Himmel hol' die Pest
In *diesem* Land! – Doch Euch zum Fest
Wünsch' ich den schönsten Weihnachtsstern,
Der aufgehn mög' grün, roth und blau,
Dem wilden Mann, der sanften Frau,
Der ganzen jungen Rabenbrut!
Ihr aber, lieben Freunde bleibet gut

Eurem Wilhelm Jensen

175. MARIE JENSEN AN RAABES

Kiel 21 Dezember 1873

Dieses ist ein Nautilus,
Der bekannte Pfifficus,
Und Cumpan des Saurius
Wie des Pterodactylus,
(Etwa gut für Fidibus.)
Liebe Freunde, schönsten Gruß!
Bleibt so wie Ihr seid im Fluß!
Niemals treff' Euch ein Verdruß,
Niemals auch ein Hexenschuß
Oder Gicht an Hand und Fuß!

Knacket leicht die härtste Nuß!
Niemand schwärze Euch mit Ruß,
(Was nicht wörtlich sein just muß)!
Gleichet nie dem Tantalus,
Sondern labt Euch am Genuß,
Und besitzet stets am Schluß
Jedes Jahres noch ein +
(Was nicht „Kreuz“ bedeuten muß.)
Liebe Freunde, Gruß und Kuß!
Jenes andre ist ein Guß,
Aber dies ein Nautilus.

Wenn Ihr wüßtet, wie mir armem Schlachtopfer zu Muthe ist, Ihr würdet's mir nicht nachtragen, daß ich so lange nicht geschrieben. Ich sitze ja so tief in der Dinte und in der Farbe, in der Wolle und Baumwolle, daß meist kein Hilferuf zu Euch hindurchdringen könnte. Wilhelm wird über lebensgroß in Oel gemalt – sehr guisig natürlich; und den andern Wilhelm denke ich zur Syringenzeit gleichfalls in Oel zu malen; zu Nutz und Frommen der schönen Künste wird er die Reise von Braunschweig hieher nicht scheuen. Ich nehme an, daß Ihr „gesund und munter“ seid, denn wir sind es auch. Viel Neues wüßt' ich Euch nicht zu berichten, selbst wenn ich behaglich Zeit dazu hätte. Wir sind theilweise die Alten geblieben, machen bisweilen eine Fahrt an den Uglei, waren auch vor einigen Tagen in Hamburg. Ich lese Nachts im Bett den alten und den neuen Glauben von Strauß, komme jedes Mal in heftigen Sreit mit Wilhelm darüber; er vergöttert das Buch, ich finde es überflüssig, da es nichts wesentlich Neues enthält – er schimpft – ich schimpfe – und weinend schlafe ich ein. Lebt wohl, Ihr guten Alten. Die fröhlichsten Festtage wünscht Euch

Eure Marie.

176. ZEICHNUNG VON WILHELM RAABE

[Tannenzweig mit 4 Kerzen, von denen 3 brennen. An einem Faden hängt ein schreiendes Wickelkind; daneben ein dickes Fragezeichen. Seitlich Zweige, in denen *Nirvana* geschrieben steht. In der Ecke unten rechts ein Vogelnest mit 3 neugierig zu dem Wickelkind blickenden Vogelkindern und dem Elternpaar (Raben). Unterschrift:]

23 December 1873

177. WILHELM JENSEN AN RAABES

Kiel 26 Jan 1874.

Dr. Wilhelm Jensen
beehrt sich, in Kenntniß zu setzen, daß
„Käthchen" (Civilstandsregister Nr . . .)
mit der ihr angeborenen Präcision am Sonntag Mittag während des Zwölf-Uhr-Schlagens erschienen ist. Ob in der Leibnitz'schen besten, oder in der Schopenhauerischen schlechtesten der Welten, wird Zukunft und Zukünftiges entscheiden. Körperliche Beschaffenheit: robustest; Anmuth: etwas mangelhaft; musicalische Anlagen: pattihaft. Sie empfiehlt sich trotzdem den verehrten Mitlebenden und rechnet auf schönere Tage. Die wohlbefindliche Mutter empfiehlt sich ebenfalls und bittet um die übliche stille Theilnahme.

178. WILHELM UND BERTHA RAABE AN JENSENS

Br. 27 Januar 1874.
Abds 11 Uhr. –

Endlich! . . . . . . Euer Euch liebender WilhRaabe!

[B.R.]

Braunschweig, den 27.1.1874.

Viel Glück zum vierten Blättlein am Kleeblatt! Möge es Euch Glück und Segen ins Haus tragen und das jüngste Sprößlein, mit den drei Geschwistern innig vereint, wachsen und gedeihen zu Eurer vierfachen Lust und Freude! Wie lange hat aber das Käthchen auf sich warten lassen; wahrscheinlich hat es ihm garnicht behagt, in diesem stürmischen Winter die Nase zum warmen Nest herauszustrecken. Jetzt wird es nun aber mitsamt der Frau Mutter recht froh sein, daß dieser ereignisvolle Moment vorüber; und vielleicht geschah es zu derselben Stunde, als im Rabennest große Konversation darüber gehalten wurde, weshalb Gevatter Storch wohl so lange im Sumpf herumwühlen und suchen möge, ehe er den Kielern den rechten Fund herausfische; und wenn es wahr ist, daß, was lange währt, gut wird, so muß das Käthchen schon ganz etwas besonderes sein. – Nach Weihnachten habe ich Euch nun, um von einer Spätgeburt auf die andere zu kommen, noch immer nicht den üblichen Bedankemichbrief geschrieben. Daran ist aber Wilhelm mehr Schuld als ich; denn den seinigen, wahrscheinlich sehr wohl stilisierten ins Kuvert schiebend, sprach er: Du brauchst heute gar nicht mehr zu schreiben und gehorsam folgte das Weib dem sinnreichen Ausspruch des Mannes. Sinnreich war der Mann und praktisch war die Frau; und beide dachten wir an das kommende Käthchen. Da ich nun aber tief im Innersten die Überzeugung hege, daß Euch *eine* Epistel von mir lieber denn zwei, so verschob ich die erste, bis die zweite möglich war und bitte Euch nachträglich, mein längeres Schweigen nicht für Undankbarkeit zu nehmen, sintemal im Grunde doch eigentlich nur das Käthchen daran Schuld ist. – – – Von Eurer Weihnachtsfeier haben wir diesmal nichts gehört; ich möchte nur das eine wissen, ob Wilhelm in Oel fertig geworden ist und ob man das Porträt gelungen nennen kann.

179. WILHELM RAABE AN JENSENS

Braunschweig, 1 Februar 1874. –

Wenn Ordnung und Ruhe irgend nothdürftig wieder hergestellt sind, so bitten wir dringend jetzt um nähern Bericht. Wir wollen Alles genau wissen, und daß wir uns mit großer Lebhaftigkeit in die Situation zu setzen verstehen, wißt Ihr! Mit den besten Grüßen und Wünschen

Euer getreuer WilhRaabe

180. WILHELM UND MARIE JENSEN AN RAABES

Kiel 4 Febr. 1874.

Liebe und Erfahrene.

Es war mithin eine präcipitirte Geburt. Will sagen, eine zum

Schluß sehr rasch eingetretene. Hat wissenschaftliche Unzuträglichkeiten, wenn auch persönliche Annehmlichkeit. Magna fortuitaque sanguinis profusio. Hinzu kam ein Kind von in der That ungewöhnlicher Größe. Kurzes aber schlimmes Martyrium. Die ersten Tage Wohlbefinden, denn 5 – 6 Tage ununterbrochen Fieber mit einer Temperatur von beinah constant 40° Kein Spaß das für ein plötzlich anämisch gewordenes Menschenkind. Eigelb, Cacao, Liebig, Cap Constantia, Biersuppe. Hauptsache, gute Natur. Augenblicklich Lehnstuhl, Morgenhaube mit Rosaband, herrlichster Sonnenschein, Geibelparodie:

Das ist es, was die Menschenbrust
Läßt jegliches ertragen,
Daß sie den Schmerz und Blutverlust
vergißt nach wenig Tagen.

Und in weiteren 14 Tagen ist Alles vergessen.

Meine Lieben. Nachdem wir Euch zu Liebe dies nun wieder einmal durchgemacht haben, rechnen wir jetzt aber auch auf's *Bestimmteste* darauf, daß Ihr endlich Wort haltet und Ende Mai oder Anfang Juni Euch zur Besichtigung des Käthchens hier einfindet.

Vor Eurem Hause soll Gras wachsen, wenn Ihr es nicht thut!

Marie stillt; wir werden deshalb in diesem Sommer nicht reisen und wahrscheinlich auch nicht auf's Land geben, da wir für den nächsten Winter mit allen Kindern an den Genfer See zu gehen gedenken.

Lieber alter Schwarzfedriger. Habe auch eine präcipitirte Geburt eines Epos von 7000 Versen gehabt, grade vor der Marien's. Das Kind hat fünf Capita und schreitet abwechselnd auf vier- und fünffüßigen Fersen. Außerdem ist es nicht ungereimt. Ich hoffe, Du wirst es auch nicht so finden. Marie hat gestern Deinen versunkenen Garten begonnen. (Einfügung von Marie J.: Habe ihn schon *bevor* ich mich legte begonnen.) O Du Splanchnologe!

Mit herzlichem Gruß für Dich und Bertha

Euer Wilhelm Jensen

[M.J.]
Meine besten alten Raben!

„Seht, seine werthen Freunde muß man so wenig als möglich mit seinen eigenen Molesten molestiren“, sagt der Meister Autor; und ich will diesem klugen Manne folgen, und Euch nur von Käthchen erzählen und dem was ist, nichts von der endlich hinter uns abgesunkenen Woche. Käthchen ist eine Riesendame mit Jensenscher Nase und Augen, trinkt viel, schläft viel und schreit wenig; ich schrie viel, aß wenig und schlief gar nicht, sitze heut aber zum ersten Mal im Sessel, lese wie alle diese Tage im Meister Autor, rieche abwechselnd an Hyazinthen, Maiglöckchen und gelben Rosen, die mir Frau Groth geschickt hat, „sehe tief, lächerlich tief in die Widersinnigkeit des Lebens, das man, so zu sagen lebt, hinein –“ – freue mich aber wie ein Stint *daß* ich hier sitze, und daß Käthchen da im Wagen liegt. – Für Deinen lieben freundlichen Brief danke ich Dir vielmals, Berthchen, und muß Euch beiden nun schleunigst gute Nacht sagen, da das Kleine gerade aufwacht und zu trinken haben will. Lebt wohl.

Eure in allen Situationen getreue

Marie.

181. WILHELM RAABE AN JENSENS

Braunschweig, 15 Februar 1874

Liebe Freunde,

Magna fortuitaque sanguinis profusio, Sturmfluth und Überschwemmung von Kiel, – siebentausend Verse! . . . Wir freuen uns unendlich, daß Alles so gut abgelaufen oder vielmehr verlaufen ist! – Lieber Wilhelm, schicke uns Dein Epos; – liebe Marie, Dein heldenhafter Brief müßte von rechtswegen durch die Jahrhunderte fort und fort kopirt und in jeder Wochenstube bis zum Ende aller Dinge unter Glas und Rahmen aufgehangen werden. – Was uns anbetrifft, so sitzen wir wie gewöhnlich still und geduckt auf unserer Insel mitten im Sumpfe des Krähenfeldes und haben unser Vergnügen dran, daß heute die Sonne erst um 5 Uhr 9 Minuten untergeht, und daß eben der erste Mückenschwarm des Jahres vor unserm Fenster tanzt.

Die Bilder Euerer Kinder sind sehr niedlich und es ist sehr hübsch von dem Photographen, daß er zwischen den beiden Ältesten und dem Jüngern den gehörigen Platz für das Jüngste jetzt schon offen gehalten hat. Der Professor Binkus ist ganz Platosch. – Ach Gott, der Meister Autor war freilich keine Lichtmesse-Lectüre! – – Sagt einmal wißt Ihr gar kein Mittel, um die Leute zu bewegen, meine Bücher zu kaufen? Zwanzig Jahre lang suche ich mich nun schon durch den Reisbrei in das Schlaraffenland hinein zu fresen; – es könnte Einem zuletzt doch übel dabei werden! Anno 1854 fing ich die Chronik der Sperlingsgasse an, und jetzt schreiben wir *Vierundsiebenzig!* – – – Neues giebt es hier nicht. Es ist Messe in Braunschweig und B. bezieht dieselbe soeben, um Gardinen, Kaffetöpfe und Kinderstiefel zu kaufen. Möge es Euch gut gehen. Schreibt bald!

Euer getr. WilhRaabe

182. WILHELM RAABE AN MARIE JENSEN

Braunschweig, 4 März 1874.

War er denn recht vergnügt? . . . Uns könnt Ihr todtschlagen; nachher braucht Ihr uns denn auch nicht mehr Glück zu wünschen. – Hä?! –

183. MARIE JENSEN AN RAABE

Lieber Raabe! Ueber die Zumuthung Euch todtzuschlagen war ich gestern Abend so erschrocken, daß ich nicht einschlafen konnte. Du hast manchmal gräueliche Gedanken, und leider weiß ich sie zu würdigen, aber diesmal „verstehe ich Euch nicht, Meister." Was will dies „Hä"?! – Und was will das „nachher braucht Ihr uns auch nicht mehr Glück zu wünschen!" Was nennst *Du* denn Glück? O Räbele, trotz kleinem Aug' und großem Ohr, Du bist ein „bißle dumm" würde unsere Maina sagen. „Nachher braucht Ihr uns denn auch nicht mehr Glück zu wünschen!" Entschuldige, wenn ich mich in diesen Zeilen ein wenig wiederhole – mir brummt heut immer dasselbe im Kopf herum. Doch sind wir wohl – auch hie und da vergnügt, obgleich unaufhaltsam Gärten versinken. Adolph Glaser hat's gut – ihm bleibt doch stets der Viehweg'sche Garten. Heut früh um vier Uhr stand ich hinter den Scheiben und sah den unsrigen im Mondschein liegen; die Kathrine hatte mich zu den Kindern gerufen, welche, wie ich fürchte, alle vier Keuchhusten bekommen. Das würde eine böse Geschichte! – Bei Euch steht hoffentlich Alles gut. Ich will mich jetzt einen Augenblick auf's Sopha legen.

Leb wohl und hab Dank für Dein letzt geschicktes Buch. Als ich es zu Ende gelesen und zugeklappt, sagte ich nur „so is es!" vor mich hin. Für mich ist es ein's Deiner feinsten Bücher – „traurig aber wahr". Hast Du die neueste „Illustrirte Ztg." schon gelesen? Wilm sieht nicht mehr guisig aus! Hä?!

Mit herzlichen Grüßen an Bertha verbleibe ich

Deine treue Freundin Marie

184. WILHELM RAABE AN JENSENS

Braunschweig, 9 März 1874. –

Liebe Freunde,

hoffentlich haben Euere Kinder nicht den Keuchhusten bekommen; sollte es aber doch so sein, so sucht nur ja das Jüngste davor zu schützen, und es, wenn irgend möglich aus dem Hause zu schaffen. Den drei Andern ist der Zustand nur unbequem, aber weiter nicht schädlich. Unser Clärchen hat sich mit dieser Kranckheit ein halbes Jahr lang geschleppt, und jetzt erst scheint die letzte Spur verschwunden. –

Was das Räthsel anbetrifft, so ist die Lösung folgende. Am 15ten vor.Mon. schrieb ich von einem dumpfen, drängenden und in keiner Weise zurückzutreibenden Bedürfniß mit der Nase drauf gestoßen an Euch; – aber bei Mnemosyne, an den großen Tag dachte ich mit keinem Gedanken.

Am 4ten *dieses* Monats fuhr es mir dann ganz plötzlich durch die Seele: „Herr Jeses!" sagte ich. „Das ist was Schönes!" rief Bertha. „O Sanct Stephan, eine Postkarte!" sprach ich gefaßt und – „schlagt uns todt" etc. heißt also weiter nichts als: Vernichtet uns nur durch Euern Hohn, und das Recht dazu habt Ihr wahrlich; wenn Ihr uns dann glücklich unter dem Boden habt, braucht Ihr uns ja künftighin auch nicht mehr zu gratuliren.

Hä?! Meisterin!

Das Bildniß in der Illustrirten Zeitung ist reizend. Es hat so was Mildes, Stilles, Wohlgekämmtes, nur sollte es eigentlich in ganzer Figur sein; es fehlen unbedingt *so* ein Paar Beine

[Zeichnung von den Hinterbeinen eines Bocks]

drunter! – –

Das ist der Scherz; aber der Ernst des Anfangs bleibt doch: möge es Euch gut gehen.

Euer getr. WilhRaabe

185. WILHELM JENSEN AN RAABE

Kiel 9/3.74.

Er hat auch mich, er hat auch mich, er hat auch mich bei'm Kragen;
S'ist fürchterlich, s'ist mörderlich, ist garnicht auszusagen!
Er hat auch mich, bald links, bald rechts, vor allem bei der Nase,
Geschnupf, Gehust, Geächz, Gekrächz, Gestöhn, Geschnaub, Geblase!
Doch macht es Dir heut' noch Pläsir, hältst lachend Du den Bauch noch,
Ich gratulir', ich gratulir': Du kriegst ihn schließlich auch noch!
Nun schleppen wir ihn huckepack, Er, Sie, sie, er, sie, es:
S'ist ein Concert wie Dudelsack, Blasbalg und Katzenmeß;
Und hast zuvor Du dies Papier nicht ausgeräuchert – hapschi! –
Eh Du's gelesen – gratulir' ich Dir zu *Ihm!*

W.J.

186. WILHELM JENSEN AN RAABES

Kiel 18 April 1874.

Das ist der April, der wetterwendige
Noch unter des H . . . ? . . . „Kritik“ elendige!

Deshalb, o wilder Mann des Aprilheft's, das noch nicht in unsere Hände gerathen, möchten wir jetzt gern mit Bestimmtheit erfahren, wann wir zu Eurer mailichen Ankunft die Kinder waschen und selbst die Wäsche wechseln sollen? Das Kätchen sehnt sich unaussprechlich nach Euch und legt dies eben durch bis zu mir herausdringende Töne an den Abend. Bitte, sprich ihm das erlösende, das erste verheißende Wort in seine noch ungetrübte Kindlichkeit, und dann sei ein wilder Mann von Wort,

Denn das Leben ist kurz
Und flüchtig der Mai,
Und Anton Schurz
Wieder fort jetzt, juchhei!

Auch mein Epos ist fort in die Bärenstadt und meine „Terzinen" werden nächstens als Trichinen im Leibe Westermanns sich einkalken. Das Leben ist nicht nur „Müh' und Arbeit", wie Longfellow meint, sondern auch Vers und Prosa, und das Schnurrigste dabei, daß man immer bei dem Einen sagt, man erholt sich bei'm Andern. Just so geht es auch Kätchens enbonpointbegabter Mutter, wenn sie aus dem Kinderzimmer in die Küche und von der Schneiderei zur Gärtnerei wandelt. Mitleid mit der Armen, sie ist gestern buchstäblich gestorben und sah mit leibhaftigen Augen auf ihren . ? . zettel in der „Kieler Zeitung":

Sie nahm das Blatt und sprach: Ei je!
Und band es über ein Töpfchen Gelee

für Deinen Husten, wenn Du hier bist. Komm bald, wer weiß, ob über's Jahr unser Garten nicht versunken ist. Um die Wende des Mai, wenn die Hollunderblüthe Wälle nach Vauban'schem System bei uns baut; das ist hier die beste Zeit!

Kämst Du nicht, so soll – ich bürge –
Deinen Namen nie das Kätchen
Anders nennen je, als würge
Aus der Kehle sie ein Grätchen!

Ich umarme Euch im Geiste, um es zu Pfingsten in der Wahrheit zu wiederholen und bin mit herzlichstem Gruß der armen Defuncten und Vielfunctionärin

Euer W.J.
Epiker a.D.

187. WILHELM RAABE AN JENSENS

Braunschweig, 4 Mai 1874.

Ihr seid und bleibt die alten Heimtücker! – auf Pfingsten – auf solch' ein norddeutsches Fest der Freude Einen nach diesem angeschwemmten hyperboräischen Torfzipfel zur Holunderblüthe einzuladen; – es ist *zu* großartig! – Aber ich habe auch bis in den Mai, diesen himmlischen norddeutschen Mai hinein gewartet, um Euch die richtige Antwort zu geben.

Schneit es etwa bei Euch nicht? O Ihr Sünder, Ihr Sünder, Ihr Sünder!

Nach Harzburg sollt Ihr kommen – und im Juli – zum Donnerwetter

Euer WilhRaabe

188. WILHELM JENSEN AN RAABE

Kiel, am Todestage Napoleons I
und „Geburts" Eugeniens 1874.

Was heißt das nun?
Was wirst Du thun?
Kommst Du als Freund und Mensch
Im Schmucke des Pfingstrocks?
Oder bleibst Du widerspän'sch
Wie ein Pfingstochs?
Thät'st Du das Letztere, wahrlich
Wärst Du kein Mensch und kein Freund,
Nicht werth, daß unter'm spärlichen Haar Dich
Die Sonne noch bräunt!
Klar gieb Antwort, wann
Wir den wilden Mann
Unter Hollunderblüthen im Garten
Zum Frühstück erwarten!
Du Schlimmer,
(Um nicht zu sagen Du Schl . . . . . .)
Bekommst das reizendste Zimmer,
Voll Sonnengeringel,

Voll Rosenknospen und Himmelsblau,
Blüh'nde Linde davor –
Du Thor!
Sag Deiner Frau,
Deiner Frau Bertha sag',
Es sei eine Schmach!
Sie sollt' Dir die Suppe versalzen,
Sie sollt' Dir die Spätzle verschmalzen,
Sie sollt' Dir die Krapfen
zu Steinen klopfen
Und Dir mit dem Zapfen
das Bierfaß verstopfen!
Schmalz, Salz und Malz,
Hollunder und Hopfen,
Sei an Dir verloren,
Zu Braunschweig verdorben –
Du sei'st für uns gestorben,
Sei'st nie für uns geboren,
Wenn nicht Du Deine Huckebeine
Aufhöbst zum Kieler Fjord zu ziehn!
Von Meiner grüße nun die Deine,
Und komm! – *Du mußt, mein Agostin!*

Dein W. J.

189. WILHELM RAABE AN JENSENS

Braunschweig, 17 Mai 1874. –

Liebe Freunde, hoffentlich habt Ihr für uns das gemästete Pfingstkalb noch nicht eingestellt; – der letzten poetischen Epistel zu Folge wäret Ihr dazu im Stande gewesen. So ziemlich den ganzen April durch habe ich an Gesichtsschmerzen gelitten, und jetzt – seit acht Tagen – so viel Wind auch in der Welt wehen mag, *ich* habe wenig Pläsir davon, – ich keuche bei Tage nach Luft und sitze bei Nacht aufrecht und schlucke Salpeterdämpfe! Kämen wir jetzt nach Kiel, so würdet Ihr nur den Jammer von

1870 wieder einmal zu verpflegen haben, und um Euch *das* Elend anzuthun, bin ich doch zu sehr Euer Freund.

Als ich Euch zuletzt schrieb, schneite es lustig in Braunschweig und gestern hatten wir das nichtswürdigste Eis auf den Gossen: ist der Kieler „Fjord“ wircklich noch nicht zugefroren?

Nun möchten wir genau Euer Sommerprogramm kennen; denn die Hoffnung, einander zu Gesicht zu kriegen, wollen wir unsererseits noch nicht aufgeben. Während der Ferien im Juli möchten wir Gretchen gern in ein Soolbad bringen.

Haltet Euern Garten nur noch für's Erste „unversunken“; – Ihr könnt es uns glauben, wir sähen ihn sehr gern und Euch drin. – Neulich kam von Lübeck, Schunck bestempelt, mein wilder Mann zurück. Wie hängt denn das zusammen? waret Ihr dort und habt ihn, um Euch die gute Laune durch ihn nicht verderben zu lassen, aus dem Hause geworfen, oder habt Ihr den Oberst Agonista nur via Lübeck von Kiel aus nach Braunschweig gesendet?

Unsere Kinder sind unberufen wohl; Euere hoffentlich auch.

Nirvana lese ich noch immer regelmäßig alle Sonnabend in Hallberger's Zeitung; aber das Werck hätte doch gleich als Buch erscheinen müssen. Es wird allgemach immer schwieriger den Faden zu behalten, und ich bin überzeugt, der größte Theil des Publikum's hat ihn schon verloren; – ein Vorwurf ist das nicht!

Nun nehme Euch und Euer Haus der Herr in seine Hände; ich bleibe was ich Anno 1866 wurde

Euer getreuer WilhRaabe

190. WILHELM UND MARIE JENSEN AN RAABES

Kiel 18. März, pardon Mai 1874.

Lieber Thesaurus eruditionis!

Ich hege das Zutrauen zu Euch, daß Ihr vermöge Eurer angeborenen Klugheit wißt, daß eine nahrhafte Mutter selbst nicht einmal der Lenau'schen Vorschrift Folge zu leisten im Stande ist, sich so weit „ins Land zu entfernen, als man blühend in der Hand kann die Rose tragen". Ingleichen baue ich so sehr auf die noch nicht athrophirende Güte Eures Gedächtnisses, daß Ihr Euch zu entsinnen vermögen werdet, wie wir zwei Sommer lang' die Karnickel gewesen, die Euch in Eurem Bau aufgespürt – wonach ich das Conclusum ergehen lasse: Tertium non datur, d. h. in diesem Falle: Wenn wircklich Euer Verlangen – an unseren Lippen zu hangen – aufrichtig, stark und groß ist – und Redensart nicht bloß ist – ist's diesmal Eure Sache – Euch auf die Beine zu mache – ultra posse nemo obligatur – und ich sagte schon, tertium non datur.

Im übrigen schneit, schloßt, eist und eselt sich auch bei uns der Mai, nur leider nicht unverfroren, weiter, und ich sehe ein, daß ich allerdings betreffs der etwas ausgedehnten Bläschen Deines Lungenparemphym's keine Pfingstgarantie übernehmen kann. Aber Emanuel, den Gott zu prophetischen Äußerungen begnadet, sagt: „Es muß doch Frühling werden!" Und sobald sich dies Dichterwort ihm und uns allen zum Trost wieder einmal bewährt und wir nicht mehr an der deutschen Sonne und deutschen Lyrik verzagen, erwarten wir Euch per Expreßzug, sei's nun im Juni, Juli, September, oder Du bist nicht nur ein Keuchler, sondern noch mehr ein Heuchler! Den August habe ich in obiger Enumeration ausgelassen, weil wir am ersten desselben für den ganzen Monatsverlauf mit allen Kindern nach Schwartau, einem Waldort drei Viertelstunden von Lübeck gehen, wo wir drei Zimmer gemiethet haben und Geibels Pilzen „gegen Rom" auf die Spur zu kommen suchen wollen. A propos, findest Du es nicht recht geschmackvoll, daß der Name Deines unterzeichneten Collegen unter der Rubrik der genannten römischen Pilze nicht mitfigurirt? Es giebt ab und zu doch gute Ahnungen oder ein Witterungsvermögen geistiger Nasen, das noch rechtzeitig Unrath spürt.

Schunck war vor acht Tagen etwa bei uns zum Besuch, nahm den „wilden Mann" zum Lesen mit nach Lübeck, und da ich mittlerweile das Monatsheft selbst erhalten, beauftragte ich ihn, Dir die Blätter direct wieder zurückzuschicken. Dein Agostin ist eigentlich eine heillose Canaille, ein Schuft sui generis, und die Verrücktheit des Ganzen ungefähr der meiner „Sanhita" ebenbürtig, die hier keiner Maus, Marie eingeschlossen, zusagt. Sie schimpfen alle; laß mich gelegentlich doch hören, ob das Ding Dir auch so mißfällt.

Weißt Du, welche niedersächsische Uebersetzung für „Nirvana" bei uns im Schwange ist!

„Schi – t!"

Mein Epos habe ich an Otto Janke verhandelt, der vor vierzehn Tagen hier war, wie ein Krebs seine Scheeren bald von hinten und bald von der Seite streckte, calculirte, speculirte und diplomatisirte und uns einen Tag lang ennyirte. –

Am 13ten Mittags waren wir neun Jahre lang verheirathet. Wir aßen dem zum Gedächtniß eine Rehkeule, tranken Burgunder – und es nahm mich Wunder – wie die Zeit gegangen – und wie doch die Wangen – der fünffachen Mutter noch ebenso frisch – wie damals als Braut am Hochzeitstisch – Wir tranken auch auf das Kätchen – das rundbeinige Mädchen – wünschten uns und allen Guten Heil – daran Ihr hattet auch Euer Theil. –

Herzlichsten Gruß für Euch beide

Euer Wilhelm Jensen

[M.J.]

Liebste Freunde!

Also mit der Wärme kommt Ihr zu uns; das ist ausgemacht! Und wir werden schreien, wenn die wind- und wolkenlose Zeit da ist. Kaum weiß ich, in welcher „Vase" des Gartens ich Euch am liebsten drin sähe! Ob unter Jasmin, Goldregen, Rothdorn und Hollunderblüthe, oder, was auch nicht zu verachten, zur jungen Gemüse und Erdbeerenzeit, oder – das ist freilich noch lange hin – zu den Asträen, zum 8 September und zum Aepfel knitteln. Ich glaube das Nächste bleibt doch das Beste – kommt unter die Hollunderblüthe! Heute war es recht warm im Garten. Ich suchte mir Maiglöckchen und gedachte des Hasenberges. Die Kathrine fängt jetzt an plattdütsk zu sprechen, und findet, daß rothe Grütze „schön" schmeckt. Den Kindern geht es gut – Ihr werdet keines von ihnen wiedererkennen, so sind sie in die Höh' geschossen. Und wenn Ihr kommt, geht es vortrefflich

Eurer Marie

Dank für die „Fäderzeichnung". Wenn Ihr kommt und Geduld zum „Sitzen" mitbringt, male ich Euch!

Addio carissimi amici

191. MARIE JENSEN AN RAABES

Kiel 5 Juni 1874.

Und wollt Ihr kommen zur schönsten Zeit,
So machet Euch schleunig zur Fahrt bereit.
Es segeln die weißen Schmetterlinge
Nun über den Wellen der lichten Syringe;
Der weiße Dorn steht überschneit,
Der rothe prangt im Purpurkleid,
Schneeballen werfen sich in's Blau,
Es ist ein Blitzen im Morgenthau,
Ein Ueberwölben auf allen Wegen,
Und Ueberströmen von goldnem Regen;
Die Eschenlaube zum Rasen hernieder
Sich biegend, sie harrt auf Dein Raabengefieder;
Es harret darunter der Ankunftsfeier
Wie einst noch die Lampe mit röthlichem Schleier –
Und wollt Ihr kommen zur schönsten Zeit,
Sind Himmel und Heimath und Herz Euch bereit.

192. WILHELM RAABE AN JENSENS

Hollunderbluth-Transfusion vollständig gelungen! Ganz neue Frühlingsgefühle! Der Himmel segne Euch in Haus und Garten.

Euer Wilh Raabe

Br. 6 Juni, Mittags – 1874 –

[Darunter Zeichnung eines Wiesenhangs mit Kräutern und Blumen]

193. WILHELM RAABE AN JENSENS

Harzburg, Nordhäuser Straße 61.
10 Juli 1874. –

Liebe Freunde,

mir schwanet; ja, es ist mehr als eine Schwanung, daß Marie den Kometen rechts vom großen Bären am Himmel angesteckt habe; und ich weiß recht gut, was sie damit sagen will.

Es war uns aber vollständig unmöglich, im Juni nach Kiel zu kommen. B. saß jede Nacht bis 3 Uhr an ihrer Nähmaschine; und ich über einem Opus, von dem Ihr demnächst in Westermann's Monatsheften das Weitere erfahren werdet. Jetzt müssen wir nun Gretchen wieder in's Soolbad stecken; sie hat die letzten Monate durch fast immer an einer wenn auch nicht gefährlichen so doch sehr beschwerlichen Augenkrankheit (fortwährend Bläschen und Pusteln im Weißen des Auges) gelitten. Das Kind macht uns viele Sorgen. –

Wo seid *Ihr* nun?

Sitzt Ihr noch in Kiel, oder habt Ihr Euch bereits nach Schwartau hin aufgehoben? Wir sind einmal an jenen Wäldern vorbeigefahren, um in Travemünde die Sonne untergehen zu sehen und gratuliren Euch dazu – nämlich zu den Wäldern und ihrem Schatten.

Übrigens wird's ein prachtvoller Kometensommer. Wir steigen Tag für Tag in den Bergen herum und hoffen bis Mitte August uns in ihnen zu halten. Kaiser Heinrich der Vierte empfiehlt sich Euch herzlichst. Er ist dieses Jahr nicht nach Canossa gegangen, sondern ruhig daheim geblieben und läßt sich von der Nixe der Radau „was haushalten". Die Nixe grüßt auch und deßgleichen der Wirth von Ludwigslust. Weiteres später, liebe Leute.

[Zeichnung: ein Falke oder Rabe erhebt sich von einer Faust in die Lüfte.]

194. WILHELM JENSEN AN RAABE

Wir sitzen hier in Freud' und Harm,
Marie mit halbgebrochenem Arm.
Eis in der Luft, der Himmel grau,

Wir sitzen an der schwarzen Au;
Wir wandern durch Wald und Feld und Wiese,
Der Himmel nur fehlt zum Paradiese.
Ich suche tagüber Gedanken und Reim
Und komme beladen mit Champignons heim,
Und wie die Wiese den Champignon,
Beherbergt uns ein Tanzsalon.
Es ist hier schöner als Worte sagen:
Vorzügliche Küche sorgt für den Magen,
Vortrefflicher Keller für den Trunk,
Für den Geist sorgen Geibel und Heinrich Schunck.
Allabendlich betritt unsre Schwell'
Zur selben Stunde Emanuel.
Wir schreiten zusammen durch grüne Weiten,
Bereden, befehden, bemängeln, bestreiten;
Wir wägen und fegen mit kritischen Besen –
Er will den Hungerpastor jetzt lesen;
Doch meint er, Du sei'st ihm zu düster – wenn's schicklich
Es wieder zu sagen – zu unerquicklich.
Er hält noch das Leben, wofür wir zwei Alten
Es auch noch in unserer Jugend gehalten.
Da giebt's denn zu rechten gar Mancherlei,
Und so schwinden die Tage, die Wochen vorbei.
Marie malt Blumen, Eriken, Nymphäen,
In Wasser und Haide nichts Schön'res zu sehen;
Die Kinder sind fröhlich, das Kätchen gedeiht,
Ein Mädchen, das selbst bei'm Zahnen nicht schreit.
Doch in acht Tagen, da kehren wir heim
Zu Aepfeln und Birnen und Honigseim,
Zu Haus und Hof, zu Scheune und Garten,
Wo wir Dich am 8ten September erwarten,
Drum, daß Du kommst, schreib' auf der Stell',
Sub: „Schwartau, bei Lübeck, Geertz Hotel".
Nun grüße Du Bertha, Dich grüßt Marie,
Und baldige Begrüßung hofft Dein W. J.

195. WILHELM RAABE AN JENSEN

Brauschweig, 15 Aug. 1874. –

Gestern Eure Postkarten in Harzburg mitten in der Koffer-Packerei erhalten. Eben hier in Br. angelangt. Glaser; – die „Terzinen“ in Setzers Händen. Zu allem Übrigen noch unfähig.

W.R.

196. WILHELM RAABE AN JENSENS

[Auf der Rückseite eines Briefes von Emilie Raabe an W.Raabe. Emilie schreibt:]

Wolfenbüttel d. 30sten Aug.1874.

Lieber Wilhelm!

Es thut mir leid, daß ich Dich bitten muß, lieber Deinen Besuch bis Ende der Woche zu verschieben. Die Mutter ist recht schwach u der Dr. sagt vor jeder Aufregung müßte sie bewahrt werden, daß kein Rückfall käme; wenn Du kommst, so ist dieß freilich eine freudige Aufregung, aber immerhin doch eine Aufregung. Sie bekommt jetzt etwas sehr guten Wein, der ihr anscheinend bekömmt, die Schmerzen haben seit gestern unberufen etwas nachgelassen. Seit Du da warst, ist Niemand außer dem Dr. u mir bei ihr gewesen. Kämest Du jetzt, so hätte sie eben nichts von Dir, deßhalb komme erst Ende der Woche. Die Mutter läßt Dich u die Deinen recht herzlich grüßen wie Euch alle auch grüßt

Deine Emilie

[W.R.]

Liebe Freunde,

seit drei Wochen liegt meine Mutter an einem heftigen Anfall ihres Leberleidens schwer krank, und jetzt ist ein gastrisches Fieber dazu getreten. Meiner Schwester Geburtstag ist am 6ten dieses Monats; aber wir sind augenblicklich nicht im Stande dergleichen Tage zu feiern, und zu einer Reise zu Euch habe ich unter diesen Umständen auch keine Ruhe. Marie wird's wissen, wie Einem in solchen Tagen zu Muthe ist!

Eben war mein Bruder aus Blankenburg auf einige Stunden da; auch er hat der Kranken nicht nahe kommen dürfen.

Ich schreibe zum Achten noch, und erwarte von Euch einen Brief; aber, bitte, *nichts weiter* dießmal. –

Hoffentlich seid Ihr Alle von Schwartau gesund und vergnügt heim gekommen!

Euer getr. WilhRaabe

197. WILHELM UND MARIE JENSEN AN RAABE

Kiel 7 Sept. 1874.

Lieber Freund.

Wir werden uns somit auf dieser muthmaßlich besten Welt nicht wiedersehen, denn ich bin fest entschlossen

Des Himmels Spott und Geißel,
Der Wolken Druck, des Sturmes Mißhandlungen,
Verdorbener Picknicks Pein, des Lichtes Aufschub,
Die Ueberfluth der Wasser und den Frost,
Der klappernd mein Gebein am Tisch vereist,
nicht mehr zu ertragen. Denn wer erträgt's,
Wenn er sich selbst den Ofen setzen kann
Aus einem Oxhoft Grog?

Gleich den Männern im feurigen Ofen werde ich mich mithin in angedeuteter Weise meiner Zeit voranschreitend entschlossener, von Innen nach Außen vordringender Selbstverbrennung anheimgeben, und sollte späte Reue Dich etwa an Deinem nächsten Geburtstage hieher treiben, so wirst Du im ausgebrannten Innern des concremirten Verfassers der angeschlossenen „Insel“ als Crême nur mehr die Asche meiner Liebe zu Dir finden. –

O Raabe, mein Hirn ist bereits ausgebrannt in fünfwöchentlichem Nichtsthun. Schwartau's Pilze haben es durchwuchert, und meine Gedanken sind nicht mehr unauflöslich mit der Trinität Gott, Geist und Unsterblichkeit verschwistert, sondern nur mit der Dreischwammigkeit Champignon, Steinpilz und Pfifferling.

Ich selbst bin ein ausgepreßter Schwamm, hohl, zerfressen von Müßiggang, stinkend von Faulheit, „durchritten“ vom Wurm des Gewissens. Aber ich segne Deinen 43ten Geburtstag. Oder ist es der 44te? Auch dann segne ich ihn, aber minder.

Und mit mir thut's Emanuel. Er hat Deinen „Hungerpastor" gelesen, seinen Fez abgezogen und feierlich alle Schandbarkeiten, die er zuvor über die Titel Deiner Bücher ausgestoßen, revocirt und deprecirt. Das sei ein „schönes" Buch, hat er gesagt, und ich antwortete ihm darauf, das sei keine Novität, sondern höchstens Naivetät von seiner Seite, es dafür zu halten. Zum Dank verehrt er Dir zum Geburtstag folgendes Colportage-Räthsel:

„Wer waren im Jahre 1870 die drei krankesten Leute in Europa? Antwort: König Wilhelm, denn er hat immer eingenommen. Louis Napoleon, denn er hat immer übergeben. Und Pius IX., denn er hat immer auf dem (Papst-)Stuhl gesessen und gesagt: „Non possumus."

Aus Geibels Munde, qui semper ipse non potest, gewinnt die Historie ihr eigentliches Relief. Du aber freue Dich, daß er Dir diese Geschichte und nicht seine Attentatsode auf Bismarck und den Musagetes statt dessen schickt. Vor diesem Attentat habe ich den Frieden Deines Geburtstages bewahrt.

Doch nun – wenn Deine Mutter sich, hoffentlich bald, in der Besserung befindet, dann kommst Du doch noch zu uns, nicht wahr? Wer weiß denn, wie lang' wir die Sonne Homers noch zusammen sehn, und was nützen uns die Augen, die dies komische Geschäft noch einige Millionen Jahre nach uns fortsetzen?

Mit freundlichstem Gruß an Bertha

Dein Wilhelm Jensen

[M.J.]

Lieber William!

Es ist kummervoll daß wir wieder ohne Dich den achten vorüberlassen müssen! Und ich habe doch die feste Hoffnung, daß es schon jetzt Deiner Mutter besser geht. Laß es uns bald wissen! Wir geben den Gedanken noch in diesem Monat mit Dir am warmen Ofen zu sitzen, nicht auf. Und weht es draußen noch so toll – wir hüten Dich vor Husten. Bei Euch wird's auch nicht wärmer sein als hier. Wilm friert im Winterrock, nur Dein Gedächtniß wärmt ihn noch und – Grog. Drum komm – „die goldnen Tage brechen an, und ehe sie verfließen, wir wollen sie mit Dir, mein Freund, genießen – ja genießen!"

Mit der Insel haben wir Dir ein erbärmliches Zipfelchen von dem Sommer geschickt, den wir in Schwartau verlebt. Er war schön; und wir wollen Dir noch viel davon erzählen. Es war ein Aufenthalt ähnlich dem Glücksburger, nur daß ich in Schwartau statt des Beines den Arm gebrochen habe. Wir telegraphirten unsern Kieler Arzt herbei, welcher den Arm in eine Schiene packte; und so trug ich ihn 14 Tage lang still in der Binde herum; dann war alles wieder heil. Das Käterle hat zwei Zähne, und ist sehr lieb und nett. Die andern großen Rangen wirst Du nicht wiedererkennen. Mich auch vielleicht nicht – ich werde 29 Jahr. Zu unserm Geburtstage weiß ich nachgerade nicht mehr viel zu sagen – es ist Alles schon dagewesen. Möge auch er sich noch oft wiederholen. Die Erde wird freilich für uns hier oben fühlbar kälter, was Wilhelm zu folgendem Epigramm begeisterte:

Elf Monate heizend;
Einen schwitzend versitzend –
Reizend!

Leb wohl. Grüße Bertha, und schreibe uns bald daß es Deiner Mutter besser geht. Mit schönstem Geburtstagsgruß

Deine getreue Marie

198. WILHELM RAABE AN MARIE JENSEN

Braunschweig, 7 Sept. 1874.

Wir schicken Euch zu morgen die schönsten Grüße und Glückwünsche, Frau Marie. Es wäre doch nicht übel gewesen, wenn wir uns im Frühjahr gen Norden erhoben hätten! Damals aber saß ich und schrieb am „Eulenpfingsten"; und das Schicksal hält mich nun bei dem Titel gepackt. –

Meine Mutter liegt noch immer still hin. Sie ist jetzt im 68sten Jahre. –

Laß es Dir morgen wohl sein, mein guter Kamerad!

Dein getreuer Geburtstagsgenosse

WilhRaabe

199. WILHELM RAABE AN JENSENS

Braunschweig, 2 October 1874. –

Liebe Freunde,
der September ist hingegangen, ohne daß ich Euch für Euere schöne Sendung und Euere Briefe meinen Dank abgestattet habe. Die Verpackung war natürlich wieder liederlich; die Cigarrenkiste kam eingedrückt an, der alte Baumstamm aber doch unverletzt und die Insel im allerbesten Zustande. Habt Ihr den faulen Stamm mit dem draus hervor wachsenden Strauß als Symbolum des Gedichts geschickt?

O Wilhelm Jensen, was für schöne Verse kannst Du machen! ... Ich wollte ich könnte es auch, und das habe ich Dir schon hundertmal gesagt. Nur den Anfang des Gedichts mußt Du bei einer neuen Auflage ändern; er gleicht zu sehr dem der Byron'schen Insel. –

Ist das wirklich wahr, daß Marie in Schwartau den Arm gebrochen hat? Wahrlich, Ihr dürft dann nicht wieder in die Sommerfrische, denn was will sie das nächste Mal dran wagen? Es bleibt kaum etwas anderes übrig als das Genick! –

Ich bitte, Herrn Emanuel meinen gehorsamsten Dank für seine Lectüre des Hungerpastors und seine Anecdote abzustatten. Letztere freilich war mir, wenn auch in einer etwas anderen Fassung schon seit dem Jahre 1859 bekannt und lautet da: Weshalb können die italiänischen Fürsten nicht zu Stuhle kommen? Antwort: Weil Napoleon auf dem P. sitzt. – Bertha hatte auf den gestrigen Tag ein neues Mädchen gemiethet; aber am Tage vorher verbreiteten sich stinkende Gerüchte, und, siehe da, die Person war schwanger. – Nun putzen wir augenblicklich unsere Stiefeln selber; ich schäle Kartoffeln, B. kocht sie, und so leben wir in Arkadien. –

Liebe Freunde, es soll Euch gut gehen; – mir geht es trotz diesem lustigen Briefe nicht gut, und das ist auch der Grund, weßhalb ich Euch so lange nicht schrieb. Meine Mutter befindet sich noch in demselben Zustande, hat sich aber jetzt durchgelegen und ist *sehr kranck;* das Gallenbrechen dauert fort, das Fieber auch und sie genießt nichts, als dann und wann einen Löffel des Nestle'schen Kindermehls.

So geht der Mensch zu Ende, – u.s.w. Laßt bald von Euch hören, Ihr thut mir einen Gefallen!

Euer getreuer WilhRaabe

200. WILHELM RAABE AN JENSENS

Braunschweig, 1 November 1874

Liebe Freunde,

Heute Morgen 3 1/2 Uhr ist meine Mutter nach eilfwöchentlichem Kranckenlager und einem Todeskampfe, der über acht Tage währte, sanft eingeschlafen.

Euer getreuer WilhRaabe

201. WILHELM UND MARIE JENSEN AN RAABE

Kiel 4 November 74.

Lieber Raabe!

Seit lange schon hatte ich Euch täglich schreiben wollen, aber die stets Zeitlose brachte es nicht so weit, trotzdem ihre Gedanken so oft den Weg in die Salzdahlumerstraße fanden. Dein letzter Brief war uns ein trauriger Novembergruß. Lieber armer Raabe. Ich weiß wie das thut, und weiß wie es bleibt, bei einem nach gewisser Richtung hin allzu stark ausgebildeten Gedächtnisse. Bleib uns nur gut, bleib unser alter Raabe, dem wir jetzt so gern einmal mit der Hand über die Federn streichen möchten! Für heute leb wohl; wir schreiben bald wieder. Grüße Bertha herzlich vor mir.

Dein getreuer Kamerad Marie.

[W.J.]

Kiel, 4 Nov. 1874.

Lieber Freund.

Du wirst nicht erwarten, daß ich viel Tröstliches sage, denn es hilft Dir nichts und ist Alles was gesagt zu werden pflegt nicht wahr. Eins vielleicht macht eine Ausnahme, daß es in der Dinge Nothwendigkeit liegt, daß die Eltern vor den Kindern sterben, wenn der Letzteren Lebenslauf es zu dem bringt, wofür er angelegt worden. Andere haben uns großgezogen, wir ziehen wieder Andere groß. Der König stirbt nicht; ob auch seine Krone oftmals von zweifelhaftem Metall scheinen mag, ist's an uns, ihre Lust und Unlust, Freude und Sorge um die Nachkommenden fortzutragen.

Ich habe nicht eher geschrieben, bis es bei Euch vorüber, die letzte herbe Seite des Buches ausgelesen sei. Nun bist Du heimgekommen von dem Kirchhof, wo wir einstmals Lessings Grab vergeblich gesucht, und der Novemberwind treibt die Abendwolken vor Deinem Fenster noch anders als sonst. Woher, wohin, wozu? Auch vergeblich. Es wird wieder Sommer werden, und wenn wir ihn erleben, wollen wir uns der Sonne zusammen freuen. Sonst thun es die, welche nach uns bleiben. Gottlob, trotz Schopenhauer und allen Wolken des Erdballs, auch *der* König stirbt nicht.

Herzlichen Gruß für Euch Beide.

Dein getreuer Wilhelm Jensen

202. WILHELM RAABE AN JENSENS

Braunschweig, 18 November 1874. –

Liebe Freunde,
am Vierten dieses Monats haben wir meine Mutter zu Wolfenbüttel begraben, und es ist Schade, daß Ihr sie nicht gekannt habt. Ihr seid nur ein Mal mit ihr zusammen gewesen und zwar am 8 Septemb. 1872. – Damals holten wir sie vom Bahnhofe, und Ihr ginget am folgenden Tage nach Italien. –

Ich habe unendlich viel verloren, denn ich habe geistig ununterbrochen mit ihr gelebt, und was ich gethan habe, habe ich für sie gethan. Sie war ein Sonntagskind im vollen ganzen Sinn des Wortes; zart und feinfühlig und – vornehm, wie *wir* das Wort verstehen. Es war merkwürdig und für mich ein freudiges Wunder, wie alltäglich in Gesellschaften alle übrigen Frauenzimmer gegen diese alte Frau erschienen; und sie ist jung geblieben bis zum Ende ihrem Alter zum Trotz.

Im Herbste 1866 war sie in Stuttgart bei uns, und da dencke ich immer an ein Wort der Frau Alwine Müller: „Raabe, was haben Sie für eine schöne Mutter! wie kommen *Sie* dazu, eine so schöne Mutter zu haben?" So war es.

Mit dem Schopenhauer hätte mir aber Freund Wilhelm vom Leibe bleiben sollen: denselbigen hat mir auch der Schwager meiner Frau, lutherischer Pastor zu Boffzen an der Weser auf der Stelle vormarschiren lassen. Daß die Vögel im nächsten Frühjahr wieder singen werden, weiß ich, und daß das Anderen Spaß machen wird, wenn wir es gleichgültig geschehen lassen, weiß ich auch. Für *W.J.* beweist der Schluß seines Trostwortes nur, daß er seine Weltanschauung noch sehr viel auf die laufende Litteratur basirt. Wie der „liebe Gott" ist die Philosophie des Frankfurter Schutzbürger's freilich novellistisch sehr verwendbar und angenehm.

Leider war es mir vor zwanzig Jahren, als man von Schopenhauer noch nichts wußte, bitterster Ernst, als ich meine schriftstellerische Thätigkeit mit den Worten anfing: „Es ist eigentlich eine böse Zeit! Das Lachen ist theuer geworden in der Welt; Stirnrunzeln und Seufzer gar wohlfeil!" Der Schüdderump ist *mein* Buch und nicht etwa eine Folge der Lectüre von der „Welt als Wille und Vorstellung" oder gar der „Lichtstrahlen" des Doctor's Frauenstädt. –

Liebe Freunde bleibt mir gut; es ist wahrhaftig auch mein Wunsch, daß wir uns der Sonne *zusammen* freuen!

Euer WilhRaabe

203. MARIE JENSEN AN RAABE

Kiel 17 Dezember 1874.

Lieber Raabe!

Längst wollte ich Dir einen „langen Brief" als Antwort auf den Deinigen schreiben, aber wo sollte und soll ich die Zeit hernehmen! Die Kinder, der Nähkorb, der Farbentopf, und der ganze große Haushalt absorbiren mich in fast aufreibender Weise.

Unsere Tage haben einen krankhaft raschen Puls, und ich kann mich oft nicht mehr auf mich selber besinnen. Wo sind die Zeiten hin, in denen man Tagebuch schrieb, viel zu denken und nichts zu thun hatte! Mit 16 Jahren las ich Hegel mit „großem Interesse“; heute mag ich von Schopenhauer nichts mehr hören. Ja, tempora mutantur et nos mutamur in illis! Ein Kinderlachen ist mir lieber als der ganze Krempel. Wenn man Kummer hat, nützt er einem nichts; wenn man im Glück steckt, will man ihn nicht, und in meine gemüthliche Durchschnittsstimmung paßt er mir erst recht nicht. „Das Frauenzimmer schwatzt“ – wirst Du denken. Sei's!

Wir bekommen dies Jahr einen wunderschönen Schneewinter. Sahst Du auch etwas von den glänzenden Tagen und Nächten, die wir beim letzten Mondschein hatten? Wilm ließ oft am Abend Braten, Sprott und Theepunsch stehen, um entzückt mit mir in den schimmernden Garten zu eilen. Solche Beleuchtung frappirt, wenn man die Welt wochen- und mondelang nur im dicksten Nebel gesehen hat. –

Dein letzter Brief liegt mir noch immer sehr im Sinn. Wie manches Mal habe ich Dir damals in Stuttgart gesagt, daß mir Deine Mutter, die wir schon 1866 kennen lernten, so schön und vornehm erschienen sei; Du hast es vergessen. Dagegen ist Dir das alberne Wort der Frau Müller: „Wie kommen *Sie* dazu eine so schöne Mutter zu haben“, im Gedächtniß geblieben. Guter, dummer Raabe! Was hätte Deine Mutter wohl dazu gesagt? *Die* wußte, wie *gerade Du* dazu kamst, und ich weiß es auch. Und ich wollte, ich wäre dabei gewesen, als die Müller den Unsinn geschwatzt! Was machen Eure Kinder? Thea geht seit dem Herbst zur Schule, liest, strickt und hat ein paar dicke Zöpfe, die ihr bis an den Gürtel hängen. Das Käterle habe ich vor einigen Wochen entwöhnt, es ist ein rundes, ewig vergnügtes Kind mit feinem Gesicht. Dagegen ist aber die Maina ein Dickkopf und arger Schlingel. Man sagt, sie sähe ihrer Mama sehr ähnlich. Paul hat vieles vom Väterchen; vor allem die Statur und Lust zu schnabuliren. Wir möchten ihn gerne zu einem „bedeutenden Maler" heranbilden. Er vermalt täglich einige Pinsel auf großen Massen Papier; Vergißmeinnicht, Störche, Mäuse, Katzen, Eidechsen werden mit Vorliebe behandelt. Und nun genug des Gequadders. Grüß Bertha; und denk manchmal an uns. Dein Eulenpfingsten gefällt sehr

Eurer Marie.

204. WILHELM RAABE AN MARIE JENSEN

Braunschweig 23 Decemb. 1874.

Liebe Marie,

Du bist und bleibst eine brave Frau und sollst Deinem Jugendfreund Fr.W. Hegel zum Trotz Weihnachten vergnügt feiern mit Thea, dem Professor Binkus, dem Kätherle und der kleinen Mainotin, – den Verfasser von „Mitten im Kamin" ja nicht zu vergessen! Was ich in meinem vorigen Briefe geschrieben habe, weiß ich nicht mehr; Du hast ganz Recht; es ging dumm zu in meinem Kopfe, und es ist mir immer noch, als habe ich einen großen schwarzen Sack mit allem vollzustopfen, was mir in die Hände geräth.

Zu Athem bin ich jedenfalls noch nicht gekommen: – nach dem Tode die Kranckheit! Zuerst bekam Liesbeth Ende November die Masern und in voriger Woche sind sie bei Clärchen ausgebrochen; wenn auch nicht schlimm, doch so, daß wir den Weihnachtsbaum nicht am rechten Tage anzünden können. Lest deßhalb diesen Brief nicht in Euerer Kinderstube! –

Nel mezzo del cammin habe ich übrigens mit dem *allergrößestem* Vergnügen genossen. *Das* ist dem Wilhelm J. einmal wieder trefflich gelungen und steht hoch – sehr hoch über der „Insel". Und weil es gut ist, hatte er's natürlich auf seine Kosten drucken zu lassen! –

Heute Nachmittag kommt meine arme Schwester, um die „Festzeit" bei uns zu zu bringen. Die sitzt nun allein als alte vierzigjährige Jungfer in Wolfenbüttel, hat aber dafür auch nicht nöthig, Novellen zu schreiben für Janke, Hallberger und Westermann.

Mondschein und Schnee habt Ihr gehabt in Kiel? Wir haben vom erstern nichts gesehen und den letztern erst vorgestern bekommen. Es schneit immer noch, und es ist wircklich ein fröhliches Weihnachtswetter. Auch mit der Ausrottung der Menschheit auf trocknem Wege scheint's dießmal noch nichts werden zu wollen! Wir grüßen Euch zwischen Korrecturen, Kinderwarten und Kuchenbacken!

Euer WilhRaabe

205. WILHELM RAABE AN JENSENS

Braunschweig, 8 Januar 1875.

Liebe Freunde,
wir haben uns jetzt nun schon so oft für Euere wundervollen Sendungen bedanckt, daß Euch das allmählich ganz langweilig werden muß. Dießmal aber hat Marie sich selber übertroffen; *so* hatten wir uns ihr Talent nicht vorgestellt: wir sind *überrascht*, und auf alle Fälle kenne ich Einen, der beschämt den Pinsel sincken läßt ... Weßhalb aber nur Mutter und Sohn in dem Album? weßhalb nicht auch Vater und Töchter? –

Was uns anbetrifft, so haben wir uns glücklich durch das Fest durchgeschlagen und das neue Jahr ohne jeglichen Lärm begonnen. Auch die Kinder haben wir wieder außerhalb der Betten; sie haben die Kranckheit ganz leicht durchgemacht, und wenn die Folgen nicht noch nachkommen, so können wir in der Hinsicht zufrieden sein.

Was habt Ihr getrieben? War es schön? Habt Ihr wohl auch einmal an das verrückte Volk an der Oker gedacht? – Nel mezzo d.c. habe ich jetzt zum zweitenmale gelesen (stellenweise habe ich's mir laut vorgelesen), und es gefällt mir noch besser. Naturstimmung und Didactik! Da ist *er* ganz und gar auf seinem Felde. Der Vogel aber der *ihm* zur Rechten flog, war doch unbedingt ein Rabe. – Nur zu! nur noch mehr solche Terzinen, Wilhelm Jensen! Zur Belohnung und Aufmunterung sollt Ihr auch im Februarheft der Westermann'schen Monatshefte eine ganz ausgezeichnete Geschichte haben. Sie heißt: „Frau Salome"; ich habe sie im letzten Sommer in Harzburg geschrieben, und ich empfehle sie Euerer gütigen Protection. – –

Bertha ist in der Stadt und kauft eine Lampe, kann heute also nicht mit an Euch schreiben. Dessenungeachtet nehme ich es auf mich, Euch von ihr zu grüßen.

Bleibt uns gut im Jahr 1875! –

Euer getreuer WilhRaabe

206. WILHELM JENSEN AN RAABE

Kiel 13 Jan. 1875.

O Lieber,
Ein halber Mann
Schreibt dies im Fieber
Und keuchendem Bronchialcatarrh;
Von Rheumatismus
Und sonstiger Pracht
Zum Cretinismus
Der Verse hier heruntergebracht.

Wir sind zehn Menschen im Hause. Davon haben 3 Husten, Schnupfen, Fieber (Thea, Paul, Maina) 2 Bronchialcatarrh (Käte, ich) 1 parenchymatöse Halsentzündung (Marie) 1 Gesichtsrose (das Hausmädchen) 1 impotentia corporis und absentia animi (die Tante) 1 chronisch cumulirende Verdrossenheit an Leib und Seele (die Kathrine) – restat adhuc 1 „gesunder Junge", die Köchin, die nicht kochen, nicht waschen, nicht Feuer anzünden, nicht Zimmer reinigen kann.

Ich schmeichle mir, daß diese wenigen Zeilen hinreichen werden, Dir ein so getreues Bild unserer gegenwärtigen Hauslage vor Sinne und Gemüth zu führen, daß kein Höllenbreughel mit seinem ganzen Farbentopf mehr Wirkung zu erzielen befähigt sein würde. Zwar, Elend, sagt man, kommt und geht; 's ist aber nicht viel Trost drin, so lang' es da ist. Müssen wir's erdulden um unserer Sünden willen, oder ist es vielmehr Narrheit, daß wir's ertragen? Im ersteren Fall wär's leichter, aber ich fürchte, die Ethik hat nichts damit zu thun, sondern nur die nämliche Hirnzerrüttung, welche unsere Vorfahren bewog, sich in dem Schweinekoben dieser späteren Musterprovinz anzusiedeln. Wenn man ihre Gebeine nur noch finden könnte, sollte man sie ausgraben und heimlich verbrennen, wie es leiblichen und geistigen Hinschlachtern von Generationen zukommt.

Es sind dies die ersten Schriftzüge, lieber Raabe, die ich überhaupt wieder zu malen versuche, und die Gedanken sind mir im Kopf grad' so zitterig kraus wie die Buchstaben auf dem Papier. Die Dinge wollen alle nicht, wie gern *ich* auch wollte. Ich wollte sogar gern den Himmel für einen Dudelsack ansehn, wenn ich nur recht wüßte, wie man's anfangen soll. Des Nachts träume ich von Aetna, Vesuv und Geyser und identificire mich im verrücktesten Halbschlafunsinn mit diesen ehrwürdigen Schlundröhren unsrer Mutter Erde, weil mir unausgesetzt das höllische Feuer vor den Augen fliegt, die Lava sich aus den Lungen herauswälzt und ich vom Abend bis zum Morgen wie in siedendem Wasser schwimme. Ob das Alles auch noch für den einen Apfelbiß ist? Ich habe noch so viel Zutrauen zu unsrer Stammutter, daß ich glaube, wenn sie *das* vorhergewußt, so hätte sie für Obst gedankt.

O Raabe, die Welt des lieben christlichen Gottes ist gewiß eine vollkommene Schöpfung, aber glaubst Du nicht, daß sie dies mit etwas weniger Dreck auch noch bliebe? Und ich meine diesen sowohl in physischem wie in metaphysischem Bedacht. Das zehrt an meiner Frömmigkeit. Ein Gott, der sich an solchem Koth in verschiedenster Richtung freuen kann, ist mir zu unreinlich, und Unreinlichkeit beeinträchtigt Liebe und Verehrung.

Ich wollte nicht, daß es Dir so miserabel zu Muth wäre, wie's mir ist, und wenn ich dafür deutscher Reichskanzler werden sollte. Uebrigens gönnte ich dies letztere wiederum lieber Dir als mir und würde Dich dann um einen Reichsconsulatsposten bei den Tungusen oder Papuas ersuchen, irgendwo, wo der Himmel keine graue Katze und die Menschheit keine flaue Fratze ist.

Meine Fieberphantasie ist so lebendiger Natur, daß ich ipsissimis oculis die ausgefertigte Bestallung neben mir liegen sehe mit der Unterschrift:

Der Reichskanzler: Wilh.Raabe.

23. Jan.

Und die Götter winken mit den ambrosischen Brauen, Freund, und aus Grau wird Schwarz. Seit dem Tag, an dem ich Obiges schrieb, haben wir schlimme Tage und bösere Nächte verlebt. Die Thea bekam am selben Abend schweren Scharlach und lag eine Woche lang „zwischen Himmel und Erde". Marie wachte Tag und Nacht bei dem armen Ding; jetzt ist das Fieber vorüber, Besserung und Heißhunger eingetreten. Die andern Kinder sind mit der Kathrine auf der entgegengesetzten Seite des Hauses separirt. Von ihnen ist noch keines befallen, und unsere Hoffnung, daß sie frei bleiben, steigt mit jedem Tage. Wahrscheinlich ist die Maina der ursprüngliche Uebelthäter gewesen und hat einen schleichenden Abortiv-Scharlach durchgemacht, der seinerzeit nicht als solcher erkannt worden. Sie hatte zehn Tage lang unablässiges Fieber und ward überall roth, ohne daß es möglich war, sie im Bett zu halten und ohne daß ihr der Appetit völlig verging. Sie ist eben ein Racker, und ihre mitlebende Generation mag sich vor ihr hüten. Erst ein sonderbares Abschelbern bei ihr, in Verbindung mit anderen Berechnungsumständen hat nachträglich statt der Diagnose einer roseola ab ingestis, d.h. eines weihnachtlichen „Verfressens", die des unbemerkten Scharlachs zur höchsten Wahrscheinlichkeit erhoben. Darin läge jedoch die beste Bürgschaft für ein Verschontbleiben der beiden Uebrigen, da sie dann bereits seit fast vier Wochen fortwährend der Ansteckung ausgesetzt gewesen und sich immun gegen dieselbe bewiesen. Ich schicke den Brief heute noch nicht ab, sondern warte noch einige Tage, um weitere Nachricht beizufügen. Mit jedem Tage steigt die günstige Prognose.

Wie wir uns dabei befinden, könnt Ihr Euch denken. Die psychische Erregung hat in den ersten neun Tagen das körperliche Unwohlsein völlig zurückgedrängt, jetzt macht es sein Recht doppelt wieder geltend und ich ersticke fast an Husten und Schnupfen. Aber Marie und ich fangen doch wieder an, über unsere Hohläugigkeit zu lächeln.

Als charakteristisch für meine liebe Vaterstadt will ich doch mittheilen, daß außer unserem treuen Freunde, Dr. Dau, der unermüdlich alle Sorge mit uns theilt, bis heut' nicht ein einziger Mensch – „in Worten zu wiederholen“: nicht ein Einziger mit einem einzigen Wort sich nach Leben oder Tod in unserm Hause erkundigt hat oder hat erkundigen lassen. „Die so sehr anstekkende Natur der Krankheit“ überhebt in angenehmer Weise solcher gewöhnlichsten Höflichkeitspflicht.

Solche Lagen und Gemüthsverfassungen sind vortrefflich geeignet, über den Werth des Formelkram's des geselligen Lebens zu belehren.

26. Jan.

Es steht heut noch Alles ebenso, mithin um Vieles besser, da eine weitere Ansteckung nun kaum mehr zu befürchten ist. Nur das Kätchen, das uns schon seit einem Monat Sorge macht, thut's noch jetzt. Es leidet an hartnäckiger Obstruction und Appetitmangel, was bei einem so kleinen Kinde immer nicht zum Unbedenklichen gehört. Hoffentlich zieht auch diese Wetterwolke mit dem Ablauf des schlimmen Januarmonds vorüber. Quod Dii optimi maximi bene vertant! Freilich, ohne Maries Hülfe, glaube ich, richten sie verdammt wenig aus. – Diese Schrift zeigt Dir, wie sehr ich des Schreibens entwöhnt bin, ich kann kaum die Feder führen.

Mit herzlichem Gruß von Marie und mir für Euch beide

Dein Wilhelm Jensen.

207. WILHELM RAABE AN JENSENS

Braunschweig, 30 Januar 1875.

Liebe Freunde,

Euch ist das Unheil freilich concentrirt über Haus und Hals gekommen. Gebt uns *bald* bessere Nachrichten von Euch. –

Nehmt vor allen Dingen nur ja die Scharlach-Rekonvalescentin in Acht; bei unsern beiden kleinen Masernkrancken haben sich wochenlang nachher noch arge Katarrhe eingestellt, und das Jüngste ist nur mit genauer Noth an einer Lungenentzündung vorbeigeglitten. Bertha ist längere Zeit (bis in diese Woche hinein) kaum vor 3 Uhr Morgens in's Bett gekommen.

Schreibt uns, wenn auch nur einige Worte!

Dunkel Euch zur Rechten fliegend

WilhRaabe.

208. WILHELM UND MARIE JENSEN AN RAABES

Kiel 9 Febr. 1875.

Es geht bei uns Alles wieder so gut es sein kann, liebe Freunde, so daß wir Euch in den nächsten Tagen um ein Drittel näher rücken und einen kleinen Flug nach Hamburg unternehmen werden, um einmal andere Luft als die unseres Hauses cum adjacentibus einzuschlucken. Hübsch wär's eigentlich, wenn wir uns einmal in Lüneburg ein Stelldichein gäben, dahin haben wir beide genau gleich weit und die Stadt ist reizend. Zieht das in unbesonnene Erwägung! Wir sind allzeit thörichten Gedanken und ihrer Ausführung hold, wenn die Thea uns nicht mittlerweile banquerot – ißt, denn seitdem sie wieder aus dem Bett ist, kann man ihre Klage über „furchtbaren Hunger" nicht mehr zum Verstummen bringen. Auch das Kätchen ist auf entschiedenem Wege der Besserung, wir aber sind der Positiv, nämlich Euch gut, als Euere positiv getreuen

M. und W. J.

209. WILHELM RAABE AN JENSENS

Braunschweig, 13 Februar 1875. –

Wir wünschen zu Beidem Glück; zum neuen Lebensjahr so wohl als zur Fahrt nach Hamburg. Die Idee, daß wir bei dieser Kälte nach Lüneburg kommen könnten, ist Euch doch selber wohl ziemlich heiter vorgekommen? Holt Euch nur keinen neuen Schnupfen zu dem eben abgelegten alten!

Euch zur Rechten

WilhRaabe

210. WILHELM JENSEN AN RAABE

Kiel 6 Martii 1875.

Liebster Peter, scil. Schwanewede.

Ich habe Ihn wieder und Er hat mich wieder, und daß ich die Bekanntschaft einer jüdischen Baronin gemacht, hat mir auch nicht von ihm geholfen. Im Gegentheil, es kommt mir vor, als habe Er mich seitdem noch lieber gewonnen – danke! bitte aber zu unterlassen, denn es kommt zu oft und die Gesundheit hat doch Wachs in den Ohren und hört nicht drauf. Also, ich habe Ihn in Süd' und Nord kennen und respectiren gelernt, Er benützte manchmal zu Seinem Besuch Wassergelegenheit von den Füßen herauf und ein andermal den Weg, auf welchem Schellings verstorbene Frau ihr Versprechen einlöste, sich aus den seligen Gefilden ihrem unseligen Mann ins Gedächtnis zu rufen. Aber diesmal, glaube ich, ist Er aus der Baffins-Bai auf einem Abstecher über Spitzbergen zu mir gekommen. Ich habe ein Gefühl Seiner Giftigkeit, das mich überzeugt, ein i-Titel dieses Blattes auf der Nordseite des Gotthard von einem Regentropfen aufgelöst, müßte ausreichen, das gesammte deutsche Reich, einschließlich der zukünftigen Provinz am Zuydersee zu inficiren. Auf diesem zeitgemäßen Flußwege wird *Er* dann hoffentlich auch als Talion auch zu Dir nach Pilsum kommen, eh' Du noch ein Jahr vorher gestorben bist, und indem ich Dir dazu herzlich gratulire und Ihn Dir dergestalt unter die Füße gebe, bin ich Dein zu diesem Entschluß gekommener

Freund Scholten.

211. WILHELM RAABE AN JENSEN

9.März 1875.

„Uh, dieser Jensen, wenn er so'nen Schnupfen hat! . . .

212. WILHELM RAABE AN JENSENS

Braunschweig, 20 April 1875.

Liebe Freunde!

Sintemalen ich mich seit einiger Zeit mit vielleicht eines bessern Zweckes würdiger Hartnäckigkeit auf die Verfertigung sehr schöner Novellen gelegt habe; Ihr aber – alle Beide – wie mir scheint seit lange mit einer hoffentlich Euere Besserung bezwekkender Würde auf der Bärenhaut liegt: so wäre es wohl an der Zeit, daß ein Jeglicher mit seinem Winterschnupfen endlich abschlösse, die Fülle seiner Erlebnisse, Gedanken, Gefühle und Empfindungen in die kürzesten Sätze zusammendrängend, dem Andern die Frage vorlege:

„Was ist denn eigentlich die Glocke?“ Liebe Freunde, wie weit ist's im Jahr? ich habe seit Monaten nicht aufgesehen, und bin absolut unfähig, es mir selber zu sagen! Höchstens habe ich eine Ahnung, und so bitte ich Euch inständigst, mir Euere Meinung mitzutheilen. Wir können dann vergleichen und werden vielleicht zu einer Durchschnittsgewißheit darüber gelangen, ob wir wircklich noch immer mitten im Winter stecken, oder ob das, was da vor dem Fenster graulich hängt, in der That die Berechtigung hat, sich Frühling zu nennen. –

Sendet einen Blitz der Intelligenz! Gänzlich confus

der Verfasser

von Z. wilden Mann, Eulenpfingsten, Frau Salome u Höxter u Corvey.

213. WILHELM UND MARIE JENSEN AN RAABE

Kiel 23 April 1875

Horch, wie der Eiswind geht!
Schau, wie der Schnee sich dreht!
Im Garten stehn die Veilchen,
O warte nur ein Weilchen –
Blau sind schon die Ohren –
Bald sind sie ganz erfroren!

Wohin das Auge fällt,
Blau ist die ganze Welt!
Die Spargel und der Rasen,
Der Himmel und die Nasen!
Wie blau wir selber! – Wahrlich,
Die Welt ist wunderbarlich!

Wie gefällt Dir diese Poesie, Liebster? Sie hat vor Storms „blauen Tagen, die anbrechen" den unbestreitbaren Vorzug der Wahrheit ihrer Empfindung. „Zum Brechen ähnlich" könnte Saphir auch unter diese Monats-Photographie schreiben.

Heut' liegt der Schnee über Allem und beschämt die Farbe meines Bartes. Aber das deutsche Reich zieht unverfroren mit Sang und Klang, Trommeln, Pfeifen, Matrosenmützen und antediluvianischem Pallasch unter meinem Fenster vorbei, und wenn das Einem nur nicht Wind vormacht, muß man sich den andern schon gefallen lassen.

Südweststurm bei +–0°. Es ist doch die Beste der möglichen Welten.

Gestern Nachmittag 4 Uhr 49 Min. habe ich ein zweibändiges Buch mit einer Goldfeder zu Ende geschrieben. Ja, ja, es giebt noch Leute im XIX. siècle, die einem Schriftsteller goldene Federn schenken, aber wenig Vögel, die sich an diesen Federn erkennen lassen.

Die rechtshinüber auf dem Hof vor der Bauernkathe aufgehängte Trockenwäsche ist offenbar gefroren. O Höxter und Corvei! Mir ist es einerlei. –

„Fluth und Ebbe" heißt das Buch. Hättest Du einen passenderen Namen gewußt? Vielleicht hätte sich „Ebbe und Fluth" empfohlen. Immerhin empfehle ich Dir – „Diadem und Maske" nicht zu lesen. Die Feder hat eine Diamantspitze. Ja, ja, es giebt noch Leute, die literarisches Verdienst mit Gold und Diamanten belohnen. Außerdem hat mich der Verein zur Verbreiterung von Volksbildung in Bremen zur Mitwirkung aufgefordert.

Mein Ofen raucht; ich verbrenne darin heute die 173te Tonne

Coaks. So sorgt die Güte der Vorsehung für den Unterhalt auch des geringsten Kohlenhändlers.

O Höxter und Corvei! Ich muß doch bald dabei! Unaufgeschnitten frisch noch liegt's auf meinem Tisch; doch noch vom Redestrome confus der Frau Salome, möcht' ich doch inständigst bitten: Zu toll nicht aufge-tragen!

Bei Höxter und Corvei, da denk' ich zweierlei. An einen Grobian, hieß Bürgermeister Jahn; und dann ein halber Narr, Poeta und Bibliothekar, hieß Hoffmann von Fallersleben – – Du wirst mir Andres zu denken geben.

Am ersten Juli gehen wir nach Schwartau. Unser Wirth dort heißt Püst, unsere Wohnung ist wüst, das ganze etwas Johannes Scherr'lich, doch dem deutschen Gemüthe überaus herrlich.

Wir kehren heim um Mitte August, und wenn drei Wochen sich dann noch verloren, da drücken wir Dich an unsere Brust am Tage, an welchem Ariost geboren! Geschähe das nicht – durch Deine Schuld! – so sei bei den stygischen Göttern geschworen und bei des Orkus verrufenen Thoren, verwirkt hast auf ewig Du unsere Huld! Wir reden nicht mehr, wir werdens beweisen! Wir lassen Ariost nicht länger verachten! Wir werfen Dich zu dem rostigen Eisen! – Da kannst Du dann stehn und es lange betrachten!

Doch kommst Du am achten September herbei,
Da sei Dir verzieh'n, und da sag ich Dir frei
Was von Höxter ich denke und was von Corvei!

In alter Treue mit freundlichstem Gruß für Bertha,
ganz der Deinige

Wilhelm Jensen.

[M.J.]
Mein Freund!

Was die Glocke geschlagen hat, das will ich Dir am 8 September ganz genau sagen; denn kann die Käthe laufen und sprechen. Bis dahin – noli me tangere – denn es ist in meinem Kopfe nicht ganz richtig. Wir leben im Tollhause. Die Kathrine schimpft von früh bis spät; die beiden andern Mädchen sind aus socialdemokratischen Kreisen, wollen nicht arbeiten und verfolgen nur den Zweck: Gleichheit in allen Taschen. Die Tante ist „gut aber sehr unreinlich", wie das Thele sich gestern bei mir äußerte.

Sat. Die Käthe schreit immer Au! au! wenn man ihr nicht den Willen thut; und die Maina betet seit lange allabendlich: Lieber Gott, laß morgen endlich die Sonne scheinen, und laß auch wieder eine Leiche vorbeikommen. Paul klopfte mir dagegen heute Morgen auf die Backen und fragte: Bist Du mein Schnuckelchen? Und so wird aus Morgen und Abend immer wieder ein Tag – bis endlich aller Tage Abend ist. Am 23 Mai gehe ich für 3 Wochen zu meiner höheren Ausbildung nach Hamburg; komme aber jeden Samstag nach Haus, frage: Was macht mein Kind, was macht mein Reh –? und fahre Montag mit Tagesgrauen wieder fort. Paul soll Maler werden, weshalb ich etwas lernen muß. „Was ist das nun wieder für ein Unsinn" wirst Du sagen, und Bertha wird denken „die läßt ihre vier Kinder im Stich!" O Höxter und Corvey, das versteht Ihr nicht! Wilhelm freut sich wie ein Kind auf das Alleinsein; ich freue mich auf meine Junggesellenwirthschaft, und nach drei Wochen weiß ich „wie man die schönen Bilder macht."

Addio! Wie geht es Euern Kindern, was macht Bertha? Grüße sie alle und Dich selbst von

Eurer getreuen Marie.

214. WILHELM JENSEN AN RAABE (Telegramm)

6.9.75

Bitte Antwort, mit welchem Zuge Du kommst. Herzlichsten Gruß. Rückantwort bezahlt.

Jensen

215. WILHELM RAABE AN JENSENS

Braunschweig, 7 Sept. 1875.

Liebe Freunde!

Morgen sind sie nun in Lourdes mit ihrer Fahne, und ich wäre so sehr gern in Kiel; aber – es hat wieder mal 'ne Eule da gesessen! – Seid vergnügt, macht Euch das Leben leicht und leert ein stilles Glas auf mein Wohl. Daß Ihr noch munter und bei guten Kräften seid, haben wir ja neulich gesehen, und wie es bei uns aussieht, habt Ihr gleichfalls gesehen. –

B. hat viel zu leiden; vorzüglich am Abend und in der Nacht; und das Elend nimmt nicht ab, sondern immer nur zu – ganze neun Monate lang; ich habe deßhalb auch jenes neue humoristische Stück Arbeit angefangen und verhoffe, daß es gut werden soll. Das „fünfte Kapitel", über dem Ihr mich am sonnigen Zweiundzwanzigsten vorigen Monats ertapptet, ist fertig, und ich sitze vor dem siebenten; hoffentlich sitzt Ihr bereits fiebernd im dramatischen Feuer vor dem Müßigen Amant und bringt die wunderschöne Historie von der Sennora Nugnez und den Herren Perez u Ribera in Jamben!

Hilf *ihm*, Marie! Bitte für ihn, auf daß das Ding kurz und bühnengerecht werde und die Meininger (Serenissimus voran) es mit Vergnügen in Scene setzen. – –

Morgen thut Dir der Herrgott schon einen Gefallen, wenn Du ihn recht bittest, liebe Marie; sage ihm also, daß er das nächste Lebensjahr hindurch auch einmal manierlich mit Deinem alten Freunde Raabe umgehe.

Valete!

216. WILHELM JENSEN AN RAABE

Kiel 25 Sept. 1875.

Da hast Du's Buckingham! Für *die* Treulosigkeit zur Strafe haben wir Dir zum erstenmal in unser'm gemeinsamen Leben zum Geburtstag nicht geschrieben, nicht telegraphirt, ja nicht einmal an Dich gedacht! Denn Gott bewahre uns vor schlechten Gedanken! An einen schlechten Menschen zu denken aber ist ein schlechter Gedanke. Du bist ein schlechter Mensch und ein solcher ist eo ipso auch ein schlechter Freund. Ein schlechter Freund ist kein Freund, sogar besser kein Freund als ein schlechter. An etwas, was nicht ist, aber schreibt man nicht zum Geburtstag. Quod demonstrandum erat.

Wir haben ferner beschlossen, sobald als möglich Deine nordisch-ankältende Nähe zu meiden, und Auftrag gegeben, uns zu Ostern des Jahres 1876 in Freiburg an der Dreisam eine Wohnung von 7–9 Zimmern zu miethen. Denn von dorther, mehr als dreimal von Braunschweig, kam Bülow, Tag und Nacht durchreisend zu Marie Ariosts Geburtstag, und als Talion thaten wir obiges Gelöbniß. Wärst Du gekommen, so würden wir im nächsten Frühjahr nach Braunschweig übergesiedelt sein. Du wußtest's, deshalb kamst Du nicht. Quod conjectandum erat.

In Folge alles dessen gingen wir nach Sylt, um in der Einsamkeit zu weinen, Salz zum Salz zu tragen und unsere Thränen wenigstens dadurch für die Menschheit nutzbar zu machen, daß sie zur Befestigung der Dünen beitrügen. Nicht alle Lyriker können ihren Zähren solches Verdienst nachrühmen. Doch Alles gemahnte uns an Deine Falschheit. Auf List gelang es uns kaum, in gestrandetem Chinawein das Gedächtniss an die List zu ertränken, mit der Du uns unter der Stadt London oder Bremen das Evangelium vorgespiegelt, Du würdest über ein Kleines mitten unter uns sein. Aber nur Tausende Deiner Vettern schnarrten, schwarze Photographien Deiner Seele, um uns her.

Wir saßen am Strande weinesschwer
Auch „die Möwe flog hin und wieder" –

und ich dachte, knirschenden Sand zwischen den Zähnen:

Vielleicht in diesem Moment kommt Er
mit dem siebten Capitel nieder –

um das Er uns verrieth! Ist's denn 2×30 Silberlinge werth?

Als wir nach Kiel zurückkehrten, ging Dir Hans Hopfen pleite. Was ficht's Dich an, bei dem das Malz längst mit verloren ist! Auch George Westermann junior war ein besserer Mann als Du! Er blieb von der rosenfingrigen Eos bei uns, bis die schönbusige Thetis ihn mitternächtlich nach Kjöbenhavn entführte.

Dann waren wir in einer Stadt der Menschen, bis zu der Deine kimmerischen Kenntnisse nicht reichen, aber sie heißt Kellinghusen. „Da schieden wir, die Gläser klangen helle"; Bülow zog gen Süden, wir polwärts zurück. Am andern Tage kam

Prof. Jürgensen aus Tübingen zum Besuch und blieb bis gestern. Konnten wir also eher schreiben? Vielleicht. – Hattest Du es verdient? – Nein! – In vierzehn Tagen reist Marie wahrscheinlich allein für 1–2 Wochen nach Wien. Meinem Schwiegervater geht es schlecht, alle Kuren haben sich nutzlos erwiesen. Auf ihrer Rückfahrt denke ich sie von Berlin abzuholen.

Es stürmt, es friert, es ist grausig. Ich pflücke Aepfel, ich schaudere, ich heize. Wir richten uns auf den Winterfeldzug ein, wir klappern mit den Zähnen, wir trinken Theepunsch. Du sitzst in Braunschweig, Du schreibst einen Roman, Du hast die letzte Gelegenheit vorübergehn lassen, zu zeigen, daß Du ein weißer Rabe bist. Aber Dich liebt trotzdem und wünscht Dir dennoch nachträglich, daß Du noch viele Geburtstage erleben mögest

Dein Wilhelm Jensen

217. MARIE JENSEN AN RAABE

Kiel 28 September 1875.

Lieber Raabe!

Mein Schweigen fängt an mir unheimlich zu werden! Hab Erbarmen und nimm einen Brief von mir an! O ich war am 7 September gegen Abend unsäglich grimmig und traurig über Dich. Wir hatten Dich so fest erwartet; Dein Zimmer war so gemüthlich, die Asträen so schön, und gemalt hatte ich Dir auch etwas. – Dein Absagetelegramm schneite eiskalt in unsere behaglichen Vorbereitungen hinein; und noch dazu so spät, daß wir unsern Gefühlen (die freilich in jenem Moment sehr gemischt waren) für den andern Tag nicht mehr schriftlich Ausdruck verleihen konnten. Und Alles wurde ganz anders als wir gedacht. Der mit tausend Freuden Erwartete blieb aus, und viel Anderes kam aus Nah und Fern, so daß ich aus Einer Ueberraschung in die andere fiel. Wir wollten Dir am 8ten telegraphiren, aber eine arme Drahtantwort auf Deinen Brief, das hätte Dir nicht eingeleuchtet! Ich hoffte von einer Stunde zur andern auf Ruhe um Dir schreiben zu können; dachte, *wie Du weißt*, viel an Dich, an Euch, und habe den Herrgott wirklich um allerlei gebeten. –

Wann wir wohl mitsammen an der Dreisam sitzen! Ich sehne mich nach „dem Wind, der vom Gebirge sausend weht." Aber so lange wir hier sind, möchte ich meine Tage auf Morgenschuhen und meine Nächte im Schlaf verleben; ich brauchte nach den Ueberstürzungen der täglich Ereignisse, und der Hast unseres ruhelosen Daseins Sammlung und Erholung. In vierzehn Tagen muß ich nach Wien, da es meinem Papa sehr schlecht geht. Und am ersten November verläßt uns die Kathrine und heirathet einen Schwartauer Cigarrenfabricanten, jung und hübsch mit Namen Fien. Ich tröste mich; denke „Alles hat seine zwei Seiten" und suche diesem Ereigniß die beste abzugewinnen. Als wir bei Euch waren, ahnten wir noch nicht was die Parzen in Schwartau spannen. –

Leb wohl, Alter, Bester! Grüß Bertha und die Kinder herzlich, und nimm Dir vor, nachzuholen, was Du versäumt hast! – „Zwar weiß ich viel", doch möcht ich heut gern wissen ob Du mir böse bist!

Und trotzdem würde Dir gut bleiben allzeit

Deine Marie

In einem hellen norddeutschen Städtchen, Tondern genannt, befiel mich, wie überall in den letzten Wochen, der Wahn an Dich schreiben zu müssen, aber Wilhelm und Bülow stießen mich weiter, von Ort zu Ort. – – Schreibe bald wann Du kommst und was Du denkst!

218. WILHELM RAABE AN JENSEN

Br., 28 Sept. 75.

Wieder gelesen. Es *bleibt* schön!

Dunkel Euch zur R.

R.

219. MARIE JENSEN AN RAABES

Kiel 21 Dezember 1875

Liebe Raaben, früher oder später
Wandelt das Quecksilber junger Jahre
Mählig sich zum Silber unsrer Haare;
Braucht die Freundschaft wohl ein Thermometer,

Gleichwie die Serviette einen Ring braucht,
Wie der Zucker nöthig für den Thee ist,
Und – obwohl der Reim nicht ganz au fait ist –
Solch ein Kästchen auch jedwedes Kind braucht.

Lieber Raabe, früher oder später
Bei uns allen zeigt das Thermometer
Eines schlimmen Tages unter 0;
Treue Freunde laß bis dort uns bleiben,
Mir verzeihe heut man kurzes Schreiben;
Grüße Bertha und Dein Tripp-trapp-trull.

220. WILHELM RAABE AN JENSENS

Braunschweig, 24 December 1875

Ja, liebste Freunde, wieder habt Ihr mal gesagt: „Hie sind wir!“ und so wollen wir in langgewohnter Weise uns so schonend als möglich Euerer erfreuen. Das sind ja wieder ganz ausgezeichnet putz- und abstaubungswürdige Gegenstände für unser Jensen-Museum! Liebe Kinder, Danck sollt Ihr haben; – mit feuchten Augen sehen wir gen Kiel! Gott segne Euch!

Und das Schönste ist doch Marie's Festgedicht! – –

Bertha leidet an heftigen Zahnschmerzen und allerlei andern Unwohlsein. Nur die Krabben fühlen sich *unberufen* ganz glücklich, und so nehmen wir uns zusammen, um ihnen den heutigen Abend nicht zu verderben. Ich habe ein Buch: *Horacker* geschrieben, ein „Raubmörderidyll“, und wollte es wäre März! Bleibt uns gut; wir bleiben auch die wir waren!

Euer WilhRaabe

221. WILHELM JENSEN AN RAABES

Kiel, 24 Dec. 1875.

Wie als Kind mit regem Fleiße
Schreib' auch heut' ich Weihnachtsgrüße,
Nur daß ihre Versesfüße
Jetzt ich selbst zusammenschweiße;

Nur daß heut' am eignen Kinde,
Was so schön auch wir besessen,
Ueberrauscht, doch unvergessen,
Ich mit Wehmuth rückempfinde.

Also drum mit leiser Klage
Aus der Zeit, die uns entflossen,
Meiner Lebenszeit Genossen
Grüß' ich Euch an diesem Tage:
Daß Eur' Herz an seinem Bande
Die Erinnerung rückwärts schwelle,
Und Euch freundlich sanfte Welle
Hold an ihrem Ufer lande!

W.J.

222. WILHELM JENSEN AN RAABES

Was bis heut' es that, fort liebt's sich!

1876

223. WILHELM JENSEN AN RAABE

Kiel 5 Febr. 1876.

Am Schwarzwaldrand, an der Dreisam Strand
O Freund, da steht ein Haus,
Da gucken im Julisonnenbrand,
Wenn die Sonn' überschritten den höchsten Stand,
Gesichter gar manche, die Dir bekannt,
Nach Dir rheinabwärts hinaus!

Doch eh an's Ziel uns der Welle Spiel,
Der Schicksalswelle, treibt,
Da gucken noch der Gesichter viel',
(Auch Blumengesichter auf zartem Stiel
Wie mein's) gen Süden stromauf von Kiel,
Wo Jacob Raabe bleibt!

Er wäre ein Schuft, nicht würdig der Luft,
Nicht werth des erfreulichen Licht's,
Wenn er nicht, bevor uns das Schicksal ruft,
Erfreut uns durch seiner Anmuth Duft –
Von des Sängers Fluch in die Luft verpufft,
Verklänge sein Name in Nichts!

W.J.

224. WILHELM RAABE AN JENSEN

Braunschweig, 14 Februar 1876

Lieber Freund!

Ich hatte mir gedacht, Dir Glückwunsch und *Ευαγγελλιον* in Einem Briefe senden zu können; es hat sich aber doch noch nicht so gemacht, und so kommt die Gratulation heute noch vorauf. Die frohe Botschaft wird hoffentlich demnächst folgen; wir sitzen in Erwartung und haben für wenig Anderes augenblicklich Sinn. Da Ihr auch hierin ganz nett Bescheid wißt, so brauche ich Euch die betreffenden Gefühle und Stimmungen wohl nicht weiter auszumalen!

Zu Euerm neuen Zeltabbruch folgen Euch aber doch unsere Gedancken. Also ist es wircklich jetzt fest entschieden? Auch in die Stimmung des Kieler Lar kann ich mich noch hereinversetzen: „Hu, ist das ein Leben! Hab' ich es mir nicht so vorgestellt? Da holen sie mich schon wieder vom Brette! O, Barthenia und kein Ende! Muß unser Einer denn immer mit von der Parthie sein?" Liebe Freunde, ich hatte es mir dießmal so fest vorgenommen, Euch im kommenden Sommer in der Fleckenstraße zu besuchen.

Könnt Ihr denn nicht noch ein einziges kurzes Jahr lang stillsitzen? – – – Müßt Ihr denn alle Braten Eueres Daseins auf dem Sattel gahr reiten? Es war doch so schön, Euch in Brunswik zu wissen, während ich in Braunschweig saß, aber für solche zarten Zusammenhänge geht Euch leider jeglicher Sinn ab. –

N.B. am 20sten Januar 1866 bekamen wir uns bei E. Hallberger zum erstenmal zu Gesicht! – An den Abend habt Ihr auch nicht gedacht; aber Ich – heute! – Und 1886??? ... 1896 ??? ... 1906 ???? ....

Euer getreuer WilhRaabe

225. WILHELM RAABE AN JENSENS

Braunschweig, 20 Febr. 1876.

Liebe Freunde!

Gestern Abend 10 Uhr richtig das vierte Mädchen. Freuen uns! und verläuft die Geschichte bis jetzt auch sonst unberufen nach Wunsch.

Euer getr. W.R.

226. WILHELM JENSEN AN RAABE

Kiel 21 Febr. 1876

Was die Götter leihen, das
Geben sie mit vollem Maß
Schenken Glück und Segen Dir –
Dieses ist nun No 4
Von der beßren Erdkloshälfte –
Acht nur fehlen, bis die Zwölfte
Grad' ein Dutzend ausmacht – diese
Rechnung ist nach Adam Riese.

Doch da vor dem Schwabenjahr
Der Verstand mir graut' im Haar,
Wundert mich durchaus nichts mehr,
Als daß No 4 nicht eh'r
Schon erschienen. Diese Glosse,
Vater, Freund und Zeitgenosse,
Schreib' Dir in's Gedächtniß ein
Und laß Fünfe grade sein!

Usque ad finem saeculi

tuus W.J.

227. MARIE JENSEN AN RAABE

Pfingstdienstag 1876.

O Du – ich komme noch viel weiter als „von hinter Berlin her" – um Dich zu bitten mir nicht böse zu sein! Wenn Du wüßtest *wie* müde und abgehetzt ich bin, Du würdest mich sicher, falls Du eine recht elendigliche Figur gebrauchtest, abconterfeien wollen. Seit 7 Monaten kranke Kinder, einen kranken Mann und schlechte Mädchen! Wir hatten gehofft, im Mai möchte alles gut sein, und Du würdest herüber kommen, damit Deine Augen den Garten noch sähen, bevor er versunken. Der Mai kam, und Wind, Regen, Kälte und Katarrhal-Pneumonieen waren anhänglicher als Du. Heut' haben wir zum ersten Male nicht geheizt! Der Käthe geht es *unberufen* wieder leidlich; und Wilm schwimmt in den nordischen Gewässern; von Husum nach Pellworm und von da auf die Halligen. Morgen Abend kehrt er zurück zur Proceleusmatica. Du könntest Dich auch endlich einmal auf die Sohlen machen und wenigstens noch für 14 Tage unser sein! Der Garten ist im Begriff sein Prachtkleid sich überzuwerfen; etwa 14 Tage hält sich der Staat und dann kannst Du mir beim Einpacken helfen! Nach Kiel bist Du bis jetzt nicht gekommen, und ich fürchte, nach Freiburg kommst Du erst recht nicht! Entweder, mein guter Windwebel, ist Dir ein „Wiedersehen" gleichgültig oder Du verläßt Dich auf *unsere* Mobilität. Dennoch danke ich Dir auf's Wärmste für den Horacker und die ihn begleitenden Worte. Als er im hübschen braunen Gewandel ankam, da hatte ich bereits den ungebundenen, den uns Grothe geschickt, in mich aufgenommen. Lieber Wilhelm, ich wollte Wilhelm schriebe so nachdenklich wie Du! Ueber jeden Satz habe ich mich gefreut. Und an Tagen in denen das Lachen bei uns sehr hoch im Preise stand, schlich ich mich in die Laube des Pfarrgartens von Gansewinkel; – die Gesellschaft dort verfehlte nie ihre Wirkung auf mein träge gewordenes Diaphragma. Für mich ist es ein klassisches Buch; und wenn kein Paul Lindau darnach kräht, so kann es nur daran liegen, daß kein Paul Lindau Zeit hat, *gute Sachen* zu lesen. Hätte er's gelesen, er würde sicher in die Trompete stoßen.

Doch ist das ja eigentlich ganz gleichgültig. – Wüßt ich nur, ob Du kommst. Schreib uns *recht bald* ein Wort darüber. Hoffentlich geht es Bertha und Euern Kindern gut. Grüße sie herzlich von mir. Im Mai war Katharina von Schwaben, jetzt Frau Fiehn, 14 Tage zu Besuche hier; bleich, abgezehrt und voller Sehnsucht wieder hier zu bleiben. Im Herbst will sie entweder ohne ihren Mann für einige Jahre zu uns kommen, oder mit ihm ganz nach Freiburg übersiedeln. Beides hat nicht unsern Beifall. Addio, Räbele! Ob auch alles krumm und schief geht, Du bist und bleibst der Zweitbeste

Deiner alten Marie.

228. WILHELM JENSEN AN RAABE

Kiel, Pentacoste 1876.

Vieles ließen, o Freund, uns Arme die Götter erdulden,
Vieles, – doch liehen zugleich sie uns Kraft und Beherrschung des Uebels;
Aber sie fügten hinzu ein Geschick, das uns nicht mehr erträglich:
Nichts zu vernehmen von Dir und nicht, Dir zu schreiben die Muße.

Ja, es ging uns schlecht, sehr schlecht, wunderschlecht! *Sie* haben einmal wieder sich ganz ihrer alten Vergnüglichkeit hingegeben und ihr Füllhorn des Neides bis auf den letzten Rest über unsere Köpfe und Gliedmaßen ausgeschüttelt. Unablässig kranke Kinder; Marie will Dir täglich seit dem Beginn der neuen Zeitrechnung durch Horacker I schreiben, aber der „Racker von Hausnoth“ läßt es nicht zu. Sie ist Köchin, Kindermädchen, Nachtwächterin und Nachtwandlerin am Bett der Käte. Ich bin seit fünf Monaten mit Rheumatismus geschlagen vom Nacken bis zur Sohle, schwitze täglich römisch-irisch-tartarisch-barbarisch und habe in diesem Schweiße meines Angesichtes zwei zweibändige Romane verfaßt oder richtiger transpirirt. Und heut' über vier Wochen ziehen wir von dannen, dem Schwarzwald, wo des Aelplers Horn klingt, der Hitze, der letzten Hoffnung auf Erlösung von allen catarrhalisch-rheumatischen Uebeln entgegen.

O Wilhelm Raabe, Du bist wunderlich, der Oberlehrer Doktor

Neubauer ist es noch mehr, aber fraglos ist der Wandelstern Tellus es am Meisten. Wozu wandelt er und wir auf ihm? Wenn Du doch einmal einen gelehrten Schulmeister auftreiben könntest, der diese Frage endgültig in einem deutschen Aufsatzthema erledigen ließe!

Am 1 Juli rollt Sack und Pack über Hamburg von dannen und an selbigem Tage Kind und Kegel gen Lübeck. Dort steht ein Haus am „Kaufberg", heißt „Drei Kronen" und trägt drei Jahrhunderte auf dem Giebel. In ihm, dicht neben Emanuel, wird das Geschlecht eines deutschen Schriftstellers sich sieben Tage zur Ruhe betten.

Doch am 8 Juli, da trippelt's und trappt's, und weiter gen Hamburg klippert's und klappt's – und wenn Du mit den Collegen Eckerbusch und Windwebel vom Krug heimstampfst, da schnaubt's in einigen Meilen Entfernung bei Lehrte an Dir vorüber – hui – pfu – hu – hu! eine Gluckhenne mit ihren schlummernden Küchlein im Schlafwagen unter Gottes und des Reichseisenbahnamtes Hut – und aus einem Rauchcoupé-Fenster zweiter Classe nickt ein ergrauter Mann ostwärts durch die Nacht: „Komm gut heim, Wilhelm Raabe – obwohl Du es seit vier Jahren nicht um uns verdient hast!"

Ja, wann kehrst denn Du über den Main in die alte Heimath? Daß wir, zwei Greise mit wackelndem Kopf, von den Gerüchen des Nesenbaches reden und sagen: „Sie waren doch gut!" –

O Thor, der Du meinst, Gott der Herr habe den Menschen geschaffen, um in Braunschweig zu leben!

Gehab' Dich besser als ich! Hinter uns liegt der Jammer und vor uns die Noth, und in meinen Muskeln sitzen Schmerz, Frost und halber Tod. Aber es ist ein Trost, daß es einigen Leuten in Salonichi noch schlechter ergangen und daß Abdul Aziz allen Horackern zum Trotz den König Wilhelm nicht wieder besuchen wird.

Mit diesem Citat aus einem Werke eines „zeitgenössischen Schriftstellers" und mit freundlichstem Gruß an Bertha bin ich der Deinige Wilhelm Jensen

229. WILHELM RAABE AN JENSENS

Braunschweig, 17 Juni 1876.

Liebe Freunde!

Also Ihr waret auch einmal nicht auf Rosen gebettet? – Daß Euer langes Schweigen seine Gründe haben mußte, war klar; aber so fatale brauchten es wahrhaftig nicht zu sein. B. sagte mit einem tiefen Seufzer: „Ja, ja, jetzt wissen sie es auch, wie es zu geht, daß Einer schwer zum Schreiben kommt!"

Nun, hat Euch der Norden gewaschen, so wird Euch der Süden wohl wieder abtrocknen. Leider können wir Euch nur in Gedancken so wohl beim Packen wie auf der Reise begleiten.

Bis die Leute meine Bücher kaufen, muß ich mich freilich, was alles Wiedersehen betrifft, auf *Euere* Mobilität verlassen. Ich führe es bald nicht mehr durch und wünsche wahrlich häufig genug, daß es Schlafenszeit wäre.

Daß Ihr den Horacker in zwei Exemplaren besitzt, ist Überfluß; – gebt dreist eins davon weiter. Der dem Ihr es schenkt, würde es sich doch nicht aus dem Buchladen holen.

Übrigens freut es mich, daß Euch das Buch zusagt. Im Grunde war mir gar nicht behaglich zu Muthe während ich daran schrieb, aber es liegt mir doch ein gewisses Genügen darin, daß ich dieses nach einem zweiundzwanzigjährigen literarischen Abrackern noch möglich gemacht habe. –

Sonst aber, lieber Wilhelm, hast Du es schriftlich, daß der Mensch gemacht wurde, um in Freiburg im Breisgau zu leben? Ich wünsche es von ganzem Herzen, nämlich daß Ihr es verbrieft vom Schicksal habt. Der Herrgott tische Euch einen recht süßen Brei auf und versehe Euch, Alt und Jung, mit den größesten Löffeln! – Auf dem Kaufberg habe ich Anno 64 mit B. in Lübeck nicht gewohnt; wohl aber auf dem Klingberg. Weßhalb bleibt Ihr nur acht Tage in Lübeck? weßhalb bleibt Ihr nicht ganz da? Mir hat Lübeck sehr gefallen, und es ist auch sehr angenehm, Sonntags bei schönem Wetter nach Travemünde zu fahren. –

Von Lübeck fuhren wir damals nach Kiel; – war es unsere

Schuld, daß wir Euch dort nicht besuchen konnten? War es nicht sehr Unrecht von Euch, daß Ihr damals uns allein nach Düsternbrook hinaus und dann um Brunswik herum laufen ließet? Den ganzen Abend saßen wir bei Marssily und warteten mit dem Thee auf Euch; wer aber nicht kam, das waret Ihr! . . Was thue ich nun mit der Anzeige Euerer Geschäftsverlegung nach der Gartenstraße Nr.4 zu Freiburg in Baden, die eben anlangt? Spukhaft wehmüthig wird Einem dabei zu Muthe und das ist Alles! – Die Götter schützen Euch! Schreibt bald und *fröhlich* aus der Gartenstraße!

Euer WilhRaabe

230. WILHELM UND MARIE JENSEN AN RAABE

[Poststempel Preetz 25.6. 1876]

Ein helles norddeutsches Städtchen, nomine Preetz. Am Markt nach dem Diner: Seiltänzer, eine Schützengilde, ein Leichenwagen, voilà – der Schüdderump – semper ubique.

Dein W.J.

[M.J.]

Die letzten Grüße aus einem hellen norddeutschen Städtchen von Deiner, Eurer

Marie

231. WILHELM JENSEN AN RAABE

Sct.Peter, Dienstag 8 Aug.
1876 7 Uhr Morgens.

Dich grüßt aus Sanct Peter –
Das Weitere später. W.J.

232. WILHELM UND MARIE JENSEN AN RAABE

Freiburg, den ? [so!] 1876.

Lieber Raabe!

Unser Zustand hat sich wieder einmal so heillos verändert, und in meinem Kopf ist so vieles verschoben, zerschunden und verloren gegangen beim Umzug, daß ich wirklich in Angst darum bin, ob wir Dich denn noch als den Alten auf dem alten Fleck haben. Laß es mich *bald* schwarz auf weiß sehen! Ich bin eine Närrin, daß ich Heimweh nach Kiel habe, bin wohl völlig verrückt, daß mir das schöne Freiburg mit den hellen Wassern und dem Münsterthurm, unsere 12zimmerige Wohnung mit Glasgalerien, einem Atelier mit Nordlicht, drei Staffeleien und allen Künstlerbequemlichkeiten, daß der große Garten mit Forellenbach, Borkenhäuschen, Weinberg und den vielen Oleander-Lorbeer und Granatbäumen mein Herz nicht mehr erfreuen. Vielleicht steckt mir der Umzug noch zu sehr in den Gliedern, und eine unerklärliche peinigende Angst vor dem nächsten Umzuge. Trotz 33 Grad R. im Schatten bin ich hier noch nicht warm geworden. Es geht mir dumpf im Kopf herum daß wir nun im Tuskulum und vor der letzten „Phase" sitzen – und ich kann mir nicht viel dabei denken. Wilhelm schwärmt für seinen Eisschrank, den er hier gekauft, und an dem er von früh Morgens bis spät Abends mit allen möglichen und unmöglichen Getränken handtiert. Er wirft sich Eisblöcke in den Kaffee und in den Thee, und am meisten in den aus eigenem Ohmfaß im Keller abgezapften Wein. Er ist recht vergnügt hier; hat ein Bibliothekszimmer und ein Arbeitszimmer mit Aussicht auf die Vogesen und Schwarzwald. Des Nachts sitzen wir auf dem platten Thurm unseres Hauses, lauschen den „verschlafenen Brunnen" drunten, trinken Wein, sind der Erde fern und dem großen Bären nah, aber zum Jubeln zu alt. Freilich, so ein Ereigniß wie Dein Kommen am 8ten September, das könnte mir einen Jubelschrei entlocken; und wir beiden wollten dann Alles was wir an Lebenslust haben in Einen Topf werfen und es miteinander ausessen. Ich will mich nun einmal darauf freuen! Guter alter Raabe. Addio. Grüß Bertha, Gretchen, Elisabeth, Klärchen und Trudchen. Unsere Kinder sind hier unberufen wohl, und fangen den ganzen Tag Fische, Krebse und Blutegel im Bach. Die Käthe ist auch schon ein großes Kind und macht uns sehr viel Freude. Mache auch Du am achten die bewußte Freude

Deiner getreuen Marie J.

[W.J.]

Ich schrieb Dir aus St. Peter,
Bekamst Du die Karte peutêtre?
Willst Du's mir nicht verärgen,
Schreib' nächstens ich Dir aus St. Märgen;
Bergüber, von uns gen Asien,
Schreib' ich Dir aus St. Blasien –
Und kommst Du, wohin sich's gut fährt,
Amice, das ist St. Trudpert.
O komm, komm bald und geh nicht wieder fort,
Freiburg im Breisgau ist der schönste Ort!
Wir bleiben hier, bis unser Faden reißt;
Die Luft ist heilsam hier für Leib und Geist,
Für Rheumatismus und für Emphysem, –
Wir wollten nur, daß Wilhelm Raabe käm'!
Als Nachbar, wie dereinst am Nesenbach!
Ach, jene Zeit entpreßt mir stets ein Ach!
Wir waren jung und warm der Sonne Strahl,
In unsern Bechern perlte Cardinal,
In unsern Herzen perlten Glück und Traum,
Der liebste Freund auf Rufesweite kaum, –
O käm' sie nochmals, jene goldne Zeit!
Sie kann's – mach' Dich, o Freund, zum Flug bereit,
Und was einst Hermannsstraß' und Feuersee,
Hier heißt' es Gartenstraße 4! Ade!

Dein W.J.

233. WILHELM RAABE AN MARIE JENSEN

Braunschweig, 7 September 1876

Liebe Marie!

Es soll ein gutes Omen für Euch Alle sein, daß dieser erste Brief, der nach Freiburg geht, ein Geburtstagsglückwunsch für Dich ist. Nach Euerer Schilderung habt Ihr Euch aber vortrefflich gebettet; und so möget Ihr denn endlich in Euerm neuen Tusculum an der Dreisam alle Sechse nebst den da zugehörigen

Dienstmädchen, Kinderwärterinnen, Köchinnen etc.etc. den Himmel auf Erden oder wenigstens für's Erste eine bleibende Stätte finden.

Aber wie ist das mit den drei Staffeleien? Malst Du auf (drei) sechshändig? Oder ist der Professor Binkus und zukünftige Akademiedirector in Düsseldorf, Dresden oder München, schon soweit in die bildenden Künste hineingeschritten, daß er bereits in Öl hantirt?

Deine Schilderung Wilhelm Jensen's und seines Eisschrankes hat uns höchst anmuthiglich angesprochen. Bertha rief einmal über das Andere: „Nein, wie ich mir ihn davor vorstelle!"

Wie Schade, daß er nicht schon am Feuersee im Besitze dieses Eisschrankes war. Erinnerst Du Dich wohl noch, wie *er* eines Abends auf dem Sopha zusammengefaltet und gekrümmt lag; wir drei *ihn*, er aber den Tod vor Augen hatte, bis ihn die Erinnerung an die Geneverflasche der Tante wieder in's Leben und zum Vorlesen seiner Manuscripte zurückrief!

Und wie gut hätte der Eisschrank in den schwülen Stuttgarter Sommernächten dem Kardinal gethan, wenn in die Ballade vom Seekönig Palnotoke nur dann und wann das Geplunsche eines Selbstmörders im heißen Teichgewässer vor den Fenstern hineinklang! O Grottenkühler Posülüpp, – Unter heißerer Sonne hat er geschrieben; nun soll er 'mal bei kühlerem Getränke schreiben! ... Liebe Freunde, es freut uns herzlich, daß es Euch in Euerer neuen Heimath gefällt; erhaltet Euch dies Behagen dran durch ein paar Jahre: wer weiß denn ob wir uns dann doch nicht noch einmal in Stuttgart zusammenfinden und dann am heißesten Mittage stets die Sonnenseite der Königstraße der Schattenseite vorziehen werden.

Dann wird auch hoffentlich eine Drahtseilbahn den Hasenberg hinangehen, und wir werden von der Station Feuersee aus hinauf fahren und vor dem Jägerhause beim Sechsundsiebenziger sitzen bei Backstein- und Straßburger Münster-Käse, – und – Kinder und Enkel denken.

Wer kann freilich sagen, was alles Murad der Fünfte sich für die Zukunft vorgenommen hatte, und was gegenwärtig Abdul Hamid der Zweite sich in Betreff derselbigen vornimmt?! Fünfundvierzig Jahre alt werde ich morgen – diese Vorstellung ist so überwältigend, daß sie mir widerstandslos die Feder aus der Hand nimmt. Sei und seid Allesammt morgen vergnügt und haltet Euch an die Gegenwart!

Dein und Euer getreuer Freund WilhRaabe

234. WILHELM UND MARIE JENSEN AN RAABE

Freiburg 7 Sept. 1876.

Lieber Wilhelm!

Da es wieder den Anschein hat als ob Du auch morgen nicht kämest, so will ich sicherheitshalber heut per Post ein paar Wörter mit Dir reden. Du hast mich ahnungslos mit dem „heiligen Born" getränkt und gelabt in dieser letzten Woche. Ich ging in Wilm's Zimmer so für mich hin „und nichts zu suchen das war mein Sinn –". Da fand ich trotzdem im Schatten ein Büchlein stehn, wie es dahin gekommen, konnt' ich nicht verstehn, denn Deiner und seiner Werke Zier befinden sich alle in meinem Revier. Ich habe beim Lesen des Buches viel gelacht und (lache nicht!) auch gegen den Schluß hin viel geweint. Wilm liest es jetzt auch, und dann will er Dir's zurückschicken, und dann will ich mir's kaufen, denn ich mag keine neue Ausgabe, aus der Du am Ende die ganze Liebesgeschichte herausgestrichen hast. Was Du in jüngerer Zeit geschrieben, das laß den Jüngeren, denn „anders lesen Knaben den Terenz" als – wir Alten (wenn wir ihn lesen). Mir hat nun Dein heiliger Born und die Art wie er fließt trotz den 31 Jahren gefallen, unsagbar gefallen, und was Du etwa daran ändern könntest ist kaum der Rede werth. Wenn Du noch mehr solcher vergrabener Schätze weißt, dann deute sie mir! –

Du thust sehr Unrecht, daß Du nicht kommst, lieber Raabe! Den Kieler Garten hast Du versinken lassen, und willst nun in dem neu aufsteigenden nicht einmal mit uns da mille voci Friburgia salutare. Du bedenkst nicht, daß auf thauigem Flügel wieder wie gestern so heute die Zeit schwindet! Komm, und ich will Dir dies Lied viele Wochen lang tadellos vorsingen! Warst Du in Bayreuth? Ich auch nicht. Leb wohl, lieber Wilhelm. Ich gratulire mir wieder einmal herzlich zu Deinem Geburtstage und hoffe noch lange zu verbleiben als

Deine getreue Marie.

Herzlichen Gruß an Bertha.

[W.J.]

Lieber Freund –

daß sie Dir munde
Am Beginn des neuen Jahres
Und Dich eine Viertelstunde
Dran gemahne: Ja, so war es,
Und so mög' es wieder werden,
Daß gemeinsam wir genießen,
Was uns noch auf dieser Erden
Will an Frucht an Blumen sprießen!

Ach, es ward gar unbeständig
Rechter Frohsinn, heitre Laune,
Wie der Himmel wetterwendisch,
Daß ich manchmal drob erstaune,
Wie wir immerdar noch hoffen,
Daß sich goldene Tage zeigen –
Häng' denn morgen blau und offen
Dir der Himmel voller Geigen.

Herzlich Dein Wilhelm Jensen

Freiburg i.B. 7 Sept. 1876

235. WILHELM RAABE AN JENSENS

Braunschweig, 26 September 1876

Liebe Freunde!

Aufgefressen ist er. Der Melonerich nämlich. Aber von Danck bis heute noch keine Spur: „Natürlich!“ werdet Ihr sagen und wie gewöhnlich recht haben; wir aber sagen: „Großer Gott, erstens ist es doch die reine Renommage, Einem ein solch tropisch Gewächse nach dem wüsten Norden zu schicken, und, zweitens, thun sie reineweg als ob von Cholerine und dergleichen bei ihnen in Flensburg oder Kiel nie die Rede gewesen wäre!"

Was hilft mir die schönste Melone bei Reif auf den Dächern im August und 1 Grad Kälte im September? Da sind mir doch Marie's Thränen über den heiligen Born noch lieber. Das wärmt wenigstens, zumal wenn man eben im Begriff ist, das grüne Holz in den Ofen zu schieben und sein allerjüngstes Manuscript dazu! Wenn es nur brennen wollte, das grüne Holz mit dem alten! – – – Seit Mitte August sitze ich nächtlicherweile und huste asthmatisch. Allgemach lerne ich meine Bronchien ganz als Virtuose zu behandeln und hoffe demnächst ein Concert gegen Eintrittsgeld darauf geben zu können; und somit würde es doch sehr unrecht von mir sein, wenn ich es jetzt schon aufgeben wollte, es noch einmal in der Welt zu etwas Ordentlichem zu bringen.

Nun seid Ihr mir wieder einen Brief schuldig und auf den freut sich Euer alter Freund

WilhRaabe

236. WILHELM JENSEN AN RAABE

Freiburg i.B. 18.Nov. 1876.

Lieber Raabe.

Marie und ich haben gestern Nachmittag um 2 1/4 Uhr die persönliche Bekanntschaft eines jungen Menschen gemacht, der sich Bill nennt und für den wir bereits seit längerer Zeit einiges Interesse gefaßt und uns deshalb zu öfteren Malen über sein muthmaßliches Aussehen eingehender unterhalten hatten. Das Letztere läßt zu wünschen, jedoch auch zu tadeln übrig; es verräth im Uebrigen die kräftige Natur der Urheberin, der so leicht Nichts und in Folge davon auch dies nicht im Geringsten geschadet. Sonst wüßte ich an Erwähnungswürdigem nur anzuführen, daß wir seit 8 Tagen bei einer Tag- und Nachtdurchschnittstemperatur von 15° R in beständigem Juni leben, nicht heizen und daß

Marie bei weitoffenen Fenstern über die schnelle Wandelbarkeit körperlicher Umfangsmaße nachdenkt. Der obengenannte junge Mensch aber – um auf diesen Hammel zurückzukommen – empfiehlt sich Deinem Hause für alle Arten von Dienstleistungen, sobald der Jüngling wieder mit seinem Palmenzweige schön an des Jahrhunderts Neige steht. – Schön! n'Morgen!

Der Deinige und Seinige W. J.

237. WILHELM RAABE AN JENSENS

Braunschweig, 21 November 1876.
(Mariä Opfer).

„Wie Ovid, als er seine Ars amatoria schrieb, kann ich sagen: Das geht Keinem was an; im Nothfall mache ich meine Geschichten für mich selber!" sagte Wilhelm Jensen zu seiner Frau, als er in seinem reizenden Heim wieder einmal bei seinem „eigenen Gewächs" saß.

„Schreib es nur ja rasch den Raabes", erwiderte *sie*. „Die werden sich wundern, wie dick wir es wieder einmal hinter den Ohren gehabt haben."

„Ach was", meinte *er*. „Da sie wußten, daß wir einen Umzug vorhatten, konnten sie auch dieses wissen. Und sie haben es gewußt, verlaß Dich drauf! Was das anbetrifft, so kannst Du ganz ruhig die gehörigen Tage durch still liegen!" – –

Und so war es in der That. Gewundert haben wir uns gar nicht, liebe Freunde; aber freudig erregt hat uns Euere fröhliche Botschaft doch im höchsten Grade. Leben sollt Ihr, und wenn die Tag- und Nacht-Durchschnittstemperatur auch nicht immer auf 15° R. stehen bleibt! Gedeihen soll der Junge; gute Lymphe soll ihm das Reichsimpfgesetz zu Theil werden lassen; und wenn Wir im Jahre 1900 noch vorhanden sind, so werden wir ihm sicherlich die Freiburger Postkarte vom 18 November 1876 vorlegen und ihn ersuchen, derselbigen Folge zu leisten. Wahrscheinlich wird die erste „Dienstleistung" die wir dann von ihm verlangen werden sein, daß er uns ein Exemplar der Barthenia seines gottbegnadeten Papa's verschaffe.

O Ihr heimtückischen Allezeit-Mehrer-des-Reichs, schreibt bald, daß Alles auch ferner gut abgelaufen ist!

Euer WilhRaabe

238. MARIE JENSEN AN RAABES

Freiburg 20 Dez. 1876.

Geliebteste Raaben!

„So wär's denn wieder wie die Sterne wollten –", Mariä Opfer ist vorüber, und ich würde frei aufathmen, wenn unser aller Lunge und Zwerchfell es erlaubten. Wir haben aber sämmtlich, mit Ausnahme Wilhelms und vielleicht des Kleinen, den Keuchhusten, und sitzen um den Kleinen in großer Angst. Letzterer ist kein Professor Binkus, sondern ein großer starker Bursche, welcher bei Tage schreit und Nachts schläft, während Binkus es umgekehrt machte. War Euer Klärchen älter als ein Vierteljahr, als es den Keuchhusten bekam? Ich habe ihn heftiger als die Kinder; er scheint bei den vieren gut und leicht zu verlaufen. Der Kleine hustet schon, aber wir wissen nicht, ob es der Keuchhusten ist. Ich hätte Euch längst geschrieben, wenn meine Stimmung etwas harmloser gewesen wäre. Als Bill vierzehn Tage zählte, und ich ohne Arg im Hause herumwandelte, wurde ich plötzlich wieder in's Bett gepackt, Professor Hegar und sein Assistent standen wie zwei Henker vor mir; ich wurde chloroformirt, halb massacrirt und zu neuem Lagerleben verurtheilt. Ich kann Euch versichern, diesmal habe ich dem Tod in's Auge gesehn, und war dem „großen Nichts" näher als Ihr glaubtet – aber ohne großen Schreck. Mir ist nicht mehr „Kartoffelsalat das halbe Leben", sondern Schlafen. Wilhelm steigt auf die Berge und raucht literarische Cigarren mit Gisbert Freiherrn von Vinke. Auch Wilhelmine von Hillern, die Geierwally, haben wir kennen gelernt; eine interessante Dame, die aber leider kürzlich bei einem Ritt Arm und Bein gebrochen hat. – Anbei schicke ich Euch mein Contrafei. Gern hätte ich Wilhelm oder eines der Kinder gezeichnet, allein die konnten in dieser Zeit nicht „Akt stehen". Ihr müßt es mir nicht verdenken, daß ich mich um einige Jährchen jünger aufgefaßt, und die Nase feiner, die Augen größer, den Mund kleiner hingesetzt habe! Das Malen geb' ich so lange auf bis ich zeichnen kann; und wenn wir einen guten Lehrer finden, nehme ich im neuen Jahr Unterricht. Den Bewohner des „reizenden Heim's" und Trinker des gottbegnadeten Gewächses („der Kerl ist so sauer, daß man ihn künstlich gar nicht herzustellen vermöchte", las ich kürzlich in einer Anecdote), also Bill senior schicke ich Euch nächstens. Selbiger hat auch das Tuch für Dich aufgegabelt, liebes Bertchen, dieweil ich bis jetzt nicht ausgehen durfte. Fünfzehn Grad R. im Schatten haben wir immer noch – aber was frag' ich darnach! Wir husten hier wie überall. Wenn Ihr aber nach Freiburg kämet, und wir wieder „zusammenhocken" könnten, dann würde Vieles besser sein. –

Lebt wohl, seid fröhlich, und denkt am Weihnachtsabend auch einmal zu uns herüber!

Tausend Grüße von Eurer

M.

Eben kommt die Zeichnung, die ich zum Aufkleben aus dem Hause gegeben hatte, ganz verwischt, verfleckt und verdorben zurück. Ich kann nichts dafür. Addio! Schreibt bald einmal!

239. WILHELM RAABE AN JENSENS

Braunschweig, 24 Decemb. 1876
Morgens.

Liebe Freunde!

Ich habe dießmal wirklich nicht gewagt, an Euch zu schreiben, ehe ich eine Antwort auf meine letzte Anfrage nach Euern Zuständen hatte. Nun haben wir Deinen Brief, liebe Marie, und er lautet unbehaglich genug. Ihr könnt es uns glauben: wir haben Euch eine längere Zeit der Ruhe in Euerer neuen Heimath gewünscht!

Was den Keuchhusten anbetrifft, so haben wir den bei uns zweimal kennen gelernt. 1869 brachten Gretchen, Lisbeth und ich ihn vom Bodensee mit; und hier in Braunschweig bekam ihn Clärchen, welche damals aber wohl schon ein Jahr alt war. Ihr müßt die höchste Vorsicht bei Euerm Bill anwenden; für Euch Andere ist er ganz ungefährlich und bedeutet nur eine tüchtige und vielleicht gar nicht ungesunde Durchschüttelung; aber das Kind ist eigentlich zu jung dafür. –

Aus vollem Herzen wünschen wir, daß die Wolke vorübergehe und das Jahr 1877 alles in schönster Ordnung bei Euch findet! – – – Der Bericht über Dich selber, l. Marie, hat uns aber einen noch fast größeren Schrecken eingejagt. Bertha, die einige Male auch nahe genug an dergleichen scheußlichen Zukömmlichkeiten des Daseins vorübergeglitten ist, ließ die Arme sinken und rief: „Oh!"

Da haben wir aber jetzt die Beruhigung, daß Alles glücklich überwunden ist und *das ist das Beste in Deinem Briefe*, liebe Freundin!

Bei uns geht es heute natürlich bunt her; gehustet wird aber auch tüchtig in die feierlichen Vorbereitungen hinein. Statt Euerer 15 Gr. Wärme genießen wir 15 Grad Kälte und dazu einen Ostwind der sämmtliche gegen den Orient zu gelegene Schlüssellöcher mit Reif und weißem Eisglanz überzieht und sie zu Schlünden des Verderbens macht. – – Da kommen Euere Paquete! – – Darüber werde ich Euch in den nächsten Tagen schreiben; – dieser Brief, der leider dießmal kein richtiger Weihnachtsbrief ist, muß zuerst fort.

Liebe Freunde, wir sind die Alten und bleiben es!

Euer WilhRaabe

240. WILHELM RAABE AN JENSENS

Braunschweig, 31 December 1876

Liebe Freunde!

Das Bild ist prächtig. Das Buch ist ein wahres Prachtwerk. Da Du, Marie, das Bild selber gemacht hast, so erklären wir Dich hiemit feierlichst als eine wirckliche und wahrhaftige Künstlerin und sprechen Dich los von jedweder Lehrlingsschaft! Von Dir, Wilhelm Jensen, werden ferner Enkel reden auch ohne Velhagen und Klasing; – mehr kannst Du nicht verlangen. – Noch ein Kleines, und das Jahr 1876 war. Würde ich Euch sagen, daß wir nicht wissen, was das Jahr 1877 bringen wird, so würdet Ihr die Bemerkung wahr finden müssen, wenngleich mit einem Manches bedeutenden Achselzucken. Ich meine also, wir halten uns stille, ganz stille in der Gewißheit, daß seit dem 21sten December der Tag bereits wieder um fünf Minuten zugenommen hat, eine Thatsache, welche wir vor vier Wochen als kaum in der Möglichkeit liegend uns vorstellen konnten.

Gebt uns bald gute Nachricht von den Kindern.

Euer getreuer WilhRaabe

241. MARIE JENSEN AN RAABE

Freiburg 14. Jan. 1877.

Lieber Freund!

Du schreibst in Deinem letzten Briefe wir sollten „ganz stille sitzen" und abwarten was das neue Jahr uns bringen würde! Ja wir sitzen still und hören nichts als das schauerliche Knarren des Wagens. Heut vor acht Tagen, am Sonntag Morgen, starb der kleine Junge am Keuchhusten; und als wir ihn begraben hatten traf uns zu Haus ein Telegramm, daß es mit meinem Papa zu Ende gehe. Er starb gestern früh. Das Leben wird mir immer traumhafter, und ich finde schlafen besser als träumen. Es kommt mir vor, als ob ich mich auch bald ausgehustet hätte. Den vier Kindern geht es abwechselnd besser und schlechter. Wann sehen wir uns wieder?

Eure Marie

242. WILHELM RAABE AN MARIE JENSEN

Braunschweig, 28 Januar 1877. –

Auf Deinen Brief, liebe Marie, hat Euch Bertha Alles geschrieben, was sich zu solchen Zeilen schreiben läßt. Hätten wir bei Euch gesessen, so würden wir auch nur wenig haben *sagen* können. Was Euern kleinen Jungen anbetrifft, so –: „war es nicht

Verstand, daß er die erste Gelegenheit ergriff, sich wieder davon zu machen?"

Das schrieb Lessing in seinem berühmten Briefe an Eschenburg im Januar 1778. Es sind grade neunundneunzig Jahre her.

Die Nachricht vom Tode Deines Vaters hat mir unser Stuttgarter Zusammenleben einmal wieder recht melancholisch-freundlich hell gemacht. Es ist noch nicht 99 Jahre her und liegt dessenungeachtet, wie mir scheint, viel weiter zurück.

„Kommt herüber, meine Mama aus Wien ist da. Papa hat sie nur auf dem Bahnhofe abgesetzt und wird sie übermorgen wieder abholen." –

Ja, wir *Alten* haben schon Vielerlei erlebt: gutes und schlechtes Wetter, die Hebammen und den Todtenschauer, Sonnenauf- und untergänge; und wenn wir in's Husten gerathen, so machen wir das zum mindesten eben so gut als andere Leute.

Liebe Freunde, es hilft nichts, wir müssen in der Komödie weiter mitspielen, ob wir wollen oder nicht; und so mein ich, es ist immer das Beste, daß man es sich gar nicht merken läßt, wie sauer es Einem ankommt und wie langweilig es dann und wann ist. Schreibt bald. Zu W's Geburtstag werde ich natürlich wieder schreiben, als ob auch das etwas noch nie dagewesenes, etwas ganz und gar außerordentliches sei.

Euer WilhRaabe.

243. MARIE JENSEN AN BERTHA RAABE

Freiburg 11. Febr. 1877.

Meine liebe Bertha!

Seit ich Deinen Brief habe, war es beständig meine Absicht Dir dafür zu danken, doch ließen tägliche neue Sorge und Arbeit mich nicht dazu kommen. Die Maina liegt seit 14 Tagen an einer heftigen Bronchitis in Folge des Keuchhustens; und ich habe jenen Stirnhöhlencatarrh, dessen Bekanntschaft ich schon einmal vor drei Jahren in Kiel gemacht. Das monatelange Hustenconzert hat endlich alle höllischen Geister in meinem Kopf zum Tanzen gebracht. Ich will mich nicht weiter über unsere Zustände verbreiten; Menschen, die beständig etwas zu klagen haben, müssen schließlich selbst den besten Freunden langweilig werden. Ueber Deinen Brief habe ich mich *wirklich* gefreut, liebe Bertha, und danke Dir von Herzen dafür. Ihr scheint Euch diesen Winter wacker und frisch gehalten zu haben, und könnt also zufrieden mit Euch sein. Unser „reizendes Heim“ ist etwas zugig, und „der Wind, der vom Gebirge sausend wehet“ heißt uns ängstlich darauf achten zehn Schritt vom Fenster zu bleiben. Wir sitzen in beständigem clair obscur; und da summt uns denn immer der Gedanke um den Kopf, im nächsten Herbste wieder einen Umzug zu bewerkstelligen. Wohin – das wissen die Götter. Ich bin für Braunschweig, Wilhelm schwärmt durchaus nicht mehr für Freiburg. Seit drei Wochen ist das Wetter schlecht, es giebt hier kein trinkbares Bier, auch keine wirklichen Freunde – was sollen wir hier? Während der heißen Zeit hat Wilm sich durch zu massenhaftes Trinken eiskalter Sachen ein chronisches Magenübel herausgebildet, was ihn sehr verstimmt, und zu strengster Diät nöthigt. Ich passe wie ein Argus auf ihn, und es geht auch schon wieder besser. – Neulich war Paul Lindau zwei Tage hier, um Wilhelm für die neue Zeitschrift „Die Gesellschaft“ oder auch vielleicht „Die Mitwelt“ genannt, zu „keilen“. Wir frugen ihn, ob er Deines Mannes Bücher gelesen habe, er sagte ausweichend und etwas beschämt, daß er meist nicht Zeit habe, die besten Sachen zu lesen, versprach aber es nachzuholen. Mit liebenswürdiger Offenheit gestand er auch daß er von dem „Gottbegnadeten“ nur „Magister Timotheus“ theilweise kannte. Paolo war sehr amüsant. So ärgerlich ich im tiefsten Herzensgrunde über diese Schriftstellersorte bin, und trotz all meinem Leid habe ich doch oft furchtbar über ihn lachen müssen. Er hatte alle Taschen voll Neuigkeiten. –

Leb wohl, liebe Bertha. Grüße Wilhelm und Gretchen, das große Mädchen; die andern Kinder werden sich unserer wohl kaum erinnern. Bleib gut

Deiner getreuen Marie

Von Wilhelm soll ich Dich herzlich grüßen.

244. WILHELM RAABE AN JENSEN

Braunschweig, 13 Februar 1877.

Lieber Freund!

Daß es nicht viel *hilft,* Einem zu allen möglichen Zeiten und Tagen Glück zu wünschen, das kriegt der Mensch allmählich heraus, wenn er unsere Jahre auf dem Buckel gelegt bekommen hat. Aber freundliche Gewohnheiten sollen desßhalb doch nicht abkommen, und also – southward ho! so fahre dahin auch dieß-mal Gruß und Wunsch und erinnere den Mann „mit dem verdorbenen Magen“ daran, daß wir es noch immer so meinen *wie früher!*

Also Umzugspläne habt Ihr wieder einmal wie Deine Marie schreibt. O ja, Braunschweig ist recht schön; aber nur für Jemand, dem es nicht darauf ankommt, so 'mal für eine unbestimmte Reihe von Jahren vollständig aus der Welt herauszufallen. Laßt Ihr es ruhig nur erst wieder Frühling in Freiburg im Breisgau werden; nachher freue ich mich doch schon auf die großen Melonen die Ihr im Sacke haben werdet. Zum achten September rechne ich zweifellos auf eine davon.

Da ich weder mit der „Gesellschaft“ noch mit der „Mitwelt“ viel zu schaffen habe, so ist es mir auch ziemlich gleichgültig, welche Redacteure derselben Euch besuchen und zum Lachen bringen. Aber gefreut habe ich mich (N.B. ich freue mich schon wieder in diesem Briefe!) daß sie Euch wieder zum Lachen gebracht haben. Um das Meinige zu thun, Euch dabei festzuhalten, folgt anbei ein Bildniß nebst dem was, voller Erstaunen, die Sonne des Novembers 1876 dazu sagte;–nämlich:

„Es ist die Möglichkeit! ... Nachher kann jetzt Jeder kommen, ordentlich gewaschen, gekämmt und mit einem frischen Hemde: *Ich* stelle ihn in das rechte Licht!“ ...

Ist es die Möglichkeit? frage ich:

Dein und Euer alter Freund
WilhRaabe

[Ein „Bildniß“ liegt nicht vor.]

245. WILHELM JENSEN AN RAABES

Freiburg i.B. 7 Juli 1877.

Herzlichen Gruß zuvor von Marie!

So wären wir denn, o Guglielmo Corbo, o tu mio carissimo, auf derjenigen Station unserer irdischen Wanderschaft angelangt, welche wir als die letzte unserer läuternden Pilgrimsreise in das Himmelreich betrachten. Hier werden wir usque ad diem supremum Sonne und Regen über uns ergehen lassen, weil die Menschheit bis dahin schwerlich eine zuverlässige Erfindung machen wird, ihnen ihr alternirendes Vergnügen zu wehren. Hier wird der rothe und weiße Springquell der Kellertiefe uns nach manchem andern, wie ich verhoffe, unsern letzten Durst löschen, mein Sohn Paul den Wissenschaften fluchen und sich mehr denn ein Decennium lang täglich an ihrer Milch magerer trinken. Hier werden meine Töchter auf ihrer Hochzeit tanzen, oder als alternde Jungfern sitzen. Hier – dort aus der Thür dorthin auf die Gasse werden wir eines Tages nicht mehr gehen, sondern wird man uns tragen, ohne daß wir den Trägern irgendwelchen Dank dafür wissen. Hier! – Wo?

Luisenstraße 11.

Dies, o Freund, ist die Adresse, unter welcher Deine selten zu uns wandernden Gedanken und Deine noch selteneren Schriftzüge hinfort – bis Alles oben Aufgezählte sich zugetragen und im großen Rinnsal mit vorübergeschwommen – an uns gelangen werden. Denn hier an der Ecke der Dreisam- und Luisenstraße, nach dreien Seiten dem Winde und allen bösen wie artigen Redewendungen ausgesetzt, haben wir uns ein Haus gekauft und dasselbe am uralt heidnischen Sonnenwendtage des christlichen Jahres 1877 bezogen. Das Erste, was die leerhallenden Wände von unserem Kommen erschaut, waren der belvederische Apoll und die milesische Venus, und als sie eine Nacht hindurch einsam unter dem verlassenen Dache Zwiesprache gehalten, folgten der Sohn des Frankfurter Rathsherrn und des Marbacher herzoglich würtembergischen Hauptmanns nach. Dann kam eine andere Gesellschaft, ungehobelte Kerle hätte die erstgenannte Exzellenz sie betitelt, und hämmert, mauert, polirt, tapezirt, legt Wasserleitung, tüncht, malt, wichst, bessert, putzt und dreckt jetzt seit sechzehn Tagen von der rosenfingrigen Eos bis zum Abendstern, der „leuchtend hoch über den Tannen des Schwarzwalds" vor uns steht, um unsere verzweifelnden Ohren, Augen und last not least sonstigen Sinne herum, und weitere acht Tage werden noch gegen Belfort zu über dem Ballon d'Alsace vor meinem Fenster absinken, eh' „die Veredlerin rauher Sitten" unser bis dahin sehr „bewegliches Zelt in dauernde und feste Hütten umgewandelt" und uns, wenn auch nicht „zu Menschen gesellt", doch wieder zu Menschen gemacht haben wird. Dann aber besitzen wir zum erstenmal ein Haus, das den Ehrentitel eines menschenwürdigen ohne Anfechtung von Seiten einer Titelcommission zu führen wagen darf. Unmittelbar unter unsern Fenstern und weinlaubüberflattertem Balcon fließt und rauscht die Dreisam und drüberhin gegen Ost, Süd und West greifen die Augen hart in die dunkeltannige Schwarzwaldrunde mit Bergköpfen, Thälern und Hügelwellen bis an den Rhein und die blaue Vogesenkette hinein, so nah, daß der Harz- und Nadelduft uns bis in die Fenster zieht, so fern doch, daß der Blick in Weite und Himmelslicht schwelgen kann. Nach Norden steht das Münster fast bis zum Fuß hinunter wie „Stein gewordene Musik" rother Pyramide über unserm Garten vor der Veranda, auf der wir mit Dank gegen den, der Korn, Reben, Hopfen und Ochsen wachsen läßt, unsere dann und wann durch ein Glas Sect vereinfachte Abendmahlzeit einnehmen. Das besagte Haus enthält 14 Zimmer; im Erdgeschoß Küche, Kinderspielzimmer, Fremdenzimmer, großen Saal, Eßzimmer, Speisekammer; im ersten Stock unser Schlafzimmer, daran das von Thea, Maina, Käte, daran das vom Paul, dann mein Zimmer, das Rosa-Balconzimmer Mariens, ein Schrankzimmer, Maries „Atelier", ein Badezimmer. Endlich im zweiten Stock ein vereinzeltes großes Zimmer, in dem ich für den Rest meiner Tage mein Hauptquartier aufgeschlagen und gegenwärtig mit federentwöhnter Hand diese Zeilen kritzle. Gegen Westen und Norden umgiebt der Garten mit Weingängen, Lauben und Rebland das Haus. Nun wißt Ihr's, und als Consequenz von dem allen ergiebt sich jetzt die Frage:

Wann kommt Ihr?

Diese Frage zerfällt mit deutscher Gründlichkeit in zweie:
1) Wann kommt Ihr, um Euch unsere Heimath anzusehen und
2) Wann kommt Ihr, um Euch selbst eine Heimath an der Dreisam zu gründen?

Denn Ihr werdet es thun. Ihr werdet nicht in den Besitz hannoverischer Exköniglichkeit übergehen, sondern rechtzeitig Euren Leib und Eure Seele unter großherzoglich badensischen Schutz flüchten. O wenn ich Alles so gewiß wüßte! Zehn Jahre an der Oker werden Euch wie ein Traum erscheinen und wir werden wieder beisammen sitzen wie am Nesenbach, um Einiges grauer, vielleicht um Manches weiser, doch zwiefach die Alten, und „mitten im Spiegel der schimmernden Wellen" der Dreisam wird unser Kahn sich wiegen, wir werden die Schäferin süß begraben und „ach wie so bald wird uns der Reigen verfallen."

Seid Menschen und kommt! Es ist warm, schön und billiger hier als irgendwo im heiligen neuen deutschen Reich preußischer Nation.

Daß wir weniger als halblebendig sind, mögt Ihr Euch denken. Während der Ferien der Kinder, die vom 1 – 31 Aug. dauern, werden wir für 14 Tage auf das Rasthaus des Hochblauen gehen, gegen 4000' hoch, über Badenweiler, bis zur Spitze 3 Stunden von hier.

Laßt die Sonne dieses Jahr nicht in die größte Erdferne gerathen, ohne daß wir uns gesehn! Denn, ich habe mir sagen lassen, die Schlußverse von Feuchterslebens „Es ist bestimmt in Gottes Rath" seien problematisch.

In meinem Rathe, Freund, ist es bestimmt, unveränderlich bis an's Ende zu bleiben

Der Deinige

Wilhelm Jensen

246. MARIE JENSEN AN RAABE

Hochblauen 8 August 1877.

Lieber Raabe!

Schönsten Gruß vom Blauen in's Blaue – zu Euch hinüber. Du könntest auch einmal wieder zwei Worte reden! Hast Du Wilms Renommirbrief erhalten? Dann wirst Du auch zwischen den Zeilen gelesen haben, daß ich wieder einmal viel durchgemacht! Wir sitzen hier um fern von Freiburg „darüber" nachzudenken. Nach diesem letzten Umzuge war ich fast mausetodt. Zum Glück ist hier oben kein Mensch, und man kann ungestört sich vielleicht wieder gesund faullenzen. Der Blauen ist 4000' hoch und der letzte bedeutendere Schwarzwaldkegel nach Süden hin. Wir bekommen deshalb auch den Wind „der vom Gebirge sausend wehet" aus erster Hand. Die ganze Hochalpenkette von der Ortlerspitze bis zum Mont-blanc liegt mächtig und zauberhaft vor uns. Wie Toggenburg sitze ich den langen Tag und starre die weiße Firn der Jungfrau an. Abends blitzen die Lichter von Basel zu uns herüber; auch Mühlhausen, Freiburg, Straßburg sieht man deutlich. Da aber Gegendschilderungen in Briefen, d.h. in Laienbriefen immer langweilig sind, breche ich kurz ab, und frage Dich heut nur noch, lieber Wilhelm: Wollen wir denn diesmal unsern Geburtstag nicht zusammen feiern? Deiner Gesundheit wäre ein mehrwöchentlicher Aufenthalt in Freiburg jedenfalls zuträglich; und auch Bertha würde es gut thun einmal „heraus" zu kommen. In Braunschweig habt Ihr doch gewiß irgend ein mitfühlendes, zuverlässiges Wesen, dem Ihr die Kinder anvertrauen könnt; und zu täglicher höherer Controle Bertha's Mutter. Ihr könntet uns doch auch wieder einmal eine Freude machen! Ich will dann ein Bild von Dir zeichnen, daß späte Urenkel noch ihr Vergnügen dran haben sollen! Und Bertha kann sich Freiburg mit klugem praktischem Blick betrachten ob es ihr als Wohnsitz behagen würde. In acht Tagen kehren wir zurück. O macht uns glücklich und kommt! Laßt uns noch einmal Beefsteak, Kartoffelsalat, Balladen und Cardinal miteinander genießen! Addio! Antwortet *bald*, aber wie *gute* Menschen

Eurer Marie

Ich habe, bevor Ihr Eure Ankunft gemeldet, nichts mehr mit Euch zu thun.

W.J.

247. WILHELM RAABE AN JENSENS

Braunschweig, 12 August 1877

Noch sieben Seiten; dann schreibe ich an Euch. Habt Geduld! Ich habe seit dem 15 August vor. Jahres nicht nach Rechts und nicht nach Links gesehen. *Deutscher Adel* heißt die Schlange, die währenddem um mein Dasein herum den Schwanz zwischen die Giftzähne genommen hat.

Euer W.R.

248. WILHELM RAABE AN JENSENS

Braunschweig, 1 September 1877.

Liebe Freunde!

Meine Seele dürstet nach Euch; der Deutsche Adel ist abgethan; wir hätten Zeit, Geld und Lust; aber – ich kann mal wieder keine Luft kriegen. Seit vierzehn Tagen schlafe ich nur sitzend, die Beine über den Bettrand baumelnd, hustend und röchelnd. Es würde jetzt in Freiburg grade so sein, wie damals in Flensburg, wo Ihr nur den barmherzigen Bruder und die barmherzige Schwester gegen mich spielen konntet. Dafür habt Ihr freilich da Oben in Euerm Haben einen guten Rest gutgeschrieben, und dürft dreist noch immer ganz ruhig nach beliebigen andern Seiten drauf los sündigen. Es geschieht Euch nichts dafür, wenn der Passus in Wilhelms Briefe, der von Euerm allerletzten Auszuge aus Louisenstraße 11 handelt, zur Geltung kommt.

Liebe Marie, weshalb fallen denn unsere Geburtstage grade in diesen verruchten Herbstanfang. Ich kann es aus meinem Diarium beweisen, daß gegen Ende Augusts und bis gegen Ende Septembers *stets was in der Luft sein muß*, was mit meiner Anwesenheit auf dieser wackligen Erde gar nicht stimmen will. „Asthma!" „Asthmatisch!" „Heftiges Asthma durch die ganze Nacht!" steht da von Tag und Nacht und von Nacht zu Tage immer wüthender, grimmiger und vergrellter geschrieben. Der Jacob Böhm'sche „Salnitter" will wenig mehr helfen; Digitalis ist das Nächste, und zuletzt bleibt die letzte Hoffnung auf den braven Stoff Arsenik gestellt. So is es! –

Was hättet Ihr denn davon, wenn ich jetzt käme und Euch was vorhuste? Euere Thalluft wäre jetzt mein Ende, und ich habe da oben nicht wie Ihr Was gutgeschrieben!

Auf dem Hochblauen wäre mein Ort mit Euch gewesen; aber von da her habt Ihr eben schon Claus Groth gegrüßt und zwar in so schönen Versen, wie sie Euch so leicht kein Anderer nachmacht. O, W.J., weshalb schreibst Du Prosa? . . . .

Dieses bringt mich auf unsere literarische Thätigkeit, und da zuerst auf das Buch: Flut und Ebbe, über welches ich Euch noch nichts geschrieben habe. Das Ganze ist nicht wahr; aber der Tag, an welchem *die* Frau mit ihren beiden Kindern ausgeht und in's Wasser gehen will, ist ein Unicum in unserer ganzen erzählenden Literatur. *Das* einzeln und allein hingestellt, mit einer kurzen, plausibeln Vorgeschichte und einem tragischen Schluß, hätte *nie* seinen Eindruck auf die Menschen verloren! und zwar in der rechten Weise, nämlich ganz einerlei, ob sie wollten oder nicht! . . .

Ich habe jetzt die alte Chronik mal wieder corrigiren müssen, und ich versichere Euch, mir ist manchmal körperlich im hohen Grade übel dabei geworden. Auch eine neue Ausgabe des Hungerpastor's wird Euch demnächst zugehen. Das habe ich wenigstens stilistisch etwas verbessert, und so mag es noch einmal mitlaufen. Auf den Wunnigel aber, der von October an in den Westermann'schen Monatsheften erscheint, mache ich Euch mit den Thränen der Selbstgerührtheit in den Augen aufmerksam. – Und nun zu Deinem Briefe Marie! – Was hast Du wieder durchgemacht? Du Arme hast in den letzten Jahren wirklich so viel durch zu machen gehabt, daß die alten Freunde wohl mit einiger

Sorge fragen dürfen: War es dießmal nur der neue Umzug in das letzte, neue und endgültige Paradies, Louisenstraße 11? – Wir hoffen es aus ganzer Seele, altes neues Geburtstagskind!

Da haben wir umgewendet. Und was war es denn? Wieder ein Jahr von 1876 bis 1877! Haben wir uns wirklich nicht darin gesehen? Unsinn! . . . Sehr häufig sogar und immer in unsern „*besten Momenten*". So wird es bleiben. Ich schreibe aber nochmal zum Achten.

Euer getreuer WilhRaabe

249. MARIE JENSEN AN RAABE

Freiburg 4 Sept. 1877.

Lieber guter Raabe!

Gottlob – Dein Brief enthält kein „lasciate ogni speranza"! Freiburg liegt nämlich immer noch 600' höher als Braunschweig, und Du hast nach Victor Hugo auf Deinem Kopf eine geringere Luftsäule zu tragen, wirst Dich folglich hier am Abend leichter fühlen. Vielleicht wirkt auch schon die bloße Luftveränderung günstig. Was meint denn Bertha dazu? *Ich* meine, Du solltest Dich ein paar Tage *gründlich* schonen, damit Du den Catarrh los wirst, und dann hieher sausen, 7 Stunden bis Frankfurth, und von da nur noch 7 Stunden nach Freiburg. Hochwillkommen seid Ihr uns nicht nur am 8ten sondern auch am 9, 10, 12, bis 20sten. Zu spät darf es nicht werden, weil gegen Ende October meistens die Nebelzeit kommt. Vielleicht ist, während ich hier sitze und Dich und die Götter anflehe, Dein Husten schon vorbei und wir können doch noch Möricke's Geburtstag hier miteinander feiern! O – wie freu ich mich! Laß es uns bald erfahren! Freitag Morgen können wir Nachricht haben. Im Uebrigen, wenn Du vor Packen nicht mehr zum Schreiben kommst – wir sind auch einer angenehmen Ueberraschung nicht abgeneigt!

Auf *Wiedersehen!*

Eure Marie

250. WILHELM UND MARIE JENSEN AN RAABE

Freiburg i.B., zum 8 Sept. 1877

Lieber Raabe,
Alter Knabe,
Sag mir, habe
Ich die Gabe,
(Und ich mein es)
Nur ein Kleines
Noch auf Deines
Kopfes feines
Planen Wirksamkeit zu üben,
O so zeige
Zu Braunschweige
Dich nicht feige,
Sondern neige
Dein Gehör uns
Und gewähr' uns
Und bescheer uns,
Was zur Ehr' uns
Dien' und nicht uns zu betrüben!

Dieses Geburtstagscarmen, lieber Freund, gehört zu den ausgezeichnetsten seiner Gattung, und während es an melodiöser Anmuth seines Gleichen sucht, aber kaum finden dürfte, übertrifft es alle bisher in die Oeffentlichkeit getretenen Concurrenten durch das unvergleichliche Clair-obscure, vermittels dessen es grade so viel von seiner Absicht verräth, daß der Betreffende nicht in vollständiges Grabesdunkel gehüllt davor steht, ohne zugleich doch in der Empfindung seiner feineren Sinnesorgane durch eine gemeine Deutlichkeit des Verständnisses beeinträchtigt zu werden. –

Diese Erläuterungen meines Poems schuldete ich weniger Dir, glückliches Kind dieses Tages, sondern der Nachwelt, die sich vielleicht eines Tages in der heut' gottlob noch unfaßlichen, doch darum in der Vorstellung doppelt traurigen Misere befinden könnte, an einem Viehoff von Düntzern, Gödeken und Bernaysen Mangel zu leiden. Denn Dir, bei Deiner Dir heut' vor 46 Jahren angeborenen Intuitionsgabe für tief verborgene Deutung (und wäre es des räthselvollen Daseinszwecks eines rostigen Stückes Eisen) brauche ich es eigentlich nicht, in Prosa aufgelöst und in unser geliebtes Deutsch übertragen, auszusprechen, welchen Gedanken die gottbegnadete Begeisterung hier in ewigen Worten verhüllt und offenbart hat – ihn, der sich wiederum in beispielloser Prägnanz kundgiebt:

„Mußt Du husten, Wilhelm Raabe, so huste bei uns!"

Darin bezirkt sich jedoch auch das α und ω meiner heutigen Aeußerung. Denn ich entsinne mich wohl eines hohen von mir geleisteten Eides, den nächst Gott nur Du und ich gelesen – glaubst Du, daß Dein (vielleicht aufrichtiger) Wille ein Pio Nono sei, um die dreifache Erzkette meines Schwures zerre-ißen zu können? Beweise den Willen durch That, sonst pfeif' ich am 8 Sept. nicht nur auf Ariost, Mörike und Mariä Himmelfahrt, die es nicht mehr hören, sondern auch auf den Deutsch-Adel, der es zu hören bekommen soll, und werde meine Freundin Anna Wahlberg einmal mit Deinem Gedächtniß über Feld, Wald und Wiese spazieren und es schließlich ersäufen lassen, wo die Dreisam am Tiefsten ist.

Der Himmel blaut, die Sonne scheint und Luisenstraße 11 wohnt der Deinige

Wilhelm Jensen.

[M.J.]

Ich hör' Dich greinen: O wie grün!
Und seh Dich blinzeln: O wie blau!
Was soll das Krautkopfungethüm
Mir aus dem Pinsel dieser Frau?
Ja, lieber Freund, mit Wasserfarb'
Da ist der Kram halt gar verflixt;
I bring's nit z'samm, 's isch mi zu harb
Und was es isch? 'S isch halt an Nix.

Trifft Dich der Nixerich am 8ten in Braunschweig, dann geschieht Dir's schon recht. Hier erwartet Dich und mich der schönste Asterntisch; und eine schöne Rede von mir sollst Du hören, denn ich mag Dir's nicht immer nur schriftlich geben, was ich denke. Soeben habe ich's an meinen Knöpfen abgezählt: Kommt! Kommt nicht! *Kommt!* Addio Du Nebelgebild in Braunschweig! Während dieses Blatt in die Salzdahlumerstraße wandert, wandert der wirkliche Wilhelm Raabe zu seinem Geburtstagszwilling nach Freiburg

zur Marie Jensen

251. WILHELM RAABE AN JENSENS

Braunschweig, den 16 October 1877.

Liebe Freunde!

Ich habe es immer gesagt, daß Ihr es gut habt. Ihr könnt noch aus „wechselnden Tagen" singen, ich aber kann dieses durchaus nicht mehr. Am 16ten August habe ich angefangen zu husten und huste heute noch ohne allen Wechsel weiter. *Ich habe keine Briefe schreiben können!* es ist mir Alles egal gewesen. Ihr könntet noch viel liebenswürdiger sein, als Ihr seid, und – beim Satan, es wäre mir auch egal! –

Selbst der Nix mit der Flöte ist mir nix. Laßt ihn nur flöten: [Zeichnung: Ein Nix mit Totenkopf sitzt flötend vor einem toten Raben.]

Wenn ich nur wüßte, Marie, wo Du das nichtswürdige heimtückische Gesicht hergenommen hast, was der Zukunftsmusikante schneidet?!

Oh, ihr Geschicke der Menschen! neulich war Herr Arnold Wellmer hier. Der hatte eine große Kiste auf dem hiesigen Bahnhofe stehen, Hackländers literarischen Nachlaß enthaltend. Das schleppt er nach Blankenburg am Harz.

Ach, Wilhelm Jensen, wohin wird man unsere „zerstreuten Gliedmaßen", und die Fetzen unseres guten Namens einmal schleppen? Was *meine* Knochen angeht, so habe ich nicht das Geringste gegen eine gutrentirende Zuckerraffinerie einzuwenden, vorausgesetzt daß meine Töchter die gehörigen Actien im Besitz haben. Wie denkst Du über die Deinigen?

Beiläufig, der Mann (Wellmer) will Deinen Namen im Fremdenbuch des Hotel Pagano auf Capri gesehen haben – nicht weit von dem der Frau Henriette Hallberger; – und auch ein Gedicht sollst Du daselbst zum Besten der Welttouristerei eingetragen haben. Ist dem so?

Ich behauptete, Du habest nie jenes „felsenumgürteten Eilands schroffes Gestad als Pilger besucht"; d.h. Du seiest nie da gewesen, sondern nur bis Bologna gekommen. Wenn Du es nicht mehr genau weißt, so frage ich hiedurch Marie, wie sich die Sache verhält. –

Vorgestern hatten wir hier den zweiten schönen Sommertag in diesem Jahre, gestern den dritten. Am 25sten September ergötzte uns der erste Winterschnee und zwar nicht durch einzelne Flokken, sondern wirklich, ordentlich und wahrhaftig als Schnee*fall*, zwei Stunden lang. Im vorigen Jahre habe ich Molière kennen gelernt (Ihr kennt ihn auch noch nicht; bitte, fangt morgen an, ihn zu lesen!) und in diesem Jahre haben wir diesen wunderbaren Krieg, der wieder einmal der Welt Großschnauzigkeit und Impedenz so wundervoll die Faust auf die Nase legt: so findet sich immer was, was Einem über die Tage weghilft. Ich wäre aber doch gern nach Freiburg gekommen! –

L.W., die wechselnden Tage liegen schon auf dem Tische in der „Mittelstube". Für mich sind das Schöne und Wahre darin die Erinnerungen an das Jahr 1868, die für Uns da vom Feuersee und aus der Hermannstraße liegen. Wir standen sämmtlich um Dich herum und zwar mit vor dem Magen gefalteten Händen, als Du auf Deinem Sopha lagst und Magendrücken hattest, bis uns der Genever der Tante einfiel und Du aufsprangst und uns den „Henker von Pesth" lasest. – Und Du warst grade so sehr ein Anhänger der Todesstrafe als ich! . . . Kaiser Ludwigs erste glückliche Stunde hatten wir, als dem unglückseligen Selbstmörder im Wasser aus dem Bärensee vor Eurem Fenster die Geschichte leid wurde und die Stuttgarter Stadtpolizei nicht im Stande war, dem armen Kerl eine Stange hinzuhalten. Den „Nero" hast Du uns schnöde unterschlagen, bis Du von Amerika aus zum Ehrenmitglied der „Jensenia“ draufhin gemacht worden warest. Dann rücktest Du natürlich damit heraus. —

Was das andere angeht, so steht das Schönste und Wahrste auf Seite 123. –

Euer treuer Freund

WilhRaabe

P.Scr.

Aber habe ich im vorigen Jahre nicht Recht gehabt mit der Melone? Habt Ihr in diesem nicht, guten Muthes, wieder eine geschickt? Erinnert Euch, *wie* Ihr damals kläglich schriebet, und wie ich Euch Trost einsprach! – –

252. WILHELM JENSEN AN RAABE

Freiburg i.B. 11 Nov. 1877.

Ja, mein Alter, so gehts, wenn die Leute Holz vom Eichenstamme nehmen, um Einen nicht damit, sondern zum Unterschied darauf auszuhauen. Dann ereignen sich Wunderdinge für späte Geschlechter. Denn da Du unfraglich noch als von Raabe aus unserer verdienstwürdigen Welt scheiden wirst, so werden späte Nachkommen staunend das Conterfei ihres Ahnherrn betrachten und sich mit stets erneuter Ehrfurcht durch die Jahrhunderte zuraunen: „Das war der, welcher, von welchem, aus welchem, durch welchen —“. Ich aber hoffe nur Eins noch zu erleben, dies Bildniß (das etc.) noch von Künstlerhand lebensgroß in Farben ausgeführt zu sehen, und wenn es dann in das richtige Licht gerückt wird, zweifle ich nicht daran, daß das dritte Jahrtausend unserer christlichen Entwicklungsgeschichte sich desselben gleichsam als eines individualisirten Pantheons aller Halbgötter seines Vorgängers zu bedienen und zu erfreuen vermag. Mich jedoch in der beschränkten Befangenheit unseres noch nicht gereiften Jahrhunderts hat einstweilen die Schwabacher Schrift des Werkes hinter dem Meisterantlitz erfreut, und wenn etwas meine unbegrenzte Hochachtung vor Otto Janke noch zu vermehren im Stande gewesen wäre, hätte die schöne Neuausstattung des schöneren Buches dies ans Märchenhafte streifende Resultat erzielt.

Zugleich mit dem an schmerzliche Gewißheit grenzenden Gefühl, daß er Leibschmerzen dabei vor Angst gehabt haben muß, ob der kostspielige Satz und Einband sich noch zu seinen Lebzeiten mit 100% verzinsen werde. Er ist doch ein guter, eigensuchtsloser Mensch, der seines Gleichen sucht und sie einer dunklen Spreesage nach in ganz Berlin nur zweimal in seinen menschenfreundlichen Collegen Hoffmann u.Co. und Schäfer-Voit finden soll. Aber dafür werden meine Enkel ihn auch ehren und sprechen: Das war die gute alte Zeit, als es noch Verleger gab, die dem „Hungerpastor" einen solchen rothen Summar anlegten. Und Du und ich werden dann stille Leute sein und nichts darauf erwiedern.

Stille Leute sind wir hier in der Luisenstraße auch jetzt schon, die, wenn es nur Postverkehr dahin gäbe, ungefähr ebensogut auf der Venus oder dem Mars leben könnten, als unter den Nadelfittigen der Diana Abnoba. Doch der Himmel ist uns gut und so geht's uns auch gut. Seit sechs Wochen haben wir ununterbrochene Juliwärme, ich wandle täglich stundenlang durchs raschelnde Waldgebirgslaub und die Blumen stehn noch blühend in Feld und Garten. Vor Allem ist der Herbst hier doch besser als droben, so schön sogar, daß ein arbeitssüchtiger Mensch anfängt, sich dringend nach Wetterverschlechterung zu sehnen, damit die angeborene unseßhafte Natur an den Schreibtisch genagelt wird. In sechs Wochen Weihnacht und der Winterfeldzug noch nicht begonnen! In nächster Sommercampagne fahren wir an Braunschweig vorüber ins Kimmerierland, ohne die Salzdahlumerstraße zu berühren, wenn Du uns nicht vorher in der Luisenstraße gerührt hast. Fahr wohl, wir wissen, wie Du liebst, und die wilden Schwäne wandern vorbei. Aber, obwohl es im Thalesgrunde Deines Herzens reift, gehn dennoch in warmer Mittagsstunde bei uns noch manchmal Knospen auf am Rosenstrauch. Eine solche ist's, daß ich – von der Erinnerung überschauert – Dir heut' geschrieben. Zeus lacht des Meineids der Liebenden, darin liegt Trost und Grund für mich, wenn ich meiner hohen Schwüre, Dich brieflich zu vergessen, gedenke.

Marie liest mit großer Freude den Wunnigel; ich warte, bis er sich ausgewunnigelt hat. So lange wie Bodenstedts „Königsreise“ wird es ja wohl nicht dauern. „Gerechte Götter!“ sagt Adrienne Lecouvreur. Aber ich sage, daß der Mann ist aus Peine und muß sich lange brechen.

Vierzig – welk der Jugend Kränze;
Fünfzig – hebt das Alter an –
Sprich, auf dieser Sommergrenze
Was beginnst Du, kluger Mann?
Immer fühlst Du ein Entfliehen,
Immer spürest Du ein Nah'n,
Und durch jede Säumniß ziehen
Rasch die Jahre ihre Bahn.

Nun, so lasse mit Dir schalten
Wie im Wind das leichte Rohr:
Sei ein Weiser mit den Alten,
Mit den Jungen sei ein Thor!
Also nehmen, also geben
Dir die Jahre, was gerecht,
Und Du führst ein zweifach Leben,
Und dies Leben ist nicht schlecht.

In welcher Manier ich noch zehn Jahre zu bleiben hoffe

Der Deinige

Wilhelm Jensen

253. WILHELM UND MARIE JENSEN AN RAABES

Freiburg 21 Dez. 1877.

Vielgeliebte Raaben!

Verzeiht die Dummheiten, die wir Euch eingepackt haben! Dieser nennt's Vergißmeinnicht, jener heißt es Mäuseöhrchen! Ein Abbild der blauen Blume meiner Empfindung für Euch konnte ich nicht auftreiben. – Wilm sitzt droben in seinem Zimmer mit verbundenem Kopf, wie der Vater Constantius; seit acht Tagen hat er kein Wort mit mir oder der Welt gesprochen; nichts gegessen und nicht geraucht. Eine schöne Bescheerung für mich in dieser Zeit. Ich laufe wie ein Windspiel von früh bis spät im Haus und in der Stadt herum. Zum Glück sind die Kinder gesund. Was machen Eure? – Daß Du, lieber Raabe, im Herbst nicht gekommen bist, habe ich noch immer nicht ganz verwunden. Wir hatten *so fest* daran geglaubt. Wenn im Frühjahr, nach dem Erwachen der milden Lüfte wieder nichts daraus wird, dann – *mal* ich Dir was! Wenn Du wüßtest, *wie* ich mir oft gewünscht hinter Deine Tapete genagelt zu sein, gleich Rosa von Krippen, und daß ich Deinen Vater Constantius geliebt wie Innocentia. In dieser Geschichte ist ein so gespenstischer Realismus wie man ihn noch nirgends gefunden. Wilm schwärmt nicht dafür. Der Wunnigel hat ihm besser gefallen. Hab Dank für den Hungerpastor im neuen Kleid. Das Porträt erinnert in den Grundlinien entfernt an Dich; hat aber noch mehr Ähnlichkeit mit der Juno Ludovisi durch die hoheitsvolle klassische Ruhe welche auf Wangen und Stirne trohnt.

Addio für heut. Ich muß mich nun wieder in den Weihnachtstroubel stürzen. Wie geht es Dir, Berthchen? Du könntest auch einmal wieder schreiben. Fröhliche Festtage wünscht Euch

Eure Marie

[W.J.]

Mögst stets, o Freund, Du also handeln
Vor Göttern und vor Menschen wandeln,
Daß nie Dir schwellen Deine Mandeln,
Daß Du im Gegentheil von ihnen
Nur stets beglückt wirst mit Rosinen!

Diesen innigen Weihnachtswunsch spricht Dir mit verdoppelter Zärtlichkeit nach dem Empfang der schöngeschnittenen Sperlingsgasse

Dein W.J.

254. WILHELM RAABE AN JENSENS

23 December 1877

Liebste Freunde!

Diese zwei Porzellan-Gegenstände fehlten uns grade noch! Ich habe schon wochenlang in meinen Träumen Angst davor gehabt. Wehe Euerm Angedenken, wenn nach hundert Jahren unser Glasschrank einem *meiner* Urenkel auf den Kopf fällt! – – – Hier sitze ich, denke dieser Kinder und Enkel und – schüttle das Haupt. Vergnügte Feiertage! In Braunschweig regnet's, schneit's und eiset's glatt.

Euer getreuer W.R.

255. WILHELM UND BERTHA RAABE AN JENSENS

Braunschweig, 31 December 1877.

Liebe Freunde!

So eben ist Bohemund eingerückt. Jetzt heute Abend ein Glas Punsch dazu, und die Bedingungen zu einer Sylvesternacht sind vorhanden.

Neues hat sich seit meiner letzten Postkarte nicht ereignet; aber Vates bin ich wieder einmal einigermaaßen gewesen. Chinesien ist bereits vom Glasschrank herunter gekommen. Wenn Ihr dießmal hinter der Tapete gesessen hättet, so würdet Ihr gesehen haben, wie wir standen und nach uralter Menschensitte die Scherben aneinanderpaßten:

„So hat es gesessen!"

Glücklicherweise war's aber nur der Deckel, der den Weg alles Irdischen ging. Herzliche Grüße, und treueste Wünsche, daß Euch und Uns alles Übrige vom Schicksal heil und ganz gelassen werden möge im Jahre 1878!

Euer alter Freund

WilhRaabe

[B.R.]

Liebe Jensen's

Habt vielen Dank für die abermalige Versüssung des Weihnachtsfestes. Ihr dachtet wahrscheinlich Süsses den Süssen; aber das Schicksal hat anders darüber entschieden. Die Freude war groß aber nicht lang und nur der Gedanke, es hätte können noch viel Entsetzlicheres passiren, konnte mich trösten, als die Kinder am 2ten Festtage mit Schluchzen mir ihr Unglück berichteten.

Der Deckel ist entzwei, und wenn Wilh. nicht so unnütz aus der Schule geschwatzt, ich hätte es Euch wirklich noch nicht gestanden. Ein Trost kann dies Euch vielleicht sein, daß so nun das kostbare Gefäß wirklich zum alltäglichen Gebrauch uns dienen, und sich auf diese Weise nicht zu all den früher geschickten Herrlichkeiten in der kostbaren Mittelstube versammeln ‹wird›. Die echt chinesische Hülle hat Wilh sorgfältig aufbewahrt! und schätzt sich ungemein glücklich, daß sein Amor mit dem Leben davon kam.

Habt tausend Dank, aber Ihr seht ein, wir sind so viel Herrlichkeiten nicht werth; nur Eure Herzensgüte wollt uns im neuen Jahre bewahren und mit wirklich freundschaftlichem Gruß reicht Euch ein fröhliches Prosit Neujahr! entgegen

Eure Bertha

256. WILHELM RAABE AN JENSEN

Braunschweig, 14 Februar 1878.

Junger Mensch!

Fühle es auch dießmal ganz im Vollen nach, wie ich Dir von der Höhe meiner Jahre herab zu dem lächerlich unbedeutenden Bruchstück von Zeit, das Du Deinem Dasein zugelegt hast oder zulegen willst, Glück wünsche.

Was sind Einundvierzig? Einundvierzig sind gar nichts; kommen eigentlich gar nicht vor. Fünfundzwanzig, *das* ist etwas! Das zählt Einem das Schicksal manchmal auf. – Fünfzig ist auch eine anständige brave Zahl; aber Einundvierzig! Einundvierzig; – komme mir ja nicht wieder damit; ich verbitte es mir ausdrücklich, verstehst Du!! – –

Uns geht es in Erwartung des Weltkrieges bis jetzt und augenblicklich unberufen passabel. „Unwiderruflich wächst das Kind!" Das ist eine Wahrheit, auf die man sich seinerzeit ganz erstaunt einzurichten hat. Gretchen ist mit einem Male ein sehr erwachsenes Fräulein geworden. – Ihr werdet es auch einmal erfahren, wie die Veränderung hier über Nacht kommt.

Die Andern Drei wachsen ganz nett heran. Das Kleinste spricht mit größester Verständigkeit und sucht seinen Willen mit verblüffender Energie durchzusetzen.

Ich werde von Tag zu Tag dummer. Wo das damit noch 'mal heraus soll, ist mir dann und wann ein Gegenstand eines wahrhaft fabelhaft unfruchtbaren Nachdenken's.

Jetzt sollte ich *anfangen*, zu schriftstellern; da könnte vielleicht noch etwas daraus werden!

„Unwiderruflich dorrt die Blüthe!“ und weiß der Teufel, das ist ebenfalls ganz richtig: von der meinigen sind nur Pistill, Stilus, und Stigma übrig. –

Sonst ist hier vor einigen Tagen Dein alter guter Bekannter, Arthur, Graf zu Reventlow, königlich dänischer Kammerherr, Excurator der Universität Kiel gestorben und gestern nach seinem Erbbegräbnis Düppel-Sundewitt abgefahren worden. Er rechnete sich die letzten Jahre hindurch zu dem hiesigen Klub der „Kleiderseller“, kam häufig und ist ihm einen schwedischen Punsch schuldig geblieben. An einem Mastdarmkrebs, sagten die Ärzte. Ist nicht das Wort schon über alle Maßen scheußlich? –

Übrigens und um es nicht zu vergessen:

„Verstummt, verstummt, ihr heiligen Gesänge!
„In Rom, im Vatican herrscht rings des Schlafs Gebot.
„Es schwanket das Conclav, verhallt ihr Glockenklänge!
„De profundis – *der Pabst ist todt.*

Mit herzlichem Gruße

Dein Wilh Raabe

257. MARIE JENSEN AN RAABE

Frbg. 18 Mai 1878.

[Zeichnung einer Holunderblüte]

Hollunderblüthe!

M.

258. WILHELM RAABE AN MARIE JENSEN

Walkenried am Harz, 28 Mai 1878.

Der Kukuk ruft von ferne; – – Dank für die Hollunderblüthe

dieses Jahres! Übrigens sind die *„Fragmente“ seine* beste Prosaleistung, und gratulirt

Euer W.R.

259. WILHELM JENSEN AN RAABE

Auf der Frohburg, 23 Aug. 1878.

Liebster, Schändlicher! – Hier sitzen wir nun seit drei Wochen durch Deine Schuld mit vier unmündigen Kindern im Chaos des Anfangs vor einer weißgekleideten Jungfrau, einem ebenso tonsurirten Mönch und einem finsteren Ahorn, und diese Trinität ist in das eine Wort „Wasser“ zu fassen, aber kein Geist ist über den Wassern. Es rieselt, plätschert, träufelt, trieft, rinnt, rauscht und rumort, als ob die gesammte zeitgenössische, (auch eidgenössische) Literatur sich ein aristophanisches Wolkenrendezvous gegeben, und das Alles wäre nicht so und wir säßen auf keiner eumenidisch-euphemistischen Frohburg, sondern froh und frei zu Freiburg an der ausgetrockneten Dreisam, Luisenstraße 11, wenn Du ein besserer Mensch wärest und unsere Pflaumen und Apricosen mit uns geerntet hättest. Und nun, wo mit dem Barometer unsre Hoffnung auf den Himmel zu steigen beginnt, müssen wir übermorgen nach Freiburg zurück, um Deinen festlichen Empfang dort am 8 Sept. vorzubereiten. So ist die Welt, so sind die Menschen! Aber trotzdem vergessen sie das Vergangene, sich des Kommenden zu freuen, und in dieser frohen Freiburg-Erwartung bin ich selbst mit dem mir von Dir zugezogenen Husten und Schnupfen für den Rest des Jahrhunderts herzlich der Deinige

W.J.

260. WILHELM JENSEN AN RAABE

Luisenstraße 11, 6 Sept. 1878.

Lieber Raabe,
Alter Knabe,
Schändlich bleibt es, doch es ist:
Daß der Himmel jetzt so bläulich
Und daß Du doch so abscheulich
Weit am Sonntag von uns bist.

Drum verzeih' mir
Meine Neugier,
Wenn ich frage frank und frei:
Soll's denn etwa stets so bleiben
Und willst Du's so schändlich treiben,
Bis dies Treiben ganz vorbei?

46 – –
Da verliert sich,
Scheint es jedes Pflichtgefühl –
Komm, so lang der Herbst noch blauet,
Komm, bevor mein Kopf ergrauet,
Denn es harret Dein der Pfühl.

W.J.

261. WILHELM RAABE AN MARIE JENSEN

Braunschweig, 7 September 1878.

Liebe Marie!

Es ist wahrhaftig nicht meine Schuld, daß Ihr so entsetzlich schreibefaul im Laufe der Jahre geworden seid! Hätten wir gar keine Geburtstage, so könnte es kaum schlimmer sein.

Was hilft es mir, daß Euch alle Jahre *einmal*, so gegen den Anfang des Septembers hin, das Gewissen schlägt und Ihr mich durch eine Postkarte nach Freiburg citirt? Und diese Postkarte schreibt Ihr noch dazu von gänzlich unbekannten Orten und vom Ende der Welt her; manchmal meine ich diese ganze Geschichte ist nur ein Spuk, die Leute existiren gar nicht mehr – schon längst nicht mehr, und der Satan mag's wissen, wer sich den Spaaß macht und ihre Handschriften so vorzüglich nachahmt, um mich aus dem braven Braunschweig in die unheimliche Ferne hinaus zu locken! –

Was soll ich in Freiburg im Breisgau, wenn Ihr gar nicht dort vorhanden seid? Kommt Ihr gefälligst erst einmal hierher und laßt Euch anfühlen! . . . . .

Daß wir noch vorhanden sind, liebste Freundin, und zwar in

den alten guten Gesinnungen gegen Euch steht unumstößlich fest; und das beifolgende Bild stellt unsere Kinder dar. Es liegt aber auch schon ein Jahr lang für Euch bereit; denn grade so lange habe ich auf ein Lebenszeichen Euererseits auf meinen letzten Brief an Euch gewartet. Und nächstens werde ich Euch drei Bände Krähenfelder Geschichten und das Buch Wunnigel schikken; d.h. durch die Post den Versuch machen, alle diese nichtsnutzigen Langweilereien an Euch gelangen zu lassen.

Liebste Freunde, wie schön wäre es, wenn Ihr wirklich noch da wäret! Wir saßen den ganzen Juli durch in der Bergstadt Altenau festgeregnet: wie nett und lieblich würde es gewesen sein, wenn Ihr dort bei uns gesessen hättet! Und morgen – morgen ist Sonntag und Dein Geburtstag, Frau Marie Jensen, geborene Brühl! . . Es ist wahrhaft schauderhaft, Dir so in das leere, blaue Zweifelhafte dazu Glück wünschen zu müssen! Ich kann auch nicht weiter – – lebt wohl, liebe Schatten! . . Liebe Schatten lebt wohl! Ihr „Gebilde ausruhender Menschen“ lebet wohl! . . .

Am Gestade der nächtlichen Kimmerier

Wilhelm Raabe.
Bertha Raabe
geb. Leiste

262. MARIE JENSEN AN RAABE

Freiburg, 7 Sept. 1878.

Liebes Räbele!

Schon wieder ist unser „Ehrentag“ – und so häufst Du Jahr auf Jahr ohne Dich uns, Deinem Volke, zu zeigen! Diesmal verspricht aber der Herbst ein Nachsommer zu werden; Du solltest deshalb nicht lange fackeln, und nur die Flügel ausspannen und kommen. Es ist ja nicht viel weiter als nach Flensburg! Vierzehn Stunden, eine einzige Nachtfahrt – und wir haben Dich! O hätten wir Dich! Sag' doch endlich einmal „Ja“. Die Reise soll Dir *wirklich* gut thun. Ich hätte längst geschrieben; aber wir sind erst in der vorigen Woche mit den Kindern heimgekehrt, und dann hatten wir diese letzten Tage bis gestern Besuch eines Ehepaares aus Kiel. Es that mir schrecklich leid, daß ich die Glasbilder nicht in aller Ruhe zur rechten Zeit fertig machen und abschicken konnte. Nun werden sie wohl erst am Dienstag ankommen; hoffentlich nicht als „Scherben einer müden Frau“. Am Dienstag bist Du aber vielleicht schon bei uns! Wie wirst Du Dich über Manches wundern! Es ist hier im letzten Jahre fürchterlich gemalt worden. Deshalb hab' ich auch so selten geschrieben. Auf die Frohburg hatte ich auch nur Wasserfarben und keine Dinte mitgenommen. Wir waren wunderschöne drei Wochen dort. Es liegt im Canton Solothurn, über 3000' hoch zwischen grotesken Juranasen, mit breitem Durchblick auf die ganze Alpenkette vom Säntis bis zum Montblanc. Du sollst das alles in Wasserfarben bei mir sehen, das alles und noch viel mehr! Ich will beten, daß irgend eine gütige Fee Dir zum diesjährigen Achten eine unbezwingliche Reiselust, Beweglichkeit, Sehnsucht in die Ferne etc. in die Wiege legen soll.

Also a rivederci!

Herzliche Grüße an Bertha und die Kinder. Unsern Kindern bist Du bis jetzt nur eine holde Mythe. Zeige Dich ihnen, uns und den Freiburger Asträen *recht bald!*

Dein getreuer Geburtstagszwilling

Marie.

263. WILHELM JENSEN AN RAABE

Freiburg im Br. am Geburtstage
Sr.Königl.Hoheit des Großherzogs Friedrich 1878.

Von allen Menschen hast Du uns am Meisten betrübt,
Denn von allen Menschen haben Dich wir am Meisten geliebt,
Und vergeblich suchen in Nord und Süd wir umher
Unter allen Menschen, was sonst es für Menschen noch giebt.
Doch ist eine Wüste die Welt und bettlerfaustleer
Im Menschengedräng', und unsere Hoffnung auf Menschen zerstiebt.
Mitunter da scheint's, als ob eine Aussicht noch wär':
Doch stets bleibt's ein Mäuslein nur, das mit Menschenton piept.

So haben im neuen Reiche denn kreuz wir und quer
Seit Jahren nach Menschen die Städte der Menschen durchsiebt,
Kein Körnlein fiel aus der Spreu, das an Nahrung schwer,
Und das Reich ward arm, von den Menschen an Menschen bediebt.
Du aber, o Mensch, der Mensch unter Menschen hier wär,
Bist ein thörichter, ruchloser Mensch, denn Du kamst nicht her
Zu Menschen, die keinen Menschen wie Dich geliebt!
Wir sollten zu Euch nach Braunschweig kommen? –
Haben etwa wir zwei Jahre nicht
Getreulich den Weg über Braunschweig genommen? –
Du sprichst es, schreibst es – und schämst Dich nicht?
Zuletzt im Sommer 1870 –
Um eine Stunde kaum uns damals näher.
Und an die Brust sich schlagend, spricht der Pharisäer
Blasphemisch noch: Das liebt sich!
„Ich verstehe die Welt (Deiner Gedanken) nicht mehr"

Verszimmermeister, bald a.D.
Wilhelm

264. WILHELM RAABE AN JENSENS

Braunschweig, 14 Sept. 1878.

Schönsten Dank! Die Glasbild. unversehrt angelangt und eben aufgehängt. Wundervoller ganz ungewohnter Glanz über Alles ringsum! Muß mich aber erst fassen zu einem Briefe. Vorige Nacht durchgehustet. –

NB. Muß die glatte oder die rauhe Seite nach auswendig? Ich bin für die glatte; B. ist für die rauhe. Herzlichste Grüße! Wir freuen uns sehr; wir haben an ihnen wirklich unser Vergnügen, und wollten, wir könnten Euch eine gleiche Freude machen!

W.R.

265. MARIE JENSEN AN RAABE

Freiburg 17 Oct. 1878.

Lieber Raabe!

Verzeih mir die Unthat daß ich noch nicht einmal für das nette Kinderbild gedankt! Ich bin diesen Herbst so arg herumgesaust zwischen dem bunten Laub, in Städten, Dörfern, auf Bergen und in Thälern, daß ich zu keiner soliden braven Handlung kommen konnte. Du hättest einfach mitsausen sollen! Du – das wäre herrlich gewesen! In der Basler Gallerie bei den Böcklin's hätte ich Dich gern dabei gehabt.

Ueberhaupt hätten wir Dich fortwährend und überall gern dabei gehabt. Aber das kümmert Dich gar nicht. Alle Drohungen von Wilhelm und Bitten meiniges prallen an solch zähem Individuum ab. Ich fange an zu glauben, daß wir uns in diesem Leben nimmer wieder sehen. Ich werde mich bald zu Tode gemalt haben, und dann erscheine ich Dir und blase Dir sehr kühl in den Rücken.

Was die Glasbilder betrifft, so hat Bertha natürlich, wie immer Recht. Dir sieht es freilich ähnlich, die glatte Seite nach auswendig kehren zu wollen. –

Addio! Grüße Gretchen, das Jungfräulein, und Lisbeth und Klärchen, auch Trudchen unbekannter Weise. Wie wachsen die Kinder heran! Beifolgend die unsrigen. Es geht ihnen allen vortrefflich. Sie machen alle vier schon die tüchtigsten Bergtouren mit, und finden das Leben wunderschön. Oft finde ich das auch. Ich mache mir sehr viel Musik in dieser Zeit, und habe herrliche neue Lieder, die auch Dir Freude machen würden.

Leb wohl, Du guter (Kerl hätte ich beinahe geschrieben, aber das schickt sich nicht). Grüße Bertha, und vergiß uns nicht.

Eure Marie.

266. WILHELM UND MARIE JENSEN AN RAABE

Freiburg, Weihnacht 1878.

Vides ut alta stet nive candidum
Siehst Du's wie weiß rings um Dich der Schneesturm
geht?
Soracte, nec jam sustineant onus –
Korax, und trägst Du noch immer des Vorwurfs Last,
Silvae laborantes, geluque –

Welcher seufzend des Herzens Blut mir
Flumina constiterint acuto –
Das einst Dir floß, zu Eise starr macht?
So bald, o Raabe, legt sich des Alters Schnee
Auch uns auf's Haupt jetzt – dann kommst Du
vielleicht einmal
Doch nicht mehr kennst Du die Ergrauten,
Welche am Nesenbach jung mit Dir waren.

M.J.

[W.J.]

Freiburg i.B., 23 Dec. 1878.

Ja, was kann man da noch sagen, als – daß Er in directer Linie von dem Regierungsrath a.D. Wunnigel abzustammen verdiente! Er aber grinst dazu, kugelt sich wie ein andrer Igel zusammen und steckt die Borsten seines Schnurrbarts heraus. Mit dem Kopf kann er zum Glück in dieser Beziehung nichts Gefährliches mehr leisten. O Raabe! Wilhelm Raabe, Corvinus, Jakob Corvinus, Jakob Raabe, Wilhelm Corvinus, Krähenfelder Bio-, Topo- Photo- und Phonograph, ist es denn überhaupt glaublich, daß Du noch lebst, ißt, trinkst, als ein leibhaftiges zweibeiniges Geschöpf mit *einer* Feder und dazu Grimmassen über die Welt machst? Ich glaube, auch diese letzte Feder ist Dir längst von dem großen Weltkoch ausgerupft und Deine Bücher werden nur noch um des literarischen Vortheils willen von Deiner unglücklichen Familie unter Deiner Firma weitergeführt. Denn wenn Du noch als ein Ebenbild Gottes unter den Welfen herumhuckebeintest, hättest Du uns nicht so in die Lethe Deiner Tinte und Deiner Präcordialflüssigkeit getaucht. Aber meinst Du etwa, daß wir an Deinem Nordwind Spaß finden sollen, mit dem Du uns seit Wochen tagtäglich und nachnächtlich einige Millionen Backentaschen voll Schnee auf's Dach pustest? En revanche schicke ich Dir anbei unter Kreuzband 78 Seiten jambischen Getrappels, daß Du Ohrensausen davon bekommen sollst! Ad vocem Sausen – im Juli des Heilsjahres 1879 werden wir – si diis etc. – bei Dir vorübersausen, aber nicht bei

Dir einhausen, wenn Du nicht zuvor in der Luisenstraße 11 zu Freiburg in Baden amici peccavi! gesagt hast. Hoc per superos et inferos jure jurando sancio! Im Uebrigen befehle ich Euch alle für morgen Abend in sorglicher Götter Huld! Beißt Euch an den Goldnüssen des Tannenbaum's keine Zähne aus und gedenkt, daß auch der raffinirteste Zucker sich im Magen in Säure umsetzt! O gedenk ich an Dich, da steigt mir das Sodbrennen auf, in das sich der Zucker Deiner einstigen Freundschaft für uns verwandelt hat, und ich muß das Natron der Philosophie „so is Er nu' mal“ verschlucken, um nicht noch mehr innerlich zu verkohlen, als Karl Gutzkow äußerlich. Ein wunderliches Gefühl für die noch mit Augen Hinterdreinsehenden bleibt's aber alleweile – nicht das Sodbrennen – sondern wenn Einer, der sein Lebtag hindurch die Welt stets durchrumort hat, sich auf einmal so bei Nacht allein und schweigsam aus der Welt davonmacht.

Ceterum censeo, sorge, daß wir's nicht gleichfalls thun, ohne ein Plagiat an dem Ritter vom Geist damit begehen zu wollen, ehe wir die Schäferin noch einmal süß zusammen begraben und uns auf dem Spiegel sanft schimmernder Welle in einstige Tage zurückgewiegt haben. Denn videant homines, ne quid detrimenti capiat reditus temporum praeteritorum!

Lebt wohl und schlaft wohl in der Nacht, die das Heil der Welt geboren! Weiß der Christengott, wenn's nicht so glaubwürdige Leute versicherten, könnt man's für einen schlechten Witz halten, der nachgerade als Ahasver aller Meidinger in anständiger Gesellschaft nicht mehr gemacht werden dürfte. –

O Wilhelm, Bertha, Gretchen, Clärchen, Elisabeth, Gertrud Raabe! Wir sind die Eurigen.

Marie, Thea, Paul, Maina, Käte,

Wilhelm Jensen!

267. WILHELM RAABE AN JENSENS

Braunschweig, 25 December 1878.

Liebe Freunde!

Habt schönsten Dank für Euere treuen Weihnachtsbriefe! Zum erstenmal habe ich zum Heilig. Abend kein Lebenszeichen von mir gegeben; aber wir haben denselben hier ziemlich kläglich und bekümmert gefeiert. Seit dem 21 November ist unser Clärchen an einem gastrischen Fieber und dessen Folgen recht krank. Das Fieber hat sich zwar gelegt; aber das Kind ist noch heute vollständig erschöpft und appetitlos. Steht es einmal einige Stunden auf, so liegt es dann wieder tagelang still und matt im Bette.

So lag es gestern Abend schlafend auf dem Sopha und Bertha und ich saßen mit den Andern und warteten darauf, ob es beim Erwachen in der Stimmung sei, daß wir den Baum anzünden könnten. – Aus Euerm Briefe geht unberufen hervor, daß Ihr Allesammt wohl seid. Daß Ihr allgemach graue Haare kriegt, thut nichts. Marie in Silber wird immer unter den Weibern herfürglänzen, und was Freund Wilhelms Schönheit anbetrifft, so konnte von derselbigen stets verdammt wenig verloren gehen. „Phaeton" stelle ich mir ganz anders vor als ihn. (Beiläufig, das ist ja aber ein ganz heilloser Schlingel und seine Philine mit „union" dran verdiente täglich dreimal durchgehauen zu werden und zwar bis in ihr fünfzigstes Jahr hinein!) –

Was nun meinen Kopf angeht, auf den Ihr auch einige melancholisch-höhnische Seitenblicke werft, so kann ich Euch versichern, daß äußerlich Fülle und Farbe auf demselben noch ganz dieselben sind, wie in unserer jungen Stuttgarter Sallatzeit. Die konfuse Wirthschaft im Innern ist freilich auch nicht lichter geworden: ich glaube wenn uns das Schicksal noch einmal Wand an Wand setzte, so würden wir unsern mittwochentlichen Gänsebraten ganz in der alten guten Weise essen; und sehr schön wäre das, und dümmer würden wir uns gegenseitig auch nicht machen! Ostern lassen wir Gretchen „confirmiren". Bis dahin muß ich noch ein tüchtiges Stück Manuscript schaffen um die Kosten aufzubringen. Dann ist es Frühling 1879 und dann wird es Sommer. Ob Ihr aber in dem neuen Jahre an Braunschweig vorbeifahren werdet, oder ob wir an Freiburg vorüberstreifen werden, kann keiner wissen.

Im Jahre 1870 war ich bei Euch in Flensburg und als enragirter Jahr- und Tagwähler habe ich mir wenigstens fest vorgenommen im Jahre 1880 bei Euch in Freiburg zu sein. Schriftlich habe ich es jedoch auch noch nicht.

Den alten Gutzkow habe ich 1859 in Dresden kennen gelernt und drei Wochen lang sehr häufig mit ihm im Caféhaus zusammen gesessen. Kein Poet aber ein großer Schriftsteller! Ein Mann, dem man immer mit Erstaunen zusah, wie er sich im Schweiße seines Angesichts durch den Quark und Mist der Zeit arbeitete. Ich bin überzeugt, im Geheimen kommt sich mancher der Lieblinge unseres Publikums selber recht klein [vor] gegen diesen ruhelosen, keuchenden, mit Allem was ihm in die Hände fiel bauenden Menschen! – Behaltet uns lieb!

Euer WilhRaabe

268. WILHELM RAABE AN JENSENS

Braunschweig, 8 Januar 1879.

Liebste Freunde!

Seht Ihr! Ich habe es Euch immer gesagt, und nun habt Ihr's, ich aber habe es nicht. So schöne Sachen gehören sich auch ja gar nicht für mich; Ihr aber habt das mir nie glauben wollen; sondern habt nur stets von Neuem gesagt: „Ach was!"

Jetzt aber habt Ihr wahrscheinlich schon Stephan's Schreibebrief von wegen der Infallibilität der Deutschen Reichspost in Händen; und nun – sucht's selber! ...

Alte gute Leute; ich nehme es aber wirklich für genossen an, und Ihr sollt herzlichsten Dank haben für alles Gute, was Ihr mir zudachtet. Aber den Brief – den Brief, der drinnen lag, *den* verlange ich noch mal, und damit endet die Seite.

Anbei der schwarze Vogel, der auch am ersten Tage des neuen Jahres Euch zur Rechten flog!

Unserm Clärchen geht es besser; aber es geht sehr langsam damit. – Den Brief aus dem Paket in Packpapier verlange ich, wie der Candidat Jobs seine „dreißig Dukaten". –

Eines liegt mir noch am Herzen, und ich werde nicht eher ruhig, bis ich volle Gewißheit darüber habe.

Nämlich: hat sich Fürst Othmar schon von seiner wohl berechtigten Überraschung erholt und kann Ada in Folge davon nicht gut mehr *sitzen?* –

Euer Getreuester durch alle Jahre, die wir noch da sind,

WilhRaabe

269. WILHELM RAABE AN MARIE JENSEN

Braunschweig, 24 Januar 1879.

Liebe Marie!

Es ist da, und wir weinen! Deine Handschrift wurde mir heute Morgen auf dem Postamt in der kaiserlich deutschen Packkammer vorgelegt, und ich zeichnete sie gegen. Über die „Sammelstelle“ verlorenen Gutes in der guten Stadt Hannover kam Bertha das Morgenhäubchen und mir der Briefbeschwerer zu Handen. Den Knopf auf der Alabasterplatte seid Ihr mir schuldig. Mit einem Briefe scheint Euer wundervolles Paket nicht beschwert gewesen zu sein. Den schickt vor allen Dingen nach; das Übrige hat Zeit bis über's Jahr.

Aber der Schüdderump? Was haltet Ihr von dem Schüdderump? Es sind grade zehn Jahre her, als das verehrliche Publikum das Wort zum erstenmal wieder hörte und natürlich nichts davon wissen wollte! –

Vor und auf ihm

Dein WilhRaabe.

270. WILHELM RAABE AN JENSEN

Braunschweig, 14 Februar 1879.

For auld lang syne my dear,
For auld lang syne;
We'll tak a cup of kindness yet
For auld lang syne! W.R.

271. WILHELM RAABE AN MARIE JENSEN

Braunschweig, 6 September 1879.

Liebe Marie!

Ihr habt wirklich Euer Wort gehalten und in diesem laufenden Jahre die Correspondenz gründlich abgebrochen. Und nur weil wir noch nicht in der Louisenstraße bei Euch waren? Es ist kaum glaublich, und ich glaube es auch eigentlich nicht, und Bertha auch nicht.

„Wenn ich nur wüßte, was das mit Jensens ist?"

„Anlage ist es! Nichts weiter. Und einen Vorwand findet der Mensch immer, um sich einen Brief zu ersparen. Edelste und phantasiereichste Naturen wirken durch Das, was sie sind, und es ist immer sehr angenehm, sich Das, was man hätte thun oder schreiben können, *nur zu denken.*"

Mir ist das übrigens einerlei. *Ich* schreibe Dir doch wieder l. M! Ich bin immer gottlob nicht edler sondern nur besser als Ihr gewesen und bin es auch heute noch. Wahrhaftig, an manchem schläfrigen Tage und in mancher schlaflosen Nacht hat mich diese unerschütterliche Gewißheit erquickt und an dem einen munter und wach erhalten und in der andern in den sanftesten, traumlosesten Schlummer versenkt. –

Gieb Dir nur ja keine Mühe, Dich anders zu machen als Du bist, liebste alte Freundin! Ich will Dich gar nicht anders, Du bist mir ganz recht so, und an jedem *achten September* werde ich Dir das sagen, und Dir Glück dazu wünschen, daß Du *so* und nicht anders in die Welt gekommen bist.

Ich wünsche Dir auch immer von Neuem Glück zu Dir und Deinem Mann, Deinen Kindern, Deinem Hause und Garten und Deiner Staffelei; – zu Allem woran Du irgend Freude hast. Ich wünsche Dir Freude an Allem rund um Dich her – ein langes vergnügtes Leben und einen sanften Tod; und für den achten September 1880 werde ich mich noch auf etwas ganz besonderes besinnen, was ich Dir wünschen kann. –

Uns gehen wie Euch die Tage hin und wachsen die Kinder heran. Gretchens Schulleben ist nächste Ostern vorbei, und wenn sie will, mag sie von da an das Schullehrerinnenseminar besuchen, um dann ihren Kampf mit der Welt selbstständig aufzunehmen. Ich wollte, ich könnte es ihr ersparen! Ihr werdet es, wenn die Zeit da ist, wohl auch erfahren, daß kleine Kinder kleine Sorgen und große Kinder große Sorgen machen. –

Sonsten schreibe ich weiter und lasse drucken. Es wird mir aber immer schwerer und ich habe es herzlich satt; das kann ich Euch versichern. – – –

Daß der alte Holsteiner Austernkönig, der *W.Jensen* es so sehr übel genommen hat, daß ich seine Philinnion habe durchprügeln wollen oder lassen wollen, thut mir unendlich leid. Ich widerrufe hiemit feierlich und erkläre mit erhobenen Schwurfingern das Unthier für das edelste weibliche Wesen, das jemals auf Druckpapier abgelagert worden ist. Marie, mehr kann *Er* nicht verlangen! –

Und nun liebste beste Marie, vergeßt und verleugnet uns nicht ganz. Einst kräht doch einmal der Hahn und der Morgen dämmert frostig und – dann würde es Euch doch leid thun.

Dein getreuester Freund

WilhRaabe

272. WILHELM JENSEN AN RAABE

Freiburg i. B. 6 Sept. 1879.

Mon coeur!

Es ist einmal wieder der 6 Sept. und wir sind einmal wieder vor fünf Tagen von der Frohburg hinabgestiegen nach Freiburg. Dann kommt regelmäßig der Tag, wo ich einmal im Jahre an Dich schreibe, und nach Ablauf ungefähr der Hälfte von 365 Tagen vergiltst Du es mir mit gleicher Münze. So bilden sich für einige Decennien die festen Normen des Menschenlebens heraus.

Und doch – so wunderlich es klingt – bist Du mir der Mitlebenden Liebster, und ich wüßte Keinen, von dem es mir lieber wäre, daß die Welle des Abends mich mit ihm zusammenspülte. Wer trägt die Schuld, daß es nicht geschieht? Wie kann man in Braunschweig hausen, sage ich. Vielleicht Du, wie kann man's zu Freiburg an der Dreisam! Vermuthlich haben wir beide Recht; jedenfalls haben wir beide Unrecht, daß wir nicht an einem von beiden Orten miteinander die Sonne schräger niedersteigen sehen. Denn aller Glanz des Aufgangs ist doch sehr unscheinbar und inhaltslos gegen die Wolkenfärbung, wenn das sonderbare Gestirn sich zum allmäligen Versinken anschickt.

Ich fange mit meinen Kindern die Schmetterlinge, die ich vor dreißig Jahren in meinem Insektenschrank aufgespießt. Sie sehen genau wie damals aus und tragen noch dieselben Namen auf der Etikette. Ob man nach einem abermaligen Menschenalter auch von uns Federflüglern das Nämliche behaupten kann?

Du bist mein Vorkoster und ich beobachte mit Interesse, wie Dir die zweite Hälfte der Vierziger mundet. Freilich gewissermaßen wirtschaftest Du mir die Table d'hôte-Tafel ab und ich verspeise die Reste. Dennoch wünsche ich, daß Dir übermorgen der Geburtstagstisch wohl bekomme.

Also 1880 sagst Du? Es liegt eine souveraine Hoheit darin, so mit den Jahrzehnten zu spielen. Doch si deo ignoto placet, triffst Du uns wie heut unter blühenden Granaten,

Ad ea quae restant

Der Deinige W.J.

273. MARIE JENSEN AN RAABE

Freiburg i.B. 7 Sept. 1879.

Liebes Räbele!

Sei mir gegrüßt, sei mir geküßt morgen! (Bertha muß sich das schon gefallen lassen.) Die Frohburgnebel mit dem bischen Alpen, dem Stückchen Fluß und den paar Baumwipfeln sind traurig wie meine ganze Malerei – aber vielleicht stimmen sie Dich heiter. Warst Du „in den Harze"? Wir haben in diesem Sommer keine Reise gemacht, denn wir werden ungeheuer vernünftig. Für das Geld wurde unser Haus frisch gemalt, und ein eisernes Gitter vor den Garten gesetzt. Die Frohburg war nur für die Kinder. Das Kieler Haus ist in diesem Frühjahr verkauft worden; und der Garten gehört zu den versunkenen Gärten. Wir haben uns aber einen neuen aufgebaut; der ist zwar weder groß noch schön, aber zum Luftschnappen eben recht. Es wachsen auch Gutedel-Trauben darin und Astern für morgen, aber keine Hollunderblüthe. – Also am 8 September 1880 sind wir wieder beisammen? Ich will Dir's glauben, und verbleibe Deine Dich liebende

Frau von der Geduld.

Grüße Bertha und die Mädchen.

274. WILHELM RAABE AN JENSEN

Braunschweig, 20 September 1879.

Liebster Freund!

Zuerst selbstverständlich ein Wort zu Deiner Frau! über Deine Frau! – Wie Schade, daß sie Dich genommen hat, daß sie nicht von der berühmten Verlobungsinsel im Chiemsee unverlobt hinging und sich an ihre Staffelei setzte und, unbekümmert um den Professor Binkus und die Mädchen, sich einzig und allein den ewigen Alpen und der Kunst widmete! Dieser Blick von der Frohburg in den Nebel ist wieder wundervoll klar gewesen. *So* lag die Welt in diesem Sommer vor dem wirklichen Künstlerauge! Schönen Dank, Marie; Du weißt immer noch was dem Alten an der Kräkane, der Oker, dem Krähenbach Freude macht, und sollst Freude haben in allen Gärten, die Du Dir anbaust. – Und nun zu Dir, alter Angelsachse. Nicht wahr, da hast Du Dir mal grinsend die Hände gerieben, als Du Dir diesen Sachsen aus Eschershausen angeltest und ihn (wohl gar auch auf der Frohburg?) in Deinen Spiritus setztest? *Der* Blick in den Nebel ist auch wundervoll klar gewesen. *So* lag auch *diese* Welt in diesem regnichten Sommer; aber nicht in ihm allein, sondern überhaupt im Leben, vor dem unbefangenen Künstlerauge! Wie ich mich aber hier das nächste Jahr hindurch mit meinem bergansteigenden Gang und hastig höflichen Hutabnehmen in den Straßen sehen lassen kann, weiß ich absolut nicht. Dagegen war ja Arnold Wellmers Blick aus dem Auge der Geliebten oder Kuß des ersten Kindes oder wie's sonst hieß, gar nichts! .. Und wenn ich nur eine Ahnung davon gehabt hätte! Da sagt neulich ein Bekannter: „Nun, Sie sind dem Doktor Karpeles schön hereingefallen; er hat an Sie geschrieben um eine Photographie für eine ältere Freundin und Sie haben ihm das Bild nach Berlin geschickt. Sie können nichts mehr dagegen machen; s'ist in Holz geschnitten und Wilhelm Jensen hat eine Biographie dazu geschrieben!" – Ach Du meine Güte! Lieber Freund, alter Freund, um einen solchen „Essay" ertragen zu können, muß man todt und begraben sein, oder merkwürdig moderne Litteraturnerven haben. Von dem Wirklichen, dem was unter dem Spaß liegt, hast Du so Manches fein herausgefunden, daß es sehr Unrecht von mir sein würde, wenn ich löge und sagte: es ist mir gleichgültig, was der Mann da geschrieben hat. – Weshalb soll denn das „wunderlich klingen“: Du bist mir der Mitlebenden Liebster! wie Du mir neulich schreibst? – Daß die Sonne schräger niedersteigt, dafür können wir nichts und ändern es nicht. Aber ich meine doch, wir haben sie *zusammen* in unseres Lebens Mittag über dem Kopfe gehabt; und Das ändert auch Niemand und nichts. Daß die Schatten wachsen, sehen wir Hand in Hand an und haben unsere Freude an einander bis zum Ende. Und weil das so ist, brauche ich Dir keine Abhandlung über Deine Abhandlung zu schreiben. Eine solche würde zu kurz; *wir* aber sind und bleiben auf das Mündliche eingerichtet. Und wenn wir uns etwas sagen, so sehen wir uns dabei und hören uns, wie der Eine „Butter“ sagt und der Andere „s' hat Oelwe geschlagen“.

Dein WilhRaabe

275. WILHELM JENSEN AN RAABE

Freiburg i.B. 18 Nov. 1879.

Liebster Freund.

Der einliegende Brief gehört mehr Dir als mir an, deshalb übermittle ich ihn Dir. Unter den hundert grauen Kirschenspatzen, die mir am Fenster vorüberzwitschern ohne mit ihrem Namen und ihrer Adresse zu geizen, schien der Urheber mir ein weißer Sperling zu sein, der einige Federn vom Edelfinken in seinem Gefieder trägt. Jedenfalls erfreute es mich, daß im großen Gebauer des Nützlichkeits-Geflügels unserer Tage noch da und dort ein solcher Vogel sitzt, und ich habe deshalb in München Nachforschungen nach dem Schreiber anstellen lassen. Doch vergeblich; wenn Du die Unterschrift entzifferst, bekommst Du Oskar Blumenthals oder Oskar von Redwitz' sämmtliche Werke von mir, nach Auswahl. Ich lese „Kathredacz“, aber muthmaßlich ist auch das pseudonym, denn dieser Name findet sich im Münchener Adreßbuch nicht.

Marie war vor vier Wochen ebenfalls acht Tage zur Ausstellung in München und hat sich dort an Wolkenbrüchen, Oel und Terpentin satt getrunken. Ich machte während dessen einen kleinen Ausflug auf die Shetlandinseln und brachte von dort 68 Seiten Verse mit. In den letzten sechs Tagen habe ich 60 Prosaseiten „Über Vivisection, ihre Gegner und Herrn Richard Wagner“ geschrieben, die Dir muthmaßlich in der „Gegenwart“ begegnen werden.

Hab' Dank für Deinen Brief! In schnöder Talion lege ich Dir mein novemberlich-grimmiges Conterfei aus dem „Heimgarten deutscher Dichtung, Almanach vom Oberrhein, I. Jahrgang“ bei. Richard Wagner wird beeidigen, ich hätte grade ein Wachtelhündchen vivisecirt. –

Mit herzlichem Gruß von Marie für Euch

Der Deinige Wilhelm Jensen

276. WILHELM RAABE AN JENSEN

Braunschweig, 30 November 1879.

Lieber Freund!

Ich bitte um Redwitz' sämmtliche Werke oder wenigstens um Amaranth. Der Name Deines Correspondenten ist Kathreiner, und der Mann wohnt in München und ist technischer Chemiker oder chemischer Techniker; ich bekomme schon seit einigen Jahren solche Briefe von ihm. Mit Dank folgt der an Dich gerichtete anbei zurück. Ergötzen wird es Dich hoffentlich, daß ich als Gegenstück neulich eine anonyme Zuschrift aus Graz erhalten habe, in welcher Du ein trefflicher Dichter, aber „schwacher Kritiker“ genannt wirst und man mich dringend vor Dir warnt. Wörtlich heißt es da:

– „bitten Sie, durch das dort über Wunnigel und die letzten humoristischen Schöpfungen überhaupt Gesagte sich nicht irre machen zu lassen, sondern uns noch recht Vieles gerade in dieser Art zu bescheren.“ – –

Du siehst, da haben wir die alte Bescherung; und das Sprichwort: Was dem einen Recht ist, ist dem Andern billig! würde sich immer noch ausnehmend über sich selber verwundern, wenn es sich einmal vom litterarischen Standpunkt aus selber betrachten könnte.

Also, Alter, gehen wir fürder die Wege, so uns die Möre vorgezeichnet hat. Ich bitte mir dringend aus, daß Du mir ja nicht unterschlägst, was sie Dich auf den Shetlandsinseln hat finden lassen.

Schönsten Gruß an Marie!

D.getr. W.Raabe

277. MARIE JENSEN AN RAABES

Freiburg 18 Dez. 1879.

Laut hör' mit grimmigem Verdruß
Ich knurren Wilhelm Raabe:
„Da knack' mal Einer diese Nuß,
Was ich nun davon habe?!
Das Eine ist kein Nautilus,
Das Andre ist kein Rabe!" –
Das aber schafft mir Hochgenuß
Und beste Weihnachtslabe.

Doch da es dies und jenes nicht,
Wofür ich gar nichts kann,
So geht im Grund auch die Geschicht'
Uns beiden gar nichts an –
Und sagt nur, daß ich fürderhin
Vom achtziger Jahrgangsanbeginn
Bis an sein seliges Ende bin

Eure Marie

278. WILHELM JENSEN AN RAABE

Freiburg i.B. 30 Dec. 1879.

Lieber schwarzer Geselle!

Möge es Dir besser ergangen sein, als Deinen Vettern vom Stamme Korax, die vier Wochen lang bei einer Durchschnittstemperatur von –16° R. unter meinen Fenstern in der Dreisam von Gründlingen ihr krächzendes Dasein gefristet haben! Wir waren bis gestern so eingefroren, daß ich heut' noch nicht einen einzigen vernünftig aufgethauten Gedanken besitze, nur der Bachborn meines Herzens ist „vom Eise befreit" und sprudelt warmquellende Wünsche zum Jahre 1880 für Dich auf. In der Stunde, wo dieses Heilsjahr beginnt, werden wir auch mit der Zurüstung für Deinen festlichen Empfang im Breisgau beginnen, und als erste Maßnahme werde ich mit dem Mitternachtsglockenschlage eine Auster auf Deine Gesundheit essen und ein Glas schwedischen Punsches auf Dein Wohl trinken. So ehrt man einen Mann, den Kathreiner so verehrt; keinem Zweiten brächte ich gleiches Opfer. Und so spreche ich heut': Du bist ein deutscher Rabe, der noch nie sein Wort, das er der nun erscheinenden 0 einer Jahreszahl gegeben, gebrochen hat. Darum sage ich: Auf Wiedersehen bei'm Traubenjahrgang 1880! Grüße Deine Frau Berthchen, Deine Töchter Gretchen, Lischen, Clärchen und Trudchen und behalte in wohlgeneigtem Andenken

Deinen W.J.

279. WILHELM RAABE AN JENSENS

Braunschweig, 31 December 1879.

Liebe Freunde!

Geht es Euch so wie mir, so seht Ihr mit einem recht bestimmten Gefühl des Unbehagens in das beginnende Jahrzehnt hinein. Achtzehnhundertachtzig! wie sonor das klingt! Und dann die folgenden Zahlen, – es grummelt und brummelt Alles recht nett drin, dran u. drum. Da wir es aber nicht ändern können, wenn einmal dem Satan die Trommeln zum Tanze geschlagen werden sollen, so wollen wir heute Abend doch noch mal Punsch trinken und Häringssallat essen *und uns gegenseitig dabei leben lassen.* –

Schon 1880! ist es die Möglichkeit? Und eben war es doch erst 1866, und wir gingen mit einer Visitenkarte in der Tasche auf die Suche nach einander und „verfehlten uns einige Male"!

Eine wahre Beruhigung ist, daß das letztere nicht wieder vorkommen kann, aller Weltverwirrung zum Trotz.

Euer getreuester Fr. WilhRaabe

280. WILHELM RAABE AN JENSEN

Braunschweig, Sanct Valentinstag 1880.

Lieber Freund!

Als „ne Maid am Fensterschlag" komme ich heute zwar wieder nicht, um Dir zu Deinem morgenden Geburtstage Glück zu wünschen; zumal das auch Deiner Frau gewiß gar nicht recht in der Mütze sein würde; aber gratulirt wird nach alter guter Gewohnheit doch, und geschieht dieses hiemit feierlichst alter, unversunkener Weltbewohner!

Das sage ich Dir aber, läßt Du Dein dießmaliges Rungholt dießmal auch wieder durch Wasserfluthen untergehen, so paß auf, was Dir selber passiren wird! Ich will und ich will an das Ende dieser jetzigen Geschichte einen feuerspeienden Berg haben. Hat Dein „hochkünstlerischer" Pastor wirklich einem Schweine das Abendmahl gegeben, so soll er auch dafür gezüchtiget werden, wie es sich gebührt; und Wasser, angenehmes, kühles Wasser, thut es da unter keinen Umständen.

Also Feuer, Feuer, lieber Sohn! Du sollst außerdem einmal sehen, wie viel hübscher sich das macht, und was für eine viel schönere Schlußbeleuchtung es geben wird. Und dann bist Du das mir auch ein wenig schuldig; denn eben erst komme ich ganz triefend von den Shetlandsinseln nach Hause; – fast eben so naß wie im vergangenen Jahre, grade um diese selbige Jahreszeit nach Sonnenuntergang von der famosen Kahnfahrt nach Laboe oder Friedrichsort, als uns die Sturmfluth das Wasser derartig entgegentrieb, daß es unten am Kieler Hafen, zwanzig Fuß hoch stand und den Leuten ins zweite Stockwerk stieg. An das Geruder werde ich auch mein Lebtage denken!

O lieber Freund, bitte, also nun mal einen recht warmen Ofen zwischen Nordstrand, Pellworm und Nordstrandischmoor. Bloß einen ganz kleinen Hekla, und wenn auch nur auf ein paar Stunden, und um seine moralischen Strümpfe zum Trocknen daran aufhängen zu können! Einen Geiser kannst Du meinetwegen und der Naturforscher halben noch immer damit verbinden. Denke mal, wie würden sich die Naturforscher freuen und – Deine Marie, die auf dieses auch nicht gefaßt sein würde, ebenfalls! Ich bin fest überzeugt, noch einmal so entzückt würde sie mit mir in den Schrei einstimmen: „Vivat der 15 Februar 1837! Ja so'n frommes Kind kann freilich nicht alle Tage in die Welt kommen; Gott sei Dank, daß wir es feste in ihr haben!" –

Wenn dies kein Sanct Valentinsbrief ist, so weiß ich übrigens nicht, was einer ist. Und für den in einer Auster sich spiegelnden Kolibri bedanke ich mich nachträglich auch noch recht schön als Dein und Euer getreuester Freund

WilhRaabe

281. WILHELM JENSEN AN RAABE

Freiburg i.B. 30 Mai 1880.

Schwarzgefiederter Salzdahlumer!

Ich ersuche Dich um gefällige, möglichst umgehende eidliche Erhärtung, ob Du – si diis placet – am 8 September dieses (hurtig) laufenden Heilsjahres, als am Geburtstage (nach der Zeitfolge gerechnet) Lodovico Ariosto's geb. Orlando-Furioso, Wilhelm Raabe's geb. Jacob Corvinus und Marie Jensen's geb. Brühl, Dich in der N° 11 der Luisenstraße zu Freiburg in Baden einfinden, befinden oder vorfinden wirst, wie Du es bei Deinem Glauben an die Heiligkeit eines Jahrzehnts und seiner, wenn's hoch kommt, uns etwa noch zweimal wiederkehrenden 0 geschworen. In Erwartung Deiner befriedigenden Antwort bin ich noch einmal der Deinige

Wilhelm Jensen

282. WILHELM RAABE AN JENSENS

Braunschweig, 2 Juni 1880

Störe ich wirklich nicht? – *Mir* würde es in der That viel Vergnügen machen, im September bei Euch vor zu gucken; u kommt nichts dazwischen, so thue ich es!

Aber ob grade auf den Achten das hängt nicht ganz allein von mir ab. Doch Euer Getreuester

W.R.

283. WILHELM JENSEN AN RAABE

Freiburg i.B. 4 Juni 1880.

Braver!

Das waren tintenschwarze Worte einer sich rein waschenden Seele und Deine Sünden seien aus dem Buch des letzten Jahrzehnts gelöscht! Ich schrieb Dir, weil ich Dir in den nächsten Tagen vorbeibrause und Dir, falls eine andre Antwort eingetroffen wäre, sämmtliche Fenster eingeworfen hätte. Nun fühle ich mich dieser Pflicht enthoben und kann meine sehr kurz bemessene Zeit in Kiel und Lübeck voll verwenden. In drei Wochen bin ich wieder hier (Marie kann sich nicht entschließen, die Kinder so lange allein zu lassen), und am 1 August gehen wir alle nach Mellau im Vorarlbergischen (vier Stunden von Bregenz), von wo wir ungefähr am letzten August zurückkommen. Omnia diis adjuvantibus! Du pflegst Dich auszudrücken: Unberufen! Dann erwarten wir Dich, aber *mindestens* für drei Wochen! Wir haben hier sehr viel gemeinsam zu thun! Mit herzlichem Gruß von Marie und mir für Dich und Bertha

der Deinige W.J.

284. WILHELM JENSEN AN RAABE

Freiburg i.B. 2 Aug.1880.

Liebster Freund.

Partant pour la Syrie, d.h. im Begriff in die Hinterwälder aufzubrechen (Adresse bis zum 30 Aug.: W.J. Mellau, Bregenzerwald, Vorarlberg) lasse ich diesen grauen Gruß zu Dir hinüberfliegen. Wir übernachten morgen Abend in Constanz, treffen am Mittwoch Nachmittag in Mellau ein, wo wir gegen vier Wochen bleiben. Spätestens am 2 Sept. sind wir wieder hier und erwarten Dich dann jeden Tag. Es wird uns die größte Freude sein, die uns noch in Freiburg widerfahren, Dich „in den Klauen“ zu haben. O die versunkenen Zeiten! Schäferin, ach, Dich Süßen, wie wird sie so altstimmig begrüßen! Aber daß Du Dir ordentliche Zeit und uns gutes Wetter mitbringst! Wir sind das Deinige Haus Luisenstraße 11.

285. WILHELM JENSEN AN RAABE (TELEGRAMM)

Freiburg, 4.9.80

Kömmst Du zum 8.?

286. WILHELM RAABE AN JENSENS

Braunschweig, 30 Sept. 1880.

Liebe Freunde!

Hier sitze ich wieder „programmäßig" am Ofen und zwar am geheizten, und unter dem denkbar grauesten Herbsthimmel und denke an Euch und Euere Sonne. In Frankfurt kam ich mit dem wirklich recht hübschen Bummelzug, liebster Wilh., erst gegen Mitternacht an, fand Deinen Frankfurter Hof bis oben hin voll und erst gegen ein Viertel auf Eins einen Unterschlupf im holländischen Hof. Sonst verlief Alles bis zum nächsten Abend 5 Uhr 32 Minuten ganz richtig. Vor Station Treysa liefen wir in das düstere nordische Gewölk ein und blieben drin bis Braunschweig, allwo die Sonne in Gestalt von Bertha Raabe geb. Leiste wieder am Bahnhof war und auch ihre sämmtlichen Kinder mitgebracht hatte. Die Freude war groß, und weder im Guten noch im Schlimmen war irgend Etwas Außergewöhnliches während der drei Wochen meiner Abwesenheit vorgefallen. Nun ging's an's Erzählen, und wie wir das Haus in der Louisenstraße an *dem* Abend hin und hergewendet haben, davon ist ganz das Ende weg. Auf keinen Psalter ist jemals so das Lob eines Haus- und Familienwesens gesungen worden wie gestern das Eurige auf dem meinigen. Das war schon Schall, Hauch, Stimmung und Ton der Lyrik, wie sie einst sein soll und sein wird. –

Deinen W., liebste Marie, wirst Du gestern Abend 5 Uhr 32 Minuten ebenfalls glücklich zurückerhalten haben; und nun geht es wieder solide, sedate an das alte Spinnrad, und „was er webt, das weiß kein Weber", sondern höchstens nur, daß ihn das deutsche Volk herzlich schlecht für sein Gewebe honorirt.

Auf die „dritte Seite" komme ich heute Morgen wieder mal nicht; Ihr könnt Euch ja doch Alles denken, was drauf stehen kann. Ich danke Euch nochmals, und wir Alle grüßen Euch! . . .

Euer WilhRaabe

287. WILHELM JENSEN AN RAABE

Freiburg i.B. 2 Oct. 1880.

Leider, mein Liebster, kann ich nicht umhin, Dir bei dem denkbar schönsten Wetter zu antworten. Auch die Frühkälte hat aufgehört und ich sitze in meinem Zimmer in Sonnenglanz und Wärme gebadet, nachdem ich so eben Marie an die Bahn gebracht habe, – sie will sich den Blumengraben von Frau Johanna Bauk in Basel noch einmal genau betrachten – und dann über den Schloßberg heimgewandert bin. Am Morgen unserer Abfahrt war auch Vincke am Bahnhof, um Dich noch zu begrüßen; er glaubte jedoch, daß wir über Appenweier führen und dachte nicht daran, daß wir als Colmarfahrer hinter den andern Zügen sein könnten. Auf Frau von Vincke hast Du einen gefährlichen Eindruck gemacht, sie redet mit ungewöhnlich lebhaftem Enthusiasmus von Dir. In Baden war es zauberhaft schön; ich hatte die Freude, unerwartet den Kaiser noch – wohl zum letztenmal – zu sehen. Er fuhr in Civil, ohne jegliche Begleitung, selbst ohne einen Diener; sehr alt, verwittert, auf meinen Gruß tickte er mit müder Armbewegung an den Hut. Genau um die nämliche Zeit, wo Du in Braunschweig eintrafst – 5,48 – kam ich heim, Marie und alle Kinder erwarteten mich am Bahnhof. Warum schlugst Du guten Rath in den Wind und fuhrst nicht von Karlsruhe ab mit dem Schnellzug? Diese lyrkerischen Anwandlungen flößen mir in der That Besorgniss ein und ich werde mich beeilen, im nächsten Jahr noch einen Band Gedichte auf den Markt zu werfen, eh' die Concurrenz das an sich jämmerlich unlucrative Geschäft völlig verdirbt. Im Uebrigen rathe ich Dir am Meisten zu gereimten Oden, drei Strophen auf die alte Elle; Hermine Hillern hat, wie ich höre, so ihrem Uebermaß von Begeisterung für die Oberammergauer Narrenpassion Maß und Ausdruck verliehen. Deinen Gutzkow hast Du hier vergessen, wenn ich ihn gelesen, schicke ich ihn Dir. Heut' vor 8 Tagen um diese Stunde saßen wir auf Neunlinden und Du stecktest eine Stecknadel in Dein Knopfloch; Marie sitzt augenblicklich auf der Rheinbrücke in Basel und frühstückt. Sic transeunt omnia, und es ist eigentlich sehr närrisch, daß ich mich jetzt hinsetzen will, um Fabeln auszuhekken, die gelangweilten und langweiligen Menschen helfen sollen, ihre überflüssige Zeit todtzuschlagen. Aber im Grunde thue ich ja mit meiner Feder für mich selbst nichts Anderes. Um dieselbe auch zu besseren Dingen zu verwenden, habe *ich* nun den festen Vorsatz gefaßt, Dir jeden Monat einmal ein Lebenszeichen, und wär es eine leere Karte, hinüber zu befördern. Lyrke, o Lyrker, dem Lyrker nach! Grüße Bertha und alle Deine Kinder aufs Freundlichste!

Der Deinige, mein Alter!

W.J.

288. MARIE JENSEN AN RAABE

Freiburg 5 Oct. 1880.

Mein guter Rabelais!

Und Alles ist leider wieder wie zuvor! Die Uhren gehn, die Glocken schlagen, einförmig wechseln Tag und Nacht; ich aber kann es nicht ertragen, daß dort wo sonst *Dein* Stuhl gestanden, schon andre ihre Plätze fanden – und statt zu weinen Mancher lacht („Geibel"). An jenem Morgen, als Ihr mich per Dampf verlassen hattet, war ich furchtbar traurig, arbeitete zu Hause angekommen, mit verweinten Augen an Dir, wurde aber von meiner Freundin Pauline nur zu bald herausgerissen aus der Stimmung, der Arbeit und dem Hause. Zum 3ten Male ging's in die Gemäldeausstellung. Dann am nächsten Tage mußtest Du wieder trocknen und ich hatte Zeit ein neues Bild hinzustreichen; nämlich die blumige Mondscheinwiese der Jeanne Bauk. Wilm hatte viel Freude daran, und da gerade Bekannte von uns nach Basel gingen, so schloß ich mich an, und besah das betreffende Bild noch einmal genau, was sehr instructiv für mich war. Nachher blieb ich noch drei geschlagene Stunden in der Gallerie. Wie erinnerungsvoll sah mich alles an! Auch auf der schönen Rheinbrücke, und um den Dom herum! Das war der letzte Sonnen- und Sommertag – ich glaube für lange! Seit vorgestern Morgen sitzen wir fest eingewickelt in Nässe, Kälte und Gräue. Du weißt ja zur Genüge, *wie* es dann bei uns ist! Wilhelm heizt – ich noch lange nicht. Heute Abend kommen Matthiessen's zum Nachtessen, worauf ich mich keineswegs freue; die Soirée mit Springer's steckt mir noch zu sehr in den Knochen. Siehst Du, mein guter Raabe, ich fange die „dritte Seite" an, obgleich Du Dir auch denken kannst was drauf stehen soll. Ich danke Dir und Bertha aus wärmsten Herzen dafür daß Ihr uns drei Wochen lang solche Freude gemacht habt! Wir werden noch lange daran zehren. Und nun endlich hat doch Haus und Garten, jedes Stück in den Zimmern Dich gesehen, und man kann mit den Dingen über Dich reden was mir *sehr viel* werth ist!

Leb wohl, mein guter Alter, grüße alle die Deinen u sage Bertha, in etwa drei Wochen bekäme sie das Bild. Ich will es nicht eher abschicken bis es vollständig trocken ist.

Käthe ruft noch jeden Morgen auf der Treppe „Guten Morgen, Onkel Raabe!" Alle Kinder grüßen Dich vielmals, und auch

Deine Marie Jensen

289. WILHELM JENSEN AN RAABE

Freiburg i.B. 17 Oct. 1880.

Hatte ich ihn noch, als Du fortgingst? Ich erinnere mich lebhaft, daß ich Ihn am Morgen nach unserer Rückkehr aus Mellau bekam. Sein damaliger Geburtstag war am 3 September. Dann feierte Er den Deinigen mit und blühte wie Ranunkeln im März. Wo wir auf den Bergen gingen, war Er der Dritte mit uns. Er begleitete mich getreuer als mein Schatten. Die Sonne ärgerte Ihn und reizte Ihn stets zu lauten Äußerungen; in der Regenperiode ward es Ihm canibalisch wohl. Er war auch mit auf der Frohburg, und in dem nassen Grase des Wegs nach Neunlinden fühlte Er sich in Seinem Element. Dann, meine ich, nahmst Du ihn mit, wenigstens kam Er von Oos nicht mehr mit mir zurück. Ich hielt Ihn verloren – gottlob. Er ist wieder da, unverändert, seit gestern, ganz der Alte! Er grüßt Dich, als Ha-tschi!

Der Deinige

W.J.

290. WILHELM RAABE AN JENSENS

Braunschweig, 19 October 1880.

Liebste Freunde!

Heute sind es drei Wochen, seit Euer fröhlich-behaglicher Herd hinter mir versank; aber grade wie Eure Käthe rufe auch ich noch jeden Morgen: Guten Morgen, Familie Jensen! Es ist freilich schön, daß ich jetzt ganz genau, Treppauf und ab und rundum Bescheid bei Euch weiß, und Euch nunmehr auf allen Euern Gängen folgen kann, daß ich Euere Freunde persönlich kenne und also nach jedem Briefe aus Freiburg „mit dabei gewesen“ sein kann. So war ich natürlich mit M. neulich wieder in Basel bei dem Bach- und Wiesenbilde der Frau oder Jungfer Bauk. Die Nachbildung finde ich zwar auch recht gelungen; aber meine Geburtstags-Wiese gebe ich doch nicht dafür her und meinen Frohburg-Nebel gleichfalls nicht. – Vergeblich habe ich mir längere Zeit den Kopf darüber zerbrochen, was für einen „Gutzkow“ ich bei Euch zurückgelassen haben könnte. Jetzt weiß ich's; derselbigte ist Euer eigenstes Eigenthum und stammt aus einem der Bücherschränke am Fenster; ich bin nur einmal nach Tische darüber eingeschlafen. Behaltet ihn ja! – Mit wenig Erfolg habe ich mich bis dato abgequält, die Fäden meines augenblicklich in Arbeit befindlichen litterarischen Tisch- und Wischtuches von Neuem zusammenzuknoten und in das alte

Geleise und Geleier wieder herein zukommen. Auch ohne den Schnupfen im Kopfe kam mir das ganze Wesen entsetzlich dumm, höchst „ekel, schaal und unersprießlich“ vor. – Dagegen war ich vorgestern mit Bertha auf der goldenen Hochzeit der Schwiegerältern meines Schwagers, und ich rechnete aus, daß ich die meinige am 24 Juli 1912 begehen würde. Was meint Ihr nun, sollte es nicht wirklich etwas gewagt sein, das Datum als etwas selbstverständlich zu Erlebendes zu unterstreichen und Euch zu dem Feste einzuladen? Der Jubelbräutigam von vorgestern stammt aus dem Jahre 1798; danach ginge es grade an, was mich anbetrifft! –

Morgen gegen 6 Uhr Abend werde ich wieder am Bahnhofe sein, um Gretchen, die wir auf einige Wochen nach Walkenried zu meinem Bruder geschickt hatten, abzuholen. Bertha leidet an einem Daumengeschwür, an welchem sie mit mir unbegreiflichem Heroismus herumschneidet, bohrt und gräbt – nach dem Bilde sehnt sie sich förmlich das Herz ab. Schicke es nur ja, liebe Marie, sobald es im geringsten etwas trockener hinter den Ohren geworden ist als sein Original. Seht, auf der dritten Seite bin ich nun auch, und zwar allen Pappstücken und Postkarten dessen zum Trotz, der da in seinem zugigen Erker, wo seine Distel weht, weniger in seinem Leide versteint als in demselben zerfließt (Emanuel!)

Nun grüßt mir die Kinder und die Freunde – Lugo, die Familie Vincke und die Frau Collegin Hillern vor allen! –

Semper idem! d.h. Euer Allergetreuester WilhRaabe.

291. WILHELM JENSEN AN RAABE

Freiburg i.B. 25 Oct. 1880.

Leider muß ich Dir erwiedern, daß wir unter wolkenlosem Himmel bei 16° R. sitzen, was den Trauben, aber nicht meiner wünschenswerthen Seßhaftigkeit unter der Distel zu Gute kommt.

Der Deinige W.J.

Was ist „Schnee“?

292. WILHELM JENSEN AN RAABE

Freiburg i.B. 10 Nov. 1880

Dies, Liebster, ist die Signatur des „November".

Draußen drückt der Föhn sie mir klirrend auf die Scheiben und heult meinem eben fertig gewordenen Buche „Ueber die Wolken" sein erstes Wiegenlied. Es wandert zusammen mit diesem „Briefe" nach Braunschweig, doch nicht in die Salzdahlumerstraße. Morgen kommt „Der Teufel in Schiltach" wieder an den Amboß, und heute vor 121 Jahren wurde ein Kind männlichen Geschlechtes an's Weltlicht befördert, das damals noch nicht ahnte, daß es sich einige Jahrzehnte später über seine Erfahrungen in jenem Licht dahin äußern würde:

Wie groß war diese Welt gestaltet,
So lang die Knospe sie noch barg;
Wie wenig, ach, hat sich entfaltet,
Dies wenige, wie klein und karg!

Trage durch die Entfaltung Deiner Lyrkerschwingen zur Besserung bei! Es ist Zeit für Herbstoden – salta! – Bis zum salto mortale

Der Deinige W.J.

Was Dir geblieben,
Wenn der Zeit
Streit und Neid
Du nicht zu lieben
Vermagst, noch zu achten?
Du kannst sie betrachten.

293. WILHELM JENSEN AN RAABE

Freiburg i.B. 22 Dec. 1880.

Und wieder steht die Schwarzwaldtanne
In Deinem Zimmer hoch und schlank,
Und wieder brodelt's in der Pfanne
Und wieder duftet's aus dem Schrank.
Im Garten lärmt's, die Kinder suchen
Nach Veilchen hinter'm Rebensteig,

Doch drinnen riecht's nach Honigkuchen
Und blinkt die goldne Nuß am Zweig.

O ahnungssüße Wundertage,
Umfunkelt von der Hoffnung Kleid,
Wie liegt ihr gleich verschollener Sage
Am Lebensanfang, grau und weit!
Wie losch des Baumes Lichtgefunkel,
Eins um das andre, mälig hin,
Der bunte Flitter hängt im Dunkel,
Und keine Wunder harren drin.

Und doch, es blitzt von ewigen Lichtern
Nicht droben nur die heilige Nacht,
Sie leuchtet aus den Angesichtern
Der Kinder noch in alter Pracht:
So kehre, Freund, aus ihren Blicken
Dir eigne Jugend heut' zurück,
Das Höchste, selbst uns zu beglücken,
Blieb eines Kinderherzens Glück.

W.J.

294. WILHELM RAABE AN JENSENS

Braunschweig, 23 December 1880.

Liebe Freunde!

Welch ein Behagen es mir ist, daß ich für den morgenden Abend bei Euch wiederum ganz genau Bescheid weiß, bitte ich Euch nach schwachen Kräften aber aus freundschaftlichstem Herzen Euch selber zu imaginiren. Hoffentlich macht die Dreisam nicht Anstalt, Euch in's Haus und die Weihnachtsbescherung hinein zu steigen, wie uns die Oker; denn Braunschweig liegt augenblicklich wieder einmal in einem schönen, gelben, unübersehbaren See. Werden wir ganz von den Harzwassern verschlungen, so nehmt dies als ein letztes Winken mit dem Taschentuch, als letzten Handkuß oder Kußhand, kurz unsern letzten fröhlichen Gruß und feiert fürderhin noch manches vergnügliche Lebensfest an Euerm wackern, wohlgegründeten Familien-EichenTische, und – möget Ihr noch lange daran mit Euern Namen zusammenbleiben! Vergeßt aber dabei nicht, wenigstens dann und wann das *eine* Exemplar des Abbildes Eueres treuesten Freundes drauf aufzustellen und weiht ihm, wenn auch keine Thräne, so doch das stille Wort:

„Er meinte es wirklich gut mit uns!" –

Auf das andere Exemplar besagten Abbildes haben wir hier leider eine ziemliche Reihe von Postpaketwagenfahrten vergeblich gepaßt; mischt sich also eine ziemliche Anzahl von Gewissensbissen in Euere Stimmungen drüber ein, so denkt Euch, daß Euer Freund in den letzten Monden häufig gesagt habe: „Paßt auf! jetzt läßt *sie* gar einen Rahmen drum machen und schickt sie – die Resultate ihres schönsten Talents und meiner freiwilligsten Muße Euch zu Weihnachten!"

Geht nun Braunschweig unter, so habt Ihr ja Recht gehabt und brauchtet Euch nicht einmal zu trösten: „Nach hundert Jahren ist's ja doch einerlei!"

Jedenfalls ist Marie schön heraus. – –

Vor einem Erdbeben hat Brunonis vicus noch nie gezittert, aber es regnet weiter und die Fluth steigt – steigt – steigt! – Noch ragt der Erdrücken, auf dem wir zwischen der Magdeburger Börde und der Lüneburger Heide wohnen, gleich dem Rücken eines Fisches aus den Fluthen; aber – wie lange noch? Liebe Freunde, ob lange oder kurz; heute schickt unser Kinder-Vier-Kleeblatt dem Eurigen noch einmal seine schönsten Weihnachtsgrüße, und heute Morgen bei Tagesanbruch vernahm ganz deutlich wieder einmal der kleinen Freiburger Käthe Treppen-Morgengruß der alte

„Onkel Raabe".

295. WILHELM UND BERTHA RAABE AN MARIE JENSEN

Braunschweig, 31/12 1880.

Liebe Marie!

Wir haben ihn wirklich! gut, gelungen in Oel gemalt, wie wir ihn gewiß nie gesehen haben würden, wenn nicht Deine kunstfertige Hand uns diese Freude bereitet hätte. Selbst Gertrud erkannte den Papa sofort, und Mama und Kinder, Alle danken Dir von Herzen für den Fleiß und die Ausdauer, die Du dem lieben Bilde geopfert hast. Die ganze Form des Kopfes und der Bau des Oberkörpers ist vortrefflich; ebenso die Stirn die Augen, Ohren und Haar, dann wieder die untere Partie des Gesichts. Alles getreu wie im Leben; nur die Nase hätte nach meiner Ansicht etwas stärker sein können. Das wollte aber selbst den Stuttgarter Künstlern nicht gelingen, diese genialen Schwingungen der Nasenflügel wiederzugeben, und mit dem äußersten Nasenzipfel hat es eine eigne Bewandtniß; er ist veränderlich und beweglich je nach den verschiedenen Eindrücken, die sich auf dem Gesichte spiegeln. Jedenfalls ist das Portrait von allen Seiten als ein gelungenes anerkannt und ich könnte Dich Deines Talentes halber beneiden, obwohl ich Dir alle die Freuden, die Dir daraus erwachsen von Herzen gönne. Je größer Eure Kinder werden, desto mehr Zeit wirst Du der schönen Kunst widmen können und als was wirst Du vor uns stehen und unter uns sein, wenn wir heute über 10 Jahren Sylvester 1890 Dir wieder schreiben können. Somit Euch Beiden schon heute zum Neujahr glückliches Gelingen Eurer Pläne und Entwürfe, fröhliche gesunde Kinder und was sonst Euer Herz noch wünschen u begehren kann. Die alte Freundschaft nehmen wir natürlich mit in's neue Jahr herüber, und wenn Ihr beiden das immer grünende u frisch treibende Epheu seid, so sind Wilh und ich natürlich der letzte u festeste Rest der alten Mauer, ein malerisches Bild, wie Du gewiß noch keines zu Wege gebracht hast. Wenn aber erst Frau Poesie mir in die Feder greifen will od. vielmehr, wenn die Frau poetisch sein will, dann ist es Zeit, daß der Mann ihr lachend die Feder aus der Hand nimmt und denkt: es ist genug!

Die Kinder drücken die Nasenspitzen an den Fensterscheiben breit und rufen eben nicht nur Schnee, Schnee! sondern es schneet Sümpfe, es schneet Sümpfe, ein Wetter bei dem jedenfalls Wilh Euch lustige Neujahrswünsche zu sagen weiß. Habt Dank für Eure Freundschaft im vergangenen Jahr, Wilh soll Euch auch kommenden Herbst wieder besuchen und vergeßt nicht ganz und gar

Deine Bertha.

[W.R.]

Lustige Neujahrswünsche! Natürlich! – was kümmert es auch *uns allesamt*, die wir uns bei jeder Beleuchtung sehen lassen können, wenn einmal grade am Sylvestertage des Mondes Schatten auf die Sonne fällt? Wir nehmen das wahrlich als kein böses Omen!

Alle Lebenskraft und jedwedes Lebensbehagen für ungezählte Jahre auf Euch und Euer Haus!

WilhRaabe

296. WILHELM JENSEN AN RAABE

Freiburg i.B. 4 Feb. 1881.

Fiebergerüttelt,
Geschüttelt, gebüttelt.
Ein Jammerknabe
Von oben bis unten,
Sitz ich, und drunten
Krächzt an der Dreisam ein schnarrender Rabe:
Quark – Quark –
Millionendonnerwetter,
Mir wird's zu arg!
Kuranze gefälligst 'mal Deinen Herrn Vetter!

297. WILHELM RAABE AN JENSEN

Braunschweig, 12 Februar 1881.

Lieber Alter!

Sei nur still, gedulde Dich nur noch ein paar Tage. Sieh, dann ist ja der Fünfzehnte und wieder einmal Dein Geburtstag, und dann muß sich ja Alles, Alles wenden! Die Wasserleitung in Deinem Hause thaut (nach neuer Orthographie taut) wieder auf, und die katarrhalischen Flüssigkeiten, die den grimmen Winter durch in Deinem persönlichen Erdinnern kochten, und sicherlich auch mit dem Erdbeben von Agram, Bern, Basel etc. zusammenhingen, kommen von Neuem zu Stillstand. Deine Marie läßt ein Seil durch den Garten ziehen, in welchem Du (hyperbolischer Lyr'ker) zu Weihnachten mit Deinen unschuldigen (viel zu früh in so lügenhafter Weise poetisch verwendeten) Kindern Veilchen gesucht haben willst; – alle die unzählbaren Dutzende von Taschentüchern, die Du verkonsumirt hast, werden der Sonne Homers zum Bescheinen hingehängt, die Sonne Homers trocknet sie wahrhaftig; und Marie sagt: „So, Wilm, nun kann's von Frischem angehen; und wirklich, Zeit wird's, daß wir anfangen zu überlegen, wo Du *ihn* Dir für den nächsten Herbst von Neuem holen willst, ob auf der Frohburg oder in Mellau. Du weißt doch allmählich, Dein treues Weib geht überall mit hin, denn sie weiß es zu genau, seit sie Dich zum erstenmal auf der Fraueninsel im Chiemsee hinter dem Holunderbusch nießen hörte, was für ein guter Mann für sie in Deinem perennirenden Schnupfen steckte." –

Auf den krächzenden Vetter jenseits der Dreisam, wo der weiße fragwürdige Flecken an der Böschung wahrscheinlich auch jetzt noch zu sehen ist, habe ich leider keinen Einfluß. Seit der Erste aus der Verwandtschaft aus der drang- und stankvollen Arche als commis Voyageur für's Haus Noah und Comp. ausgeschickt wurde und sich sofort selbstständig in der freien reinen Luft besetzte, sind wir in der Familie immer dieselbigen geblieben, und wenn wir auch dann und wann in Haufen fliegen, (vier Mädchen habe ich z.B.) intriguieren wir doch die Menschheit ein Jeglicher auf seine eigene Weise, sowohl durch Gekrächz, ominöses Geflatter um's Haus, wie Ablegung unserer geistigen und sonstigen – Produkte! – – Liebe Freunde, uns ist es in diesem Winter gar nicht gut gegangen, was das weitere Familienleben anbetrifft. Zweimal habe ich mit Mitgliedern aus derselben nach dem Kirchhofe hinaus gemußt. Da Ihr aber in derlei menschlichen Angelegenheiten auch aus eigener Erfahrung Bescheid wißt, werde ich Euch nicht weiter damit behelligen.

Im engern Kreise geht es uns unberufen gut. Ich sitze eingesponnen und spinne wie ein schnurrender Kater. Wäre ich ein Leinweber, so wüßte ich wohl nicht was ich webte; aber als deutscher Poet weiß ich es ganz genau! –

Unsere Neujahrsbriefe habt Ihr hoffentlich bekommen. Zum Fünfzehnten kriegst Du nur eine Postkarte mit einem Vivat, mein lieber Junge; denn – aufrichtig – mehr verdienst Du eigentlich das ganze Jahr nicht. Ist es nicht scheußlich, Marie? Weil er reimen kann, denkt er stets mit einer Pappkarte abzukommen! Wenn er mit einer Prosa seine unglücklichen Würmer zu ernähren hätte und sie deßhalb für seine Verleger sparte, würde ich gar nichts sagen, oder doch nur wenig; so aber sage ich auch nichts, aber nur weil mir allgemach die Worte mangeln, mich *gehörig* auszudrücken. – Und dieser Mensch ist am Todestage G.E.L.'s (wenn auch nicht 1781) in die Welt gesetzt! – – – Kinder grüßt Alle! Vorerst alle Eure Kinder, dann den Einsiedler Lugo, die Familie Vincke, die große Frau Collega und Jeden, der sich sonst noch aus dem schönen Herbst 1880 meiner erinnert! –

Euer getr. Freund

WilhRaabe

298. WILHELM RAABE AN WILHELM JENSEN, KARTE

[Poststempel: Braunschweig, den 14.2.1881.]

Vivas!

299. WILHELM UND MARIE JENSEN AN RAABE

Freiburg i.B. 5 März 81.

Lieber Rabelais!

Wie denkst Du über die Venus, den Saturn und Jupiter? Hast Du sie mit den goldenen Augen durch's Lorgnon beobachtet? Die feine Mondsichel stand gerade mitten im Dreieck der besagten Planeten. Es war zu schade, daß wir Dich vorgestern, vorvorgestern und gestern nicht mit dabei hatten! So wie es überhaupt immer und überall schade ist, wenn Du nicht mit dabei bist! Und nur unsere Gedanken bei *Dir* sind. Das ist eben ein recht unnatürliches dummes Getreibe im Weltraum – daß die Gedanken immer erst circa 470,000 Meter zurücklegen müssen, und es könnte doch so ganz anders sein! Wie – das wissen die Götter – nicht einmal. Wilm Jensen hat keine geschwollenen Mandeln mehr, und der Husten der Kinder ist auch, unberufen, vorbei; aber ich sterbe nächstens an Schlaflosigkeit – paß auf! Das ist die leichteste Todesart. Leb wohl, mein guter Alter! Grüße die Deinen alle, und Dich selbst von Deiner

Marie.

[W.J.]

Er nimmt einmal wieder die Backen voll afrikanischer Backofentemperatur und heult, daß meine Fensterscheiben im Diskant mitsingen. Ich aber habe vier Wochen lang nicht gesungen, obgleich ich die Backen voll Mandeln hatte bis halb in den Magen hinunter. Daß ich Dir diese Südfrüchte in den Hals wünschte, will ich nicht damit ausdrücken, interessant indes wäre es mir gewesen, zu hören, ob und was Du, wenn sie Dir in der Kehle gesteckt, gelyrkt hättest. Vermuthlich eine Melodie zu Deiner Knödellandschaft, jedenfalls hättest Du den Ton Deines Horns von Wanza nicht herausgebracht. Der ist vortrefflich, mir das Wohllautendste, womit Dein Rabenschnabel seit Jahren das Gezwitscher im deutschen Dichterwald oder Sängerhain zu Schanden gekrächzt hat. Die Hochzeitsfahrt und Ankunftsnacht der jungen Frau in Wanza sucht ihres Gleichen an menschlicher Misere und der menschlichen Fähigkeit, sie unterzukriegen und sie noch unter dem Spinnwebüberzug eines halben Jahrhunderts wieder heraufholen zu können. Hier geht Alles die Wege, die Du zu kurz mit uns gegangen. Einstweilen hat Er – der Föhn – den Schnee von ihnen geblasen, und der Frühling fängt seine alte wässerige Komödie mit der Veilchenintroduction an. Dabei kommt mir die Erinnerung, daß Dein botanisches Gemüth unsere Weihnachtsveilchen als Lyrkerei zu betrachten schien. Trotzdem wuchsen sie bis zum Januar in unserem Garten wie bei Euch die Braunschweiger Würste und rochen entschieden besser. Wir haben jeden Tag Hände voll gepflückt und das Christkind hängte sie an den Baum. Dann kam in der Sylvesternacht Euer einheimischer Boreas zum Besuch und blies sie aus wie blaue Lichtflämmchen. Du wärest uns um die Zeit lieber gewesen; wir hatten Dir einen Stuhl und ein Glas auf den Neujahrsnachttisch hingestellt, wenn Du auf eine Stunde herüberkämst, aber es fiel Dir nicht ein. Dein Geist hätte sich unterwegs den Schnupfen holen können; Du glaubst nicht an Veilchen im December, noch an die perennirende Liebe im Herzen

Deines W.J.

Bertha dagegen grüße ich mit der gläubigen Zuversicht eines Christen, der da lange nicht gesehen wird und doch nicht das Vertrauen verliert, in ihrem Gedächniß fortzuleben.

300. WILHELM RAABE AN JENSENS

Braunschweig, 27 April 1881.

Liebe Freunde!

Aus einem thurmhohe Wellen schlagenden Meer von Herzogl. Braunschweig. Jubiläumsenthusiasmus rette ich mich endlich auf eine trockene, stille Stelle und schicke Euch in „Buchform" die Beschreibung des Jubiläums meines Meist. Marten Marten. – Es hat mich gefreut, daß Euch das Ding schon bei dem bruchstückweisen Erscheinen in den Monatsheften gefallen hat; aber mit dem größten Behagen denke ich doch an die schönen Stunden und Tage, an welchen ich in Freiburg in der Louisenstraße die Correctur davon las. Das grüne Exemplar gebt Ihr wohl mit einem schönen Gruße an Freund Lugo.

Wir haben hier die letzten Wochen natürlich in einem sehr großen Tumult gesteckt, und einen langen Brief erwartet nicht von mir. Zuletzt deckte eine wahrhaft stupende Zerschlagenheit ein wahrhaft Rückert'sches Grab zu Ottensen von Brüdern, Schwestern, Schwägerinnen, Neffen, Nichten, Onkeln, Tanten, Kindern etc. etc. etc! Dazu schleppte sich meine Frau mit einem sehr argen Fingergeschwür, hatte sich dasselbe aufschneiden lassen müssen und war mir dabei ohnmächtig geworden. Es war sehr schlimm, und ich habe selten mit so erleichterndem Seufzer gesagt: Gott sei Dank daß der Schwindel vorbei ist! wie gestern Morgen beim Aufwachen.

Euch ist es hoffentlich seit Euerm letzten Briefe gut gegangen. Laßt bald einmal wieder von Euch hören. Grüßt mir die Kinder! –

Euer getreuer Wilh.Raabe

16. 6. 81

301. WILHELM RAABE AN MARIE JENSEN

18 Juni 1881.

Wunderschön! Danke schön! ... Aber doch, wie der Frühling selber, schön vier Wochen später als fällig. – – –

302. WILHELM JENSEN AN RAABE

Freiburg i.B. 30 Juni, 1881.

Ich wollte Dich im Krähenfelder Horst überfallen, alter Kolkrabe der belletristischen Literatur. Bei genauerer Erwägung kommt mir aber das Bedenken, daß Du „in den Harze" zur Aetzung Deiner Jungen geflogen sein könntest, und deshalb bitte ich Dich, mir unter der Adresse: „Ostenwalde, bei Melle, Provinz Hannover" mitzutheilen, ob ich Dich am Montag, d. 11 Juli um 3 1/2 Uhr Nachmittags in Braunschweig antreffe. Zeit habe ich nur bis zum Frankfurter Schnellzug in derselben Nacht und pfeife dann wieder davon, denn wir rüsten uns schon zum Besuch bei der „Jungfrau". Grüße, Grüße. Hoffentlich auf Wiedersehn! Der Deinige „so lange diese Maschine ihm angehört"

Wilhelm Jensen.

303. WILHELM RAABE AN JENSEN

Braunschweig, 4 Juni [Juli] 1881.

Mit pochendem Herzen werde ich am Montag den 11ten um 3 1/2 Uhr Nachmittags auf hiesigem Bahnhof stehen, um Dich in die Arme zu fassen, lieber Alter! Und zum Lohn für Deinen trefflichen Einfall und Vorsatz sollst Du sogleich auch practisch verwendet werden. Fällt es Dir nämlich nicht zu lästig, so nimmst Du wohl unser Gretchen bis Heidelberg mit – bis auf den dortigen Bahnhof, wo sie von einer Bekannten von uns Dir abgenommen werden wird. Das Kind soll seinen ersten Ausflug in die Welt ohne Vater und Mutter wagen, und so ist es sehr nett vom Schicksal, daß es Dich ihr zum ersten, freundlichen Beschützer mitgiebt. Wir freuen uns Alle sehr auf Dich!

Dein getreuer WilhRaabe

304. WILHELM JENSEN AN RAABE

Ostenwalde, 6 Juli 1881.

Liebster, ich komme bereits am *Sonntag* Nachmittag 4,46 und reise in der Nacht 10,42, kann Gretchen aber leider nicht bis an ihr Ziel geleiten, da ich nach Würzburg – Rothenburg fahre und in Göttingen über Bebra abbiege. Bis Göttingen, von wo sie bis Frankfurt nicht mehr umzusteigen hat, werde ich sie aber gern unter meine Flügel nehmen. Vinckes grüßen Dich freundlichst.

Der Deinige W.J.

305. WILHELM RAABE AN MARIE JENSEN

Braunschweig, 6 September 1881.

Liebe Marie!

Wie rasch ist auch *das* Jahr wieder vorbeigegangen! Es ist wirklich ein Jahr heute seit ich mich aufmachte, mein zehenjährig Versprechen gegen Euch zu erfüllen. Daß wir Beide in dem nun wieder abgelaufenen Zeitraum artig, still, fleißig (*bescheiden* versteht sich stets am Rande) und fromm gewesen sind, das versteht sich von selber; und daß wir nicht immer alle dafür gehörigen Belohnungen erhalten haben und uns dann wie gewöhnlich mit der Aussicht auf eine bessere oder wenigstens ruhigere Welt getrösten mußten, das steht fest. Nun, wir wissen gottlob, was wir wissen, nämlich daß unser hochverehrter Herrgott seinen geschorenen Lämmern den Wind sänftigt und also auch uns in seiner sonderbaren Herzensgüte wenn auch eine weiche Haut, so doch ein ziemlich dickes Fell mit auf den Weg gegeben hat; und so wollen wir es noch einmal darauf (auf das dicke Fell und nicht die zarte Haut natürlich!) hin wagen und uns auf eine neue Reihe von dreihundertfünfundsechzig Tagen mit allen ihren meteorologischen und sonstigen Behaglichkeiten und Verdrießlichkeiten einzurichten. Sind sie zu kühl, grau und regnerisch, zu voll von Asthma, Zahn-, Kopf- und Leibweh, so halten wir ja die fröhliche Gewißheit: auch *sie* gehen ungeheuer schnell wieder hin, und wir schreiben den achten September Achtzehnhundertzweiundachtzig, ehe wir es uns versehen. Denn wir sind von gestern her und wissen nichts: unser Leben ist ein Schatten auf Erden. Hiob VIII, 9.-

Als ein recht netter Schatten ging uns auch der Verfasser der Nirwana am zehnten Juli laufenden Jahres von 4 Uhr 46 Minuten Nachmittags bis 10 Uhr 46 Minuten Abends vorbei. Hübsch war's von ihm; aber viel kürzer als seine Bücher! „Schreib uns in unsere Sommerfrische hinein", sagte er; aber er selbst hatte keine Zeit, uns aufzuschreiben, wohin wir schreiben sollten. Daß Unsereiner allgemach in die Jahre kommt, wo das Gedächtniß nachläßt, fiel diesem schön behuteten (hoffentlich hat er Dir und Deinen Kindern seinen Hut mit nach Hause gebracht!) Schatten im Schatten „nicht in den Traume ein." – Liebe Marie, ich habe nie viel Haare gehabt, weder auf den Zähnen noch auf dem Schädel. Meine Zähne sind mir stets wichtiger gewesen, als die Vegetation darüber; aber was das andere Fruchtfeld anbetrifft, so wird es seit (ungefähr) Judica-anni currentis bedenklich lichter darauf, und es nimmt sich ein sehr schlechtes Exempel an oben erwähnten Gedächtniß: es läßt fahren, was nicht bleiben will! Wie lange wird es dauern, so ist Seekönig Palnotoke mit seiner letzten Locke *in der Hand* ein wolliger Krauskopf gegen Deinen alten Freund; und so ist's am Ende doch besser, Du verlässest Dich doch auf das Gedächtnis des letztern. Solange Mnemosyme ihm nur noch Einen Finger hinhält, so lange hält er Dich und Deine Hand fest und nicht bloß an jedem närrischen achten September jedes wegstürzenden Jahres! Sein eigen Haus aber hält mit ihm, und „wir gratuliren Dir zu Deinem Geburtstage", soviel Unserer sind: wir Alle wünschen Dir, Deinen Kindern und *Deinem* Alten das beste Glück zu Hause und im Felde, in jedweder Schule des Lebens, auf der Frohburg und „wenn es doch besser ist, daß wir nach dem Doctor schicken", zu ebener Erde und im Erker, mit der Aussicht auf die Post aus dem *Höllenthal* und mit der Einsicht, daß es mit den Benamsungen in der Welt niemals viel auf sich hat.

„Das ist mal wieder ganz wie Raabe!" wirst Du sagen, und das ist es auch!

Dein getreuester Mitgeborener am achten September

WilhRaabe

306. WILHELM JENSEN AN RAABE

Freiburg i.B. 6 Sept. 1881.

Ein halbes Hundert Dir entrauschter Jahre
Hat nicht einmal berührt noch Deine Haare –

und so trittst Du, ein schwarzgelockter Jüngling, in die eleusinische Kammer der zweiten Hälfte des Dir beschiedenen Säculums, einem Bräutigam gleichend, ein, und ich wünsche Dir, uns, der Mit- und Nachwelt Glück zu den Sprößlingen Deines Geistes, die aus dieser neuen Verbindung hervorgehen werden. Und da ich leider vermuthe, daß Du am Abend dieses Tages nicht wie Victor von Scheffel bei gleichem Jahresanlaß mit Fürsten zusammen bankettieren und abconterfeit werden, vielleicht nicht einmal ein Telegramm aus Varzin erhalten, sondern more consueto Dein Bier auf dem Krähenfelde oder im Rabenneste trinken wirst, so habe ich es wenigstens als Pflicht erachtet,

Alles, was in meinen Kräften steht, zu thun und Dir zum heutigen Tage meine herzliche Freundestheilnahme nicht auf einer Karte, sondern auf einem „anständigen“ Briefbogen auszudrücken. Ich dachte, ein kleines Buch beizulegen, aber der Drucker hat mich – „wie er's uns so oft gethan“ – im Stich gelassen, und dasselbe wird erst in einigen Wochen nachfolgen.

Wir sind vor acht Tagen aus viel Sonne und Regen von der Wengernalp heimgekehrt, wo wir uns einen Monat lang unmittelbar neben der Jungfrau einquartirt gehabt und Freud' und Leid mit ihr getheilt. Ich habe sie besungen, Marie hat sie gemalt* und die Kinder Edelweiß auf ihr gesucht und nicht gefunden. Du siehst, der Aufenthalt bei ihr ähnelt merkwürdig demjenigen im Leben überhaupt.

Ich aber freue mich in der Erinnerung des kurzen Aufenthaltes in N° 3 der Salzdahlumerstraße und Umgegend. Es war hübsch vom alten Wodan, so wacker zu schütten, denn das Symbolum deutscher Freundschaft ist, daß sie zusammen unter'm Regenschirm wandert – und es war hübscher, Euch alle einmal in den bekannten, wenn auch neu betapeteten Räumen wiederzusehen und das kleine, elfenbeinhäutige, schwarzhaarige Zigeunerkind auf den Knien zu schaukeln. Gretchens verwundertes Gesicht auf dem Heidelberger Bahnhof war das letzte aus dem flüchtigen Familien-Kaleidoskop. Ueber's Jahr – si diis placet – schreibe ich Dir keinen Geburtstagsbrief – ich habe Dein Versprechen – aber heut' zum besonderen Tage Deiner Erdenwanderung füge ich Dir noch die freundlichsten Grüße und Glückwünsche der gesammten Vincke'schen Familie hinzu, bei der wir soeben den 69 Geburtstag des Hausherrn mittäglich gefeiert haben. Du hast noch einen weiten Weg, bis Du Dich solcher Zahl auch rühmen kannst. Wenn Du dereinst damit zu renommiren vermagst, mögest Dus' so körperfrisch thun, wie Vincke; für die Geistesfrische brauche ich keine unnöthige Vorsorge zu hegen.

* Randbemerkung Marie Jensens: poetische Licenz, ich hatte gar keine Farben bei mir.

Auch Lugo, der mit uns auf der Jungfrau war, gesellt seinen schönsten Glückwunsch.

Grüße mir Berta und alle -„chen“ von Oben herunter von Deinem

mit der Ehrfurcht des 44gers zu Dir aufblickendem

Wilhelm Jensen

307. MARIE JENSEN AN RAABE

Freiburg 7 Sept. 1881.

Liebes Räbele!

Schon 50 Jahre – ist es die Möglichkeit!
„Mich aber laß, wie ich es meistens bin,
Verschränkten Armes vor Dir stehen!
Die Jahre flohen – Dir mein Kind, wie mir.
Komm, lasse mich mit trübem Lächeln Dir
In Dein verzehrend Auge sehen!“

Es ist ja einerseits sehr nett von Dir, daß Du Dich morgen Deiner Familie nicht entziehen mochtest, aber andererseits sitzen wir nun ohne Dich da! Was niemals nett ist! – Bis Frankfurt konnte er reisen – um dann so nahe vor Freiburg Kehrt zu machen. Einen solchen Marsch nach Hause hätte *ich* nicht thun mögen!

Wenn morgen nicht Dein Jubeltag wäre, würde ich Dir sagen – daß Du uns gar nicht sehr lieb hast! Wie werden wir aber dennoch morgen an Dich denken, wenn wir einsam mit Vincke's und Dungerns unten sitzen!

Ein Bild habe ich diesen Sommer nicht gemalt, weil ich Dir nur das Beste wünsche. Lugo hat mir die Farben für eine Zeitlang verboten. Ich darf nur noch zeichnen um meinen Sinn für „plastische Form“ ein wenig zu wecken. Doch fürchte ich, daß derselbe zu unerschütterlich schläft. Mit Öl konnte man alle Schwächen so gut zudecken; der magere Bleistift aber macht mir nichts zu Dank. Wie freue ich mich auf nächstes Jahr! Wilm sagt, Du habest ihm fest versprochen, dann zu kommen. Dann will ich Dich aber schön malen, daß noch die spätesten Enkel sich daran erfreuen sollen.

Ist Gretchen befriedigt von seiner Reise wieder heimgekehrt? Nun leb wohl, Guter, Alter. Grüße Bertha, die Kinder und den Jubilator auf das Herzlichste

von Deiner Marie.

308. WILHELM JENSEN AN RAABE

Freiburg i.B. 18 Oct. 1881.

Unter Kreuzband folgt anbei
Eine Art von Conterfei;
Zeigt's auch manche Herbstesfalte,
Ist's im Ganzen doch der Alte

und Deinige W.J.

309. WILHELM RAABE AN JENSEN

Braunschweig, 5 November 1881.

Lieber Freund!

Deine „Stimmen des Lebens" sind Dein schönstes Gedichtbuch oder Buch Deiner Gedichte! Ich weiß zwar, Du fragst nichts danach, da es ja doch nach hundert Jahren einerlei ist (nämlich Dir) aber mittheilen will ich's Dir *meinetwegen;* denn das macht *mir* ein ungemeines Vergnügen an diesem heutigen dunkeln Novembernachmittage. Ganz aufrichtig, Du hast Deine Sachen brav gemacht, und sollst Dich loben lassen!

Dießmal gehört Alles Dir; auch das Wort „roth überflocken", das Du bei Betrachtung Euers Freiburger Wochenmarktes von Euerm Schloßberg aus gefunden hast und nun einige Male etwas sonderbar in Anwendung bringst.

Die Tante vom Aschenkrug ist mir eine zu nahe Cousine jener, Deiner unverschämten Thürverrieglerin und verdient sich von ihrem Sponsor auch etwas Mehreres und Anderes als ein bloßes grenzenlos verblüfftes:

„Nanu?!" – –

Liebste Freunde, ich bin Euch noch meinen schönsten Danck für Euere Geburtstagsbriefe schuldig. Aus den Euch übersandten Dokumenten werdet Ihr ersehen haben, daß das sogenannte

Jubiläum absonderlich freundlich und jedenfalls echt norddeutsch aufgefaßt und begangen worden ist. Mein eigentliches Jubeln habe ich am 15ten October, wo mein Autorruf fünfundzwanzig Jahre alt wurde, ganz in der Stille, selbstverständlich mit recht mißlich gemischten Gefühlen besorgt. Der einzige Trost bei der Geschichte war, daß man am Ende doch dies Vierteljahrhundert durch völlig sein eigener Herr und Meister gewesen war, und das ist eben nichts Geringes in diesem kettenklirrenden Dasein. Von dem Cyklone in der Nacht von dem Vierzehnten auf den Fünfzehnten habt Ihr wohl auch Euer Theil abgekriegt? Hier saßen wir unter fliegenden Dächern und niederbrechenden Bäumen bis 3 Uhr Morgens. Sämmtliche Dienstmägde hatten ihr Sonntagskostüm angezogen, ihre Koffer gepackt, dieselben vor ihre Kammern der Treppe so nahe als möglich, gezogen, sich drauf gesetzt und warteten so den Weltuntergang ab.

Wäre der letztere eingetreten, so wären wir unter Anderm auch der Reichtstagswahl überhoben gewesen, und manchem verständigen Mann würde ein Anfall von Seekrankheit erspart worden sein. Nun sitzt auch jede Parthei in ihrem moralisch-ethisch-politischen Sonntagskostüm auf ihrem Koffer, so nahe der Treppe als möglich und wartet ihrerseits auf den Weltuntergang.

Der liebe Himmel segne der reizenden Gesellschaft ihren guten Glauben! – Dich segne er auch liebster Freund vom und im Hochblauen!

Im raschen Marsch auf die Sechzig Dein, Deiner Frau, und Deiner Kinder Getreuester.

WilhRaabe

310. WILHELM UND MARIE JENSEN AN RAABE

Freiburg i.B. 23 Dec. 1881.

Ein paar Resttropfen noch vom 1881ger Jahrgang, mi compotor! Dann sind es nur noch 18 Jahre bis zu der Stunde, in der wir mit dem Palmenzweige schön an des Jahrhunderts Neige dastehen. Denn das ist ja doch die Hauptabsicht, die wir beide im Leben noch haben. Tacitis senescimus annis, gleichmäßig legen die Tage uns Asche auf die Köpfe, und gleichmäßig legen wir gereimte und ungereimte Schriftstücke aufeinander, die auch als Asche im Wind herumstieben. Das ist der ganze, ewig neu aufgewärmte Meidinger, der Urheber dieses Witzes kann sich, weiß Gott, auf seine schöpferische Erfindungsgabe nicht übermäßig viel zu gut thun. Ich glaube auch, er ist im Grunde bescheidener, als ich kürzlich eine biographische Darstellung von ihm im Buche eines Pastor Edlefsen aus Rabenkirchen gelesen, das den anziehenden Titel trug „Ehre, Ehre dem Lamm, das erwürget ist“. Das war sehr fett gedruckt und wohl so etwas wie Huzzelbrod auf dem Weihnachtstisch für die Rabenkirchener vorstellen. Dieser anklingende Ortsname machte mich einen Moment stutzig. Ich dachte einige Augenblicke: Sollte Er sich unter diesem Pseudonym bergen und dies als opus novissimum für die Gläubigen seiner Raabengemeinde auf den Altar Herrn Gansfleisch's niedergelegt haben? Aber dann kam mir in's Gedächtniß, daß Dein letzter Brief sich beifällig über meine neuerlichen Gedichte geäußert hatte, die mit erwürgten Schafen in keinem engeren Zusammenhang stehen. So ist diese „Stimme des (höheren) Lebens“ doch wohl nicht aus der Salzdahlumerstraße erklungen, und so lassen wir uns denn einstweilen an dem gemeinen weiter genügen, mein Alter. Es hat doch, wenn man sucht, in den stillen Winkeln seine Veilchen noch und vielleicht ist ihr Duft feiner als der von den Violen, Lilien und Caprifolien der Hochsommerzeit. Im Uebrigen kann ich Dir nicht helfen und in dieser hochchristlichen Zeit nicht Dir zu Liebe die Wahrheit umgehen, daß auch unser unbildlicher Garten, wie um die vorige Weihnacht, nach Storms Ausdruck wieder „in Veilchen steht“. Ich lege Deiner Thomasnase einige bei und ein paar Verse dazu, die mit Ausnahme der Trauben auf Dich just wie auf mich passen dürften. Dafür rechnen wir aber bestimmt darauf, daß Du Dir die Trauben im kommenden September selbst holst! Wir wollen dann das Arrangement mit den Palmenzweigen zum 31 December des Jahres 1901 eingehend besprechen. Mit freundlichstem Gruß an Bertha und die Küchlein

Der Deinige Wilhelm Jensen

Qui bene latuit, bene vixit.

Descartes.

Ihr fragt, was ich in diesem Winkel suche,
Der fern des Weltmarkt's wechselndem Gedränge?
Es breitet mir ihr Maiendach die Buche
Und aus den Lüften rinnen Lerchenklänge.

Die Sonne schau' ich auf und niedergehen,
Des Flusses Wellen rasch vorübergleiten,
Am nahen Berg die dunklen Tannen wehen
Und goldene Wolkenbilder in den Weiten.

Des Münsterdaches schlanke Königskerze
Steigt ernst, Vergangenes deutend, in den Himmel,
Und drunter treibt, ein Spielzeug heitrer Scherze
Der guten Bürger drolliges Gewimmel.

Der Herbst bringt Trauben und der Frühling Veilchen,
So legt ein Tag sich friedlich auf den andern,
Und all' mein Wünschen ist, noch so ein Weilchen
Im Schatten meines Rebengang's zu wandern.

[M.J. auf der Rückseite desselben Bogens]

Mein liebes Räbele!

Seit einem Vierteljahr wollte ich Dir täglich schreiben, doch – „es entschwand mir auf thauigem Flügel wieder wie gestern so heute die Zeit.“ Ich habe jetzt immer sehr viel mit den Kindern zu thun. Sie wollen alles Mögliche lernen und haben täglich ihre Anliegen. Mein eigenes Leben ist in den Hintergrund getreten und kommt erst wieder in Schwung, wenn Paul auf der Universität und die Mädchen verheirathet sind. Dann werde ich vielleicht mehr Briefe an Dich schreiben als Dir lieb ist. Daß diesmal eine Karte kommt, ist nicht *meine* Schuld.

Wilm wies mir, als Platz für einen Weihnachtsgruß die Rückseite dieses Blattes an; und ich gehorchte ohne weiter nach dem „Wie und Wo“ zu fragen. Kein Mensch aber kann mich hindern, wenn die Massenhaftigkeit der Dinge, die ich Dir zu sagen habe, hier keinen Platz mehr findet, nach einem Briefbogen zu greifen. Und so thue ich jetzt:

[Brief fehlt]

311. MARIE JENSEN AN RAABE

Freiburg, 21 Dez. 1881.

Gottlob, daß ich meinen Raabe zurück habe! Gestern endlich nach anderthalb Jahren kamst Du von Jürgensen aus Tübingen wieder hier an. Er war vergangenen Sommer mit seiner Frau bei uns und schwor bei allen Heiligen, Dich als Geißel zu behalten, bis ich selbst zu ihnen käme um auszulösen. Obgleich ich sagte, er mache mir den Eindruck eines Räubers aus den Abruzzen, so half doch alles nichts. Da ich nicht nach Tübingen konnte, schrieb ich der *Frau,* und versprach ihr jüngstes Kind nach einer Photographie zu malen, wenn sie mir den Bewußten dafür zurücksenden wolle. Ich führte dies auch schleunigst vor einigen Wochen aus, und zum Lohn bekam ich Dich gestern ganz eingepackt in Lebkuchen. Du hast uns seinerzeit in einige der Bücher etwas hineingeschrieben und das läßt sich nicht kaufen! Der Schlingel von Jürgensen hatte Dich so peu a peu bei seinen Besuchen hier, die damals häufig aufeinanderfolgten, mitgenommen ohne etwas zu sagen. Daß ich aber die Lücken nicht gleich bemerkte, ist mir ein Räthsel, da ich doch fast immer irgend etwas von Dir in Arbeit habe. Seit einigen Wochen stecke ich wieder einmal im Dräumling, der mir ein *sehr* liebes Buch ist. Mit Wilhelm habe ich mich leider gestern Abend überworfen. Er las mir aus seiner neuesten Novelle etwas vor, was mich nicht sehr entzückte; ich machte ein paar harmlose Bemerkungen beim Lesen (das war vielleicht ungezogen); er klappte wüthend das Buch zu – und ich hatte die Bescheerung! Er schmollt auch heute noch leise fort, und ich mache mir Vorwürfe über meinen Mangel an Selbstbeherrschung. Nun wird er mir für's Erste nichts mehr lesen. –

Euch, Ihr Lieben, wünsche ich ein fröhliches Fest. Denkt auch einmal an uns herüber. Lieber Raabe, Du mußt dies Jahr mit einer Photographie des Frbgr. Münsters vorlieb nehmen, da die Sonne immer noch so unendlich viel besser zeichnet als ich. Nächstes Jahr male ich Dir aber ganz gewiß ein Bildchen der hiesigen Gegend. Bei Deinem Besuche im Herbst kannst Du Dir den Standpunkt wählen.

Es stürmt hier seit 4 Tagen so toll, daß man das Haus nicht verlassen mag, dieweilen es draußen Dachziegel regnet. Das Wetter sieht sehr nach Weltuntergang aus. Thea hat Kopfweh, Paul Ohrweh, Maina Zahnweh und Käthe Leibweh; Wilhelm ein wenig Halsweh und ich Herzweh.

Lebt wohl und nehmt die schönsten Weihnachtsgrüße von Eurer

M.

312. WILHELM RAABE AN JENSENS

Braunschweig, 23 Decemb. 1881. –

Schönste Weihnachtsgrüße! Hoffentlich ist Alles an der Dreisam in bester Ordnung.

W.R.

313. WILHELM RAABE AN JENSENS

Braunschweig, 31 December 1881

Schönsten Dank für das Freiburger „Dombild". Was das neue Jahr anbetrifft, so lassen wir da Alles zwischen uns beim Alten, und das ist das Allerschönste.

Euer WilhRaabe

314. WILHELM RAABE AN JENSEN

Braunschweig, 13 Februar 1882

Lieber Alter!

Schönsten Glückwunsch! – Habe vorgestern Nacht, Morgens 2 Uhr, zum erstenmal seit einigen u. zwanzig Jahren wieder die „Française" in einem Ballsaal verübt, und zwar dießmal mit ältestem Fräulein Tochter und nicht ohne Vergnügen. Wünsche Dir zu dieser Deiner demnächstigen Vaterpflicht auch allen Humor und nothwendige Schwindelfreiheit. Anbei das Buch Fabian und Sebastian.

Dein getreuer WilhRaabe

315. WILHELM JENSEN AN RAABE

Freiburg i.B. 23 Mai 1882.

Mein lieber Fabian.

Da hast Du Deine Allwage einmal wieder mit absonderlichen Confitüren aus gebranntem und brenzligem Zucker, sauersüßen Fruchtsäften und feingestoßenem Sudanpfeffer angefüllt, daß sie Einem wahrlich dann und wann „etwas im Magen liegt" und man schließlich sehr im Zweifel darüber bleibt, ob man Bonbons, Digestiv Pastillen oder Schlehen gegessen. Ich aber habe seit 8 Monaten Sonn- und Werkeltag gleichmäßig täglich 6 – 7 Stunden in meiner Mansarde gesessen und „alte mären" „Aus den Tagen der Hansa" im 14, 15, 16 Jahrhundert gesponnen, benebst noch sonst allerhand Spinnweb, drumherum. Deshalb hab' ich so lange nichts von uns hören lassen; nun bin ich frei, matt und müd. Es ist ein schuftiges Handwerk, das wir betreiben, und das einzige Gute dran, daß sich so gut wie niemand drum kümmert. Anbei schicke ich Dir einen dickbeleibten Gesellen zu gelegentlicher Zwiesprache in den Pfingsttagen. Uns allen ergeht es so gut, wie das catarrhalische Erbtheil unserer germanischen Aeltervväter zuläßt; die Kinder wachsen uns, oder wenigstens Marie leibhaftig über den Kopf. Am 14 Juni reisen Marie und ich für ein paar Wochen nach Ostenwalde, Holland und Belgien. Hättest Du nicht Lust, mitzuthun? Dann Julisommerschmorzeit in Freiburg, und den August hindurch gehen wir nach Schloß Burgeln, südlich unter dem „Blauen", in unermeßliche Waldestiefe. Du solltest so früh kommen, daß Du einige Tage dort noch mit uns zubringen könntest; bis zur Station (Müllheim) ist es nur dreiviertel Stunden weiter als Freiburg. Wir haben die Augustliche Schweiz mit ihren Stubenlöchern,

Staub, Engländern, schlechter Kost, gepökelten Waggons und Dampfschiffen übersatt und lechzen nach Schwarzwaldstille und Sauerstoff. Es ist schon sehr heiß bei uns, die Rosen in unserm Garten blühen zu Tausenden. Morgen erwarten wir längeren Besuch zweier alter Freunde aus Lübeck; Marie hat deshalb alle Hände voll und grüßt nur herzlichst. Grüße Du Bertha und die Kinder, mein Alter,

von Deinem Wilhelm Jensen

316. WILHELM RAABE AN JENSEN

Braunschweig, 28 Juli 1882.

Lieber Freund!

Ich bin Dir seit geraumer Zeit auf eine Pappkarte, einen Roman und ein trefflich Gedicht Danck und Antwort schuldig und es ist mir natürlich eine große Beruhigung, daß Du in dieser Hinsicht nicht im Stande bist, mir das Allergeringste vorzuwerfen. Ihr habt wieder einen bewegten, lustigen Reisesommer hinter Euch, und wir haben in gewohnter Weise still gesessen. Es ist keine Aussicht vorhanden, daß wir in diesem Jahre zusammenkommen, wenn Ihr nicht hierher Euern Flug richtet. Uns ist unsere Wohnung gekündigt worden und wir haben Ende September auszuziehen. Am 9, 10 und 11 September aber tagt hier der sogenannte deutsche Schriftstellertag und dazu hat man mich auch gepreßt als einzig hier wohnhaftes Federvieh von „einiger Bedeutung“. Eine Mitgliederkarte hat man mir nolens volens geschickt und „ins Commitee“ bin ich auch; – o Gott, ich wollte wir schrieben erst den 12ten des Herbstmonds! .. Dies ist nun wieder eine Lustbarkeit, über die ich gradewegs aus der Haut fahren könnte! – – – – Die letzten Monate hindurch habe ich viel mit Wellmer in Blankenburg über den unglückseligen Hoefer correspondirt. Das ist denn eine wahrliche, wirckliche Tragödie, bei der Unsereinem im vollen Ernste die Haare zu Berge stehen. Drei Jahre lang ist der arme Mensch langsam mehr und mehr dem Blödsinn und vollständigen Vermögensverfall entgegengesunken. Bis zuletzt noch ist er nach seiner Art Morgens 3 Uhr zu seinem Schreibtisch gekrochen, hat aber – *nichts mehr gewußt*. Und am Tage hat er dann gesessen und Patiencekarten zusammengerollt und sie als Cigarren anzünden wollen. Das Vermögen der Frau scheint gleichfalls in einem Familienbankerott untergegangen zu sein und die Leute haben absolut nichts! – – Wir haben uns – Welmer, Zoller und Professor Chr. Schwab – an die Schillerstiftung gewendet und man hat der Wittwe *auf zwei Jahre je 500 Mark verwilligt!!* Wellmer, der wirklich sich als wahrhaftiger und thätiger Freund für die Familie bewiesen hat, hat vorige Woche die Frau und Tochter einige Tage bei sich gehabt. Wir wollten auch zu ihnen; erhalten aber eben die Nachricht, daß die Frau todtkrank und auch geistig gebrochen angekommen sei und sofort weiter zu ihren Verwandten in Pommern verlangt hat, um nicht unterwegs ganz liegen zu bleiben.

Das Geschick bewahre uns und unsere Kinder [vor so] trostlosen Komödienschlüssen! –

Hast Du in Deinem Bekanntenkreise nicht vielleicht einen wohlhabenden Mann, der sich für die Goethebibliothek und Sammlung Hoefers interessirt? Wellmer schätzt sie auf 2–3000 Mark, und *das* scheint so zu sagen der einzige Hoffnungsanker der Hinterbliebenen zu sein. Wirkliche Seltenheiten sind aber durchaus nicht drunter.

Unser Dasein ist auch jetzt noch ziemlich ruhig hingeglitten. Gretchen hat ihren zweiten Ausflug in die Welt gethan. Sie hat sich vom März bis zum Juli in Metz in der befreundeten Familie des Oberstlieutenants Brauns vom 10 Brandenb. Dragonerregiment aufgehalten. Lisbeth ist im Juni 14 Jahre alt geworden. Und meine Schwiegermutter ist munter und lebenskräftig in ihr Vierundachtzigstes Lebensjahr eingetreten. Heute vor *zwanzig* traten Euer guter Freund Wilhelm Raabe und Fräulein Bertha Leiste in den Stand der heiligen Ehe. Ist so weit nicht mehr entfernt von der silbernen Hochzeit, Frau Marie! . . . . Grüßt die Kinder und schreibt uns bald.

Euer getr. WilhRaabe

317. WILHELM UND MARIE JENSEN AN RAABE

Freiburg i.B. 6 Sept. 1882.

Hinausgespült und zurückgeschwemmt – zwischen den beiden den lieblichen Worten, Liebster, liegt unsere jüngste vierwöchentliche Vergangenheit eingeschlammt. Wir waren, um uns einmal an der engeren Heimat das Verdienst redlicher Ernährung eines Wirthschaftsinhabers zu erwerben, ganz in die Nähe nach Schloß Bürgeln „auf der Höh'" unter dem „Blauen" gezogen und haben bei schlechter Kost, hautschrumpfendem Frost, innerlichem Rost und ausbleibender Post unsern Strafmonat dort abgesessen. Das nennt man dann nachträglich Sommervergnügen und läßt es sich von der Erinnerung in lauter Sonnenschein einrahmen. Uebrigens hatten wir seit unausdenklicher Zeit zum erstenmal keine Engländer an Bord und so strich unser altes Klosterschiff immerhin mit einem Vorzug durch die Himmelswogen dieses „Sonnenflecken-Sommers". Es ist doch gut, daß eine Wissenschaft existiert, die sich Meteorologie betitelt und uns immer rechtzeitig vorher in den schönsten Erwartungen badet; fällt das wirkliche Bad dann nachher etwas weniger ambrosisch aus, so können wir uns als „Dichter und Denker" doch an der Erinnerung unserer Hoffnungen wärmen, und im Ganzen läßt sich eigentlich nicht behaupten, daß der Himmel unseres Vaterlandes viel miserabeler sei, als die Sippschaft darin ihn mir zu verdienen scheint. Dies mag Dich, der sich gegenwärtig unter der Geistescreme der befederten Söhne des Teut oder Marsyas bewegt, allerdings etwas blasphemisch berühren, aber mich rührt Dein Schreck, es könnte einem derselben diese Anschauung Deines momentanen Correspondenten zu Gesicht kommen, garnicht. Ja, ich wollte sogar, es geschähe zur Strafe für die Wortbrüchigkeit, mit der Du uns an diesem 8 Sept. im Stich gelassen. Oder glaubst Du etwa, die Ankündigung Deiner „Prinzessin Fisch" sei eine Entschädigung für das Ausbleiben Deiner fleischlichen Erscheinung? Dir fehlt eben das christliche Gemüth für die Bedeutung eines Epiphaniastages! Wir hätten so hübsch nach dem Kaiserstuhl fahren und bei Hugstetten mit die Hälse brechen können; dann würden wir doch ein Verdienst an und für Arnold Wellmer erworben haben, daß er uns einige Seiten „Erinnerungen“ nachzuschluchzen vermöchte. So überleben wir ihn schließlich noch durch Deine Schuld und bringst Du ihn um Thränen und Honorar.

Uns ist es eine Zeitlang nicht sonderlich ergangen, da unsere Käte im Juli fast drei Wochen hindurch einer Brustfell- und Herzbeutel-Entzündung halber Tag und Nacht mit Eis auf der Brust gelegen hat. Der Aufenthalt in Bürgeln ist ihr indeß außerordentlich zuträglich gewesen und nichts für die Zukunft Bedenkliches zurückgeblieben.

Vale! und tritt mit jenem Schritte in Dein neues Jahr, der mit ruhiger Fußspitzenzuversicht vorausäußert: Was kann da sein?! Macadam oder Knüppeldamm – wir kennen den Touristenkram, und schließlich ist man über beides weggekommen.

Nur das Marschziel könnte ein wenig ersprießlicher sein. Grüße Dein ganzes Haus von

Deinem getreulichen W. J.

[M. J.]

Mein guter Raabe!

Hoffentlich ist Dir's besser um's Herz jetzt und auch am Achten als mir! Das war ein trister Sommer, und da Du nicht kommst, wird auch aus dem Herbst nicht viel Gutes werden. Hättest Du Dich denn nicht vor Eurem Umzug noch ein wenig herausrappeln können? Das mag freilich eine unbescheidene Anforderung sein, besonders wenn ein so langweiliges, Jeremiaden singendes Geschöpf wie ich, sie stellt. Wir haben seit wir aus Bürgeln zurück sind, beständig Mittags und Abends Menschen um uns herum und zwar recht gleichgültige. Ich komme aus dem Kochen und Braten gar nicht mehr heraus – weiß nicht, wo mir der Kopf steht. Die Pflegewochen der Käthe waren meine Erholungszeit; da brauchte ich nur Tag und Nacht das liebe geduldige Kind zu versorgen und blieb von nichtiger Geselligkeit verschont. Wilhelm thut mir leid, denn ich habe alle Anlage dazu menschenscheu zu werden. Doch steckt mir neben der Menschenscheu das große Eisenbahnunglück noch siedendheiß in allen Knochen. Die Details, die man hier so aus erster Quelle erfuhr sind zu fürchterlich. Lieber Freund, wenn Du mir etwas wünschen willst zum Achten, dann wünsche mir ein ruhiges Jahr zwischen meinen 4 Wänden, täglich ein paar ungestörte Stunden zum Abconterfeien der „schönen Welt“ und dann und wann eine Visite des alten Huckebein. Derselbige wird wohl vergnügt mit der Prinzessin Fisch in sein neuestes Jahr hinein hopsen. Mit Deinen Gebrüdern Pelzmann habe ich viel und gern verkehrt. Wenn Du Knövenagel siehst dann grüße ihn vielmals von

Deiner Marie.

318. WILHELM RAABE AN MARIE JENSEN

Braunschweig, 7 September 1882.

Liebe Marie!

Der Mensch kann Vieles sich wünschen; aber Erfüllung, die schönste der Göttertöchter steigt deshalb noch lange nicht zu ihm herunter. Dießmal ist leider nichts aus einer Geburtstagsfeier meinerseits an der Dreisam geworden. Du läßt Dich in gewohnter Weise von den Deinigen dort am rauschenden Bach bekränzen, und ich sitze im rauschenden Regen an der gelben Oker. Daß wir nach zwölfjähriger Seßhaftigkeit in der Salzdahlumerstraße 5 jetzt unsere Siebensachen zusammenpacken, habe ich Euch, wie ich glaube bereits geschrieben. Aber nun ist auch mein Bruder auf den ersten October als Landgerichtsrath hieher versetzt und jetzt in Wohnungsnöthen hier anwesend. So haben wir in diesem sonst so angenehmen Monat *zwei* Umzüge zu besorgen und – den angenehmen deutschen Schriftstellertag obendrein. Diesen letztern Berg hätte ich mir jedenfalls auch gerne geschenkt, wie Jensen sagte, wenn er in der Schweiz *nicht* zu einer berühmten Aussichtsstätte emporklomm. Hoffentlich seid Ihr Alle gesund und fröhlich.

Als vor einigen Tagen die schreckliche Nachricht von Hugstetten hier ankam fuhr es mir auch Euretwegen durch die Glieder. Ihr hättet doch auf dem Unglückszuge gewesen sein können! -- Wir hier schlagen uns in gewohnter Weise durch; aber über unsern Stuttgarter Bekannten und Freunden schwebt doch wahrlich ein unheimliches Verhängniß. Habt Ihr es erfahren, daß sich des alten Notters Sohn erschossen hat? Wißt Ihr noch, wie der Alte den Jungen so am Handgelenk vorsichtig und zärtlich durch die Straßen führte? –

Ich bin den ganzen Sommer, abgesehen von einer kleinen Fußwanderung durch den Harz, nicht aus Braunschweig weggekommen. Ihr Wandervögel habt Eure Fittiche besser regen können! – Gretchen hat sich jetzt ganz den zeichnenden Künsten ergeben. Ich lasse sie die hiesige Kunstgewerbeschule besuchen; da sitzt sie jeden Tag von 9 Uhr Morgens bis 1 Uhr Mittags mit wirklich großem Eifer, und ich hoffe, liebe Marie, daß Du als Kennerin später einmal nicht ohne Theilnahme auf ihre Leistungen sehen wirst. Da wir unser Kleinstes jetzt auch in der Schule haben, so ist unser Haus zu Stunden wieder so still wie – vor zwanzig Jahren. Ich habe ein Buch geschrieben, betitelt: „Prinzessin Fisch". Nächstens werdet Ihr in den „W. Monatsheften" den Anfang von der Schnurre zu Gesichte kriegen.

Eben geht mein Bruder wieder mit Weib und Kind von Wolfenbüttel her am Horizonte auf. Es ist 10 Uhr Morgens; Bertha läßt von der Küche aus grüßen und Glück wünschen.

Ich wollte wir säßen näher bei einander.

Dein und Euer getreuer WilhRaabe

319. WILHELM RAABE AN JENSENS, POSTKARTE

Braunschweig, 3 October 1882
Wolfenbüttelerstraße Nro 49

WR und Familie

320. WILHELM JENSEN AN RAABE

Freiburg i. B. 23 Dec. 1882.

Wolfenbüttler, Wolfenbüttler
Schwarzer Rabenfedernschüttler!
Krächzst Du unter meinem Fenster
Mir mit grimmigem Gestöhn
Wie ein Dutzend Nachtgespenster
Das Geächz des tollen Föhn?
Daß ich gleich dem seligen Luther
Fast zum Dintenkübel greif' –
Rabenvater, Rabenmutter,
Mit dem ganzen Rabenschweif,
Das gesamte Rabenvolk
Grüß ich doch in seinem Kolk,
Nest, Bau, Horst, Kleid, Rock und Weste –
Und ich wünsch Euch drauß' Gesause
Im Geäst, Gebrumm, Gebrause,
Und daß warm Ihr hockt im Neste!
Doch im Kolke drinnen wünsche
Ich dem Rabenweihnachtsfeste
Das Gebrodel heißer Pünsche
Und was einem Rabenschnabel
Aus dem Löffel, von der Gabel
Dünkt das Beste!

W.J.

321. MARIE JENSEN AN RAABE

[Undatiert, wohl im Dezember 1882]

Meine ewig und innig geliebten Raabe!

Wir haben wieder einmal recht lange nichts von einander gehört! Der hiesige Wilhelm behauptet, Dir, lieber Wilhelm, zuletzt einen länglichen Brief geschrieben zu haben. Hoffentlich spricht er die Wahrheit! Aus Eurem neuen Neste heraus habt Ihr uns nur die Hausnummer zugepiepst, sonst aber kein Mukkerle gethan. Ich denke, Ihr sitzt recht behaglich drin. Bei mir hat, seit dem dummen Malen alle Gemüthlichkeit aufgehört. Ich male mir die Seele aus dem Leibe und den Verstand aus dem Hirn; und bringe es doch zu nichts. Bitte, laß die goldenen Augen der Waldeskönigin nachsichtig auf beifolgender Jeanne Bauk (erinnerst Du Dich noch des Bildes in der Basler Ausstellung?) ruhen! Die kleine Skizze habe ich nach einer Bleistiftkritzelei gemacht. Damals sollte ein großes Bild daraus werden, doch kam ich vor lauter Köpfen (in Öl) nicht dazu. Wilm bekommt zu Weihnacht das Brustbild der lüttjen Käthe. Thea solltet Ihr sehen – die ist zur Riesin geworden. Fast einen halben Kopf größer als ich. Staunend sehe ich sie täglich an und denke: Ist es die Möglichkeit! Wie schnell das geht! – Ostern wird sie confirmirt; auch Paul zugleich. Ich habe es bei Wilhelm durchgedrückt. – Und nun addio! Schreibt bald einmal Ihr lieben Leute

Eurer Marie

Fröhliches Fest.

322. WILHELM RAABE AN MARIE JENSEN

Braunschweig, 23 December 1882.

Liebe Marie!

Du wächst! wächst! wächst! trotzdem daß Dir Deine Kinder über den Kopf wachsen. Lugo selber muß bald sagen, daß er es nicht besser kann; und was mich in diesem besondern Falle und diesem besondern Kunstwerk gegenüber betrifft, so kann ich nur sagen: es war ein schöner Sommertag, den wir zusammen in Basel verlebten, und Du sollst schönsten und besten Dank für die Art und Weise haben, wie Du ihn mir durch Dein Bild in die Erinnerung zurückgerufen hast.

Übrigens gilt aber dieser Brief doch *Euch Allen.* Was Dir mit Deiner Ältesten passirt, das erlebt Bertha an unserer Zweiten. Auch die sieht jetzt schon auf Mutter und ältere Schwester herab und – oh so dünn! so dünn! – Was Deinen hohen Gatten anbelangt, so bin ich dem natürlich keinen Brief schuldig. Sollte ich ihm etwa am 8ten September zu meinem Geburtstag gratuliren? ... Liebe Leute, im Grunde ist es mir die letzte Zeit durch nicht gut gegangen. Ohne „krank" gewesen zu sein, bin ich auf einmal *alt* geworden, müde, ärgerlich und was sonst dazu gehört. Ich habe auf einmal Nerven bekommen, und lache nicht mehr über die Leute, die darüber klagen! Vorklagen aber will ich Euch in diesem Weihnachtsbriefe nichts; es sind eben wahrscheinlich die achtundzwanzig Jahre litterarischer Feldzüge, die sich geltend machen, und man wird so nach u. nach auch das hinnehmen müssen. Wir wollen uns an unsere Kinder halten, liebe alte Freunde, und uns freuen, wenn sie wachsen. – Gretchen ist eine eifrige Kunstgewerbeschülerin. – Du hättest ihre Augen sehen sollen, Marie, wie wir Deine Kiste öffneten und ich ihr rieth: Lerne es auch! – Um mich her tost das Getümmel oder tümmelt sich das Getose, was sicher auch Louisenstraße 11 herrscht. Aber ich sitze wahrscheinlich mehr mitten drin, wie Dein „hoher Herr". *Die* alte holstein'sche Auster hat immer ihre abgelegene Erkerbank, wo sie sich fest kleben [kann] um in gewohnter Weise Schleim und Perlen zu erzeugen. Was macht denn der ewige westfriesische Schnupfen? Sieht man noch immer die perennierenden südlichen Blumengehänge und Traubengehänge vor zum Trocknen aufgehängten Taschentüchern nicht?

Na, steckt nur genug Lichter auf den Baum; es ist doch ein Segen um diese Jahreszeit, daß man sein vierblätterig Kleeblatt bei der Hand hat, oder es wieder einmal zwischen einem alten und einem neuen Jahre (unberufen!) frisch und grün zwischen den Blättern seines Lebensbuches findet.

Seid fröhlich! Alle grüßen!

Euer WilhRaabe

323. WILHELM RAABE AN JENSENS

Braunschweig, 31 December 1882.

Liebste Freunde!

Haltet Euch fest! klammert Euch an! Macht es die Dreisam und der übrige schöne nasse Süden zu arg, bricht der Feldberg zusammen, schmilzt der Schauinsland, die verschiedenen Belchen u.s.w. u.s.w., so erinnert Euch, *daß wir noch da sind:* brave Blöcke in der norddeutschen Ebene! Kommt ruhig geschwommen und trinkt Mumme und eßt Honigkuchen Anno 1883 in Braunschweig! Was helfen Euch die Weinländer, wenn sie auf solche nichtswürdige Weise verwässert werden?

Euer getreuer WilhRaabe

324. WILHELM RAABE AN JENSEN

[Zettel, auf der Rückseite eine Zeichnung]

Auch auf diesem ersten besten Zettel herzlichen Gruß und Glückwunsch zu übermorgen.

Dein alter getreuer Freund WilhRaabe

Braunschweig, den 13 Februar 1883

NB. Ich möchte das Buch „Über den Wolken" haben.

325. WILHELM JENSEN AN RAABE

Freiburg i.B. 31 Mai 1883.

Mein lieber, langer Tintenfisch!

Dein Kreuzband hat wie ein Fischtorpedo den Panzer meiner schuldbeladenen Seele zerschmettert und den Bauch meines Gemüthes aufgerissen. Ich hätte Dir schon seit Langem geschrieben, aber ich kann nicht mehr schreiben. Figürlich, wirst Du freilich grinsen, habe ich das nie gekonnt, aber ich kann es auch natürlich nicht mehr. Die Feder dreht sich mir immer zwischen den Fingern nach links, kratzt und schneidet in's Papier und parirt der Trense so wenig wie ein störriger Gaul! Du siehst, daß ich mir deshalb eine neue, wiederzusammenhängende Schriftart angewöhnt habe, welche die Buchstaben aneinanderhängt, nachdem ich dieselben etwa 12 Jahre lang nur wie Häufchen Fliegenschmutz auf's Blatt hingestreut gehabt. Aber das Federführen ermüdet mir die Hand außerordentlich, und ich besinne mich, einen Brief zu schreiben, wie Du Dich besinnen würdest, ob Du von Deinen Krähenfelder Brüdern ein Abgeordneten-Mandat zum nächsten socialdemokratischen Prügeltag annehmen sollst.

Sonst hätte ich gar Manches gegen Dich auf dem Herzen, allein unter den bemeldeten Umständen und da ich trotz meinem weißen Bart noch immer an Menschen glaube, verschiebe ich die Aeußerung desselben auf den 8 Sept. hujus. Wenn Du ein Mensch, Zeitgenosse Miglied des Deutschen Schriftstellervereins und kein Rabenvieh bist, wirst Du diese Wendung verstehen und darauf die einzig mögliche Antwort geben. Vom 19 – 21 Sept. wirst Du alsdann hier die deutschen Naturforscher belorgnettieren und manches Dir noch unbekannte Geschöpf Gottes darunter entdecken. Wir gehen vom 1 – 30 August nach Erlenbruck unter'm Feldberg, vier Stunden Wagenfahrt von hier (durch's Höllenthal), fast 4000' hoch, $^{1}/_{2}$ Stunde über dem Titisee. Keine Cultur, weltabgelegen, ein kleines Haus ohne Aecker und Wiesen; nichts als Fels, Wald, Haide und Moor. Könntest Du nicht so früh kommen, daß Du ein paar Tage dort noch mit uns wärest? Freilich ist Alles für einen Groß- und Residenzstädtler sehr einfach. Ich empfinge Dich dann hier und wir gingen über den Feldberg zusammen hinaus. Das wäre sehr hübsch!

Uns allen geht es seit langer Zeit so wohl, daß man fast am Vater im Himmel zu zweifeln anfangen könnte. Gottlob, das deutsche Reich hält kräftig gegen solchen Unglauben!

Die Thea ist zwei Zoll größer als Marie, der Paul fast ebenso. Ja, am Nesenbach waren wir noch recht jung.

Wenn Du Fräulein Gertrud zur Megede in Peine mit begnadigten Augen gewahren solltest, so leg ihr mein Herz zu Füßen! Im Uebrigen hüte Dich, einen Deiner Mitchristen so umzubringen, daß Du dabei abgefaßt wirst, sonst bedaure ich, daß ich nach meinen Aeußerungen in der übermorgigen Nummer der „Gegenwart" nicht umhin kann, dafür zu plädiren, daß man Dir den Kopf vor die Füße legt.

Euch allen schönste Grüße von uns allen! In unserem Garten blühen 3 – 4000 Rosen.

Herzlichst der Deine Wilhelm Jensen

326. MARIE JENSEN AN RAABE

Freiburg, 14 Juni 83.

Lieber Raabe!

Wenn ich nur den Bruseberger, den Prachtmenschen da hätte! Ich möchte sein alt verschrumpfelt Gesicht in die Hände nehmen, und ihm sagen: Du alter, guter Kerl, Du gefällst mir gar zu sehr! Theodor kann nicht mehr Heimweh nach ihm und der Mutter Schubach haben als ich. – Ich habe deshalb die Geschichte zweimal gelesen. Es weht eine so gute, gesunde und furchtbar echt deutsche Luft da hindurch. Erfreut hat mich auch wie Du Queretaro in den Zusammenhang der Dinge hineingebracht hast. Deine Bücher kann man allesammt nur mit tausend Dank und Freuden hinnehmen wie sie sind, ohne zu nergeln. Es ist ja alles darin mit tiefem Kunsternst *gewollt* und steht deshalb auch so unabänderlich da wie die besten Bilder der Alten.

16 Juli

Ach je – die Hollunderblüthe ist weg, auch die Rosenzeit war da, und ich habe sie kaum bemerkt, vor lauter lauter Malen. Vorstehende Zeilen sind in meiner Mappe liegen geblieben. – Die Wochen, die Monate fliegen mir wie Augenblicke dahin. In den nächsten Tagen wird ein Portrait von Frau von Hillern fertig, und wenn Sachverständige, vor allem Lugo, es passiren lassen, dann soll es im Herbst nach Berlin auf die Ausstellung wandern, nebst einer Landschaft, die ich in unserer Sommerfrische am Titi-See malen will. Findest Du es zu gewagt, Räbele, dann schreibe es mir, *bitte*. Oder sage es mir noch lieber, tausendmal lieber mündlich, wenn Du im September kommst. Ob Du kommst, wüßten wir schrecklich gern *recht bald*. Im September ist die Naturforscherversammlung hier mit einigen interessanten Leuten, was Dich aber nicht abschrecken muß, da es nur höchstens ein paar Tage dauert. Addio, Räbele. Grüße die Deinigen, vor Allem Bertha.

Immer Deine Marie.

327. WILHELM RAABE AN JENSENS

Braunschweig, 18 Juli 1883.

Liebe Freunde!

Ich würde schon längst auf Freund W.'s Brief geantwortet haben, wenn ich nicht seit Monaten an vollständiger Abulie gelitten hätte. Ob ich hieran einmal ganz zu Ende gehen werde, weiß ich nicht aber das kann ich sagen, daß mich seit längerer Zeit die kleinste Thathandlung, jeglicher Weg und vor allem jeder Brief die unsäglichste Selbstüberwindung kostet. Zu unseres Gretchens Geburtstag kam nun gestern Marie's freundliche Zuschrift und fiel mir mit doppelter Schwere auf die Seele: noch einmal suche ich mich zusammen und antworte umgehend! . . . . .

Liebe Freunde, ich bin in der That seit dem Frühjahr arg geplagt worden. Ohrenweh und Gesichtsschmerzen, Furunkeln und Zahngeschwüre haben mich in ununterbrochener Folge heimgesucht, und auch heute noch sitze ich mit einem dicken Tuch um den Hals und schnappe nach Athem bei all' dem Wind da draußen in der Welt.

Ich würde Euch in anderthalb Monaten voraussichtlich immer nur einen krancken Mann dies Jahr in's Haus liefern, und dazu habe ich keine Lust und auch keine Berechtigung.

Das gäbe am Ende noch gar in der Louisenstraße die dritte Scene des ersten Aufzuges aus Grabbes: Scherz, Satire Ironie usw.

„Saal auf dem Schlosse. Der * * * liegt auf dem Tische. Vier Naturhistoriker stehen um ihn herum.

Erster Naturhistoriker. Sie geben mir zu, meine Herren, es ist mit diesem Todten ein verwickelter Casus?

Zweiter Naturhistoriker. Wie man es nimmt. Es ist nur schlimm, daß seine Pelzkleider so labyrinthisch zugeknöpft sind, daß selbst der Weltumsegler Cook sie nicht würde aufknöpfen können. u.s.w. –"

Ne, die Naturhistoriker haben dießmal besser das Reich an der Dreisam alleine, und wenn einer ihrer Ärgsten, der große Naturforscher und Doctor Wilhelm Jensen unumgänglich mit seinen gelahrten und wissenschaftlichen Freunden einen Autor zum Lebendiganschneiden nöthig hat, dann soll er sich einen andern vom Schriftstellertage zu Darmstadt holen. Die Geschichte trifft sich ausnehmend glücklich und günstig so! –

Liebe Freunde, Scherz, Ironie und Satire bei Seite; die tiefere Bedeutung ist doch, daß ich dieses Jahr nicht reisen *kann.* Daß ich gern zu Euch käme, wißt Ihr.

Wie gern sähe ich auch Frau Wilhelmine von Hillern von Frau Marie Jensen! Unbedingt soll sie, Marie, das Bild zur Ausstellung schicken! Es sind drei Jahre her, seit ich sie malen sah, und sie hat auch den „Kunsternst" und das „Wollen" in der Arbeit und wird in diesen drei Jahren viel gelernt haben und gut vorwärts gekommen sein.

Die „Prinzessin Fisch" war in unsern Litteraturtagen ein größeres Wagestück, als ich je mit Dinte, Feder und Papier unternommen habe. Ich habe während des Schreibens recht häufig die feste Überzeugung gehabt: *die* „Langweilerei" wird Dir glatt in's Gesicht zurückgeworfen. – Also freue ich mich wircklich über jedes gute Wort, das mir in dieser Hinsicht gesagt wird.

Lebt wohl! Alte und Kinder im Norden grüßen die Kinder und Alten im Süden. – Vor meinem einem Fenster habe ich jetzt unser hiesiges Sommertheater und heute Abend wird zum xten Male der „Bettelstudent" gegeben. Die Melodien und Chöre der Probe klingen ziemlich kläglich in den windigen, regnichten, frostigen Tag hinein.

Beifolgendes Bild ist etwas besser gerathen als die früheren.

Euer getreuer Freund WilhRaabe

328. WILHELM JENSEN AN RAABE

Freiburg i.B. 6 Sept. 1883.

Lieber Alter!

Trotz Deiner Treulosigkeit schicke ich Dir anbei einen gedruckten Geburtstagsgruß, dem ich den Wunsch mitgebe, daß er Dir manchen heilsamen Aerger, doch ab und zu auch einiges

Wohlgefallen bereiten möge. Ich überrasche Marie zu ihrem Geburtstage mit dem Buch, und daß der Geburtstage kein Ende sei, kommen wir so eben von demjenigen – dem 70ten – Gisbert Vinckes, dessen älteste Tochter mit Thea, Maina und Käte nach dem Diner ein kleines, von mir verfertigtes literarisches Festspiel aufgeführt haben. So ist es so spät geworden, daß die äußerste Zeit drängt, um die Päckchen noch zur Post zu befördern. Uns allen geht es vortrefflich und wir hoffen von Euch das Gleiche. Wir hatten von 31 Tagen unter und auf dem Feldberg nur zwei Regentage. Sei die Sonne auch mit Dir, Alter, und habe sie noch lange lieb!

Herzlich der Deine W.J.

329. WILHELM RAABE AN MARIE JENSEN

Braunschweig, 7 Septemb. 1883.

Also ein neues Jahr, liebe Marie! Wir beginnen es morgen in der alten treuen guten Meinung von einander und werden es in eben solchen Gefühlen und Gesinnungen gegeneinander beschließen, wenn es den Göttern nicht ungelegen kommt, uns noch einmal mit heiler Haut durchzulassen. Mögest Du in den nächsten dreihundert*fünfundsechzig (*sechs in Anbetracht d. Schaltjahrs) Tagen viel Freude an Deinen Kindern, Deinem Manne und Deiner Kunst erleben. Und wenn es einmal gar nicht anders sein kann, soll in später Zeit die blondlockigste der Walküren Dich die Silberhaarige auf weißem Roß emporführen, und Deine allerheiligste Namensschwester, unsere Mitgeborene vom achten dieses Monats Dir schon auf halbem Wege im ewigen Blau entgegenkommen und sagen:

„Gottlob, daß Du da bist! Nun wird man doch endlich ein anständiges Bild von mir kriegen. Dem Pfuscher, dem Lukas haben sie noch gestern in meiner Familie hierüber derartig ihre Meinung ausgesprochen, daß er sofort vor Wuth unter die Photographen gegangen ist!"

So wird sie sprechen, dereinst, die Immaculata, – dereinst!

ich aber beuge heute wie immer mein Knie und spreche: Sei gegrüßt brave Frau Marie Jensen von Deinem alten treuen Freunde

WilhRaabe

330. MARIE JENSEN AN RAABE

Freiburg 7 Sept. 1883.

Liebes Räbele!

Sei tausendmal gegrüßt von Deiner alten Geburtstagsschwester. Leider gehen ihre Wünsche und Deine manchmal auseinander. Sie wünschte Dich z. Beispiel um die Septemberzeit in Freiburg – *Du* bist anderer Meinung. Und so kommt es denn, daß ich mich auf morgen gar nicht recht freue, sondern eher mich graule. Statt Deiner kommt die bekannte, unumgängliche „Gesellschaft", und ich muß kochen, backen, schmoren, und kann nicht in Beschaulichkeit über meine 38 Jahre nachdenken. Heut vor 8 Tagen sind wir aus dem Schwarzwald heimgekehrt. Wir waren sehr gern droben; lebten in völliger Einsamkeit vier ideal schöne Wochen. Noch nirgends waren auch die Kinder so selig. Wenn man Dich nur hier hätte, Dir von all dem Schönen erzählen, ja, Dich sogar dorthin schleppen könnte!

Ich bin überzeugt, Du bist ein ganz gesunder Junge, und nur, wenn von einer Reise nach Freiburg die Rede ist, fallen Dir tausend Schmerzen ein. –

So leb denn wohl, mein Brutus für und für, und verzeihe mir dies Geschmier. In allen Tagen des Jahres, besonders aber morgen, wenn auch 60 Meilen (in Luftlinie) entfernt, bin ich

Deine Marie.

331. MARIE JENSEN AN RAABE

München 23 Sept. 83.

Liebes Räbele!

Wir sind wieder einmal durch Stuttgart gefahren, durch Obertürkheim, Untertürkheim u. auch durch Göppingen. Wir sahn ihn fern – er glich dem Sarge – wir fuhren weiter – da war er futsch. O wie tauchten alte Zeiten mit Sonnenaufgang vor uns auf! Jetzt sind wir in München, um Bilder zu besehen – seit letztem Montag. Dr. Berlin u. Frau trafen wir gleich am ersten Tage im Theater, u. waren bis zu ihrer Abreise vorgestern viel mit ihnen zusammen. Dann gingen wir (Wilm u. ich) auf den Chiemsee u. schliefen in dem Zimmer, welches ich vor 20 Jahren mit meiner Mutter bewohnte. Dort ist *alles* bis in's Kleinste unverändert. O wunderliches Leben! Mit dem Bergabrollen geht es recht schnell u. mir wird oft schwindlig dabei. – Mittwoch früh fahren wir heim zu den Kindern. Hab Dank für den lieben Geburtstagsbrief. Die Photographie, welche Du in dem vorhergehenden schicktest, befriedigt mich nicht – gar nicht. Addio.

Immer Deine M.J.

Grüße Bertha u. die Mädchen von Wilhelm u. mir.

332. MARIE JENSEN AN RAABES

Freiburg 20 Dez. 1883.

Meine lieben Raaben!

Diese vier Kinder empfehlen sich Euch angelegentlichst. – Wie könnt Ihr froh sein in Eurem Braunschweig, vor allem aber in Eurer friedlichen Haut. Wilhelm hat sich wieder einmal etwas Schönes eingebrockt. In Folge des Artikels in der Gegenwart, der ja allerdings stark über die Grenzen des Maaß- und Geschmackvollen hinausging, und ihm zugeschrieben wurde, rotteten sich letzten Sonntag Abend 8 Uhr Tausende von Menschen, zum Theil Betrunkene, vor unserem Hause zusammen, warfen die Fenster ein und brüllten gräulich. Die Gendarmen, welche zur Stelle waren, erwiesen sich nicht als ausreichend und erst nach dreiviertel Stunden, nachdem der Polizeicommissär selbst an der Spitze von etwa 30 Bewaffneten die Säbel ziehen ließ, hörte das Wuthgeheul auf. Seidem ist unser Haus allnächtlich von Gendarmen umzingelt und des Tags von Neugierigen umstanden, welche die „Demolirungen“ ansehen wollen. Recht angenehm, nicht wahr? O wären wir doch 2000 Meilen weit! Für ein solches Leben in der Öffentlichkeit eigne ich mich so schlecht; an der Seite eines stillen Poeten, eines Landpfarrers oder etwas dem Ähnlichen, wäre ich viel glücklicher. Nun sitzt man beständig in der Angst, daß ihn, den Unverbesserlichen, gelegentlich auf Spaziergängen oder des Abends auf der Straße ein tückischer Steinwurf treffen könnte; an scheußlichen Drohbriefen fehlt es nicht. –

Dies unsere Weihnachtsstimmung, liebe Freunde. *Kein* Friede den Menschen auf Erden, die eines guten Willens sind. In den Mußestunden wühle ich wie toll in seinen Gedichten herum, da Thea ein sehr dickes u. sehr schönes Buch von mir bekommt; der Einband dunkelblauer Sammt und braunes Leder mit schönen Metallbeschlägen und Schloß, auf dem Titelblatt sein Bild als „Fäderzeichnung" und dahinter auf mehreren hundert Seiten aus seinen sämmtlichen Gedichten das Bessere. Seit dem Sommer schreibe ich daran u. bin jetzt fertig bis auf 12 Seiten und das Inhaltsverzeichnis. – Was magst Du wohl „unter der Feder" haben, lieber Raabe! Ich freue mich schon sehr darauf! Weißt Du schon den Titel? Wilhelm schreibt wieder an einem größeren Roman aus dem Ende des vorigen Jahrhunderts, worin die allerdings damalige Verrottung des deutschen Reiches wieder mit vieler Liebe geschildert ist. – Und nun lebt wohl, Ihr guten Raaben. Gebt bald ein Lebens- oder Federzeichen

Eurer Marie.

Daß es übrigens in Freiburg doch noch eine Menge anständiger, muthiger und ideal gesinnter Menschen giebt, hat sich nach der Katastrophe zu unserer Freude gezeigt. – Meine beiden Bilder gehen erst im Januar nach Berlin: sie waren Ende Oktober zum Firnissen nicht trocken genug, auch hatte ich noch immer wieder daran zu bessern. Portraitbestellungen von hiesigen guten Bekannten nehmen kein Ende, was mir nachgerade lästig wird. Auch bekomme ich sehr viele dumme Bilder zum Ähnlichmachen.

333. WILHELM RAABE AN JENSENS

Braunschweig, 23 December 1883.

Liebe Freunde!

Ich dachte gleich, als ich das schöne Gedicht im Kladderadatsch und den darauf folgenden Dank der Redaction im Briefkasten an den Hn. „J. in Freiburg" las: Na, na! –

Recht saubere Weihnachtsmusikanten habt Ihr Euch dießmal vor's Haus geholt, und mein Trost ist nur, daß Ihr von Stuttgart, Flensburg u.s.w. auch grade nicht in voller Harmonie mit der Gesammtbevölkerung der betreffenden Culturstätten geschieden seid! Dem geschorenen Schaaf sänftigt unser Herrgott den Wind; aber wo er weiß, daß Einem die Wolle dick genug sitzt und die Haut darunter auch nicht zu den dünnsten gehört, spart er sich seine Mildigkeit. Nehmt jetzt nur den armen Meister Lugo, den der Mr. Peregrinus der Gegenwart mit Euch Sündern in den Vorgrund geschoben hat, hübsch unter den Regenschirm Eurer Weltgelassenheit, und Du, Wilhelm Jensen mach' aus der Geschichte ein neues Drama, aber ein Lustspiel –

„Den Bübchen und den Männchen u den Männern,
„Den hohen Männern u den höhern, ja
(immer weiter das Amphitheater hinaufzeigend)
„Den höchst und allerhöchst erhabnen Männern!

Hoffentlich bist Du schon dabei und schenckst Dir das selber dießmal zum Weihnachten. Leid bei der Wüstenei haben mir eigentlich nur Eure armen kleinen Mädchen im Hause gethan! – – Nun bin ich noch Frau Marie Empfangsbescheinigung für eine fliegende Reisekarte vom Chiemsee schuldig. Aber während jener, Eurer gelösten Flüge über Land und Wasser hatten wir mit einem Diphteritisfall unserer Jüngsten uns herum zu schlagen; nachher bekam die Dritte ein Fieber und dann ging mein gewöhnliches October- und November-Vergnügen an, und so bin ich auch nicht dazu gekommen dem Verfasser des Skizzenbuches mitzutheilen, daß er dreist noch einige solcher Bände liefern darf. Schmeicheleien haben wir uns sonst ja auch wohl nicht gesagt?

Nun liebste Freunde, ob wir durch terrestrischen oder kosmischen Staub segeln, ob wir Katzenmusiken kriegen oder Sphärenmusiken, ob Krakatoa in der Ferne spuckt, oder Krakatoa's

Spucken über Freiburg im Breisgau zu einem goldrothen Glänzen wird, ich denke wir bleiben wie wir sind!

Seid vergnügt morgen Abend und grüßt alle ordentlichen Leute um Euch her.

Euer getreuer Wilh.Raabe

334. WILHELM RAABE AN JENSENS

Braunschweig, 31 December 1883.

Nach Maries Briefe ist das doch viel ärger und nichtsnutziger gewesen, als wie es aus den kurzen Zeitungsberichten, die mir zu Gesicht kamen, hervorging. Hoffentlich hat schon jetzt das bessere Element in der Bevölkerung Freiburgs die Oberhand über den Pöbel gewonnen und duldet nicht, daß Euch der Aufenthalt in Euerm so schönen Heimwesen zu unerträglich wird. Schreibt uns doch hierüber. Herzlichen Dank für die Bilder der Kinder.

Das ist die Welt, in der wir leben, daß auch gegen ein solch' liebes Gesichtchen, wie das der Jüngsten, mit Steinen geworfen werden kann! ...

Zu dem neuen Jahr die alten Wünsche von uns *Allen.*

Euer getreuer WilhRaabe

335. WILHELM RAABE AN JENSEN

Braunschweig, 13 Februar 1884.

Lieber Freund!

Da keine weitern Nachrichten von Euerm Kampfe für's Reich (außer dem corpus delicti selber) weder von Euch noch durch die Zeitungen zu uns gelangt sind, so hoffe ich, daß, wenn nicht der volle Friede, so doch ein anständiges Concordat zwischen Dir und der Pfaffheit, zwischen Euch und der lieben Stadt Freiburg abgeschlossen ist und Ihr wieder in Ruhe und Behagen in Euern vier Pfählen sitzt.

Sonst habe ich Dir diesen Brief gewöhnlich am Sankt Valentinstage geschrieben, dießmal schicke ich ihn nach reiflicher

Überlegung am Tage Benignus ab und rathe Dir herzlich, sei *das* von übermorgen ab! Versuche es einmal, nimm es Dir recht ernstlich vor, es uns zu Liebe zu sein; denn sieh mal, ich, Dein alter, guter und gutmüthiger Freund würde als Stadtrath oder Erzbischof von Freiburg mich auch nicht gern von der Bühne herunter an meiner mir höchst werthvollen und kulturhistorisch ungemein schätzbaren Nase haben nehmen lassen. Alter westfriesischer Berserker, mußt Du denn immer noch mit Bolako von Bardenfleth, Thedmar von dem Deich und Tammo von Hundorp (meinem ewigen Liebling!) an Einem Spieß in's Feld rücken? Bedenke, Ihr seid doch nur Eurer Vier und es hielten ihrer Sieben schon die Stange. Nenne mich wie Du willst, aber glaube – so kriegst Du weder Rom, noch Juda, noch Ernst von Wildenbruch todt!

Folge meinem Weihnachtsrath, mach ein Lustspiel unter dem Titel: „Die Katzenmusik". Jean Baptiste Poquelin hat Deiner alten Feindin mit seinem Tartuffe mehr Abbruch gethan als alle Tragödienschreiber der Welt mit ihren Sonoritäten. Und dann – um das Wichtigste nicht zu vergessen – grüße Deine Frau und Deine Kinder und sei übermorgen wie gewöhnlich ganz einverstanden damit, daß Du endlich doch wenigstens seit dem 15ten Februar 1837 mit dabei bist!

Dein WilhRaabe

336. WILHELM UND MARIE JENSEN AN RAABE

Freiburg i.B. 5 Juli 1884.

Mich däucht, Liebster, wir hätten nun eine recht hübsche Zeitlang nichts mehr voneinander gehört, und da ich gestern meinen „Peter Romuald" vermittelst 37 Schriftbogen aus der Zeitlichkeit absolvirt, seitdem auch bereits ein Dutzend seit Monaten „dringlichst" harrender Briefe erledigt habe, so will ich dieses Lebenstages kurzen Rest benutzen, Dir mitzutheilen, daß es uns bis vor drei Wochen nach Verdienst gut ergangen ist. Dann aber legte sich die Maina mit schwerem Gelenkrheumatismus zu Bett, der sie noch immer nicht ganz verlassen. Doch ist das Herz völlig frei geblieben und, wenn keiner der vom himmlischen Pathologen bei der Einrichtung dieser artigen Erdenplage beliebten Rückfälle eintritt, das Bedrohliche an der Sache einmal wieder vorüber. Darin besteht aber, wie ich glaube, die einzige Neuigkeit, mit der *ich* Deinen Wissenstrieb befriedigen konnte. Ich habe gestern nach meinem Schlußstrich unter „Die Heiligen vom Kaiserstuhl" ausgerechnet, daß ich mich jetzt grade ein und drei viertel Jahre ohne andere Unterbrechung als 14 Tage im vorigen Herbst der sogenannten Schriftstellerei für das deutsche Volk hingegeben, und da das letztere in der nämlichen Zeit absolut garnichts für mich gethan hat, sehe ich nicht ein, weshalb ich nicht einmal eine kleine Pause dieser einseitigen Thätigkeit eintreten lassen und gute Bücher, z. B. Deine „Villa Schönow" lesen sollte. Zweimal habe ich mich allerdings in letzter Zeit doch noch aus der Tinte gemacht, um in Straßburg „Wallenstein" und in Basel „Julius Cäsar" im ganzen „Zauber" herzoglich Meiningen'scher Hofschauspielscenerie und Beleuchtungskunst anzustaunen. So war „die Welt denn auf zwei Abende mein", wie ich meinte, daß König Philipp sich bei Philippi ausdrücke; ich hatte mich darin jedoch getäuscht und sah statt dessen ein Schlachtfeld in einer Farbenpracht, wie Deine lebhafte Phantasie sie Dir in ihren extravagantesten figürlichen Augenblicken noch kaum vorgemalt haben dürfte. In der That waren sowohl Schiller als Shakespeare wundervoll eingebunden und auf feinstes Büttenpapier gesetzt, und es ließ sich schlechterdings nichts aussetzen, als daß der Text auf jeder Seite von Druckfehlern wimmelte. Das aber, wirst Du mir zugeben, ist in unserer impressionistischen Zeit eine begreifliche und entschuldbare Kleinigkeit.

Vinckes sind in Ostenwalde, Wilhelmine ist verrückt und wir sitzen still in der Luisenstraße und warten des 1 August, um an ihm, wenn wir bis dahin nicht erstickt sind, more solito nach Erlenbruck an den Titisee hinaufzuziehen. Die Thea ist zwei Zoll größer als Marie, und mit dem neuen Jahr wird der Paul mir vorderhand gleich sein. In diesem Sinne erleben wir lange Freude an den Kindern, aber auch sonst sind wir, in Kürze gesagt, voll zufrieden. Maries Pinsel läuft über die Leinwand, wie ein Lacertenschwanz an der Steinwand; Landschaften werden kaleidoscopisch zu Bruststücken und Menschenköpfe zu Blumensträußen, und sie seufzt, durch Deinen und Ariosts Vorgang neununddreißig Jahre alt zu werden und noch nicht mehr gemalt zu haben, als daß keine Photographie in Cabinetsformat mehr irgendwo im ganzen Hause hängen könnte.

Vale! Deine Laune sei süßer und reichlicher als der diesjährige Rebensaft und Deine Enkel mögen vor dem letzteren gnädig behütet bleiben. Mit allen bekannten Grüßen treulichst der Deinige

Wilhelm Jensen

[M.J.]

Mein liebes altes Räbele!

Wenn ich auch in all der Zeit nicht geschrieben habe, so habe ich doch nicht ohne Dich gelebt; viel Deiner Bücher in der Hand gehabt, denn sie stehen schon seit längerer Zeit alle auf einem eigens für sie hergerichteten Schaft in meinem Atelier – und sonst kein weiteres Buch. Wilm hat sich selber jetzt oben bei sich. Wann kommst Du denn? Damit ich Dich ordentlich malen kann! *Wie lange* haben wir uns nicht gesehen! Es wird Zeit, daß es bald geschieht. Bitte, Guter, laß uns noch vor dem Achten erfahren, daß es Dir gut, *Euch* gut geht und Du nicht ganz vergessen hast

Deine alte Marie.

Denke Dir, den von Bülow nicht zurückerhaltenen „Heiligen Born" habe ich kürzlich hier antiquarisch gekauft. Hast Du noch ein Exemplar oder muß ich es Dir schicken?

337. WILHELM RAABE AN JENSENS

Braunschweig, 28 Juli 1884.

Liebe Freunde!

Mit freudigem Erstaunen und nicht ohne eine gewisse Rührung haben wir aus Euren Briefen ersehen, daß Ihr wircklich noch unter den Lebendigen weilt. Ja, Ihr habt recht lange nicht geschrieben, und ich, ich habe geschrieben, und zwar mehrmals, und zwar als der Letzte; und an Euch war die Reihe, und Ordnung muß sein, und wie sollte Ordnung sein können, wenn Unsereiner nicht streng darauf hielte?! Im Übrigen scheint der Inhalt unserer beiderseitigen letztvergangenen Tage sich recht geähnelt zu haben, wenn auch die Formen ein wenig andere gewesen sind: Gesundheit und Unwohlsein, Behagen und Ärgerniß im Wechsel; – Dintenconsum und Vergnügen in und an unserer Nation Fest! Wo bliebe ich mit meinem Federspiel ohne mein Bücherbrett in Maries Malstube und einige wenige ähnliche dieser Zufluchtsörter? Übrigens gratulire ich Dir herzlich, lieb. W., sowohl zum „Peter Romuald" wie zu den „Heiligen vom Kaiserstuhl". Eine gewisse „Pfisters Mühle", die ich demnächst in Bewegung setzen oder vielmehr anhalten werde, hat mir wieder einmal zu einem erklecklich tiefern Einblick in unsere deutschen Litteraturmiseren verholfen. Bei dem Verdauen der letztern die letzten Monate hindurch hat sich der Magen mir häufig genug umgewendet. Sobald Ihr das Buch in Händen haben werdet, will ich Euch Einiges mehr von seiner Geschichte erzählen – sehr nützlich zu erfahren für künftige Narren unserer Art in unserm edlen „Gemüthsvolk"!

Wann ich einmal wieder zu Euch komme, Marie? Wenn ich es kann! Aber dazu ist wahrlich für's Erste keine Aussicht. „Ihre Schriften gleichen sich allmählich doch zu sehr, lieber Raabe; das Publikum hat wircklich für's Erste mal genug von Ihnen u.s.w., u.s.w. u.s.w." –

Ihr geht nun am Ersten nächsten Monats nach Eurem Titisee, und daran thut Ihr recht. Wir sind neulich einen Tag in Harzburg gewesen, und darauf werden sich wohl unsere gesammten Sommerfahrten beschränken müssen. Nun nehme Euch unser lieber Herrgott in seinen heiligen Schutz, lasse seine Sonne bei Tage, seinen Mond bei Nacht über Euch leuchten und bewahre Euch und Euere Kinder von Cholera – sowohl nostras wie asiatica! – Die letzten Spuren des Gelenkrheumatismus bei der armen kleinen Maina habe sich hoffentlich jetzt ganz verloren?! Darüber gebt uns bald Nachricht aus Euerer Sommerfrische.

Grüßt alle in Euerer Nähe, die einigen Antheil nehmen an Euerm alten Freunde

WilhRaabe.

338. WILHELM JENSEN AN RAABE

Freiburg i.B. 6 Sept. 1884.

So, Liebster, kommt der Mensch zu 53 Jahren,
Bald werd' auch ich Dir nach desselben Weges fahren;
Schön ist es grade nicht, doch läßt es sich ertragen
In guter Zuversicht von heitren Herbstestagen,
Die wünsch' ich Dir und mir denn heut zu Deinem 8ten,
Daß lang noch fort Du fährst, die Welt Dir zu betrachten.
Wir aber, heimgekehrt kaum erst von Erlenbrucke,
Wo mit den Küchlein wir gehockt wie Hahn und Glucke,
Zum Winterschlaf noch nicht haben wir eingesackt uns,
Es steht vielmehr auf's Neu der Koffer schon gepackt uns,
Mit dem wir gen Berlin – zur Herbstabschlußepoche –
Für eine Woche ziehn am Schluß der nächsten Woche.
Seit dreizehn Jahren sahn wir nicht die Metropole,
(Die übrigens, was mich betrifft, der *** hole!)
Und weiter denken wir nach Lübeck, Kiel und Kappeln,
Nach Schleswig, Husum und zu Theodors Haidepappeln,
Der sich aufs Altentheil gesetzt zu „Hademarschen“,
Doch scheint's behagt's ihm nicht darin, im allzugarschen.
Erlaubt's dann noch die Zeit, so fliegen wir zum Reste
In Hast vielleicht vorbei am alten Rabenneste,
Vielmehr am neuen, das halbwege wolfenbüttelt –
Lebt Alle wohl, die drin Ihr schwarze Federn schüttelt.

Der Deinige W.J.

339. MARIE JENSEN AN RAABE

Freiburg i.B. 6 Sept. 84.

Liebes Räbele!

Zum Achten wünsche ich Dir wieder einmal alles Schöne! Aber daß Du schon wieder einmal nicht kommst kränkt mich tief. So muß denn der Berg zu Mahomed kommen! Ende September wollen wir Dir die großen edlen Hände drücken und weiterziehen, d. h. heimwärts. Am 12 dieses Monats dampfen wir nach Berlin und Holstein und auf dem Rückwege wird besagter Händedruck stattfinden. – In Erlenbruck war es sehr schön aber leider viel unruhiger als im vorigen Jahr. Zum Malen bin ich auch weniger gekommen, weil wir mit zu vielen „guten Bekannten“ zusammen waren, die überall herumwimmelten. Wilhelm behauptet, ich würde allmählig völlig menschenscheu, weil ich das Conversationsmachen so hasse und fürchte. In Berlin möchte ich auch nur Theater und Bilder sehen; Besuche machen wollen wir nicht; in Holstein nur zu den alten Plätzen, wo die versunkenen Gärten standen und zu ein paar Menschen. Wilhelm hat im vorigen Jahr so viel Freude von seiner Herbstreise gehabt daß er sich das gern noch einmal wiederholen möchte. Liebes Räbele, mir fallen die Augen zu – es ist schon nach elf Uhr (Abends). Ich habe den ganzen Tag für den Winter eingekocht u. dazwischen einen Besuch über den anderen gehabt. Auf Deinen Geburtstagsbrief freue ich mich schon sehr. Hoffentlich ist er recht lang. Verzeih mir dies Geschmier. Sei munter und denke auch einmal herüber zu Deiner

alten Marie.

340. WILHELM RAABE AN MARIE JENSEN

Braunschweig, 7 September 1884.

Da ist er wieder, der Tag „der uns der Welt verliehen“, liebe Marie, und wir müssen ihm ja wohl noch einmal so dankbar als möglich dafür sein. Hoffentlich seid Ihr Alle gesund und fröhlich aus Euren Wäldern nach Hause gekommen und habt morgen den gewohnten Kreis guter Leute und Freunde um Euch. Ich wollte, ich säße dazwischen!

Da das aber auch dießmal nicht sein konnte, so mußt Du mit meinen herzlichsten Glückwünschen sans phrase, aus der Ferne, vorlieb nehmen. Habe auch das nächste Jahr ungestörtes Behagen in Deinem Hause und viel Freude an Deiner Kunst!

Hängst Du schon in Berlin? Ich sehe jeden Abend nach Deinem Namen in den Berichten über die jetzige Kunstausstellung aus. Auch bei uns vertiefen wir uns immer mehr in die Geheimnisse des Bleistifts, der Kreide und des Aquarellpinsels. Gretchen zeichnet mit Energie Knochen, wozu manchmal Mutter, Tanten usw. mit unverhohlenem Schauder sagen: „Es ist eigentlich zu greulich!“ Bald haben wir das menschliche Gerippe vollständig beisammen. – Das Kind lernt übrigens wircklich etwas und zwar nicht als Dilettantin; ich habe oft im Stillen meine wahre Freude darüber. – Nächste Ostern ist auch die Zweite mit ihrem Schulleben zu Ende; die hat erklärt, so sollten nie Bücher und Hefte je wieder in die Ecke fliegen, wie die ihrigen dann. Seufzend berechne ich meine Auslagen für so ein schönes Resultat weiblicher gelehrter Unterweisung; aber – wohin würden wohl meine eigenen Manuscripte und Schreibmaterialien fliegen, wenn ich's möglich machen könnte?!

Habt Ihr nicht Lust mit nach Angra-Pequena, Klein-Popo oder Bimbia auszuwandern? Sollen wir zusammen es wagen, durch dieses Loch in der Mauer deutscher Dummheit durchzukriechen und uns in bessere Luft und zu einer behaglicheren Existenz zu retten? Sei gegrüßt Maria! Dein alter Freund

WilhRaabe.

341. WILHELM RAABE AN JENSENS

Br., 9 Sept. 1884.

Das ist ein vortrefflicher Einfall! Sieh Du nur erst einmal die alte Salzdahlumer Gallerie Frau M., und Du kommst noch mehr als einmal nach Braunschweig. Schönsten Dank für Bild und Buch! Meldet uns, wenn's möglich ist, den Tag Eurer Ankunft, auf daß Ihr mich nicht „über Land“ findet.

Euer getr. W.R.

342. WILHELM UND MARIE JENSEN AN RAABE

Freiburg i.B. 6 Oct. 1884.

Es stand nicht im ewigen Buche, Liebster, daß wir diesmal die N° 49 der Wolfenbüttler Straße kennen lernen sollten. Ob von den Anstrengungen einer höchst angreifenden dreiwöchentlichen Reise, Marie ward in Holstein so unwohl, daß wir es gerathen finden mußten, den dortigen Aufenthalt kurz abzubrechen und gradewegs rasch der Ruhe und Erholung unseres Hauses zuzufliegen. Es war zu viel an Menschen, Orten und verschiedenen Betten, schon Berlin hatte uns halbtodt gehetzt. Hier geht es Marie seit einigen stillen Tagen besser und die abgeplagten Kopfnerven fangen an, sich zu beruhigen. Sie grüßt herzlich mit dem

Deinigen Wilhelm Jensen.

[M.J.]

Mein Räbele!

An dem, was mir das Liebste von Allem gewesen wäre, wurde ich vorüber gerissen! Wilm hielt es für gerathener, mich von Husum, Hademarschen aus direct über Hamburg, Köln heimzubringen. Mit einem kleinen Typhus hätte ich Euch nicht in's Haus fallen mögen, auch war die Aussicht in irgend einem Hotelbett oder gar bei Freunden einige Wochen verliegen zu müssen, nicht verführerisch. In Hamburg ging mir's entsetzlich schlecht, ich glaubte, nicht mehr heimzukommen. Und nun ist doch alles verhältnismäßig schnell und leicht vorübergegangen. Nur sehe ich noch ziemlich elend aus. Die Menschen waren überall sehr gut mit uns, fast zu gut (wir kamen keine Nacht in Berlin vor 2 Uhr zu Bett); in Holstein, dem Lande des schwindelköpfigen Zechens, ging das dann so weiter. Ich bin dergleichen gar nicht mehr gewöhnt, mochte aber nicht Spaßverderber sein; wir waren ja auch in Schleswigholstein immer unter alten Freunden, „ehrenwerthen Männern" und Frauen. Erlebt haben wir sehr viel! Schönes, aber auch unendlich Trauriges, auch leider unendlich Geschmackloses. Laß bald ein Wort von Dir hören, bitte. Bitte noch vor Neujahr! Mein Kopf ist noch immer nicht ganz in Ordnung. Ich habe noch so etwas das Gefühl, als ob ich jetzt, bei Tagesgrauen, von der spuckhaften „wilden Jagd" heimgekehrt wäre. Zum großen Glück geht es den Kindern vortrefflich. Ihr Jubel bei unserer Ankunft wirkte wohlthuend. –

Was machst *Du?* Laß es uns bald wissen. Grüße die Deinen und bedaure nur noch nachträglich

Deine Marie

343. WILHELM RAABE AN JENSENS

Braunschweig, 22 Decemb. 1884.

Liebe Freunde!

Ehe der Tumult über den eigenen Häuptern zusammenschlägt, fährt nach altgewohnter Weise dieser Weihnachtsgruß zu Euch ab: Gesundheit, gute Laune und alles Übrige!

Nun, im eigenen Hause ist die Gefahr, sich an allem Delikaten zu überfressen, nicht so groß, wie auf so einer Sommerreise. Nicht wahr, Frau Marie?

Bei uns kleinem Volk hättet Ihr großen Menschen und Weltwanderer eben nell' mezzo del cammin Halt machen müssen. Das würde Euch die Mägen für die fernern Genüsse des Weges aufnahmsfähig erhalten haben! –

Schwarze Suppe und Bescheidenheit thut es freilich auch nicht immer. Vor vierzehn Tagen hatte unsere Zweite einen sehr bösen Diphteritisanfall; doch gestern ist sie bereits wieder mit Bertha zu Tanze gewesen. –

Neulich habe ich Euch auch zwei Bücher geschickt, und Pfisters Mühle nicht ohne meine Gründe an Marie adressirt. Nach dem Abdruck von Villa Schönow nämlich gab mir das Haus Westermann die Mühle zurück, weil „das Publikum behaupte meine Bücher glichen einander zu sehr." Da schickte ich die Mühle der deutschen Rundschau, und sie schickte sie zurück, weil es „zu sehr darin stänke" und man *das* dem deutschen Publikum nicht bieten könne. Nun möchte ich schrecklich gern von Marie Jensen wissen, wie es sich damit verhält. Ich kenne manche Nasen in der Welt, aber auf ihre verlasse ich mich in diesem Falle ganz und gar. Der traue ich; und es würde mir angenehm sein, ihre Meinung über die Sache zu vernehmen. –

Kinder, möge es bei Euch allezeit gut riechen, und in den

nächsten Tagen vor allem lieblich! Möge die Dreisam harmlos, lustig, klar und wohlwollend in Euere Weihnachtsstimmungen hineinrauschen! Dies ist der herzliche Wunsch Eures getreuen

WilhRaabe

344. WILHELM UND MARIE JENSEN AN RAABE

Freiburg i.B. 23 Dezember 1884.

Lieber Raabe!

Mitten aus dem Backen, Kochen, Putzen heraus ruft meine Seele Dir ein „Fröhliche Weihnacht" zu. Eben kam Dein Brief. Hab Dank, daß Du an uns gedacht. In Deiner „Pfisters Mühle" stecke ich mitten drin; ich wäre schon fertig damit, wenn ich nicht vorher ein Buch, welches mir Vincke geliehen („Mein Leben" von Meißner) hätte zu Ende bringen wollen. Daß Rodenberg, das süße, nervöse alte Jüngelchen den Geruch Deiner Pfisters Mühle nicht ertragen konnte, wundert mich gar nicht. Sein Geschmack sind eben „Friedhofsblumen" und dergleichen. Kraft erträgt er nur in der Phrase; die Natur wirft ihn um. Ich lese Dein Buch mit Vergnügen, und die Gerüche haben mich bis jetzt noch nicht alterirt. Da Du es mit soviel Geist und Grazie – stinken läßt, kann man es sich schon gefallen lassen. Die Complication von Gerüchen bei dem jungen Pfister, wie der alte ihn besucht, ist so köstlich, daß ich den Kindern zu allgemeinem Gaudium die Stelle vor ein paar Tagen vorgelesen habe. Das deutsche Publikum soll nur zufrieden sein mit Deiner Weihnachtsgabe; – es riecht selber tausendmal schlechter. Und nun muß ich Dir noch zum Schluß sagen, daß ich in Holstein durchaus nicht zu viel gegessen habe, wie Du mir vorwirfst! Das wäre das Letzte, an dem ich krank würde! Aber täglich in „nordischen Hochsommernächten" auf anderen Veranden und Balconen sitzen, täglich anderen Freunden „guten Tag" und „Ade" sagen müssen, das kann der Zehnte nicht vertragen. „Erkältung" war der Rest. Etwas verkühlt war ich auch durch Dein Nichtschreiben. Sowie ich überhaupt im Stillen längst die Idee habe, daß Du uns über all der Operettenmusik, die Dir von dem Theater herüberklingt, über lauter Tanz und Freuden, die meiste Zeit ganz vergessen hast. Trotzdem anbei – mein Conterfei, zu dem Meister Lugo mich „gesetzt". An der phraseologischen Handhaltung bin ich unschuldig.

Und nun fare well, fare well my native land. – Sobald ich mit der „Pfisters Mühle" ganz fertig bin, schreibe ich wieder. Zu Lisbeths Genesung gratulire ich Euch herzlich. Seid alle gesund und fröhlich, morgen und das ganze kommende Jahr hindurch. Es denkt oft an Euch

Eure Marie Jensen

[W.J.]

Das nützt nun zwar nicht eben viel mehr, mein Alter, daß „sie" Euch räth, morgen „gesund und fröhlich" zu sein, da Ihr den Brief erst über-übermorgen bekommt. Aber schaden kann es unter allen Umständen auch nicht, und ein Volk von 45 Millionen, von dem 99% so zum Himmel stinken, darf sich wahrhaftig über etwas mehr oder minder penetranten Geruch aus Pfisters Mühle nicht aufhalten. Doch für unsere sittlich-ästhetischen Zeitschriften muß Alles Familienparfum prima Qualität sein, um den großen öffentlichen Gestank, wenn nicht zu verdecken, doch für die Nasen und Näschen zu überräuchern. Der Teufel hole alle ihre Schnauzen! Das ist der Weihnachtswunsch

Deines W.J.

345. WILHELM JENSEN AN RAABE

Freiburg i.B. 24 Dec. 1884.

Schickst Du uns zwei,
Schick' ich Dir drei,
Du siehst, ich lief
Dir doch vorbei.

Ich könnt' auch 6,
Ich könnt' auch 8,
Wenn das Gewächs
Vergnügen macht.

Ich war nicht faul
Mit Sing und Sang,
Saß auf dem Gaul
Zwölf Wochen lang.

Nun ist Advent,
Das heißt, es naht
Der Baum, der brennt
Als Sonnenrad.

Der Münsterthurm
Wackelt beinah,
So brüllt der Sturm
Halleluja!

Kahl ist der Strauch,
Der Boden grün,
Nach stätem Brauch
Die Veilchen blühn.

Nach altem Brauch
Schreib' ich Dir heut',
Bevor der Gauch
Zur Tanne schreit.

Weil's draußen ihr
Nicht Schnee verlieh,
Beschneiten wir
Im Zimmer sie.

Und hängten Eis
Ihr an's Gesträuch,
Und essen Reis
Und grüßen Euch.

Und wenn sich's macht,
So ziehn wir drauf
Zur Neujahrsnacht
Zum „Blauen“ auf.

Dort, ob dem Thal
Viertausend Fuß,
Der neuen Zahl
Den ersten Gruß

Zu trinken: daß
Sie Gutes bring'
Und unser Glas
Im Ohr Euch kling'!

W.J.

346. WILHELM RAABE AN JENSENS

Braunschweig, 31 Decemb. 1884.

Liebe Freunde!

Ich weiß nicht, was das mit dem ablaufenden Jahr sonst und für Andere gewesen ist; aber mir ist noch keines hingegangen, das so voll nichtsnutziger Verdrießlichkeiten und Verstimmungen gewesen wäre, wie dieses. Gottlob, die Bestie ist hin, und das kommende puppy müssen wir erst anwachsen sehen, um unsere Meinung darüber zu sagen und ihm nöthigenfalls mit Blausäure zu kommen.

Übrigens paßte es ganz in das Jahr, daß Ihr es übel nahmt, daß der Alte an der Oker einmal Feder und Papier zeitweilig nicht sehen, Dinte nicht riechen und Briefmarken nicht lecken konnte. Ihr seid brave Leute, aber habt nur auch erst einmal Nerven. – Und die Anfrage wegen des Geruchs in Pfisters Mühle hast Du auch für etwas anderes als Spaß genommen, Marie? Kinder, ich fürchte fast, Ihr habt schon Nerven!

Was Du lieber Freund über den gegenwärtigen übeln Geruch im deutschen Volke sagst, muß Dir freilich aus mißmuthigbetrübter Seele kommen. Ich für mein Theil habe Dich schon Anno 1870 gewarnt, unsere Nation nicht zu sehr zu loben. Wenn mir etwas in meinem Autorleben eine Genugthuung gewähren könnte, so wäre es dieses, daß ich damals über all' dem Augenblickspathos gelassen den Dräumling habe schreiben können. Wir sind am Feiertag wahrlich nicht besser als andere Völker und am Werktag wahrhaftig auch nicht.

Schönsten Dank für Buch und Bild. Was das letztere anbetrifft, so hat Dich, l.M., Freund Lugo wirklich ein wenig zu sehr als Landschaft aufgefaßt und vor den Photographirapparat hingesetzt. So siehst Du für keinen von den Deinigen aus.

Heute schriebe ich Euch gern noch weiter; aber der Tag neigt sich und es wird 1885: Lebt wohl!

Euer WilhRaabe

347. WILHELM RAABE AN JENSEN

Braunschweig, 13 Februar 1885.

Besten Glückwunsch, alter Freund und Weggenosse, zum Eintritt in's Neunundvierzigste! Allgemach rückst Du nun auch an das halbe Jahrhundert heran. Das ist eine windige Ecke; ist man aber glücklich um sie herum, so kann man wirklich zum erstenmal das Gefühl haben: Einiges hast Du doch in Sicherheit! und dazu, auf dem Stockzahne grinsend, die Frage stellen: Na, was kommt nun in der Komödie?

Ich für mein Theil erinnere mich wenigstens nicht, je vorher die Glocke mit innerlicherem Behagen Sechs am Abend schlagen gehört zu haben, wie am achten September 1881. –

Schönste Grüße an Weib und Kinder

Dein getreuer WilhRaabe

348. WILHELM JENSEN AN RAABE

Freiburg i.B. am grünen Donnerstage 1885.

Hast Du Bismarck gefeiert und mit ihm des deutschen Bewußtseins Äußersten Rand?

O Lieber, in welcher Zeit der Wunder leben und athmen wir?

Hier ist von einem österreichischen Stier und einer römischen Kuh ein Kalb mit drei Ohren zur Welt gebracht worden, eines pechschwarz, das andere schwarz-gelb und das dritte gelbroth, und alle meterlang. Und das begnadete Geschöpf hat am Vorabend des 1 April unter einer schwarz-weiß-rothen Fahne lautjubelnd erst geblökt und danach gebrüllt, als ob es schon ein ausgewachsener Ochse wäre. Und Professor von Holst aus den Hinterwäldern der glorreichen amerikanischen Union hat noch lauter gebrüllt, was für ein großgewachsener Mann der deutsche Reichskanzler sein würde, wenn er nicht als ein anmaßender Zwerg neben dem bescheidenen Riesen, den der Redner nicht nenne, in seine Winzigkeit zusammenschrumpfe. Und so ist es mit mehr oder minder Grazie an selbigem Abend von tausend rostris des deutschen Reiches, wenn nicht gesprochen, doch im Geist und Gemüthe mit begeisterter Ueberzeugung gedacht worden. Man kann dem l.Gotte nicht dankbar genug für die Zeichen und Wunder sein, die er am deutschen Volke thut.

Uns aber, liebster Raabe und nicht mehr erstjungendblüthiger Knabe, ergeht es sehr wohl, ist es bereits seit halbunausdenkbaren Tagen so ergangen und wird es hoffentlich noch eine Zeitlang so weiter ergehen. Denn wir sind frommen Gemüthes und ehren die Götter. Aus diesem uns eingeborenen tiefen Drange haben wir heut' in der Morgenfrühe schon zu Fünfen im Hause Luisenstraße 11 den Schinbug, vulgo Schönbug erstiegen und dem großen Wodan droben auf seiner alten Ehrenstatt ein Dankopfer angezündet, auch dem mildblickenden Baldur dort süße Veilchendüfte dargebracht und der bleichen Hel mit Brod, Fleisch und Wein, Aepfeln und Orangen gespottet. Und dazu hab ich Deiner gedacht und mir vorgenommen, in meine Kemenate zurückgekehrt, Dir einen Gruß hinüberzuschicken. Da lächelte Allfader seinem reuigen Kinde zu und ließ seinen Raben über mir Wohlgefallen herabkrächzen.

Eheu, tacitis senescimus et canescimus annis. Wenn die Tinte mit ihrer Schwärze nicht noch der grauen Sintflut etwas Farbenkraft entgegensetzte, würde ich bald einer alten Judenbarttanne gleich sein. Wo sind die Zeiten geblieben, darin man die weißen Haare meines Scheitels noch zählte! Nun bin ich aus dem revolutionären 48ger Jahre in das faule 49ger gelangt und fühle mich schon als Rumpfparlament. Du hast es gut in Deinen quietistischen 50gern! Der Paul ist größer als ich, die Maina desgleichen ihrer Mama über den Wirbel gediehn, die Käthe der letzteren bald gleich, und die Thea überragt alle. Ich habe meine Feder nach fünfmonatlicher täglicher Leistung mit den Kindern in die Osterferien geschickt; Marie legt alle Farben des Regenbogens zu Wiesen und Wäldern, Berg- und Menschenköpfen auf das aus der Leinfaser gewonnene Product, und freundlich und friedlich trotz allen Keilrahmen gehen die Tage. Wir schränken unsern Verkehr immer mehr ein, haben alles „Gesellschafts"wesen vollständig aufgegeben und eigentlich keinen Umgang mehr als mit Lugo, Vincke und unserm Professor der Philosophie, Dr. Riehl, der vor zwei Jahren mit seiner ebenso klugen als schönen Frau hierhergekommen. Er steht völlig auf naturwissenschaftlichem Boden und wir kommen fast täglich zusammen. Wilhelmine ist total verrückt und will katholisch werden; ich hoffe, daß Leo XIII sie heirathet und zur einzigen Päpstin der Weltgeschichte macht, sonst giebt's keinen Blödsinn mehr für sie, den sie noch anstreben könnte; seit bald zwei Jahren habe ich sie nicht mehr gesehn. In der nächsten Woche kommt Alfred Meißner aus Bregenz zu uns zum Besuch. Wann kommst Du?

Seid alle herzlich von uns allen gegrüßt und besonders Du von dem Deinigen

Wilhelm Jensen.

349. WILHELM UND MARIE JENSEN AN RAABE

Freiburg i.B. 26 Juli, 1885.

Gegen Brauch und Sitte, Liebster, habe ich den ganzen Sommer lang wie ein Ackergaul den Federpflug über das geduldige Papier fortgezogen und dies schuftige Geräth erst gestern in die verdiente Spinnwebecke mit einem Fußtritt hineingestoßen. Wer das Schreiben zuerst erfunden hat, der soll am Jüngsten

Tag an jedem Zollbreit seines verklärten Leibes mit elektrisch weißglühend gemachtem Platindraht gezwackt werden.

Wir aber leben stillste Tage in einer Fremde, die uns immer heimathlicher, oder in einer Heimat, die uns von Jahr zu Jahr wieder fremder wird. Ab und zu sehen wir von den Bergen die gute Stadt Freiburg unter uns liegen und wundern uns über ihr gedeihliches Wachsthum, mit dem ihr überall die Aermel und Hosen aus Väterzeit zu kurz werden, denn sonst kennen wir sie kaum und verkehren fast mit niemandem mehr drin. Und wie schön ist das Nest seitdem und dadurch geworden! Es gewinnt ganz den Zauber einer unbekannten Stadt, in der man durch die Gassen wandert, die Häuser anguckt und denkt, was für nützliche, verständige und liebenswürdige Menschenkinder hinter den Blumenstöcken der Fenster hausen mögen.

So verlegen wir uns lediglich auf das Wachsen und lassen die Kinder und die Bäume und Sträucher unseres Gartens darin wetteifern. Beide Gattungen kommen dieser Vorschrift mit unglaublichem Pflichtgehorsam nach, und wer sie – wie z. B. Du – seit einem Lustrum nicht gesehn, würde sie unfehlbar nicht wieder erkennen. Die Thea ragt genau in der Mitte zwischen Marie und mir, der Paul (in diesen Tagen Primaner werdend) ist bereits mir und die Maina ihrer Mama über den Kopf gewachsen, und die Käte heißt in der Familie „das Riesenkind". Im Uebrigen wächst noch das Haus innerlich und äußerlich an Oelbildern und mein Regal an Büchern, an denen nur der Einband nicht von meiner Hand herstammt, und die Huld des himmlischen Vaters hat uns im letzten Jahr weder mit Pech noch mit Schwefel geschlagen. Kaum einmal ein Hagelkörnchen ist uns an die Scheiben geknistert. Nur Meißners Tod hat uns aus ganz besonderm Anlaß sehr erschüttert, obwohl wir ihn gar nicht persönlich gekannt. Aber es war wunderlich, moriturus nos salutavit.

Am nächsten Samstag Nachmittag um zwei Uhr hält der Wagen more solito des 1 August vor unserer Thür, wir wollen bis in den „Stern" im Höllenthal, ziehen von dort zu Fuß durch die

Löffelschlucht aufwärts und begrüßen um 6 Uhr mit dem Jubel der Jugend und der Andacht des Alters die Märchenstille Erlenbrucks im Abendsonnenlicht. Allda bleiben wir, göttlich faullenzend, felsenkletternd, haiderastend, Erd- und Himbeeren in ungeheuren Massen austilgend und Pilze suchend, bis zum 1 Sept; und allmittäglich um 12 Uhr trägt keuchend der Briefträger vom Titisee her Briefe zu uns herauf, die mit der Aufschrift: „Erlenbruck, Post Altenweg, bei Freiburg i.B." versehen sind.

Sei mit den Deinigen von allen Meinigen herzlich gegrüßt, alter Freund, und am Meisten von dem Deinigen

Wilhelm Jensen

[M.J.]

Daß man gar nichts mehr voneinander hört, ist entsetzlich wunderlich. Ob wohl vor dem achten noch ein Kärtchen nach Erlenbruck kommt? Und ob wohl zum achten Wilhelm Raabe nach Freiburg kommt? Und ob letzteres wohl in dem Kärtchen zu lesen steht? Dies wüßte gern die alte

M.J.

350. WILHELM RAABE AN JENSEN

Braunschweig, 4 Aug. 1885.

Alter lieber Freund!

Ich weiß keinen Brief von Dir, der mir solches Behagen gegeben hätte, wie Dein letzter. Jetzt nur die Hunde von Göttern nicht sofort wieder mißgünstig, neidisch gemacht und sie zu der gewohnten Tücke angereizt! Nicht mit Händereiben nach der saubern Gesellschaft seitwärts schielen! Sein Behagen soll der Mensch eben fressen wie der Schuljunge den Apfel in der lateinischen Stunde unterm Tische. Ich für mein Theil bin bei dem verstohlenen Genuß über das große Lexikon weg von der bekannten haarigen Schulmeisterfaust einmal wieder recht sauber beim Busch genommen worden. Nachdem ich mich durch das vorige Jahr ziemlich kläglich durchgequält hatte und dachte: Nun dießmal, Fünfundachtzig, geht es einmal! hat mich das Schicksal, wenn nicht vollständig unter das alte Eisen, so doch gründlich und für alle Tage der Zeitlichkeit unter die zersprungenen Töpfe geworfen.

Ende Juni entdeckte ich, daß ich das rechte Bein nicht mehr gebrauchen konnte, wie ich wollte, und bei Anfrage bei einem sachverständigen Topfbinder, meinte der, daß es freilich die höchste Zeit sei, daß ich mich in Draht fassen lasse. Und das ist nun das Resultat des kindlichen Wunsches, einmal in Gold gefaßt zu werden!

Zu sagen hat natürlich solch' ein Bruchband nichts, aber unbequem ist eine derartige „federnde Pelotte", und erinnert mich lebhaft an einen Onkel, der im Greisenalter sich das erste spanische Fliegenpflaster zwischen die Schulterblätter legen lassen mußte und in Ekel und Entrüstung seufzte: „Und *das* soll ich an meinem reinlichen Leibe dulden!" – – –

So haben wir nur Abonnementsbilletts zwischen Goslar, Harzburg und Braunschweig für die Saison erstehen können. Die sind billig und gestatten uns, die Tage in den Bergen und die Nächte im eigenen Bett zuzubringen. O Wilhelm und Marie, letzteres vor Allem hat in unseren (nicht in Euern!) Jahren seine Vorzüge. Alte liebste Freunde, das beikommende Blatt stammt aus Glücksburg und *gehört mir!* Ich will es zurück haben und schicke es Euch nur leihweise nach dem Titisee. Erinnert Euch dabei, wie wir einmal aus Dorf Hohenstaufen, unter dem Rechberg vorbei, nach Gmünd im schwäbischen Jagstkreis wanderten und wie die Sonne schien.

Euer WilhRaabe

351. MARIE JENSEN AN RAABE

Freiburg 6 Sept. 85.

Lieber Raabe!

Was is mich das mit Dich! Immer um die Zeit von Wilhelm und Mariä Geburt herum befindest Du Dich nicht wohl und nicht reisefähig! Hm hm! Da nun wieder unsere beste Hoffnung auf die Butterseite gefallen ist, so wollen Thea und ich einen Ritt in's alte romantische Land und in alte schöne Zeiten thun. Ich will ihr die Hermannstraße und Feuersee, die Gryphäen- und Ammonitengegenden und alles, wohin Dein Lorgnon sich einst richtete, zeigen. Dann soll Thea ein paar Tage lang die Großstadt München, die alte Pinakothek und ein gutes Theater kosten und zum Schluß vor der Heimkehr sich noch vom Chiemsee eine alte Geschichte erzählen lassen. Das kann ja Alles recht schön werden, aber wahrhaftig *tausend Mal lieber* wäre *mir,* wir hätten Dich dafür hier. Wilhelm hat den ganzen Reiseplan entworfen und bis in's Detail schriftlich für uns ausgeführt, so daß wir keine Dummheiten begehen können. Ich trete auch jetzt in's Schwabenalter – 40 Jahre, pfui. „Das ist eine windige Ecke" sage ich mit Wilhelm Raabe. Daemels Ecke ist jedenfalls besser. Leb wohl, Lieber Guter. Wann sehen wir uns denn wieder. Du brauchst nur zu piepen wenn Du uns in Braunschweig haben willst – und wir sind da. Aber noch nie hast Du uns eingeladen. Wir halten auf Form. Grüße Berthchen und Deine 4, und sei herzlich umarmt von Deiner alten dicken Freundin

Marie.

Einliegender Zettel nur *leihweise!*

352. WILHELM JENSEN AN RAABE

Freiburg i.B. 6 Sept. 1885.

Lieber Alter.

Was machst Du uns für Pelottenstreiche! Du hättest doch wahrlich bessere Federdinge zu thun! Ich vermuthe, daß ein starker Hustenanfall Dir die Fatalität zugezogen. Da ist der beste Geburtstagswunsch, den ich für Dich habe, daß Du Dich von guter Constitution zeigst, wie ein tüchtiger Schuster den Spliß über zweckmäßigen Leisten nimmst und wieder zum Verwachsen bringst. Denn Du wirst doch nicht, wenn wir Dich endlich einmal wieder hier haben, eine Wiederholung unserer Kaiserstuhlwanderung in die Brüche gehen lassen! Sechs von den Linden freilich, die damals droben noch standen, haben dies im letzten Winter gethan, und es stehen nur zwei noch um den alten Kaiser- . . . stuhl. Halte Dich besser im Sturm, Alter!

Da die Trauben mit Dir in diesem „Herbst“ also wieder einmal sauer sind (und wie süß werden alle übrigen sein!), so fahren Marie und die Thea am 10 d.M. für 14 Tage nach Stuttgart und München; wir andern hüten das Haus und bereiten es auf den Winterfeldzug. Am Tage des heiligen Sedan (es war doch der kräftigste von allen seinen h. Brüdern) sind wir more solito von Erlenbruck heruntergekommen, wo wir dreißig regenlose Tage verbracht und von wo wir fünfzig Pfund selbstgepflückter Preißelbeeren mitgebracht haben. Alle Glashäfen und Pötte des Hauses stehen in der Küche zwischen Zuckerhüten um Marie aufmarschirt und können den Segen der Berge nicht bergen.

Ja „es ist ein reiches, gesegnetes Jahr, die Trauben hängen gleich Pfunden“ (die alte Annette würde ihre Freude dran haben, wenn sie's noch könnte). So wünsch' ich Dir in ihm fürwahr auch reiche, gesegnete Stunden! Ein heitres Licht und guten Ruch von sonnigen Herbstreseden und ein festes Band gegen jeden Bruch, – und in's neue Jahr so geh' denn!

Der Deinige W.J.

353. WILHELM RAABE AN MARIE JENSEN

Braunschweig, 7 Septemb. 1885.

Da sind wir wieder, liebe Marie; oder vielmehr, da sind wir noch. Auch dies Jahr ist nun hin, und man darf sich noch einmal setzen und Gewinn und Verlust zusammenzählen.

Aus W's letzten Brief weiß ich zu meiner herzlichen Genugthuung, daß es Euch in den eben vergangenen oder vergehenden 365 Tagen und Nächten gut ergangen ist, und daß Ihr in aller Frische und Freudigkeit unter Euren Kindern, in Eurem Hause, bei Pinsel und Feder Euer Behagen durch Sonnenschein und Regentage festhaltet. Das wollen wir nicht beschreien; aber den Wunsch, daß es so bleibe, darf man doch ganz leise, leise Euch zuflüstern: es sind wohl nun schon beinahe zwanzig Jahre, daß wir einander kennen und bei keiner Gelegenheit also große Worte zu machen brauchen.

Hoffentlich habt Ihr auch Eure Sommerfrische fröhlich genossen! Bei uns hier war es bitter kalt, und seit dem 19 August habe ich jeden Tag geheizt.

3½ Grad Wärme sind in unsern Jahren ein wenig zu wenig; noch dazu wenn noch die „Hundstage“ im Kalender standen. – Dich freilich, liebe Alte, zähle ich nicht mit, wenn ich eben von *unsern* Jahren geschrieben habe; da redeten Wir natürlich nur im Plural der Majestät Unseres Daseins im Schriftstellerthum und der Zeitlichkeit. Mit dem Fünfundfünfzigsten Jahr soll man ja – in der Zeitlichkeit – den Fuß in limitem senectutis setzen, und Morgen haben Wir das Vierundfünfzigste hinter Uns. Durch welche Ströme von Dinte haben Wir bis hieher waten müssen, und durch welche werden Wir noch waten! Wären die Kinder nicht – na, nach dem Schluß des Satzes erkundige Dich bei *Deinem* Gatten und majestätischen Litteratur-Pluralisten.

Junge, liebe Freundin, wandle Du still, leicht und ruhig mit Deiner Palette voll der lichtesten Farben durch die graue Welt weiter und bringe Deine Kinder mit jedem Jahre frischer und blühender auf Deine Leinwand.

Einen besseren Geburtstagswunsch weiß für Dich nicht Dein alter treuer Freund

WilhRaabe.

354. WILHELM UND MARIE JENSEN AN RAABE

Freiburg i.B. 22 Dec. 1885.

Mein lieber Alter.

Der grundgütige Vater im Himmel hat uns zur glücklichen Geburtsfeier seines Adoptivsohnes einmal wieder eine kleine Extrabescheerung aufgetischt, insofern es ihm Spaß gemacht, am vorletzten Sonntag unsern Paul bei'm Schlittschuhlaufen umschlagen und beide Knochen des linken Unterschenkels brechen zu lassen. Zur Ehre des Höchsten hielt dann bei der Gelegenheit andrerseits der bekannte Schutzengel wieder seine Hand über dem Fall, so daß die Sache noch immer bestmöglich erledigt werden und der Bruch – freilich nur noch grad eben – subcutan geblieben. Paul liegt jetzt im Gypsverband, das Bein an einem „Galgen" aufgehängt haltend, mit der Aussicht, dies Vergnügen sechs Wochen lang gleichmäßig zu genießen. Ich ward telephonisch an den Waldsee, eine halbe Stunde von hier gerufen, und es war höchst schwierig, ihn nach Haus zu schaffen. Nun erheischt er den ganzen Tag hindurch in seiner hülflosen Lage Maries Umsorge; man weiß selbst nicht wofür, aber eigentlich sind vom Morgen bis zum Abend unablässig drei Menschen bei ihm erforderlich. Dabei zu „verfassen", oder vielmehr dies in richtiger Verfassung zu thun, fällt nicht grad leicht.

So wird die Weihnachtszeit uns auch just nicht in sonderlich fröhlicher Verfassung vorfinden. Ich bin indeß stets bereit, die Gnade des Herrn zu preisen, daß er nichts Schlimmeres beschlossen hat. Verdient hätten wir es ja alle, denn eine solche Scheußlichkeit, daß Adam in den unreifen Apfel gebissen hat, kann ja doch durch eine Trillion von Nachkommen nicht wieder gutgemacht werden.

Sonst haben Du und ich ja in letzter Zeit gleich Erhebendes mitgelebt, Ihr den Einzug eines neuen Landesvaters und wir den eines Landesvatersohnes mit Böllern und sonstigen üblichen Freudentönen begrüßt, und ich vermuthe, wir beide werden auch ungefähr das gleiche reichhaltige Pläsir daran gehabt haben. Es ist allerdings nicht immer ganz leicht, sich in die richtige Lachlaune zu versetzen, wenigstens wird es mir mit den Freiburger Jahren erheblich schwerer. Die Menschen und Dinge sind wohl danach angethan, doch man selbst ist's nicht mehr. Bewahre Dir Deinen Humor, Freund, die Göttergabe, sich an einer Narrenwelt zu freuen, und laß das Jahr 1886 nicht gehn, ohne zu kommen. Sonst könntest Du Gefahr laufen, daß ich einmal vor Dir stände und Dich unvorbereitet fragte: Warum nicht?

Dir und den Deinen – zum Feste – von mir und den Meinen – das Beste!

Der Deinige Wilhelm Jensen

Tausend schönste Grüße von einer Arggehetzten!

355. WILHELM RAABE AN JENSENS

Braunschweig, 23 December 1885.

Liebe Freunde!

Ich hätte Euch gern zum dießmaligen Weihnachtsfest die „Unruhigen Gäste“ in's Haus geschickt; die Sache hat sich aber nicht gemacht – Gott ist groß, aber unsere Drucker und Verleger sind noch größer! – und so müßt Ihr Euch wieder einmal mit dem gewohnten schönen, aber kahlen Gruß zum Tage Adams und Evas begnügen.

Hoffentlich steht Alles gut bei Euch und die Tanne aus dem Schwarzwald morgen Abend im fröhlichsten Glanze. Die wehmüthigen Lieder in der letzten Nummer der „Gegenwart“ nehme ich unbedingt als ein Zeichen, daß W. Jensen nach alter Weise bereits nach dem Kellerschlüssel in der Schlafrocktasche fühlt und hinunterangelt und eine glorreiche Bowle für die Alten, eine schwächere für die Kinder ansetzt in seinem Dichtergemüthe.

Bei uns geht es in allernächster Verwandtschaftsnähe gut; aber in nächster – eine Gasse weiter – desto schlechter. Da quält sich ein Neffe von mir, ein lieber, guter Kerl von vierundzwanzig Jahren mit der Herzbeutelwassersucht, und meiner Frau 86jährige Mutter ist deßhalb aus dem Hause und nach dem Harz geschickt worden, um sie dem täglichen und nächtlichen Elend aus dem Wege zu rücken. So sind *wir* Alten, mit und ohne Bowle, denn auf den Spaaß der Kinder angewiesen – und – die sind natürlich hoch! –

Ist Euch zufällig ein Professor Schottelius an Eurer Universität bekannt geworden? Der ist ein Vetter von mir, und wollte neulich Gretchen nach Freiburg mitnehmen. –

Und nun, Marie, was machst Du denn? Hat mir gar nicht gefallen, daß Deine Freundin, Frl. von Preuschen, Deinen Mann nicht mit in ihre „stillen Winckel“ genommen hat!

Du hast ihn wohl in dem Deinigen behalten wollen und malst ihm selber das zu ihm gehörige Ranken-Blatt-und Blumenwerck? Liebste, alte Freunde, es ist doch ein wircklıches Behagen, wenn man so endlich einmal wieder Gelegenheit hat, so ein paar Worte an einander zu schreiben! Lebt wohl und bleibt fröhlich!

Euer getreuer WilhRaabe

356. WILHELM RAABE AN JENSEN

Braunschweig, 29 Decemb. 1885.

Alter Freund,

ich hätte gern natürlich meinen Brief zurückgehabt, als der Deinige am Weihnachtsabend in meine Hände kam. Man soll doch niemals das Behagen eines Andern bei solchen Gelegenheiten loben, wenn man es eben nicht unter Augen hat! Ja, wir sollten wieder (und zumal in unsern ältern Tagen) nur so durch einen „Feuersee“ von einander getrennt wohnen, um einander dann und wann die Stimmung verbessern zu können!

Dir scheint wie weiland Freund Leuthold wirklich der „südliche Zauber“ allgemach „in der Seele tiefstem Grund“ erklecklich verleidet werden zu sollen. –

Komm Du nach Braunschweig. Da ist und bleibt es schön! Einem Gerücht zufolge wächst eben dem alten Löwen im Stadtwappen zu seinen zwei heraldischen Zageln der dritte; weil zwei ihm zum Wedeln nicht ausreichen. – Du räthst mir, meinen Humor zu erhalten: den verliere Du mal im Verkehr mit unserm hiesigen Bruchtheil Menschthums unter unsern augenblicklichen Um- und Zuständen. Wundervoll, sage ich Euch, Kinder! Und nur Schade, daß ich nicht zehn Jahre jünger bin, um das Alles noch einmal verdauen und verwerthen zu können! Alles steht in der Blüthe, Charakter und Geist und ewiger Menschheit Bild ist hier; und was das Merckwürdigste ist: Neunundneunzig vom Hundert glauben wahrhaftig noch immer dran, eine unsterbliche Seele zu haben. Fort mit dem Quark. Haltet *Ihr* Euern Muth aufrecht und pflegt mir meinen armen braven Freund Paul gut!

Ich male mir dießmal nicht aus, daß Ihr fröhlich in's neue Jahr kommt. Alle grüßen Euch, wünschen Euch jetzt und allezeit das Beste und Behaglichste.

Euer WilhRaabe

357. MARIE JENSEN AN RAABE

Freiburg 31 Januar 86

Lieber Wilhelm, ich habe in letzter Zeit so viel im Gedanken an Euch und in alten Zeiten gelebt und möchte Dich das doch wissen lassen! Hat Dir nie was in den Ohren geklungen? Paul liegt jetzt schon 7 Wochen; nächstens muß ihm noch ein vorstehendes kleines Stückchen Knochen abgenommen werden, u. von Aufstehen ist vorläufig keine Rede. Doch versichert der Arzt, im Sommer könne er wie immer in den Bergen herumlaufen. Paul fühlt sich sehr behaglich, freut sich der Schule ledig zu sein, liest viel u. behauptet, die Tage wären ihm immer zu schnell vorbei. Mir war und ist es oft weniger behaglich. Ich schlafe Nachts nicht mehr u. spüre auf's Empfindlichste daß ich Nerven habe. Davon war früher keine Rede. – Im Jahre 86 müssen wir uns sehen, lieber Raabe – sei's wie u. wo immer! Die Wolken jagen heute fürchterlich u. „der Wind, der vom Gebirge sausend weht, macht mich noch toll." For ever

Deine Marie

358. WILHELM JENSEN AN RAABE

Freiburg i.B. 2 Februar 1886

Mein lieber rabbinischer, neu belandesvaterter Wolfenbüttel'scher Nesthocker. – Es kommt mir manchmal vor, als seiest Du wirklich Rabbi in Arabien oder Bessarabien oder wenigstens in Raab, spieltest mit demselbigen Rabelais Rabuse, dächtest dabei schmachtend an Hedwig Raabe, verlörest in Folge davon, berapptest und rabulirtest, da Dein Gegner keinen Rabatt geben wollte, vor Dich hin. Zu solchen Vorstellungen von Dir gelangt man, wenn die christliche Welt rundum das Jahr 1886 schreibt und man Dich anno 1880 p. Ch. n. zuletzt gesehn oder vielmehr 1881 Dir nur eine Stippvisite in der besten Stube abgestattet hat. Wie Du nun hinwiederum in Deiner vierundfünfzigjährigen Phantasie unser Bild gestaltest, weiß ich nicht. Aber im Ganzen sind wir soweit mit dem letzteren zufrieden – was ja freilich etwas Mangel an Selbsterkenntniß bekunden mag – obwohl der Paul noch immer „am Galgen" hängt und wohl erst in der nächsten Woche sein Bett nehmen und zu wandeln versuchen wird. Sonst blühen noch die Veilchen bei uns im Garten, der Föhn rüttelt, vom Satan aufgestiftet, an den Gotteshäusern, der Schnee des Schwarzwalds schäumt zu Thal, und Du zweifelst hoffentlich nicht daran, daß meine Weisheit mit der Weißheit meiner Haare Schritt hält. Dazu also, sagt Hamlet, glaub' ich, sind wir zwischen Deutschfreisinnige und Schwarzblödsinnige in die Welt hineingesetzt, und es wäre besser, wir hätten das sogenannte Licht als Polen erblickt, die allein unter der Menschheit mir noch Sympathie einflößen. Denn warum, meint Onkel Pankratius, sie haben doch wahrhaftig Läusen auf'n Kopp, und die Andern juckt's blos', ohne daß sie welche haben. Womit ich bin in diesem kurzbeinigsten Mondsmonat Dein polenpolitischer Freund und Dintencoloradokäfercollege

W.J.

359. WILHELM RAABE AN JENSEN

Br. 13 Februar 1886.

Lieber Freund!

Vor Allem wünsche ich Euch Glück, daß sich Eures armen Jungen Zustand sobald gebessert hat. Am 31 Januar schrieb Marie noch ziemlich bekümmert darüber; aber nach Deinem Zettel vom 2 Februar ist die Sache doch so schlimm nicht mehr und wird mein lieber braver Paul demnächst wieder fest und sicher auf den Füßen stehen. –

Auch meine vier Mädchen haben in diesem Winter im Schlittschuhlaufen das Ihrige geleistet. Wir haben die prachtvollste Bahn dicht hinter unserm Hause, und soeben komme ich wieder einmal von dort, wo ich als guter Vater die Fortschritte der zwei Kleinsten habe bewundern müssen. –

Daß ich Eure südlichen Umstände und Zustände in meinem Letzten im trüben Lichte sah, daran bist wohl nur Du allein Schuld, alter Knabe. Einen so melancholischen, welt- und menschenfresserischen Brief wie den zu Weihnachten hattest Du mir noch nimmer geschrieben. Dem Himmel sei Dank, daß Du ohne zureichende Gründe den lieben Mond angeh – angesungen hast! – Ja, ja man hat solche Stimmungen, wenn man in das fünfzigste Lebensjahr eingehen will! Und darin habt Ihr vollkommen Recht, daß es Zeit wird, daß wir uns noch einmal wieder sehen in dieser vergnügten Welt.

Aber wie und wo? Ihr werdet dazu Euren Flug wohl nordwärts nehmen müssen. Ich bin für den Herbst an die Aufgabe gebunden, Gretchen nach Berlin auf Schulen zu liefern. Sie soll daselbst, wenn sie es leisten kann, ihr Zeichenlehrerinnenexamen machen. Hier ist sie mit ihren Kunstgewerbestudien fertig, und wenn sie auch ziemlich was gelernt hat, so kann sie doch immer noch mehr gebrauchen. Marie weiß es wohl, wie lang die Kunst ist. Sehr hübsch würde es vom Schicksal sein, wenn es es möglich machte, daß die beiden Artistinnen einmal ihre Staffeleien aneinander rückten. –

Im Übrigen sind unsere Familienverhältnisse hier leider in Wahrheit noch immer nicht erquicklich. Mein armer Neffe ist von Neuem abgezapft worden, und wenn auch die gewöhnliche momentane Erleichterung eingetreten ist, so ist die Hoffnung auf einen günstigen Ausgang meines Erachtens recht zweifelhaft. Diese Quälerei liegt nun seit dem Sommer über uns. Der Mensch darf sich dreist hängen, wenn er merkt, daß seine Herzklappen in Unordnung gerathen! – Doch, übermorgen ist ja Geburtstag in Freiburg im Breisgau, also fort mit dieser Trübsal. Der Föhn hat sich zu *dem* Tage sicherlich gelegt, und es ist blau und still über dem Schwarzwald. Der Junge kommt aus dem Gips und die Frau kommt mit den unsterblichen Veilchen aus dem Garten und die Mädchen hängen sich lyrisch, episch und dramatisch dem Vater Jensen an den Hals. Norddeutschland liegt im Schnee, Veilchen giebt es nur in den Treibhäusern und Mistbeeten; aber treue Herzen, die am 15ten Februar südwestwärts denken giebt es da doch. Die ganze Familie

Raabe

schickt ihre Grüße und Glückwünsche.

[Zeichnung: Kirche, deren Turm von 6 Raben umflattert wird, 2 großen, 4 kleinen.]

360. WILHELM JENSEN AN RAABE

Freiburg i.B. 18 Mai 1886

Mein lieber Alter. – Wir, Marie, die Maina und ich fahren am 24 d. M. von hier nach Halle–Leipzig–Berlin–Hamburg–Bremen–Köln–Mainz–Freiburg. Das ist unser Rundreisebillets-Zwangscurs, der es uns verweigert, nach Braunschweig zu kommen. Doch steht es uns frei, von Berlin nach Hamburg über Stendal-Uelzen zu gehen, und ich habe den Plan ausgeheckt, daß Du resp. Ihr und wir einen Nachmittag in der guten Stadt Celle und dort im ebenso guten Bockstöver'schen Gasthof zusammen verbringen. Zu dem Behuf würden wir am *dritten* Juni Morgens 8.17 (der neue Sommerfahrplan wird wohl kleine, doch schwerlich erhebliche Abänderungen bringen) von Berlin abgehen und Nachmittags 2.55 in Celle eintreffen. Du müßtest – mutatis mutandis – 10.55 aus Braunschweig fahren, wärst 12.42, zwei Stunden vor uns, in Celle, wir verbrächten nach langer Zeit endlich einmal wieder einen Abend selbander, Du könntest, falls Du es wolltest, sogar in der Nacht 12.42 noch wieder aus Celle nach Braunschweig (3.48 V) zurückkehren, während wir am andern Morgen 9,6 rückwärts gen Uelzen ziehn und von dort unser Rundfahrtbillet wieder benutzen. Wenn Du diesem Vorschlag beipflichtest, so steht er von unserer Seite für den 3 Juni fest, und ich werde Dir dann nur noch von Berlin aus nach dem neuen Fahrtplan die genauen Zugzeiten mittheilen. Ich bitte Dich bis zum nächsten Sonntagmorgen um Erwiederung. In der frohen Hoffnung, Dich bald dergestalt mit Augen zu sehen und mit Ohren zu hören, herzlich der Deinige

W. J.

361. WILHELM RAABE AN JENSEN

Braunschweig, 20 Mai 1886.

Lieber Alter!

Der Plan ist vortrefflich, obgleich der Himmelfahrtstag als Reisetag nur in der Theorie und auf Ludwig Richterschen Bildern reizend, in der Praxis aber und auf der Eisenbahn gräßlich ist.

Ich bin zur angegebenen Stunde in Celle auf dem Bahnhof, habe aber noch Eines zu bemerken.

Bertha ist schwer kranck, und wie mir der Doctor ankündete, mehrere Tage hindurch in Lebensgefahr gewesen. Sie hat die Kopfrose im höchsten Grade gehabt und bis jetzt das Haus noch nicht verlassen, da ein Rückfall bei der geringsten Erkältung oder durch einen beliebigen Zufall immer noch möglich ist. Sollte dergleichen, was ich mir nur schaudernd vorstelle, eintreten, so halte ich mich entschuldigt, wenn Euch keine Benachrichtigung erreichen würde und Ihr mich vergeblich am verabredeten Orte erwartetet.

Überlegt es Euch, ob Ihr hierauf hin den Schritt von Eurem Wege wagen wollt! Ich würde mich sehr freuen, Euch endlich einmal wieder zu sehen.

Dein getreuer WilhRaabe

362. WILHELM JENSEN AN RAABE

Freiburg i. B. 22 Mai 1886

Liebster.

Deine Nachricht über Berthas Krank-gewesen-sein hat uns erschreckt, doch ich glaube nicht, daß – zumal bei dieser Wärme – irgendwelche Rückfallsgefahr vorhanden ist. Ich gebe Dir also noch von Berlin aus die verabredete Zugnachricht; sollte Dir irgend ein Hinderniß in den Weg kommen, so bitte ich Dich im Laufe des 2 Juni um ein Telegramm „Berlin, Schlössers Hôtel." Die „unruhigen Gäste" habe ich in einem Zuge gelesen. Ein sehr feines Buch, nur für Einen unter 50,000 nicht zu fein. Daß der „Räkel" Forstwart wird, geht mir nicht ganz ein, und die Dorette Kristeller aus der „Apotheke zum wilden Mann" ist etwas gewagt. Reizend die Phoebe Domitilla, und wundervolle Naturstimmungen. Aber das Ganze großkörniger russischer Caviar prima Waare für das Volk des neuen deutschen Reiches.

Bringst Du nicht eines Deiner Mädel mit?

Mit herzlichem Gruß an Bertha von Marie und mir in Eile

Der Deinige W.J.

363. WILHELM JENSEN AN RAABE

Berlin, Schlössers Hôtel, 31 Mai 86.

Liebster. –

Ich kann hier vor Mittwoch keinen neuen Fahrtplan auftreiben. Dir also keine *genaue* Nachricht über unser Eintreffen in Celle am *Donnerstag* geben. Ungefähr aber wird es jedenfalls um 2,57 Nachm. nach der alten Ordnung bleiben. Also auf Wiedersehen und mache gutes Himmelfahrtwetter, alter Magier vom Krähenfelde!

Der Deinige W.J.

364. WILHELM UND MARIE JENSEN AN RAABE

Celle, 4 Juni 86.
Bahnhof.

Lieber Raabe mit Gretchen!

Noch einen letzten Gruß von hier! Hoffentlich seid Ihr munter angekommen u habt Euch bereits ausgeschlafen. Ihm, Wilm, geht es etwas besser. Er hatte Appetit u raucht auch, will auch schreiben, weshalb ich Euch ade sage. Habt Dank daß Ihr gekommen.

[W.J.]

Du schläfst noch, mein Alter; wir aber stehn zu Celle am Schalter. So schlafe denn noch weiter für und für; wenn wir uns wieder sehn, da lachen wir.

W.J.

365. WILHELM RAABE AN JENSENS

Braunschweig, 13 Juni 1886. –

Liebe Freunde,

Herzl. Glückwunsch zur vergnüglichen Ankunft zu Hause! Bockstöver war herrlich und verdiente wircklich, *besungen* zu werden. Vor Zwanzig Jahren und in Celle! Wer uns das damals in Stuttg. vor der Liederhalle gesagt hätte!

Euer getr. W.R.

366. WILHELM, MARIE UND MAINA JENSEN AN RAABE

[Ansichtspostkarte: Heidelberg vom Wolfsbrunnenweg]

Lieber Raabe! In wenig Stunden sind wir zu Haus. Alle Schönheiten der Erde lassen mich nachgerade kalt u. das Heidelberger Schloß erst recht. Doch singen die Vögel sehr schön hier u. mich treibt es Euch vor der Heimkehr noch einen Gruß zuzurufen.

Eure Marie

Daß Du und ich niemals in Heidelberg studirt,
Wir haben, glaub' ich, beid' davon nur profitirt.

W.J.

Daß wir bei Bockstöver zusammen gesessen,
Wollen wir vor der Hand noch nicht vergessen!

Am Schloß 12 Juni 86 Maina

367. WILHELM UND MARIE JENSEN AN RAABE

Freiburg i.B. 16 Juni, 1886.

Freilich war's gut bei Bockstöver, alter Kolkrabe aus dem Säculum, aber das wußte ich als vates schon vor zwanzig Jahren und erinnere mich, es Dir damals in Stuttgart vor der Liederhalle gesagt zu haben. Du hattest indeß den Kopf mit allerhand Lappalien von Königgrätz, Mainarmeen und Schüdderumpen voll und gabst auf meinen seherischen Hinweis auf die stille Weisheitscelle an der Aller nicht Acht. Derzeit besang ich vorfühlend den Fall bereits mit der klassischen Strophe:

Kumm mal röwer
To Bockstöver!
Da is got sin
Bi Beer un Win
Un Beef dabi,
Dat glöv Du mi!

Da nun aber seitdem das Niederdeutsche ziemlich aus der Mode gerathen ist und wir beide uns vernunftgemäß ja stets an das „Actuelle“, auf dem zeitigen literarischen Markt „Nachgefragte“ zu halten bedacht sind, so feile ich heut' meinen, von Dir geforderten Gesang dahin um:

Mein Lebensgeselle,
Komm wieder nach Celle!
Ob Alles auch treibt,
Wie ruhlose Waller,
Bockstöver verbleibt,
Wie das Wasser der Aller.
Wir finden ihn immer
Auf selbiger Stell',
Und im selbigen Zimmer,
Mein alter Gesell,
Da finden auch wir
Uns von gleicher Manier.

Ja, Ihr hattet gut lachen über einen Morpheus-gepackten Mann, der auf einer ungeheuren blühenden Wiese lag und durch das Zirpen und Schnurren von tausend Insecten, die das Fieber ihm in die Ohrmuscheln schwirren ließ, ab und zu vom Horizont des endlosen Halmgewoges her Eure Stimmen summen hörte und sich im Traum darüber freute, daß Ihr da waret und so kluge, tiefsinnige Reden miteinander führtet. Mir war's garnicht schlecht, eigentlich köstlich zu Muth; nur ging ich ganz in dem einen ungeheuren Wunsch auf – den Ihr guten Menschen mir erfülltet – immer nur aus dem Born Eurer Weisheit getränkt zu werden, ohne selber die Lippen dabei bewegen zu müssen.

Das hatte nun von Ewigkeit im Götterrat so beschlossen gestanden, und am andern Morgen bliesen sie mir spöttisch mit dem unsterblichen Maulwerk das Fieber aus dem Blut, daß ich als ein gerüsteter Ajax zur Lübecker Feldschlacht eintraf und in zweitägigem, männermordendem Kampf wanklos stand hielt. Darüber möge Marie Dir noch berichten; ich aber hätte gern noch erfahren,

Wie Du in jener dunklen Nacht mit Gretchen
Zur Bahn gekommen durch das todte Städtchen,
Was Ihr im Morgengrau'n begannt zu Lehrte,
Und wie zuletzt vom schnaubenden Gefährte –
Derweil Bockstöver ruhvoll uns umfangen –
Zur Wolfenbüttler Heimat Ihr gegangen.

Der Deinige W.J.

[M.J.]

Was ich da noch viel sagen soll, liebes Räbele, weiß ich nicht. Wir sind seit Samstag Abend wieder hier; trafen mit 6 000 Sängern, deren Massen schon von Heidelberg an lawinenartig anschwollen, (Extrazüge vor und hinter uns nahmen sie auf) in dem beflaggten, bekränzten, verregneten Freiburg ein. Vor meinen Augen drehen sich heute noch alle Gegenstände im Kreise umher, so toll war der Tanz, seitdem wir das liebe ruhige Celle verlassen. O diese Rundreisebilletts! Denke Dir, die Rheinfahrt hat mir diesmal gar nicht gefallen, das Niederwalddenkmal noch viel weniger, die Lorelei passirte, die Ruinen sahen alle wie aus Papp, Stuck, Zink und Back aus. Ich hätte am liebsten meine Augen zugemacht u innerlich ein wenig aufgekramt; aber Wilm, der seit Celle wunderbar Erfrischte, stieß mich bei jeder neuen „Schönheit“ unbarmherzig laut preisend in die Seiten. Augenblicklich haben wir Besuch von Goltzens aus Straßburg. Lebt wohl, und bitte liebes Räbele bleib der Alte

Deiner Marie.

368. WILHELM UND MARIE JENSEN AN RAABE

Freiburg i.B. 6 Sept. 1886.

Du wußtest's nicht, mein Alter, wir aber saßen den August hindurch unter der „Brand“ und der „Hohen Steig“ in Sonne, Wind und Regen zu Gutenbach „auf dem Wald“ und gedachten Deiner oft. –

Und wir kamen am letzten Mittwochabend durch Staub und Glut und Föhn hierher in's Niederland zurück, und ob wir auf der afrikanischen Fahrt Deiner gedacht, ist mir nicht mehr erinnerlich.

Heut' aber gedenk ich an Dich, denn Du wirst übermorgen „Dines Alters LV Jar“, und Deiner Art gemäß „in All's gedultig“ zu sein, wirst Du Dich auch darein fügen.

Schön ist es nicht, doch ohne Schwierigkeit ändern läßt sich's auch nicht.

Und am Ende bleibt es besser, 55 Jahre alt zu werden, als nicht so alt geworden zu sein.

Darüber giebt es abweichende Meinungen, allein Obiges ist die meinige.

Die Welt ist schön, das Leben gut –
Gern glaub ich's dem, der frohgemuth;
Doch heißt sie garstig schlecht ein Mund,
Thut er's wohl auch mit gutem Grund.

Du aber hast zum Glück keinen „ausreichenden“ Grund dazu, und der Wunsch, daß ein solcher Dir alllebenszeit fehlen möge, ist mein Geburtstagsangebinde für Dich zum Pfeifertage von Dusenbach.

Und ich bin Bockstöver dankbar, daß er Dich mir noch in Deinem „Jar LIV“ gezeigt – und Marie, daß sie Dich uns so aufbewahrt hat.

Manches Auge hat schon darauf geruht, und die Lippe sprach dazu: „Siehe, Er ist es."

„Und Er möge es noch lange sein!" füge ich alsdann nach. Und ich setze wohl kopfschüttelnd hinzu: „Wenn Er am 21 September ohne Extrazug und Münstergeläut bei uns einzöge, wäre es mir lieber, als würde ein Dutzend von Erzbischöfen auf einmal bei uns inthronisirt."

„Aber dazu ist keine Hoffnung", erwiedert mein übermorgen 41jähriges Weib, und Alle seufzen.

„Weil Er beinfaul, halsstörrisch und engherzig ist", falle ich empört ein.

Darauf folgt beredtes Schweigen, denn jede Sache hat ihre zwei Seiten.

Ich bin aber jetzt schon am Ende der dritten und schweige deshalb ingleichen, als der Deinige

W.J.

[M.J.]

Lieber Wilhelm! Schön war's, daß wir bei Bockstöver doch wenigstens 1/2 Tag und 1/2 Nacht beisammen waren; und ich betrachte es als ein bestes Geschenk des Jahres 86 für mich daß ich Dich darin mitsammt Gretchen gesehen habe. Wie ist Dir's denn weiter ergangen? Wir hatten es gut in Gutenbach. Nur leidet seit der Rückkehr Wilhelm etwas an Leibschmerzen, infolge von Gukummern oder von Erkältung – wer kann es wissen! Ich wollte nur, es ginge wieder so schnell vorüber wie damals in Celle. Liebes Räbele! Daß wir nach wie vor so wenig von einander hören, ist eine häßliche Einrichtung. *Bitte* schlag' in den Vorschlag ein, daß wir monatlich wenigstens 1 ×, sei's auch nur per Karte von uns hören lassen!? Ich für mein Theil thu es – dagegen kannst Du nichts machen. Leb wohl – ich gratulire Dir herzlich u.s.w. Immer Dein treuer Geburtstagszwilling

Marie

Herzliche Grüße an Bertchen, Gretchen, Lieschen, Klärchen und Trudchen.

369. WILHELM RAABE AN MARIE JENSEN

Braunschweig, 7 Septemb. 1886.

Ave Maria! sei gegrüßt liebe Marie auch zu diesem achten September! Seit Celle, seit Bockstöver freue ich mich auf diesen Brief, in welchem ich natürlich mit allen Glocken läute Dir zu Ehren und mir zur Rührung und Erbauung. Wie froh bin ich, daß ich vor meinem Eintritt in's Greisenalter, am Eingang in die richtige Torfgegend und Lüneburgerheide-Stimmung des Daseins Dich noch einmal in Deiner Jugend erblickt habe, und über den trüben Grenzgraben die feste Gewißheit mitnehme: *Die ändert sich nicht!* – Nein, Marie Jensen ändert sich nicht; sie bleibt für Mann und Kinder und Freunde dieselbe immerdar; und wenn mal Einer sie fünf Jahre lang nicht gesehen hat, steht er nur still und sieht dies –

den Göttern dankend!

Marie soll leben und die Götter, die ihr ihr wackeres Gesicht und gutes Herz gegeben haben!

Gegrüßt seist Du, Maria von Deinem treuesten Freunde, dem alten Geburtstagsdatumsgenossen

WilhRaabe.

370. MARIE JENSEN AN RAABE

Freiburg, 26 Oct. 86.

Liebstes Räble!

Wünsche Dir einen guten Tag! Und was treibst Du Schönes? Ob Du antwortest oder nicht – ich schicke Dir darum doch meine allerbesten Grüße! Man wird mit den Jahren immer gebildeter, und mir ist das Einsehen mehr und mehr gekommen, wie unschicklich es ist, Dich Freund zu nennen und Dir dabei nur zweimal im Jahr zu schreiben. Zwölfmal soll es von nun an geschehen! Kennst Du Krcyzanowsky? Ein hiesiger Bekannter brachte mir neulich ein Buch von ihm; ich wollte es, als ich den schönen polnischen Namen sah, und auch, weil ich nicht sehr hungrig auf die Werke neuester Dichter bin, bei Seite legen, als mich eine Stelle darin, die ich gerade aufschlug, fesselte. Ich las es dann ganz durch und war von der feinen Eigenart sehr überrascht. Das Buch heißt „Im Bruch. Eine Biographie“, und ist bei Spemann in Stuttgart verlegt. Sollte es Dir in die Hände kommen, dann lies es doch, bitte, und laß mich wissen, ob es Dir gefallen hat. Den Namen Krcizanowsky habe ich weder im Kürschner noch sonst irgendwo gefunden, will mich aber erkundigen ob er noch anderes geschrieben hat, u. es sicher lesen. –

Mit meiner Gesundheit geht es bergab. Und was mir fehlt, ist Zeit, Zeit für das was ich liebe. Trotzdem ich um 7 Uhr aufstehe, reicht's nicht. Die Masse des Versäumten schlägt mir oft auf den Magen oder liegt mir auch zur Abwechslung im Magen. Kennt Du dergleichen? Nein? Und Du hast hoffentlich Zeit für Alles was Du liebst. Thea und Maina sind nun schon über 6 Wochen von uns fort. Sie „weilen“ augenblicklich in Lübeck u. kommen erst Mitte November über Kiel (wo sie schon vor 4 Wochen waren) Hamburg hieher zurück. Ist Gretchen in Berlin? Grüße alle die Deinen. Wilhelm's Zimmer ist neulich, während er in Straßburg war, neu tapeziert, gemalt und wunderschön hergerichtet worden. Ich wollte Du gucktest einmal wieder hinein! Leb wohl, lieber Alter und hab noch Dank für Deinen Geburtstagsbrief. Immer die Deine

Marie

371. WILHELM RAABE AN MARIE JENSEN

Braunschweig, 30 Octob. 1886.

Liebe Marie!

Dieser Brief liegt schon längere Zeit für Dich da, wenn auch ungeschrieben. Wir haben einen lebhaften aber betrübten Monat hinter uns. Am 1sten desselben wollten wir Gretchen nach Berlin bringen, hatten daselbst Quartier bestellt und saßen am 30sten Septemb. auf unseren gepackten Koffern als am Morgen gegen 11 Uhr aus der Leisewitzstraße die Nachricht kam: Eben stirbt die Großmama. Die alte Frau war wirklich todt, ehe wir die paar Schritte zu ihr hinüber laufen konnten. Am Abend vorher war sie noch sehr vergnügt mit dem von ihr Abschied nehmenden Gretchen gewesen, und zehn Minuten vor ihrem Tode hatte sie noch zwei Fünfzigpfennigstücke für die beiden Kleinen in die Fensterbank gelegt, falls sie mit guten Zeugnissen aus der Schule kämen.

Nun, ein Leben, das vom Consulat Bonapartes, dem Rastadter Gesandtenmord und den Schlachten bei Stockach und Novi bis Alexander von Bulgarien reicht, ist schon etwas; aber – die alte Frau hätte doch noch etwas später sterben können: wir vermissen sie Alle sehr, und bei Bertha klingt der Schmerz natürlich tief nach! – Gretchen haben wir unter diesen Umständen allein in die Welt schicken müssen. Sie gefällt sich aber sehr in Berlin und scheint sich ganz gut durch das Getümmel zu schlagen.

Die Tapeziererei würde *mir* gar nicht gefallen haben; Ihr seid aber eben Beide unruhige Gäste. Der Himmel erhalte Euch bei Laune und Eure Kinder bei Frohsinn und Gesundheit!

Dein getr. WilhRaabe

372. WILHELM UND MARIE JENSEN AN RAABES

Freiburg i. B. 22 Dec. 1886.

Mein alter Lieber.

Wir sitzen im Schnee, wie noch nie; die Natur hat Kummer und wir mit ihr. Sonderbarer Regenfrost ist voraufgegangen, der alles Gezweig fingerdick mit Eis umkrustet hat, und nun brechen Tausende der größten Bäume unter der Ueberlast zusammen. Auch unsere liebsten im Garten; wir müssen hülflos zusehen. Freilich, es ist die nämliche Natur, die gegen sich selbst wüthet, das blinde Ungeheuer; sogar ein Vitzliputzli würde so viel Vernunft im Hirn tragen, derartigen Blödsinn nicht zu betreiben. Freuen wir uns denn, daß wir jenes Unthier nicht anbeten, sondern christliche Weihnacht feiern und dem Schöpfer und Erhalter der Weltordnung ein Halleluja singen. Außerdem hat er noch die Menschen nach seinem Ebenbilde erschaffen, und das will etwas heißen, dafür muß man ihm besonders dankbar sein, ich bin es wenigstens. Eine nette Gesellschaft, sogar eine „gebildete“, für die man Bücher schreibt. Wenn mir jemand meine Feder abhandeln wollte, daß ich im Rest meines Lebens keine Zeile mehr drucken zu lassen brauchte, so würde ich ihn umarmen und wenn's der Teufel selber oder ein Cloakenputzer wär! Vergessen wir deshalb nicht, das deutsche Volk zu lieben, das herrlichste von allen! Die andern Leute in Ost und West, Süd und Nord thun es sowieso nicht, die Kerle sind eben so neidisch auf seine Vortrefflichkeit. Aber Gott sei Dank, Gott weiß, was er an ihm hat!

Du siehst, ich bin in festlicher Stimmung, in Gemeinschaft mit meinem Volk die Krippenfeier zu begehen; das Einzige, was meine hohe Freudigkeit beeinträchtigt, ist, daß ich Dir Veilchen schicken wollte und nicht dazu im Stande bin. Ich könnte es allenfalls, denn ich weiß genau die Stellen, wo sie blau in der Tiefe stehen, aber ich müßte mich ungefähr einen Meter durch den Schnee hinuntergraben, und ich kenne Deine Herzensgüte, mein Alter, Du willst nicht, daß ein Familienvater sich für einen Wohlgeruch Deiner Nase in seiner einen Schnupfen holt. So kommen meine Wünsche für die Jahresschlußwoche und die Jahresanfangsepoche unverblümt zu Dir, falls sie nicht unterwegs im Schnee stecken bleibend, Eisblumen aufsammeln und mitbringen. Halt' Deinen Ofen warm und Deine Füße trocken! Zünde Dir am Christbaum eine gute Cigarre an und blase mit ihr der besten der möglichen Welten Weihrauch in's Gesicht! Laß Dein Bier nicht zu kalt und Deinen Punsch nicht zu heiß werden, denn beides schadet nach dem Rath der Vorsehung dem Magen. Lebe so, wie Du es, die Dinge durch Dein Augenglas betrachtend, wünschst, und erfreue Dich an Gesundheit und Frohsinn der Deinigen bis an die Grenzen der Möglichkeit!

Und als letztes bewahre in dem 87er Ding da vor uns, dem?, die alte Schwabentreue dem Deinigen W.J.

Maina bekommt die Chronik der Sperlingsgasse zu Weihnachten.

[M.J.]
Liebe Freunde!

Seid herzlich alle beide gegrüßt und umarmt! Und hab Du noch Dank, liebe Bertha, für Deinen Brief. Weihnachten wird dies Jahr wohl still und wehmüthig bei Euch verlaufen. Arbeit bringt das „Fest“ aber doch immer genug – und die ist noch das Beste gegen jede Art von Kummer. Ich weiß nicht wo mir der Kopf steht, und weiß noch weniger ob ich bis morgen Abend mit dem Aufbau von 10 Weihnachtstischen fertig werde. (Habe nämlich wieder zu spät angefangen!) „Des Menschen Hand ist eine Kinderhand –“ lieber Raabe, und des Menschen Kopf ein Kindskopf! Gottlob, nächstes Jahr sind wir um die Winter-Sunnawend in Italien, und zwar nicht, weil wir unruhige Gäste sind, sondern weil wir a Ruh haben wollen. Dann sitzen wir ganz in Mäntel eingewickelt, still u. nachdenklich, ein Kohlenbecken unter den Füßen, eine Katze auf dem Schooß, u. haben einmal garnichts zu thun! Darauf freue ich mich sehr. Lebt wohl. Bewahrt Euch im Siebenundachtziger Jahre Eure Gesundheit und etwas Liebe

Eurer M.

373. WILHELM RAABE AN JENSENS

Braunschweig, 23 December 1886.

Liebe Freunde!

Eben erhalten wir von Gretchen die Nachricht: „Den letzten Schultag geschwänzt, um mich für die Reise nach Hause vorzubereiten. Morgen um 3 werde ich von Berlin abschnurren und Abends 9.10 bei Euch anlangen. Hurrah!“ Also werden wir heute Abend am Bahnhofe sein, um unsere Studentin zum erstenmai für die Ferien abzuholen. Da wird auch dieser Weihnachtsgruß für Euch schon auf der Fahrt sein. Hoffentlich bleiben beide Reisenden nicht im Schnee stecken.

Es schneit nämlich seit Tagen Tag und Nachts ununterbrochen. Wer die Seinigen um sich hat, dem sieht sich das Wetter ganz behaglich an; ich aber wollte dießmal, es hörte endlich auf! – Auch sonst noch liegt durch den Todesfall der Mutter eine trübe Stimmung über dem heurigen Fest für uns Alten. Doch die Kinder sind vergnügt und sorglos, und das ist ja die Hauptsache. Nun, alte liebe Freunde, in alter treuer Weise Handschlag und Gruß, und die besten Wünsche Euch Alten und Euren Kindern zum Tage und Abend Adams und Evas! Möge kein Troll, kein Japs und kein deutscher Reichtstagsabgeordneter Eure guten Stimmungen stören!

Ja Stimmungen! Vor einigen Tagen wurde mir ein Antiquariatskatalog zugeschickt; darin wurde ein Theil des Manuscripts meines Hungerpastors blattweise ausgeschlachtet. Dabei ward's mir doch ganz gespenstisch zu Muthe, wenn ich daran dachte, in welchen Stimmungen, mit welchen Hoffnungen u.s.w. ich vor vierundzwanzig Jahren über *dem* Conceptpapier gelegen hatte!

Doch: Evangelium Lucae, Kapitel 12, Vers 35!

Euer WilhRaabe

374. WILHELM RAABE AN JENSENS

Braunschweig, 31 Decemb. 1886.

Es bleibt beim Alten!

375. WILHELM RAABE AN JENSEN

Braunschweig, 13 Februar 1887.

Alter Freund!

Also nun ist es auch mit Dir so weit! Vor fünf Jahren und fünf Monaten sandtest Du mir Deine süß-sauern Glückwünsche zum vollendeten fünfzigsten Lebensjahre; jetzt bin ich an der Reihe, sie Dir zurückzugeben. Siehst Du wohl, – nur ruhig abwarten – es kommt alles herein und heran! auch das einundfünfzigste Daseinsjahr auf der närrischen Erde. –

Nun ist mein herzlichster Wunsch, daß es Dir in den nächsten vierzig Jahren nicht schlechter ergehen möge, wie es Dir in den soeben verflossenen oder vielmehr übermorgen verfließenden fünfzig ergangen. Dann sollst Du am 15 Februar 1927 mit Enkeln, Ur- und Ururenkeln reichlich gesegnet, mit Ruhm gekrönt und Geld in Bänken sagen dürfen: Marie, nett war es; aber müde wird man allmählich doch ein bischen und Bücher hat man allgemach auch genug geschrieben. Was meinst Du, altes Mädchen, wenn wir uns nun ein bischen länger als sonst hinlegten?

Bin ich dann noch außerhalb des Bettes vorhanden, wenn Ihr so die Decke über die Köpfe gezogen haben werdet, so wäre es eine grenzenlose Rücksichtslosigkeit, eine Taktlosigkeit sondergleichen, wenn man mich nicht aufforderte, in das sich bildende Jensen-Comitee einzutreten. Ich werde mit kopfwackelnder Bereitwilligkeit selbst den Vorsitz übernehmen. Habe ich für Geibel mitgesammelt, so werde ich doch auch wohl für Jensen sammeln!

Nachher aber Schade, daß Du es nicht mehr sehen kannst, was für ein Denkmal in Stein und Erz wir Dir am Strande von Heiligenhafen aufrichten werden! Glaub' es mir heute wenigstens auf's Wort, es wird großartig, großartig wird es. Schon der im Fehmarn Sund um die Ecke biegende Schiffer soll seinem Knaben winken und mit feierlich gedämpftem Tone flüstern: Siehe, Sohn, da steht Er! und so kann er noch lange stehen.

Ja, wenn es irgend die aufgebrachten Mittel erlauben, sollst Du schon von Arrö, Langeland und Laaland aus zu erblicken sein, vorzüglich bei Nacht, wenn wir auch hier das Gewaltige mit dem Nützlichen vereinen und Dir ein Licht in die Hand geben, es den Bewohnern der dänischen Küsten und den seefahrenden Männern auf der öden Wasserwüste hin zu halten.

Ob Du trotzdem in Freiburg im Breisgau unter Deinem grünen Hügel dann und wann noch das innige Bedürfnis spüren wirst, denen Herren Müller, Schmidt und Schulze in's Gesicht zu spucken, überlasse ich Deinem Ermessen und dem des guten müden Mütterchens an Deiner schläfrigen Seite. Lieber Bruder und Zeitgenosse, ich glaube, im Jahre 1927 denkt wohl Keiner von uns mehr irgend einer verekelten Lebenssuppe – wir werden doch wohl alle Beide den Löffel hingeworfen haben!

Also für's Erste – übermorgen! Fünfzig Jahre! Du wirst nicht, wie Du seinerzeit von mir meintest „more consueto allein sitzen." Sie werden schon zu Dir kommen mit Kling Klang und Gloria. Zu denen aber, die am fünfzehnten Februar Achtzehnhundertsiebenundachtzig am meisten mit bei der Sache sind, zählt, Wilhelm und Marie Jensen,

Eure alten, treuen, besten Freunde Wilhelm und Bertha Raabe.

376. WILHELM JENSEN AN RAABE

Freiburg i.B. 17 Febr. 1887.

Mein lieber Alter!

Hab Dank für Deine schönen, herzlichen, heiter-wehmüthigen Worte, mit denen Du mir die zweite Hälfte meines sogenannten Jahrhunderts eingeläutet hast! Was an Briefen vor mir liegt, ist „ein Berg – ich komme nicht hinüber." Aber ich mußte Dir doch sagen, das mich keiner gefreut, wie Deiner. Und wenn wir auch nicht gar oft von einander hören, die Getreuesten bleiben wir uns doch allzeit oder für unsere Zeit auf Deiner „närrischen Erde".

In alter Liebe der Deinige

W.J.

377. WILHELM RAABE AN JENSENS

Braunschweig, 24 Juli 1887.

Feiern heute ganz heimlich unsere silberne Hochzeit. – Eure Getreuen

W.R. und Frau.

378. MARIE JENSEN AN RAABES

Freiburg 26 Juli 87.

Meine Geliebten!

Seid gegrüßt und umarmt! *Das* ahnten wir nicht, obgleich wir, wie immer, so auch in der letzten Zeit viel an Euch gedacht und von Euch gesprochen. Es war schön von Dir, lieber Raabe, daß Deine Gedanken an *dem Tage* einmal zu uns gewandert sind! Emil Ritterhaus u. Frau waren seit Sonntag hier (soeben haben wir sie zur Bahn gebracht), vorher Julius Wolff u. Frau, vorher Verleger Elischer. Letzterer brennt auf ein Buch von Dir, und wird, wie er sagt, nächstens in Braunschweig erscheinen. – Paul ist mit seinem Abiturienten-Examen vorgestern fertig geworden u. genießt goldene Freiheit. Uebermorgen großer Abschiedskommers. Im October geht er für die ersten Semester als Mediziner nach Jena. Er wird im Spätherbst 19 Jahr. Thea ist im Begriff sich zu verloben – was für uns Alte *höchst sonderbar* ist. Lebt wohl, nächstens mehr von

Eurer Marie.

379. WILHELM JENSEN AN RAABES

Freiburg i.B. 26 Juli, 1887.

Ja, das, meine Lieben, sind bei den Leuten, die nicht „der Zeitlichkeit“ mit Haut und Haar angehören, Tage der Stille, von denen gemeiniglich niemand weiß, „als Gott und wir allein“, und da der erstere vermuthlich auch nicht viel Gedächtniß davon bewahrt, so bleiben nur die letzteren übrig, die am Ende ja auch hinreichend dabei sind. Nun – „noch emal fünfuntwintig!“ machte ein geistvoller Lübecker Toastredner bei gleichem Anlaß seinen Herzensgefühlen Luft – und wenn das nicht auf den Knien des alten Abwäglers liegt, so doch gute Jahre, so lange sie reichen! Und Dank für Deine lakonisch-lapidarische Karte, mein Alter! Hätte ich einen Rahmen von lapis lazuli, würde ich sie in den hineinfassen lassen. So nahm sie mit dem Herzen auf und bewahrt sie drin bei Eurem Uebrigen Euer getreulicher

W.J.

380. WILHELM RAABE AN JENSENS

Braunschweig, 2 Aug. 1887.

Herzliche Glückwünsche zu Pauls glorreichem Schulabschluß. Auch Gretchen hat am 29 Juli aus Berlin von der Kunstschule telegraphirt: „Examen bestanden“ und stolzirt nun, wie sie schreibt, als akademisch geprüfte deutsche Reichszeichenlehrerin einher. Wir sind natürlich ebenfalls ob des Erfolgs sehr vergnügt.

Euer W.R.

381. WILHELM RAABE AN MARIE JENSEN

Braunschweig, 7 Sept. 1887.

Liebe Marie!

Wieder ein Jahr! und wieder um ein Jahr besser, klüger, frommer, erfahrener und tugendhafter! Was kann die Welt mehr von uns verlangen?

Nächstens schicke ich Dir eine Geschichte, deren Titel Dich erst im nächsten Jahrhundert; aber mich jetzt schon was angeht:

Im alten Eisen!

Aber Du, Du junge, glückliche Mutter und Schwiegermutter, weßhalb spannst Du mein gesammtes Gynaikeion und mich mit seit Monden auf die Folter und schickst nicht das Genauere, Umständlichere, Ausführlichste über Thea's Verlobung?

Haben wir das Kind nicht auch auf den Armen gehabt und es zur Ruhe gesungen:

Mussele, mussele, wuh, wuh,

während Dein Mann seinen „Kardinal" zusammen braute in den heißen Sommernächten zu Stuttgart am Feuersee und Du draußen am Küchenfeuer mit unserm frechzähen Beefsteak oder gar der untraktablen, stoppelhäutigen Bestie, Gans genannt, rangest? — In welche Fest- und Feierstimmung diese Anmahnungen auch fallen mögen, erinnere Dich, daß zu allen Zeiten, und nicht bloß an unserm Geburtstag, wir bei Dir – wir bei Euch sind! –

WilhRaabe

382. MARIE JENSEN AN RAABE

Freiburg 7 Sept. 87.

Bestes Räbele!

Reich' mir die liebe alte Hand, und blinzele mit den goldnen

Augen der Waldeskönigin lieblich um Dich her und auch einmal auf mich hin! Sei ferner „in alls gedultig“ und doch still vergnügt! Das ist das Beste. Ich ginge gern darin (und in manchem andern) bei Dir in die Lehre. Vorgestern Abend sind wir vom Schwarzwald herunter gekommen, wo wir vom 5 August an waren. Der stille Winkel Erlenbruck und Titisee sind nun durch die Höllenthalbahn so mit Menschen überschwemmt und so gänzlich verhunzt, daß jedem Naturfreunde schaudern muß. Wir gehen nun nicht mehr dahin. Leidet Ihr in Braunschweig auch so unter der Ueberbevölkerung? In Freiburg wogt es fürchterlich, und unter Tausenden findet man kaum je ein Gesicht, sondern fast nur neugierig stupide Fratzen. Und so soll es jetzt, wie man hört, überall sein. Ein Bekannter von uns kam gestern vom Chiemsee und erzählte uns, daß die Dampfschiffe dort unter der Last u. Masse der Menschen fast sinken. Alles will das Schloß König Ludwigs sehen! Und wie still und schön war es vorher dort! Ich möchte am Liebsten aus meinen 4 Pfählen gar nicht mehr heraus. – Wilhelm reist nächsten Sonntag nach Kiel u. Hademarschen, nimmt vielleicht Maina mit. Storm hat ihn zu seinem 70sten Geburtstag so herzlich dringend eingeladen, daß er nicht „nein“ sagen kann. Wilm möchte Dich dann auch gern sehen, was ich begreifen kann. Bei dieser letzteren Zusammenkunft wäre ich gar gern, aber es müßte für Wilm Jensen Ueberraschung sein. Wie könnte man das machen? Und *wo* könnte man das machen? Wie lange habe ich Bertha nicht mehr gesehen! von hier nach Braunschweig ist aber für mich armes Wurm höllisch weit! – Wir wollen die Sache einmal recht überlegen. Für heute, liebes Räbele, verzeih die schludrige Schreibweise; ich bin sehr in der „Hatz“. Habe deshalb auch „echt frauenzimmerlich“ vier Seiten vollgeschmiert. Verzeih auch letzteren u. vielleicht noch andere uncommentmäßige Ausdrücke. Man verwildert, verroht, verbauert hier!

Aber trotzdem verbleibe ich immer und ewig Deine größte Verehrerin und Dich innigstliebende Freundin

Marie.

383. WILHELM JENSEN RAABE

Freiburg i.B. 7 Sept. 1887.

Eben „vom Walde“ heruntergestiegen
Aus dem Geschmeide
Blühender Haide,
Aus dem Gesumme blitzender Fliegen
Und des Feldbergs nebelndem Forste,
Hurtige Füße
Reg' ich, um Grüße
Unter den Brocken zum Rabenhorste
Fern in die nordische Weite zu tragen,
Drüben auf's Neue
Dauernder Treue
Oft schon gesprochenen Glückwunsch zu sagen.
Ach, wie die Jahre, die jagenden, schwinden!
Wie uns die Welle,
Alter Geselle,
Schleuniger wirbelt mit herbstlichen Winden!
Doch noch im brausenden, kreisenden Spiele
Halt' ich die Pinne,
Heg' ich im Sinne,
Noch zu gebieten dem schwankenden Kiele,
Plötzlich noch vor des Septembers Vergehen,
(Gegen sein Ende),
Freudig die Hände
Beide Dir fassend, in Braunschweig zu stehen.
Sag' mir, in wenigen Zeilen gesprochen,
(Aber geschwinde!)
Ob ich Dich finde,
Alter, in etwa drittehalb Wochen.

Der Deinige W.J.

384. WILHELM RAABE AN JENSENS

Braunschweig, 10 Sept. 1887.

Liebe Freunde!

Das wäre uns freilich eine große Freude, wenn wir Euch diesen Herbst noch bei uns sehen würden! Aber zu überlegen ist's, wie wir es am behaglichsten einrichten. Wir stehen nämlich vor dem Umzuge, sind schon theilweise drin und werden leider ganz drin sein, gegen Ende dieses Monats, grade wenn Jensen von Hademarschen zurückzukehren denckt. Könnt Ihr nicht nach der ersten Oktoberwoche unsere ersten Gäste:

Leisewitzstraße Nro 7

sein? Das wäre herrlich und sollte uns das allerbeste Omen sein für die neue Behausung!

Jetzt hat sich schon Tischler und Tapezirer gemeldet, und ich habe bald nicht mehr da ich mein Haupt hinlege und mir mein täglich nachmittäglich „Backenmuster“ hole. – Schönsten Danck für Eure lieben Grüße in gebundener und ungebundener Rede. Wir haben im Familienkreise den Morgen des Neunten herangewacht bei einem guten Tropfen rheinischen Weines, den mir dreizehn unbekannte, aber brave Berliner Freunde in Anbetracht meiner litterarischen Verdienste gesendet haben.

Ich wollte, Ihr wäret bei uns gewesen bei Kardinal, Anchovis und „Endymion“!

Macht das im Oktober möglich!! –

Wilhelm soll den Alten in Kimmerien auch von mir grüßen. – Euer getreuester

WilhRaabe

385. MARIE JENSEN AN RAABES

Freiburg i.B. 23.12.87.

Ich hatte schon vor Wochen, als ich im alten Eisen steckte, von dort aus schreiben wollen, aber ich war zu erfüllt von allem was ich da gefunden, als daß ich zu Wort hätte kommen können. An dem Buch hätte man wieder einmal für sein Leben lang genug zu zehren und würde doch nicht fertig damit. Die Kinder der armen Erdwine haben mir an's Herz gegriffen und die Wagenfahrt unter dem „unheimlich wirkungsvollen“ Abendhimmel lag mir in den Knochen als ob ich der Dr. Albin Brokenkorb wäre. Ueberhaupt verfolgt mich dieser feinsinnige Ästhetiker „wohin ich geh und schaue“. Denn wenn ich mich ganz ehrlich frage, so sind mir seine Räume (freilich ohne ihn) doch auf die

Dauer wohnlicher u. angenehmer als die schmutzigen Lumpen, Glasscherben etc. der Frau Directorin Kruse; die mir vielleicht auf die Länge als Lebensgefährtin auch weniger anziehend wäre als – ja als wer denn? na als z.B. Tasso's Leonore. Da siehst Du nun, lieber Raabe, wie schauerlich verbrokenkorbt ich bin! Und ich kann Dir Deinen Grimm über den Kerl dennoch so nachfühlen. Du hättest kein besseres Pendant zu den beiden tüchtigen Kameraden Uhusen und Wendeline finden können. Die ganze Sache ist so furchtbar einfach so ungesucht aus dem Leben, aber doch so tief gegriffen. – Ich will von nun an recht an mir arbeiten, um Brokenkorb immer unähnlicher zu werden. Zähneklappernd fühlte ich mich hie und da in dem Burschen getroffen. Aber nicht wahr, schlecht zu riechen und ruppig auszusehen brauche ich darum nicht immer? Fast täglich trage ich Wilhelm das Buch nach, weil ich darauf brenne mich mit ihm darüber auszusprechen! Gestern sagte er zu mir: Du hast es gut, Du brauchst keine Bücher schreiben! Wie selig wäre ich, wenn ich zum Lesen käme! Aber in den Weihnachtstagen gehe ich daran!

Dafür hat er Euch aber sehr triste angelyrkt. Auch pflückt er diesmal Weihnacht keine Veilchen im Garten. Und nun lebt wohl, Liebste. Laßt es Euch gut gehen!

Der Lyrker schreit: Ob ich noch nicht bald fertig wäre?! Sein Gruß käme nicht mehr „rechtzeitig" an.

Seid alle umarmt von

Eurer Marie.

Wegen München's schreibe ich Euch nächstens ein Näheres; heute bin ich zu verhetzt.

386. WILHELM JENSEN AN RAABE

Freiburg i.B. 23 Dec. 1887.

O warmen Herzens die umfangen,
Die noch mit uns auf Erden gehn,
An ihren Lippen noch zu hangen,
In ihre Augen noch zu sehn!

Wie schwindet Alles, leer und eitel,
Vor diesem tiefsten Menschendrang,
Der höchsten Weisheit grauer Scheitel,
Dem friedvoll schönen Abendklang!

Es mag die Jugend kalt sich meiden,
Die noch in ferne Tage blickt,
Das Herz wird wärmer, wie zum Scheiden
Die schlimme Stunde näher rückt.

Wie mit verklärend rothem Scheine
Der späten Sonne Abschiedsstrahl
Noch ruht auf hohem Bergeshaine,
Da schon in Nacht versinkt das Thal. –

So fühlt das Herz, mit jedem Schlage
Des Glückes und der Trauer voll,
Was es noch hält für kurze Tage
Und dann auf ewig lassen soll.

Nimm das als Weihnachtsabendgruß aus altem, warmem Freundesherzen, mein Alter! Ach, Du hast seit sieben Jahren wenig dafür gesorgt, daß wir noch an Deinen Lippen hangen, in Deine Augen sehen konnten, und die Sonne, die schöne Sonne, hat böse schräge Neigung.

O Leben, schönes Wunderland
In dunklem Wald!
Wenn wir Dein Innerstes erkannt,
Dann sind wir alt;
Wir sehn, was wir gesollt, gekonnt,
Doch mahnend steht
Die Sonne nun am Horizont –
Es ward zu spät.
Und Deinen Tag hast Du verbracht,
Als gingest Du
Mit ihr für eine Sommernacht
Nur kurz zur Ruh!

Als strecktest Du zum Traum Dich bloß
In schattigen Hain –
Du aber bleibst im dunklen Schooß,
Sie kehrt allein.

Doch ich will das sogenannte Fest der Vergessenheit irdischer Unzulänglichkeiten Dir nicht länger durch unchristliches Anlyrken versäuern. Für uns enthält der Weihnachtsabend Neues unter der Sonnenwende, der Paul ist zum erstenmal von Jena – natürlich mit dem schwarz-roth-goldnen Germanenband über der deutschen Jungensbrust – heimgekommen, und seine Schwestern sind stolz auf sein Straßengeleit, ich weiß nicht, ob mehr auf ihn oder auf seine schwarze Sammtpekesche. Uebrigens hat er dazu voll ausgemessene 6' rheinisch, einen guten halben Kopf mehr, als ich, und Schnurrbarthaare von fast einem Millimeter Länge. Wir aber sehen die Schwarzwaldtanne morgen muthmaßlich zum letztenmal belichtert aus unserm Stubenboden wachsen, da wir stark der „wohlerwogenen Meinung" sind, über's Jahr – si diis placet – uns unter dem Weihnachtsbaum Münchener Hofbräu „über die Gasse" holen zu lassen.

Das Alles befehlen wir in die Hand des unbekannten Gottes zu Athen und so Dich und die Deinigen! Lebt wohl, freuet Euch wechselseitig Eurer Freude, das ist des silberhaarigen Lebens Weisheit. Und möge das achtreiche Jahr 1888 achten, daß es auch ein achtbares für Euch und uns alle werde! Amen.

Herzlichst der Deinige W. J.

387. WILHELM RAABE AN JENSENS

Braunschweig, 23 Decemb. 1887.
Leisewitzstraße 7.

Liebe Freunde!

Ziemlich mühsam bin ich heute Morgen aus dem Bett hervorgekraxelt, um Euch diesen Weihnachtsgruß zu senden.

That moaning and groaning
that sighing and sobbing –

dabei hättet Ihr hören sollen, um das Ding ganz nach Verdienst zu würdigen. Muß so ein „Hexenschuß“ grade in *diesen* Tagen Einen an der Hüfte fassen! Das fehlte gerade noch zu der übrigen Welt- und Geschäfts-Lage.

Hoffentlich geht es Euch gut. W.'s Litteraturweizen steht ja überall in der herrlichsten Blüthe und über seine vergnüglichen Geschichten aus schweren Tagen habe ich mich wircklich und wahrhaftig sehr gefreut. Und die Wuth in der Vorrede – sehr nett!! .....

Wie Schade, daß Eure letzten Herbstesflüge in unsere wüsteste Umzugswirthschaft fielen. Nun setzen wir unsere Hoffnung wieder auf das nächste Jahr; und das nächste Jahr – Au! da mache ich beim Umwenden eine Hüftwendung in Folge wovon es Finsternis rundum wird, als

„hätte sich der Satan aufgerichtet
Und würfe seinen Schatten durch das All.“

Das wäre ein Rheumatismus, den man getheilt und in zwei Weihnachtspackete gepackt an die Friedensstörer über die Weichsel und die Vogesen müßte verschicken können! Er reichte nach beiden Seiten hin aus, um die Schlingel zur Ruhe zu bringen. Auweh! –

Kinder seid vergnügt mit Euren Kindern solange es angeht, behaltet mir das Belforter Loch im Auge, und vor allen Dingen feiert die Geburt unseres Herrn Jesu Christi ohne Lumbago.
Das ist der innige Wunsch Eures alten getreuen Freundes

WilhRaabe

388. WILHELM RAABE AN JENSENS

Braunschweig, 31 Deceb. 1887

[Abbildung von Braunschweig]

Da

solltet Ihr hinziehen, liebe Freunde, da Ihr doch einmal wieder rücken müßt! Ihr seht, München kann gar nicht flacher liegen als *das da!* Freilich, freilich – *hier* hättet Ihr mich, Frau und Kinder allein, während in München Euch die Herzen und Intelligenzen überall aus dem Boden zu wachsen werden. Nun, es ist einerlei, bleibt wo Ihr wollt, wir bleiben doch beieinander!

Schönen Dank für Deine freundlichen Worte, Marie, über das alte Eisen. Ich liege beim deutschen Volke so sehr darin, daß mir allgemach *alle* Gliedmaßen von dem saubern Bett wehthun. Und der Versuch mich auf die andere Seite zu drehen ist mir eben wieder einmal total mißlungen. Das wird ein sauberes Jahr werden! Unter keinen Umständen lobt es Euch im Voraus

Euer getreuer Freund WilhRaabe

389. WILHELM RAABE AN JENSENS

Braunschweig. Zwischen Fastnacht u. Aschermittwoch 1888

Schreibt doch endlich mal das Genauere über München!

WR.

390. [Gedruckte Verlobungsanzeige:]

Von der Verlobung unserer Tochter Maina mit Herrn Dr. Eduard Heyck Privatdocent der Geschichte an der Universität Freiburg i.B. geben wir hiermit Nachricht.

Freiburg i.B. 1. Mai 1888

Wilhelm u. Marie Jensen

391. MARIE JENSEN AN RAABE

Freiburg 4 Aug. 88.

Lieber Freund!

Mit dem Gedanken „heut will ich an mein Räbele schreiben“ stehe ich seit lange jeden Morgen auf; dann kommt aber der Haushalt mit seinen Fangarmen u. verschlingt mich, so daß ich Abends zermalmt den Tag zu den Verlorenen zählen muß. Ja, ein paar Worte brächte man wohl fertig! Aber ich habe ja einen Berg von allem Möglichen, was ich Euch schreiben wollte, sollte – und dazu braucht man Ruhe!

Der Umzug nach dem Chiemsee und München steht uns nachgerade unheimlich vor der Nase – in vier Wochen sind wir fort von hier und heute habe ich die 14te Kiste gepackt. Süddeutschland läßt uns nicht mehr los; und in Freiburg bleiben – wäre baldiger Tod meinerseits gewesen. Abgemagert bin ich zur Genüge ohne Bantingcur u. ohne Schweninger. Der ungeheure dumme Haushaltsapparat, 14 Zimmer, die bewohnt werden, meist nur eine Magd (weil 2 noch schlimmer sind), Töchter, die einem nicht mehr gehören, zwei Schwiegersöhne, die fast immer da sind, dazu täglich Besuch von allen möglichen „guten Leuten", die nichts zu thun haben; dann wieder Gäste von auswärts – u. über all der Plage und Hetze keine ruhige Arbeitsstunde. Die Ölfarben sind längst eingetrocknet. Verzeih das Lamento, – aber Du mußt doch wissen, weshalb wir von hier fortgehen. „Und wird das anderswo besser sein?" höre ich Dich fragen. Ja. Vor allem muß der Haushalt vereinfacht werden, u. das können wir nur durch Abschütteln aller lästigen Beziehungen. In München wollen wir gar keinen Verkehr haben. Auch sind wir nur die Wintermonate in einer kleinen Wohnung dort. Für den Sommer etabliren wir uns in Prien am Chiemsee, im 2ten Stock eines Bauernhauses. Unsere Sachen werden in diese zwei Behausungen vertheilt. In Prien haben wir 5 Zimmer u. Küche, in München 6 Zimmer. Der Chiemsee u. die Stille dort, steht mir wie ein letztes Glück vor Augen. Wenn meine Mama das wüßte – es würde ihr noch im Grabe wohlthun.

Daß wir vorläufig die Bräutigämer los sind, ist ja auch ganz gut. Unser Haus haben wir verkauft, der 2te Garten wird versinken und wir treten in die letzte „Vase". Räthst Du uns, lieber Raabe, den Petrefactenschrank mit nach München oder mit nach Prien zu nehmen? Du weißt, es ist ein großes Möbel mit Glasdeckel! Weg damit – würde ich sagen, wenn es nicht an die glückliche Phase in Stuttgart, an Häslach etc. erinnerte. Was räthst Du? – Wenn Du uns einmal in Prien besuchst, so haben wir unten bei den Hausleuten für solche Fälle (z.B. auch wenn Paul kommt) ein sehr nettes Zimmer. O wie könnten wir stille schöne Wochen da verleben, und das Malen würde wieder aufblühen. – – – Die Münchener Wohnung liegt Giselastraße 5, fast ganz im Grünen (vor dem Siegesthor); doch nur 25 Minuten vom Mittelpunkt der Stadt.

Was nun die Verlobungen der Kinder betrifft, so weiß ich nicht mehr, was Ihr an Detail darüber wißt, was ich Euch geschrieben habe seinerzeit u. was nicht. Dieselben Dinge noch einmal referirt zu bekommen, wäre langweilig für Dich. Bitte, liebes Räbele, wenn Du, wenn Ihr dahin einschlagende Dinge, die Euch interessiren, erfahren wollt, dann lasse eine kleine Perlenschnur von Fragen – z.B. „seinen Namen will ich wissen, seine Heimath, seine Sippschaft?" – an mich abgehen. In drei Tagen hast Du Antwort. Und nun zum Schluß! sonst denkst Du: die Alte wird mit den Jahren schwatzselig!

Aber bitte, gieb mir noch vorher Deine Hand u. versprich mir, zu glauben: Nicht an Euch schreiben heißt nicht, an Euch wenig denken! Du, Ihr denkt sicher nicht halb so oft hieher wie ich an Euch! Aber bitte, bleibt mir gut. Lebt wohl. Immer Eure

Marie.

392. WILHELM RAABE AN MARIE JENSEN

Braunschweig, 8/8 1888

Liebe Marie!

Man muß ein Datum benutzen, welches in solcher Weise alle hundert Jahre nur einmal vorkommt, um Euch seine Stimmungen auszudrücken. Gar nichts wissen wir von Euch! Gerüchte, Anspielungen und dergleichen sind zu uns gekommen; weiter nichts. Dann hat ein Herr Privatdozent Heyck seine Verlobungsanzeige geschickt. Von Thea's Liebsten nicht einmal das!

Wir werden demnächst unsere Fragen stellen – so schematisch als möglich; verlaß Dich darauf. Aber heute nicht. Wir werden den heutigen Sonnentag – zwischen ungezählten Regentagen – anwenden, nach Harzburg zu fahren. Und dort werden wir uns, dem Radaufall gegenüber auf eine Bank setzen, auf der Ihr und ich vor fünfzehn Jahren schon einmal saßen und die Wasser stürzen sahen und rauschen hörten.

Das läuft und rauscht so weiter; aber – bleibt dasselbe. Bleibt Ihr in Eurem Laufen und Rauschen, und dem kurzen:

„Lebt wohl!"

Deines letzten Briefes auch dasselbe? O bitte, bleibt es für uns!

WilhRaabe

393. MARIE JENSEN AN RAABE

Freiburg 2 Sept. 88.

Lieber Freund!

Einen letzten Gruß mit dem letzten Tropfen Tinte, zwischen Kisten u. Kasten. Das Schlachtfeld sieht grauenhaft aus, aber das grimmigste haben wir nun hoffentlich hinter uns. Uebermorgen früh gehen die Münchner Sachen ab, Donnerstag die Priener u. Freitag Abend folgen wir nach; bleiben eine Nacht in Oberkirch (im Reuchthal) u. rasseln an unserem Geburtstage nach München. Ich finde dies rücksichtslos vom Schicksal u. von Wilm – doch sehe ich ein, daß es schwer zu ändern ist. Meine liebe Geburtstagsfreude, der Gruß von Dir, kommt nun nicht am 8ten zu mir! Bitte schreibe mir am 8ten selber ein paar Worte u. schicke sie nach München Giselastraße 5. Mit tausend Grüßen an Dich u. die Deinen

Deine getreue

Marie.

394. WILHELM JENSEN AN RAABE

Zum letztenmal Freiburg i. B. 6 Sept. 1888.

Und also nun ein letzter Gruß
Vom alten Schwarzwaldnest,
Das an „Mariä Wiegenfest"
Sowie an Deinem unser Fuß
Auf immerdar verläßt.
Wir zogen oft zum Bahnhof aus
Durch Sonn und Wind daher –
Wir zogen nie von unser'm Haus

Auf Nimmerwiederkehr.
Die Gartenthür, zum letztenmal
Klirrt sie in's Schloß hinein,
Und schwellend nickt im Sonnenstrahl
Die Traube nach uns drein.
So war's zwölf gute Jahre lang –
Wohl thut's den Augen weh –
Noch einmal hin am Rebengang,
Und nun – und nun ade!
Es ist des Lebens Wanderzug,
Das grüne Haus versinkt;
Nur eines Tages hastiger Flug,
Und andre Heimat winkt.
Noch einmal geht am schwarzen Wald
Dahin der hurtige Lauf,
Und weiße Gipfel steigen bald
Als neue Nachbarn auf.
Durch's „Siegesthor" zu München trägt
Der Wagen uns hinaus,
Und „Giselastraße 5" umhegt
Uns neues Heimathaus.
Du aber laß mit uns hinein
Die alte Freundschaft ziehn,
In Winterschnee und Stadtgestein,
Doch minder nicht in Sonnenschein
Des Sommertag's nach Prien!

Mit herzlichstem Glückwunsch, mein Alter,

Der Deinige W. J.

395. WILHELM RAABE AN MARIE JENSEN

Braunschweig, den 8 September 1888.

Liebe Marie!

Was kann ich Dir dießmal anders schreiben als „Gesegnet sei Euer Ausgang, Euere Fahrt und Euer Eingang!"? Ich habe das mir aber im Stillen gleich so vorgestellt, als Ihr mich heute vor zehn Jahren in Eure Kinderstube führtet und mir den Tisch von schwerem Eichenholz wieset und die darauf eingegrabenen Namen: „So wird er stehen und nicht mehr gerückt werden! Hier sind unsere Plätze! Nun sind wir zu Hause – unsere Wanderschaft ist zu Ende.“

Habe ich Euch nicht schon einmal gesagt, daß mir damals etwas wie des alten Goethe Lieblingsstammbuchvers und Leibmotto aus dem Buche Hiob durch den Sinn gegangen ist? Die Worte lauten ungefähr: „Siehe, es gehet vorüber, ehe ich es gewahr werde und es verwandelt sich, ehe ich es merke!“ Jetzt ist es schon vorbei gegangen und hat sich verwandelt; Ihr habt den Tisch gerückt, und wer am meisten mit zugegriffen, gehoben und geschoben hat, das sind Eure Kinder gewesen. Und mit Recht. Die wollen ihre eigenen Tische hinsetzen, und ihre eigenen Namen einschneiden; und der Großmutter und dem Großvater lassen sie höchstens einmal einen Platz frei. Wo werdet Ihr hingesetzt werden, so wieder nach zehn Jahren vielleicht, wenn Ihr nicht mehr in München oder in Prien wohnen werdet? In München *oder* in Prien! Darüber wird Unsereiner heute schon ganz confus. Da bleibt denn die einzige Beruhigung aus der griechischen Anthologie, daß es gänzlich gleichgültig ist, ob man von Cecrops Flur oder von Meroe zur wircklichen Ruhe kommt.

„Überall weht der Wind, der in den Hafen uns führt!!“

Nächstens hoffe ich Euch das Buch vom Odfeld schicken zu können; darin werdet Ihr die Bekanntschaft des alten Buchius von Kloster Amelungsborn machen, der hat denselben schlauen Trost herausgefunden – schon lange.

Also – heute fahrt Ihr, und fährt, Deinem lieben Wunsche gemäß, dieser Brief: Halte fest, er bringt Dir wie jedes Jahr, die herzlichsten, besten Wünsche für Dein und der Deinen Wohlergehen von Deinem *alten treuen Freunde*

WilhRaabe
und den Seinigen.

396. WILHELM JENSEN AN RAABE

München, Giselastraße 5
31 Oct. 1888

Mein lieber Alter.

Endlich sitzen wir, einigermaßen zur Ruh gelangt, hier in unserm ländlichen buon retiro fünf Minuten draußen vor dem Siegesthor, hören die Tramwagen, die uns in zehn Minuten mit der inneren Stadt verbinden, vorüberrollen und sehen dicht neben uns das Laub von den alten hohen Pappeln rieseln, unter denen vor 49 Jahren Friedrich Hebbel an einem Wintermorgen frierend und zerrissenen Schuhzeugs mit einem Bündel und seinem Hündchen durch den Schnee zu Fuß bis nach Hamburg davonwanderte. Es rührt mich seltsam an, wenn ich an den alten Stämmen entlang gehe, die damals auf ihn heruntergesehn – wie heut' die dummen Jungen des „neuesten Deutschlands".

Uns trieb vor 3 Wochen jählings der Schnee aus unserm ofenlosen Sommernest in St. Salvator-Prien hierher in's Winterquartier. Wir haben dort in einem großen Bauernhause einen Stock mit 6 Zimmern u Zimmerchen, den wir ungefähr mit einem Drittheil unserer Sachen ausgefüttert, „ländlich-schändlich", aber für unsern Zweck, dort stets vom Mai bis October in idyllischster Ruhe zu hausen, vollauf genügend. Eine wunderbare Sammlung alter Oelbilder, Stiche und Statuetten deckt die Wände zu, unmittelbar neben uns liegt eine kleine Brauerei mit vortrefflichem Bier und unglaublich billiger guter Unterkunft für Gäste, die bei uns einkehren, die Haushaltführung mit allerdings nicht grade ausgesucht verlockenden Lebensmitteln ist einfach, zehn Minuten bringen uns aus unsrer Abgeschiedenheit an den Chiemsee, herrliche Wälder umgeben uns, vor unsrer Thür fällt steil und tief die Thalschlucht der Prien mit brausenden Wasserfällen und märchenhaften nie betretnenen Winkeln ab, und über Allem steigen, mit einer kleinen Zweigbahn in 20 Minuten erreicht, hundertfältig die Zacken und Zinnen der bairisch-tirolischen Alpen vom Inn bis nach Salzburg als nächste

Nachbarn auf. Jeder Punct aber, auf dem das Auge ruht, ist alte Jugendheimat für Marie und mich.

Hier sind wir, in Anbetracht unsrer Kopfzahl, mit 6½ Zimmer ein wenig eng bestellt, doch die Wohnung ist nach der Weitläuftigkeit des Freiburger Hauses äußerst bequem – behaglich, hat zumeist geräumige südsonnige Stuben mit den Alpen vor den Fenstern und liegt, trotz Gas und Wasserleitung, fast noch wie auf dem Lande. Lugo ist mit uns übergesiedelt und hat sein Atelier 200 Schritte von uns. Noch keines Besuchers Fuß ist über unsere Schwelle gekommen, und auch fernerhin wird selten die electrische Schelle einen solchen bei uns anmelden. Wir gedenken sehr still zu leben, hier die sicheren vier Wände uns zu bewahren, die wir in Freiburg fast Tag und Nacht keine Minute lang besaßen. Mit Heyses, die aber erst vorgestern von Baden-Baden zurückgekommen, stehen wir in freundlichstem Verhältniß, sonst werde ich außer Lingg und Grosse – die beide unumgänglicher häuslicher Natur sind – kaum einen sogenannten Collegen aufsuchen. Odi profanos et arceo.

Zunächst habe ich noch reichlich am Ausputzen meines großen „Schwarzwaldbuches" – ich denke, daß ich Dir davon geschrieben – zu thun; was dann, weiß ich nicht. Es geht mir, wie Dir; keine Zeitschrift druckt mehr ein Buch von mir. „Wir müssen unseren Lesern recht Actuelles bringen; wenn Sie uns vielleicht aus Hofkreisen etwas erzählen und sich dabei die meisterhaften Schöpfungen von Fräulein Nataly von Eschstruth und Ossip Schubin zum Vorbild nehmen wollten". Wie würde ich den Tag segnen, an dem ich keine Feder mehr für das „Volk der Dichter und der Denker" zu führen brauchte! Wenn der Paul einmal mit der Universität fertig ist und die Mädchen verheirathet sind, kann ich es vielleicht noch für ein paar Spätherbstjahre lang. Dann möchte ich nur auch noch meine sämmtlichen Bücher verbrennen können.

Leb' wohl, mein Alter! Ich habe Dir von unsern Zuständen ausführliche Schilderung gegeben, damit Du Dir einmal ein Bild machen kannst, wie wir dran sind. Heimweh nach Freiburg quält uns merkwürdiger Weise absolut nicht. Schreibe mir doch Eure neue Wohnungsadresse, sie ist mir unter den Entsetzlichkeiten des Umzugs abhanden gekommen. Marie grüßt herzlich, Dich und die Deinigen. Sie hat sich unglaublich tapfer in der großen Schlacht gehalten; Du würdest Dich wundern, wenn Du sie sähest, wie unverändert sie ist. Wann wirst Du's?

Treulichst aus alten Tagen der Deinige

W.J.

397. MARIE JENSEN AN RAABE

München, 2te November 88.

Mein liebes Räbele!

Nun ist Alles überstanden – aber es war unbeschreiblich schauerlich und gräulich. – Du aber habe vor Allem Dank für Deinen lieben Brief, der mich auf einen Augenblick in eine bessere Welt hob. Es war das Einzige was mich an meinem Geburtstag freute; Wilm und die Kinder hatten ihn in den October verlegt – ein rechter Unsinn! Jetzt steht, liegt, hängt in der Wohnung wieder Alles an seinem Platz, aber in meinem Kopf ist es noch nicht recht aufgeräumt. Ich habe noch zu oft das Gefühl, als ob ich plötzlich wieder in Freiburg aufwachen müßte. – Vor gut 3 Wochen fuhren wir in dichtem Schneegestöber aus Prien, wo es in unsern Zimmer ländlich-schändlich aber sehr nett u. lustig aussieht. Wir haben unsere sämmtlichen Gypsstatuen (die vom Zahn der Zeit schon arg bearbeitet sind) dorthin schaffen lassen. Die beiden Bacchantinnen (von Tonniarelli in Stuttgart) berühren mit ihren Armen den Plafond u. mit den Füßen beinahe den Fußboden, ächte Karyatiden. Der Petrefactenschrank steht zwischen ihnen u. dient als Credenz, während die Ammoniten sich wohlverwahrt in einer Kiste befinden. Aber es war keine Kleinigkeit in Prien einen Haushalt zu etabliren, nachdem man bereits halbtodt von den Münchener Schlachttagen dort ankam. Doch es geht ja Alles im Leben vorüber u. so hatten wir uns auch schließlich eines Tages aus den Bergen von Heu, Stroh und Papier blank u. sauber wieder herausgeschält. Und jetzt – „tiefe Stille herrscht im Wasser" –

jetzt könnte man sich wieder auf sich selbst besinnen – und von heute an will ich das auch thun. Wir haben ja jetzt was wir gewollt: Die herrlichen Kunstschätze, und sind zugleich den ganzen lästigen Freiburger Umgang los, – o das will viel sagen! Um Vincke u. Frau Riehl ist es mir freilich leid. Letztere ist das Einzige, was ich von Frbg. entbehre. Wir sahen uns 5 Jahre lang fast täglich. Aber der massenhafte übrige Verkehr, den wir auf keine Weise los werden konnten, fraß unser Leben auf. Mit der Wohnung hier sind wir sehr zufrieden. Ich kann die große Bequemlichkeit, Alles so nahe beieinander zu haben, noch gar nicht fassen; und nehme bei den häuslichen Verrichtungen oft noch unwillkürlich einen Anlauf als ob ich 3 Treppen hinauf oder hinunter zu sausen hätte. Zwölf Jahre – das war eine lange Zeit. Lieber Freund, verzeih daß ich Dir einen solchen Klön- und Quatschbrief schreibe! Aber das Alter wird geschwätzig! Und dabei vergeßlich! So z.B. fiel es mir neulich siedend heiß auf die Seele, daß ich Dir in diesem Jahre gar nicht zum 8ten geschrieben habe! Feste Schreibevorsätze u. Gedankenbriefe verwechsele ich nämlich fortwährend mit wirklich geschriebenen Briefen. Und habe auch schon öfter auf Antwort von Dir gewartet, wenn ich mit der Feder gar nichts gefragt u. gesagt hatte. –

In der vergangenen Woche kam Dein Odfeld bei uns an; aber wieder ohne einen schriftlichen Gruß von Deiner Hand. Das thut mir immer etwas weh. Heute abend werde ich mich hineinbegeben. Schon eher hätte ich es gethan, wenn ich nicht in einem geliehenen Buche gesteckt hätte, welches ich schnell lesen u. wieder zurückschicken mußte. – Jetzt kann ich mit Ruhe in Deinem Odfelde spazieren gehn u. freue mich sehr darauf. Beide Schwiegersöhne und Studiosus Paul (schon im 3ten Sem.) waren bis vor ganz Kurzem hier. Alle 3 wollten Dir schreiben – ob sie es gethan haben, weiß ich nicht. Von Heyses soll ich Dich herzlich grüßen. Wir sind auf heute Abend dort eingeladen – doch bleibe ich zu Haus u. Maina geht an meiner Stelle. Leb wohl, mein gutes alt's Räbele. Laß noch vor Neujahr ein Wort von Dir hören, bitte, bitte!

Was macht Gretchen? Ist sie noch in Berlin? Grüße Bertha und die Kinder. Immer und überall

Deine getreueste Anhängerin

Marie.

398. WILHELM RAABE AN JENSENS

Braunschweig, den 20 Dec. 1888.

Liebe Freunde!

Ich hatte auf Eure Briefe doch schon einige Zeit gewartet, habe mich aber um so mehr gefreut, als Ihr mir melden konntet, daß der Hafen nun wieder einmal erreicht sei! Nun, für einige Zeit, werdet Ihr Euer Lebensschifflein auch in München vor Anker liegen lassen. Heute schicke ich Euch zum erstenmal den Weihnachtsgruß nach der Giselastraße, – wie ich ihn sonst nach der Louisenstraße geschickt habe. In *den* Tagen wirst Du, liebe Marie, aber auch in Monach-Monachorum das Haus voll haben, wie in Freiburg im Breisgau. Darum kommst Du nicht weg; und ich bin auch fest überzeugt, selbst Du würdest kein schönes Gesicht machen können, wenn es anders wäre. In Prien mag's ja dann öder sein – dann ist's Sommer, und auch die Herren Schwiegersöhne brauchen einen ja nicht immer zu Hause zu treffen. – Aber was für ein strohtodthafter Ton klingt mir für aus den letzten Runen des Runensteinpoetens? Schreibt man so melancholisch, wenn man so wie der noch in Dinte und Dichtung plätschern kann?

Wenn Paul seinen Doctor gemacht hat und die Mädchen verheirathet sind, will er Nataly von Eschstruth und Ossip Schubin das Feld räumen? Und seine Bücher wünschte er dann verbrennen zu können?

Oohhh, Wilhelm Jensen!! ...

Denke einmal an Deinen – den armen Raabe, der sein ganzes Leben durch auf dürrem Felsvorsprung gesessen hat und in Euer lustig Treiben hineingeguckt hat! soll der nun auch dazu noch wünschen, seine Bücher verbrennen zu können?

Il arrive un moment pour l'homme de lettres ou ses livres ne sont plus de livres! – ce font des amis", hat einmal der Franzose Monselet gesagt, und der Mann hat gar so Unrecht nicht. Außerdem aber, weßhalb soll man sich selber die Mühe geben? Der Barbier und der zu Siquenza graduirte Pfarrer werden das Auto da fé ihrerzeit schon gründlich besorgen. – Wir wohnen noch: Leisewitzstraße 7. – Bertha, Gretchen, Lisbeth, Clärchen und Trudchen nehmen noch immer das Dasein, wie es sich giebt, und einige von ihnen sind „eben auf Weihnachtsbesorgungen". Gretchen hat drei Schülerinnen, darunter eine junge Französin, die kein Wort deutsch spricht und die sie doch auf das Pariser Staatsexamen als Zeichenlehrerin mit Erfolg vorbereitet. Elisabeth widmet sich dem Hauswesen; Clara lernt tanzen, soll zu Ostern, so Gott will in die christliche Gemeinde aufgenommen werden. Gertrude, nach Paul Heyse's Vater's Fremdwörterbuche die „Speerschlange" hat Eines völlig mit Wilhelm Jensen überein. Sie würde viel darum geben, wenn sie ihre Bücher verbrennen könnte. –

Grüßt Lugo und Heyse. Dem letztern sagt: man hätte mir dreist die tausend Mark jährlich noch für drei weitere Jahre lassen können. Das war eine saubere Empfehlung, die Eures Freundes Balthasar Elischer! Mußte ich darum nach Celle kommen? Fröhliche Weihnacht! Euer getreuer

WilhRaabe

399. MARIE JENSEN AN RAABE

München 22 Dez. 1888.

Lieber Freund!

Das Jahr will schon wieder abrutschen, und doch hätte dies absondere Jahr mit den drei 888 uns noch so manches Hübsche bringen und erfüllen können, was es unterwegs gelassen hat! Du bist uns in den letzten Monaten z.B. gar nicht gut gewesen – Dein Schweigen war anders als sonst – warum weiß ich aber leider nicht! Vielleicht sagst Du jetzt ärgerlich: Was will denn „das Weib, die alte Plaudertasche"? Liebes Räbele, mich friert es in der Welt, wenn Du mir nicht gut bist. Könntest Du uns nicht vom neuen Jahre an immer frisch von der Leber weg es sagen od. schreiben, sobald Du an einem von uns oder an uns beiden etwas auszusetzen hast? Ich weiß zwar, daß ich damit sehr viel von Dir erbitte – aber Du kannst ja in ein paar Worte fassen was Du denkst, und das braucht wenig Zeit. Deine Freundschaft gehört mir ja zum Allerbesten was das Leben für uns hat, ich kann mir gar kein Leben ohne Dich überhaupt denken. Wenn Du auch fern in Braunschweig – wenn ich nur weiß, daß Du mit Deinem Lorgnon, und mit dem Backenmuster am Nachmittag, dasitzest oder herumhumpfst, und, wenn auch vielleicht selten, aber *freundlich* an uns denkst, dann bin ich schon beruhigt. Für Dein Odfeld drücke ich Dir im Geist die Hand. Ich habe es ungern verlassen, und erst nachdem ich es zweimal gelesen. Lugo's Bruder bekommt es von mir zu Weihnacht (aber natürlich nicht unser Exemplar): er wird es im Februar wieder mit nach Hinterindien nehmen, wo er schon eine ganze Raabebibliothek hat. Mir ist das Odfeld als Ganzes noch lieber als das alte Eisen. Die Ruhe darin thut so wohl. Die Ruhe des Autors meine ich; denn an seiner Hand läßt man sich durch Pulverdampf und jegliches Geschrei vertrauensvoll und gerne hindurchführen. Weißt Du wohl, daß der Buchius Vieles von Dir hat? Aber der Thedel auch! Letzterer sogar sehr viel. Auch sieht es Dir köstlich ähnlich, so ein dickes Buch an Einem Tage (diesmal freilich mit Vorabend) spielen zu lassen!

Eben stürmen Thea, Maina u. Heyck herein, hören daß ich Dir schreibe und bitten, ich solle Dich herzlich u. tausendmal grüßen. Grüße Du mir Bertchen und Dein Vierblatt. Und lasse auch wieder einmal ein ausführliches Wort über Euch hören. Prost Kragen – Wir wollen uns wieder vertragen.

Immer die Eure

Marie.

Eben bin ich mit meiner Epistel fertig – da kommt Dein Brief, den Wilhelm mir sofort wegrapfen u. erst unter dem Weihnachtsbaum zu lesen geben wollte. Zum Glück habe ich das nicht gelitten! Denn nun kann ich Dir mit flehentlichst gerungenen Händen noch Abbitte thun. Hab Dank, Du Lieber, Guter. – Aber was ist das mit Balth. Elischer u. den Tausend M? Wilhelm weiß es auch nicht. Gleich heute Nachmittag gehe ich zu Heyse u. frage ihn darum. Vorher will ich diesen Brief nicht schließen.

Samstag Abend.

Eben komme ich von Heyse. Der weiß auch nichts von Elischer, doch will er beantragen, daß Du lebenslänglich ein Ehrengehalt von 1000 M beziehen sollst. Vorläufig aber könne er es nur auf 3 Jahre verlängern, weil er nicht allein die Entscheidung wegen des Lebenslänglichen hat. Bitte laß uns wissen, was es mit Elischer ist. Leb wohl mein liebes Räbclc. Tausend Grüße nochmals

Deine Marie.

400. WILHELM JENSEN AN RAABE

München, Weihnacht 1888.

Mein lieber Alter,

herzlich warmen Gruß
Aus unsern sonnig sommerlinden Tagen,
Zu denen passend auf dem breiten Fuß
Die Tannen grün auf allen Plätzen ragen.

Geschäftig in dem neuen Heimatsnest
In jedem Winkel schaffen alle Hände,
Sich christlich rüstend zu dem Feuerfest
Der heidnisch alten Wintersonnenwende.

Nur unser jugendlicher Anatom
Fehlt uns zum erstenmal an diesem Abend,
Wohl etwas Heimwehzug in einem Strom
Von Lichtenhainer Scheusalsbier begrabend.

Doch halten frohzufriedene Mienen feil
Am Arm der Liebsten die zwei andern Jungen –
Und wir, die Alten, finden unser Theil
Am Lichterglanze der Erinnerungen.

Davon geht manch' Gedenken unter'm Baum
Zu Dir dahin mit treuem Herzensschlagen.
Denn Gold der Freundschaft ist kein Flitterschaum,
Der flüchtig gleißt. Das soll dies Blatt Dir sagen.

W. J.

401. WILHELM RAABE AN JENSENS

Braunschweig, am Tage der Unschuldigen Kindlein 1888.

Natürlich, alte Freunde, wollen wir unsere Freundschaft nicht zu Flitterschaum auseinandertreiben, um uns dann und wann eine Nuß oder einen Apfel am Weihnachtsbaum damit zu vergolden. Wir wollen das Gold in *gewohnter Weise* in Barren für den Andern vorräthig behalten! – Weihnachtsbrief und Weihnachtslied aus München haben mir sehr wohl gethan. Habt unsern schönsten Dank dafür! Ihr seid in der Giselastraße vergnügt und behaglich gewesen und wir in der Leisewitzstraße, und wir haben dabei mit Wohlgefallen an einander gedacht. Was kümmert's da uns, ob die Isar in das schwarze Meer geht und die Oker in die Nordsee? – Marie's Besuch bei Heyse war sehr hübsch und ich danke ihr auch *da*für. Aber die Deutsche Schillerstiftung hatte mit Balthasar Elischer nichts zu schaffen. Die Schillerstiftung sollte sich nur auch fernerhin des Alten in Braunschweig freundlichst erinnern und sich seiner so gut wie manches Andern bei Gelegenheit annehmen: was aber den edeln Balthasar anbetrifft, so mußte ich endlich einmal meinem Herzen Luft machen.

In Celle hattet Ihr mich mit ihm bekannt gemacht und mir seine Bekanntschaft möglichst anempfohlen. Er kam in jedem Briefe mir mit tausend Grüßen von Euch, und er verhandelte mir das „Odefeld" hinter meinem Rücken, ohne mein Wissen, an die Herren Greiner und Caro in Berlin zur Ausschlachtung in den Zeitungen. Er schickte mir die Correctur so über den Hals, daß jetzt das liederlichst gedruckte meiner Bücher mir zum Ekel dasteht. Und er kam persönlich und wußte, daß er mit seinem Geschäft zu Ende war, und wünschte doch noch „Geschäfte“ mit mir zu machen, die mir vielleicht mein ganzes späteres Behagen an meiner schriftstellerischen Lebensarbeit verdorben haben würden. Nun, dem bin ich glücklich entgangen, und der edle Magyar ist gottlob von der Bildfläche verschwunden. Bitte, nehmt es nicht übel, daß ich ihn grade unter Eurer Weihnachtstanne aus dem Nebel der Zeiten hervorgezaubert habe. Es wird nicht wieder geschehen. –

Nun seid recht vergnügt bei der Sylvesterbowle, grüßt Alles was Lugo heißt, denkt Kinder und Enkel und nickt wohlgefällig mit den Köpfen und setzt Euch behaglicher fest in den Lehnstühlen. Ihr dürft auch dreist die Köpfe anlehnen, wenn Ihr ein paar neue Schlummerrollen Euer nennt. –

Übrigens dürft Ihr ruhig Heyse sagen, daß er ja bei allen seinen guten Vorsätzen gegen mich beharren solle. Mein Schatten fängt an, lang über das Stoppelfeld zu fallen. –

Euer getreuer

WilhRaabe

402. WILHELM RAABE AN JENSEN

Braunschweig, 13 Febr. 1889.

Lieber Freund!

Ich weiß nicht, ob Du als Student schon einmal Deinen Geburtstag in München gefeiert hast; als Vater, Hausvater, Schwiegervater begehst Du ihn daselbst zum erstenmal, und so wünsche ich Dir, daß Du ihn noch recht oft, wenigstens durch verschiedene Lustra, und recht zufrieden dort begehen mögest. Was Deine Frau dazu thun kann, das wird sie sicherlich thun. Lieber Alter, Zweiundfünfzig ist nun auch schon eine schöne Reihe von Jahren, in welchen man Vieles lernen und Vieles vergessen kann. Manchmal kommt's Einem in *den* Jahren vor, als ob das Letztere, die Fähigkeit zu vergessen, gar nicht die schlechtere Mitgabe für das Leben sei; aber uns geht sie gottlob für jeglichen fünfzehnten Februar und achten September nichts an. Wir treiben es so weiter mit einander wie wir's seit dem Jahre 1866 getrieben haben. Möge der Kreis um Deinen Herd übermorgen Dich anlachen, das ist, wie immer, so auch dießmal mein herzlicher Wunsch.

Zu einem solchen Tage soll man den Freunden eigentlich nicht mit eigenen Sorgen kommen; aber es ist doch auch ein Zeichen von Vertraulichkeit, wenn man mit dergleichen Jemandem gegenüber nicht hinter dem Berge hält. An unserm Herd ist seit längerer Zeit wenig Lachen. Unser Clärchen ist krank, und der Doctor schüttelt den Kopf. Ich sehne mich des Kindes wegen sehr nach dem Frühling oder noch besser dem Sommer. Was hilft es Einem, wenn die ängstlichen Tage und Nächte so hinschleichen, daß „alles geschrieben steht"?

Haltet uns ferner den Daumen in München, wir können auch außerhalb unserer Geburtstage Eure guten Wünsche gebrauchen!

Dein getreuer

WilhRaabe

403. WILHELM JENSEN AN RAABE

München, 19 Febr. 1889.

Mein lieber Alter.

Die Andeutungen über Dein Clärchen beunruhigen uns. Ich kann ihnen nicht entnehmen, ob es sich etwa um einen starken Bleichsuchtszustand mit bedenklichen Magenerscheinungen oder um einen Lungenkatarrh handelt. Wir bitten Dich, uns darüber und über die Zeitdauer des Bestehens des Uebels kurz Nachricht zu geben. Ich bin so entsetzlich hülflos überhäuft, daß mir weiteres Schreiben unmöglich fällt. Dies ist seit gestern mein zweiundzwanzigster hervorgeholter Briefbogen.

Von Herzen Dein grauer

W.J.

404. MARIE JENSEN AN RAABE

München 17 April 89.

Lieber Raabe! Oder vielmehr Liebes Räbele!

Wenn ich ganz und gar vom Bildermalen leben müßte, hätte ich nicht ärger ochsen können, als ich es die letzten Monate gethan. Und der Greuel von Haushalt liegt immer mit Centnerschwere noch daneben auf mir. So kommt es, daß ich nur selten meinem Herzen folgen kann, wie ich möchte, sondern immer nur „hingebe, was mir lieb, hinnehme, was mir leid“ – Wie oft habe ich an Euch gedacht, und wie es Lisbeth wohl gehen möge. Wir hofften immer auf Nachricht von Dir. Und dann kam wieder das eigene Kämpfen und Ringen und ließ mich nicht an den Schreibtisch heran.

Die Bilder die ich gemalt, waren nicht zu meinem Vergnügen sondern unabweisbare Forderungen. Jetzt bin ich aber glücklich damit fertig. Wir waren in unsern Briefen und nach einer Richtung hin nicht offen genug gegen Dich, lieber Freund. Denn wenn wir es gewesen, dann glaubtest Du gewiß nicht, daß wir in einer immerwährenden Vergnüglichkeit lebten. Wir könnten überhaupt gar nicht leben wenn Wilhelm nicht jährlich von seinem kleinen Vermögen 2–3000 M. hätte. In den letzten 3 Jahren hat W. fast gar keine Honorare mehr bekommen, theils wegen Banquerott theils wegen Unehrenhaftigkeit der Verleger. Und mit dem Abdruck von Romanen hat er seine liebe Noth. Es ist ein endloses Herumschicken u. oft ohne Resultat. Dazu kommt daß Paul's Studium sehr viel kostet, u. 3 erwachsene Töchter sind auch nicht billig. Schon vor einem Jahre hätte ich ein neues Kleid nöthig gehabt, ich besann mich aber bis heute – und kaufe dann schließlich welche für die Kinder. So geht es in Allem. Und wenn ich mich weniger mit Arbeiten u. Sparen abquälte, dann ginge es schlimm. Hieher zogen wir hauptsächlich aus pecuniären Rücksichten. Das Leben in Freiburg war uns zu theuer geworden, vor Allem auch wegen des massenhaften Verkehrs. Hier und vor Allem in Prien gebrauchen wir nicht halb so viel. Die Miethe für beide Wohnungen zusammen beträgt im Jahre um 600 M weniger als die Summe die wir in Frg. verwohnten. Und Du glaubtest gewiß, der Umzug sei eitel Uebermuth u. Plaisir! Du konntest es ja freilich auch nicht anders wissen! Wir lieben es, uns an das Schöne im Leben festzuklammern u. mit *Dir* hatte ich bisher immer nur in einer Welt des Heitern u. Schönen sein wollen, doch fühlte ich manchmal daß es Pflicht der Freundschaft sei, sich nichts zu verheimlichen. Sei mir nicht böse – weder wegen des früheren Schweigens noch wegen des heutigen Ausquatschens. –

Und bitte, schreibe uns bald – es braucht ja nur kurz zu sein – ob Lisbeth wieder munter ist. Wir haben seit 3 Wochen den Paul bei uns, wie auch Mainas Bräutigam. Beide wohnen aber in der Nachbarschaft, da unsere Behausung zu klein ist. Wenn die Ferien zu Ende reisen beide zusammen nach Freiburg, wo Paul die nächsten 2 Semester zubringen wird. Ich lege Dir, da es Euch vielleicht interessiert, seinen letzten Brief ein, den ich auf eifriges Forschen von ihm erhielt. Du kannst ihn mir ja gelegentlich zurücksenden. Er war geschrieben um mich vorzubereiten. Glücklicherweise schämt er sich der Schmisse u. hat gar keine Freude an dem ganzen Verbindungswesen mehr. Grüße die Deinen u. bleib gut Deiner

Marie.

405. WILHELM RAABE AN MARIE JENSEN

Braunschweig, 21 April 1889.

Ja, das war ein lieber Brief von Haus zu Haus, liebe Marie! So schreiben rechte Freunde an einander. Aber glaube nicht, daß ich bloß an Euer äußerliches Behagen gedacht habe, wenn ich mir in trüben oder auch hellen Stimmungen Euer Leben vor die Seele gerufen habe. Dazu weiß ich doch allmählich zu gut Bescheid vom Menschenschicksal auf Erden, um auf das, was der Philister aus der Zeitlichkeit als Glück und Genuß herauszuziehen sich bemüht, groß Achtung zu geben.

Ich habe Eures wirklichen Selbstes wegen, vom ersten Tage unserer Bekanntschaft an, meine Freude gehabt – an Euch und Euern Kindern.

Was hast Du mir da für einen Prachtbrief von Deinem Jungen geschickt! Dieser Paul Jensen hat noch nie was vor seiner Mutter versteckt und wird es auch nie. Und wenn Ihr Alten noch älter geworden seid, so wird er vor Eurer Thür Wache halten und mit seiner guten Klinge um Euer Haus einen Kreis ziehen, den Fratzen und Narren und Lumpen so leicht nicht überschreiten werden, sei es in München, oder in Prien oder sonst wo; sei es in einer billigen oder einer theuern Wohnung.

„Wilms“ schriftstellerische Nöthe gehen mich gar nichts an. Dem habe ich es schon in Stuttgart gesagt, er solle nur Verse machen und langsam Dramen bauen. Was hatte er auf unserm ausgetretenen und ausgesogenen Felde der epischen Prosa zu suchen? Es wird aber immer ein Litteraturwunder bleiben, welche Früchte der Alte doch daraus hervorgezogen hat. Und er hat Euch Allen doch ein fröhliches Leben geschaffen: geht sparsam mit ihm um; und wenn er brummt, ihm um den greisen Bart!

Ein seltsamer Osterbrief! Aber doch auch ein rechter; – nicht wahr, Freundschaft? – – –

Es ist unsere Dritte, das Clärchen, nicht die Lisbeth, die uns und dem Doctor Sorgen machte. Sie mußte bei vollkommener Blutleere mit Arsenik gegen Drüsenbildungen am Halse und unter den Achseln tractirt werden; doch jetzt geht es besser, und sie wird, so Gott will, am nächsten Sonntag – Dominica in albis – „confirmirt“. Auch eine Tröstung in der Zeitlichkeit! Tien leuchte über Dich, Deinen Mann und Deine Kinder, Marie Jensen. Wir bleiben zusammen, beisammen auf dem Wege, und es ist gleichgültig, ob der von Rom nach Capua, oder ob er von Capua nach Rom führt.

Dein WilhRaabe.

406. WILHELM JENSEN AN RAABE

Prien, Oberbayern, 30 Juni 1889.

Lieber Alter.

Ich schicke Dir die Beilage zu weiterer geneigter „Behandlung“. Wir sitzen seit sechs Wochen hier in unserm Bauernhause und denken dies friedfertige Geschäft noch etwa 12–14 weitere Wochen fortzusetzen, wenn wir inzwischen nicht vom Blitz aus Oberbayern und dem ganzen Bayernreich abberufen werden, was uns vor einer Stunde beinah passirt wäre. Vieles im Leben ist höchst wundersam und nimmt mit den Jahren in dieser Eigenschaft zu; Dein letzter Brief aber war altvertraut, schön und lieb und hat uns zum Herzen gesprochen. Es wäre mir eine große Wunscherfüllung, nur einmal ein paar Stunden wieder bei Dir sitzen zu können. In diesem Jahr wird's aber schwerlich mehr geschehen, da die Thea vermuthlich doch erst im nächsten Frühling heirathet und wir deshalb zum Herbst nicht nach Berlin müssen.

Bei uns geht – *hörte* ich Dich doch klopfen: „Unberufen"! – Alles wohl, und Marie grüßt Dich herzlichst, wie der Deinige.

W.J.

Beilage zu vorigem Brief:

Ferdinand Müller

Brünn, 30. Juni 89.
Neugasse 66

Sehr geehrter Herr!

Ich danke Ihnen bestens für Ihre freundl. Antwort auf meine vor einiger Zeit an Sie gestellte Frage betreffs Ihres Aufsatzes über „W.Raabe" in Westermann's Monatsheften (1879). Es thut mir sehr leid den Aufsatz nicht anderweitig, allein für sich, erschienen zu sehen. Ich habe soeben Raabes „Im alten Eisen" beendet u. bin entzückt. Figuren wie Peter Uhusen, Hofrat Brokenkorb, Madme Cruse gibt es nicht so bald wieder in einem Buche. Falls Sie diese Erzählung kennen sollten, so würde mich Ihr werthes Urteil darüber sehr interessiren; denn so etwas *Eigenartiges,* fein Psychologisches habe ich noch nicht gelesen. Ich komme noch mit einer Bitte. Ich würde nämlich gerne ein *gutes* Bild von Raabe besitzen (sei es Photographie, Radirung, Druck etc.) und bitte Sie, geehrter Herr, mir gef. die Quelle anzugeben, wo ich ein solches erhalten könnte. – Ihre „Frühlingsstürme" haben mir großes Vergnügen bereitet u. ich freue mich Ihr neuestes Buch bald kennen zu lernen. Ich hoffe auf eine baldige frdl. Antwort und bitte die Belästigung zu entschuldigen.

Ihr hochachtungsvoll ergebener

Ferd.Müller

407. WILHELM RAABE AN JENSENS

[Postkarte mit Ansicht vom Harz. Darunter: Harzburg, Rabenklippen mit Eckerthal und Brocken.]

10 Juli 1889.

Es wiegt sich der Raaben geselliger Flug! Wilhelm – Bertha – Gretchen – Liesbeth – Klärchen – Gertrud.

408. WILHELM RAABE AN JENSENS

[Postkarte mit Ansicht vom Radauwasserfall Harzburg. Poststempel 10. 7. 89]

Saßen hier im Jahre 1873 zusammen! Pendeln jetzt wieder 4 Wochen lang zwischen der Villa der Brunonen und dem Blocksberg hin und her. Herzliche Grüße nach dem Chiemsee!

Den Herrn M. in Brünn halte ich für einen Autographenjäger u. nichts weiter.

Tien halte fernerhin seine Blitze zurück von Eurem Haupt und Dach!

Euer getr. W.R.

409. EDUARD HEYCK UND MAINA JENSEN AN RAABE

St.Salvator bei Prien, 89.
Am Sedantag.

Lieber Onkel Raabe!

(So gebietet Maina zu schreiben). Wir haben so viele Besuche machen müssen, u. uns „als Verlobte empfohlen“ und wären doch zu Niemand so herzlich gerne gegangen als zu Dir (Ihnen).

[Maina J.] So laß' uns heute brieflich zu Dir kommen, lieber Onkel Raabe, weil's anders nicht sein kann, wenigstens nicht in absehbarer Zeit. [E.H.] Mein Bräutigam gehört nämlich zu der schrecklichen Menschenklasse der Privatdocenten, die entweder schon verheiratet sind, wenn sie sich habilitieren oder sonst sehr lange warten müssen. [Maina J.] Aber dann, wenn wir Professor sind, dürfen wir dann einmal kommen?

[E.H.] Auch wenn ich nicht mehr Maina Jensen heiße? –

[Maina J.] Aber nun laß' uns Dir endlich sagen, wie von Herzen wir Dich lieben und verehren, [E.H.] und so oft von Ihnen gesprochen haben, daß es uns allmählich wie natürlich und vielleicht nicht allzu dreist mehr schien, was wir [Maina J.] heute, am letzten Tage unseres diesjährigen Beisammenseins, unternehmen. [E.H.] Nämlich ganz am Anfang, als wir noch in Hangen und Bangen bei Frost u. Tauwetter Schlittschuh liefen, [Maina J.] kamen wir auf die Chronik der Sperlingsgasse zu sprechen, [E.H.] u. waren uns dann mit einem Male einen ganzen Ruck näher gekommen. [Maina J.] Und so, lieber Onkel Raabe, machen wir Dich mit für uns beide verantwortlich. [E.H.] Und das will viel sagen.

[Maina J.] Aber wenn wirklich der erste Eindruck der bestimmende ist, wird es höchste Zeit sein, daß wir schließen. [E.H.] Vorausgesetzt überhaupt, die Mama erlaubt uns, dies abzusenden – [Maina J.] denn, was wir eigentlich sagen wollten, haben wir nicht gesagt – [E.H.] aber es klingt doch vielleicht aus dieses süßen kleinen Mädchens Worten durch – [Maina J.] sagen wir Dir lebwohl, [E.H.] bitten, gehen Sie nicht zu streng mit uns ins Gericht [Maina J.] und sind mit vielen Grüßen [E.H.] in herzlicher Verehrung Ihre

Maina Jensen
und Eduard Heyck

410. WILHELM RAABE AN MARIE JENSEN

Braunschweig, 6 Sept. 1889.

Vor Allem, liebe Marie, sage Deinen Kindern, daß Ihr Doppelbrief mir zu Hand und Herzen gekommen ist, und daß mir wahrlich froh und weich dabei zu Muthe geworden ist. Grade so ein liebes Durcheinander haben im März 1861 Bertha und ich an meine Schwiegermutter geschrieben, um ihr unsere, hinter ihrem guten braven Rücken vollbrachte, Verlobung glaubwürdiger zu machen. Die alte Frau hat mir nachher noch oft davon gesprochen, wie „perplex“ sie das Schriftstück gemacht habe, bis sie den „Sinn vollständig herausgekriegt“ habe.

Das ist nun volle achtundzwanzig Jahre her, und nun sind Andere an der Reihe, so glückselig zu schreiben. Die Welt stellt sich doch immer von Neuem hübsch her, und wir haben gottlob nicht die Macht, viel daran zu ändern! Ich aber wünsche aus vollem Herzen Deiner Maina und Deinem Eduard, daß sie recht, recht bald „Professor werden“ und mir wünsche ich, daß sie dann Wort halten, und den alten Onkel Raabe in Braunschweig besuchen! Und jetzt, Marie, zu Dir. Nun liegt das erste Jahr in Eurer neuen Heimath hinter Euch und Du hast Sorgen gehabt und viel Arbeit, wie Du mir, – und nicht in einem Doppelbrief – mitgetheilt hast; aber wenn Du Dich beklagst, so bist Du sehr undankbar gegen Dein Geschick und verdienst gar nicht, daß Dein Junge so wahr, tapfer und treuherzig von der Universität an Dich schreibt, wie er es gethan hat, – und daß Deine jungen Bräute und Schwiegersöhne so an Deinen ältesten und besten Freund schreiben, wie sie es gethan haben!

Der Tisch mit den Namen des Hauses Jensen ist aus der Kinder- und Familienstube in Freiburg mit den Wurzeln ausgehoben worden; aber er war ja auch nur ein Symbolum (ich wenigstens habe ihn Anno 1880 für nichts anderes gehalten) und in diesem Sinne steht er noch fest im Boden, wo Ihr auch Euer Zelt aufschlagen mögt, und Du sitzest oben an, alte brave Matrone, und hast Deine Freude auch an dem Zuwachs, den Ihr vor Zeiten bei Eingrabung der Namen nicht mit in Rechnung gezogen hattet.

Mehr brauchst Du nicht, und mehr brauche ich Dir zu dem dießjährigen achten September nicht zu sagen. Was soll das Wiederholen oder gar Nach-neuen-Redensarten-Suchen? – –

Ich habe Euch im Laufe des Sommers vom Harze einige Postkarten geschickt und neulich die neue Ausgabe eines alten Buches von mir. Hoffentlich hat's Euch in Prien erreicht. – Aber lieber Wilhelm Jensen was ist das? Steht plötzlich am 22sten vorig. Monats gegen Mittag eine schwarze Gestalt, bleichen Angesichts in meiner Stube, reicht mir eine Visitenkarte hin und sagt tonlos: „Sie werden sich wundern – und es thut mir so leid – ich komme auch ganz gegen meinen Willen; aber – Herr W. Jensen wünschte, daß ich Sie sähe und aufsuche.“ „Jensen!“ rufe ich, die bleiche melancholische Fremdlingin zum Sitzen einladend.

„Von Jensen! Sie kommen von ihm, gnädige Frau? wie geht es ihm? was macht er und die Frau und die Kinder?“

„Ich kenne ihn nicht!“ spricht die Erscheinung noch tonloser denn zuvor.

„Sie kennen ihn nicht? Aber – – –“

„Persönlich nicht! (Pause). Wir schreiben einander nur. Ich wußte es ja, Sie würden sich wundern, daß ich gegen meinen Willen zu Ihnen käme; aber – Er wünschte es.“ – –

Und nun erkundigt tonlosest dies von Dir gesendete schwarze Weib sich bei mir nach Dir! wie es Dir gehe? wie es Deinem Weibe, wie es Deinen Kindern gehe? und ich – ich, ich kann nicht anders, ich gebe Auskunft, so gut als möglich.

Ich versuchte es natürlich auch, mich bei der Erscheinung nach ihr selber etwas zu erkundigen; aber ohne allen Erfolg. Nach einer halben Stunde voll zwischenreichlicher Gesprächsstockungen verschwindet der Spuk, wie er gekommen ist, fügt aber noch die vierdimensionalen Worte hinzu:

„Nun werde ich nach Graudenz zu meinen Kindern gehen!“

Ich stehe und starre um mich wie der Pastor Müller in Resau, als mir wieder die Visitenkarte auf dem Tische in's Auge fällt. Zögernd greife ich sie nochmals auf und schreie dann beinahe zur Stubendecke empor: „Herrgott, das ist ja aber wirklich Jensens Handschrift! Sie kennt ihn nicht; aber Er kennt sie; Er hat sie wahrhaftig geschickt, und sie ist nicht verantwortlich dafür und weiß von nichts!?!!!“

Nun bitte, liebe Marie, kriege Du es heraus und schenke es mir zum achten September, was das Zwischenspiel am 22sten August Mittags zwölf Uhr bei hellem lichten Sonnenschein in Deines Mannes Namen bei mir gesucht hat?

Dein, Euer treuer Freund W.Raabe.

411. MARIE JENSEN AN RAABE

St.Salvator 6 Sept.89.

Mein liebes Räbele!

Jetzt habe ich über eine Stunde lang meine Schreibmappe, verschiedene Schubladen und schließlich die ganze Stube nach einem 4seitigen Briefe an Dich durchsucht. Der Spitzbube muß sich in einem Buche versteckt haben. Er wurde geschrieben, nachdem ich „unseres Herrgott's Kanzlei“ und den „Lar“ gelesen und Deine Karten vom Radau-Wasserfall angekommen waren. Besuch, welcher hereinschneite, verhinderte mich am Schlußsatz und eine weitere Kette von Besuch ließ mich zu nichts Gemüthlichem mehr kommen. Zweimal war ich auch inzwischen in der leidigen Wohnungsangelegenheit in München. O dieser Sommer! So überreich an Unruhen wie noch keiner! Und nun rückt wieder ein Umzug heran! Bis Mitte Oktober darfst Du uns wieder auf wildem Meer treibend, Dir vorstellen! Wenn es vorüber und alles vorbei ist, dann signalisire ich nach der Leisewitzstraße. Verzeih diesen Klageschrei vor unserm Geburtstag. Zu dem Deinigen lache ich mit dem Einen Auge, zu meinem weine ich mit dem andern. Hoffentlich kommt gute Nachricht von Dir übermorgen! Wie freue ich mich darauf! Gießt es denn bei Euch auch fortwährend wie mit Kannen vom Himmel herunter? Wir verlassen nächste Woche die Sommerfrische. Zum Malen bin ich fast gar nicht gekommen, aber desto mehr zum *Kochen.* Im Mai, als wir – o Wonne – 14 Tage ohne Besuch waren, habe ich eine große blühende Wiese gepinselt; mit weißer Wolke darüber, im Vordergrund die Blumen u. Gräser sehr ausgeführt. Auch ein Wassertümpel ist dabei, in dem man Unken u. Frösche lustig herumschwimmen sieht, wenn man scharf hinschaut. Die alte Pinakothek verlockt mich immer mehr u. mehr zu „liebevollem Detail“ u. macht mir das „flotte Schmieren“ verhaßt, obgleich die neueste Richtung letzteres mit Fanatismus vertritt. Doch genug von all dem Unsinn! Ich will mich auf den nächsten Sommer freuen, der wird vielleicht ruhiger. – Einer der liebsten Gedanken ist mir, daß die goldnen Augen der Waldeskönigin noch blinzeln, daß Du leibhaftig in Braunschweig wandelst, – und über's Jahr sind es 10 Jahre daß Du in Freiburg warst, und alle 10 Jahre wolltest Du kommen! Hoffentlich nickst Du jetzt mit dem Kopf und sagst: „Das will ich auch!" – Leb wohl, altes liebes Räbele. Grüß Bertha und die Jungen und bleib uns immer mit treuem Flügelschlag zur Seite. Oder „dunkel uns zur Rechten", wie der Dichter sagt. Ade!

Deine getreue Marie Jensen

412. WILHELM JENSEN AN RAABE

Prien – St.Salvator, 6 Sept. 1889.

Zu St.Salvator schüttet's unablässig,
Es faulen allgemach die Grummethaufen,
Und unser Bier verwandelt sich in Essig,
Den nur noch tapfre Bauernkehlen saufen;
So wird's hier mählich etwas hintersässig
Und statt, uns mit dem Himmel fortzuraufen,
Erwägen wir, ob nicht zu besserem Wohle
Die Flucht uns dient zur Isar-Metropole.

Denn muthig weicht der Starke ja zurücke,
Und dort auch grollt die dunkle Wetterwolke,
Ob unsern Häuptern neue Schicksalstücke.
Es sprach der Herr, daß ich mit meinem Volke
Hinwieder zum October weiter „rücke" –
Dich aber grüß' ich heut' in Deinem Kolke:
Es sei Dir und den Deinen seßhaft Frieden
Im Schutz des seligen Leisewitz beschieden!

Das, mein Alter, denke ich, ist ein Geburtstagscarmen, das sich sehen und hören lassen kann, und selbst der selige Emanuel würde nicht im Stande sein, eine „Anlehnung" darin herauszuwittern. Ich verleihe deshalb Dir nur die Nutznießung daran für den 8 Sept. 1889 und behalte mir das Autorrecht für meine Erben vor. Es besitzt nichts absolut und unzeitgemäß Verallgemeinerndes, sondern beruht durchweg auf thatsächlichen, lebenswahren Unterlagen; man wird mich danach einst zu den realistischen Führern der literarischen Periode am Ausgang des 19 Jahrhunderts rechnen dürfen. Da es Dir entgehen könnte, mache ich Dich noch auf den außerordentlich gelungenen Schlußübergang von dem mich in Anspruch Nehmenden zu dem Dich Betreffenden, sowie auf die schöne Doppeldeutigkeit des 4 Verses der 2 Strophe aufmerksam. Für solche Gemüther, welche voll in der Zeit und im Verständniß des neuesten deutschen Reiches stehen, wird mein ausgesprochener Gehorsam gegen den Willen des „Herrn" zu einer Richtigstellung meiner von Böswilligen angetasteten christlich ergebenen Demuth gereichen und mir hoffentlich die Aufnahme in eine lyrische evangelische Anthologie durch einen Nachfolger Carl Geroks eintragen. Dagegen bitte ich Dich für meine weltlich-literarische Schätzung bei dem betreffenden Verse eine Fußnote anzubringen, daß der „Dichter" sich an dieser Stelle eines geistvollen Doppelsinnes befleißigt habe, insofern eine profane Auslegung den Vers 4 auch darauf beziehen könne, daß plötzlich das Haus Giselastraße 5 in München verkauft worden sei, der neue Hausherr sich in den Kopf gesetzt, den dortigen zweiten Stock selbst bewohnen zu wollen, und dadurch den bisherigen Insassen sammt vier Mitinsassinnen genöthigt habe, sich Hals über Kopf nach einer fünf Minuten weiter nördlich am „Burgfrieden" belegenen, schon der „Stadt" Schwabing zugehörigen Unterkunft im dritten Stock eines vielbethürmten Gebäudes umzuthun. Und es wird sich gut ausnehmen, wenn Du aus Deiner lebhaften Malerphantasie hervor jener Anmerkung eine artige Zeichnung beifügst, wie Du Dir den Umzug der Literatenfamilie am Michaelistage des Jahres 1889 unter brechenden Wolken vorstellst.

Welche neue irdische Briefadresse dies Ereignis zur Folge haben wird, steht noch in Gottes unerforschter Hand, soll Dir indes, sobald die letztere sich geöffnet, nicht vorenthalten bleiben. Einstweilen befördert das Reservatrecht der k.bajuwarischen Post noch Schrift- und Druckstücke, sowie Proben ohne Werth über Giselastraße 5, wohin wir spätestens am 15 Sept. zum Schlachtbeginn zurückkehren.

Lebe wohl, mein lieber Alter, beginne mit der Wiederkehr Deines ersten Wiegentags einen neuen Lebenswandel und lies täglich gute Bücher für das Heil Deiner unsterblichen Seele! Denn ich sehe Dich so selten hier auf unsrer irdischen Wandelbahn, daß ich das allerdringendste Verlangen hege, wenigstens die Ewigkeit auf einem Platz in Deiner Nähe zuzubringen, und dazu ist, wie Du bei Deinem Sprengelpastor erfahren kannst, die gleichartige Erfüllung der Abonnementsbedingungen von uns beiden erforderlich. – Einstweilen noch herzlich hierunten der Deinige.

W.J.

413. MARIE JENSEN AN RAABE

Prien, St.Salvator 12 Sept. 1889.

Mein lieber Freund!

Du hast mir einen so guten prächtigen Geburtstagsbrief geschrieben, daß ich Dir danken muß, obgleich ich eigentlich weiterpacken sollte! Uebermorgen verlassen wir Prien und stürzen uns hinein in's feindliche Leben.

Der Besuch der Pastorin Brenke am 22ten vorigen Monats bei Dir, hat mich tief erschüttert. Wilhelms verschämtes Gesicht hättest Du sehen sollen, als ich den Passus Deines Briefes vorlas! Er verkehrt nämlich schriftlich offenherziger u. gemüthvoller mit jenem dunklen Wesen, als mündlich mit mir. Das chokirt mich seit lange! Aber kein Gott kann es ändern. Er besitzt sie als bildschönes Weib in der Photographie.

Euer Zusammensitzen muß himmlisch gewesen sein! Daß er *sie Dir* schickte, war aber doch ein hübscher Zug von ihm. Und somit wird Dir die Sache jetzt völlig klar sein? –

Den verlorengegangenen Brief über „unseres Herrgotts Kanzlei" etc. habe ich wieder gefunden, aber so dumm gefunden, daß ich ihn nicht abschicken mag, sondern Dir heute nur kurz und kräftig für Dein Buch danke. Ich habe es unter Lachen und Heulen gelesen. Eben verschlingt es die Käte. Und nun ade, Du Lieber, Guter!

Seid alle herzlichst gegrüßt von Eurer

Marie.

414. WILHELM UND MARIE JENSEN AN RAABE

Schwabing, 2 Nov. 1889.

Mein lieber Alter.

Ja, so war es wieder einmal, und ich habe Dich Dir selbst in der Leisewitzstraße gegenüber sitzen und Deiner Vergangenheit in die Fenster gucken sehn. Das ist so sehr eine Dir entsprechende Beschäftigung, daß ich fast glaube, Du hast Dir daraufhin Eure gegenwärtige Behausung ausgewählt. Mir ist's Hauptbedingung, die Wände und Dinge, zwischen denen die Menschen, die ich liebe, stehen, gehen, sitzen und evtuell auf dem Sopha liegen, aus eigner Beaugenscheinigung zu kennen. Dann kann man auch aus weitester Ferne jederzeit nach Wunsch bei ihnen verkehren, ungehört ihre Thür öffnen und schweigsam in einer Ecke stehen und sie betrachten. Das werde ich fortan manchmal bei Dir thun, ohne daß Du mich wahrnimmst, so wenig wie am Nachmittag des 24 October, als wir in stiller Freude hinter Dir standen.

Unsere Fahrt ging noch durch manche übernebelte Städte des deutschen Reiches – Halle – Leipzig – Jena – Saalfeld (ein Cabinetstück) – Bamberg – Nürnberg – Pappenheim (im Altmühlthal). Im letzteren, seltsam weltab gelegen, lernten wir, übernachtend, unsere Pappenheimer kennen und sahen den (Solenhofener) Pterodactylus seine Knochenflügel durch den Schiefer spannen. Es war doch eine schöne Zeit, als man noch zugleich Vogel und Eidechse sein konnte. Was für Bücher hätten wir damals geschrieben, als Molch und Greif in Einem! Und für welch' ein Saurierpublikum statt für das heutige sau- bere deutsche Volk!

Endlich „zu Hause". Ein schönes Wort!

Nun geht's in die Winterspinnstube, aus der ich Dir, Bertha und Eurem Nachwuchs herzlich diesen Gruß schicke. Meinen

„Vorherbst“ wirst Du unter Streifband vorher erhalten haben. Ich empfehle Deiner Betrachtung darin die Seite 124.

Treulichst der Deinige

W.J.

[M.J.]

Geliebte Raaben!

Einer der wenigen unvergeßlichen Momente meines Lebens war der, als wir vor dem Sopha in der Leisewitzstraße standen! Leider gingen die paar schönen gemüthlichen Stunden mit Euch so schnell dahin! Habt Dank für Eure Liebe. – Zu Hause ist es aber auch schön. Nur erwarten wir schon wieder Husumer Besuch, den Wilhelm sogleich von der Bahn holen muß. Ich habe schon wieder sehr viel zu thun! Wie faul und beschaulich waren die Stunden im Eisenbahnwagen; Pausen in meiner Lebensmusik, trotz dem Gerassel.

Lebt wohl für heute. Wie froh bin ich, Lisbeth, Klärchen u. Trudchen nun doch auch einmal als größere Menschenkinder gesehen zu haben! Es umarmt Euch alle miteinander

Eure Marie.

415. WILHELM RAABE AN JENSENS

Braunschweig, 8 Novemb. 1889.

Liebe Freunde!

Besten Glückwunsch zur fröhlichen Heimkehr in Euer häusliches Behagen. Wäre Eure Zeit in unserm Heimwesen nur nicht so kurz zugemessen gewesen! Ja, das glaube ich wohl, Marie, daß es zu den unvergeßlicheren Momenten Deines Lebens gehört, wie Du am 24 October Nachmittags 4 Uhr vor meinem Sopha und hinter mir standest und hoffentlich auch wie Fidelio murmeltest:

„Könnte ich endlich doch auch mal sein Gesicht sehen!“ –

Ihr habt nun unsere Gesichter mal wieder gesehen, und wir die Eueren – immer noch zum Malen! und immer noch die alten! Trotz den Jahren, die wiederum darüber hingegangen sind.

Schönsten Dank für den „Vorherbst“. Das Buch bestätigt von Neuem, was ich Dir schon so oft gesagt habe, W.J.: Mache Verse, Mann, und laß uns die Prosa!

Die „Todtengedichte“ sind das Anheimelndste, was mir je in dieser Art zu Gesichte gekommen ist. Auf Seite 124 brauchtest Du mich nicht besonders aufmerksam zu machen, lieber Wilhelm: die hatte ich schon von selber als vorzüglich moschus- und chlorkalkduftig herausgefunden. Aber wissen möchte ich um Gott und Jesu willen, was Deine Frau und Deine Kinder dazu gesagt haben?! Was ich dazu sage, das steht im beifolgenden „Lar“ auf Seite 81, Zeile 18 von oben.

Schade, daß Dich der schöne Bogislaus nicht gekannt hat, nicht kennt, alter Leichenphotograph! Ihr würdet einander gefallen. — Alle die wir hier noch das Leben haben, grüßen. Es grüßt Euer im Leben und im Sterben getreuester

WilhRaabe

416. MARIE JENSEN AN RAABE

Schwabing 28 Nov. 1889.

Liebes Räbele!

Tausend Dank für das prächtige Bildchen und die nächtlichen Kleiderseller! Du hast uns eine große Freude gemacht. Der Photograph Eurer Hoheit verstand seine Sache. Auffassung, Haltung, Ausdruck des Gesichtes, Lichtwirkung, der Schlafrock – alles ist vorzüglich. Daß die linke vordere Hand ein bischen groß ausgefallen, stört die Harmonie des Ganzen nicht weiter. Du zeigtest uns das Bild, als wir bei Dir waren und hast gewiß unsere habgierigen Gesichter bemerkt, und es ist liebevoll von Dir, daß Du dieselben berücksichtigtest. Hoffentlich seid Ihr alle wohlauf! Bei uns liegt seit gestern dicker Schnee, was ich nicht leiden kann. Es grüßt Euch alle miteinander

Eure Marie.

417. WILHELM RAABE AN JENSENS

Braunschweig, 23 Decemb. 1889

[Briefkopf: Ansicht des Braunschweiger Schlosses]

Friede den Hütten u. Palästen!

Es ist der *achtundzwanzigste* Weihnachtsbaum in unserm Haushalt, den wir morgen anzünden, wenn die Influenza nicht noch dazwischen fährt. Welch’ ein Wald! Ist es bloß angenehm

– gemüthlich – herzig und so weiter, in der Erinnerung sich darin zu verlieren?

Meines Erachtens nicht. Es spukt doch ein wenig auch in dem hübschen Hölzchen! Malt Euch das Ding selber weiter aus, liebste Freunde. Aber dessenungeachtet sitzt morgen Abend mit neuem Behagen und jungen Hoffnungen unter der Tanne nieder, die auch Ihr Eurem Lebensweihnachtswalde anfügen werdet!

Euer getreuer

WilhRaabe

418. MARIE JENSEN AN RAABES

Schwabing 22 Dez. 1889.

Meine geliebten Raaben!

Von ganzem Herzen grüß' ich Euch, obgleich ich keinen Ton in der Kehle habe, denn die alberne „Influenza" hat mich! Früher sagte man ganz einfach „Grippe"; heute aber ist „Influenza" das neueste Lied, statt

„Mutter der Mann mit dem Coaks ist da! –"

Wie mag Dir wohl der Briefwechsel zwischen Kuh u. Storm in den Westermann'schen gefallen haben! Meine Menschenliebe bekam wieder einmal einen kleinen Nasenstüber dabei. O Eitelkeit! Da bist *Du* doch ein anderer Kerl! Und mein alter Wilm auch. – Im Geiste sehe ich Eure sämmtlichen vom Baum angestrahlten Gesichter. Seid vergnügt und bleibt gut

Eurer Marie.

419. WILHELM JENSEN AN RAABE

Schwabing, 24 Dec. 1889.

Leisewitz sei mir gegrüßt! Zwar warst Du geheimer Justizrath,
Und Du wurdest zum Schluß, glaub' ich, sogar Präsident;
Würdereich trägt eine Straße deshalb ihren Namen nach
Dir heut',
Und es betrat mit Respect jüngst ihren Boden mein Fuß.
Doch Dich bekümmert nicht mehr, ob ein Wandersmann
unserer Tage

Dort vielleicht Deinen Staub hübsch von den Schuhen sich klopft,
Und so klopf' ich auch nicht an Deine verschloß'ne Behausung,
(Welche nach vornehmer Art, hör' ich, Besuch nicht empfängt)
Sondern die Straße hinab, die im Munde der Menschen
Dich forthält,
Bieg in ein Haus ich hinein, dunkelnde Stufen empor.
Dort nun zieh' ich den Knauf, und es öffnet die Thür sich;
ich trete
Weiter durch andere fort, spreche zu schüttelnder Hand:
Sei mir, mein Alter gegrüßt! Hier bin ich für flücht'ge Minute,
Denn sie erwarten daheim mich zum Entflammen des Baums.
Aber, was stets ich gethan schon beinah' durch ein
Vierteljahrhundert,
Auch durch den bayrischen Schnee zog's mich heut' Abend
zu Dir. –
Sieh, auch Leisewitz Du bist gefolgt mir auf lautlosen Sohlen,
Und Du betrachtest den Rock Deines Collegen von heut'?
Freilich – Du täuschest Dich nicht – es gebricht ihm das Bändchen
im Knopfloch,
Und ich befürchte, daß er's schwerlich zum Hofrath nur bringt.
Doch wenn 'mal wieder Du kommst – so vielleicht um ein halbes
Jahrhundert –
Frag' nach der Straße die dann – zwar wohl nicht er mehr
bewohnt –
Doch seinen Namen dann trägt. Und, o Leisewitz, nimm's mir
nicht übel,
Dünkt mich im voraus, sie thut's wahrlich mit anderem Recht!
W. J.

420. WILHELM RAABE AN JENSEN

Braunschweig, 13 Februar 1890.

Lieber Alter!

Zum Schluße des vorigen Jahres haben wir uns gegenseitig *weder* Karten noch Briefe geschickt. Ihr hoffentlich nur aus Faulheit; wir weil wir aus noch nichtsnutzigern Grunde nicht konnten. Erst klappte am 30sten Dec. Abds das Trudchen zusammen, wurde mit Erbrechen, Kopfweh und Gliederschmerzen zu Bett gebracht. Eine Stunde später kriegte Bertha eine weiße Nase, wackelte auf dem Stuhle, fiel ab, wurde zu Bett gebracht und blieb längere Zeit sehr elend drin. Das arme Gretchen, das sehr vergnügt aus Berlin gekommen war, hatte saubere Weihnachtsferien: in der Sylvesternacht saßen wir Beide vor einem recht scharfen Häring und einem Glase Grog und hielten Krankenwacht. Allgemach hatte das Ungeheuer sie Alle am Kragen, bis auf uns Zwei; aber auch ich sollte nicht so davon kommen.

Mich packte das Luder am Bein, verursachte Blutstockung am Unterschenkel und die allerschönste Krampfaderentzündung. Bis zur Amputation ist's nicht gekommen; aber bis zum 23 Januar habe ich im Bette gelegen und noch heute ist mir ein Gummistrumpf an das linke Bein angetraut.

„Mit der Fäder" hab ich während dieser schönen Zeit nicht gearbeitet, kann Dir also auch nicht so schöne Briefe über meinen Zuwachs an Litteratur-Unsterblichkeitsansprüchen schreiben wie Theodor Storm an Emil Kuh. Darin hat Deine Marie recht: Dieses ist eine entzückende Korrespondenz! Sie, Deine Marie, scheint sich etwas darüber verwundert zu haben; aber ich habe dem Manne Solches von jeher zugetraut. Mir saß er schon lange

„in lauter Duft";

aber bloß in seinem eigenen. – Nun, es ist nur gut, daß die arme Frau ihr Herz aus Hademarschen wieder zurück hat; den schönen Teller, auf dem sie es hingetragen hat, kann sie schon ruhiger dort lassen. –

Heute Abend habe ich unsere Liesbeth „Theater spielen" zu lassen! – eben produzirt sie sich als reizende Gärtnerin Anna aus dem alten Roderich Benedix. Nachher Essen und Tanz! Da kann ich wieder bis 4 Uhr Morgens die Schulterblätter an den Wänden des Hotel de Prusse reiben. Und noch dazu mit einer Schnupfennase, die ich wahrscheinlich auf einem Schubkarren zum Feste fahren muß! ––

Nächstens geht es mir vielleicht hier am Orte so wie Dir in

Freiburg im Breisgau. Im Berliner Tageblatt hat ein Reisebrief gestanden, in welchem behauptet wird: die Stadt Braunschweig liefere nur fünf Dinge von Ruf: Spargel, Honigkuchen, Wurst, Lotterielose und – Wilhelm Raabe. Da sollte man doch gleich auf der Stelle dem letzteren Produkt die Fenster einwerfen! – Besten Glückwunsch zu Deinem Geburtstage.

Dein getreuer

WilhRaabe

421. WILHELM RAABE AN MARIE JENSEN

Braunschweig, 7 Septemb. 1890.

Liebe Marie!

Den Zeitungen nach ist das in der letzten Zeit auf Euern herrlichen Bergen und an Euern wunderschönen Seen so fürchterlich gewesen, daß ich wohl annehmen darf, daß Ihr dem lieblichen Prien längst den Rücken zugewendet habet und wieder behaglich in der sichern Schwabingerlandstraße sitzet. Dorthin also sende ich Dir heute meine Glückwünsche, die ich Dir eigentlich ja persönlich hätte bringen müssen, wenn es gegangen wäre.

Ja, aber komme Du mal in das Sechzigste mit Deiner Last Leben auf dem Rücken: Du giebst es auch auf zu sagen: „In zehn Jahren werde ich ganz bestimmt das und das thun!" Ja, vor zehn Jahren! Da ließ sich die Luisenstraße in Freiburg noch erreichen, und gar vor zwanzig Jahren, als auch ich noch jung war, wie wohl war uns da trotz Krieg, und nordischem Sturm, Husten und Schnupfen in der Rathausstraße Numero Fünfhundertfünfundsechzig! Es ist doch ein kurioses Wort: „Mit dem sechzigsten Jahre fängt's Alter an!" Man glaubt doch nicht eher an das was drin liegt, bis man es an seinem eigenen Leibe ausprobirt. Nun, Ihr junges Volk habt ja noch einige Zeit vor Euch bis Ihr dahin kommt. —

Für Dich liebe Marie ist das letzte Jahr ein recht ereignisreiches gewesen; es ging Euch doch wohl trotz Allem schwer an,

Euer gutes Kind aus dem Hause zu geben und wenn in noch so gute Hände! Du sollst aber mal sehen, es ist auch hübsch, Großmutter zu heißen. Reitende Großmutter wie die Kaiserin von Österreich braucht man ja dabei nicht zu sein; Man kann auch auf andere Weise recht fröhlich „auf hohem Pferde“ sitzen. –

Uns ist es den Sommer durch ruhig und ganz gut ergangen; nur unser Gretchen hat uns einige Sorgen gemacht. Sie kam in den Ferien von Berlin mit einer Geschwulst in der oberen Ohrmuschel, und es mußte eine Operation vorgenommen werden. Dieselbe verlief ganz gut, das arme Kind saß mit fest verbundenem Kopfe, in der Hoffnung, daß die Sache nun abgemacht sei. Aber leider scheint das Ding jetzt von Neuem zu wachsen und der Doktor hat uns angekündigt, daß er wahrscheinlich übermorgen einen zweiten Schnitt vornehmen müsse. Dazu meint er freilich, gefährlich sei die Sache nicht und bis zum Oktober hoffe er sie auch vollständig beseitigt zu haben. Letzteres hoffen wir nun recht sehr mit ihm. –

Das ist zwar ein Geburtstagsbrief an Dich, liebstes Geburtstagskind; aber ich darf darin wohl auch eine Frage an Deinen Mann richten? Ein Monsieur Louis de Hessem hat aus Flins sur Seine an mich geschrieben, behauptet „redacteur au livre“ zu sein und Wilhelm Jensen übersetzt zu haben und letzterer sei recht mit ihm zufrieden. Ist dem so? Kann man sich mit dem Manne auf Weiteres einlassen? Ich traue dem Dinge so recht nicht und habe für's Erste nur höflich und unbestimmt geantwortet. –

Wann steht Ihr mal wieder in Braunschweig in der Leisewitzstraße und wartet auf die Augen, die Euer alter treuester Freund machen wird, wenn er „sich auf seinem Sopha umdreht“?

Von Allen tausend Grüße und Glückwünsche zum Tage von Marien's Geburt! Wie schlau ich doch am 8ten September 1831 war!

WilhRaabe

422. WILHELM RAABE AN MARIE JENSEN

Braunschw. 8 Septemb. 1890.

L.Marie!

Wer konnte das ahnen, daß Ihr Euch bei Eurem südlichen Sintfluthsgewässer so fest an Eure Alpenvorberge klammern würdet? Mein Brief ist nach München gegangen; – hoffentlich wird man ihn Euch nachschicken. Für Eure lieben Briefe den schönsten Dank! Sie sind so inhaltsvoll und im Grunde voll von behaglichem Inhalt, daß wir Alle unsere herzliche Freude daran gehabt haben. Eben kommt auch „Über die Wolken!" Ich werde so rasch als möglich dahin nachsteigen und hoffe dann mit Vau-Vischer jubeln zu können: Nunc pluat! Daß es bei Euch jetzt nicht mehr regnen möge, wünsche ich Euch innig. Die Lande östlich von der Weser und nördlich vom Harze liegen heute im schönsten Sommersonnenschein. An die „junge Frau Doktern", an meine liebe Thea, einen ganz besonderen Gruß.

Euer W.R.

423. WILHELM UND BERTHA RAABE AN JENSENS

Braunschweig, 2 Octob. 1890.

Liebe Brauteltern!

Also nun auch die Andere! Habt Ihr A gesagt, so müßt Ihr freilich nun auch wohl B sagen; denn hat der „Doktor" seinen Willen gekriegt, so sehen wir hier wahrlich nicht ein, weshalb der „Professor" nicht auch seinen haben soll, zumal da es gar ein „außerordentlicher" ist, der Professor nämlich! Dem zweiten guten kleinen Mädchen geben wir dieselben schönsten, treuesten Wünsche mit in den Abschied aus dem Vaterhause hinein wie dem ersten. Auch Maina wird nur „menschliche Schicksale" erleben, im Guten wie im Schlimmen, und der alte Goethe hat nie ein tröstlicheres Wort gesagt als dieses über das, was den Menschen treffen kann: einerlei ob er am Wege wartend sitzt, oder auf demselben geht, läuft oder hinkt.

Auch Euch Alte trifft ja am Vierten dieses Weinmonats nichts

Anderes als menschliches Schicksal, also rückt nur ruhig nachher am stillen Herd nach Menschenart mit einem lachenden und einem weinenden Auge dichter zusammen.

Am vierten October sind in Gedanken sehr bei Euch Eure getreuen Lebensgenossen und Weggenossen

Wilhelm Raabe und Bertha Raabe.

424. WILHELM RAABE AN JENSENS

Braunschweig, 30 Dec. 1890

Liebe Freunde!

W.J. ist in seinem Weihnachtsbriefe doch ein wenig zu tief in den elegischen Stil seiner Prosa-Dichtungen hineingerathen! So schlimm und melancholisch wie Ihr, sehe ich Eure Zustände nicht an. –

Eure Mädchen habt Ihr mit freiem Willen weggegeben und zwar gut. Sie haben treffliche Männer – und Ihr habt gar kein Recht, ihnen unter Eurer Tanne (dießmal ohne Zuckerwerk und goldene Nüsse u Äpfel!!!) nachzuwimmern. Was noch bei Euch sitzt, ist ein so hübscher, niedlicher kleiner Rest, daß Ihr schon damit zufrieden sein könnt und Euch durchaus nicht an der Weltregierung durch Klagegewimmer zu versündigen braucht. –– Was den Freund Türk angeht, so ist das mit dessem plötzlichen Abscheiden freilich eine betrübte Sache; aber – alter Freund, sind wir nicht auch schon in dem Alter, wo man bei derartigen Gelegenheiten ruhiger sagen darf: „Komme nach mit einem der nächsten Züge!–? Bei uns hier liegt mein Neffe, Assessor Floto, schwer am Herzenleiden krank, und in Wernigerode liegt die Schwester mit fünfmal geschnittener Brust auf ihrem Sterbebett. G.Ebers Schwiegersohn, Dr.Seidel von hier, ist dort gewesen und hat erklärt, eine sechste Operation würde das Ende nicht länger aufhalten. – So haben wir auch das Unserige in dieser Beziehung unter dem Weihnachtsbaum liegen gehabt. –

Übrigens haben wir unsere Kinder bei uns. Gretchen ist sehr vergnügt von Berlin gekommen, und ist wirklich eine Malerin geworden. Sie möchte nun gern nach Paris; aber darauf laß ich mich noch nicht ein! Lieber schicke ich sie erst einmal nach München, um sich andere Kunstluft um die Nase wehen zu lassen. – Was sagt Ihr zu Stopfkuchen?

Das wäre so ziemlich das Ende. So hätten wir, nachdem man uns länger als dreißig Jahre unter der Hecke hatte liegen lassen, die Thür der rothen Schanze hinter uns zugemacht! – Eine Liebesgeschichte soll das Ding grade nicht sein. –

Und was sagt Ihr zu der jetzigen Winterkälte? Ich meine, da ist einzig und allein Koch und seine Köchin dran schuld. – „So!“ sagt unser lieber Herrgott, „kommt Ihr Mir so, komm Ich Euch so! Jedenfalls wird man Euch das nöthige krankhafte Lungenmaterial zu Euren überflüssigen Experimenten liefern. So leicht lassen Wir uns von Euch Kindsköpfen das Bein nicht stellen und Uns von Euch die in Unserm Weltregierungsplan allweise und allgütig vorgesehene Art, Euch leicht und bequem wegzuputzen, nicht unter Unseren Händen wegeskamotiren!“ –

Dieses ist nun ein Neujahrsbrief! Wenn er ausgefallen ist, wie er ausgefallen ist, so seid Ihr allein daran Schuld mit Eurem Weihnachtsschreiben. Wie man in den Wald hineinschreit, schallt's heraus: schickt nächstens mal einen fröhlichen Hornstoß gen Braunschweig zu – es giebt ein besseres Echo! Und nun grüßt Freund Lugo und Alles, was sonst um Euch her an uns Antheil nimmt, und bleibt uns die alten lieben Freunde im alten wie im neuen Jahre!

Euer getreuer WilhRaabe

425. MARIE JENSEN AN RAABE

Freiburg 20 Mai 1891.

Hollunderblüthe!

426. WILHELM RAABE AN MARIE JENSEN

Braunschweig, 23 Mai 1891.

Die sehen und riechen wir auch in diesem Jahr noch mal; aber von Euch kriegen wir wohl garnichts mehr zu hören und zu sehen?

[Ohne Unterschrift]

427. WILHELM RAABE AN MARIE JENSEN

Braunschweig, 7 Septemb. 1891.

Meine liebe Marie!

Diesen Brief brauchst Du nicht für voll zu nehmen. Ich sende ihn, wie meinen bildlichen Gruß zum 15 Februar wieder wie in's Blaue, Graue-Aschgraue; – nach München, Schwabing, München-Schwabing, Schwabing-München. Möge er wenigstens in Deine lieben Hände kommen, und Dich bewegen, uns *endlich* Eure genaue Adresse anzugeben!

Eure Briefe vom 22 Decemb. 1890 liegen vor mir. Danach seid Ihr in einem Suppenbad in irgend einem Elzthale, dann wieder in St.Salvator. In der Holunderblüthenzeit habe ich eine Postkarte mit dem Hinweiss auf unsere Lieblingsblume aus Freiburg gekriegt. Bertha sagt: „Sie sind jetzt in Italien;" ich aber weise wieder auf das Schreiben vom 22 Decemb. und behaupte: „Sie wollen ja freilich im September in ein Palazzo Lugo in Monaco ziehen; aber ich halte dies Monaco für das Monaco in Germania, in Baviera, und nicht für das Monaco an der Riviera."

Da stehe ich nun am letzten Tage meines sechzigsten Lebensjahres und habe das Herz und die Feder voll der besten treuesten Wünsche für Dich und alle die Deinigen – und weiß nicht recht damit wohin! –

Meine letzte Hoffnung beruht nun aber doch auf dem morgenden achten September. „Da muß sie noch mal was von sich hören lassen! Der Tag gehört doch nicht ihr und ihrem Manne, ihren Kindern und – Enkeln (!?) allein, sondern auch mir und zwar seit fast einem Vierteljahrhundert!" murmele ich.

O Marie, werde Du mal sechzig Jahre alt und höre fast ein Jahr lang von Deinen besten Freunden nichts als das elegische Wort: „Holunderblüthe!" Das Wort hatte dießmal keinen Frühlingsklang an sich!

Ach, Marie Jensen, und ich hätte so große Lust, Dir einen langen schönen Geburtstagsbrief zu schreiben. Willst Du ihn noch, so melde mir, wo er Dich ganz gewiß findet.

Dein alter treuer Freund WilhRaabe

428. WILHELM RAABE AN JENSENS

Braunschweig, 18 Sept. 1891.

Liebe Freunde!

Meine besten Wünsche zu Eurem gestrigen Einzug in's Winterquartier und dann Marien noch auf den Weg nach Freiburg! Dorthin kann sie freilich die allertreuesten Wünsche gebrauchen!! –

Aus Breslau habe ich keine Karte erhalten! Von der Enkelin haben wir hier bis zu Eurem letzten Briefe nichts gewußt, und uns nur den Kopf zerbrochen und Sorgen gemacht!

Der Weihnachtsbrief ist die letzte Nachricht von Euch seit 1890 gewesen.

Ist meine Photographie am 15 Febr. bei Dir angekommen, W.? – Es scheint mir Alles in Unordnung gerathen zu sein. – Andere Leute würden schon längst sich eingebildet haben: „Die haben sicherlich was übel genommen." –

Zu meinem neulichen Übertritt in's Greisenalter sind mir so viele Liebeszeichen von Nah und Fern zugekommen, daß ich die alte Mutter Germania gar nicht wiedererkannt habe. Wenn alle diese Verehrer und Verehrerinnen meine Bücher *kaufen,* dann bin ich fein heraus! Da ich der Sache aber doch noch nicht traue, so habe ich gestern an Paul Heyse geschrieben, daß er sich nochmals für die 1000 M alljährlich auf drei Jahre verwenden möge.

„Nicht mit marmornen Platten
„Und mit dem Lorbeer auf Gräbern nicht,
„Versöhnst Du die zürnenden Schatten,

singt ja wohl Euer Münchener Graf Schack? – Anbei übersende ich Euch übrigens eine allerliebste Festschrift, die mir zum 8ten September dedizirt worden ist. Ihr werdet wenigstens daraus ersehen, daß man hier trotz Allem von Zeit zu Zeit noch frische Luft zu schöpfen versteht in Banausia. –

Und nun noch eins: so um den 1sten Oktober herum wird unser Gretchen mit Staffelei, Pinsel u Palette, wenn nichts dazwischen kommt, in München ankommen. Vielleicht könnt Ihr ihr ein bischen beim Wohnungssuchen u.s.w. behülflich sein. Jedenfalls wird sie ihre Visitenkarte in der Schwabinger Landstraße abgeben, und Ihr werdet ein gutes und nicht dummes, auch in ihrer Kunst nicht unerfahrenes Mädchen in ihr kennen lernen. Des Vergnügens wegen geht sie nicht nach München. Sie wird tüchtig arbeiten müssen. –

Nun nochmals zu Euren Kindern! Schreibt uns doch jetzt von Thea und der Kleinen; und von der Maina in Freiburg auch soll Marie dießmal nicht bloß meinen, geschrieben zu haben! – Es wird aber auch da schon Alles gut gehen! –

Ein Aufsatz in den Grenzboten über W. J. hat uns neulich hier Freude gemacht. Das ist mit das Beste was je über Dich geschrieben worden ist, alter Freund. Übrigens ist unter den Gesellen, die in dem beifolgenden Heft auftreten, so oft und theilnehmend die Rede von Dir, daß Du Dich dreist mit zu den „Kleidersellern" in Braunschweig rechnen darfst.

Euer WilhRaabe.

429. WILHELM JENSEN AN RAABE

Schwabing-München, 22/9. 1891.

In der That, mein lieber Alter, ist es ein sehr niedliches und sehr gut angepaßtes Festhabit, das die Kleiderseller da für Dich zusammengefädelt haben. Grüße sie dafür in meinem Namen mit dankbarem Neigen des unbedeckten männlichen Haupts und laß mich Dir die Mittheilung hinzufügen, daß ich seit drei Tagen auch großherzoglich badischer – Du denkst doch nicht Uebles? – Großvater geworden bin. Am Samstag gegen Mitternacht scheuchte uns ein Telegramm vom Schlaf: „Maina leicht und glücklich kräftigen Buben." – Wir hatten das „Ereigniß" noch nicht so nah geglaubt, Marie ihre Abreise um zwei Tage verschoben gehabt, nun sauste sie Hals über Kopf die Nacht durch davon. Bis jetzt sind die Nachrichten so gut wie möglich.

Ich aber bin der hundeelendeste Großvater des 19 Jahrhunderts, denn seit vier Tagen hat meine alte Kinderwärterin, die paremphymatöse Angina mir einmal wieder, wohl bald zum hundertsten Mal, ihre rissigen Fingernägel in die Kehle gekrallt und ich befinde mich Tag und Nacht hindurch in dem Zustande des nicht stehen, sitzen und liegen Könnens, sondern ruhlos hin und wieder schleichen Müssens; seit vorgestern kann ich nichts mehr trinken, noch ein Wort sprechen, dies Gekritzel fordert eine halb blödsinnig machende Anstrengung von mir. So füge ich nur kurzmöglichst hinzu, daß ich Gretchen dringend abrathen würde, sich München als Fortbildungsschule in der Malerei auszusuchen. Jedenfalls harrt ihrer hier viel Enttäuschung; München hat nichts von der Berliner weiblichen Collegialität und Geselligkeit, ist nach dem Arbeitslicht nichts für ein Mädchen, als lediglich eine ungeheure Bierstube, in der auch häuslicher Anschluß sich schwer finden lassen und ihr nachträglich nicht neidenswerth erscheinen dürfte. Aber wenn Gr. den unverbrüchlichen Entschluß gefaßt hat, werden wir uns ihrer natürlich bei der Wohnungssuche und weiter nach Kräften annehmen. Nur wird sie vermuthlich im entgegengesetzten Stadttheil hausen, von wo es bis Schwabing fast eine Stunde und ein im Dunkel für ein einzelnes Mädchen nicht allein zurücklegbarer Weg ist. – Außerdem wird vor dem 18 Oct. schwerlich jemand von uns hier sein; ich gehe, sobald mein Hals es erlaubt, auch nach Freiburg.

Herzlich der Deinige W.J.

430. WILHELM RAABE AN MARIE JENSEN

Braunschweig, 10 Novemb. 1891.

Meine liebe Marie!

Zuerst meinen herzlichsten Glückwunsch zur neuen Großmutterschaft! Als Wilhelm schrieb, warst Du in der Nacht vorher wieder in die Ferne „zur Hülfe“ abgefahren, und er im Begriff Dir zu folgen nach glücklich abgeschlagenem 101sten Angriff der Mandelbräune. Wir wußten nur, daß Euer Haushalt in München sich wieder einmal aufgelöst habe.

In beiden Familien haben wir in dieser Zeit unruhige Zeiten

durchgemacht. Die letzte Schwester meiner Frau ist nun auch am 21sten Oktober hier gestorben, nach einem wochenlangen, furchtbaren Todeskampf. – Gretchen hat ihre Fahrt nach München angetreten, und wird, da Ihr nunmehr an Eurem dortigen häuslichen Herd wieder zu treffen seid (wir werden es ihr in unserem nächsten Briefe melden) Euch mündlich von uns Bericht geben.

Zuerst hat sie bei einer Genossin aus ihrem Berliner Atelier in der Adalbertstraße gewohnt. Am ersten November aber hat sie ihre eigene Wohnung bezogen und haust jetzt: Arcisstraße Nro 20, 3 Treppen, bei einer Frau von Fabris. Auf Georg Scherer hatte ich sie schon hingewiesen, aber sie hatte einen ersten Anhalt auch an dem Hause des Professors Breymann, dessen Frau ein bischen in die Familie meiner Frau verwandtschaftlich hineinhängt. – Das Kunstgewerbe hat sie längst an den Nagel gehängt. Für's Erste wird sie jetzt in der Herterich-Schule noch einmal tüchtig Akt zeichnen und Anatomie treiben. Ein Jahr lang wird sie sich noch ihrer Ausbildung widmen, nachher mag sie zurückkommen und die jungen Braunschweigerinnen Nasen malen lehren. Ihr Berliner Diplom als geprüfte Zeichenlehrerin hat sie ja schon seit Jahren in der Tasche.

Ich hoffe, das gute alte Mädchen wird sich auf die eine oder andere Weise schon durch die Welt schlagen! –

Daß W.'s Angina noch so böse Folgen gehabt hat, thut uns herzlich leid; aber auch ich befinde mich seit Wochen in meiner Herbst-Asthma-Periode, schnappe nach Luft, blase Trübsal, rauche Cannabis indica und keuche, wenn ich Andere ächzen höre. –

Man muß eben durch, liebe Alte! Gefragt wird man nicht, wie viel und was man sich bei dem Vergnügen gefallen lassen will. –

Grüßt die dortigen Freunde: Lugo, Scherer, Heyse. Zu Weihnachten hoffe ich Euch mein neuestes Buch: „Gutmanns Reisen" schicken zu können.

Mit den besten Wünschen für Euer Aller möglichstes Behagen

Dein getreuester Wilh.Raabe

431. WILHELM JENSEN AN RAABE

München-Schwabing, 9 Dec. 1891.

Lieber Alter. – Dein Freund Wilhelm Brandes hat mir in liebenswürdiger Weise seine „Balladen“ zugeschickt, doch ohne irgendeine weitere Angabe dabei. Ich bitte Dich deshalb, mir auf einer Karte Amt, Würden und Wohnungsadresse von ihm mitzutheilen.

Deinem Gretchen geht es wohl, doch beklagte sie sich neulich über Eure Schweigsamkeit, in Folge deren sie von Euch nicht das Gleiche erfahre. – Uns peinigt die allzuheiße Sonne.

Mit herzlichem Gruß meines verschrumpften Haushäufleins
Der Deinige

W.J.

432. WILHELM RAABE AN JENSEN

Braunschweig, 11 Dec. 1891.

Lieber Alter. – Oberlehrer Dr.Wilh.Brandes, hier Maschstr. 47. – Ein großer Verehrer von Dir, den Du durch ein billigendes Wort sehr erfreuen wirst! – Den Uwe Jens Lornsen oder wie der Mann heißt, brachte mir neulich meine Frau aus „alten Papieren“ und fragte: „Ist das noch werthvoll?“ –„Sehr!“ sagte ich in der Voraussetzung, daß Du das alte Blatt der Spener'schen Zeitung längst vergessen haben würdest. Hast es mir wahrscheinlich vor zwanzig Jahren von Flensburg geschickt. – Herzlichen Gruß an Deine Frau, Dein Nestküken und Deine jungen Frauen von Eurem

tr. W.R.

433. WILHELM JENSEN AN RAABE

München-Schwabing, 22 December 1891.

Wieder schließt im Schneegelände
Knarrend sich ein altes Thor;
Wieder grüßt die Sonnenwende,
Und ein Jahr steigt jung empor.
Wieder funkeln Tannenkerzen,
Und es geht in stätem Lauf:

Unter Bangen, unter Scherzen,
Unter Hoffnung, unter Schmerzen
Schließt das neue Thor sich auf.
Möge gut sein, was dahinter
Noch der Nebel grau verdeckt!
Hebe sich aus frostigem Winter,
Was die Erde jung erweckt!
Schirmend allen Blüthentrieben
Sei der Sonne neues Licht,
Unserm Hoffen, unserm Lieben,
Sei es dem der dies geschrieben
Und sei's Dir, zu dem er's spricht!

W.J.

434. WILHELM RAABE AN JENSENS

Braunschweig, 22 Dec. 1891

Liebe Freunde!

Schöne Verse kann ich nicht machen; Ihr müßt Euch also mit meiner Bismarckias: *Gutmanns Reisen* als Festgabe begnügen. Beifolgende Bayerische Briefmarke bitte ich bei Gelegenheit meiner Tochter Margarethe einzuhändigen. Sie (die Briefmarke) stammt aus der Zuschrift einer Autographensammlerin in der Thierschstraße, kann also von der Arcisstraße aus nützlicher verwendet werden. Schönste Weihnachtsgrüße an Alle – vorzüglich die kleine Käthe. Ob die wie vor 11 Jahren noch immer des Morgens auf der Treppe ruft: Guten Morgen Mama! Guten Morgen Papa! Guten Morgen Onkel Raabe!?

Euer getreuer alter Freund

Raabe

435. MARIE JENSEN AN RAABE

Schwabing 23 Dez. 1891.

Mein liebstes Räbele!

Heut Morgen kam Dein neuestes Weihnachtsgebäck an. Hab Dank. Sobald das „Fest" vorüber, werde ich mich mit Gutmann auf den Weg machen. Ich bin sehr gespannt, wohin die Reise geht! – Es ist uns eine große Freude manchmal hier ein Stück von Dir zu haben – Gretchen nämlich. Daß unsere malerischen Anschauungen auseinandergehen stört mich weiter nicht. Es hat eben jeder seinen eigenen Glauben, seine eigenen Götter. Was ich über die Herterich-Schule u. die ganze moderne Richtung denke, wird Dich wohl wenig interessiren. Und Gretchen will ich auf dem einmal eingeschlagenen Wege nicht irre machen. Ich bezweifle aber auch daß sie sich irre machen ließe. Der Findige kann sich ja auch überall u. auf jedem Wege, die nöthigen Körner für seinen Bedarf herauspicken. – Gestern ist Paul hier angelangt. Er hat sich zu Weihnachten den Doctorhut aufgesetzt, was uns sehr überraschte. Der Grund davon ist, daß er letzten Sommer eine eigene Arbeit gemacht hat, die er als Dissertation benützen wollte. Das Staatsexamen kommt aber erst über's Jahr, nach den vorschriftsmäßigen 10 Semestern an die Reihe. – Ich freue mich schon darauf, wenn Gretchen u. Professor Binkus (so nanntest Du Paul, kurz nachdem er das Licht der Welt erblickt hatte! weißt Du's noch?) sich morgen oder übermorgen begrüßen! Wenn wir nur nicht so weit „draußen" wohnten! Das thut mir um Gretchen's willen oft leid. Wir sehen auch Heyse's, wegen der Entfernung, sehr selten. Verzeih das Gekritzel, lieber Freund. Wilhelm brachte mich aus dem Text. Er läuft die ganze Zeit hinter mir herum, räuchert mich fürchterlich mit seiner Pfeife an, fragt nach diesem u. jenem – offenbar hat er Angst, daß ich mit der „ganzen Bescheerung" nicht fertig werde! Und ich bin doch noch jedes Jahr fertig geworden! Ade Ihr lieben Freunde. Bleibt uns in Gesundheit die Alten auch im neuen Jahr. Von ganzem Herzen grüßt Euch

Eure Marie.

436. WILHELM RAABE AN MARIE JENSEN

Braunschweig, 30 Dec. 1891.

Liebe Marie!

Daß wir in Euerm „Zwing und Bann" stehen, wißt Ihr. Darüber ließe sich auch ein Buch schreiben: sag aber vorerst Deinem Mann meinen Danck für das seinige. Euer Paul mit seinem heimlichen Doktor gefällt mir sehr: hoffentlich gefällt unser Gretchen Euch bei näherer Bekanntschaft auch immer mehr. Von Käthe und Pauls Weihnachtsmanns-Besuch und von dem ersten Festtage bei Euch schreibt sie natürlich ganz entzückt. Nehmt Ihr und Freund Lugo auch unsern besten Danck dafür. Daß Ihr in Euren Kunstanschauungen ein bischen auseinander geht, schadet nichts, das trägt, wenn der Krakeel mäßig betrieben wird, nur zur Erhöhung der Unterhaltung bei. Ich habe übrigens immer auf *Deiner* Seite gestanden, selbst wenn Wilhelm am Feuersee Deine Beefsteaks zu hart in der Auffassung und mangelhaft kolorirt fand. Ich habe stets mehr „Seele" und „große Natur" darin gefunden, als wie in seinem „Cardinal". An dem war oft das ganz Gewöhnlich=Äußerliche, waren die Gläser das künstlerisch Schönste. Aber ist das nicht schon der reinste Sylvesternacht Brief! Wir haben in unseren beiden Familien, nach der dunkeln wie nach der lichten Seite hin, ein ereignißreiches Jahr hinter uns. Die letzten Tage von 1891 bringen Euch hoffentlich nur liebe fröhliche Briefe von Kindern, und von den Kindeskindern Neujahrsgrüße, die nur „so ne Großmutter richtig zu taxiren weiß". – Daß das ganze nächste Jahr 1892 Euch nur Lichtes, Gutes, Behagliches bringe, das ist der herzliche Wunsch der gesammten Familie Raabe, für die ich wie gewöhnlich pro cura zeichne als

Euer getreuester Freund

WilhRaabe

437. WILHELM RAABE AN JENSEN

Braunschweig, 13 Februar 1892

Lieber Alter!

Wenn auch nicht in Fleisch und Blut, so lasse ich Dir übermorgen dießmal durch mein Fleisch und Blut meine innigsten Glückwünsche vor den leuchtenden Füßen niederlegen. Ich habe Gretchen geschrieben, daß sie Dir dazu auch einen zarten Veilchenstrauß oder „dergleichen" überreiche: der Ablauf des 55sten Lebensjahres *muß* feierlichst begangen werden; denn von nun an geht es im bittern Ernst auf die Sechzig los!

Möge das nächste Lustrum Ein Blumengewinde für Dich und die Deinen sein, das ist der herzlichste Wunsch Deines getreuen

WilhRaabe

438. MARIE JENSEN AN RAABES

Napoli 13 März 1892.

Mein liebes Räbele u. Bertchen!

Denkt Euch, Käthe hat sich am 29sten Februar – einem Schalttag – in Rom auf dem Capitol verlobt, u. zwar mit ihrem schon lange in der Stille geliebten Prinzen Ernst. Das Glück der beiden Menschenkinder ist so groß, daß ich mit Schauder manchmal unter den Tisch klopfen möchte! Ernst's Vater – der Herzog v. Sachsen-Meiningen – hat nun auch seine Einwilligung zur Heirath gegeben, unter der Bedingung freilich, daß E. seinen Stand nicht aufgiebt, u. somit wird die Trauung morganatisch sein. Doch das kümmert wie es scheint, die Beiden nicht. – Und wie uns zu Muth sein wird, wenn wir Käthe nicht mehr haben, – daran mag ich nicht denken. Unser Leben sehe ich dann für so ziemlich abgelaufen an. Vom „Bella Napoli – santa Lucia" – schreibe ich heute nichts, es regnet u. stürmt zudem draußen wie uns je in Deutschland. Herzlichste Grüße von Wilhelm, Käthe, Ernst u.

Eurer Marie.

439. WILHELM RAABE AN JENSENS

Braunschweig, 16 März 1892.

Den Eltern und dem jungen Paar unsere herzlichsten Glückwünsche! Das ließ sich wohl voraussehen, daß die kleine Käthe nicht blos einen Pflüger mit Pflug und Gäulen sich vom Felde in die Schürze streichen würde, wenn sie erst mal niederstieg von der Burg ihres Riesenvaters.

Der Schalttag ist's aber nicht gewesen, an dem das holde Zugreifen stattgefunden hat, denn der wird immer als der 24ste Februar eingeschoben. Romanus heißt der Kalenderheilige des Neunundzwanzigsten Feb. dieses Jahres, und so war auch das Kapitol der ganz richtige Ort für das glückbringende Ereigniß.

Vorgestern konnten Bertha und ich den einunddreißigsten

Jahrestag unserer Verlobung begehen; ich jedoch hatte schnöde dießmal das Datum ganz und gar vergessen. Da kam aber eine Karte des Bayreuthers Hans von Wolzogen, der im vorigen Jahre mit seiner Frau den Abschluß des dreißigjährigen Krieges bei uns mitgefeiert hatte und erinnerte freundlich daran.

Jedenfalls wird Frau Käthe im Jahre 1923 dafür gesorgt haben, daß ihr Mann nicht so „schlecht“ ist, wie der selige, alte Onkel Raabe! –

Du aber, liebe Marie, wenn Du nächstens in der blauen Grotte sitzen wirst, dann schäme Dich ein wenig ob Deines Worts vom „abgelaufenen Leben“. Welche Märchen- Groß- und Schwiegermutter hat je auf ihrem Altentheil in einem schönern blauen Lichte gesessen, als Du? –

Euer getreuer WilhRaabe

440. WILHELM JENSEN AN RAABE

Capri, 30 März. 1892.
(Albergo Francia).

„Capri nun hab' ich gesehn und des felsenumgürteten Eiland's
Aeußersten Rand“; ich gewahr's täglich fast übergenug.
Nun gebadet in lachendem Glanz; nun donnert der Südsturm
Hochaufgeifernde Flut wider das Felsengestad.
Lieblich-gewaltige Welt; doch dem nordischen Gaste zuvörderst
Kaum begreifbar und fremd: Sommer und Frühling zugleich.
Rosen und Lilien im Duft und die Sonnenblumen der Herbstzeit,
Und die Bignonie wirft weit ihre Tuben in's Blau,
Aber dazwischen erglühn die Terrassen von rosiger Pfirsich,
Tausendfältig, es stehn Birnen und Kirschen im Schnee.
Orchis und Iris und rings Anemonen in purpurner Schönheit,
Und der Asphodelos wiegt hoch seine Blüthen im Wind.
Ach, zu viel, dessen Name mir fremd, von der grauen Olive
Leichtem Schatten bedeckt, Sonnengeringel-umspielt.
Höher am Fels nun empor der Agaven gewaltiger Kelchschaft,
Haushoch, blüthenbehängt; drüber ein Urwaldsgewirr,
Stachlig-grotesk, des im Grund scheusäl'gen Opuntiercactus,

Feigen und Reben und rings rother Orangen Geflamm.
Allüberall im Gestein ein Gehusch zahlloser Lacerten,
(Auch die cocrulea schon traf mein begnadeter Blick.)
Was uns der Sommer an Faltern nur bringt, schon eint es der März hier,
Und die Cleopatra schwingt röthliches Gold durch die Luft.
Und von den Menschen? Nicht leicht, sie zu schildern. Ein wunderlich Völkchen,
Gierig und harmlos zumal, immer mit bittender Hand:
Signor, darete un sol'! Aber Kinder die Kleinen und Großen;
Lacht man mit ihnen und spaßt, stimmen sie fröhlich mit ein,
Auch wenn der Sol' ausbleibt. Ihre Pflicht zu erfüllen, zum Schluß nur
Lachen noch einmal sie nach: Signor darete un sol'! –
Hand in Hand dazwischen nun wandert das freudige Brautpaar,
Schlingt, wo dem Blick es entrückt, sich um den Nacken den Arm;
Froh des Lenzes und froh des berückenden Frühlings der Liebe,
Den wohl schönere Welt selten für Menschen umfing.
Seltsam sah ich sie jüngst: Mit dem Rausch in den leuchtenden Augen
Lipp' auf Lippe gedrückt, und in der Hand – Asphodil.
Da nicht als Trauersymbol erschien mir die prächtige Blüthe,
Wünschelruthe vielmehr schien sie des Glücks mir zu sein.
Das nun stell' ich den Göttern anheim, den alten und schönen,
Dran das Sirenengestad Sinne und Seele gemahnt.
Mählich lös' ich sein Räthsel mir auf: Wen *ein* Tag hierherbringt,
Schwankt, wie ein Trunkener schier, jeglichen Denkens beraubt.
Ging eine Woche ihm hin, so ernüchtert allmählich Kritik ihn,
Ja, er vermeint wohl, es sei mehr als genug ihr Verlauf.
Aber wer hier einen Monat verbracht, dem klang der Sirene
Zaubergesang in die Brust, daß er nur ihn noch vernimmt,
Willenlos dann und umwunden von goldenen Ketten der Schönheit,

Und es erlahmt ihm die Kraft, daß er sie jemals zerbricht.
Früher drum flieh ich von hier; doch aus weit nun entschwundenen Tagen,
Deren der Anfang gedenkt, grüß' ich, mein Alter, Dich heut!

W J.

441. WILHELM RAABE AN JENSEN

Braunschweig, 6 Juli 1892.

Liebe Freunde!

Das ist denn also der fünfte Sarg, den wir im Laufe der letzten achtzehn Monate aus unserer Familie herausgetragen haben! Aber dies Kind war unser lebendiges, lachendes Eigenthum; die Andern waren nur gute, freundliche Menschen, die uns verwandt waren. Und so haben wir begraben, was noch an Frische und Gesundheit in uns war, und das Alter ist in Wahrheit gekommen. Möge Euch ein gütiges Geschick vor *solcher* Öde im Hause bewahren und solchem Suchen in allen Winkeln!

Die Sache war so unbegreiflich einfach. Aus einem leichten gastrischen Fieber entwickelte sich eine Gehirnkrankheit. Als wir Eltern an eine glückliche Krisis glaubten, ruhiger Schlaf, warmer Schweiß eingetreten war, lag unser schönes Kind schon in der Bewußtlosigkeit des Sterbens. In der Johannisnacht um Mitternacht fing das Todesröcheln an, und um sechs Uhr Morgens stand das sechzehnjährige Herz still. In derselben Sturmnacht hätten wir dazu auch noch unser armes Gretchen verlieren können. Ich hatte ihr am Tage vorher telegraphirt und so saß sie auf dem Blitzzug von München her, und hinter Hof hat der im Felde halten müssen, weil einer der Wagen in Folge von einer Lampenexplosion in Brand gerathen ist. Habt Danck für alle die Liebe und Freundlichkeit, die Ihr ihr bei Euch erwiesen habt; sie ist für's Erste auch aus all' ihrem Glück und ihrem Streben herausgerissen; wird Euch aber wohl nächstens selber davon schreiben.

Wie das jetzt so ordentlich um Einen her ist! wie man sich nach dem Ärger seiner glücklichen Tage sehnt! Noch vor drei Wochen, wenn das Trudchen aus der Schule kam, flog in meiner Stube der Hut dahin, der Sonnenschirm dorthin und die Bücher überall hin. – „Jetzt scheerst Du Dich auf der Stelle hinaus und störst mich nicht weiter!" –– Wohin würde man heute selber seinen Dintenquark werfen, wenn man noch so gestört werden könnte!

Hoffentlich ist Mariens Befinden wieder besser. Gebt uns doch Nachricht von Euch und Euren Kindern, und nochmals, versucht die Götter nicht, indem Ihr Euch beklagt, daß Euer Haus leer werde, wenn Ihr eine Tochter an einen fremden Herd setzt! Ich habe Euch das schon gerathen in dem Briefe, den ich Euch nach Capri schrieb.

Euer getreuer WilhRaabe

442. MARIE JENSEN AN RAABE

München 6 Sept. 1892.

Mein liebes Räbele!

Für Deinen Brief vom Juli wollte ich Dir seit Wochen danken, aber die Kreise waren so eng um mich gezogen, daß ich nicht hindurch und herausfinden konnte. Das heißt, nicht mit den Armen und Händen zum Schreiben, nur mit den Gedanken, für die es ja keine Wälle u. Gräben giebt. Mir blutete das Herz, als ich Deinen letzten Brief las und seither dachte ich bei jedem Kummer der mich drückte, an das was Du mir geschrieben; und bei jeder Freude, die wir erlebten, ginget Ihr mit Eurem Leid mir zur Seite.

Da man nun einmal nicht Rast im Leben machen kann, sondern weiter u. vorwärts muß, so sind wir nun auch schon wieder beim Achten angelangt. Es wird eine trübe Feier bei Euch sein. Armer Lieber. Auch mir steht der Sinn nicht auf Geburtstagsfeier. Heut in 14 Tagen – am 20ten September – ist Käthe's Hochzeit. Der Tag ist mir noch ziemlich unklar in der Vorstellung. Aber herankommen wird er, wie Alles – unweigerlich.

Des Prinzen Vater, welcher wiederholt sehr liebevoll an Käthe geschrieben und sein Kommen zur Hochzeit versprochen hat, liegt mit einem Lungenkatarrh zu Bett, nachdem er sich kaum von seinem Fußleiden erholt hatte. So wird er schwerlich dabei sein am 20ten. Dagegen die Schwester, leider mit Hofdamen, der Minister – weil er die standesamtliche Trauung vollzieht – u. (wenn seine Frau nicht gerade in den Tagen niederkommt) der jüngere Bruder; Thea u. Maina mit ihren Männern, Paul und die Brüder Lugo. Auch die kirchl. Trauung ist bei uns im Hause. Seit 3 Tagen sind wir von Salvator zurück. Es regnet Ankertaue u. ich laufe täglich meine 6 Stunden in der Stadt herum, um alles zu beschaffen u. in Gang zu bringen. Daß Käthe u. Ernst in Florenz wohnen werden, habe ich Euch wohl schon einmal geschrieben. Wenn der Herzog nicht kommt, dann fahren die Beiden zunächst nach Meiningen. Denkt auch ein wenig an uns um die Zeit des 20ten herum! Was macht Gretchen? Kommt sie im Herbst nach München zurück? Grüße sie herzlich von mir, wie auch Berthchen und die andern Kinder. Ade! Und halt Dich tapfer und gesund!

Deine allzeit getreue Marie Jensen

443. WILHELM RAABE AN MARIE JENSEN

Braunschweig, 7 Septemb. 1892

Liebe Marie!

Noch einmal Dir und allen den Deinigen von Herzen Glück zum morgenden Tage! Wir hier feiern den achten September nicht.

Dein getreuer

WilhRaabe

444. WILHELM JENSEN AN RAABE

Schwabing, 7 Sept. 1892.

Mein lieber Alter!

Ich komme eben von Prien oder vielmehr von der Herreninsel hier an, wo ich mit der Thea und ihrem Kinde noch einige Tage in unablässigem Wolkenbruch gesessen, und muß Dich bitten, für diesmal mit einem kurzen herzlichen Gruß zum morgigen Tage vorlieb zu nehmen. Wir, vor allem Marie, befinden uns in schreckenvoller Bedrängniss von Nothwendigkeiten hundertfacher Art, da die Hochzeit der Käte auf den 20.Sept. festgesetzt ist; es ist noch ungewiß, ob der Herzog, der neuerdings wieder krank geworden ist, kommen kann, und manch' Anderes liegt noch im Undeutlichen. Dagegen wird unsere Familie, sämmtliche Kinder und Schwiegersöhne, anwesend sein.

Also tritt, wenn auch nicht freudigen Sinns, doch gut in Dein neues Lebensjahr ein, und es bringe Dir, was unsere grauen Köpfe noch von einem neuen Jahre wünschen und erwarten können!

Von Herzen in alter Liebe

Der Deinige W.J.

445. WILHELM UND BERTHA RAABE AN JENSENS

Braunschweig, 18 September 1892.

Gewiß, liebe Freunde – alte und junge – gedenken auch wir Eurer „um die Zeit des 20ten herum"! Wir schicken Euch unsere Glückwünsche zu dem schönen Tage und weit über ihn hinaus in eine schönste Zukunft hinein.

Viele Worte brauchen wir ja wohl wieder nicht dabei zu machen? Gedenket auch unserer in alter und junger Treue!

WilhRaabe

In Freud u Leid gedenket Eurer

Eure Bertha.

446. WILHELM JENSEN AN RAABE

München XXIII, 18 Oct. 1892.

Mein lieber Alter.

Ich schreibe Dir heute, um Dir meinen neuesten Verleger Emil Felber – Berlin, Halle'sche Str.4 – auf's beste zu empfehlen, der wohl einer Deiner größten und ächtesten Verehrer, noch ein junger, doch vortrefflicher und höchst sicherer Mann. Er wünscht sich auf's Höchste, etwas von Dir zu verlegen und hat mich gebeten, Dir nächstens in meinem Namen zwei kleine bei ihm erscheinende Bücher von mir persönlich überbringen zu dürfen. Er ist der einzige Verleger mit eigenem und sehr ernsthaftem poetischen Verständniß, den ich kennen gelernt, eher geneigt, zu viel, als zu wenig zu zahlen, und ich empfehle ihn Dir dringlich. Marie und ich waren nach der Hochzeit noch zehn Tage mit der Thea, ihrem Mann und Kinde auf der Herreninsel im Chiemsee, wo für einen Tag auch noch das glückselige junge Paar auf dem Flug nach dem Süden, zunächst der Villa Carlotta, dann nach ihrer eigenen Villa über Florenz bei uns vorkehrte. Darauf wanderten wir beiden Alten vom Bahnhof Prien, wo die Thea und ihr Mann gen Breslau davongefahren, nach St.Salvator hinauf und saßen dort, auf den See und die Fraueninsel hinunterblickend, allein wie vor einem Vierteljahrhundert in der Sonne vor'm leer und still gewordenen Nest. So machen es die alten Staare im Herbst; wenn die Jungen sich im Schwarm draußen auf den Stoppeln herumtreiben, kommen sie vor'm großen Wegzug paarweise noch für ein paar Tage zu ihrem Frühlingsbrutkasten zurück und zwitschern zwischen den fallenden Blättern wie einst in den Blüthenzweigen vor sich hin. Es sind närrische Vögel. – Nun hat Kälte und Regen uns hereingetrieben, hierher, wo's noch leerer und stiller ist. Mit herzlichem Gruß von Marie und mir für Dich und Bertha

der Deinige W.J.

447. WILHELM RAABE AN JENSEN

Braunschweig, 26 Oktober 1892.

Lieber Alter!

Mit Herrn Felber kann ich nicht in Geschäftsverbindung treten. Seit dem Tode meines Kindes ist mein ganzes litterarisches Geschäft in's Stocken gerathen; und wann und ob es mir möglich sein wird, noch einmal vor dem geehrtem Publiko den angenehmen Grazioso zu Rührung und Erheiterung zu agiren – wer kann mir das sagen?

Herzlichen Danck für die guten Nachrichten von Euch und Euren Kindern. Von uns kann ich leider nur weniger gute geben.

Bertha ist nur bei ihrer Jüngsten und versinkt von Woche zu Woche mehr in das Wort: „Es war zu hämisch, es war zu tükkisch vom Schicksal!“ Gretchen kommt zu nichts; aber ich kann sie unmöglich jetzt schon in ihre Kunstwelt wieder hinausschikken. Sie würde es selber auch nicht wollen. –

Die zwei Andern möchten wohl manchmal ihr Recht in Anspruch nehmen und wieder vergnügt sein in ihrer Jugend; aber sie wagen sich doch auch wieder nicht zu rühren und ändern läßt sich das noch nicht.

Wenn Ihr ein Mittel wüßtet, was uns über das demnächstige Weihnachtsfest weghelfen könnte, so wären wir Euch sehr dankbar dafür. –

Grüße Deine Marie! – Dein getreuer WilhRaabe

N.B. Schreib doch an Herrn F. ein paar Worte, daß er sich nicht vergeblich persönlich zu mir auf Reisen begiebt.

448. WILHELM JENSEN AN RAABE

München XXIII, 22 Dec. 1892.

Mein lieber Alter.

Es ist bedrückend, diesmal am Weihnachtsabend bei Dir einzutreten, denn man kann es nicht mit frohem Gruß, und es ist bei Euch im Zimmer nicht hell, sondern trüb. Auch wir lassen zum erstenmal den Sonnenwendbaum in seinem Walde weiter wachsen und sitzen bei'm Alltags- oder Allabendslicht. Vor siebenundzwanzig Jahren zündeten Marie und ich uns zu zweien unsere erste schwäbische Tanne in der Forststraße in Stuttgart an; nun, nachdem wir länger als ein Vierteljahrhundert alljährlich dies Kerzengeschäft betrieben, haben wir es in die Hände jüngerer, leistungsfähigerer und – freudigerer Firmen übergeben und uns still auf's Altentheil gesetzt. Man hat mit Goldschaum und Nußsilber lange genug mitgethan, um seinen Zuschauerplatz am Ofen einnehmen zu können.

Ja, der Weihnachtsabend 1865, als am andern Morgen der fast hochgeborene Freiherr von Reischach beinah vierspännig bei uns vorfuhr und auf den Tannenbaum in unserm „Salon" blikkend, verwundert frug: „Schon Kinder?"

Wir hätten „ja" antworten sollen, denn was für ein paar große, fröhlich-sorglose Kinder waren wir beide selbst noch.

Nun ist's denn wie damals, nur zwei alte Kinder sind wir inzwischen geworden, und ganz trifft's auch nicht zu, denn der Paul, der eben zwei Drittel seines Staatsexamens trefflich überstanden, kommt heut' Abend von Jena, so daß wir am Weihnachtsabend doch zu dreien, resp. zu fünfen mit den Gebrüdern Lugo sitzen. Zu dreien sitzen sie auch in Heidelberg, während in Breslau und Florenz eine wunderliche Gesellschaft zusammen ist, denn dort sind sie zu viertehalb und zu drittehalb.

Erinnerst Du Dich noch, wie der große Petrefactendoctor beim Bestimmen meiner Versteinerungen im dritten Stock über'm Feuersee sagte: „Ja, da thut Einem's Fraule leid. Also das nenne wir Terebratula anuliearis". War's eigentlich gestern oder vor einem Jahrhundert auf einem andern Planeten? mir ist's nicht ganz klar. –

Ich schicke Dir anbei unter Kreuzband ein wenig, was ich im letzten Jahrzehnt „vom Wegrand" mitgenommen. Es ist so etwas wie ein Korb mit kleinem Backwerk zu gelegentlichem Verknabbern und paßt deshalb in die „Zwölfnacht"-Zeit, in der die Germanen von jeher solcher Beschäftigung oblagen. Auch mit einer Potpourridose hat's eine gewisse Aehnlichkeit; möge der Geruch Dir nicht mißfallen.

Lebt wohl, meine Lieben! Ich grüße Euch zum Jahr 1893 – und tretet über seine Schwelle mit so frischem, neuem Lebensmuth, als Ihr es möglich machen könnt! Denn es hilft nichts anderes, als sich ihn mit Gewalt aufzunöthigen.

Von Herzen der Eurige W.J.

449. MARIE JENSEN AN RAABES

München 22 Dez. 1892.

Meine lieben Freunde!

Wie oft waren meine Gedanken bei Euch, aber ich wagte nicht zu schreiben, weil ich nichts Vernünftiges zu sagen wußte! Wenn man sich selber nicht in guter Verfassung befindet, kann man Anderen nicht viel sein. Ich wollte Ihr lebtet in München oder wir in Braunschweig, dann könnte doch einer den andern oft ein

Stück Weg's begleiten u. ihn aufheben wenn er müde u. traurig wäre! So aber – brieflich – wenn man vom Leben des andern nichts mehr mit Augen sieht – wie schwer ist das! Ein Mittel über diese „Feiertage“ hinüberzukommen, weiß ich nicht. Ich bin leider „ein Kerl vor dem einen Gott bewahr', hat keinen Festtag im ganzen Jahr“, denn mir ist es nur dann wohl, wenn das Leben seinen gleichmäßigen Trott geht u. ich bei meiner Arbeit vor der Staffelei sitzen kann. Hättet Ihr mein Treiben in den letzten 14 Tagen gesehen, dann würdet Ihr sagen: Lege Dich zu Bett u. schlafe Dich zurecht u. wenn's auch bis zum jüngsten Tage dauern sollte. Meine Seele ist geviertheilt, der Körper gerädert, der Kopf zerschlagen u. der Verstand herausgefallen. „Was hast Du langweilige Person denn immer zu jammern?“ höre ich Dich, lieber Freund, im Geiste fragen. Siehst Du, schreiben kann ich das nicht, aber wie gern würde ich es, wenn ich Dich bei der Hand hätte, in Dein Herz hineinschütten. Das könnte Dir vielleicht gegen eignes Leid etwas helfen. Vor Allem aber wünsche ich Euch, daß unsere besten Freunde, das Vergessen u. die Gewöhnung, von denen wir in unserem tiefsten Kummer am wenigsten hören wollen, sich mehr u. mehr zu Euch gesellt haben. Was macht das Gretchen u. wann kommt es wieder nach München? Lebt wohl Ihr Lieben. Von ganzem Herzen grüßt Euch

Eure Marie J.

450. WILHELM RAABE AN JENSENS

Braunschweig, 29 Decemb. 1892.

Liebe Freunde!

Habt Danck für Eure lieben Briefe! weiter können wir Euch nichts sagen. – Daß wir Euch und den Eurigen zu jeder Zeit das schönste Glück wünschen, wißt Ihr. Sylvester brauchen wir nicht abzuwarten, um das Euch noch mal zu wiederholen.

Wir hier sind am Abend des Vierundzwanzigsten auf dem „Central-Friedhofe“ gewesen; Bertha und die Mädchen haben ihre Kränze auf den kleinen verschneiten Hügel hingelegt und dann sind wir wieder nach Hause gegangen, um das Fest daselbst weiter zu feiern: „Friede auf Erden und den Menschen ein Wohlgefallen!" – Meine Frau möchte Gretchen bald wieder in's Weite und zu ihrer Kunst hinausschicken. Ich möchte es auch; aber da wird der Kreis am Tisch noch enger und wortloser; und unsere Älteste ist es doch, mit welcher die arme Mutter jetzt am liebsten verkehrt. Am Ende wird man auch hier den Entschluß eines Tages der Stimmung des Augenblicks überlassen. Geschrieben steht es ja schon, was geschehen wird!

Besten Danck auch für das Buch vom Wegrande. Es sind sehr schöne Sachen drin; aber die Moskowiter-Geschichte, „Ein Besuch" hätte ich gestrichen. Ich habe in den letzten Wochen noch einmal eine Correktur meines „Frühlings" lesen müssen: Schade daß ich den nicht auch streichen konnte! –

Wenn Ihr Euren Kindern schreibt, so grüßt sie Alle von uns! Der ihre Christbäume haben hoffentlich im Norden wie im Süden im hellsten Lichte gestrahlt!

Euer getreuer WilhRaabe

451. WILHELM RAABE AN JENSEN

Braunschweig, 14 Februar 1893.

Mein lieber Alter!

In gewohnter Weise die treuen Glückwünsche zu Deinem Geburtstage! Dir und allen den Deinigen!

Ende dieses Monats langt, wenn nicht noch etwas dazwischen kommt, Gretchen wieder in München an. Die mag Euch dann mündlich genauern Bericht von uns und unseren Zuständen geben. Am nächsten Sonntag würde unsere Gertrud siebzehn Jahre alt geworden sein. –

Euer WilhRaabe

452. MARIE JENSEN AN RAABES

St.Salvator 11 Juli 93.

Liebe Freunde!

In aller Eile Gruß u. Gutheil auf den Weg! Wir kommen gerade hier an u. sind am Auspacken; freilich nur für 14 Tage, dann müssen wir nach Breslau. *Ungeheuer* freuen wir uns, Euch zu sehen! Laßt uns den Zug wissen, mit dem Ihr kommt! Wie anders Wilhelm bist Du in natura als auf dem Ausstellungsbilde! War es nicht hübsch, daß uns ein gütiges Geschick zweimal in den 3 Tagen unsres Münchner Aufenthaltes Gretchen in den Weg führte? Hoffentlich bleibt das Schicksal noch eine Weile in der Gebelaune u. bringt auch Euch! Thea, Paul, Maina, Käthe u. den vier Enkeln geht es gut. Wir Alten sind ziemlich reisemüde, werden aber leider erst Ruhe im Eskurial finden!

Vorher noch auf Wiedersehen! Herzlichste Grüße von

Wilm und Marie

453. WILHELM RAABE AN MARIE JENSEN

Braunschweig, 13 Juli 1893.

Liebe Marie!

Wenn uns nichts dazwischen kommt, so werden wir Gretchen übermorgen (15) Nachm. 12 1/2 Uhr auf dem Münchener Centralbahnhof reisefertig vorfinden und es für's Erste mit nach Reichenhall weiternehmen. Aber an St.Salvator-Prien führt dieser „Ferienzug" vorüber ohne anzuhalten. 6.20 sind wir in Reichenhall und werden von da eine Rundfahrt durch Eure Berge machen. Zur Rückreise steht uns jeder fahrplanmäßige Zug frei und wenn ein Zusammenkommen mit Euch möglich ist, so wirds erst dann sein können. – Dies werden wir uns unterwegs mit Gretchen überlegen. –

Herzlichen Dank für Deinen Brief, der gestern grade zu B.'s Geburtstage anlangte und herzlichen Glückwunsch auch zu dem Florentiner Enkel, dessen Ankunft uns die Zeitungen mitgetheilt hatten. –

München haben wir uns natürlich für die Rückfahrt verspart; meine Frau kennt es noch nicht, Lisbeth und Klärchen sind sehr gespannt darauf, und ich habe eigentlich nichts da zu suchen, da die Freunde und Bekannten doch wohl sämmtlich sich auswärts befinden werden. – Hoffentlich thut die Reise uns Allen gut, es ist jedenfalls einmal eine Aufschüttelung im öden „Gleichmaaß der Tage". Die Aussicht auf den ungestörten Sophaplatz (ohne

Backenmuster) in Deinem Eskurial ist aber doch das Beste im 62sten Lebensjahre.

Alle grüßen Euch Alle schönstens. Behaltet uns lieb!

Dein alter treuer

WilhRaabe

454. WILHELM RAABE AN JENSENS

Ischl, 21 Juli 1893.

Nun noch die Keltischen Knochen. Prien wahrscheinlich übermorgen.

WilhRaabe.

455. MARIE JENSEN AN RAABE

St.Salvator 6 Sept. 93.

Liebes Räbele!

So wäre denn der Achte wieder einmal da! Jeder von uns hat seine Reise hinter sich u. es ist, wie auf dem letzten Blatt der Melusine von Schwind, alles wieder wie vorher! Ihr sitzt in der Leisewitzstr. u. wir vor der Salvatorkirche in gewohnter Attitudine. Leider war unser Zusammensein so kurz, daß man nicht viel über das äußerliche Sichbesehen hinauskam. Aber auch nur das wieder einmal gehabt zu haben, that mir wohl. Sah ich doch, daß Du noch ganz der Alte warst! Und zugänglich der Lebensfreude seid Ihr beide noch u. Eure Mädchen erst recht; Ihr solltet derselben nur die Herzen und Thüren aufmachen! Keine grauen Spinnweben sich ansammeln lassen! Die Trauer um ein geliebtes verlorenes Kind wird wohl immer im Herzen verbleiben, aber sie braucht nicht zu verbittern. Den Ueberschuß von Liebe übertragt Ihr nun auf die Euch verbliebenen Kinder!

Schöne ruhige Lebensfreude kann man in den bescheidensten Verhältnissen haben, und mit noch so viel Geld kann man sie sich nicht kaufen.

Wir sitzen hier augenblicklich ohne Mädchen, Paul ist bei uns, u. die Gastwirthschaft neben uns funktionirt nicht mehr, da der Wirth fortzieht in diesen Tagen. So koche, spüle, fege ich allein u. habe so viel Arbeit, daß die Sozialdemokraten mit mir zufrieden sein könnten, aber Zeit für Ruhe und Platz für Lebensschönheit muß immer genug übrig bleiben, trotzdem wir durchschnittlich nicht mehr als 2.50 höchstens 3 M täglich hier verbrauchen. Ich schreibe alles auf. Dies theile ich nur mit, liebes Räbele, weil ich das Gefühl habe, als dächtet Ihr, wir schwelgten in Wohlleben, wie protzige Kommerzienräthe. Dick u. fett bin ich nicht von Süßigkeiten u. Faulheit, sondern von dem unerbittlichen täglichen Essenszwang u. weil mir, wie dem armen Hamlet alles, sogar der Kummer, anschlägt.

Dies ist ein recht dummer Geburtstagsbrief geworden! Zu solchem Fest soll man sich etwas *Schönes* sagen und nicht mit der Feder durch Dick u. Dünn gehen, wie mir's manchmal passirt. Es ist hier jetzt ganz einsam und still geworden, alle Sommergäste haben Prien u. Umgegend verlassen. So ist es am Besten hier. Die alte Linde im leeren Wirthsgarten rauscht u. der Himmel hängt voll silberner Wölkchen.

Was Deine Augen hier freundlich angeschaut haben, grüßt Dich, liebes Räbele! Aber Du hast nicht vieles freundlich angeguckt! Die „goldnen Augen der Waldeskönigin" waren etwas weltmüde. Möge Deine Muse sie Dir am Achten wieder hell und klar reiben, auf daß Du fröhlich in das neue Jahr hineinlorgnettiren kannst!

Grüße Bertha u. die drei Kinder herzlich. Immer Deine alte treue Freundin

Marie.

456. WILHELM JENSEN AN RAABE

St.Salvator, 6 Sept. 1893.

Mich haben Eure Namen
Empfangen auf dem Blatt,
Als wir nach Hause kamen
In die gekochte Stadt.

Sie sah uns rasch von dannen
Zur Kühlung wieder ziehn,
Wo unter schwarzen Tannen
Die Schlucht abfällt zur Prien.

Doch kommt zu richtiger Fühlung
Man mit dem Himmel nie:
Jetzt haben wir die Kühlung,
Vielmehr uns hat nun sie.

Wir klappern mit den Zähnen
Im dicksten Winterrock;
Der Regen strömt in Strähnen,
Und in uns quirlt der Grog.

Der macht allein mich fähig,
Daß mit gewärmter Hand
Von unserm Nebelsee ich
Dir diesen Gruß gesandt.

Du kennst ja die Kajüte,
Aus der den Weg er nimmt,
Die jetzt wie eine Schüte
Im Wattenmeere schwimmt.

Es steht das Barometer
Dazu am höchsten Rand;
Der alte Wolkenpeter
Verlor den letzten Verstand.

Laß Dir er und den Deinen,
Im Fall er's noch vermag,
Vernünftige Sonne scheinen
An Deinem Werdetag! W.J.

P.S. Etwas scheint er zur Räson zu kommen;
Doch ich hab', betreffs des alten Knaben
Mir ein Sprüchlein auf den Weg genommen:
„Bu' Di nicht up den da baben!"

456a. WILHELM JENSEN AN RAABE

St.Salvator, 6 Sept. 1893.

Durch einen Mißgriff meiner Hand
Ward Dir mein Gruß zu früh gesandt,
Und zwar, statt einer Correctur,
Mit eingebogenem Umschlag nur.
Nun folgt mein Wunsch zur rechten Stund':
Sei froh! Schreib' Gutes! Bleib' gesund!

W.J.

457. WILHELM RAABE AN JENSENS

Braunschweig, 7 Sept. 1893.

Liebe Freunde!

Ja, nun liegt auch für uns hier hinter dem Sonnentage bei Euch auf dem Lande und dem Wasser mehr als ein kühler und regnichter Tag; aber ganz so arg wie's im Liede (Wilh. Jensens) steht, ist es bei uns doch nicht gewesen. Der norddeutsche Sommer hat sich bis zuletzt trocken und warm gehalten, und wir haben die letzten 4 Wochen durch unsere Harzberge doch noch einige Male schweißtriefend erklettert.

Das Vergnügen läuft nun auch ab; und wieder ist der achte September – *unser* achter September vor der Thür, liebste Marie! Welch ein Genügen ist es nun für uns, daß wir jetzt sowohl in St. Salvator am Chiemsee, wie in der Schwabingerstraße so viel besser Bescheid um Euch wissen! Ihr habt es wahrlich wieder verstanden, Euch Eure Nester behaglich einzurichten: daß die Kleinen allgemach ausgeflogen sind, war ihr Recht; also singt und seht ihnen nur nicht zu elegisch nach. Ihr habt doch Euer Behagen dran, und Kindeskinder werden Euch das Haus bald wieder mit neuem Gepiepse, Flattern, Flügelschlagen und Schnabelaufsperren lebendig genug machen.

Wir sind wieder in unsere alte Stille zurückgesunken.

Gretchen wird wohl im Oktober wieder in München anlangen und Euch Genauestes über uns mündlich und ausführlich berichten. Daß ich jetzt in München nach einer Karenzzeit von fast einem Vierteljahrhundert von Neuem mal „Bilder“ gesehen habe, ist mir ihretwegen auch lieb. Man kann doch mit mehr Berechtigung sein Wort zu den Bestrebungen des Kindes hinzugeben. –

Und nun, alte Freundin, liebe Marie, noch einmal meine besten Glückwünsche zum Tage von Mariae Geburt: Bertha und die drei Mädchen schließen sich dem auf's Herzlichste an. Ich für mein Theil werde morgen meine Zweiundsechzig nach gewohnter Weise „in alls gedultig“ auf mich nehmen.

Ist beifolgendes Poem *doch* von *ihm,* so lege ich es Dir auf Deinen Geburtstagstisch. Er wird kein Exemplar mehr davon haben.

Ist es nicht von *ihm,* so hat er es mir jedenfalls einmal in der Silberburgstraße oder am Feuersee geliehen, und ich erstatte ihm nun sein Eigenthum zurück. Dunkel ist es mir, als habe er vor fast einem Menschenalter sehr darauf gedrungen! –

Seid gesund und vergnügt morgen, wie auch die Erdenwitterung bei Euch sein möge. Grüßt die Lugos und alle anderen guten Freunde und Freundinnen im Chiemgau wie in München.

Euer getreuester WilhRaabe

458. MARIE JENSEN AN RAABES

München, 22 Dez. 93.

Liebe Freunde!

Vor ein paar Tagen, als ich Gretchen in seiner Wohnung aufsuchen wollte – ich hatte ihm vorher geschrieben u. keine Antwort erhalten – da war es ausgeflogen. Meinen Brief hat die Wirthin noch. Sie sagte, er wäre unmittelbar nach der Abreise des Fräulein Raabe gekommen. Das war eine rechte Enttäuschung. Daß ich in all den Wochen nichts von mir hören ließ, hatte seinen Grund darin, daß ich mehr todt als lebendig war. Mein Bruder ist vor einem halben Jahre mit seiner Familie hieher übergesiedelt u. bereitet uns entsetzlichen Kummer u. Sorgen. – In Breslau lag ein Enkel sterbenskrank, Briefe u. Telegramme flogen 2 Wochen lang täglich hin und her. Jetzt geht es besser, doch ist das Kind noch sehr schwach. Der arme Emil Lugo hat seit 14 Tagen eine Lungenentzündung, fiebert immer noch. Ich selber lag 8 Tage mit Bronchialkatarrh zu Bett, laufe nun aber wieder hinaus u. kümmere mich um den Rest nicht mehr. Gottlob unser Bett auf der Fraueninsel ist gemacht, das Grab geschaufelt u. sogar gemauert. Wir haben uns im Herbst den Platz dort auf dem Kirchhof ausgesucht u. gekauft. So sind wir doch wieder Grundbesitzer! –

Vorläufig will ich aber noch Kloster Lugau zu Ende lesen. Ein echtestes mit der Raabenfeder geschriebenes Buch, an dessen Gedankenkunstwerk ich mich jeden Abend erbaue. Jeden dritten Satz darin möchte ich mir abschreiben! Liebstes Räbele, sei herzlich bedankt dafür. Mich freut es, an dem Buch zu sehen, daß Dein heiliger Born noch köstlichste Labe in Hülle u. Fülle hat! – Das Zuckerwässerlein, welches Du mir am 8ten geschickt „Mit geschlossenen Augen“ ist nicht von Wilhelm. Er kannte es nicht, hat aber einen ähnlichen Gedanken einmal in Verse gebracht. Ich glaube im Skizzenbuch. Lebt wohl Ihr Lieben alle fünf. Bleibt gesund u. behaltet im guten Andenken

Eure Marie

In 14 Tagen wirst Du wohl wieder hier sein, liebes Gretchen? Dann komme doch recht bald zu uns!

459. WILHELM JENSEN AN RAABE

München, 22 Dec. 1893.

Das steht auch drin: Zu lesen brauchst Du's nicht!
Ich bin kein solches Ungeheuer,
Das einem Freund dreibändiges Feuer
Zu schlucken giebt. Ich kenne meine Pflicht,
Dem deutschen Volke Futter aufzutragen,
Doch schon' ich vor Beschwerung Deinen Magen.

Ja, Nebel in dem Buch, und Nebel auch
Um uns herum. Es ist des Himmels Brauch,
Auf Sonnenschein gern folgen ihn zu lassen
Und etwas grau in grau den Tag zu fassen.

Und wenn er auch bis an den Schmerz nicht reicht,
(Longfellow sagt's), so ähnelt er
Dem Kummer doch so ungefähr,
Wie Nebelgrau dem Regen gleicht.

Da blinkt denn passend auf die Kerze
Zum alten Sonnenwendnachtscherze
Und läßt aus knisternd grünen Nadelzweigen
Traumhaft den Harzgeruch der Kindheit steigen.
Fern hören wir der Weihnachtsglocken Bimmeln,
Wir lassen die Gedanken schweifen,
Und während Lugo's lautlos um uns wimmeln,
Gedenk' nach Lugau ich zu greifen.

Und kommt dann wieder Sonntagabendzeit,
Da schließen wieder wir einmal
Die alte Truhe der Vergangenheit
Und trinken für die neue uns bereit.
Glück auf, mein Alter, dann zur neuen Zahl!

Der Deinige W.J.

460. WILHELM RAABE AN JENSENS

Braunschweig, 23 Dec. 1893.

Liebe Freunde!

Nach alter Weise den Weihnachtsgruß! Wir haben eigentlich

Oldenbourg – Wilhelm Raabe – 9/11 Gar. vo 252

noch eine Nachricht für Euch; aber der Kaiser muß erst sein Wort dazu sagen: also – demnächst Genaueres.

Euer getreuer WilhRaabe

461. WILHELM UND MARIE JENSEN AN RAABES

München 18 Jan.94.

„Freude herrscht in Jensen's Hallen" – Aber so eigentlich völlig *überrascht* waren wir nicht! Unsere Augen sind in solchen

Dingen schon einigermaßen geübt u. erfahren! Aus Lisbeth leuchtete im Sommer bereits so etwas still vergnügtes heraus u. die Karte nach Afrika erregte ein allgemeines Lächeln u. Schütteln des Kopfes. Möge Euer liebes Kind glücklich werden! Es läßt sich so herrlich mit Lisbeth lachen u. das ist viel werth in diesem garstigen fin du siècle. Für Euch beiden Eltern freut es mich, daß die Trennung noch nicht in allernächster Zeit bevorsteht! Also Glück auf Euch Allen! Eure getreue

Marie Jensen

[W.J.]

Von mir ein Gleiches für Vater, Mutter und die Hauptbetroffenen, mit der reservatio mentalis et experientıae, daß der Anfang leicht ist, aber die Fortsetzung – wenigstens für die beiden ersten – einen herbmundenden Nachgeschmack mit sich bringt. Nun, möge die No 3 von diesem nichts oder nicht zu viel verspüren! Das ist das Wichtigste und der Wunsch für sie und Euch des Eurigen

W.J.

462. WILHELM RAABE AN JENSEN

Braunschweig, 15 Febr. 1894.

Lieber Alter!

Herzlichen Glückwunsch zu Deinem heute beginnenden Achtundfünfzigsten. Was bist Du noch für ein junger Mann! ... Leider schien uns in Deinem letzten Brief nach unserm Familienereigniß, eine ziemlich trübe Stimmung zu herrschen; aber hoffentlich hat wie mich, so Dich die Große Kölner Karnevalsgesellschaft zur Verschönerung ihres 50jähr. Jubiläums zum Ehrenmitglied gemacht! – also – laß uns die gewohnte gute Miene zum Narrenspiel dieser Welt weiter machen. –

Zwei ähnliche Ruheplätze wie Ihr auf der Fraueninsel, haben wir auf hiesigem Centralfriedhof neben unserer Gertrud (nächsten Montag würde sie 18 Jahre alt geworden sein) in's Auge gefaßt. Aber kommen wir da zur Ruhe? Eine Bürgschaft haben wir dafür so wenig, als wie Ihr mit Euren so behaglich ausgemauerten Stellen.

Ein sauberer Geburtstagsbrief! wird Marie sagen und hat Recht. – Unser Gretchen scheint sich in Eurem Münchener Karnevalstreiben recht lustig mit herumgeküselt zu haben. Ob sie sich nachher auch hat „beascheln“ lassen, hat sie nicht geschrieben. Dagegen geheimnißvoll von einem großen Gerauf unter ihren Kunstgenossen, den Sezessionisten. – Bertha hat heute Näherei und Mädchenwechsel, sie sendet aber ihre schönsten Grüße und ebenfalls Glückwünsche zum Geburtstage.

Von Lisbeth Danck für Eure Glückwünsche zur Verlobung. Auch an Freund Lugo, über dessen Brief sie sich „riesig“ gefreut hat. – Alles bleibt zwischen uns wie es seit 1866 war. Nicht wahr, Alter?

Dein getreuer WilhRaabe

463. WILHELM RAABE AN MARIE JENSEN

Braunschweig, 6 Septemb. 1894.

Meine liebe Marie!

Wieder ein Jahr! Und wieder das Blatt mit den alten sauersüßen Glückwünschen! Und doch so wohlgemeinten! – Gretchen erzählte uns, daß es Wilhelm im Frühling nicht ganz gut ergangen wäre; auch Dr.Glaser, der Euch mit Kaden in Neapel gesehen hatte, behauptete, der Ewig-Junge sei nicht recht auf seinem Schick gewesen. Das soll nicht sein! und hoffentlich ist es auch schon lange in dem stillen Sankt Salvator besser und anders geworden. Eure Kinder und Enkel haben Euch hoffentlich nur Freude gemacht! –

Wir haben still gesessen, und nur unsere jetzt Jüngste reisen lassen. Im Juni war sie mit der Frau Dr.Sträter in Ahlbeck auf Usedom und guckte nach Vineta im Wasser aus. Im Juli war sie mit einem Fräulein Wilhelm auf dem Mendelhofe bei Bozen, und erst am ersten September kam sie von Roncagno im Suganathal nach Hause; wo schon wieder ein Brief der Frau Notter lag, der sie nach Stuttgart für den Herbst einlud: Alles zur Belohnung eines glücklich bestandenen Seminaristinnenexamens.

Lisbeth näht heftig an ihrer Aussteuer; ihr Schatz auf dem Aviso „Wacht“ hat augenblicklich noch die Schießscheiben für das ganze Geschwader bei Kiel hin u her zu ziehen. Wenn nichts dazwischen kommt, soll die Hochzeit im Januar sein. –

Gretchen ist Euch vor Eurer Abreise nach Prien noch in München begegnet, und wird im Oktober auch wohl dahin zurückkommen. Ich korrigire – nach 25 Jahren – die zweite Auflage des Schüdderump. Eine sehr zweckmäßige Beschäftigung für Einen, der sich schon zu zwei Dritteln auf dem schwarzen Karren fühlt. –

Mit neuer Arbeit will's nicht mehr fort:

„Nicht will der Meth mehr schmecken; –
„Ich fühle des Helms Gewicht,

sagte ja wohl der alte Bela? –

Bertha ist heute mit den zwei Ältesten nach Goslar; ich muß mit Klärchen nach Wolfenbüttel, um meiner Schwester ebenfalls zum Geburtstage (dem 61sten) Glück zu wünschen. – Frau Alwine Müller hat geschrieben, daß unser alter Freund Otto furchtbar gelitten habe, und daß der Tod eine wahre Erlösung für ihn und Alle um ihn her gewesen sei. Wo sind die Jahre, wo wir alle, da am Feuersee so um einander herum wohnten? Laßt uns wenigstens in Gedanken zusammen – treu beieinander halten! Ich für mein Theil bin häufiger bei Euch, als Ihr's vielleicht denkt.

Bleib mir gut, alte Freundin! Ich bleibe es Dir als Dein

treuester WilhRaabe

Die Glückwünsche natürlich von dem ganzen Hause, d.h. dem ersten Stockwerk, Leisewitzstraße 7. –

464. MARIE JENSEN AN RAABE

St.Salvator 6 Sept. 1894.

Liebes Räbele!

Starrend vor Frost steh ich vor Deinem Achten u. reiche Dir die verklamte Hand hinüber! Es schüttet hier ganz sündfluthlich u. Wilhelm der Großvater heizt von früh bis spät sein Öfchen.

Letzten Montag haben wir den 5ten Enkel in Heidelberg bekommen. Ach Gott – seit dem Winter schon – seit ich die nähere Bekanntschaft der Tante Kennsiealle u. des süßen blonden Eckbert gemacht u. seit ich im Kloster Lugau den Kuchen der Tante Euphrosyne gerochen, war ich beständig auf dem Sprunge, Dir zu schreiben, zu danken, aber das Schicksal der Racker hielt mich beständig beim Ohrlappen fest, u. verhinderte es, daß die wärmsten Empfindungen in tintige That umgesetzt wurden! Seit Wilhelm sich von der Krankheit, die er sich im Lande der Goldorangen geholt, genesen, u. ich das Amt der Pflegerin niederlegen konnte, bin ich unter die Baumeister gegangen. Salvator that uns so wohl, daß wir den Entschluß faßten, nicht nur für's Sterben, sondern auch noch für die paar Lebensjahre uns hier festzuankern. Eine Art Hausplan trug ich schon seit Jahren in mir herum; ihn brachte ich zu Papier u. trug's dann zu einem Maurer- und Zimmermeister, welche sich für ein paar tausend Mark bereit erklärten. Ein Stück Weizenacker wurde gekauft, der Plan war vom Bauamt genehmigt u. nun nach 6 Wochen Arbeit steht er fast fertig da! Wenn nur der Himmel nicht so entsetzlich darüber heulen wollte! Das kostet uns gerade 1000 M. mehr. Ein Zehntel von der ganzen Geschichte! Denn nun müssen wir drum herum, drunter durch u. weit hinaus einen Kanal bauen lassen, um Haus u. Grundstück zu entwässern. Die ganze Gegend hat sich in einen See verwandelt. Und doch liegt unser Bau viel höher als die jetzige Wohnung; ungefähr 300 Schritte Schritte davon entfernt, den Hügel hinauf. Blick auf die Berge, den See, die Inseln u. weit in's Land. Das Glück in dem Häuschen wirklich zu wohnen, scheint mir manchmal für diese Welt zu groß. Wilhelm u. ich freuen uns wie die Kinder darauf. Es wird ein richtiges Bauernhaus mit weit überkragendem Dach, 13 m lang, 11,50 breit. Ein kleines Gärtchen mit lauter Lieblingsbäumen u. Blumen läuft rings herum. – Ihr seid jetzt wohl auch in geschäftigem Rüsten für Lisbeth! Wann wird die Hochzeit sein? Grüße Bertha u. die Kinder herzlich. Mein lieber lieber Alter! Könnte man sich doch wenigstens einmal im Jahre wiedersehen! Für wie lange werden wohl die paar Stunden im Jahr 93 vorhalten müssen?

Von Herzen grüßt Dich Deine getreue

Marie.

465. WILHELM JENSEN AN RAABE

St.Salvator, 6 Sept. 1894.

Wasserumtrieft am knatternden Ofen grüß' ich Dich, mein lieber Dreiundsechziger. Wie sich's mit dem, von der Philosophie und der Geschichtskunde entdeckten Fortschritt der Menschheit zu einer höheren Entwicklung verhält, verstehe ich nicht zu beurtheilen, aber daß sich Himmel und Erde in jedem Sommer mehr dem Urzustand eines Schlammwasserbrei's wieder annähern, unterliegt mir keinem skeptischen Zweifel, und ebenso nicht, daß wir dabei von Jahr zu Jahr älter werden. ‚Tacitis annis!' sagte der alte Poet und spielte damit vermuthlich um ein paar tausend Jahre voraus darauf an, daß wir während unsres herkömmlichen Sonnenumlaufs eigentlich nur einmal im September, resp. Februar etwas von einander hören, die übrige Anzahl von trocknen und nassen, guten und üblen Tagen dagegen mit einer Schweigsamkeit zudecken, die nicht viel gründlicher sein könnte, wenn man uns selbst schon mit fünf oder sechs Schuh Erde zugedeckt hätte. Dafür kann ich meinerseits nur das Argument aufbringen, daß ich vier Kinder im ‚Ausland' habe, denen ich – auch fast niemals schreibe, und dies letztere möge mir auch in Deinen Augen ein wenig Indemnität eintragen. Oder wenigstens, ‚ergreife ich die Feder' für sie gleichfalls nur dann, wenn sich wieder ein neuer Geburtstag im engeren Sinne bei ihnen zugetragen, wie vor drei Tagen in Heidelberg, und meine großväterliche Ueberschau sich dadurch abermals erweitert hat. Auch in Florenz oder z.Z. Villa Carlotta am Comersee hält man wieder solche Neuerung für mich in Bereitschaft, so daß ich mich anschicken muß, in meinen alten Tagen noch weiter als bis fünf zählen zu lernen. Juno Lucina mag wissen, wie weit noch.

So denn auch Dir die zwar nutzlosesten, aber besten Glückwünsche zu Deinem Geburtstage und seinen nächsten 364 Nachfolgern! Dir und mir wünsche ich dazu, daß ich nach Ablauf der letzteren Dir den gleichen Gruß noch erneuern kann, obwohl wir uns bis dahin wohl mit Kiemen zu versehen suchen müssen und es die Frage ist, ob eine Fortdauer in Amphibiengestalt uns noch besonders lohnend erscheinen wird. Augenblicklich wäre die Vollumwandlung zum Fisch für mich entschieden am vortheilhaftesten, um dies Blatt an Dich zur Post nach Prien hinunter zu fördern, denn die Straße ist kein Weg, sondern ein Hechtgraben mit Karauschenweihern als Zwischeneinsätzen.

Ansingen kann ich Dich bei dieser Herrlichkeit der unbegreiflich hohen Werke nicht, ich glaube, dazu würde auch die Stärke des obersten Lyrikers aus dem modernen Musenalmanach nicht mehr ausreichen. Doch fallen mir bei'm letzteren ein paar Verszeilen ein, die ich, wenn sie auch nicht grade geburtstäglicher Natur sind, an die Stelle setzen will, und die sich der Verherrlichung eines in der „Gesellschaft der Modernen“ gehaltenen Vortrags „Ueber die Lyriker von gestern und von heute“ befleißigen:

Die Lyriker von gestern
Stammten aus schwächlichen Nestern,
Sie hatten die Musen zu Schwestern
Und tranken aus den kastalischen Quell
Wasser, würdig des Spottes.
Die Lyriker von heute
Sind kraftbegabtere Leute,
Sie haben Huren als Bräute
Und saufen mit ihnen im Bordell
Nur das reinste Wort Gottes.

Lebe gut, mein alter, und laß einmal auch außerhalb des Schalttags von Dir hören! Wir bleiben aus Gründen, die Marie Dir entwickeln wird, trotz Wetter, Sturm und Graus' lutherisch standhaft bis zum Octoberanfang hier und gehen dann noch für vierzehn Tage nach Heidelberg cum adjacentibus suprarhenanicis. Der Paul dagegen geht im November auf fünf Monate zu zoologisch-physiologischen Untersuchungen im rothen Meer nach El Tor unter'm Sinai. Ja, ja, der „Professor Bincus" – Du stelltest ihm das richtige Horoscop – als Nachfolger Moses' mit neuen Gesetzestafeln der naturwissenschaftlichen Offenbarung von dem Berg mit dem feurigen Busch niedersteigend. Ohne ziemliches Schwitzen wird's wohl in der Nachbarschaft von „des Teufels Punschkessel" nicht abgehen. Treulich und gräulich der Deinige

W. J.

466. WILHELM RAABE AN JENSENS

Braunschweig, 21 Decemb. 1894

Liebe Freunde!

Da, wenn nicht noch was dazwischen kommt, im nächsten Monat die Hochzeit unserer Lisbeth und ihres Marinedoktors sein soll, so könnt Ihr Euch vorstellen, in welchem Sturm und Drang unser Dasein sich jetzt schon hier bewegt. Augenblicklich schwimmt der junge Mann noch auf der See (hatte erst dem selig. König Gustav Adolf in Stockholm seine Aufwartung zu machen); aber Bertha fühlt auch auf dem Lande den Grund und Boden unter sich schwanken. –

Nun, nachher wird's wohl desto stiller bei uns werden; doch Euch davon zu reden, ist überflüssig; das Gefühl, abgelöst zu werden und allgemach aus der Welt herauszurutschen, muß Einem auf jede Art und Weise beigebracht werden. Es ist ja sonst zu schön drin, und der Mensch baut sich immer noch ein Haus in Prien, selbst wenn er schon Grundbesitzer auf der Fraueninsel ist. –

Ihr seid nun wieder in Eure Münchener Winterquartiere eingerückt. Gretchen hat uns davon geschrieben und wird Euch von uns erzählt haben. Von Euren Kindern und Enkeln wissen wir aber nicht das Geringste; davon hoffen *wir* in Eurem Weihnachtsbriefe zu erfahren und hoffentlich nur Gutes. Das Beste für Euch wäre es natürlich, wenn meiner Euch garnicht in Schwabing träfe, sondern Euch irgendwo im Osten, Westen oder gar Süden unter dem „Lichterbaum" zu suchen hätte!

Wir fangen nun auch schon an, uns vor dem Alleinsitzen zu

fürchten; – Bertha seufzt und sehnt sich mehr denn je nach unserer lieben Todten. Ja, wenn wir jetzt das Trudchen noch hätten! — Dir, alter Freund, noch besten Dank für den famosen Trommelwirbel zum vierzigsten Geburtstag der Chronik der Sperlingsgasse. Ich bin aber unschuldig an dem Lärm, der sich um jenen 15ten Novemb. 1854 erhoben hat. Es war Süddeutschland, was dafür aufgestanden ist. Erst Stuttgart, dann Karlsruhe, Frankfurt u.s.w. u.s.w. In einem der Bedankemichsbriefe habe ich geschrieben: ich käme mir wie ein alter Kerl vor, der in seiner Winterstube einen braven Ofen ganz wohl gebrauchen könne, dem man aber statt dessen ein blankes Messingbauer mit einem bunten Papagey hineinsetze. Was helfen alle Beweise von Zärtlichkeit und Zuneigung, wenn man nach vierzigjährigen Mühen und Arbeiten, im vierundsechzigsten Lebensjahr immer noch den litterarischen Grazioso agiren muß? Nun, wir müssen's tragen, da wir es einmal auf uns genommen haben, und –

„Nach allen Stürmen wollen wir im Hafen
Doch ungestört gesunden Schlafes schlafen,"

sagte Peter Schlemihl, oder wird ihm gesagt. –

Ein sauberer Weihnachtsbrief! werdet *Ihr* sagen; aber nehmt ihn nicht zu verquer. Seit acht Tagen laborire ich am Hexenschuß, helfe mir nur mühselig von einer Stuhllehne und Tischecke zur andern und sehe auf den scheußlichsten „Dreck vor Weihnachten" draußen in der Leisewitzstraße hinunter.

Schreibt Ihr recht vergnügt! Alles grüßt und wünscht Euch auch zum neuen Jahre das Allerschönste und Beste. Vor Allem Euer alter getreuer Freund

WilhRaabe.

467. WILHELM UND MARIE JENSEN AN RAABE

Schwabing a.d.Isar, 22 Dec. 1894.

Mein lieber Alter.

Die alte Erdenmutter dreht sich wieder einmal auf ihren jährlichen Ausgangspunkt zurück, wir machen's ihr aber nicht nach, sondern steuern immer gradwegs weiter in den Weltenraum oder wie man das große verschluckende Meer, das auf unsern

Schiffbruch wartet, benennen will. Und wir Schifffahrer sind, wie alle alten Theerjacken, sehr inconsequent in unsrer Anschauungsweise; manchmal betrachten wir die Einrichtung als recht gut, und zu andern Zeiten sagen wir auch wohl einmal: Leider! daß es so geschieht.

Bei Euch wird der Adam und Eva-Abend wohl eigentlich mehr Vorfeier des im Januar folgenden Hauptfesttages sein und jedenfalls mehr Zungenlebhaftigkeit um den Tisch klingen, als bei uns. Wir sitzen seit 27 Jahren zum erstenmal wieder ganz allein, denn auch die Größe oder Länge des Hauses, die sonst doch immer noch getreulich kam, streikt diesmal in einem andern Welttheil und sieht sich den ‚Stern über Bethlehem' mehr aus der Nähe an; ich glaube zwar eigentlich nicht, daß er dadurch besonders an Leuchtkraft zunehmen wird. Dagegen ist es zweifellos ein nicht ganz gewöhnlicher Spaß, am Weihnachtabend, wie's die beiden ‚Amöben' am Rothen Meer beabsichtigen, mit den Sinai-Klosterbrüdern in der „Kapelle zum brennenden Busch" vermuthlich am letzteren heiß gemachten Punsch zu trinken. Wenn Du mit Deinem Glas dem des Paul, weiland ‚Professor Bincus' einmal „Prosit" sagen willst, drehe Dich also dabei nach Süd-Süd-Ost.

Es ist am sogenannten „hellen Tag" so kimmerisch finster, daß die Feder kaum sieht, ob sie den Weg über das Papier oder weiter über den Schreibtisch nimmt; der Himmel hat sich eine dicke Pechkappe bis über die Ohren heruntergezogen und irgendeine Faust scheint ihm von obenher draufzuklopfen, daß Millionen weiße Motten draus herunterschwirren. Aber Emanuel sagte einmal, es müsse doch Frühling werden, und es ist ja möglich, daß er auch diesmal posthum noch wieder Recht behält, trotz Falb, der für 1895 von solchem „Werden" nicht viel wissen will. Und die noch abgrundtiefern Gelehrten packen zwischen Nowajaa-Semblia und Spitzbergen Eis auf Eis zu einem Extra-Januarvergnügen für die mitteleuropäische Menschheit.

Doch wir haben Rhum und Zucker im Schrank, hegen außerdem neue, gewisse christliche Zuversicht zu ‚Aegir, dem Herrn der Fluthen‘, der schon für eine wässerige Lösung sorgen wird, und soviel uns kundgeworden, bekümmern unsre Enkel in drei Windrichtungen sich nicht im geringsten um Himmelspechhauben, Schneegerinsel und Packeis, noch um die tiefsinnigsten Meteorologen der Welt, sondern denken in ihrer kindischen Einfalt lediglich an die bunten Lichter, die übermorgen Abend die warme Stube zum Paradies machen werden. Und das mögen einst und bald auch Deine Enkel thun, und Du mein Alter, mögest Deine Freude dran haben!

Treulichst der Deinige

W. J.

[M. J.]

Liebe Freunde!

Von mir heute nur herzlichen Weihnachtsgruß! Ich schreibe ausführlich, sobald die Fluth der Fest-Pack- und Placktage abgeebbt ist. Gretchen hofften wir noch vor seiner Reise zu sehen, aber es fand wohl keine Zeit mehr zum Herauskommen. Seid umschlungen miteinander von Eurer

Marie.

468. WILHELM RAABE AN JENSEN

Braunschweig, 14 Februar 1895.

Lieber Alter!

Nach einer neuen Redewendung brauche ich für den morgenden Tag wohl nicht mehr zu suchen? Möge es Dir und den Deinigen auch im neu beginnenden Lebensjahre gut gehen: das ist der herzliche Wunsch von uns Allen hier. Gretchen wird natürlich kommen und das Ihrige mündlich vortragen. –

Ein giftiger Winter und sauberer Februar übrigens dießmal! Hoffentlich war es vor 58 Jahren gemüthlicher. –

Unsere Seeärztin friert grimmig am Jadebusen und hat wohl ein wenig das Heimweh. Ihr habt den Kindern und uns durch Euer hübsches Polterabendgeschenk eine große Freude gemacht, zumal da es das allererste war, was anlangte. Hat das junge Paar sich noch nicht nach Gebühr dafür bedanckt, so nehmt es ihm nicht übel. Bis zum 15ten Februar hat es in einem, wie es scheint, recht unbehaglichen Wirthshaus gehaust; jetzt sitzt es noch bis zum 1sten April chambre garnie, und wird sich den eigenen Haushalt mit eigenen Möbeln usw. erst dann einrichten können. Marie wird es hier wohl aus den Zeilen herausfinden, wie es dann und wann in Berthas Busen nächtig sieht. Na, im März kommt das Lieschen zum erstenmal nach Haus, zum Ankauf von Tisch, Stuhl und Bank; hoffentlich kommt dann auch der Frühling und wird die Welt wieder wärmer und behaglicher! – Verdient hätten wir es wohl von den zwei heimtückischen Bestien, ich meine die Welt und den Frühling: wir haben sie doch oft so schön beschrieben, Wilhelm Jensen! ––––

Von mir persönlich weiß ich eigentlich nichts zu berichten, was Dich und Marie interessiren könnte! Abgesehen von einem Katzenfell, das ich mir neulich wieder mal eines Hexenschusses wegen auf die Hüfte habe binden müssen, ist mir nichts von Bedeutung im Leben und für die deutsche Litteratur passirt.

Daß auch Ihr wohl seid, nehme ich im kindlichen Vertrauen auf die Gunst, die die Götter Euch schuldig sind, als gewiß an. Wolltet Ihr uns Nachricht geben, wie weit Ihr im Herbste mit Eurem Hausbau in Prien vorgerückt seid, so wäre das sehr freundlich. Daß der ganze Chiemsee eine einzige spiegelglatte Fläche ist und man bis nach der Fraueninsel Schlittschuh läuft, könnte den seligen Klopstock aus dem Grabe heraufholen und zum „Anschnallen“ bringen.

Augenblicklich fängt es bei acht bis zehn Grad Kälte von Neuem an zu schneien, und die Gattin überschreitet mit einem neuen „Dienstbuch“ in der Hand die Schwelle meiner stillen Klause. – Ich empfehle Dich Deiner Geburtstagsbowle und Deinen Laren und Penaten, alter Lebensgenosse, als Dein treuer Freund

WilhRaabe

469. WILHELM UND MARIE JENSEN AN RAABE

St.Salvator 7 Sept. 1895.

Lieber Freund!

Sei tausendmal gegrüßt im diesjährigen heißen September!

Ich kriege morgen meine fünfzig auf den Buckel. Alle Kinder und ein Theil der Enkel sind hier. Wo mögt Ihr sitzen? Hoffentlich gesund und fröhlich „in den Harze"! Wir haben lange nichts mehr von Euch gehört!

Es denkt aber morgen – wie immer – in alter Treue an ihr liebes Räbele

Marie J.

verte!

[W.J.]

Villa Maria 7 Sept. 1895.

Mein lieber Alter!

Die ‚Umstände' lassen auch mich nur wenig hinzufügen; Sieht (und hört) Kinder und Enkel und schüttelt das Haupt. In unsern Jahren liegt der Gedanke nicht so ganz unweit vom Weg, es könne zum letztenmal sein, daß man derartig alle zusammen um sich sieht und hört, und deshalb haben wir den klügsten Vorsatz gefaßt – zu dem man sich überhaupt auf Erden häufiger aufschwingen sollte – uns morgen nach Kräften der Gegenwart zu freuen. Das laß uns zusammenthun, d.h. thue Du's mit den Deinigen nicht minder! Dieser Gruß kommt zu spät, denn wir haben nicht bedacht, daß morgen postloser Tag des Herrn ist – an der Vergeßlichkeit sind auch die genannten zwei Generationen schuld, – aber nimm auch am Montagmorgen freundlich noch den herzlichen Glückwunsch Deines alten, sechsfältigen Großvaters

W.J.

470. WILHELM RAABE AN MARIE JENSEN

Braunschweig, 7 Sept. 1895

Liebe Marie!

So weit sind wir denn wieder einmal! Wieder sehe ich von einer neuen – jetzt der vierundsechzigsten Stufe, auf Dich junges nachklimmendes Wurm herunter und reiche Dir wie immer, wenn auch nur symbolisch die treue Hand: jedenfalls werden wir dabei bleiben und uns bei der dummen und immer dümmer werdenden Kletterei nicht aus den Augen verlieren! – Hoffentlich sitzt Ihr gesund und zufrieden auf Eurem Altentheil zu Sankt Salvator. Gretchen berichtete uns freilich von einigem Verdruß, von dem Du erzählt habest; aber das werden doch wohl nur die Verdrießlichkeiten gewesen sein, die der Mensch erfährt, wenn er sich mit Maurern und Zimmerleuten einläßt – wenn auch in der wunderschönsten landschaftlichen Umgebung und dem friedlichsten, stillsten Erdenwinkel.

Von uns ist wenig zu sagen. Nächste Woche wollen wir, Bertha, Gretchen und ich, wenn nichts dazwischen kommt, zum erstenmal nach Wilhelmshaven, um uns unsere jungen Leute in ihrem jungen Haushalt zu besehen. Unser Assistenzarzt ist vor einigen Tagen als Stabsarzt auf S.M.S Gefion kommandirt. Am 1sten Oktober geht der Kahn nach Kiel: wie Schade, daß Ihr jetzt nicht noch dort in Brunswik sitzt! Klärchen ist von der Frau Notter zu einem Herbstbesuch nach Stuttgart eingeladen, und das Kind wird der Einladung der Frau Dote Folge leisten. –

Zu Weihnachten hoffe ich, Dir die „Akten des Vogelsangs" schicken zu können. Zwei Jahre und zwei Monate habe ich an den 260 Seiten gewürgt.

– „nicht will der Meth mehr schmecken, ich spüre des
Helms Gewicht;
„für menschlich Treiben dunkeln die Augen beide,
„doch Walhall leuchtet näher, ich fühls – ich scheide. –

Dein Wilhelm würde hier eigene Verse einschieben: der konnte sich immer besser als wie ich Luft machen, – ganz einerlei, ob er mit Deinen Beefsteaks oder mit Karl Mayer, Hauptmann – den Flensburger Dänen oder den Freiburger Ultramontanen in Konflikt gerathen war! –

Zum 1sten April nächsten Jahres hat uns unser Hauswirth die Wohnung gekündigt; wir haben es jetzt aber auch wie Ihr gemacht: so schön wie Eure Grundstücke auf der Fraueninsel liegen aber die unsrigen auf hiesigem „Centralfriedhofe" nicht. –––

„Ist das ein Geburtstagsbrief?“ würden die „Leute“ fragen. – Ich glaube, liebe Alte, zwischen uns ein echter und gerechter!

Wir grüßen Euch Alle und wünschen Dir und den Deinigen morgen den schönsten Herbstsonnenschein über das Haus und in die Seele. – Grüßt auch Lugo, Heyse u.s.w.

Dein getreuer Freund

WilhRaabe.

471. MARIE JENSEN AN RAABE

St.Salvator 23 Oct. 95.

Lieber Freund!

Es ist zwar weder Jahresschluß noch Hollunderblüthenzeit, u. auch sonst keinerlei „Feschtlichkeit“ um den Weg, trotzdem steht mein Sinn darnach Dir einen Gruß zu schicken. Wohntet Ihr noch in der Hermannstraße u. wir am Feuersee, dann käme ich um die Ecke zu Euch. Leider ist es von hier aus in die Leisewitzstraße ein bischen weit um die Ecke! So bleibt eben nur die Dinte. Ich will weiter gar nichts als Dir für Deinen lieben Geburtstagsbrief danken u. Dir die gute, brave, treue, geliebte Hand drücken. – Es ist jetzt auf einmal ganz still bei uns geworden. Die Breslauer Kinder u. Enkel verließen uns vor 2 Tagen als die letzten. Es war ein schöner reicher Sommer, wenngleich das Gewimmel meiner Einsiedlernatur manchmal ein klein wenig gegen den Strich ging. Wir haben in den letzten Wochen 7 Geburtstage u. 2 Hochzeitstage hier im Häusle gefeiert! Und jetzt ist alles verklungen „vorüber ist das freundliche Gedränge“; die seit lange ungewohnte Stille ist fast unheimlich. Man hört auf einmal wieder so allerlei: das Ächzen in den Uhren, das eigene Herz u. den sonderbaren Schritt der Zeit u. noch mehr! Aber das hat auch sein Schönes! Und jetzt kommt die ersehnte stille Arbeit. Ich möchte ein recht schönes Bild malen, so lange es noch Tag ist!

Auf Deine „Acten des Vogelgesangs“ freue ich mich sehr und bin gespannt darauf! Was für Vögel magst Du Dir diesmal wohl eingefangen haben! Ich staune Dich Wilhelm u. auch meinen

Wilhelm an, wie Ihr, jeder auf seine Weise, Eure Leyern immer wieder „sanft erklingen" laßt in der täglich öder werdenden Welt, der Welt der – Radfahrer! Wir wollen für's Erste noch nicht in die Stadt, denn „für menschlich Treiben dunkeln meine Augen" schon lange! Auch nach Paolo Heyse verlangt uns nicht. Die Lugöer kommen oft heraus u. wenn sie nicht kommen, dann regnet es fast täglich drollige Briefe u. Zettelchen von ihnen. – Was macht Gretchen? Ist sie in München? Von Eurer Fahrt nach Wilhelmshafen seid Ihr nun wohl auch längst zurückgekehrt! u. hoffentlich voll befriedigt! – Ach daß Ihr Euch nun auch in Braunschweig (wie wir auf der Insel) angekauft habt, ist mir schmerzlich. Ich hatte immer die stille Hoffnung gehabt, Ihr zöget noch einmal wieder südwärts in diese herrliche Welt! Wenn man Zeit u. Augen hat zum Sehen, dann wird hier jeder Tag zum Festtag! Die Stille, der Glanz, die Weite! Ich wollte Ihr wäret hier!

Eure getreue

Marie.

472. WILHELM RAABE AN MARIE JENSEN

Braunschweig, 22 November 1895.

Meine liebe Marie!

Jetzt haben auch wir das Haus wieder leer, und ich komme dazu, Dir für Deinen guten Brief zu dancken. Gretchen befindet sich schon seit Anfang Oktobers wieder in München, und unsere Wilhelmshavener haben sich vorgestern wieder nach ihrem Jadebusen verzogen. Im September haben wir (Bertha, Gretchen und ich) einige Wochen dort bei ihnen zugebracht: Klärchen hatten wir währenddem nach Stuttgart geschickt zu ihrer Pathe, der Frau Notter. Nach 25 Jahren die erste Abgesandte aus der Familie Raabe, die (als geborene Braunschweigerin) da die Spuren ihrer Eltern suchte und – fand. Alte Stuttgarter und der junge Nachwuchs im Freundeskreis hat dem Mädchen gar sonnige Tage bereitet. Es war doch gut zu leben unterm Hasenberg, als wir noch jung waren und das Deutsche Reich noch vor uns hatten! –

Von unserm Leben, jetzt hier zu drei, kann ich Dir wenig berichten. Der Himmel schütze uns aber auch vor den romantischen Wasserfällen, die der Bach des Daseins zuwege bringen kann! Je älter man wird, desto mehr lernt man so ein ruhiges Hinfließen der Tage und Dinge schätzen. Wer kann aber auf ein behagliches Versumpfen mit Sicherheit rechnen? Die guten Türken so wenig, wie die guten Leute in Sankt Salvator und in der Leisewitzstraße! – Habe ich Dir schon geschrieben, daß wir aus der letztern herausmüssen und unsere Adresse vom 1sten April 1896 an: „Am Windmühlenberg Nro 3“ ist? –

„Den alten Faselhans wollen wir jetzt an seinen richtigen Ort stellen“ hat wahrscheinlich die Weltregierung gedacht, und grinsend geglaubt, einen guten Witz zu machen! –

Wohin soll ich Euch die „Akten des Vogelsangs“ schicken? Noch nach Prien oder nach München? Ich meine, allgemach wird es am Chiemsee wohl eben so kalt geworden sein, wie an der Jade, von der heute Morgen Lieschen zähnklappernd ihr Heimweh nach der Oker datirt!

Grüße Deinen „Wilm“ und Eure Lugos!

Dein getreuer WilhRaabe

473. MARIE JENSEN AN RAABE

Villa Carlotta 6 Dez. 1895.

Liebes Räbele!

Als ich Dir zuletzt von Salvator aus schrieb, schwante mir noch nicht, daß der himmlische Vater uns auch in diesem Jahre, u. zwar bei Winteranfang noch einmal über die Alpen werfen würde! Als Wilhelm u. ich gerade (gegen Mitte November war's) nach München zurückgekehrt waren u. an die „stille Arbeit“ gehen wollten, hagelte es plötzlich Briefe u. Telegramme von Ernst u. Käthe hier, so flehentlich u. herzbrechend, daß wir bei unserem anfangs geantworteten „Nein“ nicht beharren konnten – u. so sind wir denn hier. Das „kleine Kätherle“ erwartet nämlich sein drittes Kind (allerdings erst im Mai), aber diese Nachricht schlug dem Faß den Boden aus, vielmehr sie erweichte uns u. gab den letzten Anstoß zum Einpacken. Zu bereuen haben wir's auch keineswegs. Wir werden mit Liebe überschüttet u. die Welt ist schön ringsum. Dabei goldene Sonne bis jetzt u. septemberliche Temperatur, während München Kälte u. Schnee hat. So soll es freilich nicht immer im Dezember hier sein. Ernst u. Käthe bleiben den Winter über in der Villa (die dem Herzog gehört) behufs Bemalung einiger Wände. Nun weiß ich doch auch, wie sich's in einem Schlosse lebt, bedient von 7 Dienern, „u. Marmorbilder stehn u. sehn mich an". – Im Garten zeichne ich Lorbeer, um ihn für verschiedene Portraits, die ich malen will, zu gebrauchen. Vor Weihnachten hoffen wir nach Schwabing zurückzukehren, ganz sicher ist es aber noch nicht, da die Kinder alles, sich selber u. die Enkel uns in den Weg legen, um es zu verhindern. – Hab Dank für Deinen lieben Brief. Wie schön wäre es, wenn Du die Acten des Vogelsangs hieher schicktest unter +Band. Sind sie also schon erschienen? Dann könnte Ernst sie sich freilich auch durch die Buchhandlung kommen lassen. *Mir* sind sie freilich viel lieber mit einem Grüßle vom Raabenfüßle drin! Die Adresse lautet:

Entweder: „il dottore" oder alla Signora M. Jensen
p.A. Sua Altezza il Principe di Sachsen-Meiningen
Lago di Como
Cadenabbia
Villa Carlotta. Italien.

Eine umständliche Adresse! Wilhelm u. die Kinder grüßen Dich mit mir. Hoffentlich steht alles gut bei Euch! Wie schade, daß wir Gretchen in München nicht gesehen haben!

Lebt wohl u. seid mitsammen umarmt von Eurer

Marie Jensen

474. WILHELM RAABE AN MARIE JENSEN

Braunschweig, 18 Dec. 1895.

Liebe Marie!

Eigentlich ist es Unsinn, sich *dahin – dahin* „dumme Bücher" schicken zu lassen; aber Du weißt's ja, Dein Wunsch ist mir immer Befehl gewesen: habe also gestern die A.d.V. unter +Band an Euch abgeschickt. Wenn Ihr wieder im Münchener Schnee, Schlamm und Schleim sitzt, sagt mir Eure Meinung darüber. Look you, the worm is not to be trusted, but in the keeping of wise people! – Einen Gruß habe ich dießmal nicht in das Buch geschrieben, da ich nicht wußte, ob der „Weltpostverein" dergleichen gestatte. Aber jetzt die schönsten Weihnachtsgrüße Dir, Deinem Alten und Deinen Kindern von uns Allen hier, vor Allem aber von Deinem treuen Freunde

WilhRaabe.

475. MARIE JENSEN AN RAABE

München 23 Dez. 1895.

Liebstes Räbele! Hab tausend Dank für Deine Karte u. die Akten. Käthe u. Ernst guckten, bevor sie uns dieselben zurückschickten, hinein u. wünschen sich in Folge dieses Guckens das Bücherl von uns zu Weihnacht. *Sehr leid* thut mir's aber, daß in meinem Exemplar nun kein Gruß von Dir steht! Ernst schenkt Käthe auch den Hungerpastor, Abu Telfan u. Schüdderump, u. so werden sich die Kinder nun recht miteinander in unseren lieben Alten vertiefen. – Die Reise hieher verlief, nachdem der Abschied überstanden war, gut u. ohne „Unthätle", aber letzte Nacht bescheerte mir das Christkind bereits pränumerando Zahnreißen mit dicker Backe! Das paßt u. gefällt mir gar nicht. Zu meinem 50ten Geburtstag hatten mich die Himmlischen zum ersten Mal damit bedacht u. nun schon wieder! – So sitzen wir also doch Weihnachten hier u. nicht bei den Glücklichen! Mir ist – offen gestanden – die Weihnachtszeit ein ungemüthlicher Greuel im Lauf der Jahre geworden. *Sie* trieb uns auch hieher. Freust Du Dich auf Punsch morgen? Gedenke auch einmal an uns. Wir sitzen mit den Lugöern. Wo aber steckt Gretchen? Ich weiß nur, daß sie ausgezogen ist! Ade! Dich lieber Freund u. die Deinen grüßt

Eure alte Marie.

476. WILHELM JENSEN AN RAABE

Schwabing, 23 Dec. 1895.

Mein lieber Alter.

Es reicht für diesmal nicht mehr, als zu einem sogenannten zweizeiligen Gruß, denn vorgestern Abend von der Carlotta heimgekehrt, stecken wir mehr in Unmöglichem als in Möglichem. Deine „Vogelsangs-Acten“ sind heute auf dem kleinen Umweg über den Comersee bei uns eingetroffen; die Kinder wollten uns durchaus über die Sonnenwende und ihre Consequenzen dort behalten, aber mancherlei Nöthigungen trieben uns doch durch das große Loch von Airolo-Göschenen ins Nebelland zum einsamen Weihnachtsabend zurück. Als Gegengruß schicke ich Dir anbei ein eben ausgeschlüpftes Bändchen, in dem ich N° 2 Deiner Berücksichtigung empfehle; die andern kannst Du guten Gewissens ungelesen lassen. Die Localität jener N° 2 ist die Villa der Kinder in Florenz, denen ich versprochen hatte, einmal etwas in ihrem Hause und ihren Gärten Handelndes zu schreiben, eine Zusage, die sich bei näherem historischen Besehen leicht erfüllen ließ.

Herzlich der Deinige

W.J.

477. MARIE JENSEN AN RAABE

München 9 Jan. 1896.

Lieber Freund!

Was ich in den letzten Tagen an Dich u. den Velten Andres geschrieben, habe ich wieder zerrissen, weil ich fürchtete, der Velten könnte mich auslachen. Das Herz war eben zu voll gewesen u. der Mund lief über. Ich hatte die Akten unter Weinen u. Lachen gelesen u. eine große Freude empfunden, daß unser Räbele ein so herrliches Buch geschrieben. Es ist für mich eins Deiner allerschönsten.

In der Weihnachtszeit war ein Freiburger Freund, Benno Rüttenauer, bei uns, der Dich sehr verehrt u. einen Essay über Dich schreiben will. Hoffentlich macht er seine Sache geschmackvoll u. gut! Dem Velten kann das freilich ganz egal sein, aber ich bin empfindlich für ihn. Wilhelm läßt Dich tausendmal grüßen; er geht erst jetzt an die Akten. Du weißt ja, er ist im Bücher*lesen* leider ein Faulpelz. Und so kann nur ich Dir heute danken, liebster Alter! Hätten wir Dich doch hier!

Wo steckt nur Gretchen u. warum läßt sie sich gar nicht bei uns sehen? Wüßte ich wenigstens ihre Adresse!

Leb wohl, grüße Bertha und Klärchen. Dir fliegt zu Füßen das „leichtbewegte Herz“ deiner alten Freundin

Marie Jensen.

478. WILHELM RAABE AN MARIE JENSEN

Braunschweig, 17 Januar 1896.

Habe Danck, liebe Marie, für Deinen Brief über die „Akten“! Jawohl, da liegt nun zwischen der Sperlingsgasse und dem Vogelsang die ganze Bescheerung. Zwischen dem 23sten und 65sten Lebensjahr: ein netter Haufen! Jetzt sollte man ihn sich begrünen lassen können, um sich drauf zu setzen und sich vom letzten Lebenssonnenschein den kahlen Schädel wärmen zu lassen! – Reden wir nicht weiter davon: *so* werden uns die Sorgenstühle nicht in die Abendsonne gestellt; wir wollen schon zufrieden sein, wenn Freund Rüttenauer Löbliches von uns weiß und schreibt.

Gretchen wird wahrscheinlich am 27sten d.M. wieder nach München abreisen. Sie ist öfters vor Eurer Thür gewesen, hat Euch aber nicht getroffen. Wohnt Nordendstraße 6a II bei Frau Steiger. –

Da unsere Jüngste gegenwärtig in Wilhelmshaven der Schwester Gesellschaft leistet, so werden demnächst auch wir zwei Alten allein sitzen. Ihr kennt das ja auch. –

Neulich fand ich Abends eine Karte: „Professor Dr.Heyck“. Zeit haben diese Wanderredner nicht. Selbst das „Mädchen“ meinte: Der Herr habe es sehr eilig gehabt und scheine froh gewesen zu sein, Keinen zu Hause getroffen zu haben.

Wir haben hier auch schon mal Georg Scherer so an uns vorbeistürzen gesehen. –

N.B. auf S.125 der Akten des Vogelsangs muß es heißen: „ein ganz *dummes* Kind", nicht „junges". Letzteres bringt die Chronologie in Unordnung. Und nun nochmals Danck, liebe, alte treue Freundin! Zum 15ten Februar schreibe ich wieder: pflege und füttere mir *Ihn* ja behaglich in das „Sechzigste" hinein!

Dein treuer WilhRaabe

479. WILHELM RAABE AN JENSEN

Braunschweig, 14 Februar 1896

Lieber Alter!

Also morgen geht es auch mit Dir in die Nummer Sechzig hinein! Na, auch über *den* Knubbel kommst Du weg, und wenn man am 15 Febr 1897 darob ein solches Jubel- und Glückwunschgelärm anhebt, wie am 8 Septemb. 1891, so freue Dich der „Liebe und Ehre, so Du bei den Leuten hast" und zeuge Dir am Geburtstagstische keinen Kater! – Jedenfalls wünsche ich Dir heute schon, junger Mensch, ein frisches, fröhliches, fort und fort schreibfrohes Greisenalter und nimm Dein Weib ebenso gesund und vergnügt mit hinein. –

Schönen Danck für die „Alt-Florentinischen Tage"! – *Das hast Du gut gemacht!* Der „Winter in Sizilien" ist mir freilich etwas zu heiß und erdbebenhaft. Seid Ihr denn auch auf *der* Insel gewesen, oder hast Du es wieder „aus Büchern"?

Daß Du nicht ohne Nutzen bei Deinen Kindern unter den Orangen und Citronen von Florenz gehauset hast, sieht man. Nun bist Du uns aber auch noch die „Alt-Stuttgarter Tage" schuldig: die beiden Städte haben ja, sowohl der Lage, wie der Geschichte nach, eine so ungeheure Ähnlichkeit miteinander und Du kennst sie beide. –

Wir hier fangen jetzt an, uns allmählich auf den Umzug nach dem „Windmühlenberg" zu rüsten. 8 ½ Jahr haben wir das Eckhaus in der Leisewitzstraße festgehalten und würden auch wohl bis zum Ende sitzen geblieben sein, wenn wir nicht hinausgeworfen worden wären. Klärchen leistet noch immer der jungen Strohwittwe an der Jade Gesellschaft. Es ist sehr still bei uns: das Brod wird zu alt, die Braten „dauern zu lange", und man „weiß eigentlich überhaupt garnicht, wozu und was man noch kocht." –

Ich korrigire am zweiten Bande meiner „Gesammelten Erzählungen", einem saubern Haufen veralteter Schnurren, aber nicht ohne Reiz für mich. –

Am Aschermittwoch, nächste Woche, würde unsere Gertrud zwanzig Jahre alt geworden sein. –

Bleibt uns gut und treu im Leben und Sterben! –

Dein alter Freund WilhRaabe

480. WILHELM RAABE AN MARIE JENSEN

Braunschweig, 6 Sept. 1896

Meine liebe Marie!

Da sind wir mal wieder u. reichen uns zu dem bekannten kuriosen Tage die Hände hin. Weißt Du wohl, daß das in diesem Jahre nun schon seit dreißig Jahren geschieht? – Eine auch im weiteren historischen Sinne nicht ganz uninteressante Epoche: 1866 bis 1896! –

Hoffentlich ist es Dir vom letzten 8ten September an bis jetzt nach Wunsch ergangen: was mich anbetrifft, so habe ich nach Menschenschicksal mein Theil Süß und Sauer mit dem gewohnten Holzlöffel zugetheilt gekriegt.

Daß ich am 30 März Großvater geworden bin, habt Ihr durch Gretchen in Erfahrung gebracht. Die Umstände aber unter denen dies geschah, passen recht gut in eine „Jensen'sche Novelle". Dieser junge Ehemann, der drei Stunden nach der Geburt seines Kindes auf dem Wege nach Ostasien ist und seine Frau zu Hause halb todt hat liegen lassen müssen – sehr verwendbar! aber so neun Tage später das Telegramm in Port Said, aus dem er wenigstens erfährt, daß Kind und Weib *leben*. Ebenso der Brief vom 25 Mai aus Nagasaki an die Großmutter, der er meldet, daß er eben den *ersten* Brief von seinem Lieschen erhalten habe und nunmehr wisse, wie er am Abend als Abgesandter der ‚Offiziersmesse‘ von S.M.S. Arcona den Geburtstag der Königin Viktoria auf H.M.Sh. Immortality zu feiern habe. –

Unsern Umzug nach Windmühlenberg Nro 3 haben wir glücklich vollendet; nachher bin ich 12 Wochen Strohwittwer gewesen, da Bertha natürlich in Wilhelmshaven nöthiger war, als bei ihrem Alten. –

Augenblicklich guckt unser Kurt Wasserfall hier grade so aus seinen Kissen wie der „Professor Binkus“ damals aus dem seinigen. Habe ich es aber dem letztern Bengel nicht damals gleich an der Nase abgesehen, daß der sich einmal an der Universität Halle habilitiren würde? Wer uns damals, Anno Sechsundsechzig, bei unserm ersten Gänsebraten, von Haus zu Haus unterm Hasenberge, den „Schleier von der Zukunft“ abgehoben und uns Kinder und Enkel, Schwiegersöhne und Alles, was sonst dazu gehört, vorgewiesen hätte! .....

Nun breche ich übermorgen das letzte Lustrum vor dem *Siebenzigsten* an: ob wir uns im Jahre 1901 wohl auch noch die Hände zum 8ten September im Fleisch geben können? Wir wollen es abwarten, liebe Alte. –

Dein treuer Freund WilhRaabe

481. MARIE JENSEN AN RAABE

St.Salvator 9 Sept. 1896

Liebstes Räbele!

Dös is a G’schicht! Jetzt hätt’ ich beinahe unsern Achten ganz vergessen, wenn nicht am Morgen selbigen Tages Mann u. Sohn mich beglückwünscht hätten u. Dein lieber guter Brief nicht auch dagelegen hätte! Und andere Briefe lagen gleichfalls da u. die „Gebrüder“ waren herausgekommen, u. Alles wäre ganz schön gewesen, hätte mich nicht der Gewissensbiß, meinem Räbele nicht geschrieben zu haben, immerfort gepeinigt. Noch in der vorigen Woche gedachte ich des Tages, freute mich auf den Brief aus der Leisewitzstraße (wo ich Euch noch glaubte) u. war mir bewußt, daß zum 8ten auch meine Wünsche von mir zu Dir fliegen würden! Diese Vergeßlichkeit mag Dir ein Bild meines Gehirnzustandes geben. Ich sehne mich nach Ferien, da ich ziemlich arbeitsmüd bin. Habe viel gemalt u. viel gekocht in dieser Zeit. Wir waren auch ein paar Wochen ganz ohne Mädchen u. irgendwelche Hülfe, Wilhelm u. ich mutterseelenallein im Häusle. Der Donja hatten wir den Laufpaß gegeben. Wilhelm hackte Holz, trug mir Wasser, kaufte Lebensmittel ein, während ich in Küche u. Kammer handtierte. Dies Alleinsein „auf weiter Flur" hatte viel gemüthliches, ging aber auf die Länge nicht, da sich allerlei Besuch einstellte. Unter anderen Fulda's, K.E.Franzos u. Frau, Verleger Felber u. Münchener Bekannte. – Kätherle bekam im Juli ihr drittes Kind; Thea erwartet im November das dritte. Vorige Woche kam Wilhelm von letzterer aus dem Riesengebirge zurück, wo er 14 Tage war. Ich hauste unterdessen mit dem Professor Binkus allein. In Bezug auf diesen hast Du freilich damals, wie immer, ein feines Näsle gehabt. – Nächsten Monat gehen wir zur Käthe nach Florenz. Gestern kamen auch sehr hübsche Briefe vom Herzog u. seiner Frau. Selbige sprechen nächstens wieder im Häusle vor, auf ihrer Rückreise von Gastein. Ich bestreiche schon jetzt, statt der Leinwand, die Fußböden der Zimmer frisch mit Öl u. Firniß. Wann trittst denn Du hier unter unser Dach? O wie würden das Häusle und wir uns freuen! –

Hab tausend Dank für Deinen Brief u. die plastische, wenn auch gedrängte Schilderung Eurer jüngsten Familienereignisse. Glück auf – Kurt Wasserfall!

Daß Ihr den Umzug hinter Euch habt, freut mich für Euch. Maina u. die ihrigen haben kürzlich Heidelberg mit Donaueschingen vertauscht, da die Archivrathsstelle dort doppelt so hoch besoldet wird als die Heidelberger Professur u. der academische Weg Heyck doch für die Zukunft offen bleibt. Professor Binkus würde sich glücklich schätzen die persönliche Bekanntschaft mit Dir auffrischen zu können u. möchte gern zu dem Behuf auf ein paar Stunden von Halle nach Braunschweig hinüberrutschen. Wäre Dir's recht? Bleib gesund liebster Freund, u. laß Dich herzlich grüßen u. Dir die Hand im Fleisch wie im Geist reichen von

Deiner getreuen Marie.

482. WILHELM JENSEN AN RAABE

Im Häusle, 9 Sept. 1896.

So geht's, mein Alter, wenn man zu lang in der „Brotbaude" bei Rübezahl gesessen und sich dort das 96ger Wasser hat auf's Gehirn träufeln, tropfen und triefen lassen. Mein Gedächtniskasten war vollständig rein und leer gewaschen, bis auf einen dumpfen Niederschlagsrest aus der philosophischen Fabrik des Unbewußten, der mich am 7ten ein paar mal mit einem Gefühl mangelhafter Federpflichterfüllung anrührte. Aber der Gedankenprozeß, den man als ‚Nachdenken' zu bezeichnen pflegt, blieb so erfolglos, wie er in unsrer großen Zeit überhaupt zu den seltenen Vorkommnissen in Menschenköpfen geworden, und so kam auch zwischen meinen Stubenwänden am Morgen des 8ten das Gericht der Erkenntniß jählings über den schuldlos Schuldigen. Pater peccavi – gieb mir noch ein Jahr – noch zehn – noch zwanzig – Gelegenheit, meine Reue zu beweisen und den festen Vorsatz, es nicht wieder zu thun! Du schreibst von 30 Jahren – es wäre doch hübsch, wenn eine so gute Zahl wie ein halbes Jahrhundert daraus würde, und ich bin unbesorgt, an ausreichendem Unterhaltungsstoff wird das neue römische Reich sogenannter deutscher Nation uns auch weiter nicht zu kurz kommen lassen; aus dem alten habe ich Dir gestern ein Pröbchen unter Streifband zugeschickt, dran ich herumkalfatert, während Marie sich – und zwar in vortrefflicher Weise – einige ihrer Nachkommen, wie auch sich selbst mit dem Pinsel betrachtet. Dem frommen Zuge der Zeit gemäß, hat sie sich gegenwärtig mit dem letzteren an die Copie einer Madonna von Luini gemacht und zwar, da die Heiligen unser Häusle nicht leibhaftig aufsuchen, nach einer kleinen Photographie, die sie in Lebensgröße überträgt. So geben wir beide uns christlich-zeitgemäßer Thätigkeit hin, und ich hoffe von Dir in Deinem insbesonders evangelischen Ländle das Gleiche und deshalb auch Vergebung für die septemberliche Gedächtnisschwäche

Deines alten W.J.

483. WILHELM JENSEN AN RAABE

Firenze, 19 Nov. 1896

Einen Gruß wenigstens aus Spätsommersonne und Rosen, Liebster, will ich Dir zur Anschauung dieser neuesten glorreichen Erfindung unsres Dreibundgenossen, seiner gegenwärtigen ‚ordinären' Postkarte schicken. Marie und ich sind seit drei Wochen hier, die persönliche Bekanntschaft des im Julianfang zum erstenmal auf der Erdenbühne aufgetretenen ‚allerjüngsten Staufers' zu machen. Wir kamen aus 700 m. Höhe von der Baar herunter, wo – in Donaueschingen – unsre Maina seit drei Monaten fürstenbergische ‚Frau Archivrath' spielt, und fanden diesseits des großen Loch's eine unglaublich anders geartete Welt an Himmel und Erde, heizungslos und ‚einröckig', so daß die Vorstellung, ins baiwarische Tartarenland heimzukehren mit einem, doch nicht ‚frommen' Schauder anrührt. Indeß am 27 Nov. geschiehts in unterbrechungsloser Fahrt über Apennin und Brenner, so daß wir am 28ten Abends in München ankommen. Marie bummelt allein drunten in der Stadt, aber grüßt Dich herzlich, und so thut's die Käthe, persönlich eigentlich unbekannter Weise, ‚mit Respect gemischt'.

Der Deinige W.J.

484. WILHELM RAABE AN JENSEN

[Ansichtskarte mit „Gruß aus Braunschweig", darunter:]
wie gewöhnlich! –

Familie Raabe
24. Dec. 1896. –

485. MARIE JENSEN AN RAABE

[Postkarte mit farbiger Darstellung eines alten, auf einer Bank ausruhenden Ehepaars]

München 16 Dez. 1896

Ganz persönlich,
nie unversöhnlich

Marie Jensen

486. WILHELM RAABE AN JENSENS

[Ansichtskarte mit „Gruß aus Braunschweig", darunter:] Den „Staufern" die „Welfen"!

487. MARIE JENSEN AN RAABE

St. Salvator 6 Sept. 1897

Liebes Räbele!

„An Allem kann ik mir jewöhnen, nur an dem Einsamen nicht" – hat Bismarks Köchin einmal gesagt, u. mich riß dies Wort, als ich es soeben in der Zeitung las, dermaßen hin, daß ich Dir's mittheilen muß. Zudem steht auch unser Achter wieder einmal vor der Thür u. ich freue mich ungeheuer auf einen Gruß von meinem Alten. Wie mag's ihm gehen? Wir haben so lange nichts von Euch gehört! Hoffentlich war Euer Sommer gemüthlicher als der unsere! Ein Orkan riß uns am 1ten Juli das Dach über den Köpfen weg, mit dem ganzen Dachstuhl u. den, 18 Meter langen, schweren Balken. Wir glaubten, das Haus stürze völlig zusammen u. erwarteten unser Ende. Wilhelm war gerade drunten in Prien auf der Post, gerieth in das Unwetter; um ihn her knatterten dicke alte Bäume nieder, u. auch andere Dächer flogen. Zum Glück kam er heil hindurch, rieb sich dann aber entsetzt die Augen, als er statt seines Häuschens, die Ruine hier droben stehen sah. Wir winkten ihm alle im Sturm u. Wolkenbruch mit Tüchern vom Balcon herunter, um zu zeigen, daß *sonst* nichts passirt sei. *Er* hatte an Schrecken noch mehr durchgemacht als wir, die keine Zeit zum Nachdenken hatten. Das Wasser troff durch die Plafonds. Alle Nachbarn kamen, trugen einen Theil der Möbel in den Keller hinunter u. halfen wo sie konnten. Zum Glück hatte aber auch der Himmel noch nachträglich ein Einsehen, es hörte bald auf zu regnen. Dann hatten wir 6 Wochen lang die Arbeiter im Haus – es war arg! Käthe ist seit Mitte Juni mit ihren Kindern hier (in unserer alten Wohnung); Ernst war die ersten Wochen mit dabei, mußte dann in's Manöver nach Berlin. Alle 8 bis 10 Tage nahm er aber bis jetzt Urlaub, um 24 Stunden hier zu sein. Käthe u. Lugo waren während der Dachkatastrophe bei mir im Haus. Morgen erwarten wir Paul u. Heyck. – Das älteste Enkelkind in Breslau kann schon lesen u. schreiben, hat auch schon Manches aus der bibl. Geschichte gehört, da es kürzlich von „Abraham u. Eva“ u. ein ander Mal von „Moses u. Ahorn“ sprach. – Doch ich komme nach Altweiberart ins Schwatzen! Verzeih, liebes Räbele! Aber froh wär' ich, wenn Du mir auch was von Euch erzähltest! Wart Ihr „in den Harze“? Grüße alle herzlich von mir. Immerdar Deine

Marie.

488. WILHELM RAABE AN MARIE JENSEN

Braunschweig, 7 Sept. 1897.

Liebe Marie!

Schreibefaul sind wir im Verlaufe der Jahre wohl gegen einander geworden, aber die alte Freundschaft bleibt doch! Nicht wahr? Wie ist es Euch denn seit dem letzten 8ten September in der Erdenwelt ergangen? Hat Deine hochheiligste Patronin vom selbigen Geburtstagsdatum ordentlich für Dich gesorgt?

Mein Sankt Ludovikus Ariosto hat seine Sache wenigstens passabel gemacht. – Du weißt, ich spiele nicht Karten; aber eine Whistparthie zwischen uns Vier da oben, könnte mich doch verlocken, das Ding hienieden noch zu lernen. – Ja, ja, wenn man Sechsundsechzig zählt, dann hat man wohl Ursache ein bischen tiefer in sich zu gehen und zu bedenken, was da hinter dem Vorhang an Verdruß, Vergnügen und Langeweile (natürlich Alles im doppelten Maaße) auf uns warten kann. – „Na, so weit sind wir doch noch nicht!“ kannst Du junge Frau freilich noch eine geraume Zeit sagen. —

Was nun die irdischen Angelegenheiten für uns hier augenblicklich anbetrifft, so haben wir unsere drei Kinder eben zu Hause. Lisbeth mit ihrem Jungen, Gretchen aus München, Klärchen ist Hülfslehrerin an der „Höheren Mädchenschule“ mit einem Gehalt von 600 Mark.

Mein Schwiegersohn ist jetzt glücklich in das Landheer übergetreten und steht als Stabs- und Bataillonsarzt in Minden in Westfalen. Augenblicklich läßt er sich an der holländischen Grenze durchregnen und ist glücklich einen „Schlafsack" für das nächtliche Biwack in der Ackerfurche zu haben.

Der Mann führt auch ein bewegtes Leben: Heute gegen die Wahehes und Uhuhus am Kilima-Ndscharo, morgen bei den Koreanern in Chemulpo und den Japanern in Yokohama und nun: zweites westfäl. Infanterieregiment, Numero 15, Prinz Friedrich der Niederlande! *Ich* hätte das nicht gemacht!

Litterarisch werde ich täglich stupider. Selbst die Rechtschreibung gleitet mir immer mehr unter den Händen, d.h. unter der Feder, fort und in's Unbestimmte hinein. Seit zwei Jahren quäle ich mich nun wieder an so einer Schnurre und bringe nichts zu Stande: wenn Dein Wilhelm wüßte, wie ich seinem Kiel durch das Dintenmeer mit Neid und Bewunderung nachgucke! Ja, diese Jugend! als junger Sechziger, Anno 91, glaubte ich auch noch, der liebe Gott habe Galläpfel und Eisenvitriol bloß in Hinsicht auf mich erfunden, da er die Rebe an den Vater Noah vergeben hatte. –

Von dem Vater Noah ist es natürlich nur Ein Schritt zu Eurer morgenden Geburtstagsfeier in Sankt Salvator am Chiemsee. Alles Gute und Schöne, alte Freundin und Lebensgenossin, wünschen wir Dir im Kreise Deiner Kinder und Enkel; mögest Du das neue Jahr mit einem „leichtbewegten" und doch ruhigen Herzen beginnen und vollenden!

Dein getreuer

WilhRaabe

489. WILHELM JENSEN AN RAABE

St. Salvator, im Häusle,
8 Sept. 1897.

Dich grüß' ich, mein Alter, zum Lebensgeschenk
Vom Rande des Bayrischen Meeres.
Vergangener Tage Dich mach' es gedenk,
Und erfreuenden Tag Dir bescheer' es!

Lang gingen wir nicht mehr zusammen des Weg's,
Und manchmal verlangt mich gar sehr es;
Daß abendlich wird der Tag, überlegs!
Im Herbst hier bei uns noch, wie wär es?

Der Deinige W.J.

490. WILHELM RAABE AN JENSENS

Braunschweig, 30 Dec. 1897.

Die hier versammelte Familie Raabe-Wasserfall sendet der Familie Jensen mit allen ihren Appendixen schöne, aufrichtige und getreue Grüße und Wünsche zum neuen Jahr!

[Ohne Unterschrift]

491. WILHELM UND MARIE JENSEN AN RAABE

München 31 Dez. 1897.

Liebes Räbele!

Wir haben wieder recht lange nichts voneinander gehört! Auch von Gretchen nichts gesehen! Ist es nicht mehr in München? Hoffentlich sitzen alle wohlauf im Raabennest! Uns ist es, seit dem letzten Scherz des lieben Gottes (als der Orcan uns das Hausdach herunterriß) ganz leidlich gegangen. Auf's neue Jahr freuen wir uns dießmal, denn es wird uns einen Theil der Kinder zurückbringen. Heyck's siedeln im Frühjahr von Donaueschingen nach Monacho Monachorum über. Und auch wir ziehen vor dem 1 April aus Schwabing fort, in die Haydnstraße 4 nahe der Theresienwiese, weil wir es dort nicht weit zur Bavaria haben, u. eher hoffen dürfen, dem Reverend Mr.Snoddery u. seiner Gemahlin Christabel doch einmal in der berühmten Nase zu begegnen. Vorher aber wird noch in Meiningen Wilhelm's „Kampf für's Reich“ aufgeführt. Nach Mitte Februar reisen wir hin; am 20ten ist die erste Aufführung.

Uebrigens steckt mir der bevorstehende Umzug doch etwas in den Knochen. Ich fange schon an, massenhaft Ballast über Bord zu werfen, strebe überhaupt nach Vereinfachung des Lebensapparates, u. hoffe, bis es an's Packen geht, dem Diogenes schon um ein gut Theil näher gekommen zu sein. – Hoffentlich erfahren wir bald, wenn auch nur mit zwei Worten, lieber Freund, daß Ihr alle munter seid! Mit 1000 Grüßen noch im alten u. guten Wünschen für's neue Jahr

Eure getreue Marie J.

P.S. Karl Lugo hat sein Haus verkauft u. der neue Besitzer paßt uns nicht; zudem hat mein Atelier fast gar kein Licht mehr (durch einen Neubau), u. Wilhelm möchte ein größeres Zimmer u.s.w. Emil Lugo zieht mit, er hat wieder Atelier und Wohnung über uns gefunden.

[W.J.]
Postscriptum.

Darum ziehen wir nicht um, sondern weil der l. Gott es so gefügt hat. Er weiß, was uns zum Besten dient, und wenn's umgekehrt ausfällt, hat Er uns auch noch zum Besten; das kann Er gar nicht anders. Von Ihm rührt's auch her, daß ich nächstens seit Jahr und Tag meinen Namen auf kein Couvert von Deiner Hand geschrieben vor Augen bekommen habe, und doch wirst Du im nächsten September 67 Jahre und ich im Februar 61. Er scheint bei'm Entwurf seines Weltplans keine stärkere Correspondenz zwischen uns beiden vorgesehen zu haben; das muß Er dann vor Sich Selbst verantworten. Dies aber hab' ich Ihm abgeluchst als Neujahrsgruß

Deines alten W.J.

492. WILHELM RAABE AN JENSEN

Braunschweig, 13 Februar 1898.

Lieber Alter!

Nach gewohnter Weise die besten Glückwünsche zu Deinem dießmaligen verehrlichen Geburtstage! Aus Mariens Briefe vom Neujahr haben wir mit Freuden erfahren, daß es Euch bisher wohl ergangen ist und daß Ihr an Kindern und Enkeln Gutes erlebt habt. Bleibe dem so! –

Auch wir hier waren zu Weihnachten Alle beisammen: Die Mindener, Vater, Mutter und Junge, und Gretchen aus München.

Letztere ist Ende des Januars wieder hingegangen, um die Isar rauschen zu hören. Heute schreibt sie, daß sie auch Euch in den nächsten Tagen sich vorstellen wird. Sie wohnt jetzt Schraudolphstr.31, bei einem Fräulein Vielgrater.

Also der Familie Jensen-Lugo hat man die nächsten Nachrichten nach dem Fuße der Bavaria zu geben? Wir wohnen noch immer am Fuße des Windmühlenberges, welcher übrigens schon grüne Büsche aufweist, da bis jetzt Frost, Schnee und Eis hier vollständig ausgeblieben sind. Gefrorene Fenster hat es bei uns noch nicht ein einziges Mal gegeben. –

Am 18ten d.M. schicken wir, wie ich eben aus der Zeitung ersehe, Eurem Prinz-Regenten den unserigen zum Besuch. Könnt Ihr etwas dazu beitragen, ihm den Aufenthalt behaglich zu machen, so thut es. Er hat der Stadt Braunschweig für ihre Gemäldegallerie im Altstadtrathhaus mein Bildniß übermacht, was von solch einem Herrn immer anerkennenswerth ist. –

Mit Neid, liebster Alter, sehe ich immer auf Dein frisch fröhlich Schaffen: ich würge mich nun schon seit dem August 1895 mit einer Kanaille von Manuskript herum und kriege die Bestie nicht herunter. Du wirfst mir mit vielem Recht in Deinem Appendix zu Mariens lieben Brief meine Schreibefaulheit vor; hast aber auch zugleich vollkommen Recht, wenn Du mich an die Zahl Siebenundsechtzig erinnerst, was meine Lebensjahre betrifft.

Ja wohl, man wird alt und müde und verschiebt von Tag zu Tag lieber Alles auf den nächsten Tag! Hoffentlich seid Ihr übermorgen sehr vergnügt! Das ist trotz allem Hamlet'schen weary, flat, stale and unprofitable der Dinge und Angelegenheiten dieser Erde der herzliche Wunsch Deines alten Lebensgenossen

WilhRaabe

493. WILHELM JENSEN AN RAABE

[Auf einem Theaterzettel des Hoftheaters in Meiningen vom 20.2.98 mit Jensens „Der Kampf für's Reich"]

Schloß Meiningen, 22/2.98.

In Eile, lieber Alter, herzlichen Gruß von Marie und mir. Die Aufführung war nach jeder Richtung glänzend; prachtvolle Ausstattung. Ich dachte, Du ‚verknuspertest' den Zettel vielleicht gern. Ganz der Deinige

W.J.

494. WILHELM RAABE AN JENSEN

Braunschweig, 23 Februar 1898.

Lieber Alter!

Dir herzlichen Glückwunsch zum ersten Theater-Erfolg. Mögen noch viele nachkommen! An Marie schönen Gruß!

Euer getreuer WilhRaabe.

495. WILHELM JENSEN AN RAABE

[Gedruckt:]

Von heut' an bitte ich, von meiner neuen Adresse

München, Haydnstraße 4

Vermerk zu nehmen.

München, 21. März 1898.
Wilhelm Jensen

496. WILHELM RAABE AN MARIE JENSEN

Braunschweig, 7 Sept. 1898.

Liebe Marie!

Wieder einmal jährt es sich, daß unsere lieben Eltern uns hinnahmen, betrachteten und sagten: „Nu seh Einer an! Na, das ist denn doch noch ganz nett ausgefallen!"

Was würden sie morgen wohl meinen, wenn sie uns da noch einmal zu Gesicht bekommen könnten? Auf die Arme nehmen würden sie uns wohl nicht mehr, aber betrachten würden sie uns sicherlich sehr genau und was Dich, liebe junge Freundin, anbetrifft, so würden Dein Papa und Deine Mama nur gerührt bemerken: „Wir wußten es ja, was für eine Blume wir in die Welt gepflanzt haben! Kind, wir haben immer noch unsere Freude an Dir!" ...

Könntest *mir* aber auch wohl mal wieder Dein Bild schicken, Marie: ich möchte auch mal wieder meine Freude an Dir haben! Der alte Kerl, der anliegend mitkommt, bin Ich: an den Spiegel brauchst Du den greisen Burschen nicht zu stecken; aber meinen Platz in Deinem Herzen wünsche ich auch in meinem achtundsechzigsten Lebensjahre fest zu halten! –

Hoffentlich geht es Euch Allen, Groß und Klein nach Wunsch: Wilhelm steht nach gewohnter Weise stets in vorderster Reihe der deutschen Litteratur, der Glückliche! Mit mir will es nicht mehr; drei volle Jahre habe ich nöthig gehabt, um das: „Hastenbeck", mit dem ich demnächst das Volk der Dichter und Denker in gewohnter Weise langweilen werde, hervor zu bringen. –

Ich sende meinen diesmaligen Glückwunsch nach Sankt Salvator; wo er Euch treffen wird, soll mich wundern. Augenblicklich liegt die schönste Herbstsonne auf meinem Windmühlenberg: hoffentlich ist etwas davon in diesen Geburtstagsbrief übergegangen, alte Freundin!

Dein getreuer WilhRaabe

497. MARIE JENSEN AN RAABE

Salvator 10 Sept. 1898

Lieber Freund!

Von ganzem Herzen danke ich Dir für Deinen Brief u. das vortreffliche Bild, aus welchem die altbekannten Augen (Du weißt, die goldenen der Waldeskönigin!), die mehr sehen als andere, so klar wie nur je herausgucken. Backen u. Naserl haben sich im Gang der Jahre ein bischen mehr ausgerundet, was ganz in der Ordnung ist. Der Professor Binkus schickte mir aus Halle auch vorgestern sein Bild, u. nun steht Ihr Beide nebeneinander vor mir auf dem Schreibtisch, gute Pendants. Ich habe mich seit lange nicht mehr photographiren lassen, will aber eigens für Dich nächster Tage in Prien mich der Operation unterziehen.

Schlechter als die Münchener Photographen kann der Priener auch nicht sein. – Wir kamen am 7ten Abends vom Königsee zurück, wo wir einige Tage beim alten Herzog in der Salettalpe waren. Daher die Grüße „mit Ansicht". Thea ist mit Mann u. Kindern drüben auf der Herreninsel u. wir besuchen einander hinüber u. herüber fast täglich. Heut Nachmittag trifft der Privatdozent Dr.Paul Jensen detto Prof.Binkus bei uns im Häusle ein, um sich vom Doziren auszuruhen. Käthe siedelt in diesem Monat noch mit den ihren nach Frankfurt a/M. über, da ihr Florentiner (deutscher) Arzt das Klima dort als das beste bezeichnete, für die in Italien geborenen Kinder. In 2 bis 3 Jahren wollen sie nach München ziehen, wo ja auch Maina mit Familie bereits ist. – Ich habe den heurigen Sommer ganz in Familienfreuden verläppert. Eine Leinwand von 2 Meter Länge zu 1.50 Höhe steht, um bemalt zu werden auf meiner Staffelei, aber Kinder u. Enkel sind *auch* da u. – das Wetter draußen so schön! Ich bekomme ja wieder viel Zeit, wenn alle abgereist sind u. der Herbststurm um's Häusle weht. Bis ‚hoffentlich weit' in den November hinein, bleiben wir hier. Auf Deinen „Hastenbeck" freue ich mich. Wilhelm läßt in diesem Sommer die Feder so ziemlich ruhen, was vor Allem ihm, aber auch seinen Verlegern u. dem Volke der Dichter u. Denker wohl thun wird. –

Leb wohl lieber alter Freund. Ich glaube Du weißt's, wie unendlich Wilhelm u. ich Dein sterblich Theil lieben u. Dein Unsterbliches verehren, u. so bleibt's, so lange wir athmen.

Deine alte

Marie Jensen.

498. MARIE JENSEN AN RAABE

München 28 Dez. 1898.

Liebstes Räble!

Obgleich meine Gedanken jeden Tag mit Dir, bei Dir waren, so komme ich doch erst heute dazu, Dir schwarz auf weiß für

Dein Buch zu danken. Du hast's gut, schreibst mit den eigenen Federn u. mit Raabenfedern lassen sich doch entschieden die eigenthümlichsten u. feinsten Striche ziehen. So eine Wackerhahn'sche u. eine Boffzener Pastorin bringt nur Dein Federkiel zu Stande. Wie schön ist der Brief des Pastor's Störenfreden. Der ist „wahrlich kein übler Mann". Aber fast am Meisten packte mich das 24te Kapitel, von Anfang bis zu dem ergreifenden Schluß mit dem Uttenberger. Ueberwältigend tauchen die Bilder von Daphnis u. Chloe überall am rechten Ort u. zur rechten Zeit auf. Die Erinnerung an den „bebänderten Hirtenstab" bei den borstig aufgereckten Armen der Wackerhahn'schen ist köstlich. Von solchen Perlen wimmelt es freilich im ganzen Buch herum. Hab Dank lieber Freund für die Freude.

Von uns kann ich nichts Gutes melden, habe darum auch bisher kein Lebenszeichen gegeben u. die Photo, welche damals in Prien gemacht wurden, nicht abgeschickt. Wilhelm war ein Vierteljahr sehr krank. Was für eine teuflische Infection ihn so zugerichtet, wissen wir heut noch nicht. Zugleich fast mit einer schweren Angina bekam er die heftigsten Gliederschmerzen, die jetzt noch nicht ganz vorüber sind. In St.Salvator im Oktober fing es an. Am 25ten Okt. brachte ich ihn krank nach München, da ich von der wärmeren Stadtwohnung Besserung erhoffte, doch wurde es immer schlimmer. Der Arzt kam wochenlang täglich u. electrisirte ihn. Das half aber auch nichts. Viel Wärme war immer noch das Beste u. Einzige, was wohlthat. Jetzt endlich scheinen sich die Bazillen-Viecher ausgetobt u. erschöpft zu haben. Er geht wieder täglich, um die Mittagszeit, eine Stunde in die Luft u. seit 8 Tagen arbeitet er leider auch wieder, was seinen Nerven gewiß noch nicht taugt. Ich soll Euch vielmals von ihm grüßen. – Dieser Tage lernte ich bei Heyses Sigmund Schott kennen u. freute mich, in ihm ein eifriges, begeistertes Mitglied der Raabe-Gemeinde zu finden.

Leb wohl alter lieber Vogel. Es grüßt Dich u. alle die bei Dir im Nest sind

die alte Marie Jensen.

499. WILHELM RAABE AN MARIE JENSEN

Braunschweig, 30 Dec. 1898.

Meine liebe Marie!

Das ist ja freilich dießmal ein betrüblicher Neujahrsbrief! Ich glaubte Euch schon in Meiningen, wo dies Jahr, den Zeitungen nach, Eure Käthe Weihnachten gefeiert hat. – Nun, er kommt ja jetzt endlich doch wieder auf die Beine, und so wollen wir hoffen, daß wir allesammt im zwanzigsten Jahrhundert uns noch einige Briefe im alten gewohnten vergnüglichen Stil schreiben können! –

Daß Dir „Hastenbeck" behagt, freut mich: ich habe um das Ding lange genug herum gestöhnt und geklöhnt. Diese Nacht im Bett habe ich das „Bild im Wasser" angefangen, sag Ihm das; aber an den Schreibtisch ließe ich an Deiner Stelle ihn für's Erste noch nicht.

Nach Deiner Beschreibung der Krankheit würde für jetzt d.h. für den nächsten Frühling, Florenz der richtige Aufenthalt für Euch sein. Da haben Eure Kinder ja ihre Villa und der Alte wird seinen Rheumatismus sicherlich dort los. –

Von uns habe ich nichts Besonderes zu schreiben. Zu Weihnachten war die ganze Familie unter dem Windmühlenberg versammelt. Auch Gretchen, die aus München eine kurländische Malkollegin mitgebracht hatte.

Auf Dein Bild freue ich mich sehr. Seines habe ich neulich in einer Zeitschrift „Das litterarische Echo" gefunden. Da sieht er gottlob noch sehr jung und wohl erhalten aus. Pflege ihn nur recht, liebe Alte, und Du wirst sehen, er wird Dir noch manches liebe lange Jahr süß und sauer machen! ––

Jedenfalls gebt recht bald wieder Nachricht von Euch und – gute!

Euer getreuer WilhRaabe

500. WILHELM RAABE AN JENSEN

Braunschweig, 13 Febr. 1899.

Lieber Alter!

Hoffentlich findet Dich übermorgen der Aschermittwoch und das beginnende dreiundsechzigste Lebensjahr völlig frei von den Gebresten, die Dich leider nach Mariens Weihnachtsbrief behafteten. Dir bekommt vielleicht Sankt Salvator nicht; – es ist ja wunderschön dort, aber die Gelegenheiten, sich rheumatische Beschwerden zu holen, werden nicht mangeln, und im Grunde seid Ihr, trotz Allem, eigentlich doch Stadtmenschen.

Jedenfalls laß uns bald Nachrichten über Dein Befinden zugehen und zwar gute! –

Uns hier unterm Windmühlenberg ist's bis jetzt, den Winter durch, passabel gegangen; nur zeigt sich bei meiner Bertha im rechten Handgelenk so etwas wie Gicht, was sie bei ihrer „Arbeitsseligkeit" dann und wann sehr verdrießlich und unglücklich macht. Wir sind eben Alle in den Jahren, von denen geschrieben steht, daß sie Mancherlei mit sich bringen, was die Reize des Erdendaseins nicht vermehrt.

Unsere Kinder sind unberufen wohl. Die Mindenerin werden wir demnächst mit ihrem Jungen für einige Zeit hier haben. Der Mann ist auf sieben Wochen zur Musterung nach Dortmund kommandirt. – Was man so nennt „erlebt" haben wir eigentlich garnichts, kann Dir also auch nicht darüber zu Deinem Geburtstage Vortrag halten. Geistig, das ist: litterarisch, bin ich seit Hastenbeck ausgebeutelt wie noch nie und noch nie mir so wie ein leerer Sack vorgekommen. Körperlich, das ist: socialisch, gehe ich jeden Abend zu einer halben Flasche Affenthaler und einem Glase Grog zu Herbst in der Friedrich-Wilhelm-Straße und setze mich da zu meinem Freunde O. Tellgmann, meinem Feinde: Er ist Welfe und ich bin Waiblinger, einem alten wackeren emeritirten Weinhändler. Bis Mitternacht findest Du mich immer dorten – solltest auch mal kommen, W. Jensen!! —

Was von Raaben zu Hause ist, grüßt und schickt seine schönsten Glückwünsche.

Wie gesagt, gieb bald gute Nachricht über Deine Gesundheit Deinem getreuen

WilhRaabe.

501. WILHELM JENSEN AN RAABE

München, Haydnstraße 4. 17 Nov. 1898

Mein lieber Alter.

Der Herbst rückt in jeder Gestaltung so nachdenklich vor, daß mich bedünkt, es sei wohl an der Zeit, nicht allein auf den Epiphaniastag zu warten, um die Feder zu einem Gruß alter Freundschaft zur Hand zu nehmen, zumal da mein Geburtstagskärtle an Dich in diesem Jahr durch die Umstände und das Schreibwerkzeug am Königsee mehr als kläglich ausfiel. Dies letztere Adverb paßt aber seit bereits schier endloser Zeit noch besser auf mich selbst und ließ in mir schon lange einen Drang aufkommen, Deinem Windmühlenberg eine Kunde davon zugehn zu lassen.–

18 Febr. 1899.

So weit, mein Alter, kam ich vor einem Vierteljahr, da zwickte die Neuralgie, Neuritis – Namen nennen es nicht – mir die Feder aus der Hand, und dies Blatt blieb, schier zum Vergilben, liegen. Doch jetzt läßt Dein lieber Geburtstagsbrief es mich hervorholen, um Dir wenigstens zu zeigen, daß ich gewollt habe, und einen kurzen Dankgruß daran zu fügen. Die Prüfung, die der Herr an mir vermittelst meiner beiden Beine und Füße angestellt, ist nun beendet – ob ich sie cum laude bestanden habe, weiß ich freilich nicht und verspüre bis jetzt auch noch nichts von einer Heilwirkung auf meine unsterbliche Seele – aber bis auf etwas noch in den Fußsohlen verbliebene Parästhesie haben, um ein wunderbares Bild zu gebrauchen, meine Extremitäten (‚Potentaten' nennt man sie in Holstein) ihr altes Gesicht wieder angenommen und lassen sich wie vordem für ihren Bestimmungszweck des Pendelns nutzen. Dagegen scheint's, daß ich mir in Folge der fünfmonatlichen Nervenattaque und ihrer Bekriegung durch Phenacetin, Salypirin, Morphium, Brom etc. etc. auch einen ‚nervösen' Magen angewöhnt habe, der sich nichts mehr bieten lassen will und jede Gelegenheit ausnutzt, mir dies (auch kein übles Bild) ad oculos zu demonstriren. Da setzt denn Geduld, die alte Mutter, sich mit tröstlich-bedächtigem Zuspruch an meine Seite, aber ich kann leider nicht verschweigen, daß ich die liebe Alte ab und zu einmal recht ungeberdig kränke und ihr mit einem kräftigen Fluch über die Allgüte und Allweisheit, das Baiwarenvolk und -land, das par nobile fratrum der erlauchten Häuser Wittelsbach und Habsburg und noch einiger Andern mehr über den Mund fahre. Nur über ‚moderne Dichtung' lasse ich mich niemals mißvergnügt aus, sondern freue mich, daß sie dem deutschen Volke nach Gebühr zu theil geworden ist, und erkenne dankbar als eine der edelsten Thaten unseres Jahrhunderts die Begabung Gerhard Hauptmanns, unter den Auspicien Erich Schmidts, mit dem Grillparzerpreis für den ‚Fuhrmann Henschel' an. Denn da Grillparzer sich vor drei Jahren bei dem gleichen, durch das ‚Hannele' gegebenen Anlaß im Grab umgedreht hat, muß – er jetzt in die richtige Lage zurückgekommen sein.

Zu meiner 62ten Auflage überraschten mich unsere Frankfurter cidevant Florentiner Kinder, und so saßen wir an dem Tage zum erstenmal wieder seit zehn Jahren wenigstens mit zweien unserer Töchter an ihrem alten Namenstisch. Von draußen schien der Juni in goldenem Festkleid gratulirend durch die offenen Fenster hereinzugucken, und auch der übliche Briefregen stellte sich ein. Nur fehlten gar manche Tropfen darunter, die ich früher stets als die liebsten begrüßt; von Jahr zu Jahr verringert sich ihre Zahl, und die neu hinzukommenden bieten keinen Ersatz für sie. ‚Venit mors velociter et neminem veretur' sangen schon die Goliarden vor sieben Jahrhunderten.

In den letzten fünf „Monatsheften" Deines großen Landsmanns hast Du vielleicht (more consueto scheußlich verstümmelt) gefunden, daß ich mich auch einmal wieder zu den ‚Welfen und Waiblingern' gesetzt und zwar unter die alte Hildesheimer Wildrose, von der ich zum Frühling einen Absenker für unser Gärtle resp. Häusle erhalte.

Wann aber sehen diese beiden letzteren Dich einmal? Zeit wär's, Wilhelm Raabe, sehr Zeit! Du könntest wohl einige Sommertage lang Deinen emeritirten Weinhändler seinen welfischen

Grimm allein auf die glorreiche Zukunft des Cumberländers und die Zerschlagung des neuen deutschen Reiches römischer Regierung in's Glas tunken lassen. Allzuunersetzliches ginge dabei nicht in die Brüche. Bebel hatte entschieden recht, als er auf eine Frage Lindau's, wie er sich denn das Kommende denke, antwortete: „Erst die Nacht!"

Marie ist seit sechs Wochen von häuslichen (Mädchen-) Nöthen fast zu Tode gehetzt und augenblicklich wieder ‚auf Jagd', die nichts als baiwarische Säue zur Strecke bringt. Wir werden, um noch einmal für unsere graubehaarten Tage einen Lebenszustand zu ermöglichen, uns wieder zwei Haushuldinnen anschaffen müssen, nur fehlt uns für die zweite draußen im Häusle die Unterkunft.

Lebe gut, mein Alter, und grüße das Leben in Deinem Hause!

Von Herzen der Deinige

W.J.

502. WILHELM UND MARIE JENSEN AN RAABES

München 9 Mai 1899.

Liebe Freunde!

Wir kommen eben von einem mehrtägigen Salvatoraufenthalt zurück (haben Rosen dort gepflanzt) u. finden hier die Verlobungsanzeige Eures Klärchens vor. Von Herzen wünschen wir Glück u. freuen uns mit Euch. Ein Näheres hören wir wohl gelegentlich, liebes Räbele. Dienstag den 16ten geht's endgültig hinaus für den Sommer. Von Herzen umarmt alle, die im Raabennest sind, die alte

Marie Jensen

[W.J.] München, 9 Mai, 1899.

Der Frau schließt sich an,
So gut er es kann,
Glückwünschend der Mann:
Es gedeihe zubest
Zum Himmelfahrtsfest
(Vorderhand bis zum nächsten Jahrhundertsrest)
Das neue, das werdende Raabennest! W.J.

503. WILHELM UND MARIE JENSEN AN RAABE

Häusle 6 Sept. 99.

Liebster Freund!

Leid thut mir's daß Dich die Photo mit so wüthendem, falschem, tückischem Gesicht zum 8ten begrüßt! Aber die Sonne brachte mich *so* an den Tag u. daran läßt sich nichts mehr ändern.

Hoffentlich geht es Dir u. Euch Allen gut. Wir haben einen stürmischen Sommer durchlebt u. stecken noch mitten in einer Cyclone – einem Gemüthswirbelsturm drin. Paul's Braut ist bei uns im Hause, er selber haust mit Käthe u. den Ihren auf der Herreninsel u. Thea sammt Mann u. Kindern nur wenige Schritte von uns. Auch Maina u. ihr Mann waren immer abwechselnd hier. Und zwischen all den Kindern u. Enkeln kam auch täglich fast, u. immer in anderer Gestalt, die Frau Sorge zu uns zu Gast.

Was die Cyclone, in der wir jetzt stecken, anrichten wird, das kann Dir erst mein nächster Brief mittheilen. Heut nur so viel, daß ich Deiner in alter Lieb u. Treue gedenke. Grüße Bertha u. was von den Kindern bei Dir ist.

Deine Marie.

[W.J.]

Prien a/Chiemsee den 6/9. 1899.

Das Leben, Liebster, ist ein Kampf
(Das sprach zwar mancher schon, allein
Noch keiner fügte hinterdrein:)
Mit Magen-Zeh und Wadenkrampf.

Und hat Dein curriculum vitae Dir die Gläubigkeit an diese Trinität nicht in Fleisch und Bein eingezwackt, so darfst Du Dich heidenmäßig zu Deinem 68ten beglückwünschen lassen, wie ich es hiermit vollbringe. Experto credendeum ist.

Im übrigen ging jemand vor einigen Monaten mit dem absonderlichen Vorhaben um, Dich am 8 September hujus anni zu besiebzigen und wandte sich zu dem Zweck an mich um Rath und Beihülfe. Die leistete ich dann selbstverständlich, half ihm etwas arithmetisch auf die Sprünge, rieth daneben zur Anschaffung eines Kürschners, des Geheimraths der vaterländischen Literatur, und habe von dem verfrühten Solosänger nichts weiter gehört. Aber bei dem Septemberconcert im Jahre 1901 werde ich mein Ohr anspannen, seine bis dahin hoffentlich noch mehr gekräftigte Stimme herauszuvernehmen. D.h. ich werde dies thun, si diis placet. Man hat's so billig, dies beizusetzen, und sollte es deshalb nie versäumen. Wer weiß, wenn ich in der Beziehung ein bischen achtsamer und achtbarer gewesen, so brauchte ich nicht auf parästhetischen Zehen in's 20 Jahrhundert hineinzuhumpeln, sondern hätte noch in diesem den Kronenorden des H.Michael bekommen und wäre dadurch ein persönlich edler Mensch geworden. Nun wird's nachgerade etwas spät dafür, und auch für Dich habe ich nicht mehr übermäßige Hoffnung. So werden wir wohl früher oder später als milites calami gregarii abtreten müssen und thun am besten, bis dahin die Köpfe zu schütteln und Kinder und Enkel zu denken. Dazu sind wir ja Beide nunmehr rechtmäßig in stand gesetzt, und Jahr um Jahr erhöht uns voraussichtlich noch diese Befugniß. Doch wenn ich an die benannte dritte Generation denke und sie ihre Lebensbahn durch ihre radelnde Zeit bis zu Ende durchlaufen sehe, dann schüttle ich noch einmal energischer das Haupt und apostrophire mich: „Wohl mir, daß ich kein Enkel bin!“ Arme Kerle, sie thun mir leid. Liebevoll für ihre Kinder bedachte Eltern sollten sie mit den Schweinen im Koben aufwachsen und auffüttern lassen.

Bei uns im Gärtle wachsen Bäume und Büsche von Sommer zu Sommer mit erstaunlichem Eifer höher, Pfirsiche, die wir vor drei Jahren verzehrt haben, erweisen sich dankbarer dafür, indem sie uns an der Süd-Spalierwand ihre Nachkömmlinge großziehen, und die Rosenzeit ist eigentlich nicht ‚so schnell vorbei, schnell vorbei‘, sondern hält bis zu unser'm Novemberfortgang von hier an. Aber Herbst ist's trotzdem, lieber Alter, wird es mehr und mehr, und wir haben neuerlich für zeitgemäß angesehn, unser Winterquartier drüben auf der Insel besser bezugfähig, sowie durch eine Eisenthür gegen Schnee und Wind fester einzurichten.

Vor einigen Tagen zog am lachenden Himmel ein kleines Wölkchen über uns herauf, draus sah ich im Zenith einen Goldfunken springen und danach, als ob er anhalte, Ueberschau anstelle und nachdenke, wohin er wolle. Dann hatte er sich ausgewählt, was ihm gefiel, und senkte sich ganz langsam als ein langer Goldstrich auf einen fünf Minuten von uns entfernten Bauernhof nieder, der in der nächsten Minute als eine blutroth lodernde Feuergarbe dastand. Der einzige Schlag war's gewesen, die Sonne blitzte und lachte wieder, wie eben vorher, und nur war in zehn Minuten eine ahnungslose Familie um Haus, Hof und alles gebracht, was sie nicht am Leib und aus den Flammen heraustrugen.

In dieser Ahnungslosigkeit und Geschwindigkeit lag etwas mich mit einer schauerlichen Schönheit Anrührendes, und da ich Dir zu Deinem Geburtstag doch noch einen guten Wunsch mitgeben muß, sei's der, daß es einmal Dir (und mir ingleichem) so gehe wie dem Bauernhof. Dann mögen die sich wie Heuschrekken drumher anstauenden Sommerfrischler tausendzüngig ihr Bedauern aussprechen, wie unvorhergesehen das Schreckliche geschehen sei, die alte gute Sonnenmutter weiß es besser und lächelt freundlich dem goldenen Fünklein zu, das sie mit seiner hurtigen Verrichtung beauftragt.

Nun, bis dahin erfreue sie Dich noch mit dem Reifen mancher guten Frucht und bringe uns auch noch wieder von Angesicht zu Angesicht zusammen! Könnten wir nicht einmal ein Stelldichein um 2 Uhr Nachts auf dem Hohenstaufen verabreden? So hoch tragen mich, wie ich gestern ausgeprüft, meine Füße noch aufwärts. So lange diese Maschine ihm angehört, sagt Hamlet, der Deinige

W.J.

504. WILHELM RAABE AN MARIE JENSEN

Braunschweig, 7 Sept. 1899.

Liebe Marie!

Ein Bildniß des alten Kerls kann ich Dir dießmal nicht schicken; aber den altgewohnten treuen Geburtstagsgruß bekommst Du wieder, wie ich von St. Salvator her den Deinigen erwarte.

Nun sind es 33 Jahre her, seit wir uns kennen lernten, und eigentlich sind wir mündlich wie schriftlich immer recht gut mit einander ausgekommen: Möge sich auch für den Rest unseres Erdendaseins nichts daran ändern!

Hoffentlich ist es Euch in den letzten 365 Tagen nach Wunsch ergangen; was uns hier anbetrifft, so war die Haupt- und Staats-Affäre drin natürlich die Verlobung unseres Klärchens.

Sonsten hat, nach der unerfreulichen Seite hin, Bertha und mich des lieben Gottes jetzige Lieblingszuchtruthe, die Influenza, im Frühjahr fast monatelang als Erziehungsobjekte behandelt. Ob die Zucht angeschlagen hat, kann ich nicht sagen: jedenfalls rauche *ich* jetzt wieder, und verschönert *sie* nach gewohnter Weise mir das Leben.

Den Juli haben wir wieder in Minden zugebracht und dießmal auch den Teutoburgerwald kennen gelernt. Die Nummern Sieben und Acht in der Wehmstraße in Detmold lassen Wilhelm Jensen grüßen. Grabbes Sterbehaus scheint dem Verfall recht nahe zu sein, Freiligraths Geburtshaus wurde eben frisch verputzt. Die frühe Sommermorgensonne schien freundlich auf beide.

Möge sie auf Dich, liebe Alte, noch lange, lange lächelnd herableuchten!

Dein treuer Freund WilhRaabe

505. WILHELM UND MARIE JENSEN AN RAABE

München, Wintersonnenwende 1899

An der Arbeit tag's zu schaffen,
Essen, trinken, frei sich regen,
Schmerzlos sich zum Schlafen legen,
Das ist Leben von Schlaraffen,
Das ist Sonnenwendesegen.
Wer dies lang nicht mehr gekannt,
Fühlt, gesund sein, ist ein Stand,
Der schon über dem Niveau,

Der des Lebens werth. Und so
Blick' ich nach den beiden Nullen
Sonder Schopenhauerschrullen,
Ja, sogar von Neubegier
Spür' ein bischen ich in mir,
Obs in ihrem Feldrevier,
Das umhegt von solchen Zäunen,
Ebenso noch weiter geht,
Wie im Feld der beiden Neunen.
Ob der alte Wind noch weht,
Ob der Dreck noch weiter liegt
Auf des deutschen Reiches Fluren,
Ob John Bull noch von den Buren
Weiter seine Prügel kriegt.
Das erfahren wir, wies werde,
Daß wir dran uns freuen können,
(Auch vielleicht zum Gegentheile)
Wenn, nicht mit zu großer Eile,
Auf der guten Mutter Erde
Wir noch etwas Zeit uns gönnen.
Danach also laßt uns streben,
Redlich alle Mühe geben,
Uns im neuen Säculo
Noch ein Weilchen als die Alten
Wechselseitig zu erhalten,
Und ob im Gesicht mit Falten
Auch, doch über dem Niveau!
Wie ich's zu Euch hingerufen,
Hoff ich, klingt es von Euch her –
So wohlan denn auf den Stufen
Zu der Sonnenwiederkehr!

WJ.

[M. J.]

Wilhelm Raabe hat uns einst ganz bestimmt versprochen am Sylvesterabend des Jahres 1899 mit uns zusammen zu sitzen!

Wie wird das nun? Eins ist aber sicher in der sich entsetzlich rasch drehenden Weltgeschichte, daß wir, wie auch die Jahrhunderte laufen mögen, in Gedanken seßhaft fest bei ihm sind.

Seid umschlungen im Raabennest von Eurer

Marie Jensen

506. WILHELM RAABE AN JENSENS

Braunschweig, 26 December 1899.

Liebe Freunde!

Liebe Freunde, möglich ist es schon, daß wir einander versprochen hatten, die Sylvesternacht 99/00 mitsammen zuzubringen; aber wer hatte denn eine Ahnung davon, daß das Jahrhundert so rasch zu Ende sein würde?

Ein Todtschlag verjährt nach dreissig Jahren: wieviel mehr denn solch ein Versprechen aus dem Sommer des Lebens für einen späten Winterabend.

Ist es nicht schon ein Wunder, daß wir nach so vielen privaten und öffentlichen Erlebnissen in Krieg und Frieden doch noch Alle vom Feuersee vorhanden sind in der Fleischlichkeit und uns wenigstens in Gedanken in der Jahrhundertwendnacht zusammensetzen können mit einem:

Weißt Du noch? Wißt Ihr noch? –

Wir von hier kommen sicherlich zum Stelldichein in der Mitternachtsstunde von 1899 auf Neunzehnhundert. Aber von Neuigkeiten: Engländer, Buren und dergleichen bringen wir nichts mit. Unser Sack steckt nur voll von *alten* Geschichten, so vom Jahre Achtzehnhundertsechsundsechzig her, und ich glaube, der Inhalt genügt zur Unterhaltung während die Sylvesterglokken läuten. Gehabt Euch wohl bis dahin!

Euer WilhRaabe

507. WILHELM RAABE AN JENSEN

Braunschweig, 14 Febr. 1900

Lieber Freund!

Da ich nunmehr schon sagen kann: Im nächsten Jahre werde *Ich* siebenzig, so erlaubst Du mir wohl als Respektsperson, *Dir* dießmal zu Deinem Geburtstage das gewohnte Glück zu wünschen, junger Mensch! Mit Etwas renommiren muß man doch immer, und so ein paar Ellen Schattenlänge mehr beim Lebenssonnenuntergang sind doch auch Etwas! – Wie natürlich ist es übrigens, daß man beim Abstieg, und wenn man noch so gut Freund mit einander gewesen ist auf dem Wege, einander immer weniger zu sagen hat! Was sollst Du dem Alten mit Deinen Erfahrungen in Molesten und Gaudien kommen? brummt man, mit dem „unschuldigen" weißen Blatt vor sich. „Er hat ja in seinem Sack dasselbe Sammelsurium, was Du ihm drauf ausschütten könntest. Den Kopf soll er auch ferner steif und hoch halten und dazu sich an den Rathschlag Virgils in der 49sten Terzine des dritten Gesangs des ersten Theils der *Göttlichen Komödie.*

Hoffentlich bist Du Mitglied der Münchener „Litterarischen Gesellschaft" und theilst meine Entrüstung über ihre Mißwürdigung der edelsten geistigen *Schöpfungen* der deutschen Gegenwart.

Dein treuer Freund

WilhRaabe

508. WILHELM RAABE AN MARIE JENSEN

Braunschweig, 6 September 1900

Liebe Marie!

Also jetzt von der Schwelle des Siebenzigsten herzlichen Gruß und Glückwunsch!

So sind denn die Jahre soweit hingegangen, und Jeder hat seine Schicksale erlebt: Schade, daß wir einander beim Ertragen und Genießen so wenig helfen konnten! aber auch das gehört zu der menschlichen Komödie. –

Unser Dasein vom letzten achten September her ist ziemlich eintönig hingeflossen, was noch nicht das Schlimmste sein soll. Unser Stabsarzt mit Frau und Kind sitzt noch in Minden; unser Schulmeister beendet sein Probejahr und Klärchen hat sich an ihre Aussteuer gesetzt. Gretchen sitzt bei einer Freundin im heiligen Rußland – augenblicklich in einem Dorfe an der livländischen Küste, Kaugern bei Schlock, Gesinde André Waggul. Wir

Alten sitzen noch unterm Windmühlenberge – wer weiß, wie lange noch?!

Hoffentlich habt Ihr nur Gutes und Erfreuliches zu berichten aus eigenem Leben und dem von Kindern und Enkeln!

Neulich habe ich gehört, daß Wilhelm irgendwo über sein Jahr 1866 in Stuttgart geschrieben habe; das hätte er mir wohl zugehen lassen können, denn ein bischen gehöre ich doch auch mit darein. –

Eben kommt Bertha herein mit einem Arm voll „Proben". Sie läßt *sich* zu meinem Geburtstage meinen braven Lehnstuhl „neu überziehen": so seid Ihr Mädchen! ...

Meine Schwester, die heute 67 Jahre alt wird, bringt mir wenigstens jedesmal zum Achten dieses Monats ein Paar selbstgestrickter Strümpfe und einen Kalender für's nächste Jahr. –

Aus dem Dintenfasse habe ich zwischen 99 und 00 nur die beiden letzten Zahlen gezogen, was das Handwerk anbetrifft. Nur den Meister Autor, den Wunnigel und den deutschen Adel habe ich zusammengepackt und des Erwerbs wegen einen vierten Band „gesammelter Erzählungen" draus gemacht. –

Tien behüte uns besser als sein Tientsin in unserm kommenden Lebensjahr, liebe alte Freundin!

Dein getreuer Freund WilhRaabe

509. MARIE JENSEN AN RAABE

Häusle, zum 8 Sept. 1900

Lieber Alter!

Schon wieder ein Jahr herum! Die Zahl der Pappelbäume auf unserer Wander-Chaussee ist nachgerade recht erklecklich herangewachsen. Doch was thut's, man steuert in gewohntem Leichtsinn dem Ende zu. Herrgottsakra – dies ist aber ein abscheulicher undelicater Geburtstagsglückwunsch-Anfang! Verzeih gutes Räbele. Ganz in Gedanken, nahm ich dem Verfasser des Schüdderump gegenüber kein Blatt vor den Schnabel. *Ihm* ist ja nichts Menschliches fremd u. der Gedankenweg am Eingang dieses Briefes, ein von ihm oft betretener alt vertrauter, vielleicht auch traulicher, u. so macht's ihm nichts u. scheint *ihm* auch nicht undelicat.

„Janz im Jejentheil", höre ich ihn sagen. Hoffentlich geht es Euch nach Wunsch, u. die Influenza hat Dich u. Bertha nicht wieder bearbeitet! In diesem Frühling war ich das Opfer ihrer Wuth; ich spüre sie immer noch lauernd um mich herum u. von Zeit zu Zeit einen Tatzenschlag. Ihr habt wohl die heurigen Hochsommerwochen wieder „in'n Harze" oder im Minden'schen verbracht? – Wir saßen immer ziemlich still hier, jedes über seiner Arbeit; Freund Lugo, der getreue Nachbar allabendlich mit uns zusammen. –

Heyck war 3 Monate in Brasilien u. während dieser Zeit hatten wir Maina u. ihre Kinder hier. Nach seiner Rückkehr gingen sie nach Mecklenburg zu seinen Eltern an die See. Dort in der Nähe ist auch Käthe mit den ihren. Ernst (der Meininger) besuchte uns in der vergangenen Woche. Er macht die weitesten Reisen im Handumdrehen u. scheut keinerlei Strapazen u. Kasteiungen. Ich habe in den letzten Jahren einige große Bilder gemalt (2 Meter hoch ist das letzte), die ich Dir so gern zeigte, aber Du willst ja nicht mehr kommen. Und wie gut solltest Du es hier haben! Man kann mit 69 u. auch mit 70 Jahren noch sehr schön reisen. Was macht Dein Asthma? Du schreibst nie mehr darüber. Wir alten Knackse sollten doch noch einmal zusammensitzen u. uns über die Weltläufte aussprechen oder auch nur die Köpfe miteinander schütteln. Wir verständen uns auch dann. – Und so leb wohl caro amico. Fünf Krähen, die freilich noch keine Raaben sind, bilden hier unseren täglichen Verkehr. Sie sitzen augenblicklich in der Ackerfurche vor meinem Fenster. Wir kennen sie sehr genau in ihren Gepflogenheiten, u. immer bleiben es fünf, ähnlich wie damals die Schwäne auf dem Feuersee. In alter Erinnerung u. stets neuem warmem Gedenken grüßt Dich u. die Deinen

Eure Marie

Professor Binkus benützte seine Ferien diesmal dazu, in Lübeck, Heiligenhafen, Kiel u. Sylt Spuren seines Vaters zu suchen.

Daß er nach Breslau übergesiedelt u. dort Privatdozent u. Assistent am physiolog. Institut ist, schrieb ich wohl schon früher.

510. WILHELM JENSEN AN RAABE

Prien a/Chiemsee, 7 Sept. 1900.

Mein lieber Alter.

Das Decennium klingt wieder ab, die Glocken läuten sein letztes Jahr ein. Have mi vetule corve! Das heißt: Sei gegrüßt, sei gesund, sei mit Gutem gesegnet und setze Deinen Flug fort, so lange als er Dir noch erwünscht ist! Wenn ich allabendlich von dem ‚stillen Hügel' hinter unser'm Häusle dem Niedergang der Sonne nachgesehn, wie schwarze Waldmassen sie verschlungen, da fangen unten die Aveglocken an, durch die Dämmrung zu klingen. Ein eigener Ton ist's, doch ich höre gern auf ihn hin und denke nicht an den stumpfsinnigen Fetischdienst, zu dem sie die Baiwaren anhalten. Sondern mir ist's, mit letzter Stimme der im Schweigen versinkenden Erde grüßen sie die herankommende Nacht. Morgen aber, wenn Du diesen Gruß von mir erhältst, ist es Tag und ist's Dein Tag. Das heißt, unser auch, wir theilen ihn miteinander, und es gab eine Zeit, in der wir ihn fröhlich zusammen verbrachten. Die liegt fern, es ist seitdem nicht nur viel Wasser zu Thal gelaufen, auch viel Regen auf Dich und uns niedergefallen. Doch das ist die Lebensmitgift, und wir haben uns geschüttelt, sind wieder trocken geworden und sehen, den Umständen gemäß auch jetzt noch frohgemuth, morgen einem sonnigen Tage entgegen; denn der Barometerstand an der Wand und in uns ist herbstlich gut. So möge er's bei Dir am Windmühlenberg sein, wie bei uns unter der Kampenwand! Wie lang auch schon ist's, daß sie (die Kampenwand!) an einem hellen Tag auf Dich niedersah! Thut sie's nicht noch einmal wieder vor dem Aveläuten hier und dort?

Wir sitzen still allein oder zu Drei'n mit dem allgetreuen Lugo, dem Nachbar und Nächsten hier wie in München, am achten Septembertisch, von unsern Kindern ist in diesem Jahr keines bei uns; sie halten sich merkwürdiger Weise sämmtlich, doch nicht zusammen, sondern zerstreut, an der Ost- und Nordsee auf; die Thea mit den Ihrigen, um über den Tod eines ihr vor acht Wochen jählings gestorbenen Kindes hinwegzukommen. So sind unsere zehn Enkel wieder auf neun zurückgegangen; ich bin zufrieden, wenn damit der unabweisliche Tribut gezahlt ist.

Hoffentlich bereitet es Dir, wie mir, einigen Ersatz für die Burentrübsal, daß in China wacker christliche Missionare ohne Unterschied der Confessionen geschmort werden; der l.Gott ist gütig und klug, sorgt wenigstens immer für eine kleine Freude. Und die große werden wir wohl auch noch erleben, daß die verbündeten Culturvölker Europas sich untereinander am Peiho und Hongho die Haare ausreißen, bis sie noch kahlschädeliger sind, als die gelben Chinesenköpfe. Das wird etwas vom Schönsten sein, was Klio je mit dem sechs Jahrtausend auf ihrer Tafel notirt hat. Wie ärmlich sind doch dagegen die witzigsten Werke der ganzen modernen Schriftstellerwelt!

Hast Du die tägliche Kost aus dem Dintenfaß auch satt? Ich schmecke immer stärker die Galläpfel drin und nähme zumeist lieber Bittersalz, das Schreckgespenst meiner Kindheit. So ändert sich der Geschmack; einst meinten wir, die Feder bereite uns einen süßberauschenden Nektartrunk.

Noch einmal: Have mi vetule! Der Deinige

W.J.

511. WILHELM UND MARIE JENSEN AN RAABE

München, 29 Dec. 1900.

[Am Kopf des Briefbogens von Lugo eine Zeichnung des Häusle in St.Salvator; im Hintergrund der Wendelstein]

Lieber Raabe!

Auf diesem schönen, von Lugo gezeichneten Böglein winkt Dir wie aus weiter Ferne die alte Feuersee-Freundin ihren Gruß zu. Möchte es Euch besser gehen als uns! Das Leben ist nun einmal ein Distelfeld, durch das man keinen Tag ungeritzt u. unzerkratzt hindurchkommt. Ich wollte wir könnten noch einmal unseren alten jour fixe miteinander u. mit Kartoffelsalat u. Gänsebraten oder meinetwegen auch mit hartem Beefsteak haben! Heut sitze ich mit Bronchialkatarrh u. Gelenkschmerzen u. habe an keinem Braten der Welt Freude. Zum Glück ist mein Alter Guter noch da u. zwar gesund jetzt, wenngleich das neue Jahrhundert ihm manchmal im Magen liegt. Was sich einem heute in der Literatur, den Zeitungen u. im Sonstigen präsentirt ist ja auch unverdaulich genug. Und ob Waldersee mit der rosig lächelnden Visage sich in Peking oder in Berlin den Magen verdirbt an seinen Diners, das läßt uns kalt. Gar nicht gleichgültig ist es uns aber was unser Räbele macht, was es belorgnettirt u. ob seine Federn glatt oder aufgeplustert sind! Jedenfalls sind unsere Gedanken morgen Abend im Raabennest. Laßt es Euch gut gehen u. denkt auch noch dann u. wann Eurer

Jensen-Marie.

[W.J.]

Weiter wälzt sich, Troß an Troß
Um uns her das Zeitgelichter –
,Ja und ja!' ruft Richard Voß:
,Richard Wagner *ist* ein Dichter!'

und damit, mein lieber Alter, können wir wohl, was wir bezüglich der deutschen Literatur auf dem Herzen haben, als erledigt ansehen.

Sonst wäre noch zu erwähnen, daß wir als Stille im Lande die Weltereignisse mit Ergebenheit über uns hingehen lassen, ohne einen wesentlichen Unterschied zwischen denen zu machen, die als klein betrachtet, und solchen, die mit dem Beiwort ,groß' ausgezeichnet werden. Doch da Du Dich vermuthlich des gleichen Thuns befleißigst, sind auch hierüber weitere Auseinandersetzungen überflüssig.

Die sonst ,unselige, quälige Weihnachtszeit' hat das Gute mit sich gebracht, uns zwei Kinder um den tannenlosen Tisch zu bescheeren, und die nächste Wintersonnenwende trägt noch weiteres Angebinde für uns im Sinn, denn die Frankfurter Kinder wollen im Herbst ebenfalls hierher übersiedeln.

So sammelt sich unsere nächste Gemeinde mählich aus der

Diaspora wieder um uns zusammen, und wir hoffen auch den Tag noch zu erleben, an dem die Hallenser sich zum alleinseligmachenden Glauben an das Hofbräu bekehren. Das wären dann für uns die bedeutungsvollsten Weltgeschehnisse.

Außerdem bleiben noch die Buren, oder richtiger, ihre Negative, die lieben Vettern jenseits des Aermelwassers. Mögen wir an denen durch Vermittlung der ersteren im Heilsjahre 1901 eine rechte Familienfreude erleben!

Dir zum Wohl, mein Alter, ein Glas am Sylvesterabend, getrunken vom Deinigen

W. J.

512. WILHELM RAABE AN JENSENS

Braunschweig, 30 Decemb. 1900

Liebe Freunde!

Aus dem eben ablaufenden Jahre können wir eigentlich Euch außer den selbstverständlichen Grüßen und Wünschen (für's neue) nichts von Euch Interessirendem senden. Es ist ohne größere Erlebnisse hingegangen; daß uns die Wohnung gekündigt wurde, war das hauptsächlichste Ereigniß drin. Die Mindener sind wohl gewesen, Gretchen war den ganzen Sommer durch bis Weihnachten in Curland bei einer Freundin und Kunstgenossin, Bertha und ich mit Klärchen allein im Hause.

Reisen haben wir nicht gemacht, der Litteraturkarren steckt im Sumpfe, im Siebenzigsten ist man nun mal – was bleibt da Einem übrig, als alter Zeiten und alter Freunde zu gedenken, und das thue ich heute ausgiebig. Das weiter aber auszumalen, hat gar keinen Zweck. Wir vom Handwerk haben unsere Federn so oft dran stumpf geschrieben, daß wir uns wirklich mit allen Redensarten darüber verschonen können. –

Habt Ihr in Eurem bewegteren Leben und an Kindern und Kindeskindern was erlebt, wobei wir Mitfreude oder ein tröstend Wort für Euch haben, so schreibt das.

Heute noch: Windmühlenberg 3, II, vom 1sten April ab: Leonhardstraße 29 a.

Euer getreuester Freund WilhRaabe.

513. WILHELM RAABE AN JENSEN

Braunschweig, 14 Februar 1901.

Lieber Alter!

Also nun den fälligen Glückwunsch zum Eintritt in's Fünfundsechzigste! Es läppert sich doch auch bei Dir allmählich ein bischen zusammen! –

Hoffentlich ist es Euch die letzte Zeit durch besser ergangen als uns. Nach monatelangen ärztlichen Berathungen und Familien-Hin- und Widerreden hat sich unser Klärchen endlich doch einer Operation in einer hiesigen Privatklinik unterziehen müssen. Ein Drüsengebilde in der linken Achselhöhle! – Die Operation hat zwei Stunden gedauert und es ist die höchste Zeit dazu gewesen; aber, gottlob, seit dem Sonntag haben wir das Kind wieder bei uns zu Hause, die Wunde heilt normal und wir hoffen dieser Sorgen und Ängsten endlich entledigt zu sein.

Gretchen ist am Schluß des vorigen Jahrhunderts aus Kurland heimgekehrt, sehr vergnügt, in Liebau und Mitau einige ihrer Aquarelle verkauft zu haben.

Sonst wüßte ich keine Familienneuigkeiten zu geben; – was man sonst erlebt, ist das gewöhnliche Mischmasch von Ruhe und Unruhe, Verdruß und Pläsierlichkeit usw. usw. was man keinem Andern vorzutragen braucht, weil er selber es eben so vergnüglich und widerwärtig auf seinem Lebenstisch vor sich hat.

Dein dießmaliger Geburtstag fällt nach dem lutherischen Kalender auf den Tag des heiligen Formosus, nach dem römischen auf den des heiligen Faustinus: mögen beide brave Kerle Dir ihren Segen geben, vorzüglich der letztere! Du scheinst das manchmal sehr nöthig zu haben. Neulich nachts saßen der arme Hans Hoffmann und ich hier beisammen; da haben wir auf das Wohl Deiner Frau angestoßen. Ich hörte sie ganz genau: „Wilhelm, heule nich so!“

Dein (Euer) getreuester

WilhRaabe.

514. WILHELM RAABE AN MARIE JENSEN

Braunschweig, 6 Septemb. 1901.

Liebe Marie!

Entweder muß ich dießmal meinen Geburtstagsbrief an Dich sehr lang, oder sehr kurz machen. Ich ziehe das Letztere vor und bin Deiner Billigung sicher.

Es ist eine „Wircklichkeit"! es ist kein „Rechnungsfehler": wir sind so weit, liebe Alte! Die Jahre sind hingegangen und Euer Freund ist siebenzig geworden. Das Thier Mensch hat nun auch bei mir das Recht, allgemach dreibeinig zu werden. *Bleibe Du tapfer auf Deinen zwei lieben Füßen, Marie Jensen!*

War nicht übrigens dieser kluge Herr Oedipus in seiner Weisheit ein rechter Tropf? Hätte er es nicht ebenso gut haben können, wie die anderen Räthselrater vor ihm, wenn er sich dieser Sphinx gegenüber dumm gestellt hätte und nicht sein Licht vor ihr hätte leuchten lassen wollen?

Ja wohl, im rechten Augenblick wissen wir selten, was uns am dienlichsten ist und wenn man es mal weiß, kann man meistens nicht, wie man wohl möchte. –

Wie gern säße ich an diesem achten September statt in diesem Tumult hier bei Euch in Sankt Salvator, und es würde sicherlich aus Abend Morgen werden, ehe wir mit einander fertig wären über die Zeit hinter uns.

Na: In Alls gedultig! wie bei Bockstöver in Celle damals. Schlage in Deinen Skizzenbüchern nach, Freundin Marie. Vielleicht findest Du den Mann mit der langen kuriosen Nase auch von *dem* Abend her drin wieder.

Dein und Euer Getreuer

WilhRaabe.

515. WILHELM RAABE AN DEN MALER LUGO

Braunschweig, den 4.Oktober 1901

Theurer Freund!

900 Postsendungen und drüber; 216 Telegramme kamen mir

zum 8. Sept. in's Haus: da warten die liebsten Geburtstagsgäste denn natürlich bis zuletzt auf Danck. –

Wie hat mich Ihr schönes Bild an den Tag mit Jensens am Chiemsee erinnert! Wir haben wohl Alle seitdem allerlei menschliche Schicksale erfahren! –

Sagen Sie doch Wilh. und Marie, daß ihr Becher den Greis ungemein erfreut hat und daß ich heute an Maina, die mir einen lieben Brief geschrieben hat, wieder geschrieben habe.

Wie ich gehört habe, sind Sie krank gewesen. Dergleichen dürfen Sie uns nicht zu Leide thun! – Wenn auch Sie das siebzigste Lebensjahr erreichen, so wünsche ich Ihnen nicht ganz so viel Tumult dabei, wie das Faktum mir zu wege gebracht hat!

Ihr treu ergebener

Wilhelm Raabe.

516. WILHELM RAABE AN JENSENS

Braunschweig, 30 Dec. 1901.

Liebe alte Freunde!

Das wunderliche Jahr voll Sturm und Sonnenschein hätten wir nun gleich hinter. Erst schwere Krankheit – ein Kind auf dem Operationstisch, nachher in's Hochzeitsbett, dann der kuriose 8te September! Wilhelm, spare Deine Kräfte zu *Deinem* 70sten Geburtstage: man wandelt nicht ungestraft unter Palmen! –

Für 70 Mark Postwerthzeichen hatte ich zu verwenden, um all' den Liebeszeichen gerecht zu werden: bis an die Grenze des Unmöglichen habe ich das Meinige gethan. Ultra posse, nemo obligatur.

Von all den Zuschriften hat mich tief der liebe Brief Eurer Maina mit seinen Erinnerungen an den Tag und Abend in Celle gerührt. Hoffentlich hat das Kind meine Antwort erhalten. Gebt doch Eurem alten wircklichen Lebens- Leid und Freud-Genossen ausführlichere Nachricht von Euch.

Viermal bin ich in diesem Jahr 1901 auf dem Friedhofe gewesen, um gute Kameraden der Zeitlichkeit entledigt in der Versenkung verschwinden zu sehen.

Serrez les rangs! laßt uns auch von der Ferne aus so lange als möglich treu zusammenhalten!

Euer WilhRaabe

517. WILHELM UND MARIE JENSEN AN RAABE

München, 2 Jan. 1902.

Alter Guter!

Dein Brief weckte uns lieb u. freundlich aus schmerzlicher Dumpfheit. Hab Dank dafür. Daß Schlimmes bei Deinen Freunden vorgeht in dieser Zeit, wirst Du Feinhöriger wohl ahnen. Lugo liegt seit Wochen hoffnungslos im Krankenhaus zum rothen Kreuz. Der Weg dahin ist weit doch bin ich täglich mehrere Stunden dort. Käthe u. Ernst – seit dem September in München – wohnen ihm in der Nymphenburgerstraße in Neuhausen, gegenüber u. stehen ihm u. uns treu zur Seite. Aber daß er nicht mehr zu uns zurückkehrt daß wir seinen Schritt über uns nicht mehr hören sollen ist trotz Allem Allem noch so unausdenkbar. Er hat Herzentartung, Arterienverkalkung u. Emboli. Am 3ten November bekam er einen Schlaganfall der ihn einseitig lähmte u. die beständige Pflege im Krankenhaus nothwendig machte. Die Lähmung ist wieder vergangen, aber es treten fortwährend neue Störungen an den Blutgefäßen auf, wie Absterben von einzelnen Zehen u. Fingern. Dabei hat er entsetzliche Schmerzen u. immer schlaflose Nächte trotz Morphium. Das Damoklesschwert hängt beständig über uns. So kommt es daß ich Weihnachten u. Neujahr verpaßt u. nur mit Mühe u. Noth die Pflichten gegen Kinder u. Enkel erfüllt habe. Das Herz war zu voll u. schwer. Auf Deinen guten Brief hin kann ich nun aber doch nicht länger schweigen. Schon um die Zeit des 8ten Sept. lag Lugo schwer krank bei uns in Salvator. Ich werde Dir wohl kaum zu Deinem Feste etwas davon geschrieben haben.

Ach würde man doch endlich etwas stumpfer, blinder, tauber u. gefühlloser daß man sich den Schmerz u. das Mitleiden abgewöhnen könnte. Die arme Maina ist uns auch ein sorgender

Kummer weil Gesundheit u. Lebensfreude nicht zu ihr zurückkehren wollen. So lange sie uns hat, mag's noch gehen, – aber dann ...

Leb wohl lieber lieber Alter. Ja laß uns zusammenrücken – über Raum u. Zeit hinaus. Mit treuem Gedächtniß an Euch so lange sie lebt

Eure Marie.

[W.J.]

Was soll ich da noch viel hinzufügen, mein Alter? Es ist so, in Straßburg liegt auch unser Freund Goltz schon seit Wochen im Sterben, so daß wir täglich seine Todesnachricht erwarten. Es sind die Abendschatten, die mit dem sinkenden Tag dicht und dichter einfallen, und wider sie helfen kann keiner dem andern, auch die Freundschaft und die Liebe nicht. Ja, und drum

Halt' Deine Treuen fest,
Die Lebenden schließ' enger in die Arme!
Mit Herzensvollkraft halte Dich gepreßt
An warme Brust! Denn Dein ist nur die warme!

Dein alter W.J.

518. WILHELM RAABE AN JENSEN

Braunschweig, 14 Febr. 1902

Mein lieber Alter!

Es ist eigentlich eine schwere Aufgabe, nach Euerm letzten betrüblichen Briefe Dir wieder mal zum Geburtstage zu gratuliren; aber ich thue es doch. Mir fängt es am Ende an „Spaß" zu machen, darauf zu warten, was *nun wieder kommt*. Der Kummer ist nicht das Schlimmste, was hinter der Ecke, oder der Thür auf uns wartet: deßhalb dürfen wir aber auch dem andern Erdenverdruß sein richtiges Maaß geben – am besten mit Achselzucken. –! Da Ihr mir nicht wieder geschrieben habt, so nehme ich an, daß unser Lugo sein schön-friedliches Dasein, das unter so großen Schmerzen zu Ende geht – vollendet noch nicht hat! Ist etwa eine „Wendung zum Bessern" eingetreten? Marie sollte mir wieder einmal Nachricht geben.

Bei uns geht es still hin. Gretchen kommt heute von Berlin

nach Hause, wo sie sich vier Wochen lang aufgehalten hat. Liesbeth rüstet ihren Jungen für den ersten Schulweg und hat selber erklärt, es sei die höchste Zeit, daß der Bengel unter ordentliche Zucht komme. Klärchen erwartet im April ihre Niederkunft. Ich habe mir Bismarcks Gedanken und Erinnerungen, Rosebergs Napoleon auf St.Helena und Gourgauds Memoiren gekauft und liege damit gern am Morgen so lange als möglich im Bett.

Grüße den Rufus, den Asynkritus, den Phlegon, den Hermes, den Patroklos, den Hermas u.s.w u.s.w. Grüße vor Allem aber alle Deine Kinder, auch die aus dem „Hause des Caesar" und sei mit Deiner Maria, die auch nach dem Römerbrief, Kap.16, Vers 6 „sich viel um Euch gemühet hat" in alter Weise gegrüßt von

Deinem treuen Freund

WilhRaabe.

519. WILHELM RAABE AN JENSENS

[aus Anlaß des Todes Lugos]

Braunschweig, den 9 Juni 1902.

Wir kennen die Stelle auf der Fraueninsel und sind dort mit Euch.

Euer WilhRaabe.

520. MARIE JENSEN AN RAABE

Salvator bei Prien 11 Juni 1902.

Lieber Freund!

Für Deinen treuen Gruß danke ich Dir herzlich. Obgleich dies Ende schon lange drohend vor uns stand, so können wir's doch jetzt nicht fassen. Es ist mir immer wieder als sei nur eine grausame Komödie vor uns aufgeführt worden u. nun müsse endlich wieder alles sein wie es gewesen u. er uns auf den bekannten Wegen entgegen kommen. Wie wir mit diesem Leid fertig werden sollen, das weiß ich zur Stunde nicht. Ich sage mir ja immer vor: Er hat's gut jetzt, er leidet nicht mehr, er ist uns nur ein Stück voraus zur Ruhe gegangen – was hilft aber das alles gegen das bittere Schmerzgefühl: Er ist fort für immer.

Wir hatten Ende Mai München auf seinen Wunsch verlassen, um hier draußen nach dem Rechten zu sehn. Am 4ten Juni starb er. Käthe war bis zum letzten Athemzuge bei ihm. Ich sah ihn erst im Leichenhaus wieder. Am Samstag haben wir ihn hinüber gebracht. Ich wollte, die Zeit bliebe stehen, damit die Stunden in denen wir ihn noch hatten, nicht immer weiter u. ferner zurücktreten. Vor der „Alles heilenden Zeit" habe ich Angst, da ich ja nichts vergessen will.

Leb wohl lieber Alter. Daß Du unserer gedenkst, thut wohl. Wärst Du nur nicht so weit fort!

Wilhelm u. ich müssen uns nun doppelt u. dreifach aneinander festhalten. Es grüßen Dich von Herzen *Deine* Alten

Wilhelm u. Marie

521. MARIE JENSEN AN RAABE

St.Salvator 7 Sept. 1902.

Lieber Raabe!

Daß es Dir an Leib u. Seele gut gehen möge, wünscht Dir die alte Freundin, der es selber nicht zum Besten um's Herz ist. Wir sitzen wie immer hier, aber es sieht alles so ganz anders aus als früher – Du wirst es Dir ja denken können. Man gibt sich Mühe, still weiter seiner Wege zu gehen u. keine Gesichter zu schneiden; man versucht sogar zu lachen aber es kommt nicht von Herzen u. thut nicht wohl u. so bleibt nur zu hoffen, daß „die alles mildernde Zeit" täglich mehr Gleichgültigkeit, Vergeßlichkeit, Stumpfsinn mir gewähren möge. Phlegma u. ein dickes Fell sind ja überhaupt etwas vom Wünschbarsten für diese beste Welt. Laß bald Gutes von Dir hören, lieber alter Freund. Immer Deine

getreue Marie Jensen

522. WILHELM RAABE AN MARIE JENSEN

Borkum, Nordseehotel, 6 Septemb.1902

Liebe Marie!

Alter schützt vor Thorheit nicht. Da begehe ich zu meiner eigenen größesten Verwunderung meinen 71sten Geburtstag *hier.*

Ob und wo den nächsten? Die Frage bleibt mehr denn je zweifelhaft. – Wir haben Beide ein bewegtes Jahr hinter uns! Ihr werdet den lieben Schatten Lugos wohl oft durch die Büsche gleiten sehen. Aber „das Gras steht nicht mehr auf" hinter dem Schritt des Freundes, und das ist auch was werth in einer Welt wie sie rund um Sankt Salvator liegt. *Der* ist in Ruhe und gut dran! –

Was mich anbetrifft, so ist das Wichtigste, daß auch Klärchen mich zum Großvater gemacht hat. Sie hat ein niedliches kleines Mädchen und ist eine tüchtige Hausfrau geworden, die mit ihrem naturwissenschaftlichen und mathematischen Oberlehrer gottlob ein gutes behagliches Leben führt. Unsere Mindener bereiten sich auf eine große Reise nach Aegypten vor: in den nächsten Tagen auf der Heimreise werden wir nachsehen, wie es bei ihnen aussieht.

Hier bin ich mit Bertha und Gretchen, die Euch gleichfalls herzlichst grüßen und ihre Wünsche zum Geburtstage schicken.

Es sind neun Jahre her, seit wir zum letztenmal zusammen saßen. Das war auf der Fraueninsel. Glaubt Ihr, daß wir uns noch mal wiedersehen werden? Für mich wird's Zeit!

Dein und Euer treuer Freund WilhRaabe

523. WILHELM JENSEN AN RAABE

Häusle, 8 Sept. 1902.

Das Schaltjahr ist entflogen,
Verstummt sein lauter Klang,
Verebbt der hohen Wogen
Sturmhafter Fluthendrang.
Es kam die Zeit gezogen
In ihrem alten Gang –
Ich sehe Dich, in schweigsamem Versenken
Still lächelnd jenes Tages heut' gedenken.

Denn, zogen fort die Gäste,
Verhallten Lärm und Lust,
Verrauschten stumm die Feste

Mit echtem Werth und Wust,
Es blieb Dir doch das Beste
Zurück in eigner Brust,
Das, unbeirrbar von dem bunten Reigen,
Nach ihm wie vor ihm wandellos Dein eigen.

So grüß' ich Dich, mein Alter, heute
Zur 1, die wiederum die Zeit
Mit einem leiseren Geläute
An Deine 70 angereiht.
Verschwunden ist die fremde Meute,
Wie einst bin ich mit Dir zu zweit'
Und nicke Dir im stillen Wohlbehagen
Aus Feuersee- und Abu Telfan-Tagen.

Der Deinige W.J.

524. WILHELM RAABE AN JENSEN

Braunschweig, 30 Dec. 1902.

Liebe alte Freunde!

Das Jahr ist wieder hin. Ich sage: Gottlob! und was ich von Euch weiß, so meine ich, Ihr möchtet es auch nicht länger haben. –

Wo sind die Zeiten, wo man noch wußte, was man so zum Jahreswechsel einander mehr oder weniger vergnüglich mitzutheilen hatte? wo man manchmal dessen kein Ende finden konnte?

Nun sind die Jungen an der Reihe und wenn es denen erträglich geht, ist man ja schon zufrieden. –

Was uns in dieser Hinsicht anbetrifft, so hält sich Gretchen gegenwärtig mit einer Freundin in Rom auf und läßt sich nichts von dem, was die Erdstelle bietet, entgehen.

Liesbeths Mann wird auf der Heimreise vom Ärztekongreß zu Kairo wahrscheinlich heute in Brindisi gelandet sein. Vielleicht trifft er noch mit seiner Schwägerin in der Via Lombardia zusammen.

Klärchen lebt gottlob ganz vergnügt mit ihrem Schulmeister.

Ihre Kleine ist ein ruhiges braves blauäugiges Geschöpf, das von der Unruhe von Großvater und Großmutter nicht das Mindeste abgekriegt zu haben scheint.

Bertha geht es leider nicht gut. Sie leidet an heftigem Rheumatismus im linken Knie; aber weder das, noch das Alter vermögen es, sie zum Stillsitzen im Stuhl am Ofen zu bringen.

Das letztere ist das Behaglichste, was Ich jetzo am Dasein finde. Die letzten Federn sind verschrieben und wenn die Dinte im Dintenfaß austrocknet, ist es mir auch recht. Wer das Quieta non movere nur der Welt rundum beibringen könnte und wenn's durch Prügel wäre!

Unsere Sylvesterfeier wird wahrscheinlich sehr still ausfallen. Mit Euch des Freundes Lugo wehmüthig aber ruhig gedenkend Euer getreuer

WilhRaabe

525. WILHELM UND MARIE JENSEN AN RAABE

München 30 Dez. 1902.

Lieber Freund!

Bleib uns der Alte wie wir an Dir festhalten bis an's Ende. Der Worte brauchts nicht mehr.

Deine Marie.

[W.J.]

1903 –

Immer länger und kürzer die Reih!
Je nun, wie's sei,
Uns laß es bei'm Alten
Weiter halten,
Bis alles vorbei!

Der Deinige W.J.

526. WILHELM RAABE AN JENSEN

Braunschweig, 14 Febr. 1903.

Mein Alter!

Dir und den Deinen zu dem morgenden Tage trotz allem Gruß und Glückwunsch! Dein WilhRaabe.

527. WILHELM UND MARIE JENSEN AN RAABE

St.Salvator 7 Sept. 1903.

Liebster Freund!

Wie lange hörten wir nichts mehr von einander! Ich hatte nicht viel Schönes zu berichten, u. so war Schweigen noch das Beste. Du weißt: Schweigen ist Gold. Du, der stets „in All's gedultig", verstehst ja das Schweigen auch wie nur Einer. Hoffentlich ging es bei Euch, Euren Kindern u. Enkeln gut seit Weihnachten. Von uns ist nichts Neues zu berichten. Daß sich die Enkel vermehren, kannst Du Dir ohnehin denken. Maina u. ihre Kinder waren den Sommer hindurch hier; Ernst und Käthe mit den Kleinen auch in der Nähe. Käthe erwartet in den nächsten Wochen ihr fünftes Kind.

Den Hallensern geht es auch gut. Daß sie zu ihren 4 Mädchen vor 1 1/2 Jahren noch einen Buben bekommen haben, theilte ich Euch wohl seinerzeit mit. Ich hatte in diesem Sommer die stille Hoffnung, irgend ein Extrazug brächte Dich nach St.Salvator in's Häusle. Es traf leider nicht zu. Sehr schade ist's, das Häusle wäre es werth von Dir u. Deiner Lorgnette beäugelt zu werden. Und wie gern hätte *ich* die goldenen Augen der Waldeskönigin noch einmal gesehen!

Aus treuem Herzen grüßt Dich Deine alte

Marie Jensen

[W.J.]

Mein lieber Alter.

Da sitzst Du, und ich stelle mir vor, wenn Dein Kopf sich nach dem Fenster dreht, siehst Du im Süden als einen bläulichen Bogenstrich den mons Bracterus sich gegen den Himmel wölben. Vor mir aber steigt südhin nah die gezackte Kampenwand auf, und sie anblickend, denke ich: Warum doch liegen Brocken und Kampe so weitgetrennt auseinander, daß sie sich über den gekrümmten Erdrücken nicht wahrnehmen und sich wechselseitig schier nichts anderes sind, als zwei geographische Namen, die von ihrem gleichzeitigen Vorhandensein unter der Sonne wissen, aber kaum etwas erfahren.

Du und ich aber, wir sitzen beide mit grauen Köpfen und sehen die Sonne schräger abwärts sinken. Ist sie noch ein Stück vom Untergang entfernt? Es scheint, als breite sich zwischen ihr und dem Horizont noch ein blauer Luftstreifen hin, doch die Meteorologie und ihre Voraussagungen stehen in geringem Ansehn der Zuverlässigkeit. Hurtig kann sich vom freien Himmelsrand eine dunkle Wolkenbank aufschieben, die sturmgejagt dem goldnen Ball entgegenrückt und ihn vorzeitig jählings auslöscht. Dann ist plötzlich die Nacht da, die lichtlos-schweigende. –

Und ich denke: dieselbe Sonne ist's, die uns am Vormittag über dem Hasenberg der guten Stadt Stuttgart stand. War's in ferner Zeit oder erst vor kurzem? Ist uns seitdem ein langer Tag vorbeigeschritten oder eine windgetriebene Wolke vorübergeflogen? Nun bedünkt's mich so und nun so. Unanzweifelhaft nur fallen die langen Abendschatten um uns.

Die beiden alten Berge wurzeln versteint und verknöchert fest an ihrem Platz, belassen wenig Aussicht, daß sie sich noch einmal aufmachen, um zusammen zu kommen. Ich aber reiche Dir noch von meiner Kampe her über Deinen Brocken hin bei'm schrägen Sonnenlicht gedächtnistreu und herzlich zu Deinem Ariosttage die Hand, mein Alter. So laß es uns weiter thun, ‚von Fall zu Fall'; und dem, der zuerst schweigt, nicke der Andere an seinem Tage mit stummem Abschiedsgruß: Schlafe gut!

Der Deinige W. J.

528. WILHELM RAABE AN MARIE JENSEN

Minden in Westfalen 8 Septemb. 1903.
Paulinenstraße 1 II.

Liebe Marie!

Kurz, aber in alter fester Treue u. dem Gedenken jüngerer sonnigerer Tage.

Also jetzt 72! – Wir – B. u. Gretchen und ich sitzen hier seit Sonnabend. Vorher 3 Wochen auf Borkum.

Lisbeth hat jetzt zwei Jungen; leider ist der Jüngste (1 1/2 Jahr alt) gegenwärtig garnicht wohl. Er hat vor einigen Tagen eine schwere Drüsenoperation aushalten müssen.

Hoffentlich behalten wir das Kind. Augenblicklich macht er seinen Eltern meistens ein Gesicht wie: „Ihr – habt Ihr mich dazu in die Welt gesetzt?" —

In Braunschweig bei unserer Oberlehrerin geht es in der Zeit unberufen gut; aber auch dort ist das Kind im Frühjahr krank gewesen. Großvater- und Großmutter-Sorgen, wie Ihr zwei Alten sie auch zur Genüge kennen gelernt habt! –

Eben kommt Bertha: „Vergiß nicht, auch von mir Glück zu wünschen!" Das thue ich hiemit; – liebe Freunde, wenn auch unsere Wege entfernt von einander laufen, sie laufen doch neben einander her.

Grüßt Eure Kinder und Enkel von dem alten

WilhRaabe

529. WILHELM RAABE AN JENSENS

Braunschweig, 30 Dec. 1903.

Liebe alte Freunde!

Wieder ein Jahr herum und zum neuen die alten treuen Grüße und Wünsche! Hoffentlich findet Euch die Zahl 1904 in all' dem Behagen, das in unserer Zeit auf diesem angenehmen Ball möglich ist.

Ich weiß von Euch nur, daß Will's Litteraturmühle noch lustig im Gang ist: an meiner steht das Rad still, wie in meiner Katzenmühle; – nicht die lumpigsten Tropfen giebt das Gerinnsel mehr her.

Im Herbst waren wir auf Borkum, wo meine Frau durch heiße Seebäder ihren Rheumatismus unberufen losgeworden ist. Hoffentlich bringt ihn der Winter jetzt nicht wieder zurück! Nachher waren wir noch einige Wochen in Minden; und zu diesem Weihnachtsfest haben wir noch einmal alle unsere Kinder und Enkel hier bei uns gehabt. Für 1904 steht der Stabsarzt vor der Beförderung aber auch wohl vor der Versetzung. Wir wünschen nur, daß sie ihn uns nicht nach Gumbinnen oder Mörchingen schicken.

Gretchen hat sich hier ein „Atelier“ gemiethet; aber – wer kauft Bilder? Nun, es macht ihr Vergnügen und so hat auch Unsereiner seinen Spaß daran.

Gestern bekam ich einen Brief von meinem treuen Karl Schönhardt – jetzt Generalstaatsanwalt Dr. von Schönhardt. Er lud mich ein, einmal wieder mit ihm durch Stuttgart zu wandern und die alten Heimstätten zu sehen.

Das wäre doch der Gipfel des Gespenstischen. Von allen Denen, mit welchen wir da vor 40 und mehr Jahren vertraulich verkehrten und Lust des Daseins hatten, leben allein nur noch er, Karoline Notter und ich. – Da käme ich doch lieber noch einmal knickebeinig und wackelköpfig nach München oder nach Sankt Salvator am Chiemsee! Das würde doch nicht ganz so unheimlich wie das andere sein; aber ruhig sitzen und den Sand in der Stille verrinnen sehen, ist doch das Beste. Seid gegrüßt in alter Treue von uns Allen, vor allem aber von Eurem Freund

WilhRaabe

530. WILHELM UND MARIE JENSEN AN RAABE

München 30 Dez. 1903.

Lieber Freund!

Trotz Husten, Schnupfen, Kopf- u. Gliederweh, reiche ich Dir im Geist die Fieberhand hinüber – im Geiste steckt's ja nicht an. – In letzter Zeit habe ich viel über den „Welträthseln“ gebrütet aber ein Licht drüber aufstecken konnte mir auch der Häckel'sche Monismus nicht bis in alle Ecken, die Herrn Philosophen freilich noch weniger. *Du* könntest es wahrscheinlich, lieber alter Weiser! Aber Du bist so weit weg von hier u. schreibst uns nicht mehr gern. Ich möchte aber die alte Freundschaft nicht verlöschen lassen, bevor ich selber verlösche; sie hat nun bald 40 Jahre gehalten, ob auch manchmal „böse Zungen Zwiespalt zischelten“.

Bei unsern Kindern u. den elf Enkeln steht alles gut, nur Wilhelm u. ich sind seit Wochen krank u. hüten das Haus; uns beiden fehlt das nämliche. –

Hast Du in der (Rodenberg'schen) Rundschau auch den Briefwechsel zwischen Keller u. Storm gelesen? Wilhelm u. ich schütteln manchmal die Köpfe dabei, d.h. nicht über Keller. Wenn ich an Heyse denke, dann kommt mir die Veröffentlichung der Zwiesprache (besonders im Oktober oder November) recht tactlos vor. Hätte Storm geahnt, daß Heyse diese Briefe einst lesen würde, dann hätte er sie sicher nicht abgeschickt. Ein Glück ist's, daß mit den Jahren die große „Wurschtigkeit" über einen kommt, u. so läuft es auch wohl an Heyse ab. Nur in Herzenssachen giebt es keine Wurschtigkeit, was auch zu den Welträthseln gehört. Und so grüße ich Dich lieber Alter u. Dein Haus von ganzem Herzen.

Deine getreue Marie Jensen.

[W.J.]

Ja, so ist's denn des Baiwarenhimmels Weisheit und Wille, mein Alter, und da in dem doch auch irgendwo solch' ein reservatrechtliches ‚Ding an sich', wie es neuerdings wieder in Mode gelangt, vorhanden sein wird, so bleibt nichts andres übrig, als geduldig auf seine Weihnachtsbescheerung in der Nase, Kehle und sonstigen Gliedmaßen zu schimpfen. Oder sollte vielleicht die Mode selbst dies metaphysische, in transcendentaler Weltenraumshoheit thronende Etwas sein, dem die kaiserlich deutsche Reichsbevölkerung, soweit sie anständig ist, ihre Verehrung zuwendet? Das scheint mir eigentlich, um mich sprachgereinigt auszudrücken, am plausibelsten zu sein. Da aber aus mir auch nach dieser Richtung kein Moderner mehr wird, so beharre ich, um mir einen sittlichen Halt zu bewahren, bei den alten Bräuchen und unter ihnen im besonderen dabei, Dir zum fortschrittlichen Weitergang der 3 zur 4 alles Beste, d.h. dasjenige, was Du selbst für begehrenswerth achtest, zu wünschen. Und zwar thue ich dies mit alter Gesinnung im alten Herzen, mein Alter!

Der Deinige

W.J.

531. WILHELM RAABE AN JENSEN

Braunschweig, 13 Febr. 1904.

Mein lieber Alter!

Wieder ein Jahr hinter Dir und hier die alten treuen Wünsche für Dich und Dein Haus zum kommenden! Wie freue ich mich – jetzt von der Loge aus – daß ich Dich immer noch in jugendlicher Frische das Spiel mit den bunten Kugeln, so man poetisch verwerthete Menschenschicksale nennt, weiter treiben sehe! Wenn Ihr auch mal den Schnupfen habt, der aus Maries letztem Neujahrsbriefe heraus feuchttrübe stimmend sich bemerkbar machte, so wurde das doch tröstlich aufgewogen durch den dem Klagelied folgenden Satz: „Bei unseren Kindern und den elf Enkeln steht es gut.“

Elf gesunde Enkel und noch nicht zufrieden! ich habe bis jetzt nur drei. – Jawohl, Marie, habe ich den Briefwechsel zwischen Keller und Storm gelesen; aber da ich vor Jahren schon den zwischen Storm und Emil Kuh auch gelesen hatte, sagte er mir durchaus nichts Neues über den großen Husumer. Der legte Pole Poppenspäler in die eine Wagschaale und die übrige Litteratur der zweiten Hälfte des 19ten Jahrhunderts in die andere und letztere schnellte bis an die Decke in die Höhe – die Decke seiner Stube in Hademarschen meine ich. Was ihn und Paul Heyse anbetrifft, so wartet mal ab, wenn der Briefsack weiter ausgeschüttelt wird, was für einen gewissen Wilhelm Jensen Hübsches herausfällt. Irren kann ich mich; aber meine Ahnungen habe ich da. –

Aber wie in diesem Geburtstagsbriefe auf einmal mitten in diesen albernen Dintensumpf? Siehst Du, Mariechen, so war es immer schon – in der Silberburgstraße, am Feuersee und in der Hermannstraße! Du fingest immer an, und wir konnten uns unsere heißen Köpfe bis nach Mitternacht nur gegenseitig an den Kopf werfen. Ach, könnten wir das doch noch!

Zum Fünfzehnten habt Ihr das noch einmal von mir; aber das alte treue Herz dazu!

Euer Freund WilhRaabe.

532. WILHLEM JENSEN AN RAABE

München, 16 Febr. 1904.

Mein lieber Alter!

Mich dünkt's unter unsern einmal nicht wegzuleugnenden und

noch weniger ungeschehen zu machenden Jahresumständen nicht klug- noch gutgethan, mit dem Dank für einen Geburtstags-Condolenzbrief vom Februar-Schneegestöber bis zum Septemberzähneklappern zu warten. Man wird mit der Zeit besser kaufmännisch ausgebildet und verlegt sich auf sorgsamere Buchführung; darum bestätige ich Dir hiermit sogleich dankend, den Eingang Deines Geehrten' und spreche daneben die Hoffnung aus, daß sich unsere geschäftlichen Beziehungen auch außerhalb der Zahlungstermine noch öfter wiederholen mögen. Da mündlichen Abmachungen vor den schriftlichen entschieden der Vorzug ausgiebigerer Erörterungsmöglichkeit innewohnt, würde ich es bei richtigem Calcul des beiderseitigen Interesses für äußerst vortheilhaft ansehen, wenn Du Dich im laufenden Sommer zu einer kleinen Geschäftsreise auf die tartarisch-baiwarische Hochsteppe resolvirtest und bei der Gelegenheit das Lugozimmer des „Häusle" ober Prien a/Chiemsee zum Absteigequartier und Stützpunct für weitere, in der Gegend nützlich in Betracht zu ziehende Unternehmungen auswähltest.

Was die weiland Husum-Hademarschener Firma Th.St. anbelangt, so wäre es nach meiner Ansicht ebenfalls für ihr hinterlassenes Renommee erheblich profitabler gewesen, wenn man unterlassen hätte, ihre Correspondenz als Maculatur zum Einwickeln von Marktwaaren für das Neugierbedürfnis der literarisch-gebildeten Gesellschaft zu verwenden; ich habe dies mit den einschlägigen Schriftstücken in meiner Schublade so gehalten. Doch darf ich mich über den industriellen Sinn der Herausgeber kaum derartig äußern, da auch in mir, wie diese Zeilen Dir kundgethan, der rechnende Trieb überaus rege geworden ist, mit dem ich verbleibe und mich Dir fernerhin zu geneigter Berücksichtigung empfehle als Dein alter Handelscompagnon

W.J.

Um einen weiteren empfehlenden Beleg für meine kaufmännischen Qualitäten beizufügen, notire ich Dir auf umstehender Seite einen kürzlich von mir gemachten Kassenabschluß.

Wie heut' Vergangenheit mich überwältigt,
Ihr Glück und Leid mir neu vertausendfältigt!
Und wie sie licht und trübe sich umhüllen
Und wechselnd ihre Wageschalen füllen,
Fühl' ich mir plötzlich Kaufmannstrieb verliehen,
Um die Bilanz von beiden mir zu ziehen.
Geziemen will's, daß nach dem Schattenfluße
Man Kasse macht mit solchem Rechnungsschlusse.

Wie zahlreich auch und über viele Seiten
Die beiden Bucheinträge sich verbreiten,
Muß achtsamem Bemühen doch gelingen,
Den Saldo fehlerlos herauszubringen.
Doch seltsam, wie Verluste und Gewinne
Zu sondern und summiren ich beginne,
Macht wunderlich ihr drängendes Gewirre
Mich in der Contoregulierung irre.

Mein Blick ruht auf dem Gegensatz der beiden
Rubriken und weiß oft ihn nicht zu scheiden.
Weiß nicht, ob, was ich prüfend überlesen,
Für mich Verlust, ob es Gewinn gewesen.
Ich sinne nach und kann's mir nicht benennen,
Das Glück vom Leid, vom Leid das Glück nicht trennen.
Wie meine Blicke hin und wieder wandern,
Durchfließt das eine stets sich mit dem andern.

Nicht möglich fällt's, das Habet zu addiren,
Das Credit von der Zahl zu subtrahiren.
Die Seiten all' ergeben für die stumme
Erinnrungsüberschau nur *eine* Summe
Von Glück und Leid, im innersten verbunden
Als *eine* Rechnung in der Brust empfunden.
Umsonst; zum Buchen meines Soll und Haben
Gebricht's mir an den rechten Kaufmannsgaben.

533. WILHELM UND MARIE JENSEN AN RAABE

Salvator 6 Sept. 1904.

Liebes Räbele!

Vor einigen Tagen kamst Du, wie Du leibst u. lebst über die Wiese, gerade auf unser Haus zu gehuckebeint. Du sagtest einst, als Du uns plötzlich – von Kiel aus – in die Hermannstraße einbiegen sahst: „Du, Bertha, da kommen Jensen's um die Ecke." Ich sagte, dumm wie ich bin, nichts, als ich Dich sah und stürzte die Treppe hinunter zur Gartenthür hinaus u. da warst Du vorbei u. den Hügel hinaufgegangen u. zwar mit sehr langen Schritten. Ich dachte, Du wolltest uns necken u. lief Dir nach. Du staktest immer schneller, ich beschleunigte meine Schritte gleichfalls u. athemlos kam ich droben an bis auf zehn Schritte von Dir entfernt. Du drehtest Dich um – lieber Gott – u. da war's ein Anderer! Ich sagte: Entschuldigen Sie – ich hielt Sie für Wilhelm Raabe, dem Sie aus einer gewissen Entfernung sehr ähnlich sehen. Er lachte u. bedauerte, nicht Du zu sein; ich bedauerte es noch mehr u. machte so schnell wie möglich kehrt, als begossener Pudel. Wilhelm, der Ahnungslose, stand unterdessen auf seinem Balkon, sah mich – im Schlafrock denn es war 9 Uhr Morgens – hinter dem Fremden dreingaloppiren u. dann allein zurückkommen. Mit ungeheuer erstaunten Augen empfing er mich u. dann wurde ich nochmals ausgelacht. Meine Enttäuschung war bitter u. ein bisl ärgerlich auf Dich war ich auch. Mich alte neunundfünfzigjährige Frau so zum Besten zu haben, so zu enttäuschen! – Wo magst Du nun sitzen? Ich schreibe dies in's Blaue hinein, denn in Braunschweig bist Du sicher nicht. Wir bleiben nur noch 14 Tage hier, da wir die Hallenser Kinder besuchen wollen. Ich habe die vier dortigen Enkel groß als Gruppe unter Bäumen gemalt u. möchte das Bild an Ort u. Stelle fertig machen. Bei dieser Gelegenheit könnten wir uns einmal wiedersehen, wenn Dir's recht ist, denn, bis Du nach München oder hieherkommst – wer weiß, wie lange das noch dauert! Von Halle aus wollen wir uns dann in's Vernehmen mit Dir setzen. – Zum Achten wünsche ich Dir dasselbe was ich Dir alle Tage wünsche:

Gute Gesundheit! Und uns bald wieder eine schöne Geschichte von Dir. Maina schwelgt augenblicklich im „alten Proteus“: sie ist im Schwarzwald, sonst würde sie grüßen.

Leb wohl, lieber alter Corvus. Dich grüßt Deine getreue

Marie Jensen

[W.J.]

Im Häusle über'm Bairischen Meer,
6 Sept. 1904.

Der ergebenst Unterzeichnete schließt sich in allem der geschätzten Vorschreiberin an, insbesondere hinsichtlich der Anmerkung über die Gelegenheit eines möglichen Wiedersehens. Da der Berg nicht zu Mahomed kam, ging Mahomed zum Berge, berichtet der alte Weisheitsspruch; ich weiß nicht, was höher schätzbar ist, Berg oder Mahomed zu sein, doch zu stimmen scheint mir die Sache auch in diesem Fall. Und was ich weiß, ist, daß die alte Mutter Zeit anräth, ein derartiges Zusammenkommen nicht länger in's Unbestimmte hinauszuschieben; sie hat mir das schon öfter mit ihrer sacht eindringlichen Stimme in's Ohr geraunt. Vielleicht gäb's ein anderes Celle, das sich von diesem durch östliche Lage von Braunschweig unterschiede; dem genauer Landeskundigen stehen jedenfalls manche ‚alte Nester‘ am Harz zur passenden Auswahl zu Gebot. Am hübschesten wärs, wenn es den Namen Halle trüge, denn das würde außer uns auch noch unsere Kinder ganz außerordentlich erfreuen, und, am Kirchtor 8a stände dort eine nette Rabenzelle bereit. Also, Alter öffne Deinen Koraxschnabel und gieb uns nach Deiner Weisheit vernehmbaren Bescheid!

Einstweilen bade übermorgen frohgemut Dein Gefieder in der aus Niflheim noch wieder zurückgekehrten Sonne, ‚Jugendzeiten gedenk und alter Freunde‘, unter denen zu Deinen ältesten und treuesten gehört der Deinige W.J.

534. WILHELM RAABE AN MARIE JENSEN

Braunschweig, 7 Sept. 1904.

Meine liebe Marie!

Nicht wahr, allmählich gewöhnt man sich an's Altwerden?

Bertha ist nun im Juli auch in's 70ste eingetreten und ich komme morgen ins 74ste. *Du* bist und bleibst natürlich immer die Jüngste von uns. – Hoffentlich hat das eben ablaufende Lebensjahr Dir und den Deinen nichts gebracht, was ihm in's nächste hinein einen übeln Geruch anheftete. Was uns angeht, so hat es uns vor Allem zu Wege gebracht, daß ich Euch vielleicht nächstens eine Postkarte aus Wilhelms ältester eigenster Heimath senden kann. Unser Schwiegersohn ist nämlich im Juli als Oberstabsarzt nach Rendsburg versetzt worden, und wenn's Glück gut ist, wollen B. Gretchen und ich in diesem Monat noch zusehen, wie und wo er dort mit seinem Lieschen und seinen beiden Jungen untergekrochen ist. Wißt Ihr wohl noch wie freundlich und vergnüglich Ihr mich im September Anno 1870 in Flensburg als Gastfreund bei Euch hattet? Metz wurde damals belagert: von Port Arthur und den wundervollen Japanern wußte man noch nichts, obgleich ich schon in meinen Leuten aus dem Walde auf die letztern aufmerksam gemacht hatte.

Hermann Heiberg kam aus Schleswig zum Besuch und schwärmte über M. Solitäre. W.'s „Arbeitgeber" Herzbruch und Frau waren mit uns auf dem Schlachtfelde von Oeversee. Steine wie im Schwabenlande sammelte die Familie Jensen nicht mehr, aber Pilze! In Myrwik saßen wir und hörten von der Föhrde her von den Schiffen, welche die Hohenzollern von Alsen nach Paris abholten, der Wacht am Rhein zu. Nun heißt es: Lianjang-Kuroki, Nodzu und Oku und wie wird's in 34 Jahren heißen? Nicht wahr, Marie, wie dumm uns allmählich in „unserm Alter" alle diese Schnurren vorkommen?! Wir wollen uns deßhalb nur wieder mal an das uns Nächstliegende halten und uns gegenseitig zu unseren Geburtstägen die rechte Stimmung wünschen. Das letztere thue ich hiemit aus treuem Herzen wie seit dem Jahr 1866 an jedem achten September auch heute! Banzai!! –

Dir und den Deinen Heil und Segen! Dein Freund

WilhRaabe.

535. WILHELM JENSEN AN RAABE

Halle, am Kirchthor 8a – 10
20 Oct. 1904.

Mein lieber Alter.

Wir sind hier, von Dir aus angesehen jenseits des Harzes, und ich möchte Dich daraufhin interpelliren, was Du im Anfang der nächsten Woche von der guten Stadt Magdeburg als einem tertium comperationis halten würdest. Dorthin hätten wir gleich weit und gleich nah, könnten wechselseitig ziemlich zur selben Zeit eintreffen, indem Du um 10,0 abführest und uns um 12.20 auf dem Bahnhof in Empfang nähmest. Einen soliden Mittagstisch, etwa zu 40 Pfg., finden wir denn wohl vermittels gemeinsamer Spürkraft auf, und genau um die nämliche Abendminute 6.13 könnten wir uns westwärts und südwärts wieder unseren Penaten, oder um Raabisch zu reden, dem Lar zuwenden. Ich bitte Dich, uns baldmöglichst Deine intimen Gedanken über dieses Project mitzutheilen, sowie anzufügen, welcher Tag Dir und den guten Göttern für die Ausführung am besten berufen erscheint. Uns ist bis zum Mittwoch jeder genehm; am Freitag müssen wir die Segel zum bairischen Meer zurückspannen.

Mit herzlichem Gruß von Marie der Deinige

W.J.

536. WILHELM RAABE AN JENSEN

Braunschweig, 22 Oktob. 1904.

Mein lieber Alter!

Wenn es Euch recht ist, können wir unter diesen Umständen am Dienstag (25ten) den Versuch machen, uns noch einmal auf dieser Erde in die Augen zu sehen. Der Kalenderheilige des Tages heißt „Wilhelm", was meines Erachtens nicht ungünstig ist.

Von Braunschweig her würden wahrscheinlich Wilhelm, Bertha und Margarethe in Unseres Herrgotts Kanzlei eintreffen. –

Aus Rendsburg sind wir seit dem 18ten dies. Mon. zurück. Wie es uns dort ergangen ist, darüber mündlich.

Euer getreuer Freund WilhRaabe.

537. WILHELM JENSEN AN RAABE

Halle, 23 Oct. 1904.

Also, Liebster, kommen wir, diis adjuvantibus, am Dienstag 12.20 auf dem Magdeburger Bahnhof an, und damit wir Deinem Clan in würdiger Zahl begegnen, wird unsere hiesige Tochter uns begleiten; ihren Mann fesselt weniger die hohe botanische Wissenschaft an die Hallenser Scholle, als der Beginn seines Collegs.

Sollte der große Gott Vitzliputzli sein Möglichstes in Anwendung bringen, um ein Verfehlen zwischen uns auf dem Bahnhof zu bewerkstelligen, so bezeichne ich als unfehlbare Fundstätte das Restaurant von ‚Stadt Prag', das im übrigen auch für die Befriedigung sonstiger menschlicher Bedürfnisse um die genannte mittägige Zeit vortheilhaft empfehlenswerth sein soll.

Auf übermorgiges Wiedersehen nach ? Jahren!

Der Deinige W.J.

538. WILHELM UND MARIE JENSEN AN RAABES

München 23 Dez. 1904.

Liebe Freunde!

Wie weit liegt nun auch unseres Herrgotts Kanzlei schon wieder hinter uns! Anfangs hieß es „Heut vor acht Tagen waren wir in Magdeburg", dann „heut vor 14 Tagen" – vor 3 Wochen – (als ob man damit noch einen Zipfel von Euch in der Hand gehabt hätte!) – nun aber liegen schon zu viele Wochen zwischen uns u. jener Tag, vielmehr die 5-6 Stunden gehören der Vergangenheit. Hier in München schlugen mir die Arbeitswogen gleich arg über dem Kopf zusammen, was den Kopf untauglich macht zum Schreiben. Und weil ich nichts Gescheidtes zu sagen wußte, so schwieg ich halt. Aber *gedacht* habe ich viel an Euch, besonders Nachts. Mir fiel dann auch alles ein was Ihr uns mitgetheilt u. worüber Ihr uns aufgeklärt habt. Ach wie nebensächlich, wie wurschtig waren mir in der Jugendzeit unser aller Finanzen, aber dann traten wir in die neue „Phase" oder besser Vase, seitdem die Kinder erwachsen sind, u. den Werth des Geldes habe ich nun verstehen u. schätzen gelernt u. zwar so, daß ich mir oft einen großen Sack voll wünsche. Viel mehr aber noch als den großen Sack voll wünschte ich uns daß wir wieder zusammen lebten mit Euch wie in alter Zeit. Wir könnten einander viel sein u. könnten uns gegenseitig das Leben verbessern. „Nee – ich bin janz zufrieden, ich will nichts verändert haben" – höre ich Dich im Geiste brummen, lieber Alter. Und wenn Du so etwas brummst, dann bin ich auch immer gleich mausestill. Und so lebt wohl Ihr lieben Drei. Bleibt gut Eurer getreuen

Marie Jensen.

[W. J.]

Nimm den letzten vierer und zugleich den ersten fünfer Gruß auch von mir, mein lieber Alter! Was die erste der beiden Zahlen uns gebracht hat, wissen wir ganz genau und von dem, was die zweite bringen wird, garnichts. Aber das geschieht uns zeitweiligen Erdenbürgern ja nicht zum erstenmal, und bei'm Ueberschlagen des Habet und Credit saldirt sich mir der Wunsch doch dahin, daß wir uns heut' über's Jahr noch wieder in der gleichen wissend-unwissenden Verfassung befinden mögen. Daraus spräche also im Ganzen eine Belobigung der schwindsüchtigen 4, der ich den Tag von Magdeburg mit besonderer Anerkennung in Anrechnung bringe. Und so laß uns Zutrauen in die 5 setzen, daß sie sich uns allen nicht weniger coulant erweise. Das wünscht Dir und den Deinigen, wie sich und den Seinigen Dein alter

W.J.

539. WILHELM RAABE AN JENSEN

Braunschweig, 26 Dec. 1904.

Jawohl, liebe Freunde, das war freilich ein guter Tag, ein dies faustus, dieser 25ste Oktober in Magdeburg! Wie haben wir uns gefreut, wenigstens Euch drei aus der Jugendzeit noch einmal wieder zu sehen und – sämmtlich so gut auf den Beinen, mit der alten Lust, so viel als möglich von der Welt zu sehen und in sich hinein zu raffen und – trotz des schlechten Futters in der „Stadt Prag" mit dem zur Erdendaseinserhaltung nöthigen Appetit!

Die Ansichtskarte mit dem „Breiten Wege“ (die Nummer 156 drauf) kommt für's Erste nicht aus meiner Gesichtsweite auf meinem Schreibtisch. Wo und wann kommen wir noch einmal wieder *so* zusammen? –

Nach unserer Heimkunft hat uns das Leben mit der gewohnten rücksichtslosen Gleichgültigkeit, wie Euch wahrscheinlich, mit der Nase auf jeden Alltag hingestoßen: Nur weiter! morgen was Anderes und dasselbe! –

Heute morgen schickt mir ein Forstmeister aus Oberbayern, vom Inn her, einen schönen Goldfasan und verbittet sich ein Autogramm. Das ist doch nett! – Weniger nett war es, daß unser Klärchen neulich wieder einmal in einer Klinik hat liegen müssen, um sich eine Drüse am Halse ausschneiden zu lassen.

Weihnachten aber haben wir mit der hier anwesenden Familie ganz behaglich gefeiert und sind auch heute noch dabei; wie Ihr hoffentlich auch. –

In der Sylvesternacht werden wir, wenn die Götter es zulassen, einen ehrlichen Trunk auf Euer aller Wohl thun; Ihr hoffentlich auch einen gleichen auf das Unserige.

So denn hinein in's Jahr 1905!

Mit den Seinigen Euer getreuester WilhRaabe.

540. WILHELM RAABE AN JENSEN

Braunschweig, 14 Febr. 1905.

Lieber Alter!

Treulich bringt ein jedes Jahr
Einen 15ten Februar!

Siehst Du, meine Geisteskräfte sind noch vollständig beisammen und obenauf; aber – wenn man seit 1866 bis 1905 einander jedes Jahr zum Geburtstag das größtmögliche Erdenglück gewünscht hat, so hapert's allmählich mit der Geistreichigkeit des Ausdrucks für unsere Gefühle, besonders die intimsten.

Kurz und gut, Haus Raabe begrüßt auch zu diesem fünfzehnten Februar Haus Jensen bieder, treu und ehrlich und wünscht ihm Glück.

Der Abreißkalender belehrt uns, daß ein fünfzehnter Februar den Abschluß des Hubertusburger Friedens, den Tod Lessings und die Geburt Wilhelm Jensens in Heiligenhafen (Holstein) sah: das letzte ist uns heute das allein Wichtige!! ——

Möge in München Alles in der rechten Ordnung sein morgen und es bei Tische vergnüglichst zugehen! Allen Denen um Wilhelm Jensen Versammelten, Groß und Klein, Friede, Heil und Behagen!

Wilhelm Raabe mit den Seinigen.

Liebe Marie! Bertha hat mir eben 15 Mark abgeholt und ist mit Töchtern und Enkelin zur Braunschweiger Messe auf den Topfmarkt gezogen, um für zerschlagene Pötte neue einzuhandeln.

Es giebt für zerbrochene Erdenwaare immer noch neue!

Dein getreuer W.R.

541. WILHELM JENSEN AN RAABE

Prien a/Chiemsee, 4 Sept. 1905.

Lieber Alter, wenn Du einen Geburtstagsgruß zum 8 Sept. an Marie schicken willst, so bitte ich Dich ihn zu dem Tage an sie nach Berlin W. Kurfürsten-Hôtel, Kurfürstenstraße 105 zu richten. Den absonderen Grund dafür wirst Du aus unser'm Geburtstagsbrief an Dich erfahren.

Der Deinige W.J.

542. WILHELM UND MARIE JENSEN AN RAABE

Prien a/Chiemsee, 5 Sept. 1905.

Lieber Alter.

Wir befinden uns im Umschwung unseres kreisenden Balles und müssen einen günstigen Augenblick wahrnehmen, irgendwo diesen Geburtstagsgruß an Dich auszuwerfen, daß er rechtzeitig zu Dir hingelangt. Die Erklärung dafür liegt in dem kurzinhaltsvollen Worte: Hochzeit. Der von Dir vor 37 Jahren mit

Feuersee-Wasser getaufte ‚Professor Binkus', zur Zeit Professor Paul Jensen genannt, hat sich im April a.c. verlobt und nach dem Gesetz der Causalität heirathet er jetzt am 8 September. In Folge davon aber fahren wir am Mittwoch den langen Tag hindurch von München nach Berlin, lernen dort am Donnerstag, Polterabend abhaltend, unsere neuen ‚Miteltern' (Geh.Rath Dr. Reinhardt) von Angesicht kennen und ertheilen am Freitag unsern überflüssigen Segen zur Copulation. An Ariosts, Wilhelm Raabe's und Marie's Geburtstag nach chronologischer Reihenfolge; da die letzte von den dreien den ihrigen dann zum 60ten Mal begeht, ist dieser Tag dazu ausgewählt; Einer ab, Einer auf. Kurz, wir bekommen dann die einzige Schwiegertochter, auf die wir uns den Umständen nach Rechnung machen konnten, und falls sich Deiner noch ein weiterer Wissensdrang in Bezug auf die nurus bemächtigt haben sollte, will ich anfügen, daß sie nach allen Richtungen von solcher Art ist, als habe jener Professor Binkus sie sich nur zu dem Hauptzweck ausgesucht, uns mit ihr eine letzte große Lebensfreude zu bereiten. Nebenbei heißt sie Elsbeth.

Du ersiehst aber, daß wir rebus sic stantibus außerstande sind, regelrecht am Vortage Deines 73ten zu schreiben, sondern Dir schon ein bischen altbackene Glückwunschsemmeln in die Leonhardsstraße schicken müssen. Doch ich hoffe, sie werden Dir ebenso gut bekommen, als wenn sie grade frisch aus dem Ofen kämen, denn angefertigt sind sie wenigstens ebenso warm von Deinem alten Leibbäcker

W.J.

[M.J.]

Liebstes Räbele!

Da wir nun einmal von Alters her die „unruhigen Gäste“ für Euch sind, so wird es Dich nicht weiter Wunder nehmen, uns auch jetzt wieder aufbruchbereit zu finden. Der Anlaß ist aber ein unendlich freudiger u. wir machen uns gern auf den weiten Weg diesmal, allem Ruhebedürfniß zum Trotz. Daß wir beiden alten Chiemgauer noch einmal im Leben in die Weltstadt Berlin kommen würden, hätten wir auch nicht gedacht. Paul's Braut, d.h. ihre Eltern, sind Badenser und mütterlicherseits mit unserem Haller Schwiegersohn ganz nahe verwandt. In Thea's Haus lernten sich die jungen Leute kennen. Nach der Verlobung war auch unser neues Töchterlein hier bei uns. Sie ist von *der* Art, daß Wilhelm sie gleich bei beiden Ohren nahm und herzlich küßte. Das sagt genug. Wir hatten auch eine so liebe Tochter wahrhaftig nicht mehr erwartet. Also am Donnerstag kommen wir mit einem Dutzend Kinder u. Enkel in Berlin an; die größeren Enkel sind alle als Brautgeleit eingeladen. Das Mariele Metz ist ja auch schon 15 Jahr u. ist mir um ein gutes Stück über den Kopf gewachsen. Wie schön wär's, wenn von Dir ein paar Worte nach Berlin kommen könnten! Sonst muß ich ja auf Deinen Gruß warten bis wir wieder zurück sind! Dies schreib ich Dir in der letzten Stunde im Häusle. Alles steht gepackt – u. ich wollte, wir wären erst wieder zurück! Leb wohl u. laß Dir's gut gehen! Es wünscht Dir im neuen Jahr behaglich ruhige Tage, gemüthliche Abende, fröhliches Heimkommen u. nach der Wurst – einen gesunden Schlaf. Bertha u. Gretchen herzliche Grüße Deine getreue

Marie J.

543. WILHELM RAABE AN MARIE JENSEN

Braunschweig, 7 Sept. 1905.

Liebe Marie!

Auf Wilhelms Zuschrift hat Dich mein dießjähriger Geburtstagsgruß in Berlin zu suchen, und den „absonderlichen Grund" soll ich aus Eurem Briefe zum 8ten September erfahren. Hoffentlich ist es nur Gutes und Erfreuliches was Dich um diese Jahreszeit so allein in die Weite treibt! Daß meine herzlichsten Wünsche Dich und die Deinigen auf allen Wegen durch's Leben begleiten, weißt Du nun schon seit lange, und so ist's auch dießmal! es ist wircklich kein Wort mehr darüber zu verlieren. –

Wir hatten vom Anfang Juli bis Anfang September unsere Rendsburger hier bei uns und haben viel Spaß von den Enkeln gehabt. Jetzt sind sie wieder von dannen, und vielleicht folgen wir im Oktober noch mal nach der Eider; wenn sie einen Umzug vollendet, ihren Haushalt wieder in Ordnung gebracht haben und – das Wetter danach ist.

Bertha leidet gegenwärtig an einem heftigen Katarrh, sonst ist aber so ziemlich Alles in Ordnung. Mit Vergnügen erinnern wir uns immer noch jenes 25sten Oktobers im vorigen Jahr in Magdeburg; aber schöner war doch das Gänsebratenessen von Haus zu Haus am Feuersee und in der Hermannstraße! – So weit liegt das zurück und – morgen geht's in's Fünfundsiebzigste mit mir! Ach liebste Freundin, daß wir endlich einsehen, daß wir uns *immer* um Nichts ärgern, ängsten und sorgen, das ist doch der einzige Gewinn aus so langem Vergnügen des Athemholens. Lohnt er sich?

Dein treuer Freund WilhRaabe.

544. WILHELM RAABE AN JENSENS

Braunschweig, 29 Dec. 1905.

Liebste Freunde!

Es ist ja wohl mal wieder mal so, wie im Jahre 1801:

„Das Jahrhundert ist im Sturm geschieden,
„Und das neue öffnet sich mit Mord;

aber einen Punsch machen wir (natürlich, „wenn nichts dazwischen kommt") darum doch in der Sylvesternacht und es geht um zwölf Uhr so etwas wie drahtlose Telegraphie zwischen Oker und Isar hin und wider!

Uns ist das eben abschnurrende Jahr ziemlich inhaltlos vergangen. Den Sommer hatten wir unsere Kinder hier von der Eider her und das war das Beste; aber hinaus aus dem Hause sind wir nicht gekommen. Den Gegenbesuch in Rendsburg mußten wir des ewigen Schandwetters wegen aufgeben. Seit August haben wir hier eigentlich die Sonne nicht zu Gesicht gekriegt.

In der Beziehung habt Ihr es jedenfalls besser gehabt! Euch hat Euer Sohn jungen schönsten Sonnenschein in's Haus gebracht und so was kann schon manchen dunkelsten Regentag licht machen. Hoffentlich geht es dem jungen Paar noch immer nach ihren und Euren Wünschen. Grüßt es herzlich von dem alten Jugendgenossen ihrer Eltern! (Letzteres selbstverständlich so viel es Marie und Wilhelm Jensen angeht.) –

Der Zusammenkunft in Magdeburg gedenken wir noch immer mit intensivsten Behagen; aber in der „Stadt Prag" mittägigen wir nicht wieder. Ich meine, es giebt in unseres Herrgotts Kanzlei behaglichere Tische, um die Beine drunter auszustrecken! – Wie war denn der Sommer in Sankt Salvator? Oder habt Ihr ihn, als Günstlinge der Götter wieder in Florenz zugebracht? Wißt Ihr, eine Ansichtspostkarte könntet Ihr doch manchmal an uns wenden; – für mich ist das mit den Röntgenstrahlen die größte Findung und Errungenschaft des 19ten Jahrhunderts! – Habt Ihr schon „Hilligenlei" gelesen? O Jensen, sind denn Deine Landsmänninnen wirklich so? Ist der Verfasser wahrhaftig sicher, daß er keine Prügel von ihnen kriegt? Neulich war er hier bei mir, und ich habe ihm versprochen, ihn im nächsten Frühjahr in Meldorf zu besuchen. Hoffentlich finde ich ihn dann bei guter Gesundheit in dem Gefühl, das Seinige zur Wiedergeburt des deutschen Volkes beigetragen zu haben. –

Am 21sten Januar soll ja wohl in Deutschland das große Kreißen beginnen? „Wiedergeburt des deutschen Volkes"! Wenn nur nicht des Teufels Großmama Wehemutter bei *der* Niederkunft spielt! – Nun, – „auf dieser Welt muß entweder bald gestorben, oder geduldig gelebt werden", sagt Dr.Martin Luther und damit:

Prosit Neujahr!

Euer getreuer alter Freund

WilhRaabe.

545. WILHELM UND MARIE JENSEN AN RAABE

München 2 Jan. 1906.

Liebes Räbele!

Nun ist richtig heut schon der erste Januar u. ich wollte Dir bereits vor Weihnachten schreiben. Wie das gekommen ist, kannst Du weiser Mann Dir sicher denken, so daß ich mich nicht auf's Erklären zu verlegen brauche. Ich steckte in dieser Zeit in einem dicken Wald von Nöthigungen u. Pflichten aus dem ich mich nicht mehr herausfinden konnte. Gestern kam Dein lieber Brief, der uns wie ein Guckkasten wieder einmal in Dich hineinsehen ließ u. uns allerlei „schöne Gegenden" zeigte. Hab Dank dafür. So ein Brief von Dir ist an sich immer ein Fest, das mehr von uns gewürdigt wird, als Neujahr u. Weihnachten „an sich". –

Wenn ich übrigens nächstens einmal wieder mit Röntgen zusammenkomme, will ich ihm doch die Freude machen u. ihm sagen, was Du von seiner Errungenschaft denkst. Mir imponirt die drahtlose Telegraphie aber eigentlich noch mehr. – Hilligenlei haben wir nicht gelesen, nur Jörn Uhl, zu dessen Schätzern aber nicht *Über*schätzern wir gehören. Wilhelm sitzt augenblicklich über „Jehova's sämmtlichen Werken" von Saladin; u. ich lese im Manuscript seinen (Wilhelm's) Friedrich (den Großen) an dem er seit einem Jahr schreibt. Vorher hatte ich Kokowo, Lafcadio Hearn, in Arbeit, fühlte mich aber vom japanischen Ameisengeist nur selten sympathisch berührt. Es ist doch viel Geschwafel in dem Buch, das auch „aktuell" *war.* Ja ja, das Aktuelle! Was bei der „Wiedergeburt des deutschen Volkes" herauskommen wird, was für ein Wechselbalg nämlich, ist einem nachgerade gleichgültig geworden u. wenn alles drunter u. drüber ginge, so könnte man sich doch durch einen Pistolenschuß sichern vor dem Nasen- und Ohrenabschneiden. Aber von ganzem Herzen froh sind wir, daß es *Dir* lieber guter Alter u. *den Deinigen* allen wohl ergeht. Von uns kann ich leider nicht dasselbe berichten. Käthe kränkelt seit Monaten u. macht uns große Sorgen, und seit Weihnachten lebe ich in Angst u. Kummer um Wilhelm. Am 22ten Dez. starb sein Robert Haaß, den er wie ein eigenes Kind geliebt u. der mit schwärmerischer Hingabe an Wilhelm hing. Entbehren – ertragen – heißt es immer u. überall!

Und somit: Prosit Neujahr!

Eure Euch liebende alte M.J.

[W. J.]

Ja, lieber Alter, so ist's und so kommt's, was wir lange vorher gewußt haben, das immer einsamer werdende Zurückbleiben, falls wir diesem nicht durch einen rechtzeitigen Weggang das Prävenire gespielt. Aber daß Du noch bist, daß ich Dir noch schreiben kann: *Lebe* wohl in diesem Jahre 1906, das bleibt doch als ein freundliches Trostgefühl

Deinem alten W.J.

546. WILHELM RAABE AN JENSEN

Braunschweig, 15 Febr. 1906.

Lieber Heiligenhafener!

Also nun auch mit einem Fuß im Siebenzigsten! Na, tühn man nich, Du kommst wohl noch aufrechten Hauptes in's Einundsiebenzigste; Tien erhalte Dir nur auch Deine Familie um Dich aufrecht und fröhlich!

Gebt uns doch Nachricht. Marie ließ in ihrem letzten Brief einige bedenckliche Worte über Eure Käthe fallen.

Wir grüßen Dich Alle zu Deinem Geburtstage

Dein treuer WilhRaabe.

547. WILHELM RAABE AN MARIE JENSEN

Braunschweig, 6 Sept. 1906.

Liebe Marie!

Also heute von meiner letzten Station vor dem Achtzigsten Dir den gewohnten Geburtstagsgruß zu *unserm* achten September! Da sind wir mal wieder alle beisammen auf dem Abreißkalender: der Ludwig Ariost, der Shakespeare-Schlegel, der Klemens Brentano, der Eduard Mörike und – die beiden Marien: die bittere Jungfer aus Nazareth und die *Andere,* Wilhelm Jensens Frau und Wilhelm Raabes gute Freundin!

Wo Ihr den Tag gebührlich feiern werdet, weiß ich nicht; ich schicke mein Briefelein wieder nach Sankt Salvator. Der Name hat wie immer einen lieben Klang, und erreichen wird es Euch ja wohl irgendwo. Um mich her wird an dem Tage wieder etwas höherer Tumult sein: wenn Ihr in der Stille sitzt, möchte ich gern bei Euch hocken und old long syne bereden.

So wie es ist, werde ich wahrscheinlich noch mal den Jungen spielen müssen und in der Abenddämmerung hinauswandern nach unserer alten Waldschenke der Kleiderseller, zum „Grünen Jäger" in der Buchhorst bei Riddagshausen – von den Alten des Kreises der Allerletzte – also ein etwas spukhaftes Vergnügen! Mit 75 macht sich das eben nicht anders. –

Liebe Marie, schreib doch einmal wieder von Deiner Familie. Vor Allem wie geht es Eurer Käthe? In Deinem letzten Brief sprachest Du von Sorgen um sie. Wir hier halten uns nach Kräften durch Süß und Sauer. Im Mai und Juni waren Bertha, Gretchen und ich an der Eider, und den Juli und August durch hatten wir die Rendsburger bei uns am Leonhardsplatz. Im Ganzen bliebs auch in dem eben ablaufenden Jahr bei dem, was ich Dir vordem bei Bockstöver in Dein Skizzenbuch schrieb:

In all's gedultig!

Liebe Marie, Dein treuester alter Freund

WilhRaabe.

548. WILHELM RAABE AN JENSENS

[Ansichtspostkarte mit Eulenspiegelbrunnen in Braunschweig]

Braunschweig, 30 Dec. 1906

Was sagt Ihr zu diesem Brunnen? Von ihm aus dießmal die herzlichsten Grüße und Wünsche zum Jahr *1907!*

Wilhelm Raabe.
Landesvaterlose Waise.

549. MARIE JENSEN AN RAABE

München 1 Jan. 1907.

Lieber Freund!

Den Brunnen finde ich ganz reizend u. äußerst stimmungsvoll; sowohl die Speienden, wie den beschaulich darüber Sitzenden. Ich griff, nachdem wir diesen Gruß erhalten, sofort nach einer Karte, um Dir darauf zu erwiedern, doch beim Anblick des wenigen Platzes für meine massenhaften Gedanken, wurde mir bei meiner Gottähnlichkeit bange u. ich holte ein groß Papier herbei. Wilhelm, der sich condensirter fassen kann, nahm die Karte. – Es ging uns nicht gut um diese Weihnachtszeit. Nachdem alle Bescheerungen für Kinder u. Enkel erledigt u. an Ort und Stelle geschafft waren, packte mich eine Grippe mit so harter Faust wie sie mir bis dato fremd war. Bis Abends 10 Uhr hielt ich mich noch so weit aufrecht, daß Wilhelm u. ich beisammen am gewohnten Tisch sitzen konnten – u. seither schleppe ich mich so hin. *Ihn* lasse ich nicht viel davon merken, aber meine Gehirnverblödung war daran schuld daß ich zu spät mit meinen Grüßen u. Wünschen an Euch auf dem Wege bin. Und nur um dies zu erklären habe ich von meiner Wenigkeit vorlamentirt. Du bist der Erste, lieber Raabelais, an den ein Dintengruß abfliegt – aus dem dunklen Schweigen heraus in dem ich all die Zeit gehockt. Aber *Du* könntest auch noch ein weiteres Wörtle schreiben, *bitte,* wie es Dir, wie es Euch geht. Wir haben doch ältere Rechte an Euch als so manche neue Verehrer u. Verehrerinnen. Irene Braun z.B. sagte mir gestern, sie habe sich nicht länger bezwingen können, sondern an Dich schreiben müssen. *Wie viele* Solcher wird es geben. Diese Irene Braun ist aber ein guter treuer Kerl, sie kam um zu sehen wie mir's geht u. ihre Hülfe anzubieten. – Jetzt aber ade für heut. Es geht wieder einmal recht interessant in der Welt zu u. man hätte sich viel Wichtigeres zu sagen als ich Dir da vorgeschmiert habe. – Wilhelm will aber jetzt zu Nacht essen!

Herzliche Grüße Dir u. den Deinen zum Jahr 1907 von Eurer getreuen Marie Jensen.

550. WILHELM JENSEN AN RAABE

[Ansichtspostkarte mit der Münchener Bavaria]

1 Januar 1907.

Diese ‚colossalen Gliedermassen ungeheurer Weiblichkeit', Liebster, sehen uns über ‚die Wiese' her in die Fenster herein und schwingen der neuen Sieben ihren Kranz entgegen. Möge sie für Euch und uns alle keine böse sein, sondern sich an der üblichen Bescheerung genügen lassen. Die weißwolligen Vordergründler sind von dieser Kirke zu solcher Gestalt mit den entsprechenden Gehirnen verwandelte Baiwaren.

Herzlich der Deinige

W.J.

551. WILHELM JENSEN AN RAABE

München, Bavariaring 17,
20 Februar 1907.

Mein lieber Alter.

Experientia doctus es. D.h. Du weißt, wie es thut, wohl und weh zugleich. Und Du weißt, wie der ‚Jammer' nachkommt wenn auch nicht auf die Postille gebückt, doch rath- und hülflos auf tausend Zuschriften hinstarrend, zu sitzen.

So kann ich auch Dir heute nur schreiben: Habe Dank und sage ihn auch den Deinigen, die meiner freundlich gedacht haben! Es waren zwei *sehr* schöne Tage, die all' unsre Kinder und Enkel (nur leider mit Ausnahme unsrer lieben Schwiegertochter in Breslau, welche die weite Winterfahrt nicht machen durfte) um uns versammelt hielten. Dann waren sie Traumbildern gleich, jählings wieder verschwunden.

Unzählbar oft haben Zeitschriften und Zeitungen Dich und mich zusammen genannt. Das klang mir jedesmal wie ein Gruß vom Feuersee her in's Gemüth hinein, und mit ihm auch sieht mich Dein weißer Kopf vom Gesims herab an. Laß uns so noch ein Weilchen in alter Gemeinsamkeit unter der Sonne ausdauern, mein Alter!

Von Herzen der Deinige Wilhelm J.

552. WILHELM RAABE AN MARIE JENSEN

Braunschweig, 6 Sept. 1907.

Liebe Marie!

Das haben wir nun auch mal gleich wieder hinter: Du das Deinige und ich das meinige! Möge das Schicksal uns im neuen Lebensjahr nach Möglichkeit milde behandeln: daß es uns ganz unzerzaust lasse, verlangen wir wohl Beide nicht. –

Wie Dein und Deines Mannes lieber Jugendfreund gegen Ablauf der 365 Tage Neunzehnhundertsieben sich der lübischen

Bucht und der Welt präsentirte, zeigt beifolgende Postkarte. Sie stammt vom 7ten August dieses Jahres und zeigt das Raabennest ziemlich vollständig.

Ein Schwiegersohn fehlt – wissenschaftlich in Göttingen beschäftigt; ebenso der älteste Enkel in Rendsburg: seine Sommerferien stimmten nicht ganz mit dem Urlaub seines Vaters. Der jüngste Enkel, Konrad Wilhelm Behrens, 5 Monate alt, schnarchte in seinem Wagen im Wirthshaus und war nicht mit in die Gruppe zu bringen. –

Wie findet sich denn Wilhelm Jensen in seinem Einundsiebzigsten? Du lieber Gott, wie weit liegt das übermorgen im Siebenundsiebzigsten hinter mir! –– Will Er noch nicht meinem Beispiel folgen und sich selber litterarisch historisch werden? Ich versichere Euch, es hat auch seine Behaglichkeit als ausgespannter bunter Schmetterling im Glaskasten zu paradiren und nicht mehr im und über dem deutschen „Dichtergarten" herumzuflattern, jedem frechen Spatz und dummen Frosch zur Magenfüllung! –

Sehr Merkwürdiges habe ich Euch aus dem eben ablaufenden Lebensjahre nicht mitzutheilen. Die Witterung war schlecht aber wir sind gesundheitlich ziemlich ungeschädigt durchgekommen. Ich hoffe auf ähnliche Nachricht in Deinem Briefe zum Achten, liebe, alte, gute Freundin!

Grüße doch, wenn Du sie siehst, Fräulein Irene Braun. Wir haben eine so hübsche Korrespondenz mit einander geführt.

Dein getreuester WilhRaabe.

553. WILHELM UND MARIE JENSEN AN RAABE

[Einliegend Postkarte, die 4 kleine Photos von Wilh. Jensen zeigt, eine davon mit seiner Frau]

Häusle 8 Sept. 1907.

Alter liebster Freund!

Vor 14 Tagen wollte ich Dir schreiben, um klar zu stellen, daß wir auch „außer der Zeit" intensiv Deiner gedenken, aber – da ich es nicht sofort that – kam es nicht dazu. Am 6ten September

Abends bei der Lampe, sagten Wilhelm u. ich zueinander: Morgen bei Zeiten muß unser Brief an's Räbele geschrieben sein u. gleich zur Post hinuntergebracht werden, damit er rechtzeitig ankommt. Ja – Appelkuchen! Und wieder unter der Lampe gestern Abend sahen Wilhelm u. ich uns plötzlich entgeistert an: „Jeses, wir haben nicht an's Räbele geschrieben."

In duseliger Arbeit war der ganze Tag so hingegangen. Wilhelm saß in seinen Correkturen bis über die Ohren, ich malte, nähte, kochte, jätete im Garten wie gewöhnlich. Diese Knackschädeligkeit scheint mir ein Zeichen von angehender Gehirnerweichung zu sein. Wenn alles Mögliche um einen herum „los" ist dann hat man seine Gedanken meist besser beisammen, als in der dösigen Ruhe. Verzeih diesen psychologisch interessanten Fall, lieber Freund. Du verstehst ja alles u. weißt, daß die alte treue herzliche Liebe fest bei uns sitzt u. in diesem Leben nicht vergehen kann, u. wenn es ein Jenseits giebt, dann dort auch nicht. Der Sommer war nicht schön, vom Wetter ganz abgesehen. Wir sind durch Krankheiten Maina's u. Käthe's (deren Kinder auch schweren Keuchhusten haben) arg mitgenommen worden. Und seit dem März begann mit Jürgensen's Tod wieder ein großes Sterben unter Nahestehenden in München u. Freiburg. Man führt zeitweilig fast nur noch ein Traumleben, als ob man selber schon im Hades wandelte; aber unsanft weckt der Haushalt und der schlampige Dienstbote. – Dein Brief, lieber Freund u. die behagliche lichte Ansichtskarte von Euch Allen hat mich sehr sehr gefreut. Ihr sitzt Gottlob *nicht* in Unterweltsbeleuchtung da! Und was Du schreibst, klingt auch fröhlich. Hab Dank dafür. Von ganzem Herzen grüßt Dich mit allen den Deinen

die alte getreue Marie.

Die Grüsse an Irene Braun werde ich baldigst besorgen.

[W. J.]

Es sieht mich an gar traulich
Beschaulich und erbaulich
Von hoher Weisheitswarte
Dein Conterfei auf der Karte

und ich beglückwünsche Dich, leider ein bischen verspätet, lieber Alter, zu der Sonne, welche die Anfertigung eines solchen frisch-frei-fröhlichen und gewisserweise ja auch frommen Bildnisses zu Deinem 76ten Geburtstage freundlich ermöglichte. Setze Dein gutes Verhältniß zu ihr fort, vorderhand bis zum 8 Sept. 1908! Dann lassen sich Abmachungen über weitere Prolongirung treffen. Ich bemühe mich desgleichen und vielleicht treffen wir Nesenbachjungen dann noch einmal unter der guten Sonne wieder zusammen. Geschieht das, da wollen wir uns doch auch zusammen vor ihr abconterfeien lassen. Quod felix faustum sit! Mit diesem Voraufblick in das Heilsjahr 08 bin ich fröhlich und treulich

Dein alter W.J.

554. WILHELM RAABE AN JENSENS

Braunschweig, 30 Dec. 1907.

Liebe Freunde!

In alter Treue sende ich Euch noch einmal den gewohnten Neujahrsgruß. Ob's noch einmal geschehen wird, wer kann es wissen? Im siebenundsiebzigsten Lebensjahr steht es ein bißchen Heikel damit.

Wir hatten das letzte Vierteljahr öfter Bangniß um unsere Großkinder. Eines wurde beinahe durch einen Spielkameraden vergiftet, das andere bekam Blinddarmentzündung und das dritte Diphtheritis. Es ist noch einmal glücklich abgegangen; aber ihr Theil hat's den Eltern und den Alten gegeben. Möge es Euch in dieser Hinsicht besser ergangen sein.

Was nun das Jahr 1908 bringt, wissen wir so ziemlich schon recht genau: Theures Brod, theure Kohlen, theures Geld! Suchen wir uns durch zu schlagen.

Dem Hause Jensen Heil! Euer Freund WilhRaabe

555. WILHELM UND MARIE JENSEN AN RAABE

München 1 Januar 08.

Lieber Freund!

Soeben erhalten wir Deinen wehmüthigen Brief, der freilich

fein u. gut mit der Tonart unserer eigenen Seelen zusammenstimmt. Laß Dir die Hand reichen, lieber Alter – „bisch guet" sagte Lavater zu Goethe u. so sag' ich zu Dir „sei gut" – wenn auch das Meiste in der Welt ganz anders ist als es sein könnte. Du hättest es wahrhaftig um das deutsche Volk verdient, daß Dir die Wege etwas breiter u. glatter geebnet worden wären. Du u. Deine Bertha, wie auch Wilhelm u. ich, wir haben uns zeitlebens tapfer u. brav durchgeschlagen, haben, ohne Schulden, immer auf eigenen Füßen gestanden u. brauchen weder der Welt noch irgend Jemand Dank dafür zu sagen, daß unser Leben doch, trotz allem, trotz dem Kampf um den täglichen Groschen, reich an Glück, Schönheit u. Behagen war. Diejenigen unter den heutigen Dichtern u. Schriftstellern, die vermöge der großen Honorare, die sie beziehen, prächtige Villen besitzen u. im üppigsten Luxus leben, sitzen doch die meiste Zeit in Sanatorien, sind immer schwer leidend u. tief verstimmt. Ihr u. wir – ohne Luxus – fühlen uns leidlich gesund u. uns fehlt nichts, als etwa 2000 M. im Jahre mehr um in unsern alten Tagen im Lebenswagen statt III.Klasse, II. Klasse fahren zu können; I.Klasse oder Schlaf- und Salonwagen im Expreßzug oder gar Automobil verlange ich mir absolut nicht. Das garstige Sparenmüssen bekommt man aber manchmal herzlich satt, u. gerade in der Weihnachtszeit. Wenn man elf Enkel u. vier Kindern Freude bereiten möchte, so kann man dies nicht mit Liebe allein u. – da liegt's.

Daß auch Ihr Angst u. Sorge um Eure Enkel haben mußtet, thut mir sehr leid. Wir haben in dieser Richtung, gerade im letzten Jahr auch viel durchgemacht. Wilhelm ist zum Glück wohl u. munter, besonders wenn er so wenig wie möglich mit der Außenwelt in Berührung kommt. Am Schreibtisch sitzt er aber immer noch viel zu viel – leider. Ich will mir nächstens einmal wieder ein paar gute Tage machen u. mich in die „alten Nester" vertiefen. Leb wohl u. sei mit den Deinen von Herzen gegrüßt von Deiner

alten Marie Jensen.

[W. J.]

Sowie von Deinem loyal das Neue Jahr mit Hurra – hurra – hurra! begrüßenden alten Byzantiner

W.J.

556. WILHELM RAABE AN JENSEN

Braunschweig, 14 Febr. 1908.

Lieber Alter!

Wieder rundet sich Dir ein Jahr! Wie zackig und vielkantig der Reif gewesen ist, weiß ich nicht; aber Du bist im 72sten wenn dieser Brief bei Dir anlangt und somit – in alter Treue Dir und Deinem Hause die herzlichsten Glückwünsche!

Mein Siebenundsiebzigstes fing sich mit einem 3wöchentlichen an Lungenentzündung streifenden Lungenkatarrh an, während welchem ich das einzige „schöne Wetter" des Jahres 1907 mir vom Fenster aus ansehen durfte. Neues, was Euch sehr interessiren würde, kann ich Dir und Deiner Marie nicht berichten. Daß die Tage noch einmal wieder länger werden, macht mir längst nicht mehr den angenehmen Eindruck wie in Jugendzeiten: zumal da mir schwant, daß wir wieder einem Regen- und Wind-Sommer wie der vorige entgegen gehen.

Am 1sten April zieht unser Klärchen mit ihrer Familie in die Wohnung über der unserigen. Ob das in's Vergnügliche oder in's Verdrießliche ausschlagen wird, wage ich nicht vorher zu sagen. Ich bin bei den Verhandlungen neutral geblieben. –

Euer getreuester Freund WilhRaabe

557. WILHELM RAABE AN JENSENS

Braunschweig, 4 April 1908.

Dazu wird man alt! Und als ob es nöthig wäre, uns in unseren Jahren so des Weiteren vom Leben abzugewöhnen!

Unser ältester zwölfjähriger Enkel in Rendsburg liegt auch noch. Vor vierzehn [Tagen] ist die Blinddarmoperation an ihm vorgenommen worden.

Wir sind immer bei Euch und den armen Eltern! Eben kommen die Neuest.Nachrichten: „Unruhige Nacht; aber keine Verschlimmerung!“ Der Großmutter Bertha treten jedesmal die Thränen in's Auge.

WilhRaabe und die Seinigen.

558. WILHELM UND MARIE JENSEN AN RAABE

Terlan 15 April 08

Lieber Freund!

Für die theilnehmenden Worte danken Wilhelm u. ich Dir herzlich. Das Unglück geschah am 1ten April u. am 2ten in der Frühe reisten wir *ahnungslos* von München ab. Die Kinder, welche Dienstag Abend zum Abschiednehmen bei uns gewesen waren, hatten uns nicht benachrichtigt um unsere Abreise nicht zu verhindern. Erst nach der Ankunft hier in Terlan traf uns der Keulenschlag. Der arme Jörg – in ein paar Wochen wird er 15 Jahre alt – ist immer unser Liebling gewesen. Seine feine, nach innen gerichtete Natur wird ihn seinen Zustand leichter ertragen lassen – aber entsetzlich bitter bleibt es doch. Das Bein war, bis zum Knie, zu Brei zermalmt; auch das *Kniegelenk* mußte abgenommen werden. Er hat die Operation u. die nachfolgenden Schmerzen heldenhaft ertragen u. seine Eltern noch mit Späßchen zu trösten versucht. So wie Käthe, die täglich schreibt, nur immer bemüht ist, *uns* zu trösten. Wir haben viel Sorge um sie, da sie im siebenten Monat einer neuen „Erwartung“ ist.

Wilhelm ging es den ganzen Winter hindurch sehr schlecht. Mit Influenz fing es an u. ein nicht enden wollender Bronchial- und Magenkatarrh waren die Fortsetzung. Der Arzt verordnete ihm Meran, da Schnee u. Kälte in München ihm so arg zusetzten, daß er kaum mehr an die Luft kam. Der Husten ist hier besser geworden, dafür erhielt er aber einen neuen schweren Nervenstoß. Ende nächster Woche kommen wir wieder nach München. Laß uns dort durch ein paar Worte erfahren, wie es Lisbeth's Sohn geht. Warum muß es so viel Leid in der Welt geben!

Dich u. die Deinen grüßen in alter Liebe

die Jensens

559. WILHELM RAABE AN MARIE JENSEN

Braunschweig, 7 Sept. 1908.

Liebe Marie!

Das ist bei uns ein Sommer gewesen, um darin in's 78ste Lebensjahr zu kommen! Hoffentlich ist wenigstens die Witterung Dir zu Deinem dießmaligen Geburtstag günstiger als mir zu dem meinigen: möge das Schicksal Dich und die Deinigen in dem kommenden Jahr sanfter anfassen, als es in den eben zu Ende gehenden 365 Tagen geschehen ist! –

Bei uns ist gegenwärtig Alles verschnupft – Eukalyptusbonbons und trockene Taschentücher! und dabei wollen wir doch am nächsten Donnerstag noch weiter nach Norden, nämlich zu unseren Rendsburgern: Kommen wir lebendig zurück, so getrösten wir uns eines „warmen Winters". Seit dem 13ten August habe ich ununterbrochen geheizt; – selbst aus dem Tone dieses Briefes kannst Du schon ersehen, wie eingefroren die Welt um mich her aussieht. Es waren doch bessere Zeiten als wir auf den schwäbischen Landstraßen Versteinerungen suchten. – Wenn es mir möglich ist, schreibe ich von der Eider aus noch einen behaglicheren Brief: für heute mußt Du, meine liebe, alte gute treue Freundin mit diesem zufrieden sein.

Grüße Deinen Wilhelm, meine Bertha läßt Dich auch grüßen und wünscht Gesundheit und Behagen dem ganzen Hause Jensen! – Dein altersschwacher aber bis in den Tod getreuer Mummelgreis

WilhRaabe.

560. WILHELM UND MARIE JENSEN AN RAABE

Häusle 7 Sept. 1908

Lieber alter Raabe!

Vermuthlich sitzest Du wieder mit Kindern u. Enkeln an der See! Wir wie immer in unserem Salvator. *So* lange haben wir nichts von Euch gehört! Nun freue ich mich auf das Lebenszeichen, das doch sicher in den Tagen um den 8ten herum auch diesmal, wie seit 42 Jahren „bei's Jensen's" eintreffen wird. Dies

Jahr 1908 war wieder einmal ein recht böses. Doch ich ich will Dir u. mir nicht an unserm Tag damit kommen. Es giebt ja auch einiges Gute zu vermelden. In Breslau ist im April ein kleiner Wilhelm Jensen angekommen, als Sohn des „Professor Binkus". Und am 7ten Juni bekam auch Käthe wieder einen Jungen, das sechste Kind. Alles ging gut, trotz dem Furchtbaren, das sie kurz vorher erlitten. Unser Jörg hat nun ein künstliches Bein, welches am Stumpf des Oberschenkels befestigt ist, doch wenn ich ihn sehe oder an ihn denke, krampft sich mir das Herz zusammen. – In 14 Tagen fahren Wilhelm u. ich nach Breslau. Da der Berg nicht zu Mahomet kommen kann, so muß das Umgekehrte geschehen.

den 8ten Sept.

Gestern Abend konnte ich nicht mehr zu Ende schreiben, so will ich heute mein Schlußwort machen. Wir sind im Begriff auf die Fraueninsel zu fahren u. dort den Tag zu verbringen. Ich hatte mir nämlich zum Geburtstag gewünscht, einmal nicht kochen zu brauchen. Es ist ein herrlicher Sonnentag heute! Möchte sie – die Sonne – auch auf Dich, Du Lieber, Alter, schön u. warm herunterscheinen! Leb wohl u. gut u. gedenke manchmal unserer. Oft u. in herzlicher Liebe gedenkt Eurer

Deine alte Freundin Marie.

[W. J.]

Diesem ehehälftlichen Schreiben, mein lieber Alter, kann ich, da die Schiffsglocke uns auf's Bayrische Meer läutet, nur noch meinen herzlichen Gruß und – wenn Du's für angebracht erachtest – Glückwunsch zum abermaligen 8ten hinzufügen

Deines getreulichen W.J.

561. WILHELM RAABE AN JENSENS

Braunschweig, 29 Dec. 1908.

Ihr lieben Alten!

Ihr bleibt es doch, zu denen sich um die Zeit der Wintersonnenwende Herz und Feder wendet aus so mancher anderen Richtung jetzt Einem auch Anruf und Andrang kommen mögen!

Wir haben dießmal die ganze Familie bei uns beisammen: Kinder und Enkel und alle gottlob und unberufen wohl auf den Beinen. Die Großmutter in ihrem 74sten Lebensjahr hat freilich das Ihrige dabei zu leisten; aber sie kriegt es fertig und zeichnet ihr anheimelnd Familienbild wie weiland Ludwig Richter die seinigen. Hoffentlich geht es Euch nach Wunsch, und da auch der alte Fritz aus seiner Höhe segnend und lächelnd seine Hände über das Haus Jensen ausbreitet, so werdet Ihr sicherlich ja wohl eine vergnügliche Sylvesternacht begehen! Was wir an der Oker in dieser Nacht durch einen tapferen Trunk zur Erhöhung Eures Behagens thun können, das wird sicherlich geschehen.

In herzlicher Treue Euer Freund

WilhRaabe mit den Seinigen.

562. MARIE JENSEN AN RAABE

Prien 7 Sept. 1909.

Liebes altes Räbele!

Nun ist doch richtig unser Achter schon wieder da u. ich habe Dir seit ungefähr einem halben Jahr immer schreiben wollen, schon um Dich wissen zu lassen, daß meine Gedanken nicht nur zum Geburtstage u. zum neuen Jahr nach Braunschweig wandern, aber zum Schreiben braucht man Ruhe u. die finde ich nur im Eskurial u. vorläufig noch Nachts im Bett; aber zum Schreiben des Nachts im Bette bin ich noch nie gekommen, nur zum Lesen. Dieses geschieht täglich u. so habe ich kürzlich wieder einmal den Pechlin mit größtem Behagen verknuspert. Die Bavaria vor unsern Fenstern erinnert mich ja den ganzen Winter durch immer an Mr.Sliddery. Ach – aber ich wollte ja sagen, daß ich *bei Tage* zu nichts Derartigem, wie Briefschreiben mehr komme. Das Dienstmädchen, welches ich seit dem Frühjahr habe, ist kaum 15 Jahre alt (es geht noch in die Sonntagschule) u. so kannst Du Dir denken, was meine Hände u. der Kopf alles zu „schaffen" haben. Aber es befriedigt mich, u. der Haushalt geht glatt, denn man lernt das Wirthschaften in 44 Jahren. – Es war viel Besuch bei uns in diesem Sommer u. infolgedessen gab es auch viel freudige Stunden. Die meisten Besucher waren Passanten, die nicht über Nacht blieben. Vierzehn Tage lang aber hatten wir unsern guten Paul endlich wieder einmal bei uns, was Wilhelm u. mir sehr wohlthat. Seine Frau erwartet in 4 Wochen ihr zweites Kind u. konnte deshalb die weite Reise nicht mitmachen; auch überläßt sie den kleinen Wilh. Jensen ihrem Mädchen nicht. Aber *täglich* hat sie geschrieben, so lange Paul hier war. Sie ist ein wunderbar liebes Geschöpf. Es kamen von Norden her so oft Extrazüge u. wie manches Mal dachte ich, ob denn keiner Euch wieder einmal hieher bringt! Es ist doch merkwürdig, daß Du noch nie das „Häusle" von innen u. außen durch die Lorgnette beäugelt hast! Wie viel lieber u. werthvoller würde es uns dadurch werden! Ja – wann sieht man sich wieder?

Ich freu' mich auf Deinen Brief. Hoffentlich sagt er daß es Euch Allen gut geht!

Immer Deine alte Marie

563. WILHELM JENSEN AN RAABE

Häusle, 8 Sept. 1909.

Verehrungswürdiger Alter!

Es neigt sich in Demuth mein Knabenhaupt
Vor Deinem Firngipfel-Beschneiten,
Von dem hochher Du septemberumlaubt
Herabblickst auf niedere Breiten.

Vereinigt Dir funkeln als Zwillingsfanal
Aus der Fixsterne nächtlichem Tanze
Der Mars mit dem Purpur aussprühenden Strahl,
Der Saturn mit saphirnenem Glanze.

Sie grüßen zum achtundsiebzigsten Mal
Dich mit märchenhaft leuchtender Helle,
Und es grüßt Dich bei ihrem Huldigungsstrahl
Auch Dein alter Wandergeselle.

W. J.

564. WILHELM RAABE AN JENSENS

[seiner Tochter Gretchen diktiert]

Rendsburg, d. 10.IX.1909.

Liebe Freunde!

Erst heute erhaltet Ihr ein Antwortzeichen auf Eure lieben Briefe vom 8ten September, die mich hier im Hause meines Schwiegersohnes in durchaus nicht behaglicher Stimmung trafen. Nachdem ich mich einige Zeit nicht wohl gefühlt hatte, hatte ich das Unglück, mir in einer Nacht das Schlüsselbein zu beschädigen, und so ist Margarethe für diese nächste Zeit noch in meiner Correspondenz mein einziger Trost und Hülfe. Sowie ich die Feder wieder halten kann, werde ich Euch auf das Ausführlichste Nachricht von mir geben. Für heute, liebste Marie, kann ich Dir nur sagen, daß wir, wie im Jahre 1866 so auch im Jahre 1909 in Liebe und Treue zusammenstehen. Grüße Deinen Wilhelm von

Deinem Freunde Wilhelm Raabe.

565. MARIE JENSEN AN RAABE

Prien 13 Sept. 09.

Lieber Alter!

Ein rechter Kummer war mir's als der, seit länger als 40 Jahren, gewohnte Gruß ausblieb, denn mir ahnte nichts Gutes. Nun ist's zum Glück doch nur ein kleines Mißgeschick, das hoffentlich bald verschmerzt sein wird. Und in presente medico – das beruhigt mich. Sehr lieb u. gut wäre es von Gretchen, wenn sie uns eine Postkarte zukommen ließe mit der Nachricht wie es geht. Euch Alle grüßt Eure

Marie Jensen.

566. WILHELM UND MARIE JENSEN AN RAABE

Prien 6 Okt. 09.

Lieber Freund!

Wie steht es denn mit Dir? Ich will mich ja gern bescheiden, die Letzte zu sein, die einen Gruß bekommt, wenn Dir's nur wieder gut geht. Bitte, gieb kurze Nachricht den Deinen

W. u. M.J.

567. WILHELM RAABE AN JENSENS

Braunschweig, 8 Okt. 1909.

Liebe theure Freunde!

Also soll ich auch Euch noch genauern Bericht von dem Elend geben? Das war ein schlimmer 79ster Geburtstag! Anfang Aug. bin ich als gesunder lebensfrischer Alter mit meinen Kindern nach Rendsburg gefahren und am 16 Sept. bin ich als jämmerlicher Invalide nach Hause gekommen. Es war ein plötzliches Zusammenfallen aller leibl. und geistigen Kräfte – vollständige Willenslosigkeit und unüberwindliche Schlafsucht. 5 Wochen ein Zustand zum Verzweifeln! Ende August brachte mir ein Fall aus dem Bett auch noch eine Beschädigung des Schlüsselbeins. Erst vor einigen Tagen bin ich die Binde losgeworden; aber auch diese Handschrift zeugt noch von den Molesten.

Das Gehen mußte mir mein Schwiegersohn in anderthalb Wochen wieder beibringen.

Ein unsägliches Hochgefühl habe ich gehabt: als ich am 16 Sept. Abds 10 Uhr auf hiesigem Bahnhof sagte: *Braunschweig.* Jetzt aber genug! Erzählt mir von Euch Gutes!

Was die nächste Zeit noch bringen mag, bis zum Ende bleibe ich für [Euch] derselbe in Liebe und Treue!

Euer WilhRaabe

568. WILHELM RAABE AN JENSENS

Braunschweig, 30 Dec. 1909.

Liebe alte gute Freunde!

Noch immer disjecta membra poetae zusammen suchend und an einanderflickend, schreibe ich Euch den diesjährigen Neujahrsbrief. Es geht zwar allmählich wieder in die Höhe, aber sehr langsam. Ich habe mir von Anfang an wenig von dem Jahr 1909 versprochen, aber daß es so kläglich ausfallen würde, hatte ich doch nicht vermuthet.

Und es scheint so weiter zu gehen: meine 76jährige Schwester hatten wir uns zum Fest eingeladen. Wir mußten sie uns schwer herzkrank holen, und die beiden Engel, die bei uns eintraten, hatten sich ihr Fußwerk von Wagners zwei angenehmen Riesen für die fromme Gelegenheit geliehen. Wie geht es denn Euch? Hoffentlich hat das Jahr und vor allem der Jahresschluß Euch nur Gutes und Erquickliches gebracht!

Du, lieber Wilhelm, hast noch immer Dein Behagen und Genügen an Deinem litterarischen Schaffen, und Du, Marie, mußt ja nun bald unter dem Tannenbaum in einem wahren blühenden Wald von Enkeln und Enkelinnen stehen. Kannst Du sie, auch beim „Paketmachen“ noch zählen, ohne die Finger zur Hülfe zu nehmen?

Wir waren mit den Behrens allein. Die Rendsburger hatten nicht kommen können: Paul wegen zu viel Krankheit in seinem Lazarett und Lisbeth weil sie natürlich bloß Vater und Mutter wegen, Mann und Jungen, und noch dazu bei solchem Wetter, zwischen Ostsee und Nordsee [nicht] allein ließ. –

Da ich nicht aus dem Haus gegangen bin und der fürstlichen Hochgezit fürsichtiglich aus dem Wege so kann [ich] Euch auch garnichts Interessantes aus Welt und Leben erzählen.

Von Euch aber erhoffe ich ein baldiges Auffüllen meiner Theilnahme an menschlichen Dingen. Bildet Euch ein, Ihr kommt mal wieder um den Feuersee herum, drei Treppen hoch in der Hermannstraße zu Euern treuesten und nun wohl auch bald äl-
Wilhelm Raabe und Familie.testen Freunden

569. WILHELM UND MARIE JENSEN AN RAABE

München 31 Dez. 09.

Lieber lieber alter Freund!

Du bist der Einzige, dem ich heut am letzten Tage des Dezember schreibe. Freilich muß ich Dir sagen, daß ich mit dem vergangenen Jahre gar nicht zufrieden war. Ich spürte den Stoß, den Du im Sommer empfingest bis hieher u. er thut mir noch weh. Hoffentlich bist Du aber inzwischen wieder ganz der Alte geworden u. wenn wir, was beschlossen ist, im März nach Halle kommen, dann machen wir einen Abstecher nach Braunschweig, aber nicht als „unruhige Gäste". Ganz still wollen wir nur einmal in's Raabennest hineingucken. Hoffentlich sind die Weihnachtstage gut bei Euch verlaufen u. heut, am Sylvesterabend – „Grog und Häringe" – wie Du früher zu schreiben pflegtest. Laß uns durch ein Wort erfahren, wie es Dir, Euch Allen geht. Es weht so still von Braunschweig herüber. Schon seit lange fegt uns kein lustiges Wort mehr um die Köpfe von dorther. Wenn alle Gedanken zu Briefen würden, dann hättest Du Dich längst über das Bombardement beklagt, aber ich komme nicht mehr zum Schreiben, denn seit dem Mai habe ich kein Mädchen mehr, nur eine kümmerliche „Aushülfe" u. aus der Maria ist eine Martha geworden, von der Christus sagt, daß sie „das schlechtere Theil erwählt hat". Aber Arbeit ist gesund u. *denken* kann ich bei der meinen u. zum Lesen komme ich Abends auch noch. Also es geht Wilhelm u. mir gut u. die Enkelzahl ist auf Vierzehn gestiegen. Der kleine Wilhelm Jensen sitzt jetzt schon tiefsinnig über dem Struwelpeter. – In's neue Jahr wollen wir heut, wie schon seit Jahren, geruhsam hinüberschlafen, denn Schlafen ist nicht das Schlechteste. Und nun ade! Dir u. den Deinen, Großen u. Kleinen wünscht für 1910 alles Gute u. Schöne

Deine alte getreue Marie.

[W. J.]

Der alte Wilhelm Jensen thäte auch am klügsten, wieder bei'm Struwelpeter zu sitzen, der mir als das wichtigste Werk der Weltliteratur erscheint. Denn er ist das α, und wenn wir dies gründlich in uns aufgenommen, kommt uns bis zum ω nicht viel Neues und Wissenswerthes mehr hinzu. Doch statt sich solcher nützlichen Beschäftigung hinzugeben, sitzt der genannte W.J. senior immer noch und schreibt die unnützesten Bücher für das sogenannte deutsche Volk, blickt augenblicklich einmal davon auf und wünscht Dir, mein Alter, so viel Gutes im Jahre 1910, als unsere Jahre noch gebrauchen und bewältigen können.

Von Herzen der Deinige W.J.

570. WILHELM JENSEN AN RAABE

München 4 Jan. 1910.

Mein lieber Alter.

Ludwig Fulda wird am nächsten Montag (10 Jan.) in Braunschweig eine Vorlesung halten und möchte bei diesem Anlaß Dir seine ‚Aufwartung machen', bittet mich deshalb eben, Dir ihn anzukündigen. Wir stehen seit vielen Jahren in nah-freundschaftlicher Beziehung zu ihm und schätzen ihn sehr; alljährlich kehrt er ein paar Tage bei uns im Chiemsee-Häusle ein. An graziöser Reimgewandtheit übertrifft er nicht nur alle Lebenden, ich wüßte auch von den bereits Höchstseligen ihm darin kaum einen an die Seite zu stellen; manche seiner Dramen – Der Talisman – Der Sohn des Kalifen – Herostrat – Der heimliche König erscheinen mir als die gehaltreichsten von den in den letzten Jahrzehnten auf die Bühne gekommenen. Was aber für uns das Wesentlichste an Fulda ausmacht, ist seine sicher-verläßliche Gesinnung, der aufrichtig-ehrliche, treue Mensch; er hat sich vor anderthalb Jahren sehr glücklich wieder verheirathet (seine erste, von ihm geschiedene Frau war ein schlimmer Mißgriff) und ist ebenso glücklicher Vater eines Kindes. In toto zählt er so zu den (freilich nicht allzuhäufigen) Abkömmlingen vom ‚alten Stamme', um derentwillen man etwaige antisemitische Regungen als nicht allgemein berechtigt von sich abweisen muß. Nimm ihn freundlich auf, er ehrt Dich sehr.

Herzlich der Deinige Wilhelm Jensen.

571. WILHELM RAABE AN JENSEN

Braunschweig, 14 Febr.1910.

Mein lieber Alter!

Schon am 24sten Januar hätte ich mit Dir durch einen schwarzgeränderten Briefbogen wieder mal in Korrespondenz treten können. Da ist nämlich meine Schwester Emilie gestorben, im 77sten Jahre, die erste von den drei alten Raaben. Sie hatte ein schweres Krankenlager, aber einen sanften Tod: in's Leben zurückrufen würde ich sie nicht, wenn ich es auch könnte!

Sonst sitze ich seit dem August vorigen Jahres immer noch als ein kränkelnder Greis, erfahre von der Welt vor den Fenstern weiter nichts, als was mir von guten Freunden aus ihr zugetragen wird. Und auch das ist mir häufig noch viel zu viel. Mit der Lektüre des hiesigen Wurst- und Intelligenzblattes ist mein politisches Interesse abgeschlossen und da ich nur selten noch in den „Großen Klub“ gehen kann, ist auch die gegenwärtige litterarische Welt mir ein sehr unbekanntes Etwas. Den Grafen von Monte Christo habe ich in der letzten Zeit mit dem größten Behagen gelesen und nun werde ich mir auch die Geheimnisse von Paris und den Ewigen Juden wieder heranholen. –

Meine Angehörigen sind bis jetzt, dem widerlichen Winter zum Trotz, unberufen wohl gewesen. Das ist das einzig Erfreuliche, was ich von uns zu melden habe; – möge es so bleiben! –

Herr Ludwig Fulda war bei mir, und hat auch mir, sowie dem hiesigen Publikum wohl gefallen. Von mir aus ist ihm seine Theilnahme an dem Ferrer-Schwindel des Goethebundes, nach gemachter Bekanntschaft, verziehen. Es war aber arg damit und – so recht – deutsch! ––

Marie wird sich in dem Münchener Gesellschafts- und Kunstleben hoffentlich längst von den Molesten der sommerlichen Sankt Salvatoridylle erholt haben. – Für Paul Heyse habe ich zum 15 März der Firma Cotta auch ein Blatt nach bestem Vermögen ausgefüllt. Hoffentlich kommt ein wirklich schönes Ehrendenkmal für unsern tapfern treuen Vorkämpfer in der zweiten Hälfte des neunzehnten Jahrhunderts zusammen!

Daß Dich und die Deinigen dieser Geburtstagsbrief bei bester Gesundheit und noch in fröhlichster und muthigster Lebensstimmung finde, ist natürlich der herzliche Wunsch

Deines getreuen Freundes WilhRaabe.

572. MARIE JENSEN AN RAABE

Häusle 6 Sept. 1910.

Lieber Guter!

Es war wieder ungebührlich lange stille zwischen uns. Wie oft nahm ich mir vor zu schreiben, doch es blieb beim Vorsatz, denn wir hatten viel Besuch im Häusle, meist von Kindern u. Enkeln. – Wie von Herzen hoffe ich, daß Du in diesem Jahre den 8ten Sept. in besserer Verfassung bist, als im vergangenen. Das war ein Schrecken als der gewohnte Brief ausblieb, zum ersten Mal seit mehr als 40 Jahren!Aber *wo* unser Geschreibsel Dich diesmal trifft das ist die Frage! Hoffentlich gemüthlich daheim, wo man bei dem nichtsnutzigen Wetter noch am besten aufgehoben ist. Uns ist dieser Sommer im Handumdrehen verflogen. Nur in den Kindern u. Enkeln erleben wir noch allerlei; wir selber sitzen einen Tag wie den andern auf demselben Fleck. Ich immer noch kochend u. malend, Wilhelm dagegen wenig mehr schreibend, was *mich* beglücken würde, wenn *er* nicht melancholisch darüber wäre. Unsere älteste Enkelin (das Mariele, 19 Jahre alt) hat kürzlich den vierten Heiratsantrag abgelehnt, dafür aber ihr Abiturium gemacht. Frauenrechtlerin ist sie aber gottlob nicht. Halle galt von jeher für die Stadt der vielen Heirathskandidaten, u. so sind die vier Freier nichts Besonderes dort. – Wir sehen täglich von unseren oberen Fenstern aus die vielen Züge u. Extrazüge in der Ferne kommen u. gehen u. ich denke so oft an das Jahr 93, als Ihr mit den drei Mädchen nach St.Salvator heraufkamt.

„Es rollen und fauchen die Züge all
Sie poltern herauf, sie rollen nieder –
Den Jüngling bringt keiner wieder –"

So scheint es wenigstens. Und doch giebt es viel ältere Leute als Du, die noch weitere Reisen machen. Doch vielleicht kommt der Berg nächstens einmal zu Mahomet. Von Göttingen können wir Euch leicht erreichen. Hoffentlich bekomme ich übermorgen meinen Brief u. zwar mit *guten* Nachrichten über Euer aller Wohlergehen. Käthe u. ihr Mann werden am Donnerstag bei uns sein u. dann sollen unsere Gläser zusammenklingen: Auf Wilhelm Raabe! Grüße mir herzlich was von den Deinen um Dich ist.

In alter Lieb und Treue Deine Marie.

573. WILHELM JENSEN AN RAABE

Prien a/Chiemsee, 6 Sept. 1910.

Es wachsen die Jahre,
Es schrumpfen die Haare,
Und drinnen im Kopf ist das gleiche Geschrumpf
Es flimmert kein Schein mehr,
Es will nichts gedeih'n mehr,
Gedanken und Zähne sind stockig und stumpf.

Was hilft's, sich erboßen,
Und um sich zu stoßen?
Der Weltfaun, er grinst nur mit Zähnegebleck:
Ihr saßet beim Feste
Und aßet das Beste
Nun knabbert am Reste,
Wie die Maus in der Falle am ranzigen Speck!

Das, mein lieber Alter, wäre ein Geburtstagscarmen inter septuaginta et octoginta. Ob es bei Dir zutrifft, weiß ich nicht; bei mir stimmt's. Aber trotzdem erfreut mich das Noch-Zutreffen der beiden Voraussetzungen, die nöthig sind, um zu ermöglichen, daß *ich Dir* zu Deinem 8ten September noch einen Gruß oder sogenannten Glückwunsch schicken kann.

Vor ein paar Tagen begingen wir hier eine Sedanfeier, bei der kam mir eine Kunde von Dir aus dem Munde der Witwe Friedrich Westermanns, geb. Gräfin Schlick und Anhängselbehör. Sie berichtete mir, daß Du noch auf überaus rüstigen Füßen wandertest, unter Umständen auch keine Scheu trügst, Dich einmal bei'm Glase von der Mitternacht betreffen zu lassen, und nach Hause kommend, noch ein gesundes Magenverlangen nach einem Butterbrod oder dem ähnlichen mit heimbrächtest. Das bereitete mir aufrichtigere Freude, als die Erinnerung daran, daß vor vierzig Jahren Napoleon der Dritte dem alten Wilhelm seinen Degen überreicht habe, denn ich entnahm daraus, daß Du für's erste noch nicht im Sinn hast, capitulirend die Waffen zu strecken. So versah diese Nachricht mich mit dem besten Genuß des Abends, an dem auch wir erst um Mitternacht durch rabenschwarze Finsternis von Prien zu unser'm Häusle wieder hinaufzogen.

Uns hat in letzter Zeit eine schlimme Windhose betroffen, von der unser Schwiegersohn in Halle als Ordinarius der Botanik bis halb zum Nordpol nach Königsberg davongewirbelt worden; so verlieren wir leidvoll unsere langjährige Heimath an der Saale, und für den Rest unsrer Tage trennt uns eine, unseren Füßen schwerlich überwindbare Unermeßlichkeit von den Auswanderern an die Kurische Nehrung. Doch bewährt sich das alte Wort, es müsse ein böser Wind sein, der garnichts Gutes bringe, und so hat gleichzeitig unser Paul einen Ruf als Ordinarius der Physiologie nach Göttingen erhalten, wohin er in den nächsten Wochen von Breslau mit seiner ihm ebenbürtig großen prächtigen Frau und seinen beiden kleinen Sprößlingen übersiedelt. Das hast Du wohl divinatorisch vorausgesehen, als Du ihn im Jahre 1868 am Nesenbach ‚Professor Bincus‘ betiteltest. Von Dir aus betrachtet, schwindet so die Thea an Deiner linken Flanke fort und erscheint er dafür, noch um einiges näher gerückt, an Deiner rechten. *Παντα ῥεῖ* - doch für uns wird die Leine immerhin eher noch erreichbar sein, als der Pregel und somit Braunschweig vielleicht auch noch einmal.

Lebe gut, mein Alter! Ich hoffe, bei Philippi am achtzigsten Meilenstein sehen wir uns wieder! Von Herzen der Deinige

Wilhelm Jensen

574. WILHELM RAABE AN MARIE JENSEN

Braunschweig, 6 Sept. 1910.

Liebe Marie!

Also wircklich jetzt vom Rande der „Achtzig“ aus! Wer seinerzeit nur eine Ahnung davon gehabt hätte, daß das nicht blos eine Möglichkeit sei, sondern sogar zu einer Wircklichkeit werden könne! Wieviel verständiger, nüchterner man dann vielleicht zum besten seiner alten Tage seinen Lebensweg gegangen wäre!

Nun, der Weg ist vollendet und nichts mehr dran zu ändern, nehmen wir also mit dem Resultat vorlieb und brummen wir vor Allem die wohlmeinende Zeitgenossenschaft ja nicht mit einem oder beiden Talbot-Worten aus dem guten Friedrich Schiller an. --

Hoffentlich geht es Dir, Deinem Wilhelm und Euch Allen Übrigen nach irdischem Maaß nach Wunsch und begeht Ihr unsern achten September im größern oder kleinern Verwandten- und Freundeskreise mit vollem Behagen. Von mir kann ich leider für den festlichen Tag nicht das Beste sagen. Seit dem 24 März, also bald seit einem halben Jahr, sitze ich fest in der Stube und bin während der Zeit nur 5mal in Geschäftssachen herausgekommen. Es ist die Altemänner-Krankheit mit der belastet ich meine Tage im gepolsterten Lehnstuhl versitze. Wilm möge sich ja vor ihr hüten, wenn es ihm möglich ist! –

Herzlich gefreut habe ich mich über die Nachricht von Eurem Sohn. Der „Professor Binkus" Professor an der Georgia Augusta in Göttingen! Davon hatten wir auch keine Ahnung, daß das eine Wircklichkeit werden könne, als Du Anno 68 mit dem Jungen als Wickelkind nach Norden abzogest. Ja, ja, wenn man vom Rande der Achtzig in den Lauf der Zeiten zurückblickt!

Bertha und Gretchen grüßen und wünschen treulichst Glück. B. ist jetzt im 76sten, und Gretchen thut mir oft herzlich leid. Sie ginge so gern noch einmal in die Welt, aber es geht nicht. Sie ist jetzt Tag und Nacht an die Pflege der beiden grämlichen (gänzlich tauben) Eltern gebunden. Ich wäre ohne ihre Hülfe in meinen wenigen Lebensgeschäften gänzlich verrathen und verkauft. Neues habe ich Euch aus meinem Alters-Jammerwinkel natürlich nicht im Kleinsten zu berichten.

Die Enkel hier und in Rendsburg wachsen bis jetzt gottlob geistig und körperlich gesund heran. Berichte Du uns doch auch von Deiner ungezählten Schaar!

In alter Treue bis zum Ende Dein und Euer Freund

WilhRaabe.

575. MARIE JENSEN AN RAABE

Häusle 27 Sept. 1910.

Liebstes Räbele!

Für Deinen Geburtstagsbrief möchte ich Dir doch, ehe der September zu Ende, noch von Herzen danken. Es ist mir sehr schmerzlich, daß Du so wenig an die Luft gehst. Ich möchte Dich drum anflehen, daß Du Dich Mittags vor Tisch immer ein Stündchen in der Sonne bewegst! Du schreibst: „Bertha u. ich sind gänzlich taub“. Hoffentlich ist dies Wort „poetische Licenz“ – Du hattest doch immer so feine Ohren! Wenn wir nach Göttingen kommen, wollen wir die Sache untersuchen. –

Ade u. freue Dich der schönen Herbsttage *draußen.*

Es denken viel an Euch an Dich

Wilhelm u. Marie.

ANHANG

Zur Textgestalt: Die Wiedergabe der Briefe entspricht im Wortlaut, in der Rechtschreibung und in der Zeichensetzung grundsätzlich den Originalen. Abweichungen liegen hier nur dort vor, wo nicht mehr die Originale, sondern nur Abdrucke zur Verfügung stehen. – Enthalten die Briefe Abkürzungen, so sind auch diese beibehalten; Abkürzungen von ungewöhnlicher Art (z. B. m. p.) werden in den Anmerkungen aufgelöst. – Runde Klammern in den Originalen sind unverändert übernommen. Für Zusätze des Herausgebers sind eckige Klammern ([]) gewählt.

Abkürzungen: Br. A., Bd. ...: Hist.-krit. Ausgabe von Raabes Werken, hg. von Karl Hoppe, Göttingen, Vandenhoeck & Ruprecht 1951–1970, 21 Bde. – Br. F.: „In alls gedultig." Briefe W. Raabes (1842–1910). Im Auftrage der Familie Raabe hg. von W. Fehse, Berlin, Grote 1940. – Mitt.: Mitteilungen für die Gesellschaft der Freunde W. Raabes, Wolfenbüttel usw. 1911 ff. – Jahrb.: Jahrbuch der Raabe-Gesellschaft, hg. von K. Hoppe und H. Oppermann, 1960 ff. – Tgb.: Tagebuch Raabes, im Besitz des Stadtarchivs Braunschweig. – Fricker: Karl Fricker, Wilhelm Raabes Stuttgarter Jahre im Spiegel seiner Dichtung, Stuttgart, Krais 1939.

Die Briefe und Briefentwürfe (Br. E.) Raabes befinden sich größtenteils, die Briefe Jensens ausschließlich im Stadtarchiv Braunschweig.

Vorbemerkungen: Zur Vermeidung von Wiederholungen im Anmerkungsteil werden folgende Angaben hier vorangestellt:

W. Raabe ist am 8. September 1831 in Eschershausen, Bertha Raabe geb. Leiste am 12. Juli 1835 in Wolfenbüttel, Wilhelm Jensen am 15. Februar 1837 in Heiligenhafen und Marie Jensen geb. Brühl am 8. September 1845 in Wien geboren.

Raabe hat von 1862 bis 1870 in Stuttgart gewohnt, zuerst in der Gymnasiumstraße 13, dann von 1864 an in der Hermannstraße 11 am Hasenberg. Jensens wohnten von 1865 bis 1869 in Stuttgart, zuerst in der Forststraße, dann am Feuerseeplatz 2. Der Stadtkern von Stuttgart liegt im Tal des Nesenbachs.

1. W. und B. RAABE an JENSENS. Reisebericht] *nicht erhalten.* Deo juvante] *Lat., mit Gottes Hilfe.* Halbinselbewohner] *Jensen war Schleswig-Holsteiner.* Frau Doctorin ... Medizin] *scherzhafte Anrede Raabes an Marie Jensen.* vergypsten] *Konjektur für* verypsten. Laudanum] *ein Schlaftrunk.* Leiste] *Karl L., Bruder von Bertha Raabe.* Maximilianus Mexikanus] *Maximilian (Kaiser) von Mexiko, Erzherzog von Österreich, 1867 von den Mexikanern unter Führung von Benito Juarez erschossen.* Meine Mutter...] *Raabes Mutter litt im Alter an einem schmerzhaften Leberleiden.* Bertha ... Gretchen] *Raabes Frau und älteste Tochter.* Krais] *Stuttgarter Verleger z. B. von*

Fricker (s. o.). Schwagers] *Heinrich Raabe, 1865 Polizeikommissar in Wolfenbüttel, heiratete am 6. August 1867 Luise Brakebusch.* in einem Jahre] *Irrtum, Bertha Raabe, geb. Leiste, wurde am 12. Juli 1835 geboren, Wilhelm Jensen am 15. Februar 1837.* Reise] *Die Weiterreise nach Sylt wurde am 8. August angetreten.* schwären] *geht auf mhd. swern, mnd. sweren = schmerzen zurück und hat neben schwellen, eitern mundartlich auch die Bedeutung von schwitzen, schmoren angenommen.*

2. W. RAABE an JENSENS. Fermateri la Barchetta] *It., Laßt die Barke halten.* Hochzeit] *s. Anm. zu Nr. 1.* Verfasser von Valenzia Berbanogo] *Wilhelm Jensen.*

3. MARIE JENSEN an RAABE. Huckebein] *Anspielung auf Wilhelm Busch, Hans Huckebein, der Unglücksrabe, 1867; war auf Empfehlung Raabes an den Stuttgarter Verleger Hallberger in „Über Land und Meer" erschienen.* Beafsteek] *unterschiedlich geschrieben, s. Nr. 4* Beefsteak. Heddi] *so nannten sich sowohl Marie wie Wilhelm Jensen, Marie auch Hedda.*

4. MARIE JENSEN an RAABE. 1868] *so datiert, da der vertrauliche Ton des Briefes im Mai 1867 noch nicht am Platz gewesen wäre. Im übrigen blieb es am 2. Mai bei Raabes Absage; das Abendessen bei Jensens fand erst am 5. Mai 1868 statt (Tgb.).*

5. MARIE JENSEN an RAABE. Staufentag] *Tag des gemeinsamen Ausflugs auf den (Hohen)staufen.*

6. W. und M. JENSEN an RAABE. *Datierung: Notiz Raabes: 1868, des weiteren vgl. Marie Jensens Brief vom 31. Mai 1869, demzufolge die Bowle am 24. Mai getrunken wurde (s. Nr. 55).* postdiluvianisch] *nach der Sintflut.* Der Sprott] *gleichbedeutend mit die Sprotte, s. Grimm.* Plagiostoma] *versteinerte Muschelart.* Nautilus] *Muschelart, die vielfach, bes. in der Renaissance, zur Herstellung von Pokalen benutzt wurde.*

7. W. RAABE an JENSENS. unterwössensches] *Jensens wohnten zu ihrer Erholung vorübergehend in Unterwössen in Bayern südl. des Chiemsees.* wenn Ihr wüßtet ... lachen] *Motto zu Raabes „Abu Telfan", erschienen 1867, s. Br. A., Bd. 7.* Redacteur ... Volkszeitung] *Wilhelm Jensen.* Mädchen] *Raabes zweite Tochter Elisabeth.*

8. MARIE JENSEN an BERTHA RAABE. Großmama] *Frau Raabes Mutter Caroline Leiste.*

9. W. und M. JENSEN an RAABE. Fraueninsel] *im Chiemsee.* Thetis] *Anspielung auf die griechische Sage, nach der die Göttin Thetis ihren Sohn Achill dadurch unverwundbar machte, daß sie den Säugling in ein Feuer hielt. Nur die Ferse, an der sie ihn festgehalten hatte, blieb verwundbar.* Brüllte der See...] *Anspielung auf Schiller, Wilhelm Tell 147: da rast der See und will sein Opfer haben.* „Drei Federn"] *Raabes 1865 erschienener Roman, s. Br. A., Bd. 9,1.* Juffröken] *niederl. Bezeichnung für Jungfräulein.*

10. W. und B. RAABE an JENSENS. tiotio ... ki] *In Anlehnung an die Vogelstimmen in Aristophanes' (griech. Komödiendichter Ende 5. Jh. v. Chr.) „Die Vögel" 260 ff. gebildete Nachahmung von Vogelstimmen. Vgl. Br. A., Bd. 15, S. 694 zu S. 530, 3–9.* Brequequekekekex quoax] *Das Gequake der Frösche nach Aristophanes „Die Frösche" 209 ff.* kurre kurre] *analoge Bildung Raabes.* deutschen Parthei] *sie vertrat den kleindeutschen Standpunkt. Fricker S. 19.* Dulk] *Albert D., Lyriker und Dramatiker, gest. 1884, Fricker S. 18.* Höfers] *Edmund Höfer, Schriftsteller, gest. 1882. Raabe schrieb 1868 einen Aufsatz über ihn (III 6, 541 W1).* Hartmanns] *Moritz Hartmann, Herausgeber der „Freya", in der verschiedene Novellen Raabes erschienen. Pongs, W. Raabe (1958) S. 192.* Otto Müller] *gest. 1894, Verfasser von Romanen. Fricker S. 17.* „Teufflischen" Manne] *Dr. Julius Teuffel, Raabes Hausarzt. Fricker S. 123.* Thea] *wahrscheinlich ist Jensens Tochter gemeint.*

11. W. und M. JENSEN an RAABES. Heinrich ... Guise] *Unter Heinrich II. von Frankreich wuchs der Einfluß der Guisen, eines Nebenzweigs des Hauses Lothringen. Vgl. Raabe, Der heilige Born, Br. A., Bd. 3, S. 193,14 und Anm. dazu.* Verweile...] *Goethe, Faust I 1670 = II 11582.* Abendpanis ... circenses] *Anspielung auf panem et circenses, lat. Brot und Zirkusspiele, das Verlangen des römischen Volkes in der Kaiserzeit lt. Juvenal, Sat. 10,81.* del nostro palazzo] *It., unseres Palastes.* Wilhelm m. p.] *m. p. = lat. manu propria = mit eigener Hand.*

12. MARIE JENSEN an RAABE. Gungummern] *Gurken.* Korakonpetra] *Griech., Fels der Raben, Rabenstein.*

13. MARIE JENSEN an BERTHA RAABE. *[Datum = Notiz Raabes.]* Le déjeuner est prêt] *Frz., das Frühstück ist bereit.*

14. MARIE JENSEN an BERTHA RAABE. *Datierung lt. Tgb., denn darin heißt es unter dem 1. 9. 1868 „Abends Jensen's zum Gänsebraten" (bei Raabes).* Karin von Schweden] *Novelle Jensens, Leipzig o. J.*

15. *und* **16.** 8. September] *Marie Jensens und Raabes Geburtstag.* Hippokrene] *Quelle auf dem Helikon, im gr. Altertum Hain der Musen, der Trank daraus machte zum Dichter.*

17. W. und M. JENSEN an RAABE. Mein Papa] *Moritz Brühl, 1819 bis 1877, Sohn jüdischer Eltern. Er wurde später katholisch und war als Publizist, Kulturkritiker und Übersetzer tätig. Gestorben in Wien.* Berg] *bei Cannstatt nördl. Stuttgart am linken Ufer des Neckars, Kurort und Mineralbad, heute ganz mit Stuttgart verschmolzen.*

18. MARIE JENSEN an RAABE. *Zur Datierung: Nach dem Erscheinen von „Abu Telfan"; der Abdruck in „Über Land und Meer" begann im Mai 1867 und endete im September 1867. Die Buchausgabe trägt die Jahreszahl 1868, gelangte aber bereits Ende 1867 zur Auslieferung.* Wenn Ihr wüßtet...] *parodierende Umkehrung des Mottos von „Abu Telfan".* Huckebein] *s. Anm. zu Nr. 3.* Hagebucher] *Hauptgestalt in „Abu Telfan"; er lebte jahrelang in Afrika als Sklave der Negerfürstin* Kulla Gulla.

19. W. und M. JENSEN an RAABE. *Zur Datierung: Der Brief steht vermutlich im Zusammenhang mit der Tgb.-Eintragung Raabes vom 25. 9. 1868: „Jensens zum Mittagessen bei uns." Die lateinischen Wörter bedeuten:* Quis?] *Wer?* Quid?] *Was?* Ubi?] *Wo?* Quibus auxiliis?] *Mit welchen Hilfsmitteln, Zutaten?* Cur?] *Warum?* Quomodo?] *Wie?* Quando?] *Wann?* Quae quum ita sint] *da dies sich so verhält.* Anke] *Lachsforelle.*

21. W. und M. JENSEN an RAABE. *Das Datum ergibt sich aus Raabes Tgb. vom 4./5. 10. 1868.* Anseres corvis salutem] *Lat.,* Die Gänse *[Jensens] grüßen die Raben. Vgl. weiterhin Raabes Tgb. vom 5. 10. 1868: „Um 1½ Uhr mit B zu Jensens zum Mittagessen. Der Hase u Champagner. Der Kaffe bei Beleuchtung.*

22. W. und M. JENSEN an RAABE. perfer et ... iuvabit] *Lat., ertrage es und sei hart; denn es wird Freude machen, auch an dieses sich zu erinnern. Verschmelzung von Ovid Ars amatoria II 178; Trist. V 11,7 perfer et obdura und Vergil Aen. I 201 forsan et haec olim meminisse iuvabit.* Professor Binkus] *Scherzname für Jensens Sohn.* Thea] Jensens Tochter.

23. W. RAABE an JENSENS. Dr. Julius Teuffel] *s. Anm. zu Nr. 10.* Müller] *s. Anm. zu Nr. 10.* Unter heißerer Sonne] *Novellensammlung* *von Jensen, erschienen 1869.* großen Exodus] *Jensens Fortzug von Stuttgart.*

24. MARIE JENSEN an RAABES. Regenbogen] *Die zweibändige Sammlung von sieben Erzählungen Raabes „Der Regenbogen" erschien im Oktober 1868 (Titelblatt 1869), vgl. Br. A., Bd. 9,1.* Das „Deutsche Tempe"] *Das griech. Tempe war eine langgestreckte Schlucht, durchflossen vom Peneios; mit der Bezeichnung „das deutsche Tempe" hat Marie Jensen wahrscheinlich die zwischen Kassel und dem Braunschweigischen gelegene, von der Weser durchflossene Berglandschaft gemeint.* Brunswik] *Ort bei Kiel, später eingemeindet.*

25. W. und M. JENSEN an RAABE. *Der Brief ist am 22. oder 23. 12. 1868 geschrieben, wie aus dem Inhalt hervorgeht. Er traf aber erst am 27. 12. 1868 mit einer Marzipantorte bei Raabe ein; vgl. dazu Raabes Brief vom 28. 12. 1868.* für Wilhelm Zollern] *Anspielung auf die 1866 erfolgten Annexionen durch Preußen, u. a. die von Schleswig-Holstein.* Segeberger Torf] *(Bad) Segeberg, Kreisstadt in Schleswig-Holstein an der Strecke Neumünster–Bad Oldesloe.* Flensburg] *Jensen übernahm dort die Schriftleitung der Norddeutschen Zeitung.* Ammonites] *Ammonshorn, eine Versteinerung.* tintovermicus] *scherzhafte lat. Bildung: tintenwurmartig.* Trigonia] *Griech., in der dritten Generation.* Grüße mir ... Freund] *Anspielung auf Schiller, In einer Bataille (Die Schlacht) 49: Grüße / mein Lottchen, Freund.* Hotel Marquardt] *damals erstes Hotel in Stuttgart.* hujus] *Lat., dieses [Jahres].* Franz Dunker in Berlin] *Duncker, Verleger in Berlin, gest. 1869, der Verlag bestand weiter.* Nero nestelt...] *Anspielung auf das Gedicht „Nero", an dem Jensen arbeitete und in dem es V. 12 von Nero heißt: „Der Goldsandale Riemen lösend".* Herzbruch] *Besitzer der Flensburger Norddeutschen Zeitung.*

26. W. und B. RAABE an JENSENS. Schüdderump] *Roman, an dem Raabe gerade arbeitete.* Höfer] *s. Anm. zu Nr. 10.* Otto Müller] *s. Anm. zu Nr. 10.* Hartmann] *s. Anm. zu Nr. 10.*

27. W. RAABE an JENSENS. Up ewig ungedeelt] *Wahlspruch von Schleswig-Holstein.* Kimmerier] *nach der griechischen Auffassung Volk im Norden (von Skythien).* Jensen, Du bist ein Riese] *Raabe ging im Briefwechsel mit Wilhelm Jensen hier zum „Du" über.*

28. W. und M. JENSEN an RAABES. „Deutschland ein Wintermärchen"] *Gedichtzyklus von Heine.* ma quando ... si sente] *parodierende Anspielung auf Tasso, Das befreite Jerusalem III 3. Vgl. „Der Hunger-*

pastor“, Br. A., Bd. 6, 124. Die Jagd nach dem Glück] *damals beliebtes Gemälde von Henneberg.* Der Kuckuck ... Waldeskönigin] *Anspielung auf Storms Gedicht „Im Walde“, 4. Strophe: Der Kuckuck lacht von ferne. / Es geht mir durch den Sinn: / Sie hat die goldnen Augen / Der Waldeskönigin. Die letzten beiden Verse bezog Marie Jensen gern auf Raabe.* Diogenes] *griech. Philosoph, Kyniker, der die Unabhängigkeit von äußeren Dingen, die seine Schule lehrte, besonders drastisch befolgte, u. a. dadurch, daß er in einem Faß wohnte. – In diesem Brief ging auch Jensen zum „Du“ über.*

29. W. und M. JENSEN an RAABE. Elles ... hi] *schwäbisch = alles hin.*

30. W. RAABE an JENSENS. Lamentatinopolis] *Lat.-griech., Scherzbildung = Stadt des Klagens (Flennens) für Flensburg.* Phrenoklastes] *scherzhafte griech. Übersetzung von Herzbruch (s. Br. Marie Jensens vom 17. 1. 1869).* die Wittib] *die in Stuttgart von Jensen geleitete „Schwäbische Volkszeitung“.* Kimmerien] *bei den Griechen Land im Norden von Skythien, hier überhaupt Land im Norden = Schleswig-Holstein.* Die Juden in Köln] *Novelle von Jensen, 1869.* allgemeine Modenzeitung] *vom 15. 1. 1869, vgl. Br. A., Bd. 9,1, 448.* Der Regenbogen] *Novellensammlung Raabes, s. Anm. zu Nr. 24.*

33. W. JENSEN an RAABE. Hartmanns] *Moritz Hartmann (1821 bis 1873), Schriftsteller und Journalist, war Mitarbeiter der „Neuen Freien Presse“ in Wien, wohin ihn die Redaktion berief.* Thea, Paul] *Kinder Jensens, letzterer = Professor Binkus.* Gryphäe] *Greifsteinmuschel, eine Schaltierversteinerung.* Plagiostomenschalen] *s. Anm. zu Nr. 6.* Phrenoklastes] *s. Anm. zu Nr. 30.* Marienstraße] *Straße in Stuttgart.* Vischer] *Friedrich Theodor V., 1807–1887, Professor für Ästhetik.* Otto Müller] *s. Anm. zu Nr. 10.* J. G.] *Johann Georg Fischer (1816–1897), schwäb. Dichter. Fricker aaO., S. 13 f.*

35. W. und M. JENSEN an RAABE. Klaus Groth] *Niederdeutscher Dichter, 1819–1899.* me absente] *Lat., in meiner Abwesenheit.* träumtest Du ... Herz] *Anspielung auf Lenau, Faust (letzte Worte Fausts): „Und träume mir das Messer in das Herz.“*

36. W. und M. JENSEN an RAABE. photographiam ... pulcherrimam] *Lat., eine sehr gute, sehr sehenswerte, sehr schöne Fotografie.* Schüdderump] *an diesem Roman arbeitete Raabe damals.* Mom] *Marie Jensen.* silberlöffligen] *wie der Lehrer Silberlöffel in „Der Hungerpastor“. Br. A., Bd. 6,31 ff.* Bom] *Wilhelm Jensen.*

37. W. RAABE an JENSENS. Hippokäpouriern] *Bewohner von Hippokäpos = Stutengarten, scherzhafte Gräzisierung von Stuttgart.* Trikameron] *nach Dekameron gebildet.* Threnakra] *Burg des Weinens, scherzhafte Gräzisierung von Flen(n)sburg.* Hortleder] *Friedrich Hortleder, Der Römischen Kaiser- und Königlichen Majesteten auch dess Heiligen Römischen Reichs Geistliche und Weltlicher Stände ... Handlungen und Ausschreibungen ... 2. Aufl. Gotha 1645. Raabe hatte dieses Werk, das ihm u. a. als Quelle für „Unseres Herrgotts Kanzlei" diente, Marie Jensen geschenkt (Br. A., Bd. 4, 506).* Zaisern] *s. Nr. 33 (Brief).* Noë ... Kasten] *Anspielung auf 1. Mose 8,16. Noë war Jensens Nachfolger als Redakteur der „Schwäbischen Volkszeitung".* X = *Kreuzband.*

38. BERTHA RAABE an JENSENS. ein junges Lämmchen ...] *Anfang des Gedichts „Das Lämmchen" von F. J. Bertuch (1747–1822) in „Wiegenliederchen", Altenburg 1772.* Museum] *Die Museumsgesellschaft in Stuttgart, das sog. obere Museum, der Raabe bald nach der Übersiedlung nach Stuttgart als eifriger Zeitungsleser beitrat. Fricker aaO., S. 10.* Wilhelms Kaffee] *Das Sonntagskränzchen, das sich alle zwei Wochen in den Wohnungen der Mitglieder versammelte.*

40. W. RAABE an JENSEN. Invocavit] *14. Februar 1869. Der erste Fastensonntag (6. Sonntag vor Ostern) im Kirchenjahr.* hujus] *Lat., dieses Monats. (Gemeint ist Nr. 38.)* Hallberger] *Eduard H. (1822 bis 1880), Verleger von „Über Land und Meer" und von Raabes Novellensammlung „Der Regenbogen".* und es ablehne, ihn zu besprechen] *wahrscheinlich aus politischen Gründen.* „Geschrey von Mitternacht"] *Anspielung auf Ev. Matth. 25,6 zur Mitternacht aber ward ein Geschrei.*

41. MARIE JENSEN an BERTHA RAABE. Anti-Macassar] *gehäkelte Decke auf Sofakissen und den Kopflehnen gepolsterter Möbel, zum Schutz gegen Haarölflecken.* Gryphäen] *s. Anm. zu Nr. 33.* sein Ohr] *über diese Ohrenerkrankung Raabes s. Fehse S. 311 f.* Er hat bekommen] *Wilhelm Jensen zum Geburtstag.*

42. W. RAABE an JENSENS *[Antwort auf Nr. 35].* Fastnacht] *9. Februar 1869.* „Erbtheil des Blutes"] *Erzählung von Wilhelm Jensen 1869.* die Götter ... liebten] *Schiller, Das Glück 1/2.* Sanguine ... niteat] *Lat., Möge er durch Blut und Kraft glänzen.*

43. MARIE JENSEN an RAABE. Coelum ... currunt] *Lat., Das Klima, nicht die Gesinnung wechseln, die über das (oder: an das) Meer eilen. Zitat, außer den von Jensen in Klammern hinzugefügten Worten,* *aus Horaz, Epist. I, 11,27.* Emerentia von ... Warzentrost] *aus Immermanns Münchhausen.* Magister Timotheus, Späte Heimkehr, Braune Erica, Pfarrdorf] *Novellen von Jensen aus den Jahren 1866 bis 1868.* Unter heißerer Sonne] *s. Anm. zu Nr. 23.*

45. W. JENSEN an RAABE. *Undatiert, aber aus dem Inhalt zu erkennen als Jensens Antwort auf Raabes sog. „Kritik".* Ich schnitt ...] *Anspielung auf das Gedicht „Ungeduld" von W. Müller.* corax] *Lat., Rabe.* anser] *Lat., Gans.* Ostraea ilusumica major] *Auster.* Mumma, die Gemahlin Atta-Trolls] *in Heines epischem Gedicht „Atta Troll". Mumma und Atta Troll sind Tanzbären.*

46. W. RAABE an JENSENS. Dr. Teuffel] *s. Anm. zu Nr. 10.*

48. W. und B. RAABE an JENSENS. Der Herr ... Frieden] *Anspielung auf 4. Mos. 6,24–26.* ambulatorisch] *veralt. für ambulant = wandernd. Die Zeichnung ist abgebildet bei Fricker aaO., S. 71.* Otto Müller] *s. Anm. zu Nr. 10.* Dr. Hoefer] *s. Anm. zu Nr. 10.* Dr. Notter] *Friedrich N., gest. 1884, Danteübersetzer, Raabe nahe befreundet. Fricker aaO., S. 11 f.* Threnakra] *s. Anm. zu Nr. 37.* Karls des Ersten] *König von Württemberg, geb. 6. März 1823, regierte 1864–1891.*

49. MARIE JENSEN an RAABE. Thea ... Paul] *Kinder Jensens.* Kardinal] *ein Getränk aus Wein, Pomeranzen und Zucker.* Der 5te vom Geschlechte Cäsars] *Zitat aus Jensens Gedicht „Nero" V. 16.* Marcus Seneca] *Irrtum, Neros Lehrer hieß mit Vornamen Lucius, so auch in Jensens Gedicht „Nero", in: W. Jensen, Aus wechselnden Tagen, 1878, S. 71 ff.* Heinrich] *Romanplan Jensens.* Von Chur nach Chiavenna] *Novelle von Jensen.*

51. W. RAABE an JENSENS. vierfache Wurzel vom Grunde] *Anspielung auf Schopenhauers Dissertation „Über die vierfache Wurzel des Satzes vom zureichenden Grunde", vgl. „Der Schüdderump", Br. A. 8, 155,34 f. u. Anm.* Welt als Wille ... Welt als Vorstellung] *Anspielung auf Schopenhauers Hauptwerk „Die Welt als Wille und Vorstellung".* Chiavenna] *s. Anm. zu Nr. 49.* Juden von Cölln] *Novelle von Jensen 1869.*

52. MARIE JENSEN an RAABE. wenn ich wüßte ... wissen] *Anspielung auf das Motto von „Abu Telfan".* Ruhethal] *Hotel bei Glücksburg.* Frederic VII v. Dänemark] *regierte 1848–1863; sein Tod brachte die Schleswig-Holsteinische Frage in Bewegung.* die goldnen Augen] *s. Anm. zu Nr. 28.* Hasenberg] *Anhöhe bei Stuttgart.* Sie sprachen ...]

Anspielung auf Raabes Gedicht „Gespräch in der Wüste", zuerst veröffentlicht 1864 in „Deutsches Dichterbuch aus Schwaben"; s. Br. A., Bd. 20, 393 u. Anm. dazu.

53. GEDRUCKTE EINLADUNG. Eltern und Schwiegereltern] *s. Anm. zu Nr. 17.*

54. W. RAABE an JENSENS. Storchfamilie] *Anspielung auf die Fabel von La Fontaine 1,18: „Der Fuchs und der Storch."* Tante Moldenhauer] *Wilhelm Jensens Pflegemutter.* 500 frcs] *in Stücken der Assignaten der Französischen Revolution, die so gut wie wertlos waren.*

55. MARIE JENSEN an RAABE. Wir haben ... tanzen] *Anspielung auf Storms Gedicht „Hyazinthen" V. 3/4 = 15/16 „Ich habe immer, immer Dein gedacht, / Ich möchte schlafen, aber Du mußt tanzen".* Hortleder] *s. Anm. zu Nr. 37.* auf dem Stauffen] *Himmelfahrt 1868.* Hackländer] *1816–1877, Herausgeber von „Über Land und Meer".* wie heißt...] *Anfang des Gedichts von Mörike „Schön Rothtraut".*

56. MARIE JENSEN an RAABE. Georg Ebers] *1837–1898, Ägyptologe und Romanschriftsteller. „Eine ägyptische Königstochter" erschien 1864.* Psamtekiden und Rhamseniten] *Nachkommen der ägyptischen Könige Psammetich I. (663–610) und Rhamses II. (nach 1290–1225).* Cambyses] *Persischer König 529–522, eroberte Ägypten.* Nitetis] *ägyptisch Nitaitis, ägyptische Prinzessin, Gattin des Kambyses.* Auramazda] *oberster Gott der Perser (Parsen) in der Religion Zarathustras, Weltschöpfer (Ormuzd), Verkörperung des guten Prinzips.* Anahita] *ostiranische Göttin.*

57. W. und M. JENSEN an RAABE. Raabe, ich grüße Dich] *parodistische Anlehnung an Th. Körners „Gebet während der Schlacht" 1: Vater, ich rufe Dich.*

58. W. RAABE an JENSENS. Bregenz] *Anläßlich eines Besuches von Marie und Wilhelm Jensen unternahmen Raabes und Jensens vom 16. bis 20. Juli 1869 eine Reise an den Bodensee und in die Schweiz. Anschließend blieben Raabes bis zum 24. August in Bregenz.* Pauli] *Hofschauspieler in Stuttgart.* Notter] *s. Anm. zu Nr. 48.* Pfänder] *bei Bregenz, höchster Berg der Gegend (1064 m), vgl. Br. A., Bd. 9,2, 485.* Alberschwende] *Berg im Bregenzer Wald. Ein Teil der hier erwähnten Örtlichkeiten kehrt in Raabes Novelle „Der Marsch nach Hause" wieder, s. Br. A., Bd. 9,2, 485.* Lorena] *Alpe oberhalb Alberschwende, 9,2, 264,26 ff.* Schwarzachtal] *im Bregenzer Wald.*

59. MARIE JENSEN an RAABE. Gryphaeenhaufen] *s. Anm. zu Nr. 33.* Hohenstaufen] *s. Anm. zu Nr. 55.* Viamale, Rheinbett] *Anspielungen auf die gemeinsame Reise, s. Anm. zu Nr. 58.*

60. W. RAABE an MARIE JENSEN. Seneca] *s. Anm. zu Nr. 49.* Hohentwiel] *Berg bei Singen.*

61. MARIE JENSEN an RAABE. Kathrine] *Jensens Dienstmädchen, aus Stuttgart mitgebracht.* Strachwitz'sche Gedicht] *vorletzte Strophe von „Mein altes Roß". Strachwitz, Gedichte, Breslau 1891, S. 226.* Emil Helwinsen] *scherzhafte Verdrehung von Wilhelm Jensen.*

62. W. und B. RAABE an JENSENS. Deinen Brief] *nicht überliefert.* neuen Buch] *„Der Schüdderump". Über dessen Ablehnung durch Hallberger s. Br.A., Bd. 8, 401.* Karl H*(allberger).* yes, forsooth... Clown] *Engl., Ja, wahrhaftig, ich wünsche Euch alles Glück zu dem Wurm! (Bauer ab.) Shakespeare, Antonius und Cleopatra V, 2.* Via mala] *s. Anm. zu Nr. 58.* Emphysem] *Engbrüstigkeit, Raabe meint sein Asthma.* Wer nie...] *parodierende Anspielung auf Goethes „Wilhelm Meister", Harfenspieler 3.* Ist die Welt...] *wahrscheinlich Anspielung auf Uhlands „Frühlingsglaube" (die Welt wird schöner mit jedem Tag).*

63. W. und M. JENSEN an RAABE. Das Leben ist d o c h schön] *Zitat Schiller, „Don Carlos" IV, 22 (V. 4394).* juvenes dum sumus] *Lat., solange wir Jünglinge sind, V. 2 des Studentenliedes „Gaudeamus igitur", das fortfährt: „post molestam... humus] nach mühseliger Jugend, nach angenehmem Alter (im Original umgekehrt „nach angenehmer Jugend, nach mühseligem Alter") wird uns die Erde haben.* Westermann... Hallberger] *Verleger in Braunschweig und Stuttgart; nachdem Hallberger den „Schüdderump" abgelehnt hatte, erschien dieser bei Westermann. Vgl. Br. A., Bd. 8, 401 f.* Hämelnsches Kind] *Anspielung auf Raabes Erzählung „Die Hämelschen Kinder" (Br. A., Bd. 9,1), die die Sage vom Rattenfänger behandelt.* Pavaosa] *Schloß auf der Insel Sankt Thomas, Ort der Handlung in Raabes Novelle „Sankt Thomas", Br. A., Bd. 9,2, 5.*

65. W. RAABE an JENSENS. Heimliche Bande] *Roman von Jensen, erschien 1873 unter dem Titel „Sonne und Schatten".* Der Teufel] *Dr. Teuffel, s. Anm. zu Nr. 10.*

66. MARIE JENSEN an RAABE. „abgebraucht und schal"] *Zitat aus Jensens Gedicht „Nero", V. 96.* This world...] *Engl., Diese Welt ist* *ganz ein fließendes Schauspiel.* Béranger'sche, von Leuthold übersetzte Lieder] *Pierre Jean de B. (1780–1857), franz. Dichter. In: Leuthold, Fünf Bücher französischer Lyrik in deutscher Nachdichtung. 1862.* Herzbruch] *s. Anm. zu Nr. 25.* Boz] *Pseudonym für Dickens.* O vino d'asti!] *It., O Wein von Asti!*

67. W. JENSEN an RAABE. Bocche di Cattaro] *It., Mund von Cattaro. Bucht des Adriatischen Meeres an der jugoslawischen Küste. Cattaro heute Kotor. Von Jensen scherzhaft als Fluch gebraucht.* This world...] *s. Anm. zu Nr. 66* a fleeting rain] *Engl., ein fließender Regen.* torrent] *Engl., Sturm.* rain-bow] *Engl., Regenbogen.* abominabel] *Lat.-frz., veraltet für abscheulich, scheußlich.* Querra] *Cuera, romanisch für Chur.* Cläven] *deutsch für Chiavenna.* Bassermann] *August B., 1848–1920, Theaterintendant, u. a. in Stuttgart.* Paul Lindau] *Schriftsteller und Kritiker (1839–1919).* Löwen] *an der Hafeneinfahrt von Lindau.* Addio ... signore?] *It., Leben Sie wohl. Haben Sie mich verstanden, Herr?*

68. W. RAABE an JENSEN. Gesellen des Meisters Matthias] *Novelle von Jensen, erschienen 1870.* Westermann] *zu den Auseinandersetzungen mit Westermann s. Br. A., Bd. 8, 402 f.* Sonne und Schatten] *Roman von Jensen (1873).* Unter heißerer Sonne] *Novelle von Jensen (1860).* Künzelsau] *Stadt in Württemberg.*

69. W. und B. RAABE an JENSENS. auf nach Valencia] *Zitat aus Webers Oper „Presiosa" (Text von P. A. Wolff), I, V. 12.* Hippokäpouriern] *scherzhafte Gräzisierung von Stuttgartern, s. Anm. zu Nr. 37.* Threnakra] *Flensburg, s. Anm. zu Nr. 37.*

70. W. und M. JENSEN an RAABES. Katzensund] *hochdeutsch für Kattsund.*

71. MARIE JENSEN an RAABE. Wer nie...] *s. Anm. zu Nr. 62.* in this moment] *Engl., in diesem Augenblick.*

72. MARIE JENSEN an RAABES. Andeer] *Dorf im Kanton Graubünden.* ehe der Hahn einmal kräht] *Anspielung auf die Verleugnung des Petrus, Matth. 26,60 ff.* Frau Aventiure] *Viktor von Scheffel (1826 bis 1886) verfaßte unter diesem Titel eine Sammlung „Lieder aus Heinrich von Ofterdingens Zeit", erschienen 1863.* Iliacos...extra] *Lat., Innerhalb der Mauern von Ilion wurde gesündigt und außerhalb. Zitat aus Horaz, Epist. I 2,16 (peccatur, wird gesündigt).*

73. W. und B. RAABE an JENSENS. Velocipädagogen] *anscheinend ein Spielzeug.* Merkur] *der „Schwäbische Merkur", eine Stuttgarter Tageszeitung.*

75. W. und M. JENSEN an RAABES. Illustrierte Welt] *Diese hatte Jg. 18, 1870, Nr. 14, den Raabe-Aufsatz von Thaddäus Lau (Br. A., Erg.-Bd. 1, 1242), der in „Über Land und Meer" erschienen war, wieder abgedruckt (Erg.-Bd. 1, 1244). Ihn parodiert Marie Jensen, kurz auch Wilhelm Jensen.* Dido-Überarbeitung] *Dido, Tragödie von Jensen 1870.*

75a. MARIE JENSEN an RAABE. er hat ... Waldeskönigin] *s. Anm. zu Nr. 28.* Sehr ernst ist hier ...] *Lenau, Der schwarze See, V. 5–10 (Werke, Stuttgart, Cotta 1959, S. 289).* doch *(eine Federzeichnung) obgleich die Dinte fürchterlich kleckst (s. o.).*

76. MARIE JENSEN an RAABE. Juno Ludovisi] *sog. J. L., Marmorbüste im Thermenmuseum in Rom.* Arrelt] *Schauspieler in Flensburg, der sich durch Jensens Kritik in der Flensburger Norddeutschen Zeitung beleidigt fühlte.* „die Absicht merkt ..."] *Anspielung auf Goethe, Tasso II, 1: „So fühlt man Absicht, und man wird verstimmt."* Parabase] *Teil der älteren attischen Komödie, in dem Chorführer und Chor außerhalb der Handlung das Wort an das Publikum richten; von Platen in seinen Komödien nachgeahmt.*

77. MARIE JENSEN an RAABE. Mein Papa] *s. Anm. zu Nr. 17.*

78. W. und B. RAABE an JENSENS. Teuffel] *s. Anm. zu Nr. 10.* Biographie] *s. Anm. zu Nr. 75.* Arrelt] *s. Anm. zu Nr. 76.* fromme Aeneas] *häufige Bezeichnung in Vergils Äneis, hier wohl Anspielung auf Jensens Dido-Drama, s. Anm. zu Nr. 75.* Opulenz] *Lat., Üppigkeit, Überfluß.*

79. W. JENSEN an RAABE. So sind ...] *Anspielung auf Shakespeare, Julius Caesar III, 1: „Des Märzen Idus ist nun da. – Ja, Caesar, doch nicht vorbei.* Artemidorus] *Anspielung auf ebda. II, 3, wo der Wahrsager Artemidorus Caesar warnt.* Duc de Montpensier *usw.] humoristische Geschichtsklitterung. Katharina-Marie von Lothringen-Guise, vermählt mit Ludwig III. von Bourbon, Herzog von Montpensier, soll Clement zur Ermordung Heinrichs III. von Frankreich beeinflußt haben. Das wird hier mit dem Datum von Caesars Ermordung – Iden (15.) des März – vermischt.* Campe] *J. H. Campe, Pädagoge, hatte die Robinson-Geschichte in ein Gespräch zwischen Erziehern und Kindern* *umgearbeitet (Robinson der Jüngere 1779).* Nadelöhr...Kamel] *Anspielung auf Matth. 19,24.* obstetriciae artis Magister] *Lat., Lehrer der Hebammenkunst, wohl Anspielung auf Sokrates, der seine Tätigkeit an seinen Schülern als „Hebammenkunst" bezeichnete.* nomen est omen] *Lat., der Name ist ein Vorzeichen, sprichwörtliche Anspielung auf Plautus, Persa 635.* Hartmanns „Philosophie des Unbewussten"] *Eduard Hartmann (1842–1906), Philosoph, Hauptwerk „Die Philosophie des Unbewußten".* „Z'is fest...] *niederländische Übersetzung des Gedichts „Es zechen die Götter im hohen Olymp" in „Die Leute aus dem Walde", Br. A., Bd. 5, 293, und Bd. 20, 369.* Die Flensburger Kinder] *Anspielung auf Raabes Novelle „Die Hämelschen Kinder", Br. A., Bd. 9,1.* liberalium artium magister] *Lat., Lehrer der freien Künste, offizielle Form des früheren Magistertitels.* *ὦ κώρακε] fehlerhaftes Gr., o Rabe.* Deinem Haupt] *Anspielung auf Matth. 10,30.* sapienti sat] *Lat., dem Weisen genügt es. Redensartlich nach Terenz, Phormio 541.* litteras atque liberales artes] *Lat., Wissenschaften und freie Künste.* Adolf Glaser] *Schriftleiter von Westermanns Monatshefte, Raabes Freund.* Juden von Cölln] *Novelle von Jensen.* Herzbruch] *s. Anm. zu Nr. 25.*

81. MARIE JENSEN an RAABES. Keiner kam heim von Afghanistan] *Anspielung auf den Schluß von Fontanes Ballade „Das Trauerspiel von Afghanistan" (Bd. 20, 159, Nymphenburger Ausgabe): „Einer kam..."* Liqueur aus zerbrochener Flasche] *Anspielung auf Raabes ersten Besuch bei Jensens, s. Fehse, Raabe und Jensen, S. 16.* Leb wohl, mein Brutus...] *Shakespeare, Julius Caesar V, 1: Gehab dich wohl, mein Brutus... wieder, lächeln wir gewiß.*

82. W. JENSEN an RAABE. Waldkater] *Hotel bei Thale.* Great expectations] *Engl., große Erwartungen.*

84. W. RAABE an MARIE JENSEN. von der Veste] *Anspielung auf 1. Mos, 1,6 ff.*

85. W. RAABE an JENSENS. Hasenberg] *Anhöhe bei Stuttgart.* Lucius Domitius Nero usw.] *Anspielung auf Werke Jensens.* Aconitum] *Eisenhut.*

86. MARIE JENSEN an RAABE. Antonio] *Anspielung auf Shakespeare, „Der Kaufmann von Venedig".* caro amico] *It., lieber Freund.*

87. W. RAABE an MARIE JENSEN. Hollunderblüthe...Unter heißerer Sonne] *Anspielung auf Novellen von Raabe und von Jensen.*

88. W. und M. JENSEN an RAABE. Es kommt die Zeit...] *Anspielung auf Freiligraths Gedicht „Der Liebe Dauer", dessen erste und letzte Strophe schließen: „Die Stunde kommt, die Stunde kommt, da du an Gräbern..."*

89. MARIE JENSEN an RAABE. Cäcilie K.] *Cäcilie Kopp, Lehrerin am Vassor College in Poughkeepsie im Staate New York, eine alte Freundin Raabes.* „erhoben sich..."] *aus „Der Schüdderump", Br. A., Bd. 8, 23.* „Und es ist sonderbar..."] *Diese Sätze kehren fast wörtlich in Jensens Aufsatz „Wilhelm Raabe", Westermanns Monatshefte, 4. Folge, Bd. 2, 1879, S. 122, wieder. Sie werden wie die folgenden Zeilen hier einer Besprechung in einer Tageszeitung entstammen, die Jensen später für den genannten Aufsatz verwendet hat.*

90. W. und B. RAABE an JENSENS. Dulk] *s. Anm. zu Nr. 10.* Hallberger] *s. Anm. zu Nr. 40.* schickte... zurück] *vgl. Br. A., Bd. 8, 400.*

92. W. und M. JENSEN an RAABE. Hoyer] *(Hojer) Ort in Nordschleswig, westl. von Tondern, heute dänisch.* Hörnum] *Ort auf der Südspitze von Sylt.* Romö] *oder Röm, Insel nördl. Sylt, heute dänisch.* Hekla] *Vulkan auf Island.* Antidot] *Gr.-lat., Gegengift.*

93. W. RAABE an JENSENS. „Öhrn"] *Hausflur.* Abschiedsfest] *Fricker S. 47 f. Die Gedichte Raabe-Kalender 1914, S. 54–63. Das Gedicht Raabes Br. A., Bd. 20, 409.* Feodor Löwe] *wohl Irrtum Raabes. Unter den im Raabe-Kalender 1914 veröffentlichten Gedichten findet sich keines von F. Löwe, wohl aber eines von dem hier nicht genannten F. C. Schubert. Über die hier genannten Personen s. Fricker S. 11 ff.*

95. W. und M. JENSEN an RAABES. Die Knie... niederhängend] *Jensen, Nero 8 f.* Schwermüth'gen Glanz...] *Jensen, Nero 291.*

97. W. RAABE an JENSENS. Johannishof Nro 4] *ein mittelalterlicher Gebäudekomplex in der Stadt, an dessen Stelle heute die frühere Hauptpost steht. Raabe beschrieb ihn unter dem Namen Cyriacihof in „Meister Autor", Br. A., Bd. 11, 74.*

98. W. und M. JENSEN an RAABE. Sven Knudson Knäckabröd] *Gestalt aus Raabes Erzählung „Der Marsch nach Hause", Br. A., Bd. 9,2, 253.*

99. W. JENSEN an RAABE *[Telegramm].* da wir ihn haben] *gemeint ist die Gefangennahme Napoleons III. bei Sedan.*

101. JENSENS an RAABE *[Telegramm]. Fehlerhafte telegrafische Übermittlung eines Zitats des Anfangsverses von John Miltons III. Buch seines Epos „Das verlorene Paradies" (1667): „Hail holy light, off spring of Heaven first-born ...": Heil dir, heiliges Licht, erstgeborener Sproß des Himmels ...*

102. BERTHA RAABE an MARIE JENSEN. Westermann Erinnerungen] *s. Anm. zu Nr. 68.* Herr von Varnbüler ... Luft gesetzt] *Friedrich Gottlieb Karl von Varnbühler, 1864 Minister des Äußeren in Württemberg, gegen Preußen eingestellt, wurde im August 1870 entlassen.*

103. MARIE JENSEN an RAABES. Oeversee] *bei Flensburg.* Kielsenge] *östl. der Flensburger Förde.*

105. W. RAABE an JENSENS. Zweiundneunziger] *Infanterie-Regiment Nr. 92, das in Braunschweig in Garnison lag.* Bazaine] *franz. Kommandeur von Metz.*

107. MARIE JENSEN an BERTHA RAABE. O wär's erst vorüber] *ungenaues Zitat aus Chamisso, Der Soldat 3: „O käm' er zur Ruh' und wär' es vorbei."*

108. W. und M. JENSEN an RAABE. Gryphäen] *Greifmuscheln, Versteinerung.* abgebraucht und schaal] *Jensen, Nero V. 94.* Equivocal words ...] *Engl., Doppelsinnige Worte sind viele Antworten von Orakeln. Aus der im Brief Nr. 106 erwähnten Übersetzung eines Jensenschen Gedichtes.* wohl wissen wir viel ...] *Anspielung auf Goethe, Faust I, 601: „Zwar weiß ich viel, doch möcht ich alles wissen."* Camoens ... Quebado] *Luiz de C. (1524–1580), der portugiesische Vergil, verfaßte die „Lusiaden", das Nationalepos der Portugiesen.* Eulenburg] *Friedrich Albrecht Graf zu E., 1862 preußischer Minister des Inneren, großzügig und reformfreundlich.* Mühler] *Heinrich von M. (1813–1874), 1862–1872 Kultusminister in Preußen, streng konservativ.* Durch Gottes Vorsehung ...] *Anspielung auf das Telegramm Wilhelms I. nach dem Sieg bei Sedan: „Welch eine Wendung durch Gottes Führung!"* Holsatia etiam cantat] *Lat., Holstein singt auch, scherzhafte Umkehrung des Wortes: Holsatia non cantat (Holstein singt nicht).*

109. W. RAABE an JENSENS. Welch' eine Fügung ... Victoria geschossen werden] *Zitat aus dem Telegramm Wilhelms I. nach dem Siege bei Sedan 2. September 1870.* ein Buch] *„Der Dräumling", Br. A., Bd. 10.* Glaser] *s. Anm. zu Nr. 79.* Lilith ... Minatka] *Gedichte Jen-*

sens. Semper Augusta] *Lat., Immer Erhabene; weibliche Form von Semper Augustus ... im Titel der deutschen Kaiser.* Kalmüser] *einsamer Grübler, Kopfhänger, von Raabe hier fälschlich in Verbindung gebracht mit Kalmus = Rohr, Schilfrohr, dessen Wurzel auch als Heilmittel Verwendung fand.* Haut des Marsyas] *dem Marsyas, der Apollo zum Wettgesang herausgefordert hatte und unterlag, wurde zur Strafe die Haut abgezogen.* con spirito] *It., mit Geist, mit Seele, Anweisung zum musikalischen Vortrag.*

110. W. und M. JENSEN an RAABE. H*(eilige)* Allianz] *Bündnis der Kaiser von Österreich und Rußland, des Königs von Preußen und anderer Staaten 1815.* in aeternum] *Lat., für immer.* Mithra] *Mithras, altpersischer Lichtgott.*

113. W. RAABE an JENSENS. zweibändigen humoristischen Roman] *Der Dräumling, lt. Tgb. am 21. 12. 70 „im Concept" beendet; s. Br. A., Bd. 10.*

115. W. RAABE an JENSENS. Villa Brunonis] *Lat., Brunswik, Braunschweig.* Otto Müller] *s. Anm. zu Nr. 10.* Arnsburg] *liegt in Hessen. Raabe meint wahrscheinlich Ahrensburg in Holstein (Krs. Stormarn).*

116. W. RAABE an JENSEN. unter heißerer Sonne] *s. Anm. zu Nr. 23.*

117. W. und M. JENSEN an RAABE. Euphemismus] *Gr.-lat., beschönigendes, verhüllendes Wort.* „grande nation"] *Frz., die große Nation (die Franzosen).* Jacques Corbeau] *Frz., Jacob Rabe, hier = Jacob Corvinus.* Fabliau] *Frz., Fabelerzähler.* je me figure...] *Frz., Ich stelle mir Herrn Huckebein vor, sehr groß und sehr mager, mit brauner Haut und schwarzer Seele, mit schlanken Beinen und mit einer krächzenden Stimme. Anstatt zu lachen, grinst er, aus seinen Augen bricht Bosheit und Melancholie. Er hat eine Vorliebe für Kirchhöfe und Begräbnisse und Leichen, eine sehr passende Neigung, da er seinen Lebensunterhalt von diesen unheimlichen Dingen gewinnt. Aber mein Herr, ich wiederhole, glücklicherweise existiert er nur in der Einbildung Ihres barbarischen Volkes, und wenn es sich anders verhielte, wäre er ein Medusenhaupt für den Ärmsten, der das Unglück hätte, mit diesem schrecklichen Phantom zusammenzutreffen."* verre d'eau] *Frz., Glas Wasser.* garçon] *Frz., Kellner.* Dr. Kruses „Wullenweber"] *Heinrich K., 1815–1902, Journalist, Dramatiker und Epiker, Trauerspiel „Wullenweber" 1870.* citoyenne] *Frz., Bürgerin.* Königs von England] *wie sich aus dem Zusammenhang ergibt, ein Hotel oder Restaurant in Flens-*

burg, nicht im Baedecker 1871. Lady Milford...] *Anspielung auf Schiller, Kabale und Liebe I, 7 Schluß.* Nun danket...] *Aus einem Choral von Johann Crüger (1598–1662), Kantor an St. Nicolai in Berlin.* genus corax] *Lat., Rabengeschlecht.* nonsens(e)] *Engl., Unsinn.* non ens-Theorie] *Theorie des Nichtseienden.* „Du wirst am Ende..."] *Schluß von Storms Gedicht „In böser Stunde".*

118. W. RAABE an JENSENS. Noch reift es nachts im Thalesgrunde] *Anspielung auf Geibel, Lieder aus alter und neuer Zeit Nr. 21: „Schon reift es nachts im Wiesengrunde".* Minatka] *Novelle von Jensen 1871.* Dr. Notter] *s. Anm. zu Nr. 48.*

119. W. und M. JENSEN an RAABE. Hard times] *Engl., harte Zeiten.* Mürwick] *bei Flensburg am Ostufer der Förde.* besten Erde] *Anspielung auf Voltaire, Candide oder die beste aller Welten.* Juana von Castilien] *erschienen 1871.*

120. W. und B. RAABE an JENSENS. Bruder] *Heinrich R., Amtsrichter in Blankenburg und in Walkenried am Harz.* an die ägyptischen Kaufleute] *Anspielung auf 1. Mos. 37,28 (dort zwanzig Silberlinge).* stilländlichen Aufenthalts] *Das Krähenfeld vor dem Augusttor in Braunschweig. Über dieses „Gartenviertel" s. A. H. Lehne, Braunschweiger Bilderbogen um 1880, 2. Aufl. 1949, S. 7 ff.*

121. W. JENSEN an RAABE. Was sind Entwürfe] *Anspielung auf Schiller, Die Braut von Messina V. 1961: „Was sind Hoffnungen, was sind Entwürfe."* Styx] *in der griech. Mythologie Fluß in der Unterwelt, bei dem die Götter schwören.* Schönhannchen] *Juana von Castilien, s. Anm. zu Nr. 119.*

125. *W. RAABE an MARIE JENSEN.* „Frühling"] *2., verb. Aufl. 1872.* „Dräumling"] *erschien 1872.* Anthropolithen] *Lat., Versteinerungen von Menschen.* parva vela...] *Lat., kleine Segel auf dem großen Meer.*

126. W. und M. JENSEN an RAABE. Alles in Allem] *Anspielung auf Shakespeare, Hamlet I, 2: „Er war ein Mann, nehmt alles nur in allem."* Geist...Wassern] *Anspielung auf 1. Mos. 1,2.* „Presse"] *Neue Freie Presse, bekannte Wiener Tageszeitung.* Brunswieker Felder] *s. Anm. zu Nr. 24.* „Philosoph des Unbewußten"] *s. zu 79.* wachs' Gras vor Deiner Tür] *jüdischer Fluch, Grimm IV 1,5 Sp. 1925.*

127. W. RAABE an JENSEN. impedimenta] *Lat., Gepäck.*

128. W. JENSEN an RAABE. si diis placet] *Lat., wenn es den Göttern gefällt.* Cheruskerwald] *der Harz.* pince-nez] *Frz., Kneifer, Anspielung auf die von Raabe gebrauchte Lorgnette.* sclerotica] *Lat., Hornhaut im Auge.* nisi fallor] *Lat., wenn ich mich nicht täusche.* Minatka] *s. Anm. zu Nr. 118.* Paetel's] *Gebrüder Paetel, Verlagsbuchhandlung in Berlin.* „Eddystone] *Novelle von Jensen.* „Sonne und Schatten"] *s. Anm. zu Nr. 68.* „Trimborn u. Co."] *Erzählung von Jensen.* „Juana von Castilien"] *Tragödie von Jensen.* Kröner] *Alfred Kröner, Verlag in Stuttgart.* Otto Janke] *Verleger in Berlin, bei dem „Der Dräumling" 1872 in der Deutschen Romanzeitung und als Buch erschien.*

129. MARIE JENSEN an RAABES. Hartmann's] *s. Anm. zu Nr. 79.* Lieder eines deutschen Soldaten aus Frankreich] *Gedichtsammlung von Jensen 1871.*

130. W. RAABE an JENSENS. Bleakhouse] *Roman von Dickens (1853).* Leuchtthurm] *Eddystone, Novelle von Jensen.*

133. W. und M. JENSEN an RAABES. den ersten Wilhelm] *bezieht sich auf das Weihnachtsgeschenk, einen Zigarrenkasten, wohl mit Bild Wilhelms I., s. Brief 134.* Bebel] *August B., 1840–1913, damals Führer der sozialdemokratischen Partei.* Hendschel] *Henschel und Sohn, Lokomotivfabrik in Kassel.* Hanne Gerstenbrod] *s. Nr. 130.* Duborg] *= Taubenburg, alte Feste in Flensburg, jetzt Ruine.* rex] *Lat., König; gemeint ist der Zigarrenkasten.*

134. W. und B. RAABE an JENSENS. Glaser] *s. Anm. zu Nr. 79.* Schultes] *Schauspieler am Braunschweigischen Hoftheater, mit Raabe befreundet.* Landesvater] *Herzog Wilhelm, regierte 1830–1884.* Frühling ... Dräumling] *s. Anm. zu Nr. 125.* Großmama aus Wolfenbüttel] *Raabes Mutter.* Tante Emilie] *Raabes Schwester.* Großmama hier] *Frau Leiste, Bertha Raabes Mutter.*

135. W. RAABE an JENSEN. Karl Gutzkow] *Dichter (1811–1878), Führer der „Jungdeutschen".* Hallberger] *s. Anm. zu Nr. 40.* mein biographisches Elend] *s. Anm. zu Nr. 75.* Mariae Reinigung] *= Mariae Lichtmeß, 2. Februar.* drei Federn] *Anspielung auf Raabes Werk „Drei Federn", Br. A., Bd. 9,1.* Namenlose] *Die Namenlosen, Roman von Jensen, 1873.* zweite Ausgabe der Gedichte] *1. Aufl. 1869.* Hic et ubique] *Lat., hier und überall.*

136. W. JENSEN an RAABE. Auramazda] *s. zu 56.* die seidene Schnur] *Anspielung auf Freiligraths Gedicht „Die seidene Schnur", wo* *es in der letzten Strophe heißt: „Um seinen Mund spricht gräßlich Lächeln, / Dumpf durchs Gemach schallt beider Röcheln."* Silberlöffel] *Lehrergestalt in Raabes Roman „Der Hungerpastor", Br. A., Bd. 6, 31.* post festum] *Lat., nach dem Fest, Redensart, die aus Platon, Gorgias Anf., stammt (festa = die Feste).* conclusio] *Lat., Schluß.* Freude über den Ungerechten] *Anspielung auf Ev. Luc. 15,7 (Freude über einen Sünder).* Hagenschauer] Richard Hagen *und* Clärchen Aldeck] *Gestalten aus „Ein Frühling".* bei'm Anubis] *stehende Redensart des Privatdozenten Ostermeier in „Ein Frühling".* Frau Agnes Fischarth] *in „Der Dräumling".* Sumpf-, Moor- und Heidemaler] *der Maler* Haeseler *in „Der Dräumling", dort auch* Wulfhilde Mühlenhoff. Julian Schmidt] *Journalist und bedeutender Kritiker (1818–1886), Mitredakteur und Miteigentümer der „Grenzboten", 1862–1863 Leiter der „Berliner Allgemeinen Zeitung".* Paddenau] *Kleinstadt mit erfundenem Namen, Ort der Handlung in „Der Dräumling".* am Grabe] *Reminiszenz an Schillers Gedicht „Hoffnung" 12: „Noch am Grabe pflanzt er die Hoffnung auf."* schlagt ihr unsern Juden...] *Sprichtwörtlich, vgl. Wander, Sprichwörterlexikon 4, 214, 39.* Storch... Orsitasen] *Anspielung auf „Der Dräumling", Br.A. 10, 483, Anm. zu S. 197,30 (Osirtasen).*

138. W. JENSEN an RAABE. vestigia leonis] *Lat., die Spuren des Löwen. Inschrift am Dom zu Bardowiek, das von Heinrich dem Löwen zerstört wurde.* Wolfenbüttler Fragmente] *Anspielung auf Lessing, Fragmente eines Ungenannten (1774–1778), in Wolfenbüttel verfaßt.*

140. MARIE JENSEN an RAABES. des Märzen Idus] *der 15. März, Anspielung auf Shakespeare, Julius Caesar III, 1,1.* beim Anubis] *s. Anm. zu Nr. 136.* Gryphäa gigantea] *Lat., riesige Greifmuschel.* Mirza Schaffy] *Name des Lehrers und Pseudonym Friedrich von Bodenstedts (1819–1892).* schön ... Tigris] *„Ein Frühling", Br. A., Bd. 1, 293: „Schön sind die Sommernächte am Tigris."* Alida... Ostermeier] *Gestalten aus „Ein Frühling".*

141. W. RAABE an JENSENS. Carl Schultes] *s. Anm. zu Nr. 134.* Revaccination] *Lat., Wiederimpfung.*

142. W. JENSEN an RAABE. aus Staub...] *Anspielung auf Pred. Salom. 3,20: „Es ist alles von Staub gemacht und wird wieder zu Staub."*

143. W. RAABE an JENSENS. Carin von Schweden] *Novelle Jensens.* Christiern von Dänemark] *Gestalt aus „Karin von Schweden".*

144. W. und M. JENSEN an RAABES. Teleuton esti] *fehlerhaftes Griech., es ist vollendet.* Edgar Allen Poe] *amerikanischer Dichter (1809–1849), die zitierten Verse aus dem Gedicht „Der Rabe" Str. 7.* im Verhältnis...Grundes] *Anspielung auf Schopenhauers Dissertation „Von der vierfachen Wurzel des Satzes vom zureichenden Grunde".* Nero] *röm. Kaiser,* Busiris] *ägypt. König, beide bekannt durch ihre Grausamkeit.* ad orientem...ad occidentem solem] *Lat., nach Sonnenaufgang ... nach Sonnenuntergang.* Göttern Griechenlands] *Anspielung auf Schillers Gedicht „Die Götter Griechenlands".* Herzbruch] *s. Anm. zu Nr. 25* crescunt tumuli...] *Lat., die Grabhügel wachsen – es lebe das Leben!* Vivant viventes] *Lat., die Lebenden sollen leben.* ceterum censeo] *Lat., im übrigen bin ich dafür... Der ältere Cato, röm. Staatsmann (234–149), pflegte mit diesen Worten am Schluß jeder Rede im Senat den Ausdruck seiner Überzeugung einzuleiten, daß Karthago zerstört werden müsse.* Eröffnung der Elbbrücke] *die alte Elbbrücke, eine Eisenbahnbrücke bei Hamburg, wurde 1872 eröffnet.* Hamerling seinen „Teut"] *Robert Hamerling, österreichischer Dichter (1830–1889), Verfasser des „Scherzspiels" Teut.*

145. W. RAABE an JENSENS. gynäkeion] *Gr., Frauengemach des altgriech. Hauses.* Notter] *s. Anm. zu Nr. 48.* Professor Binkus] *s. Anm. zu Nr. 22.*

146. W. RAABE an JENSENS. Mädchen] *Klara Raabe.*

148. W. JENSEN an RAABE. der Fuchs...] *„der Fuchs braut" bedeutet die Bildung von Nebel am Boden.* Rauchhippogryphen...Land] *Anspielung auf den Beginn von Wielands „Oberon": „Noch einmal sattelt mir den Hippogryphen, Ihr Musen, zum Ritt ins alte, romantische Land."* conditio sine...] *Lat., unabdingbare Bedingung.*

149. W. RAABE an JENSEN. Krähenfelde] *s. Anm. zu Nr. 120.*

150. W. JENSEN an RAABE. Apostel] *ein Stück Papier, das an der Schnur des steigenden Papierdrachens vom Wind zu dem Drachen emporgetrieben wird.*

151. MARIE JENSEN an RAABES. Faido] *an der Gotthardstraße im Tessintal. Die Gotthardbahn mit Tunnel wurde erst 1882 in Betrieb genommen.* albergo] *It., Gasthof.* addio...corvi] *It., lebt wohl, meine lieben Raben.*

152. W. RAABE an JENSENS. Laryngitis granulate] *Lat., körnige Luftröhrenentzündung.* drei Sonnen] *Anspielung auf Jensens Novel-*

lenzyklus „Drei Sonnen“, Schwerin 1873. Uwe Jens Lornsen] *in: „Nordlied“, Novellen 1872.*

153. W. JENSEN an RAABES. Wagenarche...Gerechten] *Anspielung auf Noahs Arche 1. Mos. 6,15 ff. und auf den Untergang von Sodom und Gomorrha 1. Mos. 19.* römisch-indische Prinzip...] *Lat., Abwechslung erfreut, sprichwörtlich, über die Herkunft s. Büchmann, Geflügelte Worte (dtv 1964, 488); „indisch“ wohl Anspielung auf die Lehre von der Seelenwanderung.* Ararat...Taube] *s. 1. Mos. 6,15 ff.* Exacerbationen] *Lat., Verschlimmerungen (von Krankheiten).* Höfer... Literaturblatt] *Höfer leitete seit 1873 die Zeitschrift „Der Literaturfreund“.* Günther in Leipzig] *Verleger.* Gottschalls „König Pharao“] *Rudolf von G. (1823–1909), Journalist und Dichter, veröffentlichte 1872 das komische Epos „König Pharao“.* Strauß’ „Bekenntnisse“] *Dr. Fr. Strauß, Der alte und der neue Glaube, 1872, im Titel als „ein Bekenntnis“ bezeichnet.* Roman aus dem Jahre 1789] *Nach 100 Jahren, 4 Bde., 1873 ff.* Salzdahlumerstraße] *Raabe wohnte damals Salzdahlumerstraße 2.*

154. MARIE JENSEN an RAABES. Ich...Herzensgrunde] *Anspielung auf Eichendorff, Heimweh, Schluß: „Grüß dich, Deutschland, aus Herzensgrund.* male ich Sie ab] *der Plan wurde erst 1880 ausgeführt.* Phrenoklastes] *s. Anm. zu Nr. 30.* Threnakräer] *scherzhafte Gräzisierung von Flensburger.* „in seiner Sünde Maienblüthe“] *Shakespeare, Hamlet III, 3,84.* Düsternbrook] *Gehölz bei Kiel am Westufer der Förde.* „Gründer“] *Infolge des Einströmens der Milliarden französischer Kriegsentschädigung 1871 erfolgte in Deutschland die Gründung von z. T. ungesunden Unternehmungen in den sog. Gründerjahren 1871–1878.*

155. W. und M. JENSEN an RAABES. in specie] *Lat., insbesondere.* Lessings Grab] *auf dem Magni-Kirchhof in Braunschweig, lange Zeit überwuchert.* Adolf Glaser] *s. Anm. zu Nr. 79.* P. J. Willatzen] *Schleswig-Holsteinischer Freiheitskämpfer (1824–1898), Lehrer in Bremen.* Piloty] *deutscher Maler (1826–1886), vor allem Historienmaler.*

156. W. und B. RAABE an JENSENS. „Salon“] *Berliner Monatsschrift für Literatur, Kunst und Gesellschaft.* „Deutschen Mondschein“] *Novelle von Raabe, die zugleich einer Novellensammlung den Namen gab. Vgl. Br. A., Bd. 9,2.* Geburtstage] *W. Jensens am 15. Februar.* kimmerischen Nacht] *s. Anm. zu Nr. 27.* Christoph Pechlin] *Br. A., Bd. 10.* Flekkenstraße] *in Kiel, in ihr wohnten Jensens.* mit dem Jahre 1789] *bezieht sich vermutlich auf Jensens Roman „Nirwana“, der in der Franz. Revolution spielt.* gehe mir...Sonne] *Anspielung* *auf eine Anekdote über den griech. Philosophen Diogenes. Als Anhänger der Philosophenschule der Kyniker lebte er völlig bedürfnislos, und als Alexander der Große ihn besuchte und nach einem Wunsch fragte, antwortete er: „Gehe mir aus der Sonne.“* Westermann] *Verlag in Braunschweig, in dem Westermanns Monatshefte erschienen.* Hallberger] *s. Anm. zu Nr. 40.* biblisch] *Irrtum, das Wort findet sich nicht in der Bibel.* Herrlichkeiten dieser Welt] *Anspielung auf Ev. Matth. 4,8: „Alle Reiche der Welt und ihre Herrlichkeit.* Börte] *Plural zu „Bört“, braunschweigisch für „Bord“.* Der' Herr...] *Anspielung auf Ev. Matth. 5,45: „Er läßt seine Sonne aufgehen über die Bösen und über die Guten und läßt regnen über Gerechte und Ungerechte.* Wilh. J. lasse...erscheinen] *s. Anm. zu Nr. 23 und 65.*

157. W. JENSEN an RAABES. Kalmüser] *s. Anm. zu Nr. 109.* Kimmeriers] *s. Anm. zu Nr. 27.* Löhnefinke] *Hauptperson in Raabes Novelle „Deutscher Mondschein“, Br.A., Bd. 9,2.* seine beiden alten Schweden] *Die Hauptgestalten in Raabes Novelle „Der Marsch nach Hause“, Br.A., Bd. 9,2.* Cabanis] *Pierre Jean George C., franz. Schriftsteller (1757–1808), später Arzt und Professor der Medizin.* Mann zu Bett] *Anspielung auf die weit verbreitete Sitte des Männerkindbettes: nach der Geburt legt der Mann sich ins Bett und pflegt das Kind.* Geschichte eines schwülen Tages] *Untertitel von „Theklas Erbschaft“, Br.A., Bd. 9,2.* Rabenpechle] *Anspielung auf die Abkürzung ‚Pechle‘ in Raabes Roman „Christoph Pechlin“, Br.A., Bd. 10.* den alten Schwaben] *Christoph Pechlin.* den alten Schwätzer, den „Marquis“] *bezieht sich vermutlich auf eine Lektüre von Schillers „Don Carlos“.* o Knud...Rabenpechle] *scherzhafte Verknüpfung der Vornamen von Sven Knudson Knäckabröd und Rolf Rolfson Kok in „Der Marsch nach Hause“, Jakob Corvinus (Pseudonym des jungen Raabe) und Christoph Pechlin.* Alberschwende] *Dorf in Vorarlberg im Bregenzer Wald, von Raabe am 26. Juli 1869 besucht; vgl. Br.A., Bd. 9,2, 485, Anm. zu 260,30.* Nesenbach] *in Stuttgart.* Vogel von Falkenstein] *Eduard, 1797–1885, zwang 1866 die hannoversche Armee bei Langensalza zur Kapitulation, schlug als Führer der Mainarmee die süddeutschen Truppen und besetzte am 16. Juli Frankfurt am Main.* über den Bodensee] *30. Juli 1869, s. Br.A., Bd. 9,2, 475.* Oker, Fu(h)se, Leine] *Nebenflüsse der Aller.* Fleckenstraße] *s. Anm. zu Nr. 156.* Jägerhaus, Hasenberg, Rothenberg] *bei Stuttgart.* Schillerwein] *schwäbische Weinsorte.* Brunswiek] *Ort bei, später Stadtteil von Kiel, zugleich die ursprüngliche, niederdeutsche Form von Braunschweig.*

158. MARIE JENSEN an BERTHA RAABE. Mondschein] *Raabes Novelle „Deutscher Mondschein“, Br.A., Bd. 9,2.*

159. W. RAABE an JENSENS. Neustadt-Harzburg] *der frühere Name von Bad Harzburg war Neustadt.*

161. W. und M. JENSEN an RAABE. Schey] *Schey von Korunla, Friedrich Freiherr von, geb. 1815, 1873 Mitglied der Weltausstellungskommission in Wien. Die übrigen Namen nicht im Biographischen Lexikon Österreichs.* Notter] *s. Anm. zu Nr. 48.*

162. W. und M. JENSEN an RAABES. catonischer Ausdauer] *Anspielung darauf, daß der ältere Marcus Porcius Cato, röm. Staatsmann, 234–149 v. Chr., am Ende jeder Rede im Senat die Zerstörung Karthagos forderte (ceterum censeo Carthaginem esse delendam).* confiteor] *Lat., ich gestehe.* „Der Pfarrer von St. Pierre"] *Gestalt in Jensens Roman „Nirwana".* Miß Christabel und Lucie Rippgen] *Frauengestalten in Raabes „Christoph Pechlin".* rectius] *Lat., richtiger.* pauvre] *Frz., arm.* Don Louis Münch-Bellinghausen von Camoens] *Eligius Franz Joseph Reichsfreiherr von Münch-Bellinghausen (1806 bis 1871), Pseudonym Friedrich Halm, österreichischer Dramatiker. Seine Dramen waren von den Spaniern beeinflußt, er schrieb u. a. ein Drama „Camoens".* Königsstraße] *in Stuttgart.* Moeret...] *Lat., es trauert die verlassene engste Kollegin.* o corve...] *Lat., o einzig überlebender Rabe.* herunterlorgnettiren] *Raabe bediente sich gern einer Lorgnette. Oppermann, W. Raabe, 1970, S. 90.* saure Wochen...] *Anspielung auf Goethes Ballade „Der Schatzgräber" (Schluß).* Schlidderich] *Sir Hugh Sliddery, Gestalt in Raabes „Christoph Pechlin".* Gequadder] *Anspielung auf Br. 141: „Der Dräumling ist ein Buch und der Frühling keins – sondern ein Gequadder."*

164. W. JENSEN an RAABE. Carissime] *Lat., Liebster.* Vale...] *Lat., Lebe wohl, die liebe Maria grüßt Dich aufs herzlichste.*

165. W. RAABE an JENSENS. Villegiatur] *It., Sommerfrische (veraltet).*

166. MARIE JENSEN an RAABES. Domegliara] *Ort östl. des Gardasees, nordwestl. von Verona.* Assa foetida] *stinkender Asant, Teufelsdreck, getrockneter Saft einer Pflanze aus Persien, Suggestivmittel bei nervösen Störungen.* pane...aqua] *Lat., Brot...Wasser.*

167. W. JENSEN an RAABE. Predigers] *Prediger Salomonis 1,2: „Es ist alles ganz eitel."* Vanitas] *Lat., Vergeblichkeit.*

168. W. RAABE an JENSEN. Hallberger] *Betr. Raabes „Meister Autor", s. Br. A., Bd. 11, 454.* Manuscript] *Meister Autor.*

169. W. JENSEN an RAABE. mutual friend] *Engl., gemeinsamer Freund.* voilà monsieur] *Frz., da, mein Herr.* mein Nirvana] *Roman von Jensen, 4 Bde., erschienen erst 1877.* Bazar] *Damen- und Modezeitschrift, 1855 gegründet, erschien zweimal monatlich.*

170. W. und B. RAABE an MARIE JENSEN. morgender Tag] *8. September, Geburtstag von Ariost (ital. Dichter, geb. 1474), Marie Jensen und Raabe.* Paray-le-Monial] *franz. Wallfahrtsort im Departement Saône-et-Loire.* Christabel Eddish] *heiratet am Ende von „Christoph Pechlin" den Reverend Mr. Snoddery (Br. A., Bd. 10).* Dichter der Nirvana] *Wilhelm Jensen.* Shakespeare] *Anspielung auf König Lear V 2 „reif sein ist alles".*

171. W. und M. JENSEN an RAABE. vierfache Wurzel...] *Umkehrung von Schopenhauers „vierfache Wurzel des Satzes vom zureichenden Grunde", vgl. Anm. zu Nr. 51.*

172. MARIE JENSEN an BERTHA RAABE. abgebraucht und schaal] *s. Anm. zu Nr. 108.*

173. W. RAABE an JENSENS. Hallberger's] *H. gründete 1848 die Hallbergersche Buchhandlung in Stuttgart, aus der die Deutsche Verlagsanstalt hervorging.* Otto Janke] *Berlin, Verleger der „Romanzeitung".*

174. W. JENSEN an RAABE. wilder Mann] *Anspielung auf Raabes Novelle „Zum wilden Mann", Br. A., Bd. 11.* Salzdahlum] *Dorf südl. Braunschweig, nördl. Wolfenbüttel, zu dem die Salzdahlumer Straße in Braunschweig führt; an ihr wohnte Raabe.* Ingomar] *bezieht sich auf ein Bild auf der Rückseite des Briefes.* Prolegomena] *Gr., Einleitung.*

175. MARIE JENSEN an RAABES. Nautilus] *ein Tintenfisch.* Pterodactylus] *Vorwelttier, in Versteinerungen erhalten.* guisig] *s. Anm. zu Nr. 11.* denke ich] *der Plan wurde erst 1880 ausgeführt, als Raabe Jensens in Freiburg besuchte.* Uglei] *(Uklei), See in Holstein, in der sog. Holsteinischen Schweiz.* Friedrich Strauß...] *s. Anm. zu 153.*

177. W. JENSEN an RAABES. pattihaft] *Adelina Patti (1843–1919), berühmte Opernsängerin (Koloratursopran).*

178. W. und B. RAABE an JENSENS. den seinigen] *Gemeint ist wohl Nr. 176.*

180. W. und M. JENSEN an RAABES. Magna...profusio] *Lat., großer und unvorhergesehener Blutverlust.* Liebig] *Fleischextrakt.* Cap Constantia] *Konstantia-Wein, bester Wein auf dem Vorgebirge der guten Hoffnung, von dem Landgut Konstantia.* Geibelparodie] *Parodie auf Geibel, Lieder als Intermezzo XXXVI (Werke in 8 Bänden, Stuttgart [3]1893, Bd. 1, 52): „Das ist's, was an der Menschenbrust / Mich oftmals läßt verzagen, / Daß sie den Kummer wie die Lust / vergißt in wenig Tagen."* Vor Eurem...] *jüdischer Fluch, s. Anm. zu Nr. 126.* Deinen versunkenen Garten] *Raabes „Meister Autor oder Die Geschichten vom versunkenen Garten", Br. A., Bd. 11.* Splanchnologe] *hergeleitet von Splanchnologie = Lehre von den Eingeweiden.* Seht, seine...molestiren] *Meister Autor, Bd. 11, 32 (Sehen Sie).*

181. W. RAABE an JENSENS. Magna fortuitaque...] *s. Anm. zu Nr. 180.* Krähenfeldes] *Vorstadt mit Gärtnereien im SO Braunschweigs. Dort wohnte Raabe, und danach heißt eine seiner Novellensammlungen „Krähenfelder Geschichten".* Professor Binkus] *Sohn Paul Jensen.*

183. MARIE JENSEN an RAABE. Gärten versinken] *s. Anm. zu Nr. 180.* Glaser] *s. Anm. zu Nr. 79.* Viehweg'sche Garten] *Parkanlage im Süden Braunschweigs.* Buch] *Meister Autor.* guisig] *s. Anm. zu Nr. 11.*

184. W. RAABE an JENSENS. am 15ten vor. Mon.] *Brief 181.* Mnemosyne] *Gr., Gedächtnis, Erinnerung; in der griech. Mythologie Mutter der Musen.* großen Tag] *W. Jensens Geburtstag.* Sanct Stephan] *scherzhafte Anrufung Heinrich von Stephans als Heiligen. St. war der Organisator der deutschen Reichspost, er führte die Postkarte ein.*

186. W. JENSEN an RAABES. Aprilheft's] *„Zum wilden Mann" erschien zuerst in Westermanns Monatsheften 3, Folge 19 (der ganzen Reihe Nr. 211), April 1874 = Bd. 36, S. 1–45.* mein Epos] *Die Insel, episches Gedicht, 1874.* Terzinen] *Jensen, Um meines Lebens Mittag, 1875.* Longfellow] *Henry Wadsworth L., nordamerikanischer Dichter (1807–1882). „Das Leben ist Mühe und Arbeit" steht in Psalm 90,10. Jensen denkt hier wohl an L.s Gedicht „Ein Psalm des Lebens" Str. 1.: „Life is but an empty dream" („Leben ist ein eitler Traum").* Garten...versunken] *s. Anm. zu Nr. 180.* Hollunderblüthe] *Anspielung auf Raabes gleichnamige Novelle, Br. A., Bd. 9,1.* Vauban] *Sebastien le Prêtre de V. (1633–1707), Festungsbaumeister und Kriegsingenieur Ludwigs XIV.* Defuncten] *Lat., verstorbenen.*

187. W. RAABE an JENSENS. hyperboräischen] *Gr.-lat., im hohen Norden wohnend.*

188. W. JENSEN an RAABE. Todestage ... Eugeniens] *5. Mai. Eugenie ist die Gemahlin des franz. Kaisers Napoleon III.* Huckebeine] *Anspielung auf Wilhelm Busch, Hans Huckebein.* Agostin] *Dom Agostin Agonista, Gestalt aus Raabes Novelle „Zum wilden Mann“, Br. A., Bd. 11.*

189. W. RAABE an JENSENS. Nirvana] *Roman Jensens.* Hallberger's Zeitung] *Über Land und Meer.* „unversunken“] *Anspielung auf Raabes Roman „Meister Autor“.*

190. W. und M. JENSEN an RAABE. Thesaurus ...] *Lat., Schatzhaus der Bildung.* Lenau'schen Vorschrift] *Lenau, An die Entfernte I (Gedichte II, Stuttgart 1857, 91): Nie soll weiter sich ins Land / Lieb von Liebe wagen, / Als sich blühend in der Hand / Läßt die Rose tragen.“* Tertium ...] *Lat., Ein Drittes gibt es nicht, in der Logik der Satz vom ausgeschlossenen Dritten.* ultra posse ...] *Lat., niemand ist über sein Können hinaus (zur Leistung) verpflichtet, Rechtssprichwort.* Emanuel] *Geibel, Dichter (1815–1884), lebte in Lübeck; in dem Gedicht „Hoffnung“ (Zeitstimmen, Lübeck 1841, 15).* sui generis] *Lat., eigener Art.* Sanhita] *Erzählung von Jensen. In: Jensen: Sommergeschichten. Bd. 2 (1877).* mein Epos] *Die Insel, episches Gedicht 1874.* Hasenberg] *bei Stuttgart.* Addio ...] *It., Lebt wohl, liebste Freunde.*

193. W. RAABE an JENSENS. Opus] *Eulenpfingsten, Br. A., Bd. 11.* Schwartau] *zwischen Lübeck und Travemünde.* Travemünde] *am 27. Juli 1864. Vgl. Wilhelm Raabe in Hamburg, hrsg. v. Hans Oppermann 1967, S. 24 f.* Radau] *Fluß, an dem Bad Harzburg liegt.*

194. W. JENSEN an RAABE. schwarzen Au] *Bad Schwartau.* 8ten September] *Geburtstag Marie Jensens und Raabes.*

197. W. und M. JENSEN an RAABE. concremirten] *Lat., verbrannten.* Insel] *Die Insel. Ein episches Gedicht von Jensen. Berlin 1874.* revocirt] *Lat., (sein Wort) zurücknehmen.* deprecirt)] *Lat., stud. für Abbitte leisten.* Non possumus] *Lat., Wir können nicht.* qui semper ...] *Lat., der immer selbst nicht kann.* Attentatsode auf Bismarck] *Geibels Gedicht „Am dreizehnten Juli 1874“, Werke 3, Bd. 8, Stuttgart 1893, S. 25.* Sonne Homers] *Anspielung auf den Schluß von Schillers Gedicht „Der Spaziergang“.* Und weht es ...] *Anspielung auf Geibels Gedicht „Hoffnung“: „Und dräut der Winter noch so sehr ...“* die goldnen

Tage ... genießen] *ungenaues Zitat der Schlußstrophe von Storms „Oktoberlied"*. Glücksburger] *s. Brief Nr. 61.*

201. W. und M. JENSEN an RAABE. Lessings Grab] *befindet sich nicht in Wolfenbüttel, sondern in Braunschweig auf dem Magnikirchhof.*

202. W. RAABE an JENSENS. „Lichtstrahlen" des Doctor's Frauenstädt] *Lichtstrahlen aus Schopenhauers Werken, hrsg. v. Frauenstädt 1862.*

203. MARIE JENSEN an RAABE. tempora mutantur ...] *Lat., die Zeiten ändern sich, und wir ändern uns in ihnen. Über die unsichere Herkunft des Hexameters s. Büchner, Geflügelte Worte (dtv) S. 662.* Sprott] *s. Nr. 6.*

204. W. RAABE an MARIE JENSEN. Mitten im Kamin] *Anspielung auf den Anfang von Dantes Göttlicher Komödie: Nel mezzo del cammin di nostra vita (auf der Mitte des Weges unseres Lebens), wobei Raabe an Jensens Gedichtsammlung „Um meines Lebens Mittag" (1875) denkt.* Janke, Hallberger und Westermann] *Verleger in Berlin (Deutsche Romanzeitung), Stuttgart (Über Land und Meer) und Braunschweig (Westermanns Monatshefte).*

205. W. RAABE an JENSENS. Frau Salome] *Novelle von Raabe, Br. A., Bd. 12.*

206. W. JENSEN an RAABE. parenchymatös] *Gr.-nlt., die Drüsen betreffend.* impotentia corporis ...] *Lat., Körperschwäche, Geistesabwesenheit.* restat adhuc] *Lat., es bleibt noch.* Höllenbreughel] *Peter Breughel d. J., holländischer Maler, um 1564 bis um 1637, wegen des Gegenstandes seiner Bilder so genannt.* ipsissimis oculis] *Lat., mit meinen eigenen Augen.* mit den ambrosischen Brauen] *Anspielung auf Homer, Ilias I, 528.* zwischen Himmel und Erde] *Anspielung auf den Titel eines Romans von Otto Ludwig (1813–1865).* Abortiv-Scharlach] *abgekürzter Scharlach.* roseola] *Lat., rotfleckiger Hautausschlag.* ingestis] *Lat., aufgenommene Nahrung.* obstruction] *Lat., Verstopfung.* quod dii ...] *Lat., was die besten und größten Götter zum guten wenden mögen.*

208. W. und M. JENSEN an RAABES. cum adjacentibus] *Lat., mit den Anliegern.*

210. W. JENSEN an RAABE. Peter ... Schwanewede] *in Raabes Novelle „Frau Salome", auf die auch die „jüdische Baronin" anspielt.*

Wachs in den Ohren] *wie die Genossen des Odysseus bei der Vorbeifahrt an den Sirenen. Homer, Odyssee 12,173 ff.* Talion] *Vergeltung.* Pilsum, Scholten] *s. „Frau Salome".*

212. W. RAABE an JENSENS. Zum wilden Mann ... Corvey] *Novellen Raabes, die zu den „Krähenfelder Geschichten" gehören (Br. A., Bd. 11).*

213. W. und M. JENSEN an RAABE. Storms „blauen Tagen ..."] *Storm, Oktoberlied V. 21 „Die blauen Tage brechen an".* Saphir] *Moritz Gottlieb S. (1795–1858), Journalist und Kritiker, hauptsächlich in Wien tätig.* zweibändiges Buch] *s. u. „Fluth und Ebbe" heißt das Buch.* siècle] *Frz., Jahrhundert.* Höxter und Corvei] *Raabes Novelle „Höxter und Corvey", Br. A., Bd. 11.* Frau Salome] *s. Anm. zu Nr. 205.* Hoffmann von Fallersleben] *August Heinrich H., deutscher Dichter, Sprachforscher und Literarhistoriker, war Bibliothekar in Corvey.* Ariost geboren] *der 8. September war der Geburtstag von Ariost, Marie Jensen und Raabe.* noli me tangere] *Lat., berühre mich nicht, vgl. Ev. Joh. 20,17.* Sat] *Lat., genug.*

215. W. RAABE an JENSENS. Morgen] *der 8. September ist der Tag von Mariä Geburt.* Lourdes] *Wallfahrtsort in Frankreich am Fuß der Pyrenäen.* B.] *Raabes Frau Bertha erwartete die vierte Tochter Gertrud (geb. 19. Februar 1876).* humoristisches Stück Arbeit] *Horacker, Br. A., Bd. 12.* zweiundzwanzigsten vorigen Monats] *Besuch Jensens in Braunschweig.* müßige Amant ...] *Sieur de Garonville, Der müßige Amant, Wien 1712, war die Quelle, der Raabe den Plan zu einem Drama „Violante" entnahm, zu dessen Personen Signora Nugnez und die Herren Perez und Ribera gehören sollten. Vgl. Mitt. 1941, S. 16 ff. Raabe scheint Jensen auf diesen Stoff hingewiesen zu haben, vgl. Br. 193.* Meininger] *die damals berühmte, vielfach auswärts gastierende Truppe des Meininger Hoftheaters.* Valete] *Lat., lebt wohl.*

216. W. JENSEN an RAABE. eo ipso] *Lat., von selbst.* quod demonstrandum erat] *Lat., was zu beweisen war.* Marie Ariosts Geburtstag] *s. Anm. zu Nr. 213.* Talion] *Vergeltung.* quod conjectandum erat] *Lat., was zu vermuten war.* List] *Nordspitze von Sylt.* Stadt London oder Bremen] *Stadt Bremen, Hotel in Braunschweig.* Wir saßen ...] *Anspielung auf Heines Gedicht „Das Meer erglänzte weit hinaus ..."* 2×30 Silberlinge] *Anspielung auf den Lohn des Judas von 30 Silberlingen, Ev. Matth. 20,15.* rosenfingrigen Eos] *Häufig bei*

Homer. Thetis] *Nereide, griech. Göttin des Meeres.* Stadt der Menschen] *Anspielung auf Homer, Odyssee I 3.*

217. MARIE JENSEN an RAABE. Zwar weiß ich viel...] *Goethe,* Faust I 601.

220. W. RAABE an JENSENS. Horacker] *Br. A., Bd. 12.*

223. W. JENSEN an RAABE. Des Sängers Fluch] *Gedicht von Uhland.*

224. W. RAABE an JENSENS. Brunswik] *s. Anm. zu Nr. 157.* *Ευαγγελλιον*] *Gr., frohe Botschaft.*

226. W. JENSEN an RAABE. usque ad...] *Lat., bis ans Ende der Zeit dein.*

227. MARIE JENSEN an RAABE. Pfingstdienstag 1876] *6. Juni.* von hinter Berlin her] *Horacker, Bd. 12, S. 339.* Garten... versunken] *s. Anm. zu Nr. 180.* Proceleusmatica] *Neckname, den in Raabes „Horacker" der Konrektor Eckerbusch seiner Frau gibt, hier angewendet auf Marie Jensen.* Windwebel] *Zeichenlehrer in Raabes „Horacker".* Gansewinkel] *einer der Orte der Handlung in Raabes „Horacker".* Diaphragma] *Gr.-lat., Zwerchfell.* Paul Lindau] *Schriftsteller, Journalist und Kritiker (1839–1919).*

228. W. JENSEN an RAABE. Pentacoste] *griech., Pfingsten.* zwei zweibändige Romane] *Flut und Ebbe, erschienen 1877; Um den Kaiserstuhl, erschienen 1878.* Oberlehrer Doktor Neubauer] *Gestalt in Raabes „Horacker".* Tellus] *Lat., Erde.* Emanuel] *Geibel.* Eckerbusch und Windwebel] *Gestalten in „Horacker".* alte Heimath] *Stuttgart, dort der* Nesenbach. Abdul Aziz] *Anspielung auf „Horacker", Bd. 12, S. 298.*

229. W. RAABE an JENSEN. Marssily] *Marsily, vornehmes Hotel in Kiel.*

230. W. und M. JENSEN an RAABE. semper ubique] *Lat., immer überall.*

231. W. JENSEN an RAABE. Sanct Peter] *im Schwarzwald.*

232. W. und M. JENSEN an RAABE. Ohmfaß] *Ohm = ein früheres Flüssigkeitsmaß.* amice] *Lat., Freund.* St. Trudgert] *Ort im Schwarz-*

wald im Obermünstertal. Nesenbach] *in Stuttgart.* Cardinal] *Getränk aus Wein, Pomeranzen und Zucker.* Hermannstraß' und Feuersee] *in Stuttgart. In der Hermannstraße wohnte Raabe.*

233. W. RAABE an MARIE JENSEN. Professor Binkus] *Neckname für Jensens Sohn Paul.* Palnotoke] *Seekönig P., Gedicht von Jensen.* O Grottenkühler Posülüpp] *aus „Palnotoke".* Unter heißerer Sonne] *Roman von Jensen.* Kinder und Enkel] *Anspielung auf den Schluß des Parzenliedes in Goethes „Iphigenie": „Denkt Kinder und Enkel."* Murad der Fünfte] *Sultan der Osmanen, regierte nur 1876 und dankte wegen Geisteskrankheit ab, sein Nachfolger wurde* Abdul Hamid der Zweite] *regierte von 1876 bis 1909.*

234. W. und M. JENSEN an RAABE. mit dem „heiligen Born"] *Br. A., Bd. 3.* da mille voci] *It., mit tausend Stimmen Freiburg begrüßen, Anspielung auf die in „Der Hungerpastor" (Br. A., Bd. 6, 124) zitierten Tassoverse: „Da mille voci unitamente Gerusalemme salutar."*

236. W. JENSEN an RAABE. Palmenzweige...] *Anspielung auf den Anfang von Schillers Gedicht „Die Künstler": „Wie schön, o Mensch, mit deinem Palmenzweige / Stehst du an des Jahrhunderts Neige."*

237. W. RAABE an JENSENS. Mariä Opfer] *erfundener Festname, Anspielung auf die Entbindung Marie Jensens.* Ovid] *Publius Ovidius Naso, 43 v. bis ca. 18 n. Chr., röm. Dichter, schrieb u. a. die „Ars amatoria" (Liebeskunst).* geht Keinem was an] *Braunschweiger Provinzialismus.* Barthenia] *Roman von Jensen, 3 Bde., 1876.* Allezeit Mehrer des Reichs] *einer der Titel des Deutschen Kaisers.*

238. MARIE JENSEN an RAABES. Professor Hegar] *Gynäkologe an der Universität Freiburg (1829–1914).* Gisbert Freiherr von Vin(c)ke] *Schriftsteller (1813–1892).* Wilhelmine von Hillern] *Schriftstellerin (1836–1916). Ihr Roman „Die Geierwally" erschien 1875.*

240. W. RAABE an JENSENS. Velhagen und Klasing] *Verlag in Bielefeld.*

241. MARIE JENSEN an RAABES. des Wagens] *Anspielung auf Raabes Roman „Der Schüdderump".*

242. W. RAABE an MARIE JENSEN. Bertha] *der Brief scheint nicht erhalten zu sein.* im Januar] *3. Januar 1778.*

243. MARIE JENSEN an BERTHA RAABE. Paul Lindau] *s. Anm. zu Nr. 227.* Magister Timotheus] *Novelle von Jensen, 1866.*

245. W. JENSEN an RAABES. Guiglielmo Corbo...] *It., O Wilhelm Raabe, o du mein Liebster.* usque ad...] *Lat., bis zum letzten Tage.* Ballon d'Alsace] *Berg in den Vogesen.* Veredlerin rauher Sitten] *Zitate aus dem Anfang von Schillers Gedicht „Das eleusische Fest" („Bezähmerin wilder Sitten... zum Menschen... in friedliche feste Hütten wandelte das bewegliche Zelt").* hannoverischer Exköniglichkeit] *nach dem Tode des Herzogs Wilhelm von Braunschweig 1884 hätte das Herzogtum Braunschweig an die jüngere Linie des Welfenhauses fallen müssen, die bis 1866 im Königreich Hannover regiert hatte.* Schlußverse] *„Wenn Menschen auseinandergehn, / So sagen sie auf Wiedersehn! Ja, Wiedersehn!"*

246. MARIE JENSEN an RAABE. Toggenburg] *in Schillers Ballade „Ritter Toggenburg".*

247. W. RAABE an JENSENS. Deutscher Adel] *Br. A., Bd. 13.*

248. W. RAABE an JENSENS. Chronik] *5. Aufl., s. Br. A., Bd. 1, 443.* neue Ausgabe des Hungerpastor's] *3. Aufl. (1877), s. Br. A., Bd. 6, 493 ff.* Wunnigel] *Br. A., Bd. 13.*

249. MARIE JENSEN an RAABE. lasciate ogni speranza] *It., laßt alle Hoffnung fahren, Dante, Göttliche Komödie, Hölle 3,9.* Mörike's Geburtstag] *8. September, zugleich der Geburtstag Marie Jensens und Raabes.*

250. W. und M. JENSEN an RAABE. Viehoff von Düntzern] *Heinrich Viehoff, 1804–1886, Literarhistoriker und Dichter, Goetheforscher.* Karl Goedeke] *Germanist, 1814–1887, Hauptwerk: Grundriß zur Geschichte der deutschen Dichtung (1859–61).* Heinrich Düntzer] *Philologe und Literarhistoriker, 1813–1901. Viele Arbeiten über Goethe.* Michael Bernays] *Literarhistoriker, 1834–1897, zahlreiche Arbeiten über Goethe.* in unser geliebtes Deutsch übertragen] *Anspielung auf Goethe, Faust I, 223.* Pio Nono] *Pius IX, Papst 1846–78.* Ariost, Mörike und Mariä Himmelfahrt] *Ariost und Mörike sind am 8. September geboren, Mariä Himmelfahrt ist mit Mariä Geburt (8. September) verwechselt. Mariä Himmelfahrt ist am 15. August.*

251. W. RAABE an JENSENS. zerstreuten Gliedmaßen] *Anspielung auf Horaz, Satire I, 4,62, disiecti membra poetae, die Gliedmaßen des* *zerrissenen Dichters, meist ungenau zitiert als disiecta membra poetae, die zerstreuten Gliedmaßen des Dichters.* Krieg] *der Russisch-Türkische Krieg 1877 bis 1878.* wechselnden Tage] *Balladen von Jensen „Aus wechselnden Tagen", 1878, darin der „Henker von Pesth" und „Nero".* Kaiser Ludwigs erste glückliche Stunde] *Ballade von Jensen „Die erste Stunde".* Seite 123] *das Gedicht „Fragen 2".*

252. W. JENSEN an RAABE. Summar] *Summaria lat., Priester-Überkleider, Chor- oder Meßgewänder.* Diana Abnoba] *lat., Diana vom Schwarzwald (Abnoba mons), Titel einer Sammlung von Erzählungen von Jensen 1890.* im Thalesgrunde ... reift] *Anspielung auf Geibel, Lieder aus alter und neuer Zeit (Werke, ³Stuttgart 1893, Bd. 4, 108): „Schon reift es nachts im Wiesengrunde."* Wunnigel] *Br. A., Bd. 13.* Bodenstedts „Königsreise"] *Friedrich B., 1819–1892, Dichter, Übersetzer und Kulturkritiker. 1879 „Eine Königsreise". Erinnerungsblätter an König Max." (Aus meinem Leben, Bd. 1.)* Peine ... brechen] *Anspielung auf eine über Peine erzählte Spottgeschichte: Als der König von Hannover Peine mit der Eisenbahn passierte, habe ein Kantor aus Peine seine Schüler auf dem Bahnhof versammelt, um dem König ein Huldigungsständchen zu bringen. Den Text, der begann: „Peine bricht sich endlich Bahn", habe er als Kanon gesetzt mit Stimmen, die nacheinander einsetzten. Der Aufenthalt des Königs auf dem Bahnhof sei aber so kurz gewesen, daß der Chor bis zur Abfahrt des Königs nicht über das mehrfach wiederholte „Peine bricht sich" hinausgekommen sei.*

253. W. und M. JENSEN an RAABES. Vater Constantius] *in Raabes Novelle „Vom alten Proteus", Br. A., Bd. 12.* Erwachen der milden Lüfte] *Anspielung auf Uhlands Gedicht „Frühlingsglaube" (Die linden Lüfte sind erwacht).* Rosa von Krippen ... Innocentia] *in Raabes Novelle „Vom alten Proteus".* Juno Ludovisi] *bekannte Büste aus der röm. Kaiserzeit in Rom; Jensens besaßen einen Abguß.* Sperlingsgasse] *Die Ausgabe der „Chronik" 1877 mit Illustrationen in Holzschnitt.*

254. W. RAABE an JENSENS. denke Kinder ... Haupt] *Anspielung auf den Schluß des „Parzenliedes" in Goethes „Iphigenie auf Tauris" IV 4 Ende.*

255. W. und B. RAABE an JENSENS. Bohemund] *Erzählung von Jensen, zusammen mit Philinnion 1877.* Vates] *Lat., Seher, Dichter.* Süßes den Süßen] *Anspielung auf das Zitat „Süßes der Süßen" aus Shakespeare, Hamlet V 1, in der „Chronik der Sperlingsgasse", Br. A., Bd. 1, 28,2 mit Anm.*

256. W. RAABE an JENSEN. Weltkrieges] *Die Gefahr, daß der Russisch-Türkische Krieg infolge des Gegensatzes zwischen England–Österreich auf der einen und Rußland auf der anderen Seite sich ausweitete, wurde im Juni/Juli durch den Berliner Kongreß überwunden.* Pistill] *Stempel (in der Blüte).* Stigma] *die Narbe auf dem Pistill.* Kleiderseller] *Über diesen „Klub", dem Raabe angehörte, s. W. Brandes, Eckart 1, 1906/7, 781 = Raabe-Gedächtnisschrift ²35; H. Oppermann, Wilhelm Raabe, 1970, 81 ff.* verstummt...todt] *Quelle bisher nicht ermittelt.*

258. W. RAABE an MARIE JENSEN. Der Kukuk...] *Storm, Im Walde 17: Der Kuckuck lacht von ferne.* Fragmente] *Roman von Jensen 1877.*

259. W. JENSEN an RAABE. Geist ist über den Wassern] *Anspielung auf 1. Mose 1,2.* aristophanisches Wolkenrendezvous] *Anspielung auf Aristophanes' (griech. Komödiendichter Ende 5. Jh. v. Chr.) Komödie „Die Wolken".* Eumeniden] *die versöhnten Erinnyen (Rachegöttinnen), die als Fruchtbarkeitsgöttinnen in Athen verehrt wurden. Vgl. Aischylos' (griech. Tragiker 525–435) Tragödie „Die Eumeniden".*

261. W. RAABE an MARIE JENSEN. Altenau] *im Harz.*

262. MARIE JENSEN an RAABE. a rivederci] *It., auf Wiedersehen.* Asträen] *vermutlich sind Astern gemeint.*

263. W. JENSEN an RAABE. am Geburtstag...] *Friedrich I., Großherzog von Baden, 9. September geboren.* ich verstehe...mehr] *Schlußworte des Meister Anton in Hebbels „Maria Magdalena".*

266. W. und M. JENSEN an RAABE. *Die lat. Verse bilden die erste Strophe von Horaz, Ode I 9: „Du siehst wie der Soracte" (Berg in Italien) „weiß im hohen Schnee steht, und die Wälder nicht mehr mühsam die Last tragen und die Flüsse von der starken Kälte erstarrt sind."* Korax] *Gr., Rabe.* Regierungsrath a. D. Wunnigel] *in Raabes gleichnamiger Erzählung.* Welfen] *das braunschweigische Herzogshaus.* Präcordialflüssigkeit] *Flüssigkeit in der Herzgrube.* En revanche] *Frz., zur Vergeltung.* 78 Seiten jambischen Getrappels] *Jensens „Holzwegtraum" 1879.* ad vocem] *Lat., zum Wort.* si diis etc.] *si diis placet, lat., wenn es den Göttern gefällt.* amici peccavi] *Lat., Freunde, ich habe gesündigt.* Hoc per...sancio] *Lat., dies bekräftige ich durch einen Eid bei den himmlischen und den unterirdischen Göttern.* Karl Gutzkow] *Schriftsteller, 1811–1878, starb an Kohlenoxydvergiftung.*

ceterum censeo] *Lat., übrigens bin ich der Meinung. Vom älteren Cato (röm. Staatsmann, gest. 149 v.Chr.) gern angewendet.* Ritter vom Geist] *Roman von Gutzkow, 1850ff.* videant homines...] *Lat., die Menschen sollen zusehen, daß die Rückkehr vergangener Zeiten keinen Schaden nimmt. In Anlehnung an das sog. senatus consultum ultimum (der äußerste Senatsbeschluß), das etwa der Verhängung des Belagerungszustandes entspricht: videant consules, ne quid detrimenti res publica capiat (daß der Staat keinen Schaden nimmt).* Ahasver] *der ewige Jude.* Meidinger] *altbekannter Witz, nach Johannes Valentin Meidinger (1756–1822), Verfasser einer französischen Grammatik, die eine Anekdotensammlung enthielt.*

267. W. RAABE an JENSENS. in Dresden] *auf Raabes sog. Bildungsreise, Fehse, Westermanns Monatshefte, Jg. 70, Bd. 139, 1925, S. 544.*

268. W. RAABE an JENSENS. ich aber habe es nicht] *vermutlich ist eine Sendung von Jensens an Raabe verlorengegangen.* Stephan] *Heinrich von St., 1831–1897, deutscher Generalpostdirektor.* Infallibilität] *Lat., Unfehlbarkeit.* Euch zur Rechten flog] *ein zur Rechten fliegender Vogel galt bei den Römern als gutes Vorzeichen.* Candidat Jobs seine „dreißig Dukaten"] *Anspielung auf C. A. Kortum, Jobsiade, 14. Kap.*

270. W. RAABE an JENSEN. for auld long syne...] *Engl.-schottisch, „Für alte, lange Verbundenheit, mein Lieber, für alte lange Verbundenheit wollen wir noch einen Becher der Freundschaft nehmen, für alte lange Verbundenheit." Schottisches Volkslied, 1789 von Robert Burns gedichtet.*

271. W. RAABE an MARIE JENSEN. Philinnion] *Titel zweier Erzählungen von Jensen, 1879.*

272. W. JENSEN an RAABE. si deo..] *Lat., wenn es dem unbekannten Gott gefällt.* ad ea...] *Lat., für das, was übrig ist.*

273. MARIE JENSEN an RAABE. versunkenen Gärten] *Anspielung auf Raabes „Meister Autor".* Frau von der Geduld] *Anspielung auf Raabes „Abu Telfan".*

274. W. RAABE an JENSEN. Arnold Wellmer] *1835–1915, Erzähler und Feuilletonist, 1868 Redakteur bei „Über Land und Meer", 1871 bei der „Neuen Freien Presse" in Wien.* Doktor Karpeles] *Gustav K., 1848–1909, Literarhistoriker und Kunstkritiker, leitete 1877–1882 mit Spielhagen Westermanns Monatshefte.* Biographie] *Westermanns Monatshefte, 4. Folge, Bd. 2, 1879, S. 106.*

275. W. JENSEN an RAABE. Oskar Blumenthal] *1852–1917, Redakteur und Leiter des Lessingtheaters Berlin, Lustspieldichter.* Oskar von Redwitz] *1823–1891, Jurist und Deutschphilologe.*

276. W. RAABE an JENSEN. Amaranth] *lyrisch-episches Gedicht von Redwitz.*

278. W. JENSEN an RAABE. vom Eise befreit] *Goethe, Faust I, 903.*

280. W. RAABE an JENSEN. St. Valentinstag.] *14. Februar.* Rungholt] *Hafenort auf der Insel Alt-Nordstrand vor der Westküste Schleswig-Holsteins, der bei der großen Sturmflut von 1362, der sog. „Manndränke", unterging. Alt-Nordstrand wurde auseinandergerissen, und es blieben die heutigen Inseln* Nordstrand, Pellworm, Nordstrandischmoor *zurück.* Laboe, Friedrichsort] *Orte an der Kieler Förde.* Hekla] *Vulkan auf Island.*

281. W. JENSEN an RAABE. si diis placet] *Lat., wenn es den Göttern gefällt.* Orlando Furioso] *It., Der rasende Roland, Epos von Ariost.*

283. W. JENSEN an RAABE. omnia diis adjuvantibus] *Lat., alles mit Hilfe der Götter.*

284. W. JENSEN an RAABE. partant pour la Syrie] *Frz., nach Syrien aufbrechend.*

286. W. RAABE an JENSENS. Treysa] *in Hessen, an der Strecke Marburg – Kassel.*

287. W. JENSEN an RAABE. Vincke] *s. Anm. zu Nr. 238.* Hermine Hillern] *1859–1924, verehelichte Diemer, Schriftstellerin, Tochter von Wilhelmine Hillern (s. Anm. zu Nr. 238).* Neunlinden] *Platz in Freiburg.* sic transeunt omnia] *Lat., so geht alles vorüber.*

288. MARIE JENSEN an RAABE. daß dort, wo ...] *Anspielung auf Storm (nicht Geibel, wie Marie J. schreibt), „Einer Toten": Das aber kann ich nicht ertragen, / daß wie in deinen Lebenstagen / die Uhren gehn, die Glocken schlagen, / einförmig wechselnd Tag und Nacht, / ... und daß, wo sonst dein Stuhl gestanden, / schon andre ihre Plätze fanden.* an Dir] *an dem Bild Raabes.* Jeanne Bauk] *schwedische Malerin, geb. 1840.*

290. W. RAABE an JENSENS. Lugo] *Emil L., 1840–1902, Maler, hauptsächlich Landschaften, mit Jensens eng befreundet. Als Jensens nach München übersiedelten, folgte er ihnen dorthin.* Vincke, Hillern] *s. Anm. zu Nr. 238.*

292. W. JENSEN an RAABE. Über die Wolken] *Roman von Jensen, erschien 1884 als Buch (Leipzig); hier handelt es sich vermutlich um die Übersendung des Manuskripts an Westermann.* „Der Teufel in Schiltach"] *Roman von Jensen, Berlin 1883.* Kind] *Schiller, geb. 10. November 1759.* Wie groß ... karg] *Schiller, Die Ideale, V. 37–40.* salta] *Lat., tanze, springe! Anspielung auf die lat. Redensart „hic Rhodus, hic salta! Hier ist Rhodos, hier tanze!" Diese Antwort erhielt ein Mann, der sich rühmte, er sei ein guter Tänzer, die Bewohner von Rhodos könnten das bezeugen.*

294. W. RAABE an JENSENS. Brunonis vicus] *Lat., Dorf des Bruno = Braunschweig.*

297. W. RAABE an JENSEN. muß sich alles, alles wenden] *Uhland, Frühlingsglaube, V. 6 u. 12.* die neue Orthographie] *Vgl. zu Raabes Unwillen über die neue Orthographie Br. A., Bd. 18, 439 ff.* hyperbolisch] *Gr.-lat., im Ausdruck übertreibend.* Sonne Homers] *Schiller, Der Spaziergang, V. 100.* Mellau] *Dorf im Bregenzer Wald.* G. E. L.] *Gotthold Ephraim Lessing, gest. 15. Februar 1781.* die große Frau Collega] *Frau von Hillern, s. Anm. zu Nr. 238.*

298. W. RAABE an W. JENSEN. Vivas] *Lat., Du sollst leben.*

299. W. und M. JENSEN an RAABE. Rabelais] *scherzhafte Bezeichnung Raabes mit dem Namen des französischen Dichters (um 1490 bis 1553 oder 54).* Horn von Wanza] *Br. A., Bd. 14.*

300. W. RAABE an JENSENS. Jubiläumsenthusiasmus] *das fünfzigjährige Regierungsjubiläum des Herzogs Wilhelm von Braunschweig (1830–1884).* Jubiläum meines Meist. Marten Marten] *Das Horn von Wanza.* Monatshefte] *Westermanns Monatshefte 49, 1880/81, S. 22–50; 166–199; 310–149.* Correctur ... las] *während des Besuchs bei Jensens in Freiburg vom 7. bis 29. September 1880; vgl. Br. A., Bd. 14, 494.* Rückert'sches] *Anspielung auf Rückerts Gedichtzyklus „Die Gräber zu Ottensen".*

301. W. RAABE an MARIE JENSEN. *Der Dank bezieht sich auf das Bild einer Holunderblüte.*

305. W. RAABE an MARIE JENSEN. Judica] *zweiter Sonntag vor Ostern.* anni currentis] *Lat., des laufenden Jahres.* Seekönig Palnotoke] *Gedicht von Jensen.* Mnemosyne] *s. zu 184.* Höllenthal] *Tal der Dreisam im Schwarzwald zwischen Hinterzarten und Freiburg.*

306. W. JENSEN an RAABE. Victor Scheffel] *1826–1886, vielgelesener Dichter („Ekkehard", „Der Trompeter von Säckingen").* Varzin] *Gut Bismarcks in Pommern.* more consueto] *Lat., nach gewohntem Brauch.* si diis placet] *Lat., wenn es den Göttern gefällt.*

309. W. RAABE an JENSEN. 15ten October] *Raabe las die Korrektur der 1. Aufl. der „Chronik der Sperlingsgasse" vom 19. Juli bis 27. Oktober 1856 (Br. A., Bd. 1, 442). Am 27. Oktober 1956 erhielt er von dem Verleger Stage die ersten zehn Exemplare.* Hochblauen] *Berg im südl. Schwarzwald.*

310. W. und M. JENSEN an RAABE. mi compotor] *Lat., mein Trinkgenosse.* Palmenzweige ... Neige] *Anspielung auf den Anfang von Schillers Gedicht „Die Künstler".* Tacitis senescimus annis] *Lat., wir altern mit den schweigenden Jahren.* Meidinger] *s. zu Nr. 266.* Huzzelbrod] *Brot mit Hutzeln (gedörrtem Obst) gefüllt. Grimm IV 2, 2001.* opus novissimum] *Lat., neuestes Werk.* Herr Gansfleisch] *humoristischer Gesprächspartner in Zeitungsartikeln von Jensen.* „Stimme des (höheren) Lebens"] *Anspielung auf Jensens Gedichtsammlung „Stimmen des Lebens" (Dresden 1881).* Caprifolien] *Geißblatt, Jelängerjelieber.* Palmenzweige] *s. zu Nr. 236.* Qui bene ... vixit] *Lat., Wer gut im Verborgenen geblieben ist, hat gut gelebt.*

311. MARIE JENSEN an RAABE. *Die Datierung des Briefes auf den 21. Dezember erfolgte irrtümlicherweise, denn bestünde sie zurecht, hätte Marie nicht in Nr. 310 schreiben können: „Seit einem Vierteljahr wollte ich Dir täglich schreiben." Sie kam aber erst am 23. Dezember dazu, wie aus Nr. 310 hervorgeht.*

314. W. RAABE an JENSEN. Fabian und Sebastian] *Br. A., Bd. 13.*

315. W. JENSEN an RAABE. Aus den Tagen der Hansa] *Novellensammlung von Jensen, Freiburg 1885.*

316. W. RAABE an JENSEN. Schriftstellertag] *Vom 9. bis 12. September 1882 fand in Braunschweig die Tagung des Deutschen Schriftstellerbundes statt; s. auch Fehse S. 480.* Wellmer] *s. Anm. zu Nr. 274. Er wohnte seit 1876 in Blankenburg am Harz.* Hoefer] *s. Anm. zu*

Nr. 10. Zoller] *Edmund, 1822–1902, Schriftsteller, Bibliotheksdirektor in Stuttgart, s. Fricker S. 21.* Professor Chr. Schwab] *Christoph Sch., 1821–1883, Gymnasialprofessor, Literaturgeschichtler (Hölderlin-Ausgabe 1846).*

317. W. und M. JENSEN an RAABE. „Blauen"] *Berg im Südschwarzwald.* Epiphaniastages] *Tag der Epiphanie, d. h. der leiblichen Erscheinung eines Gottes.* Hugstetten] *zwischen Freiburg und Breisach am Kaiserstuhl.* Vale] *Lat., lebe wohl.* Gebrüder Pelzmann ... Knövenagel] *Gestalten in Raabes „Fabian und Sebastian" (Br. A., Bd. 15).*

318. W. RAABE an MARIE JENSEN. mein Bruder] *Heinrich Raabe; er war vorher in Walkenried am Harz tätig.* Schriftstellertag] *s. Anm. zu Nr. 319.* Notter] *s. Anm. zu Nr. 48.* W. Monatshefte] *Westermanns Monatshefte Jg. 27, Bd. 53, 1882/3, S. 105–118, 145–167, 281 bis 301, 494–516, 561–586 (= Br. A., Bd. 15).*

319. W. RAABE an JENSENS. Wolfenbüttelerstraße Nro 49] *Raabes zweite Wohnung in Braunschweig.*

321. MARIE JENSEN an RAABE. *Wie sich aus dem Inhalt ergibt, vor Weihnachten (1882) verfaßt.* goldenen Augen der Waldeskönigin] *mit diesen Worten Storms (Im Walde) bezeichnete Marie Jensen gern die Augen Raabes.*

323. W. RAABE an JENSENS. Schauinsland] *Berg im Schwarzwald südl. Freiburg.* Belchen] *verschiedene Berge im Südschwarzwald tragen die Bezeichnung Belchen.* Mumme] *ein Malzgetränk, wie* Honigkuchen *eine Braunschweiger Spezialität.*

324. W. RAABE an JENSEN. Über den Wolken] *s. Anm. zu Nr. 292.*

325. W. JENSEN an RAABE. 8 Sept. hujus] *Lat., dieses (Jahres), Raabes und Marie Jensens Geburtstag.* Gertrud zur Megede] *Vermutlich ist Marie zur Megede gemeint, Pseudonym für Marie Hartog, Schriftstellerin, 1855–1930; sie lebte von 1893 an zeitweilig in Peine.*

326. MARIE JENSEN an RAABE. Bruseberger, Theodor, Mutter Schubach] *Personen in Raabes „Prinzessin Fisch". (Br. A., Bd. 15).* Queretaro] *Staat in Süd-Mexiko und dessen Hauptstadt, in der Maximilian von Österreich, Kaiser von Mexiko, 1867 erschossen wurde.* Zusammenhang der Dinge] *Lieblingsredensart des Brusebergers in Raa-*

bes „Prinzessin Fisch"; vgl. dazu Bd. 15, S. 643 ff. zu 212,15 ff. Frau von Hillern] *s. Anm. zu Nr. 238.*

327. W. RAABE an JENSENS. Abulie] *Gr., Willensschwächung, Willenslähmung.* Grabbes] *Christian Dietrich G., Dichter, 1801–1836. Raabe über Grabbe Br. A., Bd. 16,81 und Anm. dazu.* Scherz, Satire, Ironie und tiefere Bedeutung] *Komödie von Grabbe, 1827.* Wilhelmine von Hillern] *s. Anm. zu Nr. 238. Raabe meint hier ihr von Marie Jensen gemaltes Porträt.* Prinzessin Fisch] *Br.A., Bd. 15.* Bettelstudent] *Operette von Millöcker, 1892.*

328. W. JENSEN an RAABE. Buch] *1883 erschien von Jensen in Breslau der Roman „Metamorphosen".*

329. W. RAABE an MARIE JENSEN. Mitgeborene] *die Jungfrau Maria, als deren Geburtstag der 8. September gilt.* Lukas] *der Verfasser des Lukas-Evangeliums und der Apostelgeschichte war von Beruf Arzt, galt aber nach der Legende auch als Maler, war daher Schutzpatron der Maler und führte deren Attribute.* Immaculata] *Lat., die Unbefleckte.*

330. MARIE JENSEN an RAABE. So leb denn ... für] *Anspielung auf Shakespeare, Julius Cäsar V 2,132. „Gehab dich wohl ... für."*

331. MARIE JENSEN an RAABE. ihn] *den Hohenstaufen.*

333. W. RAABE an JENSENS. Lugo] *s. Anm. zu Nr. 290.* October- und November-Vergnügen] *Raabes Asthma.* Skizzenbuches] *von Jensen, erschien 1884.* Krakatoa] *= Krakatau, vulkanische Insel in der Sundastraße zwischen Sumatra und Java; 1883 erfolgte ein gewaltiger Vulkanausbruch.*

335. W. RAABE an JENSEN. das] *nämlich Benignus, lat. gesegnet, gütig.* Ernst von Wildenbruch] *deutscher Dichter, vorwiegend Dramatiker, 1845–1909.* Jean Baptiste Poquelin] *Molière.* Feindin] *die katholische Kirche.*

336. W. und M. JENSEN an RAABE. Peter Romuald, Die Heiligen vom Kaiserstuhl] *Anspielung auf Jensens Roman „Um den Kaiserstuhl", 2 Bde., 1878.* Villa Schönow] *Br. A., Bd. 15.* Vinckes, Wilhelmine] *s. Anm. zu Nr. 238.* more solito] *Lat., nach gewohntem Brauch.* Lacertenschwanz] *Eidechsenschwanz.* Deinen und Ariosts] *Marie Jensens, Raabes und Ariosts Geburtstag fielen auf dasselbe Datum (8. September).*

337. W. RAABE an JENSENS. Pfisters Mühle] *Über die Schwierigkeiten der Veröffentlichung s. Br.A., Bd. 16, 520.* Ihre Schriften ...] *mit dieser Begründung gab der Verlag Westermann Raabe das Manuskript von „Pfisters Mühle" zurück; vgl. Bd. 16, 521.* nostras] *Lat., einheimische.* asiatica] *Lat., asiatische.*

338. W. JENSEN an RAABE. Theodor] *Storm.* wolfenbüttelt] *s. Anm. zu Nr. 319.*

339. MARIE JENSEN an RAABE. versunkenen Gärten] *s. Anm. zu Nr. 180.*

340. W. RAABE an MARIE JENSEN. Tag, der uns der Welt verliehen] *Goethe, Urworte orphisch, Dämon 1.* sans phrase] *Frz., ohne Redensart, angeblich Wort von Sieyès bei der Abstimmung über die Behandlung Ludwigs XVI. in der Konventssitzung vom 16. Januar 1793: „La mort sans phrase."* Angra Pequena] *heute Lüderitzbucht in Südwestafrika.* Klein-Popo] *Little Popo in Togo, heute Anecho.* Bimbia] *Fluß und Ort in Kamerun.* Sei gegrüßt, Maria] *Anspielung auf „Ave Maria".*

341. W. RAABE an JENSENS. Salzdahlumer Gallerie] *Der Grundstock der Gemäldesammlung, die sich im Herzoglichen Museum zu Braunschweig, dem heutigen Anton-Ulrich-Museum, befindet, einst nach dem früheren Aufbewahrungsort, dem Schloß in Salzdahlum nördl. Wolfenbüttel, benannt.*

343. W. RAABE an JENSENS. nell' mezzo del cammin] *It., in der Mitte des Lebens. Anfang von Dantes „Göttlicher Komödie".* Schwarze Suppe] *Blutsuppe, das frugale Gericht der Spartaner. Vgl. zu 337.*

344. W. und M. JENSEN an RAABE. Meißner] *Alfred M., Schriftsteller, 1831–1915. Seine „Geschichte meines Lebens" erschien 1884.* Rodenberg] *Julius R., 1831–1915, Gründer und Schriftleiter der „Deutschen Rundschau".* Theater] *das Sommertheater in „Holsts Garten" / Braunschweig an der Wolfenbüttler Straße, unweit von Raabes Wohnung.* Lugo] *s. Anm. zu Nr. 290.* fare well ...] *Engl., leb wohl, leb wohl, mein Heimatland.*

345. W. JENSEN an RAABE. Blauen] *Berg im Südschwarzwald.*

346. W. RAABE an JENSEN. puppy] *Engl., junger Hund.* Dräumling] *Br.A., Bd. 10.*

348. W. JENSEN an RAABE. rostris] *Lat., Ablativ von rostra = Rednerbühne im alten Rom.* eheu...annis] *Lat., ach, mit den schweigenden Jahren altern wir, s. Anm. zu Nr. 310.* Dr. Riehl] *Alois R., 1844–1924, Philosoph; 1882–1895 Professor in Freiburg.* Wilhelmine] *s. Anm. zu Nr. 238.* Meißner] *s. Anm. zu Nr 344.*

349. W. und M. JENSEN an RAABE. moriturus nos salutavit] *Lat., im Begriff zu sterben grüßte er uns. Anspielung auf den Gruß der Gladiatoren, die in die Arena einzogen, an den Kaiser: morituri te salutant, die sterben sollen, grüßen dich. Sueton Claud. 21.* more solito] *Lat., nach gewohntem Brauch.*

350. W. RAABE an JENSENS. das alte Eisen] *Raabe arbeitete damals an „Im alten Eisen", vollendet am 13. September 1886 (Br. A., Bd. 16).* Pelotte] *Druckpolster am Bruchband.*

351. MARIE JENSEN an RAABE. Wilhelm und Mariä Geburt] *der 8. September.* Ritt ins alte romantische Land] *Wieland, Oberon I 1.* Gryphäen- und Ammonitengegenden] *über Raabes und Jensens paläontologische Interessen s. Br. A., Bd. 18, 457.* Daemels Ecke] *in Villa Schönow, Br. A., Bd. 15, 387 ff.).*

352. W. JENSEN an RAABE. Pelottenstreiche] *s. Anm. zu 350.* Tage...Sedan] *Tag der Schlacht bei Sedan, 2. September (1871).* more solito] *Lat., nach gewohntem Brauch.* „es ist...Pfunden"] *nicht bei Annette von Droste-Hülshoff.*

353. W. RAABE an MARIE JENSEN. in limitem senectutis] *Lat., auf die Grenze des Greisenalters.*

354. W. und M. JENSEN an RAABE. Waldsee] *östl. von Freiburg.* Landesvaters] *Mit dem Tode des Herzogs Wilhelm von Braunschweig 1884, mit dem die ältere Linie der Welfen erlosch, wurde die jüngere Linie in Braunschweig erbberechtigt, konnte aber die Herrschaft nicht antreten, da ihre Mitglieder nach wie vor Anspruch auf das 1866 von Preußen annektierte Königreich Hannover erhoben. Infolgedessen wurde Prinz Albrecht von Preußen am 21. 11. 1885 zum Regenten des Herzogtums Braunschweig gewählt.*

355. W. RAABE an JENSENS. „Unruhige Gäste"] *Br. A., Bd. 16, 179 ff., erschien nach dem Vorabdruck in der „Gartenlaube" (33, 1885) Ende März 1886 bei Grote in Berlin.* Tag Adams und Evas] *24. De-*

zember. Gegenwart] *Die G., von Paul Lindau begründete Wochenschrift für Politik, Literatur und Kunst, Berlin 1872–1911.*

356. W. RAABE an JENSEN. Feuersee] *in Stuttgart.* Leuthold] *Heinrich L., 1827–1879, Dichter und Schriftsteller.* Charakter und Geist ... Bild] *Zitat aus Platens Epigramm über Lessings „Nathan".*

358. W. JENSEN an RAABE. neu belandesvaterter] *s. Anm. zu 354.* Rabelais] *s. Anm. zu 299.* rabulirtest] *von Jensen zu „Rabulist" gebildetes Verbum.* Bett ... wandeln] *Anspielung auf Ev. Markus 2,9.*

361. W. RAABE an JENSEN. Schritt von Eurem Wege] *Anspielung auf „Ein Schritt vom Wege", Lustspiel von Ernst Wiechert (1831–1902) 1870.*

362. W. JENSEN an RAABE. „Räkel" Forstwart] *Br.A., Bd. 16, 314.* Dorette Kristeller] *Br.A., Bd. 16, 298 ff.;* Phoebe Domitilla] *S. 334 f.*

364. W. und M. JENSEN an RAABE. so schlafe ... wir] *Anspielung auf Shakespeare, Julius Caesar V 1,129: „Gehab dich wohl, mein Cassius, für und für! Sehn wir uns wieder, nun, so lächeln wir."*

365. W. RAABE an JENSENS. in Stuttgart vor der Liederhalle] *Anläßlich einer politischen Versammlung am 12. Juli 1866, aus der Raabe und Jensen als Anhänger Bismarcks vor die Tür gewiesen wurden, lernten sie sich kennen. (Fehse, Raabe und Jensen, S. 12 f.)*

367. W. und M. JENSEN an RAABE. aus dem Säculum] *Anspielung auf den Titel „Unruhige Gäste. Ein Roman aus dem Säkulum." Br. A., Bd. 16.*

368. W. und M. JENSEN an RAABE. „Dines Alters LV Jar ... in All's gedultig"] *Anspielung auf die Worte, die Raabe auf eine Zeichnung Marie Jensens schrieb, die ihn darstellte. Marie Jensen hatte die Zeichnung bei dem Treffen in Celle am 3. Juni 1886 gefertigt. Raabe schrieb: „In alls gedultig Sins Alter LIV Jar." Er spielte damit auf die Inschrift des Porträts von Holbein d. J. an, das Cyriacus Kale darstellt: „In als gedoltig sis alters 32." (Herzog-Anton-Ulrich-Museum zu Braunschweig, Verzeichnis der Gemälde. Braunschweig [1969], S. 74, Tf. 103.)* „ausreichender" Grund] *Anspielung auf Schopenhauers Abhandlung „Über die vierfache Wurzel des Satzes vom zureichenden Grunde".* zum Pfeifertage von Dusenbach] *Anspielung auf Jensens Erzählung „Der Pfeifer von Dusenbach", 2 Bde., 1884.* Gukummern] *Kukumbern = Gurken.*

371. W. RAABE an MARIE JENSEN. Consultat Bonapartes] *1799 bis 1804. Raabes Schwiegermutter, Frau Leiste, war 1799 geboren.* Rastadter Gesandtenmord] *Ermordung von drei französischen Gesandten, die 1797–1799 am Rastatter Kongreß teilgenommen hatten. Der Kongreß war nach dem Frieden von Campoformio 1797 einberufen.* Schlachten ... Novi] *bei Stockach siegte 1799 Erzherzog Karl von Österreich über die Franzosen unter Jourdan, bei Novi Ligure in Oberitalien in demselben Jahre die Österreicher und Russen unter Suwarow über die Franzosen.* Alexander] *Fürst von Bulgarien, regierte 1879–1886.*

372. W. und M. JENSEN an RAABES. das deutsche Volk ... das herrlichste von allen] *Anspielung auf Theodor Körners Gedicht Die Eichen, vorletzter Vers: „Deutsches Volk, du herrlichstes von allen.* der besten ... Welten] *Anspielung auf den Titel von Voltaire, Candide oder die beste aller Welten.* Des Menschen Hand ...] *Verse aus einem Gedicht in Raabes Novelle „Holunderblüte", Br. A., Bd. 9,1, 91 = Bd. 20, 370.*

373. W. RAABE an JENSENS. kein Japs] *vielleicht Anspielung auf die Zunahme der Macht Japans, das 1885 ein Kondominium über Korea erworben hatte.* Evangelium Lucae, Kapitel 12, Vers 35] *Lasset Eure Lenden umgürtet sein und Eure Lichter brennen.*

375. W. RAABE an JENSEN. more consueto] *Lat., nach gewohnter Weise.*

378. MARIE JENSEN an RAABE. Emil Rittershaus] *1834–1897. Dichter, Haupt des Wuppertaler Dichterkreises.* Julius Wolff] *1834 bis 1910, Schriftsteller.* Elischer] *über ihn und das Erscheinen des „Odfeld" s. Br. A., Bd. 17, 412 ff.*

379. W. JENSEN an RAABES. auf den Knien des alten Abwäglers] *Anspielung auf die bei Homer häufige Formel „es liegt auf den Knien der Götter" und auf Homer, Ilias VIII, 69 ff., die Schicksalswägung des Zeus.* Im alten Eisen] *Br. A., Bd. 16.* Kardinal] *schleswig-holsteinisches Rotweingetränk.*

382. MARIE JENSEN an RAABE. goldnen Augen der Waldeskönigin] *s. Anm. zu 321.* in alls gedultig] *s. Anm. zu 368.* Höllenthalbahn] *von Freiburg nach Hinterzarten und Neustadt i. Schw.* Hademarschen] *in Schleswig, Wohnsitz Storms.*

384. W. RAABE an JENSENS. den Alten in Kimmerien] *Storm.*

385. MARIE JENSEN an RAABES. im alten Eisen] *Br. A., Bd. 16.* Kinder der Erdwine, Brokenkorb usw.] *Gestalten in Raabes „Im alten Eisen".* wohin ich geh und schaue] *Anfang des Gedichts „Der Gärtner" von Eichendorff, von Mendelssohn als Duett vertont.*

386. W. JENSEN an RAABE. schwarz-roth-goldenes Germanenband] *als Mitglied der Burschenschaft Germania.* si diis placet] *Lat., wenn es den Göttern gefällt.* des unbekannten Gottes zu Athen] *Apostelgeschichte 17,23.*

387. W. RAABE an JENSENS. That moaning...] *Engl., dies Stöhnen und Ächzen, dies Seufzen und Schluchzen.* vergnüglichen Geschichten aus schweren Tagen] *W. Jensen, Aus schwerer Vergangenheit (Novellen), 1888.*

389. W. RAABE an JENSENS. Zwischen Fastnacht...1888] *13./14. Februar 1888.*

390. Eduard Heyck] *Historiker, geb 1862, 1887 Privatdozent in Freiburg, 1892 a.o. Professor. Später Herausgeber der Monographien zur Weltgeschichte, auch literarisch tätig.*

391. MARIE JENSEN an RAABE. Petrefaktenschrank] *s. Anm. zu 175.*

394. W. JENSEN an RAABE. Mariä Wiegenfest] *8. September.*

395. W. RAABE an MARIE JENSEN. Hiob] *9,11: Siehe, er geht an mir vorüber, ehe ich's gewahr werde, und wandlet vorbei, ehe ich's merke.* Überall weht ... führt] *anonymes Epigramm Anthologia Palatina X 3. Dort heißt es aber „in den Hades".* denselben schlauen Trost] *In „Das Odfeld" spielt Buchius auf dieses Epigramm an; Br.A., Bd. 17, 139.*

396. W. JENSEN an RAABE. Hebbel] *Tagebücher 1839, 11. März.* Lugo] *s. Anm. zu 290.* Heyses] *Paul Heyse, Schriftsteller 1830–1880.* Lingg] *Hermann L., Dichter, 1820–1905.* Grosse] *Julius G., Dichter, 1828–1902.* Odi profanos et arceo] *Ich hasse die Gemeinen und halte sie fern. Abgekürztes Zitat von Horaz, Ode III 1,1, Odi profanum vulgus (die gemeine Menge) et arceo.* Schwarzwaldbuches] *Gemeint ist Jensens Roman „Diana Abnoba, eine Schwarzwaldgeschichte von der Baar", Leipzig 1890.* Nathaly von Eschstruth] *verh. von Knobelsdorff-Brenkenhoff, 1860–1939, Romanschriftstellerin.*

Ossip Schubin] *Pseudonym für Aloysia (Lola) Kirschner, 1854–1934, Romanschriftstellerin.*

397. MARIE JENSEN an RAABE. Tiefe Stille ... Wasser] *Goethe, Meeresstille 1.* Vincke] *s. Anm. zu 238.* Frau Riehl] *s. Anm. zu 348.* Odfeld] *Br.A., Bd. 17.*

398. W. RAABE an JENSENS. Monach-Monachorum] *München.* Nathaly von Eschstruth] *s. Anm. zu 396.* Ossip Schubin] *s. Anm. zu 396.* Il arrive ...] *Frz., Es kommt für den Literaturliebhaber ein Augenblick, wo seine Bücher nicht mehr seine Bücher sind. Das werden Freunde.* Monselet] *franz. Schriftsteller, 1825–1888.* Barbier usw.] *Cervantes, Don Quichote I 6.* Paul Heyses Vater] *Joh. Christ. Aug. Heyse.* tausend Mark] *Ehrensold der Schillerstiftung von jährlich 1000 M. Raabe erhielt ihn zuerst 1886 auf drei Jahre, er wurde dann jedesmal erneuert.* Elischer] *s. Anm. zu 378.*

399. MARIE JENSEN an RAABE. Odfeld] *Br.A., Bd. 17.* das alte Eisen] *„Im alten Eisen", Br.A., Bd. 16.* Buchius, Thedel] *Gestalten in „Das Odfeld".*

400. W. JENSEN an RAABE. Lichtenhainer] *in Jena viel getrunkenes obergäriges Bier.*

401. W. RAABE an JENSENS. am Tage der Unschuldigen Kindlein] *am 26. Dezember.* denkt Kinder und Enkel] *Zitat aus dem Schluß des Parzenliedes in Goethes „Iphigenie".* alles geschrieben steht] *Anspielung auf den Fatalismus des Islam, nach dessen Auffassung alle Schicksale „im Buch geschrieben" stehen.*

405. W. RAABE an MARIE JENSEN. Dominica in albis] *Lat., der weiße Sonntag = Sonntag nach Ostern, an dem die Konfirmationen stattfanden.* Tien] *chinesischer Himmelsgott.*

408. W. RAABE an JENSENS. Villa der Brunonen] *Brunonis vicus, Braunschweig.*

411. MARIE JENSEN an RAABE. Lar] *Raabes Erzählung „Der Lar" (Br.A., Bd. 17) erschien nach der Veröffentlichung in Westermanns Monatsheften als Buch 1889 bei Westermann.* vorüber und alles vorbei] *Anspielung auf Chamissos Gedicht „Der Soldat" V 3 „O käm' er zur Ruh und wär es vorbei"; meist ungenau zitiert: „Ach wär es vorüber und alles vorbei."* die goldnen Augen] *s. Anm. zu 321.*

412. W. JENSEN an RAABE. Leisewitz] *Johann Anton L., 1752 bis 1806, in Braunschweig tätiger Jurist und Dramatiker, nach dem die Leisewitzstraße in Braunschweig genannt ist, in der Raabe von 1887 bis 1896 wohnte.* Emanuel] *Geibel.* Carl Gerok] *Carl von G., 1815–1890, Oberhofprediger und Prälat in Stuttgart, Dichter und Herausgeber der Anthologie „Palmblätter".* Schwabing] *Vorort, heute Teil von München.* Reservatrechte der k. bajuwarischen Post] *In der Reichsverfassung von 1871 hatten Bayern und Württemberg sich gewisse Sonderrechte, u. a. auf dem Gebiet des Post- und Telegrafenwesens, vorbehalten.*

414. W. und M. JENSEN an RAABE. meinen „Vorherbst"] *Jensen, Im Vorherbst, Gedichte, 1890.*

415. W. RAABE an JENSENS. Fidelio] *Oper von Beethoven, Akt 2,2: „Wenn ich nur einen Augenblick sein Gesicht sehen könnte."* Lar auf Seite 81, Zeile 18] *Die Zahlenangabe bezieht sich auf die 3. Ausgabe von 1903: Du unqualifizierbare, taktlos-hypergenialische Druckpapier-Vogelscheuche (Br.A., Bd. 17, 285).*

416. MARIE JENSEN an RAABE. nächtlichen Kleiderseller] *Hoppe, Raabe als Zeichner 101.*

418. MARIE JENSEN an RAABE. Mutter der Mann ...] *ein damals bekannter Berliner Schlager.*

420. W. RAABE an JENSEN. Theodor Storm an Emil Kuh] *Westermanns Monatshefte, Bd. 67, 1889/90.* in lauter Duft] *Storm, Im Walde V 6.* Roderich Benedix] *1811–1873, erfolgreicher Lustspieldichter.* Hotel de Prusse] *es lag in Braunschweig am Damm; später wurde es Preußischer Hof genannt.*

422. W. RAABE an MARIE JENSEN. Über die Wolken] *Roman von Jensen, s. Anm. zu 292.* nunc pluat] *Lat., jetzt soll es regnen.*

423. W. u. B. RAABE an JENSENS. menschliche Schicksale] *Anspielung auf die Äußerung Goethes „Er wartet auf menschliche Schicksale", die Raabe als Motto zu „Alte Nester" verwendete; Br.A., Bd. 14, Anm. S. 473.*

424. W. RAABE an JENSENS. Koch und sein Kochin] *Robert Koch stellte 1890 das Tuberkolin dar, das auch Kochin genannt wurde.* Lugo] *s. Anm. zu 290.*

427. W. RAABE an MARIE JENSEN. Briefe vom 22. Decemb. 1890] *nicht erhalten.*

428. W. RAABE an JENSENS. Weihnachtsbrief] *fehlt.* Graf Schack] *Schluß des Gedichts „Drei Dichter, Werke Stuttgart 1884, II 371.* Festschrift] *Hermann, August: Der „Feuchte Pinsel" bei Wilhelm Raabe an seinem 60. Geburtstag 8. Sept. 1891. Humoristische Auftritte (Braunschweig, Leisewitzstraße 7 I) (Manuskr. Autogr.). Abgedruckt Raabe-Kalender 1948, 149.* Grenzboten] *Wochenschrift für Politik, Literatur u. Kunst 1841–1923; zunächst liberal, nach 1898 konservativ.* Georg Scherer] *1828–1909, Literarhistoriker, Bibliothekar in Stuttgart.*

430. W. RAABE an MARIE JENSEN. Cannabis indica] *Lat., indischer Hanf.* Lugo, Scherer, Heyse] *s. Anm. zu 290, 396, 428.* Gutmanns Reisen] *Br.A., Bd. 18.*

431. W. JENSEN an RAABE. Wilhelm Brandes] *Oberschulrat in Wolfenbüttel, Freund Raabes. Über ihn K. Ziegenbein, Raabe-Kalender 1949, 96.*

432. W. RAABE an JENSEN. Uwe Jens Lornsen] *1793–1838, schleswig-holsteinischer Freiheitskämpfer.* Spenersche Zeitung] *ursprünglich Haude- und Spenersche Zeitung, Tageszeitung in Berlin seit 1740, 1874 mit der Nationalzeitung verschmolzen.*

434. W. RAABE an JENSENS. Gutmanns Reisen] *s. Anm. zu 430; von Raabe auch sonst als seine Bismarckiade bezeichnet (Bd. 18, 470).*

435. MARIE JENSEN an RAABE. Herterich-Schule] *Ludwig von Herterich, geb. 1856, Professor an der Akademie in München.*

436. W. RAABE an MARIE JENSEN. Zwing und Bann] *In Zwing und Bann, Roman von Jensen, 2 Bde., Dresden 1892.* Cardinal] *Rotweingetränk.*

438. MARIE JENSEN an RAABES. Prinz Ernst] *von Sachsen-Meiningen.* Bella Napoli ... Santa Lucia] *Anfang bzw. Kehrreim neapolitanischer Lieder.*

439. W. RAABE an JENSENS. einen Pflüger ... in die Schürze streichen] *Anspielung auf Chamissos Gedicht „Das Riesenspielzeug".* Hans von Wolzogen] *1848–1938, Kulturschriftsteller, Bühnenautor, Herausgeber der „Bayreuther Blätter".*

440. W. JENSEN an RAABE. Bignonie] *Trompetenbaum.* Lacerten] *Eidechsen, deren es zahlreiche Unterarten gibt.* Cleopatra] *Schmetterling.* Signor, darete un sol'] *It., Herr, geben Sie einen Sechser.* Asphodil] *Asphodelos, nach griechischer Anschauung Blume der Unterwelt.*

441. W. RAABE an JENSEN. dies Kind] *Raabes Tochter Gertrud, gest. 24. Juni 1892.* Briefe ... nach Capri] *Nr. 439.*

442. MARIE JENSEN an RAABE. Lugo] *s. Anm. zu 290.* Salvator] *in Niederbayern, sw. Passau.*

444. W. JENSEN an RAABE. Herreninsel] *im Chiemsee.* Herzog] *von Sachsen-Meiningen.*

450. W. RAABE an JENSENS. Frühling] *3. Aufl. 1893.*

452. MARIE JENSEN an RAABES. Ausstellungsbilde] *das im November 1892 gemalte Raabeporträt von Fechner befand sich auf der Ausstellung im Glaspalast in München.*

454. W. RAABE an JENSENS. Keltische Knochen] *in Hallstatt, Anspielung auf Raabes humoristische Novelle „Keltische Knochen", Br.A., Bd. 9,1.*

455. MARIE JENSEN an RAABE. Melusine von Schwind] *Aquarellzyklus von 11 Bildern, in Wien, in der Galerie des Jahrhunderts im Oberen Belvedere.* Schwind] *Moritz von, 1804–1871, Maler.* goldnen Augen] *s. Anm. zu 321.*

457. W. RAABE an MARIE JENSEN. „in alls gedultig"] *s. Anm. zu 368.*

458. MARIE JENSEN an RAABE. Kloster Lugau] *Br.A., Bd. 19.* Dein heiliger Born] *Anspielung auf Raabes Roman „der heilige Born", Br.A., Bd. 3.*

459. W. JENSEN an RAABE. dreibändiges Feuer] *Jensen, Auf der Feuerstätte, Roman, 3 Bde. 1894.*

Zwischen **460** *und* **461** *Verlobung von Elisabeth, der zweiten Tochter Raabes, mit dem Marinearzt Paul Wasserfall; vermutlich gedruckte Anzeige.*

461. W. u. M. JENSEN an RAABES. reservatio mentalis et experientiae] *Lat., geistiger und erfahrungsmäßiger Vorbehalt.*

463. W. RAABE an MARIE JENSEN. Dr. Glaser] *Raabes Freund, Schriftleiter von Westermanns Monatsheften.* Otto Müller] *Stuttgarter Freund von Raabe und Jensen, Verfasser biographischer und historischer Romane, 1816–1894.*

464. MARIE JENSEN an RAABE. Tante Kennesiealle, Eckbert, Tante Euphrosyne] *Gestalten in Raabes „Kloster Lugau" (Br. A., Bd. 19).* Lande der Goldorangen] *Anspielung auf Goethes Ballade „Mignon".*

465. W. JENSEN an RAABE. tacitis annis] *Lat., s. Anm. zu 348.* Juno Lucina] *römische Göttin, die den Frauen bei der Entbindung beisteht.* Herrlichkeit der unbegreiflich hohen Werke] *Anspielung auf Goethe, Faust I 249 f.* cum adjacentibus suprarhenanicis] *Lat., mit den anliegenden oberrheinischen (Gegenden).*

466. W. RAABE an JENSENS. nach allen Stürmen...] *nicht in Chamissos „Peter Schlemihl".*

467. W. u. M. JENSEN an RAABE. Adam und Eva-Abend] *24. Dezember.* Emanuel] *Geibel, Anspielung auf sein Gedicht „Hoffnung" V 4.* Aegir, dem Herrn der Fluthen] *Ägir, in der nordischen Mythologie Gott des Meeres.*

468. W. RAABE an JENSEN. Seeärztin] *Raabes Tochter Elisabeth, die mit dem Marinearzt Wasserfall verheiratet war.* Klopstock... „Anschnallen"] *Anspielung auf Klopstocks Ode „Der Eislauf".* Dienstbuch] *solche waren bis 1918 nach den Gesindeordnungen der einzelnen deutschen Länder für Hausangestellte vorgeschrieben.*

469. W. u. M. JENSEN an RAABE. Sieht ... Enkel] *Anspielung auf den Schluß des Parzenliedes in Goethes „Iphigenie".*

470. W. RAABE an MARIE JENSEN. unsere jungen Leute] *Tochter und Schwiegersohn Wasserfall.* Brunswik] *Ort bei, später Teil von Kiel.*

473. MARIE JENSEN an RAABE. und Marmorbilder...] *Goethe, Ballade „Mignon", V. 9.*

474. W. RAABE an MARIE JENSEN. dahin...dahin] *„Mignon" V. 5.* A. d. V.] *Akten des Vogelsangs, Br. A., Bd. 19.* Look you, ... people] *Engl.*

475. MARIE JENSEN an RAABE. Unthätle] *Vgl. Fontane, Stine, Kp. 13 (Nymphenburger Ausg. III 294).*

476. W. JENSEN an RAABE. das große Loch Airolo–Göschenen] *der St.-Gotthard-Tunnel.*

477. MARIE JENSEN an RAABE. „leichtbewegte Herz"] *Anspielung auf den Anfang von Goethes Dritter Ode an Behrisch, die in den „Akten des Vogelsangs" zitiert wird; Br.A., Bd. 19, 352 u. ö.*

479. W. RAABE an JENSEN. Altflorentinische Tage] *Anspielung auf Jensens „Florentinische Tage".*

481. MARIE JENSEN an RAABE. Fulda's] *Ludwig Fulda, 1862 bis 1939, Lustspieldichter und Übersetzer.* Franzos] *Karl Emil, 1848–1904, Journalist, Schriftsteller.* Archivratstelle] *Heyck war 1896–1898 Archivrat und Vorstand der fürstlich Fürstenbergischen Bibliothek und Kunstsammlung in Donaueschingen.*

482. W. JENSEN an RAABE. pater peccavi] *Lat., Vater, ich habe gesündigt, Ev. Luk. 15,21.* aus dem alten...] *Gemeint ist Jensens Schrift „Am Ausgang des Reichs", Leipzig 1885.* Luini] *Bernardino, ital. Maler, 1480–1532.*

483. W. JENSEN an RAABE. des großen Loch's] *des St.-Gotthard-Tunnels.*

488. W. RAABE an MARIE JENSEN. Patronin] *die Jungfrau Maria.* Ariosto] *Er hatte wie Marie Jensen und Raabe am 8. September Geburtstag.* Galläpfel und Eisenvitriol] *Materialien zur Herstellung von Schreibtinte.* leichtbewegten] *s. Anm. zu 477.*

491. W. u. M. JENSEN an RAABE. Monacho-Monachorum] *München.* Mr. Snoddery usw.] *Anspielung auf Raabes Roman „Christoph Pechlin", s. Br. A., Bd. 10, 449.* Kampf fürs Reich] *Tragödie von Jensen, 1894.* Diogenes] *griech. Philosoph der kynischen Schule, Vorbild der Bedürfnislosigkeit.*

492. W. RAABE an JENSEN. Eurem Prinz-Regenten] *Luitpold von Bayern.* den unsrigen] *Prinz Albrecht von Preußen, Regent des Her-*

zogtums Braunschweig, dessen Herrschaft die erbberechtigte jüngere Linie der Welfen nicht antreten konnte, weil sie sich weigerte, die 1866 erfolgte Annexion von Hannover anzuerkennen. mein Bildniß] *B. Bilzer – R. Hagen, Städtisches Museum Braunschweig (1961), S. 17.* Manuskript] *Hastenbeck, begonnen 18. August 1895 (Br.A., Bd. 20).* Hamletschen weary, flat, stale and unprofitable der Dinge] *Engl., ekel, schal, flach und unersprießlich, Shakespeare, Hamlet 1, 2, 133.*

496. W. RAABE an MARIE JENSEN. Hastenbeck] *Br.A., Bd. 20.*

498. MARIE JENSEN an RAABE. bebänderten Hirtenstab] *Vgl. Br.A., Bd. 20, 85, buntbebänderten Geßnerschen Hirtenstab.* Sigmund Schott] *1818–1895, Politiker und Schriftsteller.*

499. W. RAABE an MARIE JENSEN. das Bild im Wasser] *Roman von Jensen, Berlin 1898.*

500. W. RAABE an JENSEN. Mindenerin] *Frau Wasserfall, Raabes Tochter Elisabeth.*

501. W. JENSEN an RAABE. Parästhesie] *Gefühlsstörung, eine Krankheit.* par nobile fratrum] *Lat., das edle Paar, Horaz, Sat. II 3, 243.* Gerhart Hauptmann] *1892–1946, deutscher Dichter.* Erich Schmidt] *1853–1913, Literarhistoriker, Professor an der Universität Berlin.* Fuhrmann Hentschel] *Schauspiel von Gerhart Hauptmann.* Hannele] *Hanneles Himmelfahrt, Drama (Märchenspiel) von Gerhart Hauptmann.* cidevant] *Frz., früher, vorher.* venit mors velociter et neminem veretur] *Lat., der Tod kommt schnell und fürchtet niemanden; aus dem Studentenlied „Gaudeamus igitur“.* Goliarden] *Vaganten, fahrende Spielleute des Mittelalters.* Landesmanns] *Westermann.* more consueto] *Lat., nach gewohnter Sitte.* Bebel] *August, 1840–1913, Politiker, Führer der Sozialdemokraten.* Lindau] *Paul, 1839–1919, Schriftsteller, Gründer und Leiter der „Gegenwart“.*

502. W. u. M. JENSEN an RAABE. Verlobungsanzeige] *Sie galt der Verlobung von Raabes Tochter Klara mit dem Oberlehrer (= Studienrat) Gustav Behrens.*

503. W. u. M. JENSEN an RAABE. experto credendum est] *Lat., dem Erfahrenen muß man glauben.* Kürschner] *Kürschners Literatur-Lexikon.* si diis placet] *Lat., wenn es den Göttern gefällt.* parästhetisch] *s. zu 501.* Kronenorden des H. Michael] *Vermischung zweier bayerischer Orden, des Verdienstordens vom heiligen Michael und des*

Verdienstordens der bayerischen Krone. milites calami gregarii] *Lat., gemeine Soldaten der Feder.* Köpfe zu schütteln ... denken] *Anspielung auf den Schluß des Parzenliedes in Goethes „Iphigenie".* Wohl mir, daß ich kein Enkel bin] *Anspielung auf Goethe, Faust I 1977: „Weh dir, daß du ein Enkel bist."* So lange diese Maschine ...] *Shakespeare, Hamlet II 2, 214.*

504. W. RAABE an MARIE JENSEN. Grabbes Sterbehaus ... Freiligraths Geburtshaus] *beide in Detmold.*

505. W. u. M. JENSEN an RAABE. John Bull ... Buren] *Die Kriege Englands gegen die Buren dauerten von 1899–1902.*

507. W. RAABE an JENSEN. 49. Terzine] *nichts mehr davon; schau hin und geh vorüber.*

508. W. RAABE an MARIE JENSEN. Stabsarzt] *Raabes Schwiegersohn Wasserfall.* Schulmeister] *Raabes Schwiegersohn Gustav Behrens.* Tien] *chinesischer Himmelsgott.* Tientsin] *Hafenstadt in China, 1900 anläßlich des Boxeraufstandes von französischen Truppen besetzt.*

509. MARIE JENSEN an RAABE. caro amico] *It., lieber Freund.*

510. W. JENSEN an RAABE. Have mi vetule corve] *Lat., sei gegrüßt, mein alter Rabe.* in China] *Boxeraufstand und Boxerkrieg 1900.* Peiho und Hongho] *Flüsse in China (Hoangho).*

511. W. u. M. JENSEN an RAABE. Waldersee] *Graf Alfred von W., 1832–1904, preußischer Generalfeldmarschall, 1900–1901 Oberbefehlshaber der Truppen der europäischen Mächte in China.* Richard Voß] *1851–1918, Erzähler und Dramatiker.*

513. W. RAABE an JENSEN. Hans Hoffmann] *Schriftsteller, Freund Raabes, Verfasser von: Einiges von Wilhelm Raabe. In: Velhagen und Klasings Monatshefte, Jg. 15, Bielefeld 1900/01, H. 12, S. 689–692.*

514. W. RAABE an MARIE JENSEN. dreibeinig] *Anspielung auf das Rätsel, das nach der griech. Sage die Sphinx Oedipus stellte: Welches Tier geht in der Jugend auf vier, als Erwachsener auf zwei, im Alter auf drei Beinen. Antwort: der Mensch.* Oedipus] *durch Lösung des Rätsels befreite er Theben von der Sphinx. Zum Lohn wurde er König von Theben und heiratete die Königin Iokaste, ohne zu wissen, daß sie seine Mutter war.* In alls gedultig] *s. Anm. zu 368.*

516. W. RAABE an JENSENS. Man wandelt...Palmen] *Goethe, Wahlverwandtschaften 2,7 (Es wandelt niemand...).* ultra posse nemo obligatur] *Lat., über seine Leistungsfähigkeit hinaus ist niemand verpflichtet. Rechtssprichwort, Umformung von Dig. L 17, 183 impossibilium nulla obligatio est (es gibt keine Verpflichtung zu Unmöglichem).* Serrez les rangs] *Frz., Schließt die Reihen; vgl. Der Hungerpastor, Br.A., Bd. 6, 404.*

518. W. RAABE an JENSEN. Roseberys Napoleon auf St. Helena] *Rosebery, Lord, in: R., Life of W. Pitt, London 1891. Übertragung von O. Marschall von Bieberstein, zuletzt Lpz. 1901: „Napoleon am Schluß seines Lebens."* Gourgauds Memoiren] *Gaspard G. (französischer General, 1783–1852), Mémoires pour servir à l'histoire de France sous Napoléon; 1822–1824 von Napoleon auf St. Helena diktiert.* Hause des Caesar] *Anspielung auf Jensens Gedicht „Nero" V 15 f.*

522. W. RAABE an MARIE JENSEN. das Gras steht nicht mehr auf] *Anspielung auf Goethe, Harzreise im Winter 33: das Gras steht wieder auf.* Oberlehrer] *Studienrat G. Behrens, Raabes Schwiegersohn.*

524. W. RAABE an JENSEN. Quieta non movere] *Lat., Ruhendes nicht in Bewegung setzen.*

527. W. u. M. JENSEN an RAABE. Ariosttage] *Ariosts und Raabes Geburtstag fielen auf denselben Tag (8. September).*

529. W. RAABE an JENSENS. Katzenmühle] *in Raabes Roman „Abu Telfan" (Br. A., Bd. 7).* Karl Schönhardt] *Stuttgarter Freund Raabes.*

530. W. u. M. JENSEN an RAABE. Welträthseln] *„Die Welträtsel", Buch von Ernst Haeckel, 1834–1919, Professor der Zoologie in Jena, erschien 1899 u. ö.* Briefwechsel zwischen Keller und Storm] *Hrsg. v. A. Köster ^{4}1924.*

531. W. RAABE an JENSEN. Briefwechsel Storm/Kuh] *veröffentlicht von Paul Kuh in Westermanns Monatsheften 67, 1889/90.* Silberburgstraße usw.] *in Stuttgart.*

532. W. JENSEN an RAABE. Th. St.] *Theodor Storm.*

533. W. u. M. JENSEN an RAABE. Hermannstraße] *in Stuttgart.* alten Proteus] *Br. A., Bd. 12.* Corvus] *Lat., Rabe.* Korax] *Griech., Rabe.*

534. W. RAABE an MARIE JENSEN. Port Arthur] *heute Lüshun, auf der Kwan-tung-Halbinsel, 1898 russisch, wurde im Russisch-Japanischen Kriege 1904 von den Japanern belagert und erobert, 1905 japanisch.* in meinen Leuten aus dem Walde] *Br. A., Bd. 5, 364.* Herzbruch] *s. Anm. zu 25.* M. Solitäre] *Solitaire, Pseudonym für Woldemar Nürnberger, 1818–1869, vielseitiger Schriftsteller.* Oeversee] *südl. Flensburg, 1864 Gefecht zwischen Österreichern und Dänen.* Myrwik] *Mürwik an der Flensburger Förde.*

535. W. JENSEN an RAABE. tertium comperationis] *Lat., Das dritte des Vergleichs, d. h. der Punkt, in dem zwei Dinge, die verglichen werden, übereinstimmen.* den Lar] *Anspielung auf Raabes Erzählung „Der Lar", Br. A., Bd. 17.*

536. W. RAABE an JENSEN. Unseres Herrgotts Kanzlei] *Magdeburg, Titel einer historischen Erzählung von Raabe; Br.A., Bd. 4.*

537. W. JENSEN an RAABE. diis adjuvantibus] *Lat., mit Hilfe der Götter.* dies faustus] *Lat., glückverheißender Tag.* Breiten Wege] *Der Breite Weg ist die Hauptstraße Magdeburgs, Nr. 156 die Creutzsche Buch- und Musikalienhandlung R. u. M. Kretschmann, wo Raabe 1849 Buchhandlungslehrling war.*

540. W. RAABE an JENSEN. 15. Februar] *Jensens Geburtstag.* Hubertusburger Friede] *1763, Abschluß des Siebenjährigen Krieges.*

542. W. u. M. JENSEN an RAABE. nurus] *Lat., Schwiegertochter.* rebus sic stantibus] *Lat., da die Dinge so stehen.*

544. W. RAABE an JENSENS. Hilligenlei] *Roman von Gustav Frenssen.*

545. W. u. M. JENSEN an RAABE. Röntgen] *Wilhelm Conrad R., 1848–1923, Physiker, Entdecker der Röntgenstrahlen.* Jörn Uhl] *Roman von Gustav Frenssen.* Jehovas sämtliche Werke von Saladin] *Eine kritische Untersuchung des jüdisch-christlichen Religionsgebäudes auf Grund der Bibelforschung v. Saladin (W. Ross). Deutsch von W. Steinberg 1906.* Friedrich] *W. Jensen, König Friedrich (Roman 1908).* Lafcadio Hearn] *1850–1904, Schriftsteller, Übersetzer und Lehrer in Japan, englisch-irischer Abstammung.*

546. W. RAABE an JENSEN. Heiligenhafener] *Jensen war in Heiligenhafen in Holstein an der Ostsee geboren.* Tien] *chinesischer Himmelsgott.*

547. W. RAABE an MARIE JENSEN. old long syne] *s. Anm. zu 270.* in alls gedultig] *s. Anm. zu 368.*

548. W. RAABE an JENSENS. landesvaterlose Waise] *Der Regent des Herzogtums Braunschweig, Prinz Albrecht von Preußen, war am 13. September 1906 gestorben.*

551. W. JENSEN an RAABE. experientia doctus es] *Lat., du bist durch Erfahrung belehrt.* auf die Postille gebückt] *Anfang von J. H. Voß' Geburtstag „Der siebzigste Geburtstag".*

553. W. u. M. JENSEN an RAABE. Nesenbach] *in Stuttgart.* quod felix faustumque sit] *Lat., was glücklich und glückbringend sei, Einleitungsformel lateinischer Urkunden.* Alte Nester] *Zwei Bücher Lebensgeschichten von Raabe, Br. A., Bd. 14.*

561. W. RAABE an JENSENS. Ludwig Richter] *deutscher Maler, 1803–1884.*

562. MARIE JENSEN an RAABE. Pechlin] *Christoph Pechlin, Roman von Raabe; Br.A., Bd. 10.* Bavaria, Mr. Sliddery] *in „Christoph Pechlin".* Sonntagsschule] *die Kinderlehre nach dem Hauptgottesdienst am Sonntagmorgen.*

565. MARIE JENSEN an RAABE. presente medico] *(nil nocet) Lat., in Gegenwart des Arztes (schadet nichts); sprichwörtlich.*

568. W. RAABE an JENSENS. disjecta membra poetae] *Lat., die zerstreuten Glieder des Dichters, ungenaues Zitat von Horaz, Sat. I 4, 62: disiecti membra poetae, die Glieder des zerrissenen Dichters.* Engel... eintraten] *Anspielung auf das Weihnachtslied „Am Weihnachtsbaum die Lichter brennen", in dem es heißt: „Zwei Engel sind hereingetreten..."* angenehmen Riesen] *Fasolt und Fafner in R. Wagners „Rheingold".* Behrens] *Raabes Schwiegersohn G. Behrens und seine Frau, Raabes Tochter Klara.* fürstlichen Hochzeit] *Die Vermählung des Regenten des Herzogtums Braunschweig Johann Albrecht von Mecklenburg mit Prinzessin Elisabeth von Stolberg-Roßla am 15. Dezember 1909.*

569. W. u. M. JENSEN an RAABE. „unruhige Gäste"] *Anspielung auf den Titel von Raabes Roman, Br.A., Bd. 16.* „das schlechtere Teil"] *Anspielung auf Ev. Luk. 10,42 „Maria hat das gute Teil erwählt".* Struwelpeter] *Der Struwwelpeter, Kinderbuch von Heinrich Hoffmann, erschienen 1848.*

570. W. JENSEN an RAABE. Ludwig Fulda] *Schriftsteller, 1862 bis 1939.*

571. W. RAABE an JENSEN. Graf von Monte Christo] *Roman von Alexander Dumas d. Ä., 12 Bände, 1844–1845.* Geheimnisse von Paris, Der Ewige Jude] *Romane von E. Sue, 1842/43 und 1844/45.* Ferrer-Schwindel des Goethebundes] *Francisco Ferrer-Guardia, spanischer Revolutionär, wurde 1909 erschossen. Der Goethe-Bund war eine Gruppe von Vereinen „für freie Entwicklung des geistigen Lebens".* 15. März] *Paul Heyses 80. Geburtstag.* Es rollen und fauchen ...] *parodistische Anspielung auf den Schluß von Schillers Ballade „Der Taucher": Es kommen, es kommen die Wasser all, Sie rauschen herauf, sie rauschen nieder, Den Jüngling bringt keines wieder.*

573. W. JENSEN an RAABE. inter septuaginta et octoginta] *Lat., zwischen siebenzig und achtzig.* Friedrich Westermann] *Verleger in Braunschweig.* Napoleon der Dritte] *Er begab sich bei der Kapitulation der Festung Sedan in Gefangenschaft (2. September 1870).* *Πάντα ῥεῖ*] *panta rhei, griech., alles fließt, knappe Zusammenfassung der Lehre des griech. Philosophen Heraklit (Anf. 5. Jh. v. Chr.* bei Philippi ... sehen wir uns wieder] *Anspielung auf Shakespeare, Julius Caesar IV 3.*

INHALT

WILHELM RAABE
SÄMTLICHE WERKE

Historisch kritische Ausgabe. Im Auftrag der Braunschweigischen Wissenschaftlichen Gesellschaft herausgegeben von Karl Hoppe

1 Die Chronik der Sperlingsgasse · Ein Frühling. Bearbeitet von Karl Hoppe und Max Carstenn

2 Die Kinder von Finkenrode · Der Weg zum Lachen · Der Student von Wittenberg · Weihnachtsgeister · Lorenz Scheibenhart · Einer aus der Menge · Die alte Universität · Der Junker von Denow · Aus dem Lebensbuch des Schulmeisterleins Michel Haas · Wer kann es wenden? Bearbeitet von Karl Hoppe und Hans Oppermann

3 Der heilige Born · Ein Geheimnis · Auf dunklem Grunde · Die schwarze Galeere. Bearbeitet von Karl Hoppe und Hans Oppermann

4 Nach dem großen Kriege · Unseres Herrgotts Kanzlei. Bearbeitet von Karl Heim und Hans Oppermann

5 Die Leute aus dem Walde. Bearbeitet von Kurt Schreinert †. 2., *durchgesehene Auflage 1971* besorgt von Karl Hoppe und Rosemarie Schillemeit

6 Der Hungerpastor. Bearbeitet von Hermann Pongs

7 Abu Telfan. Bearbeitet von Werner Röpke

8 Der Schüdderump. Bearbeitet von Karl Hoppe

9,1 Das letzte Recht · Eine Grabrede aus dem Jahre 1609 · Holunderblüte · Die Hämelschen Kinder · Else von der Tanne · Keltische Knochen · Drei Federn. Bearbeitet von Karl Hoppe, Hans Oppermann und Hans Plischke

9,2 Sankt Thomas · Die Gänse von Bützow · Theklas Erbschaft · Gedelöcke · Im Siegeskranze · Der Marsch nach Hause · Des Reiches Krone · Deutscher Mondschein. Bearbeitet von Karl Hoppe, Hans Oppermann, Constantin Bauer und Hans Plischke